DAS
INTERTEMPORALE RECHT.

DAS RECHT DER ZEITLICH VERSCHIEDENEN RECHTSORDNUNGEN.

VON

DR. JUR. FRIEDRICH AFFOLTER,

A. O. PROFESSOR DER RECHTE AN DER UNIVERSITÄT HEIDELBERG.

ERSTER BAND.

DAS INTERTEMPORALE PRIVATRECHT.

ZWEITER TEIL.

SYSTEM DES DEUTSCHEN BÜRGERLICHEN ÜBERGANGSRECHTS.

LEIPZIG,

VERLAG VON VEIT & COMP.

1903

SYSTEM

DES

DEUTSCHEN BÜRGERLICHEN ÜBERGANGSRECHTS

VON

DR. JUR. FRIEDRICH AFFOLTER,

A. O. PROFESSOR DER RECHTE AN DER UNIVERSITÄT HEIDELBERG.

LEIPZIG,

VERLAG VON VEIT & COMP.

1903

Druck von Metzger & Wittig in Leipzig.

DER RUPERTO-CAROLA

BEI IHRER HUNDERTJÄHRIGEN ERNEUERUNGSFEIER

IN DANKBARKEIT

GEWIDMET

Vorrede.

Mit diesem Bande löse ich mein Versprechen ein, welches ich im Oktober 1901 in der Vorrede zur Geschichte des intertemporalen Privatrechts gegeben habe. Er enthält das System des Deutschen Bürgerlichen Übergangsrechts auf Grund der in jener gewonnenen Ergebnisse. An dieser Stelle sei dem Werke, das der deutsche Reichsgesetzgeber in den Übergangsbestimmungen des Einführungsgesetzes zum Bürgerlichen Gesetzbuche geschaffen hat, ungeteiltes Lob gezollt! Steht er doch grundsätzlich auf dem Boden der älteren Rechtsregel. Das einzig Tadelnswerte ist, daß die Wirkungen der Verfügungen von Todeswegen der neuen Rechtsordnung unterstellt sind.

Der Landesgesetzgeber hat sich mehr der neueren Rechtsregel zugewandt, dem Zuge folgend, der sich in der Geschichte des intertemporalen Privatrechts zeigt.

Wie Rechtsprechung und Litteratur sich zum neuen deutschen Übergangsrecht verhalten, wird aus dem „System“ deutlich hervorgehen.

Heidelberg, im Februar 1903.

Friedrich Affolter.

Inhalt.

Allgemeiner Teil.

Grundbegriffe.

Seite

§ 1. Begriff des intertemporalen Privatrechtes überhaupt. Seine Zugehörigkeit. Seine Rechtsquelle. Seine geschichtliche Fortentwickelung . . 2
§ 2. Die Grenzgebiete des intertemporalen Privatrechtes 6
§ 3. Die Arten des intertemporalen Privatrechtes. Das Deutsche intertemporale Privatrecht insbesondere. Das intertemporale Reichs- und Landesrecht. 8
§ 4. Methode und Hilfswissenschaften 11
§ 5. Die Prinzipien des intertemporalen Privatrechtes. Die intertemporalen Rechtstheorien 15
§ 6. Die Positivität des intertemporalen Privatrechtes 19
§ 7. Die Hauptregel des intertemporalen Privatrechtes. Das ältere Regelpaar. Die materielle Fortwirkung der alten Rechtsordnung 25
§ 8. Die Gewährungsklausel. Ihre Arten. Die Gewährungsklauseln des E.G. zum bürgerlichen Gesetzbuch für das Deutsche Reich. Ihre Auslegung 28
§ 9. Die neuere Rechtsregel mit ihren beiden Voraussetzungen. Das neuere intertemporale Regelpaar. Die Ausschließlichkeit der neuen Rechtsordnung 34
§ 10. Die materielle Voraussetzung der Ausschließlichkeit. Die Politik der intertemporalen Gesetzgebung 36
§ 11. Die formelle Voraussetzung. Die Ausschlußklausel und ihre Arten. Die Ausschlußklauseln des Einführungsgesetzes zum B.G.B. Deren Auslegung und Gruppierung 41
§ 12. Die Ausnahmeklausel. Deren Auslegung. Das gemischte intertemporale System des Einführungsgesetzes zum B.G.B.; sein Sprachgebrauch . 46
§ 13. Rückwirkung und Ausschließlichkeit. Die Grade der Ausschließlichkeit. Die angeborene Ausschließlichkeit 54
§ 14. Die zeitliche Grenze der formellen Herrschaft zweier aufeinander folgender Rechtsordnungen 59
§ 15. Die Zwischengesetzgebung. Das intertemporale Recht der zeitlichen und örtlichen Anwendungsnormen 60
§ 16. Das intertemporale Meistbegünstigungs- und Optionsrecht 64
§ 17. Die intertemporalrechtliche Säumnisstrafe 66
§ 18. Die Rechtsvermutungen im intertemporalen Privatrecht 69
§ 19. System, Rechtsprechung, Litteratur und Bedeutung des Deutschen intertemporalen Privatrechtes 71

Erstes Kapitel.
Der Thatbestand.
Erster Abschnitt.
Der Thatbestand im allgemeinen.

Seite

§ 20. Begriff des Thatbestandes im abstrakten und konkreten Sinne. Die drei Rechtsfaktoren. Thatbestand und juristische Thatsache . . . 79
§ 21. Gliederung der Thatbestände im konkreten Sinne. Die Elemente des Thatbestandes und ihre wissenschaftliche Bedeutung. Die Lehre von den unmittelbar aus Gesetzen fließenden Rechten und vom stillschweigenden Vertrag 83
§ 22. Die Arten der Thatbestände 87
§ 23. Die atomistische und organische Auffassung des Thatbestandes . . 90
§ 24. Das intertemporale Beweisrecht 94

Zweiter Abschnitt.
Der Thatbestand im besonderen.

§ 25. Der private Willensthatbestand, der willentliche Thatbestand, das Rechtsgeschäft und die Willenserklärung. Die intertemporale Behandlung des Rechtsgeschäftes 97
§ 26. Die öffentlichen Willensthatbestände 106
§ 27. Die involuntaren Thatbestände; insbesondere die Zustände 108
§ 28. Die gemischten Thatbestände. Die Verbindungen der Thatbestandselemente 119
§ 29. Die objektiven und subjektiven Thatbestände 121
§ 30. Der Hauptthatbestand im Gegensatze zum Voraussetzungs- und Nebenthatbestande 128
§ 31. Der Verbindungsthatbestand. — Die Thatumstände. — Der Gesamtakt 130
§ 32. Der Vorbereitungs- und Ausführungsthatbestand. — Die Thatbestandsverbindung 133
§ 33. Der Doppelthatbestand. — Die negativen Willensthatbestände . . . 136
§ 34. Die Verjährung insbesondere 139
A. Die Anspruchsverjährung 139
B. Die Ersitzung an beweglichen Sachen 144
C. Die Ersitzung an unbeweglichen Sachen 146
D. Die unvordenkliche Verjährung 147

Zweites Kapitel.
Die Rechtsverhältnisse.
Erster Abschnitt.
Das Rechtsverhältnis im allgemeinen.

§ 35. Begriff des Rechtsverhältnisses 148
§ 36. Das Rechtsverhältnis im subjektiven Sinne oder das subjektive Recht. Die eigentlichen und uneigentlichen Rechte, insbes. die Ansprüche. Die Lehre von den wohlerworbenen Rechten 151
§ 37. Gliederung der objektiven Rechtsverhältnisse. Ihre atomistische und organische Auffassung. Die personalen Rechtsverhältnisse 156
§ 38. Einteilungen der realen Rechtsverhältnisse 158

Zweiter Abschnitt.

Die Rechtsverhältnisse im einzelnen.

Seite

§ 39. Die objektiven Rechtsverhältnisse 160
§ 40. Die negativen Rechtsverhältnisse 162
§ 41. Die Haupt- und Nebenrechtsverhältnisse 164
§ 42. Die unwiderruflichen und widerruflichen Rechtsverhältnisse 167
§ 43. Rechtsverhältnisse mit individuellem und gattungsmäßigem Inhalte, mit dauerndem und vorübergehendem Charakter 168

Drittes Kapitel.

Die Rechtsordnung.

Erster Abschnitt.

Die Rechtsordnung im allgemeinen.

§ 44. Begriff der Rechtsordnung im absoluten und relativen Sinne. — Ihre negative Abgrenzung 170
§ 45. Übersicht der Rechtsordnungen im relativen Sinne 172
§ 46. Gliederung der Rechtsordnungen im relativen Sinne 173

Zweiter Abschnitt.

Die Rechtsordnung im besonderen.

§ 47. Die negativen Rechtsordnungen 177
§ 48. Die zwingenden und nachgiebigen Rechtsordnungen 178
§ 49. Die erlaubenden Rechtsordnungen 182
§ 50. Die verbietenden und gebietenden Rechtsordnungen. Die unvollkommenen, vollkommenen und übervollkommenen Rechtsordnungen . . 184
§ 51. Die gewährenden Rechtsordnungen 187
§ 52. Die ermächtigenden Rechtsordnungen 190
§ 53. Die Hülfsrechtsordnungen; insbesondere die gesetzlichen Auslegungen 191

Besonderer Teil.

Erstes Kapitel.

Das gewährende (gemeine) intertemporale Privatrecht.

Erster Abschnitt.

Das intertemporale Privatrecht der bloß vermittelnden Thatbestände.

I. Die personalen Rechtsverhältnisse.

§ 54. Die persönlichen Fähigkeiten 203
A. Die Rechtsfähigkeit 203
B. Geschäftsfähigkeit 204
C. Die erweiterte Geschäftsfähigkeit Minderjähriger 206
D. Das Beschränktsein in der Geschäftsfähigkeit und Geschäftsunfähigkeit 207
§ 55. Der Wohnsitz 207
§ 56. Die Verschollenheit. Die Todeserklärung 209
§ 57. Die Eheschließung 217

Seite
§ 58. Der gesetzliche eheliche Güterstand 219
§ 59. Wirkungen der Ehescheidung oder der Trennung von Tisch und Bett und der Auflösung der Ehe durch Todeserklärung zwischen den Ehegatten 229
§ 60. Die Rechte des überlebenden Elternteiles an dem Vermögen der Kinder. Die Strafen der zweiten Ehe 233
§ 61. Das Rechtsverhältnis zwischen den Eltern und den Kindern aus geschiedenen oder getrennten, oder durch Todeserklärung aufgelösten, aus nichtigen oder ungültigen Ehen, aus dem Brautstande und aus außerehelicher Verbindung. Die personale Stellung der Braut . . . 235
A. Kinder aus geschiedenen oder getrennten oder durch Todeserklärung aufgelösten Ehen 235
B. Kinder aus nichtigen oder ungültigen Ehen 237
C. Brautkinder 237
D. Die personale Stellung der geschwängerten oder geschwächten Braut 238
E. Kinder aus anderen außerehelichen Verbindungen 239
§ 62. Die Stellung der von der Geschäftsfähigkeit ausgeschlossenen oder in ihr beschränkten Personen. Die Stellung der Vormünder oder Pfleger und des Familienrates 243
A. Das Beschränktsein in der Geschäftsfähigkeit und die Ausschließung von derselben 243
B. Die Stellung der Vormünder und Pfleger und des Familienrates 246

II. Reale Rechtsverhältnisse.

§ 63. Das Recht der Grundstücke in der Zwischenzeit 249
§ 64. Das Eigentum zur gesamten Hand. Das Sondereigentum an stehenden Erzeugnissen eines Grundstückes. Das Stockwerkseigentum . . 256
§ 65. Dingliche Rechte an fremder Sache. Die bäuerlichen Nutzungsrechte (Bauerngüter) insbesondere 259
§ 66. Die Rechtsverhältnisse des Urheberrechtes 265
§ 67. Die gesetzliche Erbfolge 267
§ 68. Das Pflichtteilsrecht und die Ausgleichungs-(Kollations-)pflicht . . . 273

Zweiter Abschnitt.

Die gestaltenden Thatbestände.

I. Die personalen Rechtsverhältnisse.

§ 69. Körperschaften und Vereine 275
§ 70. Die rechtsgeschäftlichen Anordnungen im Gebiete des Familienrechtes: Verlöbnis, Ehevertrag, Annahme an Kindesstatt u. s. w. 283
A. Das Verlöbnis 283
B. Der Ehevertrag 285
C. Annahme an Kindesstatt 288
Das preußische und sächsische Recht 289
Das französische und badische Recht 290
D. Die Einkindschaft 290
E. Die Pflegkindschaft 291
F. Die Legitimation durch nachfolgende Ehe 292
G. Anfechtung und Aufhebung der Annahme an Kindesstatt, Legitimation u. s. w. 293
H. Emanzipation (Gewaltsentlassung) 293
I. Anordnungen in Bezug auf die Vormundschaft 294

Seite

§ 71. Die öffentlichen Anordnungen im Gebiete des Familienrechtes: Volljährigkeitserklärung, Emanzipation, Ehelichkeitserklärung u. s. w. . . 295
A. Volljährigkeitserklärung (*venia aetatis*) 295
B. Emanzipation (Gewaltsentlassung) 296
C. Ehelichkeitserklärung (*legitimatio per rescriptum principis*) . . 297
D. Anordnungen in Ansehung des Rechtsverhältnisses zwischen den Eltern und ihrem Kinde 297

II. Die realen Rechtsverhältnisse.

§ 72. Die Schuldverhältnisse im allgemeinen 299
A. Grundsatz 299
B. Die Entstehungsthatbestände des Schuldverhältnisses 300
C. Der Inhalt der Schuldverhältnisse und dessen Änderungsthatbestände 304
D. Die Übergangsthatbestände 309
E. Die Erlöschungsthatbestände 311
F. Dingliche Wirksamkeit von Schuldverhältnissen 316
§ 73. Die Schuldverhältnisse im einzelnen: Kauf, Gesellschaft, Verlagsvertrag u. s. w. 317
A. Kauf 317
B. Miete und Pacht 319
C. Der Dienstvertrag 321
D. Die Gesellschaft 322
E. Der Verlagsvertrag 324
F. Das Schenkungsversprechen 325
G. Bürgschaft 326
H. Schuldverschreibungen auf den Inhaber 327
§ 74. Die rechtsgeschäftlichen Anordnungen im Gebiete des Erbrechtes . . 333
A. Testamente und Kodizille 333
B. Das gemeinschaftliche Testament 338
C. Die Erbverträge 338
D. Schenkungen von Todeswegen 340
E. Der Erbverzichtsvertrag 340
F. Die Aufhebung erbrechtlicher Anordnungen 341

Zweites Kapitel.

Das ausschließende (besondere) intertemporale Privatrecht.

Erster Abschnitt.

Die personalen Rechtsverhältnisse.

§ 75. Die juristischen Personen. Die Aktiengesellschaften insbesondere . 344
§ 76. Nichtige, ungültige und für ungültig erklärte Ehen. Die persönlichen Rechtsbeziehungen der Ehegatten. Die Ehescheidung und die Aufhebung der ehelichen Gemeinschaft 347
§ 77. Das Rechtsverhältnis zwischen den Eltern und ihrem ehelichen Kinde 358
§ 78. Die unehelichen Kinder 364
§ 79. Die Unterhaltspflicht unter Verwandten und Verschwägerten . . . 366
§ 80. Die Vormundschaft 368

Zweiter Abschnitt.

Die realen Rechtsverhältnisse.

§ 81. Der Besitz 373

Seite
§ 82. Das Eigentum 375
§ 83. Das Recht der Grundstücke nach der Zwischenzeit 384
A. Das Eigentum an Grundstücken 384
B. Des Erbbaurecht 385
C. Rechte an fremden Grundstücken 386
D. Die Grunddiestbarkeiten insbesondere 390
E. Pfandrechte, Hypotheken und Grundschulden 391
§ 84. Einzelne Schuldverhältnisse: Miete, Pacht, Dienstvertrag, Gemeinschaft, Schuldverschreibungen auf den Inhaber 397
A. Miete und Pacht 397
B. Der Dienstvertrag 403
C. Die Gemeinschaft nach Bruchteilen 404
D. Die Schuldverschreibungen auf den Inhaber 406
§ 85. Die Wirkungen der Verfügungen von Todeswegen. Die Testamente entmündigter Personen 410

Drittes Kapitel.

Die Politik der intertemporalen Privatgesetzgebung.

Erster Abschnitt.

Die Rechtfertigungsgründe der Ausschließlichkeit.

§ 86. Im allgemeinen 414
§ 87. Gründe in den Thatbeständen 415
§ 88. Gründe in den Rechtsverhältnissen 420
§ 89. Gründe in der Rechtsordnung 423
§ 90. Gründe in den Zwecken des Staates 425

Zweiter Abschnitt.

Die Pflicht des Staates zur gesetzlichen Festsetzung einer Entschädigung der durch die Ausschließlichkeit bürgerlicher Rechtsordnungen verletzten Privatpersonen.

§ 91. Im allgemeinen 427
§ 92. Die Pflicht des Staates eine Entschädigung gesetzlich festzusetzen, wenn der Staatszweck die Ausschließlichkeit verlangt 429
Gesetzesregister 432
Namen- und Sachregister 437
Berichtigungen 468

ALLGEMEINER TEIL.

Motto: Der Staat als Hüter und Schirmer der Rechtsordnung würde mit sich selbst in Widerspruch treten, wenn er den unter dem Schutze der staatlichen Rechtsordnung gehörig begründeten Rechtsverhältnissen ihren Bestand und ihre Wirksamkeit in willkürlicher Weise wieder entziehen wollte.

Frei nach den Motiven zum B.G.B. Bd. I, S. 21 und den Motiven zum E.G. S. 236.

Allgemeiner Teil.

Grundbegriffe.

§ 1. Begriff des intertemporalen Privatrechtes überhaupt. Seine Zugehörigkeit. Seine Rechtsquelle. Seine geschichtliche Fortentwickelung.

„Das intertemporale Privatrecht ist ein Inbegriff von Rechtsregeln, welche den Richter bestimmen, eine früher in seinem Gerichtsbezirke in Geltung befindliche, aber jetzt nicht mehr geltende Rechtsordnung bei der Beurteilung von bürgerlichen Rechtsstreitigkeiten anzuwenden.“ So haben wir früher das intertemporale Privatrecht zum Zwecke eines Vergleichs mit dem internationalen bestimmt.[1] Weil die Rechtsregeln des intertemporalen Privatrechtes den Richter anweisen, welches Recht er bei Streitfällen anzuwenden hat, so kann man für sie auch den Ausdruck intertemporale „Anwendungsnormen“ gebrauchen.[2] Diese Begriffsbestimmung ist jedoch nach zwei Seiten hin zu eng. Sie berücksichtigt einmal nur die ältere Rechtsregel, damit allerdings die Hauptsache des intertemporalen Privatrechtes, nämlich die materielle Fortwirkung einer formell aufgehobenen Rechtsordnung für ihre Geschöpfe: Thatbestände und Rechtsverhältnisse. — Dann aber erweckt sie den Glauben, als ob sich das intertemporale Privatrecht nur an den Richter wende. Diesen Anschein für Wahrheit zu halten wäre ein Irrtum. Wie bereits nachgewiesen wurde, wendet sich das intertemporale Privatrecht auch an den Gesetzgeber; also sowohl an die Organe der gesetzgebenden als an die Organe der richterlichen Gewalt.[3] — Kein Mangel der Begriffsbestimmung ist es aber, wenn darin nicht ausgedrückt ist, daß das intertemporale Privatrecht auch für die Privatpersonen eine Wirksamkeit entfaltet. Denn wenn von einer Rechtsordnung gesagt wird, daß sie sich unmittelbar an

---

[1] Geschichte des intert. Privatr. S. 6.

[2] So Zitelmann für das internationale Privatrecht; Gesch. des intert. Privatr., S. 7, n. 1.

[3] Gesch. des intert. Privatr., § 33, S. 218, n. 1; § 52, S. 328, n. 1; S. 341, n. 2; § 75, S. 609, n. 1; § 76, S. 612, n. 2; § 81, S. 652, n. 2.

den Richter wende, so liegt darin von selbst, daß sie auch für die Privatpersonen von Wichtigkeit ist, deren Rechtsstreitigkeiten der Richter zu entscheiden hat. Und nicht nur für die Privatpersonen, welche jetzt einen gerichtlichen Streit ausfechten, sondern auch für die, welche zunächst noch in friedlichen Rechtsbeziehungen zu einander stehen. Es ist für sie von großer Wichtigkeit zu wissen, nach welcher Rechtsordnung ihre bürgerlichen Rechtsstreitigkeiten gegebenen Falles von den Gerichten beurteilt werden müssen.

Wie muß nun die Begriffsbestimmung lauten, um sowohl das Verhältnis des intertemporalen Privatrechtes zum Gesetzgeber, als auch zum Richter auszudrücken? Dabei muß folgendes bedacht werden: Wird das Verhältnis zum Gesetzgeber festgestellt, so ist damit auch die Stellung zum Richter gekennzeichnet. Denn derselbe muß sich an die Bestimmungen halten, die der Gesetzgeber auf Grund des intertemporalen Privatrechtes erläßt; somit kann in der Begriffsbestimmung das Verhältnis zum Richter füglich weggelassen, und damit eine schleppende Ausdrucksweise vermieden werden. Sie würde also etwa folgendermaßen lauten: Das intertemporale Privatrecht ist ein Inbegriff von Rechtsregeln, welche dem Gesetzgeber befehlen, die Thatbestände und Rechtsverhältnisse, die der alten Rechtsordnung entstammen, dieser zu überlassen; oder negativ ausgedrückt: keine neue Rechtsordnung zu erlassen, welche die der alten Rechtsordnung entstammenden Thatbestände und Rechtsverhältnisse ergreift.

Immer noch fehlt dieser Begriffsbestimmung ein Element, nämlich die Berücksichtigung der neueren intertemporalen Rechtsregel oder des intertemporalen Sonderrechtes. Faßt man auch dieses ins Auge, so dürfte endlich die Begriffsbestimmung so gefaßt werden: Das intertemporale Privatrecht ist ein Inbegriff von Rechtsregeln, welche dem Gesetzgeber befehlen, der alten Rechtsordnung ihre Thatbestände und Rechtsverhältnisse zu überlassen, bezw. ihm gestatten, unter bestimmten Voraussetzungen jene Thatbestände und Rechtsverhältnisse der neuen Rechtsordnung zu unterwerfen. Damit ist zugleich gesagt, daß sie auch den Richter anweisen, regelmäßig auf die unter der alten Rechtsordnung entstandenen Thatbestände und Rechtsverhältnisse die alte, unter gewissen Voraussetzungen jedoch die neue anzuwenden. Durch diese Fassung dürfte der gesamte Inhalt des intertemporalen Privatrechtes erschöpft sein. Der Einwurf, daß der Begriff den Fall außer acht lasse, daß mehr als zwei Rechtsordnungen aufeinander folgen, ist unbegründet; denn auch dann hat der Richter nur die Wahl zwischen zwei Rechtsordnungen, nämlich zwischen derjenigen, welcher die Thatbestände und Rechtsverhältnisse entstammen und der jetzt geltenden. Die Zwischengesetzgebung kommt nicht in Betracht. Dies ist der wahre Sinn des zu einem intertemporalen Grundsatz erhobenen erbrechtlichen Satzes: *media tempora non nocent.*[1]

---

[1] *fr.* 6, § 2 *de heredibus instituendis* 28, 5; s. auch noch *fr.* 50, § 1 *i. f. eod.*

Was die Zugehörigkeit unseres Rechtszweiges anbetrifft, so habe ich bereits nachgewiesen, daß er ein Glied des Rechtes der Rechtsordnungen ist.[1] Das Recht der Rechtsordnungen aber gehört trotz seiner scharf ausgeprägten Eigenart zum öffentlichen Recht. Das geht schon daraus hervor, daß es sich in erster Linie an den Gesetzgeber und dann an den Richter wendet. Soweit es sich an den Gesetzgeber richtet, hat es Ähnlichkeit mit dem Verfassungsrecht.[2] Wendet es sich an den Richter, so hat es Ähnlichkeit mit dem Prozeßrecht. Die Übereinstimmung aber ist in beiden Fällen nur eine äußerliche. Während die Verfassung dem Gesetzgeber die äußeren Formen seiner Handlungen vorschreibt, in welcher Weise er ein Gesetz verabschieden muß, jedoch auf seine innere Thätigkeit, auf seine gesetzgeberischen Gedanken und Pläne keinen Einfluß ausübt, so verlangt das Recht der Rechtsordnungen, insonderheit das intertemporale Privatrecht, daß er dem Inhalte eines Gesetzes eine bestimmte zeitliche Richtung gebe. Andererseits schreibt das Prozeßrecht dem Richter die Form und die Reihenfolge seiner Handlungen vor, jedoch nicht, nach welcher Rechtsordnung er das streitige Rechtsverhältnis beurteilen soll. Das letztere thut aber das Recht der Rechtsordnungen, insonderheit das intertemporale Privatrecht. Das intertemporale Privatrecht gehört somit zum öffentlichen Recht, innerhalb dessen es aber eine durchaus eigenartige Stellung einnimmt; es enthält nicht etwa privatrechtliche Rechtssätze, sondern setzt dieselben voraus. Es sagt dem Gesetzgeber, welchen bereits geschaffenen Privatrechtsregeln er die Thatbestände und Rechtsverhältnisse der Vergangenheit unterwerfen soll; sei es den Rechtsregeln der alten bürgerlichen Rechtsordnung, die im Augenblick, wo er das neue Gesetz verabschiedet, formell und materiell noch in Geltung ist, sei es den Rechtsregeln der neuen bürgerlichen Rechtsordnung, welche im Augenblick ihrer Sanktion zum mindesten formelle Geltung erhält. — Dem Richter sagt es, welche bereits bestehenden Rechtsregeln er auf die Thatbestände und Rechtsverhältnisse, die der alten bürgerlichen Rechtsordnung entstammen, anzuwenden habe; seien es die Vorschriften der alten bürgerlichen Rechtsordnung, die allerdings im Augenblick des Urteiles formell nicht mehr in Geltung sind, die aber infolge der Gewährungsklausel auch unter der neuen bürgerlichen Rechtsordnung materiell noch fortwirken; — seien es die der neuen bürgerlichen Rechtsordnung, die im Augenblick des Urteils formelle und materielle Geltung besitzen.

Das intertemporale Privatrecht ist nicht nur öffentliches, es gehört auch zum sekundären Recht. Wir verstehen unter dem sekundären Recht dasjenige, welches bereits bestehende Rechtsregeln zur Voraussetzung hat und den Zweck verfolgt, diesen Rechtsregeln bez. den daraus hervor-

[1] Gesch. des intert. Privatr., S. 6 fg.

[2] Mit richtigem Rechtsgefühle haben daher die englischen Kolonisten in ihre Verfassungen die Hauptregel des intertemporalen Privatrechtes aufgenommen; ebenso einige europäische Staaten; s. Gesch. des intert. Privatr., § 56, S. 395 fg

gehenden Rechtsverhältnissen zur Durchführung zu verhelfen. Zum sekundären Recht gehört vor allem das Prozeßrecht und derjenige Teil des Verfassungs- und Verwaltungsrechtes, welcher die Formen, die Reihenfolge u. s. w. der Handlungen des Gesetzgebers oder der Regierung vorschreibt. Primäres Recht dagegen ist das bürgerliche Recht und derjenige Teil des Verfassungs- und Verwaltungsrechtes, welcher die Rechte und Pflichten der Staatsorgane und der Staatsbürger normiert.

Das intertemporale Privatrecht ist endlich formelles Recht. Dies geht aus dem bereits Gesagten deutlich hervor. Es setzt ja das materielle Recht die bürgerliche Rechtsordnung voraus und bezweckt deren Anwendung und Durchführung. Wenn es auch nicht die Form der äußeren Handlungen, sei es des Gesetzgebers, sei es des Richters, bestimmt, so verleiht es doch der inneren seelischen Thätigkeit sowohl des Gesetzgebers als des Richters eine bestimmte Richtung, hilft also mit sowohl zur Bildung des Gesetzes als auch des Urteils. Zur Bildung des Gesetzes insofern, als die Übergangsbestimmungen mit dem materiellen Inhalte des Gesetzes innig verbunden sind.[1]

Über die Natur des intertemporalen Privatrechts ist bis jetzt nicht viel gedacht und geschrieben worden; desto mehr über die Natur des internationalen Privatrechts. Die Ergebnisse sind für uns wertvoll, weil beide Schwesterrechte zu einem Rechtsgebiete, dem Rechte der Rechtsordnungen gehören, und daher die richtige Erkenntnis des Wesens des einen Rechtes auch für die Natur des anderen maßgebend ist.

Leider ist man noch zu keiner Übereinstimmung gekommen. Man streitet vielmehr darüber, ob das internationale Privatrecht zum bürgerlichen oder zum öffentlichen Rechte oder zu einer Rechtsordnung eigener Art gehöre, zu einem „Innominat-Rechtsteil". Doch ringt sich auch in der Schwesterwissenschaft die richtige Ansicht durch, daß es öffentliches Recht eigener Art sei.[2]

Welches ist nun die Rechtsquelle des intertemporalen Privatrechtes? Wir haben bereits an anderer Stelle darauf hingewiesen, daß es auf derselben Quelle fußt, wie alles übrige Recht, nämlich auf dem Rechtsgefühl des Gesetzgebers eines Volkes.[3] Im Laufe unserer historischen Untersuchungen hat es sich ergeben, daß gerade beim intertemporalen Privat-

[1] Diese innige Verbindung bleibt bestehen, auch wenn der Gesetzgeber aus technischen Gründen es vorzieht, die Übergangsbestimmungen äußerlich von den materiellen Vorschriften zu trennen, ja sogar sie in ein besonderes Gesetz aufzunehmen, wie dies der Gesetzgeber des Deutschen Reiches gethan hat. Im vierten Abschnitt des Einführungsgesetzes zum B.G.B. sind sie von ihm zusammengefaßt; s. auch unten §§ 8 u. 11.

[2] So ist insbesondere Zitelmann, Internationales Privatr. I, S. 199 dafür eingetreten; s. auch Jherings Jahrb. Bd. XLII, 2 F. VI, S. 192 fg. Er beansprucht aber einen nicht geringen Teil der internationalen Anwendungsnormen für das bürgerliche Recht; a. a. O. S. 192; s. auch Intern. Privatr., S. 258 fg. Ich vermag ihm hierin für das intertemporale Privatrecht nicht zu folgen.

[3] Gesch. des intert. Privatr., S. 13, n. 1.

recht diese Quelle des Rechtes, das Rechtsgefühl, am greifbarsten zu Tage tritt. Bereits im römischen Rechte begegnet diese Erscheinung: die Empörung gegen die brutalen Edikte eines VERRES. Dann bei den württembergischen intertemporalen Rechtskämpfen und denjenigen in dem kleinen Lande Budjadingen. So ferner bei den Rechtskämpfen während der französischen Revolution.[1] — Auch die neuere Rechtsregel ist aus dem Rechtsgefühle hervorgegangen, welches veraltete, unhaltbar gewordene Rechtsordnungen nicht mehr dulden will, sei es aus gesellschaftlichen und wirtschaftlichen, sei es aus sittlichen oder religiösen Gründen.[2]

Mit dem Völkerrecht hat jedenfalls das intertemporale Privatrecht nichts zu thun. Die Frage, ob die Rechtsquelle des internationalen Privatrechts in völkerrechtlichen Grundsätzen zu suchen sei, berührt das intertemporale Privatrecht nicht. Wir haben aber an anderer Stelle bereits angedeutet, daß dies innige Verwandtschaft beider Rechte auch auf eine gemeinsame Rechtsquelle hinweist.[3] Auch das internationale Privatrecht entsteht aus dem Rechtsgefühle des Gesetzgebers eines staatlich organisierten Volkes, und nicht einer völkerrechtlichen Gemeinschaft. Jedes staatliche Gemeinwesen hat wie sein eigenes intertemporales, so auch sein eigenes internationales Privatrecht. Ob jemals eine völlige Übereinstimmung aller zivilisierten Völker in Bezug auf das intertemporale und internationale Privatrecht erreicht wird, lasse ich dahingestellt. So dringend zu wünschen wie eine internationale Verständigung über das Münzrecht, Wechselrecht, Recht der Inhaberpapiere, über Eisenbahnwesen, Post und Telegraphie, ist eine völlige Übereinstimmung der Völker über das intertemporale Privatrecht sicherlich nicht. Daß für das internationale Privatrecht der Wunsch einer derartigen Verständigung ein stärkerer ist, ist wohl anzunehmen; er ist jedoch nicht so stark, um in absehbarer Zeit zum Ziele zu führen. Einen großen Schaden für die Zivilisation dürfte diese Verzögerung kaum bedeuten; denn die Rechtssätze des internationalen Privatrechts sind noch nicht so abgeklärt, um eine unfehlbare Richtschnur für alle Völker abgeben zu können. Daß bei dem intertemporalen Privatrecht die Abklärung noch nicht über die ersten Anfangsstadien hinausgekommen ist, geht aus der Gesetzgebung, Rechtsprechung und Litteratur des 19. Jahrhunderts zur Genüge hervor.[4]

---

[1] Gesch. des intert. Privatr., § 2, S. 22, 23; § 31, S. 179 fg.; § 32, S. 188 fg. § 59, S. 412, n. 2 und vgl. § 54, S. 378 fg.

[2] a. a. O. § 4, S. 29; § 7, S. 61; § 12, S. 80, 81, 82, 86, 87; § 20, S. 150; § 24, S. 158 fg.; § 26, S. 163; § 29, S. 168 fg.; § 32, S. 191 fg.; § 36, S. 238; § 46, S. 294; § 47, S. 303, n. 3; § 48, S. 312; § 51, S. 324, n. 2; § 54, S. 363; 368, n. 1; § 59, S. 407; insbesondere § 68, S. 515, n. 1.

[3] a. a. O. S. 12 fg.

[4] S. Gesch. des intert. Privatr., III. Kapitel, insbes. § 51, S. 322; § 60, S. 422; § 63, S. 430 fg. uud § 80, S. 628 fg. Für die neueste Litteratur, vgl. unter § 19, und die neueste Rechtsprechung den besonderen Teil § 54 fg. Mit obigen Erörterungen stehen wir NIEMEYER, internationales Privatrecht, S. 50 fg. sehr nahe. Seine Ausführungen über das internationale Privatrecht gelten noch mehr für das inter-

Die Behauptung der historischen Schule, daß sich alles objektive Recht fortentwickle, läßt sich am greifbarsten am intertemporalen Privatrecht nachweisen. Während z. B. das bürgerliche Recht mit seinem fein verzweigten Netz von Rechtsregeln einem derartigen Nachweis etwas spröde gegenübersteht, begnügt sich jenes als äußerste Rechtsschicht mit verhältnismäßig wenig Rechtsvorschriften, sowohl für den Gesetzgeber, als für den Richter, so daß die geschichtliche Fortentwickelung leicht erkennbar ist.[1]

§ 2. Die Grenzgebiete des intertemporalen Privatrechtes.

Es ist zur reinlichen Scheidung unserer Wissenschaft notwendig ihre Grenzen möglichst scharf gegen verwandte Wissenschaften abzustecken. Ein derartiges Verfahren rechtfertigt sich schon deswegen, weil dadurch Vergeudung wissenschaftlicher Kraft vermieden, dieselbe vielmehr allein auf die Durchdringung des eigenen Stoffes gerichtet wird. Es ist ein Mangel fast aller Darstellungen des intertemporalen Privatrechtes, daß sie fremdartige, wenn auch verwandte Gebiete mit dem intertemporalen Privatrecht vermengen. Besonders deutlich tritt diese Vermengung und Hereinziehung fremder Materien bei Fellinus hervor, der intertemporales Privat-, Straf- und Civilprozeßrecht unterschiedslos in einen Topf warf; ja noch mehr, der auch Fragen des reinen Privatrechtes in seiner elften *fallentia* unter dem intertemporalen Gesichtspunkt betrachtete; ebenso Fragen des öffentlichen Rechtes, welche sich auf die intertempo-

---

temporale Privatrecht. Man könnte die Formel aufstellen: es giebt nur ein nationales intertemporales und internationales Privatrecht. Ein internationales (völkerrechtliches) „überstaatliches" intertemporales und internationales Privatrecht ist eine Fiktion. — Es ist übrigens ein Mißverständnis, wenn man Zitelmann als Anhänger nur eines „überstaatlichen" internationalen Privatrechtes betrachtet. Er hat vielmehr keinen Zweifel darüber gelassen, daß auch nach seiner Meinung das internationale Privatrecht, an das der Richter gebunden ist, ausschließlich positives Recht seines eigenen Staates ist; I S. 73 fg.; 196 fg.; 202 fg. S. auch Iherings Jahrb. S. 194. Dagegen erkennt er das Dasein völkerrechtlicher Anforderungen an die einzelnen Staaten in Bezug auf die Gestaltung ihrer örtlichen Kollisionsnormen an; s. auch unten § 3, S. 9, n. 2. Die gleiche Ansicht vertrat übrigens schon A. von Bulmerincq, Völkerrecht; zweite Aufl. 1889, § 27, S. 207 und § 29, S. 211. Er spricht von Konzessionen, welche die Staaten der internationalen Rechtsgemeinschaft einander zu machen haben in Gesetzgebung, Justiz und Polizei. Die Konzessionen sind ihm keine Gunstbezeugungen *„sondern ergeben sich aus den Verpflichtungen der Glieder der internationalen Rechtsgemeinschaft. . ."* *Asser*, *Revue d. dr. intern.* XII, 12; Savigny 8, S. 28 und Herbart, Analytische Beleuchtung des Naturrechts und der Moral. — Inwieweit ich darin mit Zitelmann übereinstimme, wird sich unten aus § 6 ergeben.

[1] Eine allmähliche Änderung der Regeln für den Gesetzgeber zeigt die Gesch. des intert. Privatr., § 30, S. 174 und § 51, S. 324, n. 3; vgl. insbes. auch unten § 8. Für den Richter § 68, S. 523, n. 2; S. 524, n. 2; S. 526, n. 1. Vgl. auch unten § 11 und 12.

rale Behandlung von Verwaltungsakten beziehen.[1] — Aber auch in der Folgezeit dauerte die Verwirrung in den Abhandlungen über intertemporales Privatrecht fort. So bei LYNCKER und HENNE.[2] Bei LYNCKER treffen wir außerdem noch in Th. X auf eine eigentümliche Verquickung des intertemporalen und internationalen Privatrechtes.

Die Schriftsteller des 19. Jahrhunderts zeigen im allgemeinen mehr Verständnis für eine Abgrenzung des intertemporalen Privatrechtes. Insbesondere wird der Unterschied zwischen dem intertemporalen Privatrecht und internationalen Privatrecht erkannt und ausgesprochen.[3]

Allein eine Scheidung des intertemporalen Privatrechtes gegen das intertemporale Prozeßrecht einschließlich des Zwangsvollstreckungs- und Konkursrechtes ist nirgends durchgeführt. So weder von BERGMANN, noch von HOFMANN, noch von GIERKE.[4]

Es ist aus verschiedenen Gründen ratsam, das intertemporale Privatrecht von seiner Verbindung mit dem intertemporalen Prozeßrecht einschließlich des Zwangsvollstreckungs- und Konkursrechtes loszuschälen. Die Gründe sind dieselben, die zu einer Absonderung des Privatrechtes und des Prozeßrechtes geführt haben. Zweifelhaft könnte nur sein, ob das Beweisrecht in das Gebiet der Darstellung des intertemporalen Privatrechtes hineingezogen werden soll oder nicht. Dafür spricht, daß das Beweisrecht materieller Natur ist, wie das Privatrecht selbst. Daß ferner Rechtsvermutungen und Fiktionen, überhaupt die Regelung der Beweislast, geradezu einen wesentlichen Bestandteil der bürgerlichen Rechtssätze bilden, der von ihnen ohne Gefährdung ihres Charakters gar nicht losgelöst werden kann. Dies zeigt sich besonders deutlich in der neuen bürgerlichen Rechtsordnung für das Deutsche Reich; aber auch in der alten ist dieser Zusammenhang dem scharfen Beobachter erkennbar.[5]

Auch gegen eine andere Seite muß die Grenze um das Gebiet des intertemporalen Privatrechtes scharf gezogen werden; gegen das Privatrecht selbst. Wie oben S. 3 gesagt, besteht unser Rechtszweig nicht aus Rechtssätzen des bürgerlichen Rechtes, setzt vielmehr ihr Dasein voraus. Die Wissenschaft des intertemporalen Privatrechtes braucht und soll also nicht eine Darstellung des bürgerlichen Rechtes geben; eine

---

[1] Gesch. des intert. Privatrechts, § 46, S. 292.

[2] a. a. O. § 48, S. 311 und § 50, S. 319 und 321.

[3] S. unten § 4.

[4] Am reinsten ist das intertemporale Privatrecht in dieser Richtung von SAVIGNY dargestellt worden, der folgendes System aufstellt, Bd. 8, S. 413: I. Zustand der Person an sich. II. Sachenrecht. III. Obligationenrecht. IV. Erbrecht. V. Familienrecht. BERGMANN berücksichtigt überall die Prozeßnormen, ebenso die Beweisführung und Rechtsmittel; s. § 76, S. 492. HOFMANN behandelt unter IX., Exc. S. 285, Prozeßgesetze, wobei er auch den Konkurs mit einschließt. GIERKE, S. 206 betrachtet das Prozeßrecht unter VI.

[5] Diesen Zusammenhang hat das R.O.H.G. in einem vortrefflichen Urteil vom 18. November 1873 klar ausgesprochen; siehe Geschichte § 66, S. 494, n 1. S. auch unten insbes. § 24 und § 72.

solche wäre nicht nur überflüssig, sondern geradezu ein wissenschaftlicher Fehler, der sich auch noch durch übermäßigen Umfang und endlose Breite der Darstellung unangesehen rächen würde. Wohl kann und soll der Darsteller durch Beispiele die Hauptunterschiede zwischen der alten und neuen Rechtsordnung veranschaulichen, aber weiter darf und soll er nicht in den unerschöpflichen Born des materiellen Rechtes hinabsteigen.

§ 3. Die Arten des intertemporalen Privatrechtes. Das Deutsche intertemporale Privatrecht insbesondere. Das intertemporale Reichs- und Landesrecht.

Es ist zunächst die Frage aufzuwerfen, ob es nach der Rezeption des römischen Rechtes in Deutschland ein gemeines intertemporales Privatrecht gegeben habe.

Auf den ersten Blick müßte man die Frage in ihrem vollen Umfange bejahen; denn mit dem römischen Privatrecht muß doch auch das römische intertemporale Privatrecht rezipiert worden sein. Man könnte nicht etwa einwerfen, daß ja nach unseren eigenen Ausführungen das intertemporale Privatrecht zum öffentlichen Rechte gehört, das römische öffentliche Recht jedoch, wie allgemein anerkannt wird, nicht mitrezipiert wurde; denn die Erkenntnis, daß das intertemporale Privatrecht öffentlicher Natur ist, war zur Zeit der Rezeption schwerlich vorhanden.[1]

Außerdem stehen die wenigen Codexstellen, welche intertemporales Privatrecht enthalten, wie z. B. *c.* 7 *de leg.* 1, 14, mitten unter den privatrechtlichen Gesetzen der Kaiser,[2] und die intertemporalen Klauseln der Novellen sind mit dem privatrechtlichen Text aufs innigste verbunden. — Trotzdem müssen wir aber das Dasein eines gemeinen intertemporalen Privatrechtes im Sinne eines ausgebildeten, feingegliederten Rechtes leugnen, aus dem einfachen Grunde, weil die wenigen Quellenstellen dazu nicht ausreichten. Außerdem war zur Zeit der Rezeption und auch nachher viel zu wenig Verständnis für das intertemporale Recht vorhanden, um darauf ein erschöpfendes System zu bauen. Es läßt sich nur behaupten, daß die ältere römische Rechtsregel gemeines Recht geworden sei. Aber es bestand über deren Sinn und Tragweite eine solche Zersplitterung der Meinungen, daß sie zu einem verschwommenen, ja nebelhaften Grundsatze ausartete. Was übrig blieb war nur noch ein Kern der Wahrheit und wenn wir diesen als gemeines Recht Deutschlands

[1] Klar ist die Natur des intertemporalen Privatrechts erst von neueren Schriftstellern erkannt worden, so von Reinhold Schmid, S. 2 und Hofmann, Exc. S. 123. Beide Schriftsteller begnügen sich aber mit einer ganz kurzen Begründung. Noch ein Urteil des Schweiz. Bundesgerichts erklärt Ende des 19. Jahrhunderts intertemporale Rechtsregeln für Privatrecht; Gesch. § 68, S. 522, n. 1.

[2] Gesch. d. intert. Privatr., § 10, S. 70 f.

anerkennen, so bedeutet diese Anerkennung nichts mehr und nichts weniger, als daß jener Kern Gemeingut der deutschen Staaten, aber auch Gemeingut aller zivilisierten Völker geworden ist.[1]

Im gleichen Sinne, wie die Hauptregel des intertemporalen Privatrechtes Gemeingut der zivilisierten Staaten geworden ist, sind es auch die Hauptsätze des internationalen Privatrechtes. Das hindert aber nicht, daß innerhalb der einzelnen Staaten dieser Rechtskern eine eigenartige, individuelle Umgestaltung erhält[2] Wenn wir also den Begriff des gemeinen intertemporalen Privatrechtes nur im obigen Sinne anerkennen können, so ist logischerweise auch der Begriff eines partikularen intertemporalen Privatrechtes auszuschließen. Dagegen gab es und giebt es Fälle eines ausgeprägten nationalen intertemporalen Privatrechtes, dem die ältere Rechtsregel als Gemeingut im obigen Sinne zu Grunde lag; so ein preußisches auf Grund des P.P. des A.L. und der Einl. zum A.L.,[3]; dann ein österreichisches auf Grund seiner Kundmachungspatente z. a. b. G.B. und des § 5 des a. b. G.B.,[4] so ferner ein badisches und schweizerisches,[5] so auch ein französisches, das nicht sowohl auf gesetzlichen Bestimmungen, als auf der französischen „Jurisprudenz“ beruht, und damit verwandt ein italienisches.[6] Auch ein sächsisches intertemporales Privatrecht entstand auf Grund der P.V. zum B.G.B.[7] Ebenso kann man von einem amerikanischen sprechen, das uns aus den Verfassungen der Staaten und der Union

---

[1] S. Gesch. d. intert. Privatr., § 51, S. 325. Über die Frage, ob das römische intertemporale Privatrecht gemeines Recht geworden sei, haben sich schon Bergmann und nach ihm Savigny ausgesprochen. Bergmann rechnet das römische intertemporale Privatrecht zum gemeinen Recht. Dies geht aus seinen Ausführungen S. 205 hervor. Savigny, System Bd. 8, § 386, S. 395 f. räumt den römischen intertemporalen Rechtsregeln nur ein, *daß sie als eine mächtige Autorität seit Jahrhunderten auf die Gesetzgebung, die gerichtliche Praxis, und die Lehre der Schriftsteller eingewirkt haben, wodurch neben mancher Verschiedenheit im Einzelnen, dennoch im Ganzen eine so große Uebereinstimmung entstanden ist, wie sie ohne diese gemeinsame Grundlage gewiß nicht zu erwarten gewesen wäre.*“ — Im Endergebnis stimme ich mit Savigny überein, nur ist meine Begründung eine andere.

[2] Ob beim internationalen Privatrecht jene Grundsätze in noch stärkerem Grade Gemeingut der zivilisierten Welt geworden sind, lasse ich dahingestellt. Ich bezweifle aber, daß eine Geschichte des internationalen Privatrechtes stärkere Äußerungen derselben in den Verfassungen und Gesetzen der Staaten nachzuweisen vermag, als ich sie für die Hauptregel des intertemporalen Privatrechtes in meiner Geschichte desselben habe aufdecken können. Immerhin muß aber zugegeben werden, daß der Gedanke einer Schonung der Geschöpfe fremder Rechtsordnungen Gemeingut aller zivilisierten Staaten ist, unbeschadet einer eigenartigen nationalen Ausgestaltung des internationalen Privatrechtes im Einzelnen.

[3] S. Gesch. d. intert. Privatr., § 33, S. 205 fg.

[4] a. a. O. § 53, S. 346 fg.

[5] S. Gesch. § 52, S. 332 und S. 341.

[6] a. a. O. § 52, S. 326 fg. und § 65, S. 465. Über den Begriff der Jurisprudenz s. § 59, S. 414, n. 2.

[7] a. a. O. § 53, S. 353.

und der Rechtsprechung der Gerichte in eigenartiger Ausgestaltung entgegentritt.[1]

Jetzt besteht ein einheitliches deutsches intertemporales Privatrecht hauptsächlich auf Grund des Einführungsgesetzes zum Bürgerlichen Gesetzbuch für das Deutsche Reich, vom 18. Aug. 1896, mit dessen systematischer Darstellung sich dieses Werk befaßt. Das deutsche intertemporale Privatrecht beruht jedoch nicht bloß auf dem genannten Einführungsgesetze zum B.G.B. Es kommen auch die Einführungsgesetze der mit dem Bürgerlichen Gesetzbuch gleichzeitig in Kraft gestretenen Reichsgesetze in Betracht, insonderheit das Einführungsgesetz zum Handelsgesetzbuche vom 10. Mai 1897 und zum Gesetz *über die Zwangsversteigerung und Zwangsverwaltung* vom 24. März. 1897. — Ferner die Übergangsbestimmungen der übrigen Reichsgesetze mit bürgerlichem Rechtsgehalt, insonderheit des Gesetzes *betreffend das Urheberrecht an Werken der Literatur und der Tonkunst* vom 19. Juni 1901. Endlich auch die Gesetze und Verordnungen, welche die Einzelstaaten zur Einführung des Bürgerlichen Gesetzbuches für das Deutsche Reich erlassen haben.[2]

Wir können das intertemporale Privatrecht auch einteilen in ein strenges und billiges *(ius strictum—ius aequum)*, wie sich das bei der intertemporalen Regelung der Doppelthatbestände und besonders der Verjährung zeigt.[3] Der Gegensatz ist ein ähnlicher, wie der innerhalb des Privatrechtes selbst. Das strenge Recht zieht aus den Regeln die strengen, wenn auch logischen Folgerungen, ohne den Bedürfnissen des Lebens Rechnung zu tragen, während das billige Recht auf diese Rücksicht nimmt.

Das intertemporale Privatrecht läßt sich ferner einteilen in ein allgemeines und ein besonderes; das erstere zerlegt das intertemporale Privatrecht in seine Elemente und stellt die Grundsätze fest, die für alle möglichen Fälle Geltung haben; das besondere zieht daraus die Folgerungen für die einzelnen Thatbestände und Rechtsverhältnisse.

Das besondere intertemporale Privatrecht zerfällt in ein solches der älteren Rechtsregel und in ein solches der neueren. Ersteres lässt die alte Rechtsordnung für ihre Geschöpfe auch nach ihrer formellen Aufhebung materiell gewähren, man kann es daher auch das gewährende intertemporale Privatrecht nennen; letzteres schließt sie für immer aus, man kann ihm daher den Namen ausschließendes intertemporales Privatrecht geben. — Das gewährende intertemporale Privatrecht ist zugleich auch das intertemporale *ius commune*, das intertemporale gemeine

---

[1] a. a. O. § 56, S. 395 fg. — In diesem Zusammenhange stehen auch die intertemporalen Grundsätze, Regeln oder Prinzipien, die sich in einzelnen Rechtsgebieten selbständig entwickelt haben; vgl. unten § 5, S. 19, n. 1.

[2] S. auch unten § 46.

[3] S. Gesch. § 53, S. 355, n. 2 und unten § 34.

Recht in diesem Sinne. Es ist ein Ausfluß der Hauptregel und tritt überall da ein, wo nichts anderes bestimmt ist *(nisi nominatim cautum sit)*. Das ausschließende intertemporale Privatrecht dagegen stellt das Ausnahmerecht dar, das *ius singulare*, das intertemporale Sonderrecht. Die Erkenntnis des Charakters beider Rechte ist von größter Bedeutung, wie wir noch sehen werden.[1]

Als bedeutungsvoll für unsere Darstellung des Deutschen intertemporalen Privatrechtes erweist sich auch die Scheidung in ein intertemporales Reichs- und Landesrecht; das erstere hat der Hauptsache nach das obenerwähnte E.G. zum B.G.B. geschaffen; das letztere findet sich in den Ausführungsgesetzen der einzelnen deutschen Staaten.[2]

Nicht eine Unterart, sondern eine Neubildung des ausschließenden intertemporalen Privatrechtes ist die Politik der intertemporalen Gesetzgebung.[3]

§ 4. Methode und Hilfswissenschaften.

Wie bei jeder Wissenschaft, welche dem Kreise der historischen Wissenschaften angehört,[4] läßt sich eine deduktive und induktive Methode denken. Erstere sucht aus der Natur der Rechtsordnung selbst, bez. aus der Natur der Thatbestände und Rechtsverhältnisse die maßgebenden Grundsätze theoretisch abzuleiten. Letztere dagegen auf Grund der positiven Rechtserscheinungen des intertemporalen Privatrechtes die Grundsätze auszubauen, die geeignet sind, zwanglos und ohne Künstelei alle Erscheinungen zu erklären.

Die deduktive Methode ist in ihrer einseitigen Durchführung zu verwerfen. Diejenigen Schriftsteller, welche es mit ihr versucht haben, gelangen zu völlig widersprechenden Ergebnissen; so Bergmann,[5] Geller,[6] Goeppert.[7] Bergmann, der nur die Natur der Gesetze ins Auge fast, erschrickt selbst ob des klaffenden Widerspruches zwischen seinen Grundsätzen und den Erscheinungen des positiven Rechtes. Er hat es jedoch ehrlich und ohne Voreingenommenheit versucht, auf rein deduktivem Wege die Sphinx des intertemporalen Privatrechtes zu enträtseln. Die beiden anderen dagegen wandten ihren Blick zunächst auf das positive Material, um dann in frommem Selbstbetrug anscheinend deduktive Untersuchungen anzustellen, deren Ergebnisse zu ihrer freudigen Überraschung mit dem positiven Material so ziemlich übereinstimmen. —

---

[1] S. unten §§ 8, 11 u. 12; vgl. noch § 19.

[2] S. auch unten § 46.

[3] S. unten § 19 und im besonderen Teil das 3. Kap., 1. Abschnitt, §§ 86—90.

[4] S. über die Einteilung der Wissenschaften mein Institutionensystem S. 557.

[5] S. Gesch. des intert. Privatr. § 80, 634, n. 1.

[6] S. Geschichte § 80 S. 643, n. 1.

[7] S. Geschichte § 81 S. 647, n. 1.

Richtiger ist es, von den bereits historisch festgelegten, positiven Rechtserscheinungen auszugehen und aus den gesammelten Einzelerscheinungen sorgfältig die allgemeinen Grundsätze abzuleiten, m. a.: in erster Linie ist die induktive Methode anzuwenden. Damit ist aber nicht gesagt, daß die deduktive Methode ganz bei Seite geschoben werden müsse. Zeigen sich Lücken im positiven Material oder Dunkelheiten oder Widersprüche oder entstehen durch den Fortschritt der Gesetzgebung neue Thatbestände und Rechtsverhältnisse, die einer intertemporalrechtlichen Regelung bedürfen, dann ist die deduktive Methode am Platze. Sie ist es auch *de lege ferenda* zur Kritik der bestehenden Übergangsbestimmungen.

Unter den Hilfswissenschaften des heutigen intertemporalen Privatrechtes nimmt die erste Stelle ein: die Geschichte des intertemporalen Privatrechtes. Eine solche ist mit meinem ersten Teil des intertemporalen Privatrechtes geschaffen worden.[1] Insbesondere sind die römischen Grundsätze des intertemporalen Privatrechtes auch heute noch die beste Quelle.[2] Von großem Nutzen ist auch die Kenntnis der gesetzlichen Übergangsstimmungen.[3] Noch größere Belehrung gewährt, besonders für die einzelnen Rechtsverhältnisse, die intertemporale Rechtssprechung[4] und Litteratur.[5]

Ein zweites Hilfsmittel ist der allgemeine Teil des Privatrechtes, insbesondere die Lehre von den drei Rechtselementen: Thatbestand, Rechtsverhältnisse und Rechtsordnung. Leider bestehen noch keine Monographien über diese wichtigsten Faktoren des Rechtes, d. h. es fehlt noch an einer allgemeinen Rechtslehre, welche alle drei Einzeldarstellungen zu einem einheitlichen Ganzen vereinigen würde.[6]

Ein weiteres Hilfsmittel würden die anderen Zweige des Rechtes der Rechtsordnungen, insbesondere die intertemporalen Rechtswissenschaften darbieten: wie das intertemporale Strafrecht, das intertemporale Civilprozeßrecht u. s. w. Allein diese warten noch alle ihres Prinzen, der sie aus ihrem Schlafe erwecke.

Dagegen ist glücklicherweise ein anderer Zweig des Rechtes der Rechtsordnungen von der bisherigen Wissenschaft liebevoll gepflegt worden. Es ist dies das internationale Privatrecht.[7] Trotz dieser innigen Verwandtschaft beider Rechtszweige wäre es jedoch verfehlt anzunehmen,

---

[1] Geschichte des intertemporalen Privatrechtes Leipzig, Verlag von Veit & Comp. 1902.

[2] Ich verweise hier auf Gesch. des intert. Privatr. Kap. 1 §§ 1—14.

[3] S. a. a. O. Kap. 2 §§ 15—36; Kap. 3 §§ 42—61.

[4] S. a. a. O. Kap. 2 §§ 37—40 und Kap. 3 §§ 62—69.

[5] S. a. a. O. Kap. 2 §§ 41—50; Kap. 3 §§ 70—81.

[6] Verfasser dieses Werkes beabsichtigt als Fortsetzung seines Institutionensystems eine solche allgemeine Rechtslehre in absehbarer Zeit zu veröffentlichen. Das Institutionensystem ist nur als Einleitung zu diesem größeren Werke gedacht; Institutionensystem Kap. XI S. 564 fg.

[7] Ich habe in der Geschichte des intert. Privatr. S. 6 auf die innige Verwandtschaft beider Diszipline hingewiesen, ihre Ähnlichkeiten und Unterschiede

daß man dieselben Grundsätze, die man für das internationale Privatrecht als richtig befunden hat, ohne Schwierigkeiten auf die Materien des intertemporalen Privatrechtes analog anwenden könnte. Die Unterschiede sind doch zu groß. Beim intertemporalen Privatrecht befinden wir uns im eigenen Hause. Wir haben es mit lauter Rechtsordnungen zu thun, die unser Staat erzeugt hat. Beim internationalen Privatrecht dagegen stehen wir fremden Rechtsgeschöpfen gegenüber, die wir achten sollen. Es ist aber vorauszusehen, daß wir unseren eigenen Rechtserzeugnissen, unserem eigenen Fleisch und Blute gegenüber schonender verfahren werden als fremden Rechtsgebilden. Es liegt dieses in der menschlichen Natur, die ja auch unseren Staat erfüllt. Sollte aber ein Staat aus politischen Rücksichten oder infolge eines Abhängigkeitsverhältnisses den fremden Rechtsgebilden besondere Schonung angedeihen wollen, so würden auch dann sein internationales und intertemporales Privatrecht auseinandergehen, indem die Schonung des fremden Rechtes diejenige des eigenen überträfe.

Man könnte einwerfen, daß jeder Staat, auch der völlig unabhängige, zur Schonung fremder Rechtsgebilde eher getrieben sein müsse, als seiner eigenen. Die Positivität des internationalen Rechtes werde durch wirksamere und stärkere Zwangsmittel aufrechterhalten, als die des intertemporalen Privatrechtes. Wenn er das internationale Privatrecht verletze, so habe er die gewaltsamen Mittel des Völkerrechtes, Retorsion, Repressalien, zuletzt den Krieg zu fürchten, was beim intertemporalen Privatrecht vollständig wegfalle. Trotzdem muss ich bei meiner ersten Ansicht verharren. Das internationale Privatrecht kehrt sich nur gegen grobe Verletzungen. Derartigen Feinheiten, welche die Hauptregel des intertemporalen Privatrechtes verlangt, steht es vollständig ferne.[1] Der Gesetzgeber des Deutschen Reiches selbst hat in seinen positiven Anord-

---

wissenschaftlich festgestellt. Die Verwandtschaft beider ist, wie a. a. O. in n. 1 bemerkt, bereits in früheren Jahrhunderten schon geahnt worden; wohl schon von den Glossatoren, von Fellinus und seinen Zeitgenossen. Die Erkenntnis der Verwandtschaft beider Rechtszweige wirkt auf Lyncker derart ein, daß er sie für eins und dasselbe hält; s. a. a. O. § 48 S. 311, n. 3. Im 19. Jahrh. erkannten den Zusammenhang beider Wissenschaften Weber, a. a. O. S. 6, n. 1 und S. 631, n. 3; Meyer, S. 75—88, s. a. O. § 73 S. 599, n. 2; Savigny, Bd. 8 S. 6, s. a. a. O. S. 6, n. 1; Lassalle, s. a. a. O. S. 6, n. 1; Schmid, S. 1, s. a. a. O. S. 636; Hofmann, Exc. S. 303 und 264. In der neuesten Zeit besonders Zitelmann, Intern. Privatr. I S. 38, 49 oben; II S. 37 fg., 46 fg.; 64 und 65; 145 Abs. 1a S. 165 fg. Dann noch in Jherings Jahrb. a. a. O. S. 200, n. 1.

[1] So die Aufrechterhaltung der alten Vormundschaften, Entmündigungen, s. unten §§ 62 und 80, die Fortwirkung der alten Rechtsordnung für Gesellschaften; s. unten § 73, Vereine und juristischen Personen; s. unten § 69; die Fortwirkung des alten Rechtes auch für die Übertragungs- und Aufhebungsthatbestände der Obligationen, und für ihre accessorischen Rechtsverhältnisse, wie Bürgschaft und Pfänder, falls sie unter der neuen Rechtsordnung stattfinden; s. insbes. unten § 41, § 65 und § 72. Eines kann das internationale Privatrecht überhaupt nicht verlangen, was beim intertemporalen Privatrecht eine Hauptsache bildet, die Herr-

nungen das internationale Privatrecht anders behandelt, als das intertemporale.[1] Aus all dem geht hervor, daß von einer sofortigen, mühelosen Anwendung der im internationalen Privatrecht gewonnenen Ergebnisse auf das intertemporale Privatrecht keine Rede sein kann und auch nicht in umgekehrter Richtung.[2] In ähnlicher Weise betonen auch Gabba,[3] Goeppert S. 69,[4] v. Bar[5] und Lehmann[6] die tiefen Unterschiede im Wesen beider Rechte; sie müssen daher die Möglichkeit einer analogen Anwendung des einen auf das andere leugnen. Dagegen behauptet Zitelmann, daß seine einzelnen internationalprivatrechtlichen Antworten sich unschwer auf die entsprechenden zeitlichen Fragen über-

---

schaft der fremden Rechtsordnung für dingliche Rechtsverhältnisse an Grundstücken, falls ein Fremder im Inlande Grundeigentum erwirbt; s. unten § 68. Und könnte es auch die gleiche Berücksichtigung der fremden Rechtsordnung fordern, falls das Verfahren, das eine Todes- oder Verschollenheitserklärung zum Gegenstande hat, bereits nach fremdem Recht anhängig ist, wie dies Art. 161 E.G. für das intertemporale Privatrecht vorschreibt? s. unten § 56. Vgl. die verschiedenen Bestimmungen des Art. 9 (internationale Norm) und Art. 158—152 (intertemporale Normen) des Einführungsgesetzes z. B.G.B.

[1] So hat er für das internationale Privatrecht im Art. 11 ein Optionsrecht gewährt, wonach der Handelnde die Wahl hat, die Form des Rechtsgeschäftes zu bestimmen nach den Gesetzen, die für das den Gegenstand des Geschäftes bildende Rechtsverhältnis maßgebend sind oder nach den Gesetzen des Ortes, wo das Rechtsgeschäft vorgenommen wird. Nur bei einem Rechtsgeschäfte, durch das ein Recht an einer Sache begründet oder über ein solches Recht verfügt wird, ist die Wahl der letzteren Form ausgeschlossen. Im intertemporalen Privatrecht hält der deutsche Gesetzgeber uneingeschränkt an dem Satze fest: *tempus regit actum;* s. unten § 25. Wie gerechtfertigt diese verschiedene Behandlung ist, geht daraus hervor, daß Schriftsteller, die das intertemporale Optionsrecht verwerfen, es doch als örtliche Kollisionsnorm anerkennen; so Savigny 8, S. 349 fg. S. auch Habicht S. 126, n. 1. Ebenso hat der deutsche Gesetzgeber die Verschollenheit international- und intertemporalrechtlich ganz verschieden behandelt; s. oben S. 13, n. 1, ferner die rechtsfähigen Vereine; s. für's internationale Recht Art. 10 und für das intertemporale Art. 163—167 E.G.; die erbrechtlichen Verhältnisse; s. für das internationale Art. 25, für das intertemporale Art. 113 E.G.

[2] Ich habe bereits an anderer Stelle es als einen Irrtum der französischen Jurisprudenz bezeichnet, wenn sie den Art. 3 des *Code*, der internationales Privatrecht enthält, ohne weiteres auf das intertemporale Privatrecht überträgt und dadurch zur angeborenen Ausschließlichkeit der *statuts personnels* gelangt; s. meine Geschichte § 65 S. 465, n. 2 g E. Und fassen wir den Art. 3 des *Code* so, wie er in der That durch die spätere franz. Jurisprudenz ausgelegt wurde, daß die Fremden in Bezug auf ihre persönlichen Fähigkeiten nach ihrem nationalen Recht beurteilt werden müssen, so stimmt dann die analoge Übertragung auf das intertemporale Privatrecht der franz. Jurisprudenz nicht mehr. Denn was im internationalen die fremde, das ist im intertemporalen die alte Rechtsordnung. Also müßte die alte Rechtsordnung für die unter ihrer Herrschaft entstandenen personalen Rechtsverhältnisse weiter fortwirken; ein direkter Widerspruch zur Ausschließlichkeit der *statuts personnels.*

[3] S. Gesch. des intert. Privatr. 589 n. 1.

[4] S. über ihm a. a. O. S. 646, n. 1.

[5] Krit. Vrtjschr. Bd. 15 S. 10.

[6] Ztschr. f. Handelsr. Bd. 48 S. 13, n. 30.

tragen lassen.[1] Macht man die Probe, so ergiebt die analoge Anwendung seiner Beantwortungen örtlicher Fragen auf die zeitlichen eine unzulässige angeborene Ausschließlichkeit der neuen Rechtsordnung, die auch mit den Bestimmungen des E.G. zum B.G.B. in Widerspruch stehen.

Das Ergebnis dieser Probe ist von größter Wichtigkeit, denn es beweist uns zweierlei: einmal, dass von einer mühelosen Übertragung der Antworten örtlicher Fragen auf die Beantwortung zeitlicher keine Rede sein kann; zum zweiten, daß das intertemporale Privatrecht gegen die Geschöpfe, die der alten Rechtsordnung entstammen, schonender vorgeht als das internationale Privatrecht den Geschöpfen gegenüber, die unter einer fremden Rechtsordnung geboren sind.

Wenn aber auch von einer unmittelbaren Übertragung der Ergebnisse der einen Wissenschaft auf die andere keine Rede sein kann, so ist und bleibt eine mittelbare erläuternde und befruchtende Wechselwirkung doch sicher.[2]

§ 5. Die Prinzipien des intertemporalen Privatrechtes. Die intertemporalen Rechtstheorien.

Es sind verschiedene Versuche gemacht worden für die Regeln des intertemporalen Privatrechtes, insbesondere für die Hauptregel, ein ein-

---

[1] Jherings Jahrb. a. a. O. S. 200, n. 1. Vergl. noch Intern. Privatr. I S. 38—40; S. 151 fg. Das Prinzip, welches L. Bd. I S. 38—40 angiebt, „*nach dem sich mangels einer ausdrücklichen oder stillschweigenden Bestimmung im Gesetz die Frage über die zeitlichen Anwendbarkeitsgrenzen des Gesetzes . . . sicher und vollständig lösen lassen*“ ist mit derjenigen Rintelens, siehe Geschichte § 80 S. 639 und noch mehr mit Goepperts, s. a. a. O. § 81 S. 657, n. 1 und 639, n. 2 (*Rechtswirkung*) nahe verwandt. Daß aber diese Grundlage nicht genügt, haben uns Rintelen u. Goeppert bewiesen. Beide gelangen von ihr aus zu einer angeborenen Ausschließlichkeit der Gesetze, s. a. a. O. Und so auch Z., wie seine Ausführungen, auf die er verweist, S. 151 ff. beweisen. Nach der Hauptregel muß eine unter der alten Rechtsordnung entstandene Obligation auch in ihren weiteren Schicksalen: Übertragung und insb. Untergang, nach dieser beurteilt werden, s unten § 72. S. 151 sagt aber Z.: „*mag auch unter der Herrschaft des alten Statuts ein Recht entstanden sein, so entscheidet doch jedenfalls das neue Statut nunmehr über seine weiteren Schicksale, also darüber, ob es jetzt untergehen solle u. s. w.*“ Z. ist, wie eigentlich auch Goeppert, Anhänger der Lehre von den erworbenen Rechten, die mit Notwendigkeit eine, wenn auch beschränkte, angeborene Ausschließlichkeit annehmen muß, S. 153: „*beim Statutenwechsel bleibt das entstandene Recht im Zweifel, d. h. nach dem vermutlichen Willen des neuen Statuts, als ein wohlerworbenes, weiter bestehen. . .*“ Daß die Lehre von den erworbenen Rechten den Aufgaben des intertemporalen Rechtes nicht gewachsen ist, hat die Geschichte des intertemporalen Privatrechtes bewiesen; s. insbes. § 63 S. 430 fg. und § 79 S. 626. Hier sei nur eines bemerkt: Wie will man mit dieser Lehre die intertemporale Regelung der Todes- und Verschollenheitserklärung Art. 158—162 und des gesetzlichen Güterstandes Art. 200 erklären und begründen S. unten § 56 und 58. Ob das internationale Privatrecht mit dieser Lehre auskommen kann, lasse ich hier dahingestellt.

[2] S. Gesch. § 1 der Einleitung.

heitliches Prinzip aufzustellen, aus dem heraus die Einzelentscheidungen der intertemporalen Fragen begründet und erklärt werden können.

Hier sind nur die Prinzipien ins Auge zu fassen, die für die ältere Rechtsregel aufgestellt worden sind. Sie lassen sich einteilen in subjektive und objektive Prinzipien.

Die subjektiven Prinzipien gliedern sich an das Vertrauensprinzip, oder wie es auch genannt wird, das Prinzip der Verläßlichkeit der Gesetze. Dieser Grundsatz ist alt. Er wird schon in den intertemporalen Klauseln JUSTINIANS angewandt.[1]

Er ist dann von JACOBUS DE BELVISO, FELLINUS und seinen Zeitgenossen öfters hervorgehoben, besonders aber von LYNCKER an die Spitze seiner Abhandlung gestellt worden.[2] Von BLONDEAU wurde er weitläufiger begründet.[3]

Auch der Engländer JEREMY BENTHAM stützt sich auf das Vertrauensprinzip und kommt auf Grund desselben zu der merkwürdigen Anforderung, man solle so viel als möglich den Beginn der Geltung neuer Gesetze in eine entfernte Zeit verlegen, so daß die Unterthanen Muße haben, sich für die neue Ordnung der Dinge einzurichten, ja selbst eine neue Generation bereits in der Gewöhnung an die in Aussicht stehende Änderung heranwachsen könne.[4]

An BLONDEAU schließt sich auch der Niederländer T. D. MEYER, s. Gesch. § 73 S. 599, der oft mit dem Gedanken der Verläßlichkeit der Gesetze seine Entscheidungen begründet, ohne ihn jedoch als Grundsatz an die Spitze seines Werkes zu stellen.

Viele deutsche Schriftsteller des 19. Jahrhunderts sind Anhänger des Vertrauensprinzipes, so HÜTTNER,[5] BERGMANN, der das Prinzip den römischen Quellen entnimmt, S. 85, 86; dann SAVIGNY S. 390; ferner WINDSCHEID § 32. Vor allem aber hat es HOFMANN verteidigt und weiter ausgeführt.[6]

Auch in die Rechtsprechung fand das Vertrauensprinzip Eingang, so insbesondere in die des preußischen Obertribunals. Obschon sich das Gericht manchmal etwas undeutlich ausdrückt und von der Rechtsordnung

---

[1] So in Nov. 22, Kap. 1: ... *priores sequentes leges. Illis enim credentes et ita contrahentes nullus inculpabit, quare non futurum scierunt, et hoc, quod videbatur quidem et tractabatur, omnibus modis crediderunt, quod vero nondum factum erat, non formidaverunt.* Vgl. ferner *c.* 29, § 7: *de testam.* 6, 23 ... *quid enim antiquitas peccavit, quae praesentis legis inscia pristinam secuta est observationem?*

[2] S. Gesch. des intert. Privatr., § 42, S. 255, n. 2 u. § 45, S. 269, n. 3 g. E. und S. 276, n. 1; § 47, S. 297, *Th.* II.

[3] SIREY 9, 2, *p.* 278 *sequ.*

[4] J. BENTHAM, Grundsätze der Zivil- und Kriminalgesetzgebung, Herausgeg. von DUMONT, übersetzt von BENNEKE 1830, Bd. 1, S. 209 f., 273 ff. S. Gesch. § 81, S. 652, n. 1.

[5] S. Gesch. des intert. Privatr. § 73, S. 601, n. 2.

[6] S. Gesch. § 78, S. 623, n. 1.

spricht, die die Parteien „*vor Augen*“ haben, so folgt es doch nur dem Vertrauensprinzip oder einer Schattierung desselben.[1]

Dieses subjektive Prinzip kann jedoch nicht zur Grundlage unserer Wissenschaft gemacht werden, selbst wenn es in zwei besonderte Sätze auseinandergelegt wird: *a*) *erworbene Rechte sollen geschont werden, b*) *man muß das Gefühl voller Sicherheit haben, wenn man seine (das Rechtsleben betreffende) Handlungen und Unterlassungen den bestehenden Gesetzen gemäß einrichtet.*[2] Denn das subjektive Prinzip läßt uns überall da im Stiche, wo es sich um involuntare Thatbestände handelt; mit dem Willen der beteiligten Personen mangelt notwendig auch das Vertrauen. Ohne Wissen und Willen und infolgedessen auch ohne Vertrauen entstehen hier zu Gunsten der Beteiligten Rechtsverhältnisse, und doch müssen auch diese gegen die neue Rechtsordnung geschützt werden. — Das subjektive Prinzip leidet auch an dem Fehler, daß es gerade so gut für die Ausschließlichkeit der neuen Rechtsordnung, wie für die materielle Fortwirkung der alten verwendet werden kann. In der That haben es einige Schriftsteller dazu benutzt, um die Ausschließlichkeit zu rechtfertigen, so insbesondere Brauer[3] und Bornemann.[4] Damit ist über die Brauchbarkeit dieses Prinzips für die Hauptregel der Stab gebrochen.

Die objektiven Prinzipien zerfallen in naturwissenschaftliche und juristische. — Ein Vertreter der naturwissenschaftlichen ist Geller, welcher das Kausalitätsprinzip aufstellt. Dasselbe ist für die Jurisprudenz zurückzuweisen; denn ein Kausalitätsgesetz giebt es unter den drei Rechtselementen: Thatbestand, Rechtsverhältnis und Rechtsordnung, von denen die letzten beiden abstrakter Natur und nur ersteres konkret ist, schlechterdings nicht. Eine Kausalität ist nur möglich unter den konkreten Elementen der sinnlichen Welt.[5]

Zu den juristischen Prinzipien müssen wir dasjenige Goepperts rechnen, das sich als das Prinzip der *Rechtswirkung* bezeichnen läßt. Es ist jedoch nichts anderes als eine Umschreibung des Prinzipes, daß wohlerworbene Rechte geschont werden müssen, also das subjektive Vertrauensprinzip im Mantel der Objektivität.[6] Derjenige Schriftsteller, der, soweit ich sehe, der Wahrheit am nächsten kommt, ist Böhlau, zum Teil noch umgarnt vom Kausalitäts-, zum Teil vom Vertrauensprinzip.[7] Noch näher der Wahrheit stehen die Motive zum Bürgerlichen Gesetzbuch und zu dessen Einführungsgesetz, welche jedoch noch mit einem Fuße in der

---

[1] S. Gesch. § 66, S. 491, n. 2 g. E.

[2] S. Gesch. § 78, S. 623, n. 1.

[3] S. Gesch. § 52, S. 334, n. 1.

[4] S. Gesch. § 75, S. 610, n. 3 und unten § 17.

[5] Siehe Geschichte § 80, S. 643, n. 1 und das römische Institutionensystem, S. 161, n. 2.

[6] S. Gesch. § 81, S. 647, n. 1; vgl. auch oben § 4, S. 15, n. 1.

[7] Siehe Geschichte § 75, S. 606, n. 1 g. E. und die einschlägige Stelle a. a. O. S. 398.

Lehre der wohlerworbenen Rechte und dem Vertrauensprinzip stecken.[1] Wir können das Prinzip, welches der älteren Rechtsregel des intertemporalen Privatrechtes zu Grunde liegt, als das der staatlichen und rechtlichen Notwendigkeit bezeichnen. Einmal der staatlichen Notwendigkeit: Der Staat würde sich selbst in Frage stellen, wie Böhlau sagt, oder er würde mit sich selbst in Widerspruch treten, wie die Motive sich ausdrücken, ja er würde sich selbst negieren, wenn er als ewiges Gemeinwesen, für das die Zeit nur eine Anschauungsform der rechtlichen Gebilde ist, die Geschöpfe einer alten Rechtsordnung ihres Schutzes beraubte, bloß weil sie der gegenwärtig geltenden aber auch wieder vergehenden Rechtsordnung nicht entsprechen.

Es ist ferner eine rechtliche Notwendigkeit, die der älteren Regel zu Grunde liegt. Sie ist im Wesen der Rechtsordnung im absoluten Sinne selbst begründet und aus ihrem ureigensten Wesen hervorgehend, erhebt sie sich über die vergänglichen bürgerlichen Rechtsordnungen im relativen Sinne, die zeitlich aufeinander folgen und bildet so eine ewige Richtschnur für dieselben.

Geht man nämlich von einem höheren Standpunkte aus, so bilden die verschiedenen zeitlich aufeinander folgenden bürgerlichen Rechtsordnungen doch eine einheitliche und ungeteilte Rechtsordnung. Wie der Staat ein ewiges Gemeinwesen ist trotz aller inneren Wandelungen und Veränderungen, so ist auch die bürgerliche Rechtsordnung innerhalb des Staates trotz aller Wandelungen und Veränderungen eine ewige und einheitliche Rechtsordnung. Es ist dies eine notwendige logische Abstraktion zeitlich aufeinander folgender, aber gleichartiger Erscheinungen.[2]

Ist aber die bürgerliche Rechtsordnung eine einheitliche, ungeteilte und ewige, dann muß für sie die zeitliche Verschiedenheit nicht in Betracht kommen, sie muß alle ihre Geschöpfe, zu welcher Zeit sie auch unter ihr geboren wurden, in gleicher Weise anerkennen und schützen. Alle Thatbestände und Rechtsverhältnisse, aus welcher Zeit sie auch stammen, sind vor dem ewigen Gesetze gleich, sie müssen in ihrer individuellen Eigenart und Beschaffenheit anerkannt und beschützt werden. Damit aber dies Rechtsgebot zur vollkommenen Durchführung gelange, müssen sie nach der Rechtsordnung (im relativen Sinne) beurteilt werden, welche sie erzeugt, ihnen ihren Stempel aufgedrückt, ihnen ihr individuelles Gepräge verliehen, mit einem Worte sie zu Geschöpfen gemacht hat. Tritt dann auch in Zukunft eine Änderung der Rechtsordnung ein, so kann dieser Stempel, dieses individuelle Gepräge der Thatbestände und Rechtsverhältnisse als Geschöpfe im obigen Sinne nicht mehr ungeschehen gemacht werden; er hat einen *character indelebilis*. Er ist unvertilgbar und unauslöschlich. Wie die organischen

---

[1] Motive Bd. I, S. 21. S. auch das Motto unseres Buches!

[2] S. unten § 44.

Geschöpfe, insbesondere die Menschen, den Charakter der Welt tragen, in der sie geboren sind, ebenso verhält es sich mit den Gebilden der Rechtsordnung.

Da ferner die Zeit nur eine Anschauungsform des vernünftigen Menschen ist, so gehört ihm immer die Gegenwart. So ist auch die Gegenwart der Rechtsordnung, die gegenwärtige Rechtsordnung entscheidend für die jetzt geborenen Thatbestände und die jetzt beginnenden Rechtsverhältnisse. Zukünftige Änderungen der Rechtsordnung sind für sie nicht vorhanden, können daher nichts mehr ausrichten. Aus diesen letzteren Gründen kann man auch von einer philosophischen (logischen) Notwendigkeit der älteren Rechtsregel sprechen.

Jede Aufstellung eines Prinzipes für die ältere Rechtsregel läßt sich als eine intertemporale Privatrechtstheorie bezeichnen.[1] Die intertemporalen Privatrechtstheorien scheiden sich wie ihre Prinzipien in subjektive und objektive.

§ 6. Die Positivität des intertemporalen Privatrechtes.

Wir verstehen unter Positivität des intertemporalen Privatrechtes dasselbe, was man unter Positivität des Rechtes überhaupt versteht, nämlich diejenige Eigenschaft von Regeln, wonach denselben nachgeachtet werden muß, gegebenen Falles sogar ihre Befolgung zwangsweise durchgeführt werden kann.

Die Positivität des intertemporalen Privatrechtes könnte nach zwei Richtungen hin wirken. Einmal in Beziehung auf den Gesetzgeber; darnach hätte er dem intertemporalen Privatrechte, insonderheit der älteren Rechtsregel gemäß Gesetze zu erlassen. Es würde für ihn eine Rechtspflicht bestehen, die ältere Rechtsordnung für ihre Geschöpfe gewähren zu lassen, oder nur unter der doppelten Voraussetzung der neueren Rechtsregel einem Gesetze den Charakter der Ausschließlichkeit zu verleihen. Besteht nun eine derartige Positivität? U. E. ist die Frage entschieden zu bejahen, und zwar mit größerem Fuge, als die nach der Positivität des Völkerrechtes.

---

[1] In der Geschichte des intert. Privatrechts begegnen innerhalb der Gesetzgebung einzelner Staaten eigenartige Rechtserscheinungen, die wir Grundsätze, Rechtsregeln, wohl auch Prinzipien genannt haben. So das Westgotische Prinzip; siehe Geschichte § 17, S. 131, n. 3; das Langobardische; siehe Gesch. § 17, S. 136, n. 3 u. § 20, S. 147; das Kanonische; siehe Geschichte § 24, S. 159; das Badische; siehe Geschichte § 52, S. 334. Diese Grundsätze beziehen sich nur auf eine besondere Ausgestaltung oder Einschränkung der Hauptregel des intertemporalen Rechts; s. auch oben § 3, S. 10, n. 1. Sie enthalten aber keine Erklärung oder Rechtfertigung der letzteren. Die im Text dargestellten Prinzipien aber sind zur Begründung der Hauptregel aufgestellt; sie beziehen sich auf ihren Grund. Man könnte daher in Anlehnung an die Strafrechtswissenschaft, welche Strafrechtstheorien über Grund und Zweck der Strafe kennt, von intertemporalen Privatrechtstheorien sprechen.

Schon FELLINUS und seine Zeitgenossen, ja sogar einige seiner Vorgänger erörterten die Frage nach der Positivität der älteren Rechtsregel. Denn nicht anders ist ihre Frage aufzufassen: *an princeps ius quaesitum tollere potest?* Die meisten dieser Schriftsteller bejahen nun die Positivität, indem sie entweder ihm die Befugnis, ein erworbenes Recht aufzuheben, rundweg abschlagen oder sie ihm nur bedingungsweise gewähren, d. h. gewisse Voraussetzungen festsetzen, unter deren Beobachtung er sie ausüben kann. Es verschlägt dabei nichts, daß die Schriftsteller dieser Periode sowohl an den Fall gedacht haben, daß der *princeps* durch abstrakte Rechtsnormen erworbene Rechte verletzen kann, als auch durch konkrete Verwaltungsakte.[1] Auch in der Folgezeit wird die Frage der Positivität von den Schriftstellern berührt; so insbesondere von BACON VON VERULAM und HENNE. Beide verneinen zwar die Positivität nicht in bewußter Weise. Aus ihren Ausführungen jedoch geht hervor, daß der Gesetzgeber sich lediglich an Zweckmäßigkeitsrücksichten halten solle.[2] BACON führt nur einen Grund an, der den Gesetzgeber vom Erlasse ausschließlicher Gesetze regelmäßig abhalten müsse: Die Gefahr einer Rechtsunsicherheit.[3] Auch im 19. Jahrhundert sprechen sich verschiedene Schriftsteller, sei es mittelbar oder unmittelbar, gegen die Positivität des intertemporalen Privatrechtes aus.[4] Hierher müssen wir ferner alle Schriftsteller rechnen, welche Anhänger einer beschränkten Ausschließlichkeit der bürgerlichen Rechtsordnung sind.[5] In der neueren Zeit hat

---

[1] Siehe Geschichte § 71, S. 579, n. 3; vgl. auch § 70, S. 473, n. 3 ebenda (CYNUS).

[2] Über HENNE, siehe Geschichte §§ 49 u. 50, S. 315 fg. Er hält seine Ausführungen nicht als Darlegungen von Rechtssätzen, sondern nur als gute Ratschläge, die er dem Gesetzgeber geben will und die dem Sinne nach auf die ältere Rechtsregel hinauslaufen. BACONS einschlägige Erörterungen finden wir in seinem *Tractatus de iustitia universali, sive de Fontibus Juris, in uno Titulo per Aphorismos.* Diese Skizze ist in das Werk *de dignitate et augmentis scientiarum. Ad regem suum. Libri IX.*, eingeschaltet; am Schlusse des VIII. Buches. Meine Ausgabe ist vom Jahre 1654. *Argentorati, Sumptibus Johan Joachim Bockenhoferi.*

[3] A. a. O. *pag.* 469: *Aphorismus 47. . . . Id fit in legibus, sive statutis, quae retrospiciunt, ut vulgo loquuntur. Cujus generis leges, raro, et magna cum cautione, sunt adhibendae, neque enim placet Janus in legibus. pag.* 470: *Aphorismus 49. . . . „Legis enim, quae retrospicit, vitium vel praecipuum est, quod perturbet. . . .“*

[4] So erklärt es HERRESTORFF für eine bloße Frage der Zweckmäßigkeit, ob und in wieweit man ein neues Gesetz auf die Vergangenheit erstrecken soll; er ist jedoch bereit, mit einer deduktiv ausgesonnenen Kasuistik der Klugheit des Gesetzgebers zu Hülfe zu kommen; siehe Geschichte § 73, S. 600, n. 2. Ferner behauptet LAURENT, daß sich die ältere Rechtsregel hauptsächlich nur an den Richter, nicht an den Gesetzgeber wende; siehe Geschichte § 73, S. 603, n. 2.

[5] Siehe Geschichte § 80, S. 628 fg. Einige Schriftsteller, wie BAUER, S. 27, bezeichnen es als ratsam, daß der Gesetzgeber so wenig als möglich den alten Rechtszustand in die neue Zeit hineinragen lasse. Noch weiter geht GOENNER, Archiv für die Gesetzgebung und Reform Bd. 1, S. 149 fg. und S. 156 fg., der sogar von

Goeppert erklärt, daß die ältere Rechtsregel des intertemporalen Privatrechtes keine Rechtsschranke, ja nicht einmal eine sittliche Schranke für den Gesetzgeber bilde.[1]

Für die Positivität des intertemporalen Privatrechtes sprechen sich aber die bedeutendsten Schriftsteller des 19. Jahrhunderts aus, die auch für unsre Disziplin das meiste Verständnis gezeigt haben. So erklärt Bergmann, a. a. O. S. 33, daß das römische Hauptprinzip *„als Regel gerade auch für den Gesetzgeber ausgesprochen“* sei. Auch Savigny legte der Hauptregel, insoweit sie sich auf Gesetze erstreckt, die den Erwerb der Rechte betreffen, positive Kraft gegenüber dem Gesetzgeber bei.[2] Für die Positivität sowohl dem Gesetzgeber als auch dem Richter gegenüber sprachen sich auch von Gerber[3], Böhlau[4] und Böcking[5] aus. Ebenso Hofmann z. B. Exc. S. 340 insb. aber S. 129 und Gierke.[6]

Die ältere Regel des intertemporalen Privatrechtes hat Anspruch auf Positivität nicht nur dann, wenn sie in der Staatsverfassung Aufnahme[7] gefunden hat oder als Einzelgesetz einer Kodifikation einverleibt wurde[8], sondern auch dann, wenn sie kraft Gewohnheitsrechtes gilt. Ein solches Gewohnheitsrecht hat notwendig öffentlichen Charakter. Mit Fug läßt sich das Dasein eines derartigen Gewohnheitsrechtes in allen Kulturstaaten behaupten.[9] Der Einwurf, die ältere Rechtsregel könne kein Rechtssatz sein, weil ihm die Erzwingbarkeit fehle, ist nicht durchschlagend. Die herrschende Meinung nimmt an, daß die Erzwingbarkeit nicht ein wesentliches Merkmal eines Rechtssatzes sei. Soweit brauchen wir aber nicht zu gehen, der älteren Rechtsregel jede Erzwingbarkeit abzusprechen. Es giebt Zwangsmittel, die nicht in der Hand eines Gerichtsvollziehers oder der Polizei zu suchen sind. Die Verteidiger der Positivität des Völkerrechtes weisen mit Recht darauf hin, daß es solche unwägbare Zwangsmittel für die Durchführung des Völkerrechtes gebe, wie z. B. die Furcht vor Isolierung, vor Retorsion. Das intertemporale Privatrecht ist bei weitem besser gestellt als das Völkerrecht. Da die meisten Kulturstaaten konstitutionelle Verfassungen haben, so kann die Volksvertretung als

---

einer Pflicht des Gesetzgebers spricht, seinen Vorschriften allgemein rückwirkende Kraft beizulegen, so lange die Erhaltung wohlerworbener Rechte damit bestehen könne.

[1] Siehe Geschichte § 81, S. 652, n. 2. S. auch Regelsberger, Pandekten, S. 185; vgl. Gesch. § 80, S. 644, n. 4. Neuerdings hat sich auch Habicht, S. 8, n. 1 gegen die „Rechtsschranke“ ausgesprochen.

[2] S. Gesch. § 76, S. 612, n. 2; vgl. insb. B., 8, S. 508.

[3] S. Gesch. § 75, S. 609, n. 1.

[4] S. Gesch. § 75, S. 606, n. 1 g. E. und oben § 5, S. 17, n. 7.

[5] Pandekten I, S. 317.

[6] S. Gesch. § 78, S. 626, n. 2.

[7] S. Gesch. § 56, S. 385.

[8] S. Gesch. §§ 52—54, S. 326—382.

[9] S. oben § 3, S. 9, n. 1 und Gierke, a. a. O. S. 188.

Kontrollorgan auf Beobachtung der älteren Regel dringen, falls die Regierung einen Gesetzesentwurf mit ungerechtfertigter Ausschließlichkeit einbringt. Tritt dagegen die Volksvertretung selbst für eine ungerechtfertigte Rückwirkung ein, so kann in einem entwickelten Kulturstaat durch das Mittel der Presse, der Volksversammlungen und deren Resolutionen und Petitionen ein Druck auf die Volksvertretung ausgeübt werden. Übrigens ist auch den Regierungen die ältere Rechtsregel derartig in Fleisch und Blut übergegangen, daß es Fälle giebt, wo die Regierung es nicht wagte, einem Gesetzentwurf die Ausschlußklausel hinzuzufügen, sondern es einer schlecht beratenen Volksvertretung überließ, das Odium der Rückwirkung auf sich zu nehmen.[1]

Doch damit sind die Zwangsmittel noch nicht erschöpft. Es giebt ein Mittel, das bis jetzt in der Litteratur kaum beachtet wurde, aber geeignet ist, die Positivität des intertemporalen Privatrechtes dem Gesetzgeber gegenüber noch fester zu stützen. Wenn der Gesetzgeber eines suveränen Staates einem Gesetze widerrechtlich die Ausschlußklausel erteilt, so sind zwar die Gerichte dieses Staates daran gebunden, aber nicht die Gerichte fremder Staaten, deren Angehörige durch die Rückwirkung des Gesetzes betroffen würden. Dies ist eine Schranke, über welche sich der Gesetzgeber eines noch so mächtigen Staates nicht hinwegsetzen kann.[2] Gierke macht ferner mit Recht darauf aufmerksam (a. a. O. S. 189 Anm. 18), daß der Gliedstaat eines Bundesstaates in der Verletzung der älteren Rechtsregel noch mehr eingeschränkt ist. Der Bundesstaat ist berechtigt und verpflichtet, ungerechtfertigte ausschließliche Gesetze eines Gliedstaates *für nichtig zu erklären und die Beseitigung ihrer Wirkungen zu erzwingen.*[3]

Der letzte Gedankengang bringt uns auf die Frage nach der Positivität des internationalen Privatrechtes in Ansehung des Gesetzgebers. Auch sie ist zu bejahen aus ähnlichen Gründen wie bei dem Schwesterrecht. Die Zwangsmittel sind verwandt mit den zuletzt genannten im intertemporalen Privatrecht: Die Rücksicht auf andere Staaten, die Furcht vor dem Vergeltungsrecht[4] und die Hoffnung auf Gegenseitigkeit.[5]

---

[1] S. Gesch. § 69, S. 538, n. 1.

[2] S. in der Geschichte § 59, S. 420, n. 3 und § 66, S. 499, n. 1 g. E. über die *novae tabulae* des französischen Gesetzgebers im Jahre 1870. Vgl. auch unten § 15.

[3] Habicht, a. a. O. S. 8, n. 3 lehnt gestützt auf Art. 218 E.G. für das Deutsche Reich obige Ansicht ab. Allein gerade das Beispiel der franz. *novae tabulae* beweist in der That die Möglichkeit, daß durch die rücksichtslose Ausschließlichkeit der Gesetze eines Staates die Rechte der Bürger eines anderen Staates verletzt werden können. Und da es im Zweck eines Bundes liegt, über das Recht zu wachen, sollte da nicht die Organisation des Bundes dazu benützt werden, um rechtsverletzende Eingriffe der Gliedstaaten zurückzuweisen?

[4] S. Art. 31 E.G.

[5] S. Art. 25, S. 2 E.G.

Die zuerst genannten Stützen, die dem intertemporalen Privatrecht zu Gebote stehen, gehen selbstverständlich dem Schwesterrecht ab, da Volksvertretung, Volk und Presse bei Gefährdung des internationalen Privatrechtes sich nicht unmittelbar in ihren eigenen Interessen bedroht sehen.[1]

Das klassische Land für die Positivität des intertemporalen Privatrechtes ist die nordamerikanische Union. Dort besteht ein vom Gesetzgeber unabhängiges Organ zur Aufrechterhaltung der älteren Rechtsregel, ausgestattet mit der wirksamsten Waffe, nämlich mit der Befugnis, ein jene Regel verletzendes Gesetz für nichtig und unverbindlich zu erklären.[2]

Die Schriftsteller, welche sich gegen die Positivität des intertemporalen Privatrechtes für den Gesetzgeber aussprechen, thun es in der Regel auf Grund einer Reihe von Mißverständnissen. Zunächst haben sie dabei nur die ältere Regel im Auge, oder wie sie sagen, das „Verbot der Rückwirkung" und glauben daher, auf Grund der Positivität des intertemporalen Privatrechtes wäre es dem Gesetzgeber nie gestattet, ein „rückwirkendes" Gesetz zu erlassen. Davon kann keine Rede sein. Die neuere Rechtsregel, die allerdings vielen Schriftstellern und gerade den neuesten, gar nicht bekannt ist, gestattet dem Gesetzgeber, auf Grund der materiellen Voraussetzung, einem Gesetze die Ausschlußklausel beizufügen.[3]

Ein zweites Mißverständnis bezieht sich auf die Folgen der Übertretung des „Verbotes der Rückwirkung". Schon die Römer kannten vier verschiedene Arten der Verbotsgesetze, darunter die *leges imperfectae*, ohne daß sie oder jemand nach ihnen daran gezweifelt hätten, daß die *leges imperfectae* trotz ihrer Unvollkommenheit doch den Charakter wirklicher Rechtsnormen besitzen. — Die ältere Rechtsregel ist eben nur

---

[1] Dies ist die Brücke, welche meine Ausführungen zu denjenigen ZITELMANNS führt; s. oben § 1 S. 5, n. 4. Die Positivität des internationalen Privatrechtes dem Gesetzgeber eines Staates gegenüber liegt in der Verpflichtung desselben, die Rechtsordnungen der anderen zivilisierten Staaten und deren Geschöpfe, die Thatbestände und Rechtsverhältnisse bei Erlaß seiner örtlichen Anwendungsvorschriften zu achten und anzuerkennen. Ob nun diese Anforderung an den Gesetzgeber, seine interlokalen Kollisionsnormen in bestimmter Weise zu gestalten, oder was dasselbe ist, ob die Positivität des internationalen Privatrechtes dem Gesetzgeber gegenüber aus dem Völkerrecht hervorgeht, lasse ich hier dahingestellt.

[2] S. Gesch. § 56, S. 397, n. 1.

[3] Auch HABICHT kennt die neue Rechtsregel nicht, obschon auch er die materielle Voraussetzung ahnt, wenn er S. 9 einen *„allgemein empfundenen schweren sozialen Uebelstand"* zur Rückwirkung eines neuen Rechtssatzes verlangt. Mit der formellen Voraussetzung, der Ausschlußklausel, nimmt er es weniger genau. Er ist ein Freund der Lehre: daß der Geist des Gesetzes die Annahme der Rückwirkung gebieten könne und ist mit dem trefflichen Urteil des O.L.G. Hamburg vom 27. Sept. 1898 nicht einverstanden, welches diese saloppe Lehre über einen so wichtigen Punkt rundweg verwirft; siehe auch die Rechtsprechung in der Gesch. § 68, S. 518, n. 1.

eine *lex imperfecta.* Wird sie vom Gesetzgeber übertreten, so ist das Gesetz weder nichtig, noch tritt eine Strafe für ihn ein; der Richter ist daher an das Gesetz gebunden. Der Gesetzgeber hat aber nichtsdestoweniger eine Rechtswidrigkeit begangen. Anders in der amerikanischen Union. Dort hat die ältere Rechtsregel für den Unionsgesetzgeber den Charakter einer *lex perfecta.* Daß sie in allen übrigen Staaten nur eine *lex imperfecta* ist, diese Thatsache hat nichts herabsetzendes für sie; denn die meisten Verfassungsvorschriften, auch der Verfassung für das Deutsche Reich, sind *leges imperfectae.*[1] Damit ist aber jedes Bedenken gegen die Positivität des intertemporalen Privatrechtes widerlegt. Sie verlangt keineswegs, daß der Richter ein Gesetz, welches gegen die ältere oder neuere Rechtsregel verstößt, nicht anwenden dürfe, sie ververlangt bloß, daß die beiden Regeln als *leges imperfectae* anerkannt werden, und daß der Gesetzgeber, wenn er sie übertritt, einer Rechtsverletzung zu zeihen ist.

Was bedeutet nun die Positivität des intertemporalen Privatrechtes für den Richter? Für ihn scheint die Sache sehr einfach zu liegen. Gesetze, denen der Gesetzgeber keine Ausschlußklausel beigefügt oder gar mit der Gewährungsklausel versehen hat, darf er auf die der alten Rechtsordnung entstammenden Thatbestände und Rechtsverhältnisse nicht anwenden, während er die vom Gesetzgeber mit der Ausschlußklausel bedachten auf sie zu beziehen hat. — So einfach diese Regeln klingen, so schwierig ist ihre richtige Durchführung. Die Schwierigkeit zur Durchführung der älteren Regel liegt in der richtigen Beantwortung zweier Fragen. Zunächst die Frage, welche Thatbestände und Rechtsverhältnisse entstammen der alten Rechtsordnung?[2] Daran reiht sich die Frage, welches sind die möglichen Folgen der materiellen Fortwirkung der alten Rechtsordnung?[3].

Die Voraussetzungen zur richtigen Durchführung der neueren Regel dagegen bestehen zunächst in der richtigen Beantwortung der Fragen, wann ist eine Rechtsordnung ausschließlich und worin besteht die Ausschließlichkeit?[4] Daran schließen sich die weiteren Fragen, welches sind die verschiedenen Grade der Ausschließlichkeit und welcher Grad kommt einer gegebenen ausschließlichen Rechtsordnung zu?[5]

Dazu kommen noch einige Nebenfragen, deren Beantwortung für

---

[1] S. auch Jellinek, System der subjektiven Rechte, S. 344.

[2] Die Antwort darauf giebt das erste und zweite Kapitel dieses Werkes, insbesondere die §§ 24—34 und 39—43 in Verbindung mit § 14, der die zeitliche Grenze der Herrschaftsgebiete zweier aufeinander folgender Rechtsordnungen feststellt.

[3] Die Antwort erteilt unten § 7, S. 25 fg.

[4] Die Antwort geben unten §§ 9—11; außerdem noch das dritte Kapitel, insbesondere die §§ 47—53.

[5] Diese Frage beantwortet unten § 13.

beide Regeln von Wichtigkeit ist; insbesondere die Frage nach der Behandlung einer Zwischengesetzgebung,[1] des Options- und Meistbegünstigungsrechtes,[2] der Beweislast im intertemporalen Privatrecht.[3] Dazu gesellen sich noch die interessanten Fragen, giebt es ein intertemporales Recht der Rechtsordnungen?[4] Kennt das heutige deutsche Recht eine intertemporale Säumnisstrafe?[5] Von größter Bedeutung sind endlich noch die Fragen, wie sind die Gewährungs, Ausschluß- und Ausnahmeklauseln auszulegen?[6]

Die Positivität des intertemporalen Privatrechtes nach dieser Seite hin, d. h. dem Richter gegenüber dürfte wohl von Niemanden bezweifelt werden. Hier sind Zwangsmittel zur Verwirklichung des Rechtes geradeso gegeben, wie beim bürgerlichen Rechte selbst. Verletzt der Richter in seinem Urteil das intertemporale Privatrecht, so hat die verletzte Partei die Rechtsmittel der Berufung und weil es sich um eine Rechtsverletzung handelt, auch der Revision, falls deren übrigen Voraussetzungen erfüllt sind. In der Revisionsinstanz wird dann eine Verletzung des öffentlichen Rechtes, nicht des Privatrechtes gerügt, wenn die Partei eine Verletzung des intertemporalen Privatrechtes geltend macht. Die gerügte Verletzung ist verwandt mit einer solchen des Prozeßrechtes, nicht des bürgerlichen Rechtes. Daß aber die Revision auf eine Verletzung auch des öffentlichen Rechtes gestützt werden kann, abgesehen von der Verletzung des Gerichtsverfassungsgesetzes und der Civilprozeßordnung, das beweist jetzt vor allem Art. 2 des E.-G. zum B.G.B.[7]

§ 7. Die Hauptregel des intertemporalen Privatrechtes. Das ältere Regelpaar. Die materielle Fortwirkung der alten Rechtsordnung.

Wir haben die Hauptregel auch die ältere intertemporale Rechtsregel genannt, weil sie im römischen Rechte schon zur Zeit der Republik nachweisbar ist, während die Regel darüber, unter welchen Voraussetzungen ein ausschließliches Gesetz erlassen werden kann, erst in der klassischen Zeit bemerkbar wird.[8] Die ältere Regel findet ihren klassischen Ausdruck in der *l* 3. *C. Th. de constitut.* 1,1 aus dem Jahre 393: *„omnia constituta non praeteritis calumniam faciunt, sed futuris regulam ponunt.“* Dagegen ist die *c.* 7 *de leg.* 1, 14 von Theodos II. und

---

[1] S. unten § 15. [2] S. unten § 16.

[3] S. unten § 18. [4] S. unten § 15.

[5] S. unten § 17.

[6] Die Antwort auf diese Fragen findet sich unten in den §§ 8, 11, und 12.

[7] *„Gesetz im Sinne des B.G.B. und dieses Gesetzes ist jede Rechtsnorm“.* Vgl. dazu § 549 R.C.P.O.

[8] S. Gesch. § 5 S. 30 fg.

Valentinian III. nicht mehr die reine Wiedergabe der älteren Rechtsregel, denn in ihr gelangt schon die neuere Rechtsregel, wenn auch verstümmelt, zur Fassung.[1]

Schon im römischen Recht geht aus der älteren Regel ein Regelpaar hervor. Einmal die Regel Kaiser Alexanders: *id quidem quod iure gestum est revocari non potest* und die Catonianische: *quod initio vitiosum est, non potest tractu temporis convalescere.* Die erste Regel bezieht sich auf vollkommene Thatbestände, die letztere auf unvollkommene. Dabei sind nun bei jeder Regel zwei Spielarten und drei Möglichkeiten zu unterscheiden.[2] Die erste Spielart setzt voraus, daß der Thatbestand sich gleichbleibt, und nur die Rechtsordnung wechselt, Die zweite Spielart dagegen hat eine Änderung beider Rechtselemente zur Voraussetzung. —

Die drei Möglichkeiten sind bei der ersten Regel des älteren Paares folgende: Ein nach der alten ausschließlichen und positiven Rechtsordnung vollkommener Thatbestand tritt unter eine neue und negative, welche Thatbestände seiner Art überhaupt nicht mehr anerkennt. Der Thatbestand bleibt auch unter der neuen in voller Wirksamkeit. — Ein nach der alten ausschließlichen und positiven Rechtsordnung vollkommener Thatbestand tritt unter eine neue, welche zwar Thatbestände seiner Art anerkennt, jedoch deren Rechtsfolgen beschneidet; das Rechtsverhältnis, wie es unter der alten entstanden ist, bleibt in vollem Umfange aufrecht. — Ein nach der alten ausschließlichen und positiven Rechtsordnung vollkommener Thatbestand tritt unter eine neue, welche zwar Thatbestände seiner Art anerkennt, auch seine Rechtsfolgen in vollem Umfange aufrecht erhält, jedoch von ihm mehr (sei es quantitativ, sei es qualitativ) an Thatbestandsmerkmalen verlangt. Der alte Thatbestand bleibt auch unter ihrer Herrschaft ein vollkommener, und daher wird das Rechtsverhältnis in voller Wirksamkeit aufrecht erhalten. Auch die zweite Spielart hat keinen Einfluß auf die Gültigkeit des Thatbestandes. Wenn sich die thatsächlichen Verhältnisse nachträglich ändern, so bleibt doch der unter der alten ausschließlichen und positiven Rechtsordnung einmal vollkommen geborene Thatbestand unter der neuen und negativen Rechtsordnung in voller Wirksamkeit bestehen.

Die zweite Regel des älteren Paares hat ebenfalls zwei Spielarten und drei Möglichkeiten unter der ersten Spielart, wonach der Thatbestand sich gleichbleibt und nur die Rechtsordnung wechselt. — Ein nach der alten ausschließlichen und negativen Rechtsordnung unvollkommener Thatbestand, dem sie jede Wirksamkeit deswegen versagt, weil sie Thatbestände seiner Art überhaupt nicht anerkennt, tritt unter eine neue und

---

[1] *nisi nominatim etiam de praeterito tempore adhuc pendentibus negotiis cautum sit.* Nur die formelle Voraussetzung der Ausschließlichkeit wird genannt; s. im übrigen Gesch. § 10, S. 71 fg.

[2] Siehe Geschichte § 11, S. 73. Die dritte Möglichkeit kam beim neueren Regelpaar zur Darstellung; s. Gesch. § 12, S. 80.

positive, welche Thatbestände der Art anerkennt und mit Wirksamkeit ausstattet; der Thatbestand bleibt auch unter der neuen wirkungslos. — Ein unter der alten ausschließlichen und negativen Rechtsordnung unvollkommener Thatbestand, dem aber gewisse Wirkungen zuerkannt sind, tritt unter eine neue, welche derartige Thatbestände anerkennt und mit größerer Wirksamkeit ausstattet; der Thatbestand behält seine beschränkten Rechtsfolgen, das Rechtsverhältnis erweitert sich nicht. — Ein unter der alten ausschließlichen und negativen Rechtsordnung deswegen unvollkommener und daher wirkungsloser Thatbestand, weil er einige von ihr verlangte Merkmale nicht enthält, tritt unter eine neue, die sich mit weniger (sei es quantitativ oder qualitativ) an Merkmalen begnügt; der Thatbestand bleibt unvollkommen und daher wirkungslos. — Der Unterschied zwischen der ersten und dritten Möglichkeit besteht darin, daß bei der letzteren die alte Rechtsordnung Thatbestände der Art anerkennt, jedoch größere Anforderungen an sie stellt, während sie bei der ersteren Thatbestände der Art überhaupt nicht anerkennt. — Auch unter der zweiten Spielart: Änderungen des Thatbestandes und der Rechtsordnung, bleiben obige Ergebnisse bestehen.[1]

Der wissenschaftliche Wert der von uns aufgestellten drei Möglichkeiten der beiden Regeln des älteren Regelpaares mit ihren zwei Spielarten besteht darin, daß damit die Handhabe gegeben ist zu bestimmen, ob der Richter die von der Hauptregel der alten Rechtsordnung gewährte materielle Fortwirkung zu Gunsten ihrer Geschöpfe einhält oder nicht, m. a. W. ob er die Folgerungen aus der materiellen Fortwirkung genau gezogen und damit ihren Bereich fest abgesteckt hat. Nicht mehr, aber auch nicht weniger ist der alten Rechtsordnung zuzusprechen.

Eine solche Feststellung des Wesens der materiellen Fortwirkung und ihres Reiches ist notwendig angesichts der Rechtsprechung und Litteratur des 19. Jahrhunderts. — Das Verständnis des intertemporalen Privatrechtes steht und fällt mit der Erkenntnis, daß die alte Rechtsordnung noch unter der Herrschaft der neuen fortwirkt. Ein solches ist daher denjenigen Gerichten und Schriftstellern abzusprechen, welche behaupten, was formell aufgehoben, sei auch materiell abgethan.[2] Oder Rückwirkung läge nicht vor, wenn die neue Rechtsordnung alle Thatbestände ergreife, welche unter ihrer Herrschaft stattfinden. Daher könne die neue Rechtsordnung ohne Weiteres auf ältere Zinsen-, Renten- emphyteuticarische, Lehens-Verträge und dergl. angewandt werden.[3]

---

[1] Anwendungen dieser Möglichkeiten werden uns im Laufe des besonderen Teiles vielfach begegnen; siehe z. B. unten § 75. Beispiele aus der Geschichte des intert. Privatrechtes: s. z. B. § 69, S. 562, n. 1 g. E. Vgl. auch unten § 9, S. 36, n. 1.

[2] Siehe Geschichte § 65, S. 466, n. 1 (S. 468); § 67, S. 506, n. 2; § 68, S. 522, n. 1 g. E. und § 80, S. 630, n. 2.

[3] Siehe Geschichte § 69, S. 544, n. 1, S. 545, n. 4, S. 547, n. 1; 551, n. 1, 555, n. 1, S. 557, n. 2, insbes. S. 562, n. 1. Daß auch die neuesten Schriftsteller

§ 8. Die Gewährungsklausel. Ihre Arten. Die Gewährungsklauseln des E.G. zum bürgerlichen Gesetzbuch für das Deutsche Reich. Ihre Auslegung.

Das Hauptergebnis der älteren Rechtsregel oder des älteren Regelpaares besteht darin, daß die formell aufgehobene alte Rechtsordnung für ihre Geschöpfe noch fortwirkt.

Der älteren Regel gemäß wäre eine besondere Klausel von seiten des Gesetzgebers, welche der alten Rechtsordnung ihre rechtmäßige materielle Fortwirkung gewährt, vollständig überflüssig. Allein schon frühzeitig sah sich der Gesetzgeber veranlaßt, sei es um seinen Gerechtigkeitssinn kundzuthun, sei es um den Gefahren einer mangelnden Kenntnis des intertemporalen Privatrechtes bei den Gerichten vorzubeugen, ausdrücklich einer neuen Rechtsordnung eine Klausel beizufügen, mit welcher er der alten Rechtsordnung ihre angestammte materielle Fortwirkung für ihre Geschöpfe gewährte.[1] Wir nennen nun diese Klausel Gewährungsklausel oder die positive intertemporale Klausel. — Trotzdem ist auch für das heutige und insbesondere für das Deutsche intertemporale Privatrecht zu behaupten, daß, wenn der Gesetzgeber der neuen Rechtsordnung weder eine Gewährungsklausel noch eine Ausschlußklausel hinzufügt, die alte Rechtsregel stillschweigend eingreift, m. a. W., die Gewährungsklausel ist überflüssig. Das gemeine intertemporale Privatrecht tritt beim Schweigen des Gesetzgebers in Kraft. Er bekundet durch sein Schweigen, daß er der alten Rechtsregel freien Lauf lassen und keine Schranken setzen will.[2]

Im Laufe der Zeit entwickelten sich verschiedene Arten der Gewährungsklausel. Die wichtigste Unterscheidung ist wohl die in eine objektive, subjektive und gemischte Gewährungsklausel. — Die objektive erklärt, daß die Thatbestände und Rechtsverhältnisse, die unter der alten Rechtsordnung entstanden sind, dieser überlassen bleiben. Dahin gehört z. B. die Fassung der 3 *C. Th. de constitut.* 1,1; ebenso die *c. de leg.* 1,14. — Unter den neueren Kodifikationen der *Art.* 2 des *Code civil* und der Art. 882 Abs. 1 u. 2 des schweizerischen Obligationenrechtes. — Die subjektive[3] Gewährungsklausel ist ein Erzeugnis der Lehre von den

---

keine richtige Vorstellung von der materiellen Fortwirkung der alten Rechtsordnung haben, wird sich noch zeigen; s. z. B. unten in §§ 62, 64 und insbes. in § 73.

[1] S. Gesch. § 30, S. 173.

[2] Vgl. Geschichte § 69, S. 561, n. 1 g. E. Dieser Satz, der sich aus der Geschichte des intertemporalen Privatrechtes ergiebt, ist von größter Bedeutung für das deutsche intertemporale Reichs- wie Landesrecht; vgl. auch unten § 11, S. 42, n. 6.

[3] Andere objektive Fassungen siehe in der Geschichte § 54, S. 381, n. 1, § 55,

erworbenen Rechten. Der Gesetzgeber überläßt der alten Rechtsordnung die unter ihr erworbenen subjektiven Rechte. — Die subjektive Fassung ist sehr bedenklich; denn streng logisch durchgeführt bedeutet sie nichts anderes, als die Ausschlußklausel mit Ausnahmen zu Gunsten der erledigten Rechtsverhältnisse. Es kann daher ein Gesetz ausschließlich sein, ohne wohlerworbene Rechte zu verletzen.[1] Die älteste subjektive Fassung trägt die Gewährungsklausel des Oberbayrischen Landrechtes von Ludwig dem Bayern.[2] — Die Gefahren einer rein subjektiven Fassung wohl erkennend, entschloß sich mancher Gesetzgeber zu einer gemischten Fassung, indem er neben dem Schutze der erworbenen Rechte der alten Rechtsordnung auch die fernere Herrschaft über ihre Thatbestände *(Handlungen)* gewährleistet. Das klassische Beispiel hiefür ist der § 5 des Österreichischen a. b. G.B.[3]

Eine andere Einteilung der Gewährungsklausel ist die in eine ausdrückliche oder zweiseitige und in eine stillschweigende oder einseitige.[4] Die erstere gedenkt der alten Rechtsordnung, ihrer Thatbestände und Rechtsverhältnisse ausdrücklich; die letztere dagegen erwähnt weder sie noch ihre Geschöpfe, sondern begnügt sich damit, die Herrschaft der neuen Rechtsordnung auf die unter ihr eintretenden Thatbestände und Rechtsverhältnisse zu beschränken, woraus von selbst hervorgeht, daß der Gesetzgeber der alten Rechtsordnung die Herrschaft über ihre Geschöpfe belassen will. Ein klassisches Beispiel für die letztere ist die des Stadtrechtes von Basel.[5] Die stillschweigende Gewährungsklausel leidet ähnlich wie die subjektive an schweren Gebrechen. Denn wenn sie der neuen Rechtsordnung alle Thatbestände zuweist, die sich unter ihr er-

---

S. 385, n. 2, 3 u. 4. Auch in Rechtsprechung und Litteratur kann man zwischen objektiver und subjektiver Fassung unterscheiden; siehe Geschichte S. 438, n. 1 g. E.; S. 474, n. 1 g. E.; S. 476, n. 1; S. 638, n. 1; S. 645, n. 2.

[1] Siehe Geschichte § 36, S. 236; ferner § 53, S. 346 und 347, insbes. auch § 81, S. 645, n. 2.

[2] Siehe Geschichte § 31, S. 174, 175.

[3] Siehe Geschichte § 53, S. 346, n. 3. Zur Zeit der Redaktion des a. b. G.B. war die Erkenntnis der Gefahren einer rein subjektiven Fassung der Gewährungsklausel bei den zeitgenössischen Schriftstellern durchgedrungen. Man erkannte insbesondere, daß auch Thatbestände zu schützen sind, aus denen noch keine subjektiven Rechte entstanden waren. Man hatte die Ahnung, daß bereits etwas Rechtliches vorhanden sei, nämlich das, was ich objektives Rechtsverhältnis nenne; siehe Geschichte § 77, S. 620, n. 1 und S. 621, n. 1 und 2.

[4] Siehe Geschichte § 30, S. 174; § 53, S. 346, n. 3 und S. 356, n. 1.

[5] Siehe Geschichte § 35, S. 228, 229. In § 53, S. 347, n. 3 habe ich die Fassung des § 5, a. b. G.B. als die einer stillschweigenden oder einseitigen Gewährungsklausel bezeichnet, weil sie der alten Rechtsordnung nicht ausdrücklich gedenkt. Nach reiflicher Überlegung muß ich sie doch zu den ausdrücklichen oder zweiseitigen zählen, denn wenn sie auch die alte Rechtsordnung nicht erwähnt, so gedenkt sie doch ihrer Geschöpfe: der Thatbestände (*Handlungen*) und der erworbenen Rechte. Die stillschweigende oder einseitige schweigt sich auch über diese aus.

eignen, so verleiht sie ihr eine, wenn auch schwache Ausschließlichkeit.[1] Auf dem Gebiete des internationalen Privatrechtes giebt es Seitenstücke zur ausdrücklichen und stillschweigenden Gewährungsklausel; sie haben auch Namen erhalten, die noch ihrer allgemeinen Anerkennung harren.[2]

Endlich können wir noch eine beschränkte Gewährungsklausel unterscheiden, die materiell mit der beschränkten Ausschlußklausel identisch ist. Letztere ist nichts anderes als eine Abart der negativen intertemporalen Klausel, jedoch mit Vorbehalten zu Gunsten der alten Rechtsordnung, die über die Ausnahmeklausel hinausgehen. Das klassische Beispiel hiefür ist die Klausel des Kurfürstlich Mainzischen Landrechtes von 1755.[3] Diese beschränkte Ausschlußklausel unterscheidet sich also von der gewöhnlichen Ausnahmeklausel dadurch, daß die Vorbehalte zu Gunsten der alten Rechtsordnung nicht lediglich aus den erledigten und rechtshängigen Sachen bestehen.[4] Erstere dagegen ist eine Abart der positiven intertemporalen Klausel, jedoch mit Vorbehalten zu Gunsten der neuen Rechtsordnung.

Innig verwandt mit der beschränkten Gewährungsklausel ist das gemischte intertemporale System des E.G. zum B.G.B. für das Deutsche Reich. Während der Mainzische Gesetzgeber der neuen Rechtsordnung grundsätzlich die Ausschließlichkeit verleiht, geht der Deutsche von dem Gedanken aus, daß der alten Rechtsordnung grundsätzlich die materielle Fortwirkung zu gewähren sei.[5] Daraus folgt eine wichtige Regel: Wenn sich in den Übergangsbestimmungen des E.G. Lücken vorfinden, so müssen sie im Sinne der materiellen Fortwirkung der alten Rechtsordnung ausgefüllt werden.[6]

Der vierte Abschnitt des E.G. enthält eine Reihe von Gewährungsklauseln für einzelne Ausschnitte der alten Rechtsordnung und da-

---

[1] S. oben S. 27, n. 1.

[2] S. oben § 53, S. 356, n. 1.

[3] S. Gesch. § 30, S. 174 und § 32, S. 200 fg.

[4] S. über die Ausnahmeklausel unten § 12, S. 46.

[5] Der Gesetzgeber hat dies ausdrücklich nicht ausgesprochen, wohl aber die Motive, vgl. oben § 5, S. 18, n. 1; auch ist dieser Ausgangspunkt des E.G. von den Schriftstellern allgemein anerkannt; vgl. z. B. Habicht, § 2, S. 4 fg. Auch das Reichsgericht hat in seinem Urteil vom 7. Juni 1900, E. 46, S. 174 diesen Standpunkt des E.G. ausgesprochen; noch deutlicher in dem ausgezeichneten Urteil vom 27. Oktober 1900; E. 47, S. 58.

[6] Das deuten, wenn vielleicht auch unfreiwillig, die Motive an, wenn sie S. 235 sagen: „*Soweit die Einzelbestimmungen der Art. 92—126 keine Entscheidung enthalten, ist es Aufgabe der Rechtswissenschaft, die Herrschaftstendenz der Normen im Wege der Auslegung festzustellen*“. Die *Herrschaftstendenz der Normen* des Einführungsgesetzes befindet sich aber entschieden in der Richtung auf die materielle Fortwirkung der alten Rechtsordnung; siehe das erste Kap. des besonderen Teiles.

zwischen Ausschlußklauseln zu Gunsten einzelner Ausschnitte der neuen Rechtsordnung.[1]

Die Gewährungsklauseln des E.G. gehören samt und sonders zu den objektiven. Das E.G. hat endgültig die Lehre von den erworbenen Rechten abgeschüttelt. Daher findet sich in keiner seiner Übergangsbestimmungen die Kategorie der erworbenen Rechte erwähnt.[2] Die Gewährungsklauseln des E.G. sind ferner sämtlich ausdrückliche oder zweiseitige. Der alten Rechtsordnung wird ausdrücklich gedacht unter dem Namen *„die bisherigen Gesetze“*.[3] Welche der alten Rechtsordnungen bei örtlicher Kollision *„der bisherigen Gesetze“* anzuwenden ist, darüber entscheidet das intertemporale Recht der Rechtsordnungen.[4] — Ebenso werden die Rechtsverhältnisse der alten Rechtsordnung erwähnt.[5] Desgleichen ihre Thatbestände.[6]

Von den sechsundsechzig Artikeln, die im vierten Abschnitt des E.G. Aufnahme fanden, besitzen nicht alle den gleichen Charakter. Die meisten sind transitorische Bestimmungen auch in dem Sinne, daß sich ihre

---

[1] S. darüber unten § 12.

[2] Die Motive zum B.G.G., Bd. I, S. 22, lehnen ausdrücklich die Heranziehung dieses Begriffs wegen seiner Unbestimmtheit als nicht ratsam ab. Das Gefährliche liegt aber, wie wir sahen, nicht in seiner Unbestimmtheit, sondern in seiner Verkehrtheit, nämlich darin, daß seine Anwendung notwendig zur Ausschließlichkeit der neuen Rechtsordnung führen muß. Einige Ausführungsgesetze, wie das Bayr. Ü.G. Art. 105, 141 verwenden jedoch den Begriff der erworbenen Rechte.

[3] In der Regel findet sich der stehende Ausdruck *„die bisherigen Gesetze“*. Davon giebt es zwei Gruppen von abweichenden Artikeln. — Die erste Gruppe bezeichnet genau die örtliche Herkunft der alten Rechtsordnung; so in Art. 157, 165, 166, wo von den Vorschriften einzelner französischer, badischer, bayerischer und sächsischer Gesetze gesprochen wird. In der zweiten Gruppe ist wie im dritten Abschnitt des E.G. von den *„landesgesetzlichen Vorschriften“* die Rede; so in Art. 164, 167, 183, 197, 212, 216. Die erste Abweichung erklärt sich von selbst. Die zweite ist wohl auf verschiedene Ursachen zurückzuführen. Zunächst die nahe Verwandtschaft der Bestimmungen des dritten Abschnittes mit den genannten Artikeln; so sind Art. 57, 58 und 59 wesensgleich mit Art. 216; s. weiter unten. Umgekehrt nähert sich Art. 164—167, 197, 212 den wirklichen Vorbehalten des dritten Abschnittes zu Gunsten der Landesgesetzgebung, weil es sich in ihnen um Vorschriften über Rechtsverhältnisse von langer Dauer handelt; siehe weiter unten. Außerdem mag auch der von Habicht, S. 22, n. 1 angegebene Grund mitgespielt haben, daß da, wo von *„bisherigen Gesetzen“* die Rede ist, das Verhältnis in allen Rechtsgebieten vorkommt und geordnet ist, während der Ausdruck *„landesgesetzliche Vorschriften“* im Hinblick auf einzelne Gebiete gewählt wurde. Ich verwende nun den Ausdruck „alte Rechtsordnung“ für alle diese Fälle; derselbe hat den Vorzug, auch das Gewohnheitsrecht, Observanzen, Autonomie zwanglos zu umfassen, während ein besonderer Art. im E.G. notwendig war, um den Ausdruck „Gesetz“ auch auf diese Rechtsordnungen auszudehnen; Art. 2. — Vgl. über den Begriff der Rechtsordnung unten § 84.

[4] S. unten § 15.

[5] So in Art. 163, 165, 167, 169, 170, 174, 179, 182, 184, 192, 195, 200, 213.

[6] So Art. 158, 162, 178, 185, 198, 202, 205, 206, 208 Abs. 3, 207, 209, 214.

materielle Wirkung auf eine absehbare Zeitdauer beschränkt, indem ihr Stoff, der aus den der alten Rechtsordnung entstandenen Thatbeständen und Rechtsverhältnissen besteht, kein unerschöpflicher ist. Nun giebt es aber Rechtsverhältnisse aus der Zeit der alten Rechtsordnung, welche in ihrer Eigenart Anspruch auf ewige Dauer haben, so die unter der alten Rechtsordnung entstandenen Realgemeinden, Erwerbs- und Wirtschaftsgenossenschaften, landschaftliche oder ritterschaftliche Kreditanstalten, das Stockwerkseigentum, die Erbpacht (Emphyteuse), das Bauerngut, mündelsichere Wertpapiere, die autonomieberechtigten ritterschaftlichen Familien.[1] Die Artikel nun, welche sich auf diese Rechtsverhältnisse beziehen, haben daher keinen transitorischen Charakter in diesem Sinne; wie die Rechtsverhältnisse selbst, auf die sie sich beziehen, erheben sie Anspruch auf eine ewige Wirksamkeit. Wohl aber enthalten sie intertemporale Rechtsregeln, denn sie grenzen das Herrschaftsgebiet zweier zeitlich aufeinander folgender Rechtsordnungen ab. Trotzdem ist aber eine gewisse Verwandtschaft derselben mit den Artikeln des dritten Abschnittes des E.G. nicht zu leugnen, welche die Vorbehalte zu Gunsten der Landesgesetze enthalten. Ja zwei dieser letzteren sind inhaltlich kaum noch von den intertemporalen zu unterscheiden.[2]

Sehen wir zunächst von diesen beiden ab, so läßt sich ein tiefgreifender Unterschied sicher feststellen. Die intertemporalen Artikel des vierten Abschnittes setzen ein unter der Herrschaft der alten Rechtsordnung entstandenes Rechtsverhältnis voraus, das zwar auf unabsehbare Zeiten fortbestehen, aber unter der Herrschaft der neuen Rechtsordnung nicht mehr neu begründet werden kann. Die Vorbehalte dagegen setzen weder das Dasein von Rechtsverhältnissen aus der Zeit der alten Rechtsordnung voraus, noch verbieten sie die Neubegründung von solchen unter der Herrschaft der neuen Rechtsordnung. Daher haben sie keinen intertemporalen Charakter; eine intertemporale Regel muß sagen, nach welcher von zwei zeitlich aufeinander folgenden Rechtsordnungen die unter der alten Rechtsordnung entstandenen Thatbestände und Rechtsverhältnisse zu beurteilen sind; das thun sie nicht. Sie sind ebensowenig intertemporalrechtlich, als Aufhebungsgesetze, z. B. Art. 55 E.G., deren Negationen sie bilden.[3]

Art. 57 und 58 des dritten Abschnittes dagegen sind intertemporalrechtlicher Natur und mit Art. 216 wesensgleich. Sie setzen bereits bestehende Rechtsverhältnisse und Thatbestände voraus, nämlich die landesherrlichen Familien, die Fürstliche Familie Hohenzollern, das vormalige Hannoversche Königshaus, das vormalige Kurhessische und das vormalige Herzoglich Nassauische Fürstenhaus, die Häuser, welche vormals reichsständisch gewesen und seit 1806 mittelbar geworden sind u. s. w. Auch

---

[1] Hierher gehören die Art. 164—167, 182, 196, 197, 212 und 216.

[2] Es sind dies Art. 57 und 58.

[3] Siehe auch Geschichte § 8, S. 62 fg.

das Kennzeichen, daß diese Rechtsverhältnisse oder Thatbestände unter der neuen Rechtsordnung nicht mehr neu begründet werden können, trifft zu; nur die landesherrlichen Familien könnten allenfalls beim Aussterben der bestehenden auf Grund der Verfassung des jeweiligen Einzelstaates oder seiner Erbverbrüderungen neu begründet werden.[1]

Hervorstechend in ihrer Eigenart sind auch die Art. 190 und 212. Ersterer ist nur dann intertemporalrechtlich, wenn dem Fiskus nach der alten Rechtsordnung ein Bodenregal in Ansehung aller herrenloser Grundstücke zustand.[2] Anderenfalls enthält er materielles Recht. — Art. 212 ist in der Form ein beschränkter Vorbehalt zu Gunsten der Landesgesetzgebung, nämlich beschränkt auf die Vergangenheit. Die Befugnis der Gesetzgebung für die Zukunft ist den Einzelstaaten in Ansehung dieser Materie entzogen. Er würde somit in den dritten Abschnitt passen. Allein eine innerliche Verwandtschaft zwischen Art. 212 und den reinen Übergangsbestimmungen ist nicht zu leugnen. Eine Folge des Art. 212 ist die, daß die aus der alten Rechtsordnung stammenden Vormundschaften in Ansehung dieser Materie unter der alten Rechtsordnung verbleiben. Soweit wäre der Zusammenhang hergestellt. Aber nicht bloß die bereits bestehenden, sondern auch die zukünftigen Vormundschaften unterstehen in dieser Materie der alten Rechtsordnung. Art. 212 enthält also eine abnorme übervollkommene Gewährungsklausel.[3]

Eine äußerst wichtige Frage ist die, wie die Gewährungsklausel überhaupt und die des E.G. insonderheit ausgelegt werden können und ob bei ihnen auch die Analogie statthaft ist. Wie bereits bemerkt, enthalten die Gewährungsklauseln das intertemporale *ius commune*, das gemeine Recht, im Gegensatz zu den Ausschlußklauseln, welche das intertemporale *ius singulare*, das Sonderrecht, darstellen.[4] Es ist nun ein allgemein anerkannter Grundsatz, daß das *ius commune* eine ausdehnende Auslegung, ja sogar die Analogie zuläßt, während das *ius singulare* beides ausschließt. Angewandt auf das intertemporale Privatrecht bedeutet dieser Grundsatz, daß die Gewährungsklauseln ausdehnend ausgelegt werden können, ja sogar kraft der Analogie auf ähnliche, aber vom Gesetzgeber nicht gedachte Fälle anwendbar sind, während beides für die Ausschlußklauseln zu verneinen ist. Merkwürdiger Weise sprach die bisherige Rechtsprechung und Litteratur nur den zweiten Teil der obigen Rechtswahrheit ausdrück-

---

[1] Dies wäre also das einzige, was materiell die Stellung des Art. 57 im dritten Abschnitt rechtfertigen könnte. Den Ausschlag gaben wohl formelle Bedenken; man wollte nicht Art. 57 und 58 als Art. 214 und 215 an den Schluß des E.G. stellen. Auf den wahren Charakter der Art. 57 und 58 ist, soweit ich sehe, in der Litteratur nicht genügend Acht gegeben worden; Habicht schweigt wenigstens an der Stelle, wo er systematisch darüber hätte reden sollen; s. a. a. O. S. 13.

[2] S. unten § 83.

[3] S. unten § 80. Über die Art. 186—188 und 218, vgl. unten § 11.

[4] S. oben § 3 S. 11, n. 1 und unten § 11, S. 45, n. 1 u. 2.

lich aus.[1] Daraus geht aber hervor, daß der erste Teil ebenfalls ausgesprochen und anerkannt werden muß. Wie wir sehen werden, ist dieser Grundsatz von allergrößter Wichtigkeit für die wissenschaftliche Erkenntnis und Darstellung der Übergangsbestimmungen des E.G. und spielt bei der Beseitigung bereits bestehender Streitfragen die entscheidende Rolle.[2]

§ 9. Die neuere Rechtsregel mit ihren beiden Voraussetzungen. Das neuere intertemporale Regelpaar. Die Ausschließlichkeit der neuen Rechtsordnung.

Während die ältere Regel, die auch die Hauptregel des intertemporalen Privatrechtes darstellt, von jeher wenigstens in der Hauptsache erkannt wurde, so blieb die neuere Rechtsregel in der bisherigen Litteratur unbeachtet. Spuren ihrer Erkenntnis zeigen sich aber schon bei Jacobus de Belviso,[3] bei Fellinus und seinen Zeitgenossen[4] und bei Lyncker.[5] In der Gesetzgebung, Rechtsprechung und Litteratur des 19. Jahrhunderts tritt sie mit ihren beiden Voraussetzungen, unter welchen sie der neuen Rechtsordnung Ausschließlichkeit erteilt, immer klarer hervor. Wir können ihre Voraussetzungen einteilen in eine materielle und eine formelle. —

Die materielle Voraussetzung ist dann vorhanden, wenn das Rechtsgefühl oder die Vernunft des Gesetzgebers sich derart gegen die alte Rechtsordnung auflehnt, daß er ihre materielle Fortwirkung nicht mehr zu dulden vermag. Getrieben von einer inneren Notwendigkeit erklärt er dann den Ausschluß jener Fortwirkung. Diese Erklärung nenne ich Ausschlußklaußel; sie bildet die formelle Voraussetzung.

Aus der neueren Rechtsregel ging bei den Römern wiederum ein Regelpaar hervor. Es sind dies die beiden Rechtsregeln Marcians und Marcellus in ihrer intertemporalen Bedeutung.[6] Die erste Regel lautet:

---

[1] Siehe Geschichte § 68, S. 522, n. 2 und § 76, S. 613, n. 2; § 80, S. 638, n. 1 und S. 639, n. 1; vgl. auch § 81, S. 651, n. 1.

[2] Habicht und die übrigen Schriftsteller des E.G. wenden, wie wir sehen werden, jenen Grundsatz weder in seinem ersten, noch in seinem zweiten Teile konsequent an. Erfreulicher Weise hat aber das Reichsgericht von dem ersten Teile desselben thatsächlich Gebrauch gemacht und zwar in seinem Urteile vom 26. April 1900, E. 46, S. 73, wo es den Ausdruck „erbrechtliche Verhältnisse“ in der Gewährungsklausel des Art. 213 E.G. *im weitesten Sinne* auffaßt. Auch den zweiten Teil hat das R.G. angewandt; s. unten § 11, S. 45, n. 2. Weniger erfreulich ist dagegen ein Urteil des L.G. Leipzig v. 15. Jan. 1900, Sächs. Arch. X, S. 176 fg., welches die obige Rechtswahrheit geradezu auf den Kopf stellt. Die wichtigste und umfassendste Gewährungsklausel des E.G. ist Art. 170. Dieser sei nach Ansicht des Gerichts „einschränkend auszulegen“; vgl. unten § 72.

[3] S. Gesch. des intert. Privatr. § 43, S. 261.

[4] S. Gesch. § 45, S. 278, n. 3 und S. 279, n. 1; § 46, S. 294.

[5] S. Gesch. § 47, S. 303, n. 3 und § 48, S. 312.

[6] S. Gesch. § 12, S. 78 fg.

quae semel utiliter constituta sunt, resolvuntur, quum in eum casum inciderunt a quo non potuissent incipere. Ein unter alten Rechtsordnung vollkommener Thatbestand kann unter einer neuen negativen und ausschließlichen hinfällig werden. Nach der ersten Spielart dann, wenn bei gleichbleibendem Thatbestand die Rechtsordnung wechselt; nach der zweiten Spielart, wenn Thatbestand und Rechtsordnung sich ändern. —

Folgende drei Möglichkeiten sind nun denkbar: Ein vollkommener Thatbestand tritt unter eine neue negative und ausschließliche Rechtsordnung, welche Thatbestände seiner Art überhaupt nicht anerkennt und ihnen jede Wirksamkeit versagt. Der Thatbestand wird hinfällig und damit auch das Rechtsverhältnis (seine Rechtsfolgen). — Ein vollkommener Thatbestand tritt unter eine neue negative und ausschließliche Rechtsordnung, welche zwar Thatbestände seiner Art anerkennt, aber mit (quantitativ oder qualitativ) geringeren Rechtsfolgen ausstattet. Das Rechtsverhältnis oder die Rechtsfolgen werden unter der neuen Rechtsordnung eingeschränkt. — Ein vollkommener Thatbestand tritt unter eine neue und ausschließliche Rechtsordnung, welche zwar Thatbestände derart anerkennt, auch das Rechtsverhältnis uneingeschränkt bestehen läßt, jedoch an Thatbestände der Art höhere Anforderungen stellt, indem sie (quantitativ oder qualitativ) mehr an Thatbestandsmerkmalen verlangt. Der Thatbestand wird hinfällig, das Rechtsverhältnis hört auf. — Nach der zweiten Spielart tritt dieses Ergebnis auch dann ein, wenn zwar der Thatbestand unter der alten Rechtsordnung jene von der neuen verlangten Merkmale bereits besaß, jedoch durch Änderung der thatsächlichen Verhältnisse sie wieder unter der neuen verliert.

Die zweite Regel lautet: *ea quae inutiliter constituta sunt convalescunt, si in eum casum inciderunt, a quo initium capere potuerunt.* Ein unvollkommener Thatbestand kann unter einer neuen positiven und ausschließlichen Rechtsordnung zu Kräften kommen. Hier gelangt die zweite Spielart zu weit größerer Bedeutung als in den bisher betrachteten Fällen, wie wir noch sehen werden. — Die erste Möglichkeit ist nun die, daß ein Thatbestand unter einer Rechtsordnung begründet wird, welche Thatbestände der Art überhaupt nicht anerkennt und jede Rechtsfolge versagt. Tritt nun dieser Thatbestand unter eine neue positive und ausschließliche Rechtsordnung, welche Thatbestände der Art anerkennt und mit Rechtsfolgen ausstattet, so erwacht die bisher rechtlich unerhebliche Thatsache zu neuem Leben. Sie ist jetzt ein Thatbestand im technischen Sinne des Wortes und aus ihm entsteht das Rechtsverhältnis. — Ein unter der alten Rechtsordnung geborener Thatbestand wird von dieser nur mit (quantitativ oder qualitativ) geringen Rechtsfolgen versehen; er tritt nun unter eine neue positive und ausschließliche Rechtsordnung, welche an Thatbestände der Art (quantitativ oder qualitativ) größere Rechtsfolgen knüpft. Sofort vergrößern sich auch seine Rechtsfolgen, das Rechtsverhältnis erweitert sich. — Die alte Rechtsordnung ließ gewisse Thatsachen keine Rechtsfolgen hervorbringen, weil sie größere Anforderungen an den Thatbestand stellte; unter einer neuen positiven und ausschließlichen Rechtsordnung verwandeln sich diese rechtlich unerheblichen Thatsachen in Thatbestände im technischen Sinne, falls die neue Rechtsordnung sich mit (quantitativ oder qualitativ) weniger an Thatbestandsmerkmalen begnügt; die Rechtsfolgen treten ein, das Rechtsverhältnis entsteht. Hier gelangt die zweite Spielart ebenfalls zur Entfaltung, wenn nämlich durch Änderung der thatsächlichen Verhältnisse die von der neuen Rechtsordnung gewünschten Thatbestandsmerkmale noch hinzutreten.[1]

Der wissenschaftliche Wert der von mir aufgestellten drei Möglichkeiten der beiden Regeln des neueren Regelpaares und deren beiden Spielarten besteht darin, daß damit feste Kriterien gegeben sind, an deren Hand sich erkennen läßt, ob ein Gesetz Ausschließlichkeit besitze oder nicht. Bis in die neueste Zeit fehlte es in der Litteratur an solchen, sodaß der Begriff der „Rückwirkung" mit Recht als ein unbestimmter bezeichnet werden mußte.[2] Setzen wir an die Stelle des schillernden Begriffs „Rückwirkung"[3] den durch obige beide Regeln mit ihren drei Möglichkeiten und beiden Spielarten fest abgegrenzten Begriff der Ausschließlichkeit, so erhält auch die ältere Rechtsregel, welche bis jetzt in ihrer Fassung: „Verbot der Rückwirkung" schwankend und vieldeutig war, einen fest bestimmten Inhalt.[4]

§ 10. Die materielle Voraussetzung der Ausschließlichkeit. Die Politik der intertemporalen Gesetzgebung.

Es ist unsere Aufgabe, das Erfordernis der materiellen Voraussetzung für die Ausschließlichkeit der neuen Rechtsordnung im folgenden zu begründen. Der Beweis kann doppelt geführt werden: Zunächst induktiv.

---

[1] Meine Gesch. des intert. Privatr. hat insbesondere in der Gesetzgebung und Rechtssprechung des 19. Jahrhunderts zahlreiche Belege für die drei Möglichkeiten, sowohl des älteren, wie des neueren Regelpaares mit ihren beiden Spielarten nachgewiesen; so in § 33, S. 218; § 52, S. 329, n. 4; 330, n. 1; 331, n. 3; 333, n. 1; 337, n. 1; 338, n. 2; 340, n. 3; 342, n. 3; 343, n. 5 und n. 7; 344, n. 3 und n. 5; § 53, S. 353, n. 2; 354, n. 2; § 54, S. 362, n. 2; 364, n. 1 und n. 2; 363, n. 1 und n. 3; 369, n. 1; 370, n. 3; § 55, S. 385, n. 2; 386, n. 4; § 55, S. 390, n. 1; § 59, S. 418, n. 2; 420, n. 1; § 61, S. 425; § 64, S. 446, n. 1; S. 463, n. 1; § 65, S 480, n. 2 g. E.; 482, n. 1; § 66, S. 491, n. 1; § 69, S. 533, n. 2; 554 in der Anm.; 562, n. 1 g. E.; § 80, S. 630, n. 3. — Im besonderen Teil werden wir bei den einzelnen Rechtsverhältnissen oft Gelegenheit haben, auf die Möglichkeiten und Spielarten der beiden Regelpaare zu verweisen; s. auch oben § 7, S. 27, n. 1.

[2] So die Mot. zum B.G.B. Bd. 1, S. 19—24.

[3] S. unten § 13.

[4] Über den Ausdruck „Ausschließlichkeit" vgl. Geschichte § 6, S. 51, n. 1, wo auf den „ausschließlichen" Gerichtsstand der R.C.P.O. als Seitenstück verwiesen wird. Unser Sprachgebrauch wird aber auch durch das E.G. zum B.G.B. unterstützt, allerdings nicht in den intertemporalen Bestimmungen des vierten Ab-

Schon die römischen Kaiser erwähnen in ihren Übergangsbestimmungen, worin sie der neuen Rechtsordnung Ausschließlichkeit verleihen, der materiellen Voraussetzung, sei es, daß sie auf die Härte oder auf andere soziale Übelstände der alten Rechtsordnung aufmerksam machen, sei es, daß sie religiöse Momente, insbesondere ihre Unduldsamkeit gegen christliche Sekten hervorheben.[1] — Auch die am weitesten vorgeschrittenen germanischen Gesetzgeber, die langobardischen Könige, weisen ausdrücklich in den Übergangsbestimmungen, worin sie dem Volksrecht Ausschließlichkeit geben, auf die Fehler des alten Ediktes hin, welche mit dem Seelenheil und dem Volkswohl im Widerspruch ständen.[2] — Die päpstlichen Gesetzgeber drücken die materielle Voraussetzung in kräftigen Worten aus; sie kleiden sie oft in das Gewand des *ius divinum.*[3] — Auch in den *Libri Feudorum* erscheint die materielle Voraussetzung.[4] — In den Reichsgesetzen des alten Deutschen Reiches wird sie häufig genannt.[5] Ebenso in den Stadt- und Landrechten nach der Rezeption des römischen Rechtes.

Während bis dahin meistens nur innere Mängel der alten Rechtsordnung die materielle Voraussetzung der Ausschließlichkeit bildeten, tauchen nach der Rezeption des römischen Rechtes auch äußere Mängel derselben auf, wie z. B. die Zersplitterung in verschiedenartige Gewohnheitsrechte, Dunkelheiten und Lücken, Mangel der schriftlichen Aufzeichnung, große Kosten der Prozesse u. s. w. Dazu trat dann noch die Aussicht, daß die Gerichte höherer Instanz die Urteile der niederen Gerichte, welche auf dem noch geltenden Gewohnheitsrechte fußten, für nichtig erklärten.[6]

Damit tritt eine bemerkenswerte Erweiterung der materiellen Voraussetzung ein, die der geschichtlichen Entwickelung zu verdanken ist.[7] Bei den äußeren Mängeln einer Rechtsordnung kann von einer Auflehnung des Rechtsgefühles nicht mehr in dem Sinne die Rede sein, wie bei den innern Mängeln. Hier liegt nicht sowohl die Seelenkraft des Ge-

---

schnittes, wohl aber in denjenigen des ersten, welche sich auf das Schwesterrecht, das internationale Privatrecht beziehen. Art. 25 sagt: „. . . *es sei denn, daß . . . die deutschen Gesetze ausschließlich maßgebend sind*". Vgl. noch Art. 30: „*Die Anwendung eines ausländischen Gesetzes ist ausgeschlossen, wenn. . .*" S. auch unten § 46.

[1] S. Gesch. § 12, S. 80 fg.

[2] S. Gesch. § 20, S. 146; S. 149 und 150, n. 1.

[3] S. Gesch. § 23, S. 152; § 24, S. 158, 159, 160.

[4] S. Gesch. § 26, S. 162, 163.

[5] S. Gesch. § 29, S. 168 fg.

[6] Siehe Geschichte § 32, S. 191, 193, 194, 195, n. 2, 3 und 4; 196, n. 1; 197, n. 5; 199, n. 2, 3 und 4; 201, n. 1; 204, n. 1; § 36, S. 230; 234, n. 3; 237, n. 1; 238, n. 1, 3; 239, n. 2 und 3.

[7] S. oben § 1, S. 6, n. 1.

mütes zu Grunde, als die menschliche Vernunft, welche die mit äußerlichen Mängeln behaftete Rechtsordnung für unzweckmäßig, unbequem, kostspielig u. s. w. betrachtet. Auch hier bewährt es sich, was oben in § 1, S. 6, n. 1 gesagt wurde, daß das intertemporale Privatrecht in einer fortwährenden Entwickelung begriffen ist, die bei ihm besonders ausgeprägt erscheint, weil es sich um weite Verhältnisse handelt. Die materielle Voraussetzung, die bis jetzt noch im Rechtsgefühle ihre Wurzel hatte, erobert sich nun auch die Vernunft. Sie kann von jetzt ab auch darin bestehen, daß der Vernunft des Gesetzgebers die alte Rechtsordnung derart unzweckmäßig, unbequem, zeitraubend, kostspielig u. s. w. erscheint, daß er ihr die materielle Fortwirkung verweigern muß.

Zur Zeit der französischen Revolution bildeten die materielle Voraussetzung die naturrechtlichen Ideen der Freiheit, Gleichheit und Brüderlichkeit. Ähnlich wie die Päpste dem *ius divinum* eine wiedereinsetzende Ausschließlichkeit zusprachen, so verlangte der Geist der französischen Revolution, daß allen Gesetzen, die mit jenen naturrechtlichen Ideen im Zusammenhange standen, eine restitutive Ausschließlichkeit zukommen müßte.[1] — Im 19. Jahrhundert finden wir die materielle Voraussetzung sehr selten in den Übergangsbestimmungen selbst ausgedrückt, dagegen in den Verhandlungen der Volksvertretung, in den Botschaften, Denkschriften, Motiven der Regierung u. s. w.[2] Um so häufiger findet sie sich in den Urteilen der Gerichte, falls sie einem Gesetze Ausschließlichkeit beilegen.[3] — In der Litteratur des 19. Jahrhunderts wird auf sie von manchen Schriftstellern hingewiesen.[4]

Auch in den Motiven zum E.G. ist die materielle Voraussetzung der Ausschließlichkeit berücksichtigt;[5] ebenso in den Protokollen zur zweiten Lesung.[6] Es ist vorauszusehen, daß dabei mehr die auf der Vernunft

---

[1] Siehe Geschichte § 59, S. 407; insbes. S. 411, n. 2.

[2] Siehe Geschichte § 51, S. 324; § 52, S. 343, n. 1 und 4; S. 345, n. 1; § 54, S. 363, 368, n. 1; § 69, S. 538, n. 1.

[3] Siehe Geschichte insbes. § 68, S. 515, n. 1; vgl. dazu noch S. 448, n. 2; S. 450 in der Anm.; 531, n. 1 g. E.; 534, n. 1 g. E.; 536, n. 1; 540 in der Anm.; 547 in der Anm.; 557, n. 2.

[4] Siehe Geschichte § 76, S. 614, n. 3; S. 615, n. 1 und S. 616, n. 1; § 78, S. 626, n. 1, insbesondere aber Windscheids treffende Bemerkung in § 80, S. 638, n. 1. Zu den Schriftstellern, die die materielle Voraussetzung erkennen, gesellt sich neuestens auch Zitelmann mit seinem prächtigen Ausspruch in Jherings Jahrb. a. a. O. S. 198: „*Ueberall, wo das Gesetz eine Rückwirkung im wahren Sinne des Wortes anzuordnen sich entschließt, sei es im Privatrecht, sei es im öffentlichen Recht, da wird es das nur thun aus Gründen, die ihm sehr schwerwiegend erscheinen, und zwar werden das fast immer Gründe eines übermächtigen, öffentlichen Interesses sein.*“

[5] S. z. B. a. a. O. S. 262, 263, 273, 274, 278, 297.

[6] S. z. B. unten § 84 und in der Politik der intertemporalen Gesetzgebung §§ 86 fg.

des Gesetzgebers beruhende materielle Voraussetzung herangezogen wird.[1] Daneben kommt das Rechtsgefühl zur Geltung.[2]

Aber auch auf deduktivem Wege läßt sich die materielle Voraussetzung begründen. Der Wille eines fühlenden und vernünftigen Gesetzgebers, die angestammte materielle Fortwirkung der alten Rechtsordnung im gegebenen Falle auszuschließen, muß eine gerechte Ursache haben. Das intertemporale Privatrecht rechnet nicht mit wahnwitzigen oder tyrannischen Gesetzgebern. Es sei mir gestattet, ein Seitenstück aus dem römischen Privatrecht anzuführen. Da es auch nur vernünftige Privatpersonen ins Auge faßte, so verlangte es als Voraussetzung des *animus dominii transferendi* eine *iusta causa traditionis.* So muß das intertemporale Privatrecht dem Gesetzgeber gegenüber darauf bestehen, daß als Voraussetzung seines *animus excludendi* eine *iusta causa exclusionis* vorhanden sei. — Auch vom rein philosophischem Standpunkte aus ist die materielle Voraussetzung zu postulieren. Die Lehre von der Willensfreiheit (Indeterminismus) hat längst schon der richtigen Erkenntnis weichen müssen, daß jede Willensbewegung eines vernünftigen Menschen ihre Motive hat. Es ist dies das Gesetz der Motivation. Sind bestimmte Motive vorhanden, so giebt es für den Menschen nur einen Weg des Handelns und diese Art des Handelns erfolgt mit gesetzlicher Notwendigkeit. Fehlen jene Motive, so bleibt auch diese Art des Handelns mit der genauesten Sicherheit aus.

Wenn also das intertemporale Privatrecht an der materiellen Voraussetzung auf Grund der historischen Entwickelung und einer vernünftigen Logik von Rechtswegen festhalten muß, so setzt es dem Gesetzgeber eine Schranke. Dem vernünftigen Gesetzgeber macht sie sich wohl kaum als Schranke fühlbar, so wenig als die *iusta causa traditionis* einer vernünftigen Privatperson. Da aber Beispiele nicht selten sind, daß übel beratene oder tyrannisch veranlagte Gesetzgeber jene Schranke verletzt haben, so muß das intertemporale Privatrecht die rechtliche Befugnis besitzen, derartige Verletzungen jener Schranke als Rechtsverletzungen feststellen und brandmarken zu können. Diese rechtliche Macht besitzt es aber nur dann, wenn die materielle Voraussetzung eine Rechtsnorm bildet und sie ist es auch im Sinne der Positivität des intertemporalen Privatrechtes. Das Verbot, das sich an den Gesetzgeber richtet, ohne materielle Voraussetzung kein ausschließliches Gesetz zu erlassen, ist aber nur eine *lex imperfecta;* daher ist der Richter des eigenen Staates an das in Übertretung des Verbotes erlassene ausschließliche Gesetz gebunden, jedoch nicht der fremde Richter.[3]

---

[1] *Herstellung einheitlichen Rechtes*, S. 262; *erhebliche Uebelstände*, S. 274; *wirthschaftliche Gründe*, S. 273.

[2] *Ethische Rücksichten*, S. 278; *die soziale Lage der unehelichen Kinder und das Interesse der Gesammtheit an der Verbesserung dieser Lage*, S. 297.

[3] S. oben § 6, S. 22, n. 2.

Wir stoßen bei der neueren Rechtsregel auf eine Frage, der wir unten im besonderen Teile noch weiter nachgehen werden. Läßt sich die materielle Voraussetzung der Ausschließlichkeit wissenschaftlich verarbeiten? Meine Geschichte des intertemporalen Privatrechtes stellte fest, daß die materielle Voraussetzung ursprünglich in der bis zur Unduldsamkeit sich steigernden Auflehnung des Rechtsgefühles besteht, das den Gesetzgeber gegen die alte Rechtsordnung und deren Geschöpfe erfüllt.[1] Im Laufe der historischen Entwickelung erweiterte sich die materielle Voraussetzung dahin, daß die alte Rechtsordnung oder deren Geschöpfe der Vernunft des Gesetzgebers derart unzweckmäßig u. s. w. erscheint, daß er ihr die materielle Fortwirkung verweigern muß. Es ist nun nicht zu verkennen, daß die Wissenschaft des intertemporalen Privatrechtes den Beruf hat, festzustellen, in welchen Fällen die materielle Voraussetzung als erfüllt anzusehen ist; m. a. W. in welchen Fällen der Gesetzgeber befugt ist, der neuen Rechtsordnung die Ausschließlichkeit zu verleihen. Der neue Gedanke, der hier zum ersten Male zum Durchbruch kommt, besteht nun darin, einer bereits vorhandenen Strömung in der intertemporalrechtlichen Litteratur eine legitime Bahn zu schaffen. Sehr viele Schriftsteller, an ihrer Spitze HENNE, schreiben kein intertemporales Privatrecht, sondern Politik.[2] Sie befaßten sich der Hauptsache nach mit der Frage, wann der Gesetzgeber rückwirkende Gesetze erlassen dürfe. Die Frage, ob ein Bedürfnis nach einer derartigen Wissenschaft vorhanden sei, muß daher bejaht werden.

Ist nun aber eine derartige Wissenschaft auch möglich? Solange die materielle Voraussetzung nur im Rechtsgefühle bestand, war die Frage schwerlich zu bejahen, denn das Gefühl des Gesetzgebers läßt sich kaum in wissenschaftliche Formen bringen. Ganz anders aber liegt die Sache, seitdem auch die Vernunft des Gesetzgebers bei der materiellen Voraussetzung in Betracht kommt. Da läßt sich wissenschaftlich, d. h. vernünftig feststellen, ob die vorliegenden Gründe ausreichend sind, um die Ausschließlichkeit eines Gesetzes zu rechtfertigen.

Die neue Wissenschaft hat dabei nicht bloß die Rechtsordnung als solche ins Auge zu fassen, d. h. ihre inneren und äußeren Mängel, sondern auch den Charakter und Inhalt der unter der alten Rechtsordnung bereits entstandenen Thatbestände und Rechtsverhältnisse. Es giebt Thatbestände und Rechtsverhältnisse, deren Charakter und Inhalt eine Ausschließlichkeit der neuen Rechtsordnung herausfordern oder mindestens leichter ertragen, als der Charakter und Inhalt anderer Thatbestände und Rechtsverhältnisse. —

---

[1] Damit ist auch festgestellt, daß die Rechtsquelle des intertemporalen Sonderrechtes ursprünglich Rechtsgefühl ist; s. oben § 1, S. 4, n. 3.

[2] S. insbes. die Schriftsteller in § 80, S. 628 fg. der Geschichte des intert. Privatr.; vgl. namentlich auch § 76, S. 619, n. 3.

Die Wissenschaft nun, welche sich diese Aufgabe stellt, ist als ein Zweig des intertemporalen Privatrechtes zu betrachten, der jedoch seine besonderen Eigenschaften hat, die ihn von seiner Mutterwissenschaft scharf unterscheiden. Er beschäftigt sich nämlich mit der Frage, unter welchen Voraussetzungen darf oder muß der Gesetzgeber der neuen Rechtsordnung die Ausschlußklausel beifügen? Er will also *de lege ferenda* den Gesetzgeber beeinflussen. Kurz, er gehört zu der Gesetzgebungspolitik. Während also das intertemporale Privatrecht eine Rechtswissenschaft ist, so reiht sich diese Abzweigung an die politischen Wissenschaften; man kann sie bezeichnen als die Politik der intertemporalen Gesetzgebung.[1]

Dieser Abzweigung des intertemporalen Privatrechtes ist auch die Beantwortung der Frage zu überlassen, ob und in welchen Fällen der Staat eine Entschädigung der durch die Ausschließlichkeit negativer Rechtsordnungen betroffenen Staatsbürger festsetzen solle oder müsse.[2]

§ 11. Die formelle Voraussetzung. Die Ausschlußklausel und ihre Arten. Die Ausschlußklauseln des Einführungsgesetzes zum B.G.B. Deren Auslegung und Gruppierung.

Das intertemporale Privatrecht verlangt als formelle Voraussetzung für die Herrschaft der neueren Regel, daß der Gesetzgeber ausdrücklich erklärt, er schließe die materielle Fortwirkung der alten Rechtsordnung aus: Ausschlußklausel oder negative intertemporale Klausel.[3] Bei der Wichtigkeit, welche einem rückwirkenden Gesetze innewohnt, ist diese Forderung an den Gesetzgeber eine durchaus angemessene und gerechte. Bedenke man nur, welche tief einschneidende und verwundende Wirkungen ein ausschließliches Gesetz immer zur Folge hat.[4] Außerdem ist die Ausschlußklausel *ius singulare*, ein Ausnahmegesetz; daher hat auch aus diesem Grunde der Gesetzgeber alle Ursache, seine ungewöhnliche Absicht deutlich und unzweideutig zu erklären.[5]

Es ist ein Beweis der mangelnden Kenntnis des intertemporalen Privatrechtes, daß sowohl Gerichte wie Schriftsteller annahmen, in der Erklärung des Gesetzgebers, die alte Rechtsordnung sei aufgehoben,

---

[1] S. auch unten die §§ 19, 34 u. 43 und §§ 86—90.

[2] S. unten §§ 91 und 92.

[3] S. Gesch. § 4, S. 29, n. 1.

[4] Siehe Geschichte § 12, S. 83, wo Justinian die Folgen eines ausschließlichen Gesetzes sehr zutreffend schildert. Vgl. ferner die intertemporalen Rechtskämpfe in Württemberg § 31, S. 179 fg. und § 54, S. 378 fg.; in Frankreich § 59, S. 407 fg.; das verletzte Rechtsgefühl der englischen Kolonisten § 56, S. 398, n. 1. Vgl. auch § 81, S. 652, n. 2 g. E.

[5] Siehe Geschichte § 4, S. 28 fg. und die treffende Bemerkung Savignys § 76, S. 613, n. 2.

liege bereits die Ausschlußklausel.[1] Der Irrtum rührt daher, daß in der Wissenschaft der Unterschied zwischen formeller und materieller Aufhebung eines Gesetzes nicht genügend hervorgehoben wird. Die Erklärung des Gesetzgebers: „Die bisherigen Gesetze sind aufgehoben“ bedeutet nur die formelle Aufhebung. Zur materiellen Aufhebung bedarf es der Ausschlußklausel, d. h. der Erklärung, daß die neue Rechtsordnung auch die aus der alten stammenden Thatbestände und Rechtsverhältnisse ergreife, oder daß sie ausschließlich zur Anwendung gelangen solle.

Danach kann man die Ausschlußklausel in eine vollkommene oder zweiseitige und unvollkommene oder einseitige einteilen. Die erstere erwähnt die alte Rechtsordnung oder deren Geschöpfe ausdrücklich; letztere begnügt sich damit, die ausschließliche Anwendung der neuen Rechtsordnung vorzuschreiben.[2] Die Ausschlußklausel läßt sich auch in eine unbeschränkte und beschränkte einteilen. Erstere macht ausdrücklich keine Vorbehalte zu Gunsten der alten Rechtsordnung; dagegen sind stillschweigende Ausnahmen zugelassen.[3] Letztere dagegen enthält derartige Vorbehalte, die über die stillschweigenden Ausnahmen der erledigten und rechtshängigen Sachen hinausgehen.[4]

Nur in einem sehr seltenen Falle kann die Ausschlußklausel oder die negative intertemporale Klausel in einem dispositiven Stillschweigen des Gesetzgebers liegen.[5] Dies hat zur Voraussetzung, daß die neue Rechtsordnung ganz oder zum größten Teil auf bestehendem Gewohnheitsrecht beruht. Für den Gesetzgeber versteht sich hier die Ausschließlichkeit von selbst; wenn er daher nicht ausdrücklich das Gegenteil bestimmt, so gewährt er durch dispositives Stillschweigen der neuen Rechtsordnung die Ausschließlichkeit. Derartige Rechtsordnungen, welche ganz oder zum größten Teil auf bestehendem Gewohnheitsrecht beruhen, haben nur das äußere Kleid einer neuen Rechtsordnung, in Wirklichkeit sind sie mit der alten Rechtsordnung eins und dasselbe. Daher unterliegen sie eigentlich nicht den Regeln des intertemporalen Privatrechtes, welches das Verhältnis zweier aufeinander folgender Rechtsordnungen zu regeln hat, die auch materiell von einander verschieden sind. Für eine von der alten materiell verschiedene neue Rechtsordnung kann das dispositive Stillschweigen niemals Platz greifen.[6]

---

[1] Siehe Geschichte § 68, S. 522, n. 1 g. E. und § 80, S. 630, n. 2; vgl. noch § 65, S. 468 in der Anm. und § 67, S. 506, n. 2. Vgl. auch oben § 7, S. 27, n. 2.

[2] Die vollkommene Ausschlußklausel ist ein Seitenstück der ausdrücklichen Gewährungsklausel; s. oben § 8, S. 29, n. 4.

[3] S. unten § 12, S. 49, n. 4, 5 und 6.

[4] S. oben § 8, S. 30, n. 4.

[5] Siehe Geschichte § 34, S. 220 und § 36, S. 230. Für die heutige Zeit sind derartige Fälle wenigstens auf dem europäischen Festland kaum denkbar. Dagegen wäre es in England oder in der amerikanischen Union möglich, daß das *common law* kodifiziert würde; dann träte das dispositive Stillschweigen an die Stelle der Ausschlußklausel.

[6] Man darf daher nicht etwa bei den Übergangsbestimmungen des E.G. ein

Schon von älteren Schriftstellern wurde behauptet, daß die Ausschlußklausel ersetzt werden könne durch andere Mittel, aus denen der Ausschließungswille des Gesetzgebers hervorgehe.[1] Auch in der Rechtssprechung und Litteratur des 19. Jahrhunderts ist diese Ansicht vertreten.[2] Daraus hat sich im 19. Jahrhundert in Theorie und Praxis der Satz entwickelt, daß eine feierliche (solenne) Erklärung nicht erforderlich ist, daß vielmehr aus schlüssigen Worten des Gesetzgebers seine Ausschließungsabsicht unzweideutig sich ergeben kann.[3]

Das neue Deutsche intertemporale Privatrecht darf aber verlangen, daß der Gesetzgeber bei der immer vollkommener werdenden Gesetzgebungstechnik eine so hochwichtige Sache wie den Ausschließungswillen nicht in zusammenhangslosen und zufälligen Äußerungen kundthun, sondern in einem zusammenhängenden allgemein verständlichen Satze zum Ausdruck bringen wird.[4] Vom Richter aber verlangt es, jenen Satz, daß der Aus-

---

dispositives Stillschweigen annehmen, wenn dieselben eine Lücke enthalten; in diesem Falle tritt vielmehr die alte Regel in die Bresche; s. oben § 8, S. 28, n. 2.

[1] Siehe Geschichte § 42, S. 258, n. 1; vgl. mit § 45, S. 277, n. 4; ferner § 45, S. 277 fg.; § 49, S. 317 fg.

[2] Siehe Geschichte § 68, S. 523, n. 2; 524, n. 1 und § 81, S. 651, n. 1.

[3] Siehe Geschichte § 68, S. 523, n. 2. Habicht stellt in seinen Nachträgen zur 3. Aufl. als die in Deutschland fast ausnahmslos herrschende Ansicht die Behauptung auf, daß die Rückwirkung nicht nur bei ausdrücklicher Anordnung, sondern auch dann angenommen werden dürfe, wenn sie sich sonst deutlich als Wille des Gesetzes ergiebt und stellt mich damit in Gegensatz, indem er Stellen aus meiner Darstellung des römischen intert. Privatrechtes anführt. Ich habe aber keinen Zweifel darüber gelassen, daß sich das intertemporale Privatrecht gerade so gut fortentwickelt, wie jedes andere auch; siehe z. B. Geschichte § 30, S. 174; § 51, S. 324, n. 3 und oben § 1, S. 6, n. 1 und § 10, S. 38. Der Satz, den Habicht für das intert. Privatrecht des 19. Jahrh. aufstellt, steht in etwas vorsichtigerer Formulierung in § 68, S. 523, n. 2 der Geschichte: „*Ersatzmittel der Ausschlußklausel sind die deutlich erkennbare Absicht oder der unzweideutige Wille des Gesetzgebers*“ und zwar auf Grund des ausgezeichneten Urteils des O.A.G. zu Wolfenbüttel vom 19. Februar 1841. Die Fassung Habichts ist zu allgemein und daher unrichtig. Er sagt: „*wenn sie sich sonst*“. Was bedeutet „*sonst*“? Etwa auch Motive, Kommissionsberatungen, Denkschriften u. dergl.? Daher habe ich im Text getreu nach dem Sinne des angeführten Urteils und nach dem Vorbilde Savignys die Fassung gewählt „*aus schlüssigen Worten des Gesetzgebers*“. Damit ist einer mißbräuchlichen Ausdehnung dieses Grundsatzes der Riegel vorgeschoben. Diese Vorsicht ist geboten, damit das intertemporale *ius singulare* nicht das gemeine Recht überwuchert. Die juristische Begründung dieser Vorsicht liegt darin, daß jeder Satz zu Gunsten des *ius singulare* möglichst einschränkend auszulegen ist. Wie nötig diese Vorsicht ist, wird sich unten aus §§ 13 und 72 ergeben. S. auch unten S. 44, n. 4.

[4] Das E.G. ist ein glänzendes Beispiel dieser vervollkommneten Gesetzgebungstechnik; s. Habicht a. a. O. S. 5, n. 1. In Anbetracht, daß das intertemporale und internationale Privatrecht zwei Schwesterrechte sind, Zweige des Rechtes der Rechtsordnungen, ist es vom Gesetzgeber des E.G. sehr weise gewesen, beide in das E.G. aufzunehmen und nicht eine „Überspannung des Prinzips“, wie Habicht meint. Vgl. auch Gesch. § 78, S. 625, n. 2. Vgl. auch § 66, S. 487, n. 1 g. E.; § 69, S. 555, n. 1 g. E.; 561, n. 1.

schlußwille des Gesetzgebers auch aus seinen schlüssigen Worten entnommen werden könne, zu beschränken auf die von ihm erlassenen Übergangsbestimmungen.[1] Dehnt er ihn auf seine materiellen Anordnungen aus, so ist der Unsicherheit und Zersplitterung der Rechtsprechung Thür und Thor geöffnet. Die Motive zum E.G. haben aber ausdrücklich jenen Satz auch für die materiellen Vorschriften des B.G.B. anwendbar erklärt.[2] Und schon zeigen sich in der neuesten intertemporalen Rechtsprechung die Folgen: Ihre Einheitlichkeit ist bereits bedroht.[3] Gleich hier sei bemerkt, daß die von Hülfsarbeitern ausgearbeiteten Motive nicht als Wille des Gesetzgebers im Widerspruch mit seinen klaren Gewährungsklauseln gelten dürfen.[4]

Viel zu weit gehen diejenigen Gerichte und Schriftsteller, welche behaupten, Ersatzmittel der Ausschlußklausel könne auch der Zweck eines Gesetzes sein, wenn er nämlich ohne die Ausschließlichkeit nicht erreichbar sei. Es giebt in der That keinen Zweck, der ohne die Ausschließlichkeit unerreichbar wäre. Es ist nur möglich, daß ohne die Ausschließlichkeit der Zweck erst in weiterer Zukunft erreicht wird. Der Erfolg des Gesetzes wird also nicht vereitelt, sondern nur verspätet, falls das Gesetz keine Ausschließlichkeit besitzt. Hat es nun aber der Gesetzgeber unterlassen, die Ausschlußklausel hinzuzufügen, so muß man annehmen, daß er sich mit der allmählichen Erreichung des Zweckes begnügt. Keinenfalls steht es aber dem Richter zu, was der Gesetzgeber unterlassen, nachzuholen.[5]

Die Ausschlußklausel ist vom Standpunkt der Hauptregel aus betrachtet ein intertemporales Ausnahmegesetz, ein intertemporales *ius singulare*. Daher ist es zutreffend, demselben eine einschränkende Aus-

---

[1] Etwa in der Weise, wie das treffliche Urteil des O.L.G. Stuttgart vom 3. Oktober 1901 untersuchte, ob aus dem Art. 184 E.G. eine rückwirkende Absicht des Gesetzgebers zu entnehmen sei. Mit Recht hat es die Frage verneint; s. Rsp 2, S. 297 g. E. S. auch unten § 79.

[2] S. 257 g. E.

[3] S. unten § 48. Hier sei nur auf ein Beispiel verwiesen. Das Kammergericht hatte behauptet, der Art. 213 E.G. schließe die Anwendung einzelner neuer Vorschriften, wo sie ihrem Zweck entspreche, nicht absolut aus. Glücklicherweise gebot das Reichsgericht in seinem Urteil vom 25. April 1900 dieser Auffassung Einhalt; E. 46, S. 71. Wo würde man hingelangen, wenn jedes Gericht beliebigen Vorschriften des B.G.B. Ausschließlichkeit einräumen dürfte, trotz der klaren Gewährungsklauseln des E.G.?

[4] Darüber s. unten § 13; § 48 und insbes. § 72.

[5] Siehe Geschichte § 68, S. 524, n. 1; § 69, S. 564, n. 1; 569, n. 1 g. E.; § 78, S. 625, n. 2; § 80, S. 639, n. 1 g. E.; § 81, S. 651 n. 1. Besonders treffend sind die ausgezeichneten Urteile des Preuß. Obertr.; siehe Geschichte § 64, S. 448, n. 2. Dazu kommt noch das Urteil des Hamburger O.L.G. vom 27. Sept. 1898. D.J.Z. Bd. 4, S. 116. Von besonderem Werte ist aber das unter dem neuen Deutschen intertemporalen Recht ergangene Urteil des R.G. v. 7. Juli 1900, das sich der obigen Rechtswahrheit anschließt; E. 46, S. 174. Vgl. auch Lehmann, S. 32; A. M. Habicht, a. a. O. S. 10, n. 2.

legung angedeihen zu lassen. Dieser Satz ist von den Gerichten in ihrer Rechtssprechung fast einhellig anerkannt worden.[1] Er ist von höchster Wichtigkeit für die Auslegung der Ausschlußklauseln des E.G.; sie sind darnach sämtlich einschränkend auszulegen. Eine ausdehnende Auslegung oder gar die Analogie ist aufs peinlichste zu vermeiden.[2]

Die Ausschlußklauseln des vierten Abschnittes des E.G. lassen sich in zwei Gruppen einteilen: in solche, welche Anwendungen der ersten Regel des neueren Regelpaares enthalten und in solche, welche sich als Gestaltungen der zweiten kennzeichnen.

Innerhalb der ersten Gruppe lassen sich wiederum zwei Reihen unterscheiden: einerseits die, welche die erste Möglichkeit erfüllen. Dahin gehören zum Teil Art. 199, 201, 203, 208 und 210.[3] Andererseits die, welche unter die zweite Möglichkeit fallen; so Art. 155,[4] 169,[5] 173, 174, Abs. 1, S. 1, 176, 177,[6] 180,[7] 181,[8] 184, S. 2, Art. 192—195;[9] zum Teil auch Art. 199 u. 201;[10] zum Teil Art. 203,[11] 205;[12] zum Teil 208, Abs. 1, S. 1[13], 210.[14]

Zur zweiten Gruppe gehören verhältnismäßig wenige; unter die erste oder dritte Möglichkeit der zweiten Regel des neueren Regelpaares fällt Art. 198, Abs. 2[15] u. Art. 215, Abs. 2;[16] unter die zweite Möglichkeit können fallen Art. 192 u. 195, 199,[17] 203,[18] 208, Abs. 1, S. 1;[19] ferner Art. 210.[20]

Eine ganz eigenartige Natur besitzen die Art. 186, 187, 188, 194, 145, Abs. 2, 196 und 218. Dieselben haben keinen intertemporalen

---

[1] Siehe Geschichte § 67, S. 509, n. 1 und § 68, S. 522. Nur wenige Urteile verstießen gegen diese Regel; s. § 67, S. 506 g. E.; § 68, S. 522, n. 2 und § 69, S. 566 in der Anm. Vgl. auch oben § 8, S. 34, n. 1 u. 2.

[2] Daß die Schriftsteller zum E.G., ja sogar Gerichte, gerade diese einfache Rechtswahrheit sehr oft außer Acht gelassen haben und dadurch zu Entscheidungen gelangt sind, welche jedem intertemporalen Rechtsgefühl spotten, wird sich aus dem besonderen Teile ergeben. Dagegen ist rühmend hervorzuheben, daß das R.G. in seinem vortrefflichen Urteil vom 27. Okt. 1900, E. 47, S. 56 fg. bei der Interpretation der Ausschlußklausel des Art. 192 von der obigen Auslegungsregel thatsächlich Gebrauch gemacht hat; vgl. insbes. S. 64. 65.

[3] S. unten §§ 76, 77, 78, 79 und 80.

[4] S. unten § 62. [5] S. unten § 34. [6] S. unten § 84.

[7] S. unten § 81. [8] S. unten § 82. [9] S. unten § 83.

[10] S. unten § 76. [11] S. unten § 77. [12] S. unten § 71.

[13] S. unten § 78.

[14] S. unten § 80. Richtige Ansicht nach gehört nicht hierher Art. 214 s. unten § 74.

[15] S. unten § 76. [16] S. unten § 85. [17] S. unten § 76.

[18] S. unten §§ 77. [19] S. unten § 78.

[20] S. unten § 62 und 80. Ebenso können unter Umständen in diese Gruppe fallen Art. 192—195; ferner Art. 181, 180, 175, 174; endlich Art. 171, 172 u. 173. Habicht, a. a. O. S. 16, dem die beiden neueren Regeln unbekannt sind, hat die Artikel der zweiten Gruppe unbeachtet gelassen, geschweige denn, daß er sie auf die drei Möglichkeiten geprüft hätte.

Charakter. Sie gehören sachlich in den dritten Abschnitt des E.G., denn es sind Ermächtigungen, die der Reichsgesetzgeber dem Landesgesetzgeber erteilt.[1]

§ 12. Die Ausnahmeklausel. Deren Auslegung. Das gemischte intertemporale System des Einführungsgesetzes zum B.G.B; sein Sprachgebrauch.

Schon in der klassischen römischen Zeit war es üblich, daß der Gesetzgeber von der Ausschließlichkeit eines Gesetzes einzelne Rechtsverhältnisse ausnahm.[2] Ich habe diese gesetzgeberische Anordnung Ausnahmeklausel genannt.[3] Die römischen Juristen zählen vier derartige Rechtsverhältnisse: solche, welche durch rechtskräftiges Urteil, Vergleich, Stillschweigen und Willensübereinstimmung ihre Erledigung gefunden haben. Sie nennen sie daher *causae finitae* oder *decisae*.

Auch die spätrömischen Kaiser machten regelmäßig von der Ausnahmeklausel Gebrauch, wenn sie dem Gesetz Ausschließlichkeit beilegten.[4] Ja, sie fügen ein fünftes Rechtsverhältnis hinzu, das von der Ausschließlichkeit nicht betroffen werden soll, nämlich die rechtshängigen Sachen. Daß dem so ist, beweist uns die *praefatio* und der *epilogus* der *Nov.* 115.[5] Allerdings genügt es darnach nicht, daß die Streitsache in erster Instanz schwebt, sondern sie muß bereits in der Berufungsinstanz anhängig sein. Es scheint, daß damit Justinian einen bereits von seinen Vorgängern anerkannten Grundsatz nur wiederholt hat.[6]

Diese römische Ausnahmeklausel wurde vorbildlich für die spätere Gesetzgebung der auf den Trümmern des Weltreiches erstehenden Staaten.

---

[1] Das nähere darüber unten in §§ 63 und 83. Habicht hat a. a O. die Eigenartigkeit dieser Artikel wenigstens da, wo es systematisch notwendig war, nicht zur Darstellung gebracht.

[2] Gesch. § 4, S. 25. [3] Gesch. § 32, S. 201.

[4] Gesch. § 12, S. 91, n. 1; § 14, S. 113; § 19, S. 143.

[5] Gesch. § 12, S. 91, n. 1.

[6] Wenn Justinian seinen berüchtigten Verjährungsgesetzen zu Gunsten der Kirche ausdrücklich eine Ausschließlichkeit verlieh, welche auch die rechtshängigen Sachen ergriff, so beweist das gerade, daß er mit vollem Bewußtsein von der Regel abweichen wollte, um der Kirche in abnormer Weise zu helfen. Auch die Ausdrucksweise *non solum . . . sed etiam in iudiciis pendentibus* deutet darauf hin; s. Gesch. § 12, S. 82 u. 83. Vgl. noch § 9, S. 68, n. 3 g.E., wo auch Theodos und Valentinian im Bewußtsein, daß sie eine Regel überschreiten, sich ausdrücken: *non solum . . . verum etiam pendentium negotiorum. . . .* Goeppert, a. a. O. S. 160, n. 1, sucht die Worte Justinians zu Gunsten seiner entgegengesetzten Ansicht zu deuten, führt sie aber verstümmelt an, indem er das *non solum sed etiam* ausläßt und verschweigt, daß es sich um abnorme Ausnahmegesetze zu Gunsten der Kirche handelt.

Sie ist enthalten in den *leges Romanae* der germanischen Könige;[1] die langobardischen Gesetzgeber verwandten sie auch für das Volksrecht *(edictus)*, falls sie ihm Ausschließlichkeit beilegten.[2] — Auch die Fassung der Ausschlußklausel der päpstlichen Dekretalen beweist, daß sie grundsätzlich die in der Berufungsinstanz schwebenden Sachen von der Ausschließlichkeit ausnehmen.[3]

Die *causae finitae* sind den alten Reichsgesetzen ebenfalls bekannt.[4] Während aber die rechtshängigen Sachen in den Reichsgesetzen der neuen Rechtsordnung unterworfen sind,[5] kehren sie in der Ausnahmeklausel der Land- und Stadtrechte häufiger wieder.[6] Besonders vollkommen tritt die Ausnahmeklausel hervor in der Frankfurter Reformation von 1509 und 1578.[7] Gerade bei der Ausnahmeklausel der ersten Frankfurter Reformation zeigt sich, wie nahe verwandt sie mit der subjektiven Gewährungsklausel ist. Denn was sind die *causae finitae* anders als Rechtsverhältnisse, aus denen erworbene Rechte im besten Sinn des Wortes hervorgehen, abgesehen von der fünften Ausnahme, den *causae pendentes*. Bedenkt man ferner, daß eine Richtung innerhalb der Lehre von den wohlerworbenen Rechten den Kreis der Thatbestände sehr eng zieht, welche erworbene Rechte zu erzeugen vermögen,[8] so leuchtet ein, daß die subjektive Gewährungsklausel und die Ausnahmeklausel schlechterdings zusammenfallen. Damit ist aber bewiesen, daß die subjektive Gewährungsklausel dem Gesetz eine Ausschließlichkeit verleiht, welche mit derjenigen der Ausschlußklausel eins und dasselbe ist, falls nicht etwa die Ausnahmeklausel unterdrückt wird.[9] Zugleich ist auch bewiesen, daß die Lehre von den erworbenen Rechten, soweit sie noch nicht künstlich durch Fiktionen erweitert ist, Anhängerin einer angeborenen Ausschließlichkeit der Gesetze sein muß.[10]

In der Gesetzgebung des 19. Jahrhunderts werden die rechtshängigen

---

[1] Gesch. § 17, S. 137; § 19, S. 143. Es fehlen jedoch die rechtshängigen Sachen.

[2] Gesch. § 20, S. 145; bemerkenswert ist, daß der Epilog des Ediktes des Königs ROTHARI (Kap. 388) wenigstens einen Teil der rechtshängigen Sachen von der neuen Rechtsordnung ausnimmt, nämlich diejenigen, welche vor dem 22. Nov. des Jahres 643 begonnen oder erhoben wurden; s. Gesch. § 20, S. 149.

[3] Gesch. § 24, S. 157: *non solum . . . sed . . . etiam per appellationem pendentia hoc extendi. . . .*

[4] Gesch. § 29, S. 170, n. 1.

[5] Gesch. § 29, S. 169; vgl. auch J.R.A. § 174, welcher zu den Ausnahmen nur Vergleiche und geleitete Zahlungen, sowie bereits *„vollzogene Urtheile und Executiones“* stellt.

[6] Gesch. § 32, S. 201, n. 4 (Mainzisches Landrecht) § 36, S. 235; S. 236, n. 3.

[7] Gesch. § 36, S. 234 fg., insbes. S. 236, n. 3. Der Verfasser der letzteren Ausnahmeklausel ist JOHANN FICHARD.

[8] Gesch. § 71, S. 579.

[9] Gesch. § 53, S. 347; ferner oben § 8, S. 29, n. 1.

[10] Gesch. § 79, S. 626 fg. und oben § 4, S. 15, n. 1.

Sachen regelmäßig den Ausnahmen hinzugefügt.[1] Eine Sonderstellung nehmen die ausschließlichen Ehegesetze ein, sofern sie sich auf Nichtigkeit, Anfechtbarkeit und Scheidung der Ehe beziehen. Sie ergreifen immer die rechtshängigen Sachen.[2] Ebenso die gesetzlichen Auslegungen.[3]

Einen wichtigen Schritt machte die Rechtsprechung. Sie erkannte an, daß die rechtshängigen Sachen sogar zu den stillschweigenden Ausnahmen der Ausschließlichkeit zu rechnen sind.[4]

In der Litteratur ist besonders Jacobus de Belviso dafür eingetreten, daß die neue Rechtsordnung auch ohne Ausnahmeklausel die rechtshängigen Sachen nicht ergreife. Er unterscheidet, ob die Sache in der Berufungsinstanz oder noch in der unteren Instanz vor dem ersten Urteil schwebt. Im ersten Falle beziehe sich die neue Rechtsordnung, selbst bei ausdrücklicher Bestimmung, nicht auf sie; im letzteren Falle dürfe die neue Rechtsordnung nur angewendet werden, wenn dies ausdrücklich bestimmt ist; wenn nicht, so sei die alte Rechtsordnung zu beobachten.[5] Jacobus de Belviso ist also der erste, der für eine stillschweigende Ausnahmeklausel eintritt und zu den stillschweigenden Ausnahmen nicht nur die *causae finitae*, sondern auch die *causae pendentes* rechnet.[6] Auch Fellinus und seine Zeitgenossen beanspruchen die rechtshängigen Sachen, selbst beim Schweigen des Gesetzgebers, für die Herrschaft der alten Rechtsordnung. Zunächst treten sie dafür ein, daß die rechtshängigen Sachen dann von der neuen Rechtsordnung auszunehmen seien, wenn bereits ein Aktenschluß stattgefunden habe.[7] — Noch weiter geht Bartolus, der die rechtshängigen Sachen, auch schon vor dem Aktenschluß, der alten Rechtsordnung zuspricht. Durch ihn gelangte die Bewegung zu Gunsten der rechtshängigen Sachen zur Vollendung. Doch

---

[1] Gesch. § 52, S. 329, n. 1; § 53, S. 351, n. 2; insbes. § 59, S. 417, n. 1; S. 419, n. 2. Ich sage ausdrücklich „regelmäßig"; denn es giebt Fälle, wo dies nicht geschehen ist. Sie kennzeichnen sich jedoch alle als abnorme Fälle, die entweder durch die Zeitverhältnisse oder durch die Materie des Gesetzes bedingt waren; siehe Geschichte § 53, S. 357, n. 2, insbes. § 54, S. 365, n. 1; § 59, S. 408, n. 3; 409, n. 3; 417, n. 1.

[2] Gesch. § 53, S. 349, n. 2; § 59, S. 415, n. 1; § 68, S. 527, n. 1 und § 69, S. 535, n. 1.

[3] Gesch. § 52, S. 328, n. 5 und § 53, S. 348, n. 2 und insbes. unten § 58.

[4] S. das vortreffliche Urteil des O.G. zu Celle vom 22. Dezember 1874 in § 68, S. 524, n. 2 der Geschichte. Dagegen verschloß sich der richtigen Erkenntnis das O.G. zu Wolfenbüttel vom 6. Juli 1877; a. a. O. § 68, S. 526, n. 1.

[5] Gesch. § 42, S. 254. Auch die sonstigen Fälle der Ausnahmeklausel sind ihm bekannt: Urteil, Vergleich, Anerkennung durch die Länge der Zeit; s. Gesch. § 42, S. 257.

[6] Zuweit geht jedoch Belviso, wenn er behauptet, daß auf Sachen, die in der Berufungsinstanz schweben, die neue Rechtsordnung selbst bei ausdrücklicher Bestimmung nicht auszudehnen sei. Der Richter hat sich der Anordnung des Gesetzgebers zu fügen.

[7] Gesch. § 45, S. 273, n. 1 und 2; besonders scharf J. Monachus u. Baldus.

fand seine Meinung keine allgemeine Zustimmung und auch FELLINUS, der aus Billigkeitsrücksichten sie gut heißen möchte, hat dagegen seine Bedenken[1]

In der Folgezeit machte die Behandlung der rechtshängigen Sachen keine weiteren Fortschritte. LYNCKER steht ungefähr auf dem Standpunkte BELVISOS: die rechtshängigen Sachen unterliegen der neuen Rechtsordnung nur, wenn der Gesetzgeber sie ausdrücklich erwähnt.[2]

Im 19. Jahrhundert wird die Frage, ob eine neue und ausschließliche Rechtsordnung beim Schweigen des Gesetzgebers auch die rechtshängigen Sachen ergreife, wenig und nur oberflächlich behandelt; über das römische Recht kommt man kaum hinaus.[3] Dagegen wird von den Schriftstellern übereinstimmend anerkannt, daß die erledigten Sachen stillschweigende Ausnahmen von der Ausschließlichkeit einer neuen Rechtsordnung bilden.[4] Ebenso gilt dieser Grundsatz in der Rechtsprechung.[5]

Auf Grund der Entwickelung, die von der Gesetzgebung befolgt und durch die Rechtsprechung bestätigt wurde, ist für das deutsche intertemporale Recht der Satz aufzustellen, daß grundsätzlich die rechtshängigen mit den erledigten Sachen zu den stillschweigenden Ausnahmen der Ausschließlichkeit gehören.[6] Verwirft man diesen Grundsatz, so muß man notgedrungen dem Richter das Recht zugestehen, den unter der alten Rechtsordnung begonnenen Rechtsstreit auszusetzen, bis die neue Rechtsordnung in Kraft getreten ist oder den Kläger mit Rücksicht auf die kommende neue angebrachtermaßen abzuweisen.[7] Damit

---

[1] Gesch. § 45, S. 274, n. 5 und 275, n. 3.

[2] Gesch. § 47, S. 305, n. 4. HENNE hält in § XIV den römischen Standpunkt fest; a. a. O. § 49, S. 316/17.

[3] BERGMANN, a. a. O. S. 152 bleibt beim römischen Recht stehen. Er verlangt Insinuation oder Publikation des Bescheides; Aktenschluß genügt nicht. Ähnlich WEBER, a. a. O. S. 209; SAVIGNY, s. Geschichte § 76, S. 614, n. 1 g. E.; WÄCHTER, II, S. 187; HOFMANN, Exc. S. 362, n. 4; GIERKE, a. a. O. § 23, n. 22. Andere Schriftsteller wie GOEPPERT, a. a. O. S. 160 fg., wollen diese stillschweigende Ausnahme nicht gelten lassen. Es ist dies ein bedauerlicher Rückschritt der intertemporalen Litteratur, die in BARTOLUS ihren Höhepunkt erreicht hatte.

[4] Ein Schriftsteller, der vor der Veröffentlichung des B.G.B. und des E.G. diese ewige Rechtswahrheit angetastet hätte, ist mir nicht bekannt. Selbst ein WEBER erkennt sie an; s. Geschichte § 80, S. 630, n. 3. Siehe auch unten BACON, S. 58, n. 2.

[5] S. das Urteil des O.G. zu Wolfenbüttel, welches zwar die Ausnahme der rechtshängigen Sachen nicht anerkennt, wohl aber die durch Vergleich und Urteil erledigten Sachen in der Geschichte § 68, S. 528, n. 1; ferner das Urteil des K. K. O.G. v. 11. Mai 1880, wonach die Ausschließlichkeit des neuen Zinsgesetzes vor einem gerichtlichen Vergleich und einer bewilligten Feilbietung Halt machen müsse; § 69, S. 545, n. 4 g. E.

[6] Die Rechtshängigkeit bestimmt sich nach der jeweiligen Prozeßordnung, also für das Deutsche Reich nach § 263 der C.P.O.

[7] Diese Folgerung haben in der That italienische Gerichte gezogen; s. Geschichte § 69, S. 551, n. 1. Giebt man den Obersatz zu, so muß man auch diese

würde die neue Rechtsordnung, bevor sie in Kraft tritt, eine vom Gesetzgeber nicht beabsichtigte und nicht zu rechtfertigende Wirksamkeit entfalten, die Rechtssicherheit gefährden, das Rechtsgefühl des Volkes und seinen Glauben an die Rechtsprechung erschüttern.

So ist denn auch für die Ausschlußklauseln des Einführungsgesetzes zum Bürgerlichen Gesetzbuch für das Deutsche Reich zu behaupten, daß grundsätzlich die erledigten und die rechtshängigen Sachen von der Ausschließlichkeit der neuen Rechtsordnung auszunehmen sind. Die Motive sagen selbst, daß die Lücken durch die Wissenschaft ausgefüllt werden müssen und dies kann nur im Sinne der historischen Entwickelung und der Gerechtigkeit geschehen. Das E.G. gedenkt der *Anhängigkeit des Verfahrens* in Art. 161, Abs. 1 und 3 und in Art. 178 und betrachtet sie in der That als Mittel, die Fortwirkung der alten Rechtsordnung für das anhängige Rechtsverhältnis zu wahren. Es handelt sich jedoch nicht um eine durch Klageerhebung begründete Rechtshängigkeit; hiefür läßt das E.G. der Wissenschaft freies Feld. Dagegen sind zahlreiche Ausführungsgesetze der Einzelstaaten jenem Zug der historischen Entwickelung und der Gerechtigkeit gefolgt, indem sie der durch Klageerhebung begründeten Rechtshängigkeit die Kraft beilegen, die Fortwirkung der alten Rechtsordnung auf dem Gebiete des ehelichen Güterrechts zu bewahren, so Preußen Art. 59, § 6; Bayern Ü.G. Art. 103; Sachsen § 34, Abs. 2; Sachsen-Weimar § 185, Abs. 6; Mecklenberg § 216; Sachsen-Altenburg § 101, Abs. 2; Waldeck Art. 25, § 7; Hamburg, Ehel. Güterr. § 21, Abs. 2; Elsaß-Lothringen § 152. Das intertemporale Reichsrecht hat also den Grundsatz anerkannt und in zwei Fällen analog verwertet; das intertemporale Landesrecht hat ihn zur unmittelbaren Anwendung gebracht.[1]

Folgerung gutheißen! Die richtige Ansicht vertrat der Kassationshof zu Turin s. ebenda.

[1] Bei dieser Sachlage ist es ganz erstaunlich, daß Habicht, S. 17 hinsichtlich der rechtshängigen Sachen behauptet, daß man vor dem Berufungsrichter nicht bloß neue Thatsachen, sondern auch neues (objektives) Recht vorbringen könne. Habicht zweifelt sogar die Ausnahmen der *causae finitae* an, welche seit Jahrtausenden übereinstimmend in Gesetzgebung, Rechtsprechung und Litteratur anerkannt sind. Seine Behauptungen S. 20 sind auch unter dem Gesichtspunkt des bürgerlichen Rechtes unhaltbar. So sagt er, gegen Gierke gerichtet, daß das neue Recht bei seinem Inkrafttreten gar kein Rechtsverhältnis mehr unter den Parteien vorfinde, wenn das Schuldverhältnis durch Erfüllung getilgt worden sei, während bei einer rechtskräftigen Entscheidung, der noch nicht genügt ist, das Rechtsverhältnis unter den Parteien noch fortbestehe. Darum könne das neue Recht es ergreifen, mit Ausnahme der Schuldverhältnisse. Eine ganz neue Lehre, welche eine wesentliche Verschlechterung des intertemporalen Privatrechtes bedeuten würde, falls sie durchdringen sollte. Allein das logische Gebäude ist auf einem unhaltbaren Grunde aufgebaut. Nach der Erfüllung besteht in der That ebenfalls sogut ein Rechtsverhältnis zwischen den beiden Parteien, als nach dem Urteil und zwar ein negatives Rechtsverhältnis; s. unten § 40. Auch nach einem Urteil kann bloß ein negatives Rechtsverhältnis bestehen, nämlich dann,

Erfreulicherweise hat das Reichsgericht unter der Herrschaft des neuen intertemporalen Rechtes bereits ausgesprochen, daß grundsätzlich rechtskräftige gerichtliche Entscheidungen zu den stillschweigenden Ausnahmen von der rückwirkenden Kraft neuer Gesetze gehören.[1]

Auch im Deutschen intertemporalen Rechte werden vom obigen Grundsatze stillschweigender Ausnahmen nicht betroffen die ausschließlichen Vorschriften über Anfechtbarkeit, Nichtigkeit und Scheidung der Ehe.[2] — Wir müssen aber noch einen Schritt weitergehen und auch die neuen und ausschließlichen Vorschriften über die *persönlichen Rechtsbeziehungen der Ehegatten* hierher rechnen. Es liegt dies im Wesen der Ehe.[3] Besitzen diese Vorschriften Ausschließlichkeit, so ergreifen sie die rechtshängigen Sachen auch wenn sie bereits in der Berufungsinstanz schweben. Jedoch machen sie Halt vor den in der Revisionsinstanz oder nach Zurückverweisung in der Vorinstanz hängigen Sachen. Dies geht aus den Schranken hervor, die das Prozeßrecht einerseits dem Revisionsgericht bei Aufhebung oder Abänderung oberlandesgerichtlicher Urteile, andererseits der Vorinstanz nach der Zurückverweisung des Urteils gezogen hat.[4]

Dagegen kann ein rechtskräftiges Urteil über die Unterhaltspflicht nicht dadurch allein hinfällig werden, weil die Rechtsordnung wechselt, während die übrigen Voraussetzungen der Unterhaltspflicht

---

wenn das Urteil ein freisprechendes ist. Also findet die neue Rechtsordnung in beiden Fällen ein Rechtsverhältnis vor und könnte also darauf einwirken. Es ist dann aber nicht einzusehen, warum die abgeurteilte Sache schlechter gestellt sein solle als die Erfüllung. Unhaltbar ist ferner die Behauptung Habichts, daß auch ein Vergleich gegenüber dem neuen Rechte nicht Stand halte. Ein Wechsel der Gesetzgebung kann doch nicht mit einem Irrtum der Parteien über Thatsachen und Rechtsverhältnisse auf eine Linie gestellt werden. Darin beruht die Quelle so vieler Mißverständnisse Habichts, daß er den Wechsel der Rechtsordnung mit den Änderungen der Thatsachen und Rechtsverhältnisse für den bürgerlichen Prozeß (s. §§ 323 und 767 R.C.P.O.) in einem Topf wirft. Gegen Habicht spricht auch das treffliche Urteil des O.L.G. Hamburg vom 4. Dezember 1900, welches den obigen Gedanken klar und deutlich ausspricht: *Es fehlt an einem ausreichenden Rechtsgrunde dafür, daß jene erledigte Forderung mit dem 1. Januar 1900 dadurch wieder neu erstanden sein sollte, daß ein Gesetz in Kraft trat, aus welchem Rechte der fraglichen Art nicht mehr hergeleitet werden können.* S. A. 56, S. 169 fg.; Rsp. 2, S. 58; vgl. auch Beiträge z. Ausleg. 1. Heft 1902, S. 70.

[1] Beschl. vom 24. April 1900, E. 46, S. 67.

[2] S. oben S. 48, n. 2. Dies hat das Reichsgericht wenigstens in Hinsicht auf die rechtshängigen Sachen ausdrücklich anerkannt in seinem Urteil v. 2. Jan. 1900, E. 48, S. 96. Aus den Gründen dieses Urteils geht *argumento e contrario* hervor, daß das R.G. grundsätzlich die rechtshängigen Sachen als stillschweigende Ausnahmen ausschließlicher Gesetze anerkannt. Unmittelbar läßt sich diese Anschauung des R.G. entnehmen aus seinem vortrefflichen Urteil vom 26. April 1900, E. 46, S. 72.

[3] S. auch Motive S. 280.

[4] So richtig das Urteil des R.G. vom 18. Januar 1900; E. 45, S. 419 fg.

bestehen bleiben.[1] Unrichtig ist es ferner, wenn auf Grund des Art. 181 E.G. der neuen Rechtsordnung eine Ausschließlichkeit beigelegt wird, die vor rechtshängigen Sachen nicht stehen bleibt.[2]

Erläßt ein Gesetzgeber ausdrücklich eine Ausnahmeklausel, so ist diese, wie die Gewährungsklausel, der ausdehnenden Auslegung und der Analogie zugänglich. Die Gründe sind dieselben.[3]

Die Frage, warum die durch Urteil oder Vergleich erledigten Sachen der Ausschließlichkeit entzogen sind, beantwortet Savigny dahin, daß sowohl das Urteil als der Vergleich das ursprüngliche Rechtsverhältnis umbilde, sodaß nun an die Stelle des Rechtsverhältnisses, worauf sich das neue Gesetz bezog, eigentlich ein anderes getreten sei.[4] Im Sinne der klassischen Juristen ist diese Antwort nicht. Sie finden den Grund darin, daß die Rechtsverhältnisse unter der alten Rechtsordnung ihre endgültige Erledigung gefunden haben; es ist also die Autorität der abgeurteilten Sache und deren Ersatz, vor der die neue Rechtsordnung Halt machen muß. — Der Grund, warum die rechtshängigen Sachen der alten Rechtsordnung unterstehen, liegt in der Litiskontestation. Wenn auch die Wirkungen derselben im Vergleich zum römischen Recht schwächer geworden sind, so hat sie doch noch die Kraft, das streitige Rechtsverhältnis für die Herrschaft der alten Rechtsordnung festzunageln, so daß die neue Rechtsordnung auch dieser im Namen der alten erfolgten Besitzergreifung die nötige Achtung erweisen und davor zurückstehen muß.[5]

Nimmt der Gesetzgeber in die Ausnahmeklausel außer den erledigten und rechtshängigen Sachen noch andere Rechtsverhältnisse auf, so verwandelt sich die Ausnahmeklausel in eine beschränkte Gewährungsklausel. Der Gesetzgeber verfolgt dann ein gemischtes intertemporales System. Dabei kann der Gesetzgeber grundsätzlich von der Ausschließlichkeit ausgehen, mit Vorbehalten zu Gunsten der alten Rechtsordnung, (Mainzisches Landrecht von 1755)[6] oder von der älteren Rechtsregel mit Vorbehalten zu Gunsten der neuen Rechtsordnung (Schweizerisches Obligationenrecht von 1881).[7] — Diese letztere Art des gemischten inter-

---

[1] Anderer Meinung R.G.; E. 46, S. 65 fg. und O.L.G. Königsberg; Rsp. 1, S. 148 und 149; vgl. auch unten § 79.

[2] So R.G. in seinem Urteil v. 16. Juni 1900, E. 46, S. 143 fg. Das Kammergericht hatte richtig entschieden, wie in ähnlichen Fällen der Kassationshof zu Turin. Wird die Ansicht des R.G. Gerichtsgebrauch, so ist nicht verwunderlich, wenn auch die deutschen Untergerichte die Folgerung ziehen, welche einige italienische Gerichte gezogen haben. S. oben S. 49, n. 7; vgl. unten § 82.

[3] S. oben § 8, S. 33, n. 4.

[4] S. a. a. O. S. 510 und Geschichte § 76, S. 614, n. 1.

[5] Gesch. § 32, S. 202, n. 1 und insbes. § 68, S. 524, n. 2 g. E. und § 76, S. 614, n. 1. Der Zweck dieses Grundsatzes ist oben S. 49, n. 7 angegeben worden.

[6] Gesch. § 32, S. 200 fg.; ähnlich die Sächsische Verordnung, die Publikation des B.G.B. betreff. vom 2. Januar 1863; s. a. a. O. § 53, S. 353.

[7] Gesch. § 52, S. 341 fg.

temporalen Systemes ist es, das mehr und mehr von den modernen Gesetzgebern bevorzugt wird und das dem Grundgedanken nach auch im Einführungsgesetz zum Bürgerlichen Gesetzbuch für das Deutsche Reich Aufnahme gefunden hat. Der rechtliche Unterschied zwischen beiden Arten des gemischten intertemporalen Systemes besteht darin, daß bei der ersteren im Zweifel die Vermutung zu Gunsten der Herrschaft der neuen, bei der letzteren zu Gunsten der Herrschaft der alten Rechtsordnung spricht.[1]

Da nun der deutsche Gesetzgeber aus Gründen der Vorsicht eine allgemeine Fassung der Hauptregel abgelehnt hat, so war er genötigt, sowohl Gewährungsklauseln als auch Ausschlußklauseln zu erlassen. Doch erscheinen die letzteren vom Standpunkt des Gesetzgebers, der im Grunde doch von der intertemporalen Hauptregel ausgeht, als Vorbehalte zu Gunsten der neuen Rechtsordnung.[2]

Bei der Auslegung der einzelnen Vorschriften des E.G. ist grundsätzlich davon auszugehen, daß in den Gewährungsklauseln im Sinne der Rechtsordnung vom Gesetzgeber gebraucht werden, nach welcher sie die weitere Bedeutung haben. Innerhalb des Sprachgebrauches des E.G. können wir drei Gruppen von Begriffen unterscheiden: Solche, die der alten Rechtssprache entnommen werden mußten, weil sie die neue nicht mehr kennt; so Art. 154; Art. 156 u. 211; Art. 157; Art. 161 und 162; Art. 164; Art. 167; Art. 176; Art. 181; Art. 182; Art. 188; Art. 198; Art. 202. Hier ist selbstverständlich der Sinn der alten Rechtsordnung maßgebend. — Dann solche, welche der neuen Rechtsordnung allein bekannt sind, die sie in die deutsche Gesetzessprache eingeführt und ausgeprägt hat. Dahin gehört *Anspruch* (Art. 169); *Gemeinschaft nach Bruchtheilen* (Art. 173); *Beschränkung der Eltern in der Sorge für die Person oder das Vermögen des Kindes* (Art. 204). Hier bleibt nichts anderes übrig, als den Sinn mit den Begriffen zu verbinden, den die neue Rechtsordnung annimmt. — Endlich Ausdrücke, die sowohl der alten als der neuen Rechtssprache geläufig sind. Da muß m. E. unterschieden werden, ob der Sinn, den die neue Rechtsordnung damit verbindet, enger oder weiter ist, als der der alten. Im ersten Falle ist der alte Sinn maßgebend; im zweiten der neue. Dieser letztere Fall läßt sich nachweisen: Art. 214, 215 *Testament*; der Begriff schließt im

---

[1] S. auch unten § 18.

[2] S. auch oben § 8, S. 30, n. 5 u. § 11, S. 42, n. 6. Die Einzelvorschriften des E.G. sind zahlreicher, als die irgend eines bis jetzt erlassenen Gesetzbuches, obschon auch die italienischen Gesetzgebungen eine ganz stattliche Zahl aufweisen. Der vierte Abschnitt enthält 66 Artikel, die allerdings nicht alle intertemporaler Natur sind; s. oben § 11, S. 46, n. 1. Dafür haben sich zwei intertemporale Artikel in den dritten Abschnitt verirrt; s. oben § 8, S. 33, n. 1. Der italienische Kodex vom Jahre 1868 enthielt 48 Artikel; s. Gesch. § 55, S. 390. — Reicher an Übergangsbestimmungen waren aber die drei Hannoverschen Verordnungen; s. a. a. O. § 54, S. 368 fg.

Sinne der neuen Rechtsordnung auch die Kodizille ein; also ist er maßgebend. Der erstere Fall zeigt sich in Art. 155. Hier ist in der alten Rechtssprache der Begriff *Geisteskrankheit* der weitere, er umfaßt auch die Geistesschwäche, also allein maßgeblich; s. unten § 62. Art. 208: der Begriff *Vater* ist in der alten Rechtssprache vielfach der weitere, also dieser maßgeblich; s. unten § 61. Art. 209: *Annahme an Kindesstatt* umfaßt nach der alten Rechtsordnung auch die Einkindschaft; also maßgeblich.[1] Art. 208, Abs. 1: *Unterhaltspflicht des Vaters*; er umfaßt im Sinne der alten Rechtsordnung auch das Recht der Verpflegung.[2] Art. 214, Abs. 2: *Bindung des Erblassers*; dieser Begriff ist im alten Recht der weitere, also der entscheidende.[3] Endlich Art. 214 u. 217: *Erbvertrag, Erbverzichtsvertrag* sind im Sinne der alten Rechtsordnung weitere Begriffe als in der neuen, folglich die ersteren maßgebend; s. unten § 74. — Das Prinzip folgt aus der intertemporalen Rechtswahrheit, daß die Gewährungsklauseln, weil sie der Hauptregel entspringen möglichst weit auszulegen sind.[4]

In den Ausschlußklauseln sind dagegen die Begriffe grundsätzlich im Sinne der Rechtsordnung zu nehmen, nach welcher ihnen der engere Umfang zukommt. So ist in Art. 181 *Eigentum* nach der alten Rechtsordnung zu nehmen; ebenso in Art. 180 *Besitzverhältnis*; dagegen ist der Begriff *Sache* in Art. 172 nach der neuen Rechtsordnung § 90 zu entscheiden. Auch dieser Grundsatz ergiebt sich aus dem allgemeinen, daß die Ausschlußklauseln möglichst eng auszulegen sind.[5]

§ 13. Rückwirkung und Ausschließlichkeit. Die Grade der Ausschließlichkeit. Die angeborene Ausschließlichkeit.

Der Begriff der Rückwirkung ist im intertemporalen Privatrecht ein schwankender. Darum wurde schon darauf hingewiesen, daß die Rückwirkung in verschiedener Gestalt und Stärke auftrete. So scheidet Hüttner die Rückwirkung in eine direkte und indirekte.[6] Die direkte

---

[1] S. unten § 71. Gegen diese Auslegungsregel fehlte das O.L.G. zu Bamberg in seinem Urteil vom 26. Januar 1900; Rsp. 1, S. 122. Es ist nun höchst erfreulich, daß das Oberste L.G. für Bayern in seinem Urteil vom 27. Juni 1900 der richtigen Auffassung beigetreten ist; s. Art. 56, S. 141. Es hob das genannte Urteil auf, weil es *„gegen anerkannte Auslegungsregeln verstoßend“*. . . . *„auf einer rechtlich nicht zutreffenden, nämlich zu engen Auslegung des Art. 209 des Einf.-Ges. zum B.G.B.“* beruht; s. auch oben § 8, S. 34, n. 2.

[2] S. Beschluß des K.G. vom 12. Februar 1900 (Jahrb. 19, S. 41; vgl. Rsp. 1, S. 485, Nr. 25) und Beschluß v. 10. Dezember 1900; Rsp. 2, S. 89; s. unten § 61.

[3] S. unten § 74; vgl auch unten § 25.

[4] S. oben § 8, S. 34, n. 2. Anders Habicht, S. 14, 15, der aber, wie sich zeigen wird, in wichtigen Punkten zu demselben Ergebnis gelangt; s. z. B. unten §§ 62, 70 u. s. w.

[5] Auch hier stimmt Habicht z. Teil überein; s. z. B. unten § 84.

[6] S. Gesch. § 73, S. 601, n. 2.

sei dann vorhanden, wenn das Gesetz die bereits unter der Herrschaft des alten Gesetzes eingetretenen Wirkungen vernichtet, die indirekte dann, wenn es die erst unter der Herrschaft des neuen Gesetzes sich äußernden Wirkungen des Rechtsgeschäftes hindert. — WEBER und mit ihm eine Anzahl anderer Schriftsteller, wie TRENDELENBURG, erblickten nur in der ersteren eine unstatthafte Rückwirkung.[1]

An HÜTTNER schließt sich auch DERNBURG an, nur daß er die direkte Rückwirkung stärkeren Grades und die indirekte schwächeren Grades nennt.[2] — HOFMANN unterscheidet drei *„Schattirungen“* von Rückwirkung.[3] *„Die mildeste Form von Rückwirkung ist es, wenn ein neues Gesetz nur die in seine Zeit fallenden Wirkungen einer in einer früheren Zeit gesetzten juristischen Thatsache seiner Norm unterwirft“.* — Die zweite Schattierung liegt vor, *„wenn ein Gesetz in allen, einer richterlichen Entscheidung überhaupt noch fähigen Fällen sofort und stets zur Anwendung kommen will“.* — Die dritte Schattierung tritt ein, *„wenn ein Gesetzgeber erklären würde: er annullire ein Gesetz . . . und zugleich alle Rechtsgeschäfte, Urtheile u. s. w., die sich darauf gründen, sodaß ein Status hergestellt werden müsse, als ob jenes Gesetz nie gegolten hätte“.*

Der Ausdruck *Rückwirkung* ist verfehlt. Wie kann der Jurist in der ersten, ja sogar in der zweiten Schattierung eine Rückwirkung erblicken? Daher schlug schon BORST[4] vor, man solle das Wort *„Zurückwirkung“* nicht mißbrauchen, sondern besser sagen: *„Anwendung der Gesetze auf früher entstandene Rechtsverhältnisse“.* Und HOFMANN bezeichnet es als einen ganz verwerflichen Sprachgebrauch, *„wenn man bei jedem Eingriff in erworbene Rechte von einer „Rückwirkung“ spricht“.* Er kommt daher (gegen SAVIGNY gerichtet) zum Schluß, daß die beiden Sätze: *„Gesetze sollen nicht zurückwirken“* und: *„Gesetze sollen erworbene Rechte unberührt lassen“* ihrem Grunde wie ihrem Umfange nach verschieden sind.[5]

Wir müssen HOFMANN Recht geben. Die beiden Axiome haben für das intertemporale Privatrecht in dieser Fassung keinen Wert und sie verdienen es mit samt der Lehre von den erworbenen Rechten und dem Ausdruck Rückwirkung, in die juristische Rumpelkammer geworfen zu werden. An die Stelle der „Rückwirkung“ muß der Begriff der „Ausschließlichkeit“ treten. Diesem haften die Mängel des ersteren nicht an.[6]

---

[1] S. Gesch. § 80, S. 631, n. 1. Die Einteilung WEBERS in eine materielle und formelle Rückwirkung ist zu absurd, um hier wiedergegeben zu werden. — GÖNNER kannte eine *respektive* Rückwirkung; auch diese Unterscheidung ist ohne wissenschaftlichen Wert; s. Gesch. § 80, S. 632, n. 3.

[2] S. Pandekten 3. Aufl., § 44, S. 98.

[3] Exc. S. 126. Wir werden seine *Schattirungen* in umgekehrter Reihenfolge betrachten.

[4] S. Gesch. § 73, S. 600, n. 3.

[5] S. Gesch. § 78, S. 621, n. 3 und 4.

[6] S. auch oben § 9, S. 36, n. 4.

Der Ausdruck „Rückwirkung“ nimmt Rücksicht auf die unter der alten Rechtsordnung entstandenen Thatbestände und Rechte. Eine neue Rechtsordnung wirkt zurück, bedeutet, daß die alten Thatbestände und Rechtsverhältnisse von der neuen Rechtsordnung so beeinflußt und erfaßt werden, als ob sie von Anfang an unter der neuen Rechtsordnung stattgefunden hätten. Dies ist der juristische Sinn der Rückwirkung, wie er z. B. auch bei der Rückwirkung der Bedingung oder der Genehmigung und Bestätigung erkennbar ist. Darum ist die erste ja selbst die zweite Schattierung HOFMANNS und die „indirekte“ Rückwirkung HÜTTNERS keine Rückwirkung im juristischen Sinne. Der Begriff der Rückwirkung läßt überhaupt keine Steigerung und daher auch keine Schattierungen oder Grade zu.

Der Ausdruck „Ausschließlichkeit“ dagegen bezieht sich nicht auf die Thatbestände und Rechtsverhältnisse der alten Rechtsordnung, sondern auf diese selbst. Der Sinn besteht nur darin, daß die Herrschaft der alten Rechtsordnung ihre materielle Fortwirkung unter der neuen ausgeschlossen wird.

Diese Ausschließung kann nun eine stärkere oder schwächere sein, m. a. W. sie kann verschiedene Grade annehmen.[1] In der That sind vier Grade der Ausschließlichkeit einer neuen Rechtsordnung zu unterscheiden: Eine schlichte Ausschließlichkeit; wenn die Rechtsfolgen der unter der alten Rechtsordnung geborenen Rechtsverhältnisse nur insoweit sie unter der neuen Rechtsordnung erzeugt werden sollen, nach deren Vorschriften stehen oder fallen, jedoch die bereits erzeugten Rechtswirkungen unberührt bleiben. — Eine erschwerte Ausschließlichkeit: wenn schon die bereits unter der alten Rechtsordnung erzeugten Rechtsfolgen von den Vorschriften der neuen Rechtsordnung im Zeitpunkte ihres Inkrafttretens ergriffen und dadurch geschwächt oder hinfällig werden. — Eine durchgreifende oder radikale Ausschließlichkeit, wenn die Rechtsfolgen, die unter der alten Rechtsordnung geboren wurden, so behandelt werden müssen, als ob die neue Rechtsordnung bereits zur Zeit ihrer Entstehung gegolten hätte. — Eine wiedereinsetzende, restitutive Ausschließlichkeit, wenn auch die unter der alten Rechtsordnung durch rechtskräftiges Endurteil, Vergleich oder sonst wie erledigten Sachen einschließlich der rechtshängigen von der neuen Rechtsordnung ergriffen werden.[2]

Die Ausschlußklauseln des E.G. verleihen der neuen Rechtsordnung

---

[1] Dies beweist die *excommunicatio* des kanonischen Rechtes.

[2] Alle vier Arten der Ausschließlichkeit sind historisch nachweisbar. Die regelmäßige ist die schlichte Ausschließlichkeit; für die erschwerte Ausschließlichkeit; s. z. B. in der Gesch. § 12, S. 85 fg. das Justinianische Zinsgesetz. Aber auch die durchgreifende tritt ziemlich häufig auf; s. z. B. in der Gesch. § 69, S. 545, n. 4 die Urteile der österreichischen Gerichte über das allgemeine österreichische Zinsgesetz. Seltener ist die wiedereinsetzende oder restitutive; s. Geschichte § 54, S. 363, n. 1; 365, n. 1; 366, n. 2; 369, n. 2; 370, n. 3 g. E.

regelmäßig nur eine schlichte Ausschließlichkeit.[1] — Eine erschwerte Ausschließlichkeit enthält Art. 176.[2] — Eine durchgreifende Ausschließlichkeit erlangt die neue Rechtsordnung auf Grund des Art. 198, Abs. 2.[3] — Wiedereinsetzend endlich ist die Ausschließlichkeit, welche der Art. 201 dem neuen Scheidungsrecht verleiht.[4] — Aus dem Wesen der Ehe folgt, daß auch der Art. 199 der neuen Rechtsordnung eine wiedereinsetzende Ausschließlichkeit einräumen will.[5]

Die Annahme aber, daß die meisten, ja alle Ausschlußklauseln des E.G. der neuen Rechtsordnung eine wiedereinsetzende Ausschließlichkeit verleihen, setzt den wahren Sachverhalt auf den Kopf.[6] — Insbesondere verleiht der Art. 181 E.G. der neuen Rechtsordnung keine wiedereinsetzende Ausschließlichkeit.[7]

Ältere und neuere Schriftsteller behaupten, es gäbe gewisse Gesetze, welche ohne Ausschlußklausel Ausschließlichkeit besitzen; mit anderen Worten: sie erkennen gewissen Gesetzen eine angeborene Ausschließlichkeit zu.[8] — Schon Bacon erklärte sich für eine angeborene Ausschließlichkeit gewisser Gesetze, auch darin der Vorgänger Hennes.[9] — Besonders bei Gesetzen, welche eine für die Unterthanen günstige An-

---

und § 59, S. 408, n. 3; 412, n. 3; § 69, S. 535, n. 1; 545, n. 4; vgl. auch § 80, S. 631, n. 3. Ausschließliche Gesetze über Scheidung, Nichtigkeit und Anfechtbarkeit der Ehe besitzen regelmäßig eine restitutive Ausschließlichkeit; s. Gesch. § 59, S. 415. n. 1 und § 68, S. 527, n. 1; § 69, S. 535, n. 1.

[1] Dieser Satz ist bereits von der neuen Rechtsprechung anerkannt; so vom O.L.G. Stuttgart in seinem Urteil vom 3. Oktober 1901, Rsp. 3, S. 296 fg. in Ansehung der Ausschlußklausel des Art. 192 E.G.

[2] Es liegt eine erschwerte Ausschließlichkeit vor, denn die unter der alten Rechtsordnung vorgenommene Außerkurssetzung wird mit dem Inkrafttreten der neuen Rechtsordnung hinfällig, dagegen bleiben ihre Wirkungen, die bereits unter der alten Rechtsordnung eingetreten sind, unberührt; von einer durchgreifenden Ausschließlichkeit ist also keine Rede. Vgl. unten § 84.

[3] Es handelt sich um die Nichtigkeit und Anfechtbarkeit altrechtlicher Ehen; diese sind *„als von Anfang an giltig anzusehen"*; vgl. unten § 77.

[4] S. oben § 12, S. 48, n. 2 und oben S. 56, n. 3; ferner unten § 77.

[5] S. oben § 12, S. 48, n. 2.

[6] Habicht tritt in seinem Werke fast überall für ein Urteil und Vergleich nicht schonende Ausschließlichkeit ein, ohne dafür im E.G. einen Stützpunkt zu haben; s. oben § 12, S. 50, n. 1 und unten §§ 62, 77, 78 u. s. w. Eine wiedereinsetzende Ausschließlichkeit kann nur angenommen werden, wenn der Gesetzgeber sie ausdrücklich anordnet oder wenigstens sein dahingehender Wille klar und unzweifelhaft erkennbar ist; s. die oben angeführten historischen Belege.

[7] S. oben § 12, S. 52, n. 2.

[8] S. über die angeborene Ausschließlichkeit Geschichte § 7, S. 61; § 12, S. 87; § 75, S. 610, n. 3; § 76, S. 612, n. 2 und 614, n. 2 und 3; 615, n. 1; 616, n. 1; § 78, S. 625, n. 2; § 80, S. 630, n. 3; 632, n. 1 und 3; 635, n. 2; 636, n. 2; 640, n. 2; 641, n. 3; 644, n. 4; § 82, S. 645, n. 1; 649, n. 2. Henne unterschied fünf Arten von Gesetzen mit angeborener Ausschließlichkeit; siehe Geschichte § 50, S. 320.

[9] Siehe Geschichte § 50, S. 320 und oben § 6, S. 20. So erklärt Bacon das *legem retrospicere* bei Gesetzen für gerechtfertigt, die eine Strafe oder sonstige

ordnung enthalten, vermöge deren z. B. ein Rechtsgeschäft, welches wegen eines Mangels der Förmlichkeit nach der alten Rechtsordnung ungültig sein würde, aufrecht erhalten werden kann.[1]

Der deutsche Gesetzgeber kennt eine angeborene Ausschließlichkeit derartiger Gesetze nicht. Dies geht daraus hervor, daß er die Ausschlußklausel für notwendig erachtete, um der neuen Rechtsordnung in einer Einzelanwendung jener Forderung BACONS die Ausschließlichkeit zu verleihen, nämlich im Hinblick auf nichtige und anfechtbare Ehen der alten Rechtsordnung.[2]

Auch die Gesetze über das Dasein von Rechten (SAVIGNY) besitzen keine angeborene Ausschließlichkeit. Diese Erkenntnis hat sich in der Litteratur seit SAVIGNY mehr und mehr Bahn gebrochen.[3] Das deutsche intertemporale Privatrecht hat sich ihr ebenfalls angeschlossen.[4]

Auch zwingende oder absolute Gesetze haben keine angeborene Ausschließlichkeit; die obersten Gerichte sprachen sich dagegen aus. Die zwingende Natur der Gesetze ist lediglich ein materielles Erfordernis ihrer Ausschließlichkeit, Rechtsgeschäften gegenüber.[5]

Anhänger einer angeborenen Ausschließlichkeit aller Gesetze sind diejenigen Schriftsteller, welche mit WEBER in der schlichten Ausschließlichkeit keine Rückwirkung erblicken, sondern jeder neuen Rechtsordnung

---

Rechtsnachteile für solche Handlungen bestimmen, welche schon vorher nach positivem oder wenigstens nach natürlichem Gesetze unerlaubt gewesen sind: *Aphorismus* 48, *pag.* 469. Hierin hat BACON einen Vorgänger in CICERO; s. a. a. O. § 2, S. 22, n. 1 und 2.

[1] *Aphor.* 49, *pag.* 479. Die durch *res judicata* erledigte Sache nimmt er jedoch von der Ausschließlichkeit aus. VOET, *com.* I. 3, 17 schließt sich ihm wörtlich an. Grundsätzlich auch HENNE, s. oben § 49, S. 319; GLÜCK I. S. 147; BLONDEAU, a. a. O. *p.* 287, allerdings mit Beschränkung auf Rechtsgeschäfte, deren Wirksamkeit ihrer Natur nach von dem Zutritt eines anderen Ereignisses abhängt (namentlich Testamente), und auf den Fall, daß dies andere Ereignis erst unter der Herrschaft des neuen Gesetzes eintritt. — BAUER, a. a. O. S. 71 empfiehlt wenigstens Übergangsbestimmungen in diesem Sinne. Bekanntlich hat die Einl. § 17 zum A.L.R. diesen intertemporalreehtlich verwerflichen Gedanken gesetzgeberisch verwertet; siehe Geschichte § 33, S. 218, n. 2 und 3; 219, n. 1. Die Preußische Rechtsprechung hat jedoch wieder gut gemacht, was der Gesetzgeber gesündigt; siehe Geschichte § 62, S. 429 und § 68, S. 523, n. 1; vgl. hierzu auch GOEPPERT, a. a. O. S. 174 fg.; vgl. ferner noch das Einf.-Edikt I zum Bad. L.R. Art. XI, Nr. 3; siehe Geschichte § 52, S. 337, n. 1. In der neueren Zeit treten BURCKHARD, siehe Geschichte § 80, S. 641, n. 3 und REGELSBERGER, ebenda, S. 644, n. 4 für diese Art der angeborenen Ausschließlichkeit ein.

[2] S. Art. 198, Abs. 2 und unten § 16.

[3] S. in der Geschichte GIERKE, § 78, S. 625, n. 2; WINDSCHEID, § 80, S. 638, n. 1; RINTELEN, S. 639, n. 2.

[4] S. unten § 47 und § 82.

[5] Siehe Geschichte § 68, S. 521, n. 1. HABICHT ist ein lebhafter Vertreter der angeborenen Ausschließlichkeit, insonderheit der *„zwingenden Vorschriften"*; s. z. B. unten §§ 73, 75, und 79. Erfreulicher Weise hat sich hierin die neue Rechtsprechung zum größten Teil gegen HABICHT ausgesprochen; s. unten § 48.

von selbst eine solche gewähren.[1] Ihm folgt Reinhold Schmid, der unerschrocken die Folgerung zieht und die Regel Kaiser Theodos II. auf den Kopf stellt.[2] — Aus dem bisherigen ergiebt sich aber, daß auch die schlichte Ausschließlichkeit, obwohl keine „Rückwirkung", der Hauptregel des intertemporalen Privatrechtes widerspricht und daher keine neue Rechtsordnung auch nur eine angeborene schlichte Ausschließlichkeit haben kann.

Um ausschließlich zu sein, muß also das Gesetz die Ausschlußklausel besitzen. Nur eine scheinbare Ausnahme von diesem Grundsatz bilden die gesetzlichen Auslegungen. Denn stellen sie wirklich gesetzliche Auslegungen dar, so sind sie keine Rechtsordnungen im technischen Sinne, sondern ein Bestandteil der alten Rechtsordnung.[3] — Eine Ausnahme scheinen auch diejenigen zu machen, welche bereits bestehendes Gewohnheitsrecht ganz oder zum größten Teil in sich aufnehmen. Doch auch sie bilden keine neuen Rechtsordnungen im technischen Sinne, denn sie sind mit der alten materiell identisch.[4]

§ 14. Die zeitliche Grenze der formellen Herrschaft zweier aufeinander folgender Rechtsordnungen.

Im 19. Jahrhundert trat ein bedenkliches Schwanken in der Gesetzgebung und Rechtssprechung dann ein, wenn es sich um die Beantwortung der Frage handelte, in welchem Zeitpunkte die Herrschaft der alten Rechtsordnung endigt, und die der neuen beginnt.[5] Dieses Schwanken ist sowohl für die materielle Fortwirkung der alten als auch für die Ausschließlichkeit der neuen gefährlich. Verschiebt sich die Grenze zu Ungunsten der alten Rechtsordnung, so kommt diese zu kurz, indem Thatbestände und Rechtsverhältnisse, die von Rechts wegen ihr gehören, der neuen Rechtsordnung zugeschlagen werden; verschiebt sich die Grenze zu Ungunsten der neuen Rechtsordnung, so wird ihre Zuständigkeit beeinträchtigt. — Die Geschichte zeigt jedoch nur Verschiebungen zu Ungunsten der alten Rechtsordnung, indem als Grenze ihrer Herrschaft der Zeitpunkt der Verkündigung, Kundmachung (Promulgation, Publikation) der neuen Rechtsordnung angenommen wurde.

Über die angebliche angeborene Ausschließlichkeit der *statuta personalia*; s. unten § 46; der verbietender Gesetze s. unten § 50.

[1] S. Gesch. § 80, S. 631, n. 1.

[2] *Leges et constitutiones ad facta praeterita revocari, nisi nominatim in contrario cautum sit.* Siehe Geschichte § 80, S. 636, n. 3 und oben § 7, S. 26, n. 1.

[3] S. Gesch. § 14, S. 112 und unten § 53.

[4] S. Gesch. § 30, S. 172 fg. und oben § 11, S. 42, n. 6.

[5] Siehe Geschichte § 51, S. 323; § 53, S. 350, n. 3; § 55, S. 389, n. 2; § 68, S. 522, n. 2; § 69, S. 528, n. 1 g. E.; 538, n. 1. Zif. XI, Nr. 1 der Vorrede zum Bad. L.R. räumt sogar der neuen Rechtsordnung, bevor sie in Kraft steht, eine mit der alten konkurrierenden Herrschaft ein; s. ebenda § 52, S. 337, n. 1.

Diese Verschiebung ist vom Rechtsstandpunkte aus unhaltbar. Das intertemporale Privatrecht regelt die Herrschaftsbereiche zweier aufeinander folgender Rechtsordnungen. Nun dauert die Herrschaft der alten Rechtsordnung formell und materiell so lange, bis die neue Rechtsordnung in Kraft getreten ist. Somit ist der Zeitpunkt, der als Grenzstein der Herrschaftsbereiche der beiden Rechtsordnungen anzunehmen ist, nicht derjenige der Verkündigung (Promulgation Publikation), sondern derjenige des Inkrafttretens der neuen Rechtsordnung. Liegt also, was die Regel bildet, zwischen dem Zeitpunkte der Verkündigung und des Inkrafttretens des neuen Gesetzes eine kürzere oder längere Frist (*tempus vacationis*), so ist diese zum Herrschaftsbereich der alten Rechtsordnung zu rechnen, m. a. W. bis zum Zeitpunkte des Inkrafttretens besitzt die alte Rechtsordnung sowohl formelle als auch materielle Geltung und von da ab nach der Hauptregel noch eine materielle Fortwirkung,[1] die neue Rechtsordnung dagegen vom Zeitpunkte der Verkündigung bis zum Inkrafttreten nur eine formelle Rechtskraft und erst von da ab auch eine materielle.[2]

Das E.G. zum B.G.B. für das Deutsche Reich hat diesen Fehler nicht gemacht; der Grenzstein der Herrschaftsbereiche der alten und neuen Rechtsordnung ist der Zeitpunkt des Inkrafttretens der letzteren, der erste Januar Neunzehnhundert. Es hat sogar dem Sinne nach das *tempus vacationis* für das neue Liegenschaftsrecht verlängert bis zu den Zeitpunkte, wo das Grundbuch als angelegt anzusehen ist; dies ist der Sinn des Art. 189, der jedoch das Kleid einer Übergangsbestimmung trägt. Ohne dieses intertemporalrechtliche Mäntelchen erklärt § 1 des E.G. zum R.G. *über die Zwangsversteigerung und Zwangsverwaltung* vom 24. März 1897 kurz und bündig, daß dieses Reichsgesetz *für jeden Grundbuchbezirk mit dem Zeitpunkt in Kraft* tritt, *in welchem das Grundbuch als angelegt anzusehen ist.* Den Zeitraum vom Tage des Inkrafttretens des B.G.B. bis zu dem Tage der Grundbuchsanlage nennt man die Zwischenzeit.[3]

§ 15. Die Zwischengesetzgebung. Das intertemporale Recht der zeitlichen und örtlichen Anwendungsnormen.

Anfangs des 19. Jahrhunderts kam es in deutschen Ländern in Folge der französischen Fremdherrschaft vor, daß drei bürgerliche Rechtsord-

[1] S. oben § 7, S. 27.

[2] Gesetze mit formeller Rechtskraft nennt der *Code civil*: *lois qui sont exécutoires;* mit materieller Rechtskraft *qui sont exécutées*; das Badische Landrecht spricht infolge eines Mißverständnisses im ersten Fall von *wirksamen* Gesetzen, im zweiten von *verbindlichen;* der österreichische Gesetzgeber dagegen versteht unter *wirksamen* Gesetzen solche mit materieller Rechtskraft. Die meisten Gesetzgeber und so auch der Reichsgesetzgeber unterscheiden zwischen dem Tag der Verkündigung und dem Zeitpunkt des Inkrafttretens der Gesetze; s. Gesch. § 51, S. 323, n. 3 und § 53, S. 350, n. 3.

[3] S. unten § 63.

nungen in kurzen Zwischenräumen auf einander folgten.[1] Dabei war regelmäßig die Sachlage so, daß nach Verdrängung des fremden Rechtes die alte angestammte Rechtsordnung wieder zur Herrschaft gelangte; daher kann man die Einführung des fremden Rechtes als Zwischengesetzgebung bezeichnen.

Bei der intertemporalrechtlichen Behandlung dieser seltenen Erscheinung sind folgende Fälle auseinander zu halten: Ein Rechtsverhältnis, das unter der ersten Rechtsordnung entstanden ist, kommt erst unter der Herrschaft der dritten zur Aburteilung. Dann muß es so angesehen werden als ob die Zwischengesetzgebung gar nie dagewesen wäre. Der erbrechtliche Satz des römischen Rechtes *media tempora non nocent* wird zum intertemporalen Rechtssatz.[2] Ein unter der ersten Rechtsordnung entstandenes Rechtsverhältnis gelangt unter der Zwischengesetzgebung zur Aburteilung. Dann treten die gewöhnlichen Grundsätze ein. Der Richter hat die intertemporalen Rechtssätze des Zwischengesetzgebers anzuwenden, und des Zwischengesetzgebers selbst hat sich grundsätzlich an die ältere Rechtsregel zu halten. — Ein unter der Herrschaft der Zwischengesetzgebung entstandenes Rechtsverhältnis gelangt unter der Herrschaft der dritten Rechtsordnung zur Aburteilung. In diesem Falle tritt eine eigentümliche Anwendung des intertemporalen Rechtes ein; es handelt sich um die Regelung des Herrschaftsgebietes zweier aufeinander folgender Rechtsordnungen des intertemporalen Privatrechtes.[3] Der Grundsatz, der hier richtiger Anschauung nach zur Anwendung kommen muß, ist der der Talion, d. h. die Rechtsverhältnisse der Zwischengesetzgebung werden mit dem Maße gemessen, mit welchem die Zwischengesetzgebung die unter ihrer Herrschaft zur Aburteilung gelangenden Rechtsverhältnisse der ersteren Rechtsordnung gemessen hat. Anders ausgedrückt: Der Richter hat für die unter der Zwischengesetzgebung geborenen Rechtsverhältnisse das intertemporale Privatrecht der Zwischengesetzgebung anzuwenden; oder mit Hinblick auf den Gesetzgeber: Der Gesetzgeber hat für die Rechtsverhältnisse der Zwischengesetzgebung die intertemporalen Grundsätze des Zwischengesetzgebers anzuerkennen und auszusprechen.

Daraus folgt, daß auch für das intertemporale Recht der zeitlichen Anwendungsnormen die ältere Rechtsregel gilt: Es ist die materielle Fortwirkung der alten intertemporalen Rechtsordnung über die ihrer Herrschaft entstammenden Thatbestände und Rechtsverhältnisse anzuerkennen. Der neuen intertemporalen Rechtsordnung kommt keine Ausschließlichkeit zu.

Nach Einführung des neuen bürgerlichen Rechtes ist man im Deutschen Reiche auf eine Erscheinung aufmerksam geworden, die nichts anderes ist als das intertemporale Recht der örtlichen Anwendungsnormen, also ein Seitenstück zum eben dargestellten intertemporalen Rechte der zeit-

[1] S. Gesch. § 54, S. 360 fg.
[2] S. Gesch. § 65, S. 483, n. 1; 485, n. 1; S. 533, n. 2 g. E.
[3] S. Gesch. § 54, S. 360.

lichen Anwendungsnormen. Wenn zwei Gesetzgebungen mit verschiedenen internationalen Rechtssätzen aufeinander folgen, so entsteht ebenfalls die Frage, wie sind die Thatbestände und Rechtsverhältnisse der alten Rechtsordnung unter der neuen internationalrechtlich zu behandeln? Auch hier kann nur die Antwort lauten: Nach den von der alten Rechtsordnung aufgestellten internationalen Anwendungsnormen. Obgleich das Recht der Rechtsordnungen öffentliches Recht ist, so ist ihm doch keine angeborene Ausschließlichkeit zuzubilligen. Der Satz, daß alles öffentliche Recht eine angeborene Ausschließlichkeit besitze, ist falsch; grundsätzlich gilt auch für das öffentliche Recht die Hauptregel des intertemporalen Rechtes, von Ausnahmen abgesehen.[1]

Das E.G. zum B.G.B. für das Deutsche Reich enthält keine Übergangsbestimmungen für seine im ersten Abschnitt enthaltenen neuen örtlichen Kollisionsnormen; es war daher vorauszusehen, daß sich sofort eine Streitfrage, in der Litteratur erheben mußte, welche unrichtig gefaßt und daher auch unrichtig beantwortet wurde.

Die Fassung der Frage lautete zunächst so: In welchem Verhältnis stehen die zeitlichen und örtlichen Anwendungsregeln zueinander; welche von beiden haben den Vorgang in dem Sinne, daß sie bei der Entscheidung eines gegebenen Falles zuerst zu Rate zu ziehen sind und das erst innerhalb der so gefundenen Entscheidung noch die anderen zu Worte kommen? — Die Frage ist schief gestellt. Wie aus den früheren Ausführungen hervorgeht, muß die Frage vielmehr so lauten: Ist die Hauptregel des intertemporalen Rechtes, wie sie im vierten Abschnitt des E.G. so überaus mächtig für die neuen bürgerlichen Rechtsvorschriften zur Geltung gelangt ist, auch auf die neuen örtlichen Anwendungsregeln des ersten Abschnittes auszudehnen oder nicht?[2]

Erst Zitelmann hat die Frage richtig gestellt, und dadurch die Erkenntnis des intertemporalen Rechtes, wenn auch nicht aller Anwendungsnormen, des gesamten Rechtes der Rechtsordnungen, so doch der ört-

[1] Niedner, Das Recht, IV. Jahrgang 1900, Nr. 12, S. 252 a. E., folgert aus der öffentlich rechtlichen Natur der örtlichen Kollisionsnormen, *„daß sie alsbald gelten, d. h. bestehende Rechtsverhältnisse mit rückwirkender Kraft ergreifen müssen“*. Denn daß diese letztere Eigenschaft den öffentlichrechtlichen Vorschriften im Gegensatz zu den privatrechtlichen innewohne, sei ein allgemein anerkannter Grundsatz, der überall Platz greifen müsse, wo nicht positive Gesetzesbestimmungen das Gegenteil eigens festsetzten. Man ersieht aus diesen Äußerungen, wie sehr ein „Intertemporales öffentliches Recht“ notthut. Zutreffend erwidert Zitelmann in Jherings Jahrb. a. a. O. S. 198: *„Man wird vielmehr behaupten dürfen, daß in der Frage der zeitlichen Herrschaft zwischen den Normen des öffentlichen und des Privatrechtes nicht der mindeste Unterschied obwaltet oder auch nur gerechtfertigt wäre“*.

[2] Die Frage in der falschen Fassung erhielt folgende entgegengesetzte Beantwortungen: Voran steht die Frage nach der zeitlichen Beziehung des Rechtsverhältnisses, die Frage also, ob das Rechtsverhältnis dem neuen oder dem alten Rechte unterworfen sei. Ist diese Frage entschieden, dann erst ist die örtliche Kollision zu lösen und zwar ist in Deutschland, wenn zeitlich das neue Recht entscheidet, das örtlich maßgebende Recht nach den Kollisionsnormen des E.G.

lichen Kollisionsnormen gefördert.[1] Er zeigt, daß die Ausschließlichkeit der neuen örtlichen Anwendungsregeln zu demselben Ergebnis führen würde, zu dem die rückwirkende Kraft des neuen materiellen Rechtes führt. Niedner, a. a. O. 1c. hat nun allerdings den Einwurf gemacht, daß auch bei der hier vertretenen Ansicht ein Eingriff in die vorhandene Rechtslage möglich sei, nämlich dann, wenn das ausländische Recht, das wir im gegebenen Falle als maßgebend anerkennen, sich selbst Ausschließlichkeit verleiht. Dieser Einwurf ist insofern wertvoll, als er uns wieder Gelegenheit giebt, auf ein eigenartiges Zwangsmittel zur Durchführung der Positivität des intertemporalen Rechtes hinzuweisen. Wenn ein Gesetzgeber ohne die materielle Voraussetzung zu erfüllen, einem Gesetze die Ausschließlichkeit verleiht, so muß er gewärtigen, daß die Gerichte des Auslandes, die sonst Kraft ihrer internationalrechtlichen Kollisionsnormen sein Gesetz anzuwenden hätte, mit Fug und Recht es für rechtswidrig und daher unanwendbar erklären.[2]

Das intertemporale Recht der örtlichen Anwendungsnormen kommt nun besonders für die Art. 201 u. 208 E.G. in Betracht und bezeichnet genau, welches das *bisherige Gesetz* ist, nach welchem der Scheidungsgrund oder die Erforschung der Vaterschaft u. s. w. zu beurteilen ist.

Art. 7 fg. zu bestimmen; entscheidet hingegen das alte Recht, so bleibt es bei den Internationalrechtsnormen, die bisher in dem betreffenden Landesrecht gegolten haben; so Habicht, a. a. O., 2. Aufl., S. 37 fg. Ähnlich Niemeyer, Das internat. Privatr. des B.G.B. Berlin 1901, S. 179 und Giulio Diena in Böhms Ztschr. für intern. Privat- und Strafrecht 10, S. 363—365, besonders S. 359. — Zunächst ist ohne jede Rücksicht auf die zeitlichen Beziehungen des Falles die internationalprivatrechtliche Frage gemäß E.G. Art. 7 fg. zu lösen und erst, wenn sich hiernach die Anwendbarkeit des deutschen Rechtes ergiebt, die Frage aufzuwerfen und nach E.G. Art. 153 fg. zu beantworten, ob altes oder neues Recht anzuwenden ist; so Niedner, a. a. O. (Das Recht), S. 250 fg. — Kurz gesagt: Habicht will grundsätzlich der Hauptregel des intertemporalen Rechtes auch die örtlichen Anwendungsnormen unterwerfen; Niedner dagegen ihnen Ausschließlichkeit verleihen. Daß Habicht materiell Recht hat, geht aus dem Texte hervor; aber seine Fragestellung, wie auch seine Ausführungen beweisen, daß er sich nicht zu einer klaren Erkenntnis eines bestehenden intertemporalen Rechtes der örtlichen Anwendungsnormen, geschweige denn der zeitlichen durchgerungen hat und daher, wie sich unten zeigen wird, zu unbefriedigenden Ergebnissen gelangt.

[1] In Jherings Jahrb. a. a. O. S. 195 fg.: „*Soll er* (der Richter), *wenn diese inländischen Anwendbarkeitsnormen gewechselt haben, die früheren oder die späteren zu Grunde legen*“? Und S. 98: „. . . *auch die deutschen örtlichen Kollisionsnormen des E.G. Art. 7 ff. bedürfen, da sie mit dem 1. Januar 1900 an die Stelle früherer landesrechtlicher Bestimmungen getreten sind, ebenso wie alles andere neue Recht einer rechtlichen Normirung über die Grenzen ihrer zeitlichen Anwendbarkeit. . . .*“ Daß er die Hauptregel des intertemporalen Rechtes für diese „*Normirung*“ in Anspruch nimmt, ist bereits oben S. 38, n. 4 gesagt worden. Vgl. auch unten § 70.

[2] Siehe Geschichte § 66, S. 499, n. 2 g. E. wo an der Hand der franz. *novae tabulae* und der sich daran anschließenden deutschen Rechtsprechung bewiesen wurde, daß unsere Gerichte an ausschließliche Gesetze des Auslandes nicht gebunden sind. Ferner oben § 6, S. 22, wo dieses Recht der ausländischen Gerichte

Dabei ist noch ein Irrtum zu bekämpfen. Das *bisherige Gesetz* fällt nicht etwa zusammen mit der früher geltenden *lex fori* des Richters, bei welchem die Klage unter der Herrschaft des neuen Rechtes erhoben wird, sondern es ist dasjenige Recht, welches die vor dem Inkrafttreten des Einführungsgesetzes geltenden örtlichen Kollisionsnormen für maßgebend erklären. Unter der Herrschaft des einheitlichen Bürgerlichen Rechtes giebt es keine *lex fori* des internationalen Privatrechtes mehr, soweit deutsche Staatsangehörige in Betracht kommen, sondern nur eine einheitliche *lex fori*, die des B.G.B. Es ist also bei der Bestimmung der *bisherigen Gesetze* völlig einerlei, wo die Klage nach Inkrafttreten des B.G.B. erhoben wird.[1]

§ 16. Das intertemporale Meistbegünstigungs- und Optionsrecht.

Das Publikationspatent zum allgemeinen Landrecht der preußischen Staaten hat zwei neue intertemporale Rechtseinrichtungen zur Welt gebracht, die auch in spätere Gesetzgebungen Aufnahme fanden.[2]

Das intertemporale Meistbegünstigungsrecht besteht darin, daß ein unter der alten Rechtsordnung zu Stande gekommener und unter der

als ein starker Stützpunkt der Positivität des intertemporalen Privatrechtes bezeichnet wird. Auch Zitelmann deutet auf den richtigen Sachverhalt, wenn er a. a. O. S. 204 ausruft: „*übrigens würde sich wohl auch ein Wort darüber reden lassen, ob wir wirklich jede derartige Bestimmung des ausländischen Rechtes gehorsam anwenden müßten*". Er verweist auf E.G. Art. 30. In der That läßt sich derselbe dahin abwandeln: *Die Anwendung eines ausländischen Gesetzes ist ausgeschlossen, wenn die Anwendung gegen die Hauptregel des deutschen Uebergangsrechtes verstoßen würde;* s. Gesch. § 66, S. 499, n. 1.

[1] Läßt also z. B. das zur Zeit der Geburt des Kindes am Wohnsitz der Mutter geltende Recht eine Erforschung der Vaterschaft oder einen Anspruch auf Gewährung des Unterhaltes zu, so ist es gleichgültig, ob der uneheliche Vater zur Zeit der Klageerhebung im Gebiete des früheren franz. Rechtes seinen Wohnsitz hat; s. dagegen oben § 69, S. 538, n. 1 g. E. das angehörige Urteil des Appellhofes zu Brescia und dessen Kritik. Denselben Irrtum verfällt das O.L.G. Köln in seinem Urteil vom 4. Mai 1901, Rsp. 2, S. 453 fg. Die richtige Ansicht vertritt der Einsender a. a. O. S. 453, n. 1. Abweichend auch Habicht, 3. Aufl., S. 41 und 42, n. 1 u. 2. Warum soll dem Rheinischen Richter unter der Herrschaft des B.G.B. die Erforschung der Vaterschaft nach wie vor verboten sein, während er nach Habicht in so vielen anderen Fällen auf die alte *lex fori* gar keine Rücksicht zu nehmen braucht? — Unzutreffend ist auch die zweite Erwägung des Urteils vom 14. Mai 1901 desselben Gerichtes Rsp. 2, S. 453, wonach seit dem 1. Januar 1900 *genau genommen ein Fall der Statutenkollision gar nicht mehr vorkommen* kann. Soweit Art. 201, Abs. 2 gilt, kann nach der obigen Regel das alte internationale Privatrecht zur Anwendung kommen, um einen *Fall der Statutenkollision* zu entscheiden. Dagegen giebt es, wie oben im Text gesagt ist, seit 1900 für deutsche Staatsangehörige eine internationalrechtliche *lex fori* nicht mehr; s. auch Gesch. a. a. O. — Vgl. noch für diesen Zusammenhang des intertemporalen Rechtes mit dem internationalen Privatrecht Gesch. § 64, S. 441, n. 2; 453, n. 2; § 65, S. 465, n. 2; 482, n. 1; § 67, S. 513, n. 1. S. jetzt R.G., E. 48, S. 168; Urteil vom 10. Mai 1901.

[2] S. Gesch. § 33, S. 207, n. 3 und S. 213, n. 1.

neuen zur Aburteilung gelangender Thatbestand nach derjenigen Rechtsordnung beurteilt werden muß, welche ihn am meisten begünstigt, d. h. nach deren Rechtsvorschriften er am besten bestehen kann. Vom preußischen Gesetzgeber wurde es besonders bei Rechtsgeschäften angewandt, welche nach der einen Rechtsordnung formlos, nach der anderen an eine Form gebunden waren.[1]

Das intertemporale Optionsrecht besteht in der Wahlbefugnis einer Partei, zu erklären, ob gewisse Rechtsverhältnisse, deren Subjekt sie ist, nach der alten oder nach der neuen Rechtsordnung zu beurteilen seien. Der preußische Gesetzgeber hat es dem Ehegatten gewährt im Hinblick auf sein Erbrecht gegen den verstorbenen anderen Ehegatten.[2] — Das intertemporale Optionsrecht ist höchst persönlicher Natur; daher unvererblich. Es hat einen durchgreifenden Charakter.[3] — Der Absatz 2 von Zif. XVII des P.P. dehnte das intertemporale Optionsrecht auf die Verjährung aus; es findet sich in dieser Gestalt auch in den späteren Einführungen des A.L.R.[4]

Die späteren Gesetzgeber verwenden das intertemporale Meistbegünstigungs- und Optionsrecht mit Vorliebe bei der Verjährung.[5]

Das Einführungsgesetz zum B.G.B. kennt die intertemporale Meistbegünstigung formell nur bei der Verjährung in Art. 169, Abs. 2[6] und mit der Beschränkung, daß nur die kürzere Frist der neuen Rechtsordnung im Wettbewerb mit der bereits im Laufe befindlichen altrechtlichen Frist steht, nicht aber die längere.[7] Materiell aber in mehreren Fällen; so bei der Nichtigkeit oder Ungiltigkeit der Ehe;[8] dann bei den Wirkungen der Todeserklärung;[9] endlich bei den Rechten des Mieters oder Pächters, wenn die Sache, die unter der alten Rechtsordnung ver-

---

[1] S. Gesch. § 33, S. 20, Nr. 3 und S. 218.

[2] S. Gesch. § 33, S. 213 und 218.

[3] S. Gesch. § 64, S. 443, n. 1.

[4] S. Gesch. § 33, S. 215, n. 1.

[5] S. Gesch. § 53, S. 355, n. 3; § 58, S. 406, n. 1. Das Meistbegünstigungsrecht kommt jedoch hier und da auch bei anderen Thatbeständen vor, so bei Testamenten s. ebenda § 53, S. 350, n. 3; bei Errichtungen von Hypotheken s. ebenda § 54, S. 366, n. 3; bei Rechtsgeschäften überhaupt, s. ebenda § 54, S. 369, n. 1. Das System des Optionsrechtes läßt sich als das spezifisch preußische bezeichnen.

[6] S. unten § 34.

[7] Diese Beschränkung stellte bereits das P.P. zum A.L.R. auf; s. a. a. O.

[8] Art. 198, Abs. 2. Er ist verwandt mit dem letzten Abs. der Zif. VII des Preuß. P.P.; s. Gesch. § 33, S. 207, n. 3, nur daß dieser viel allgemeiner lautet; ferner mit § 17 der Einl. z. A.L.R., der ebenfalls an allzugroßer Verschwommenheit leidet; s. ebenda § 33, S. 218, n. 2 und oben § 13, S. 58, n. 2. Näher steht unserem Artikel § 11, der Hamb. Verord. von 1815; s. ebenda § 54, S. 366, n. 1; ferner die Bestimmungen der drei Hannov. Verordnungen von 1814 und 1815; s. ebenda § 54, S. 370, n. 3. Diese Verordnungen haben dabei kirchliche Eheschließungen im Auge.

[9] Art. 158, in Verbindung mit Art. 159. S. unten § 56.

mietet oder verpachtet war, unter der neuen veräußert oder mit einem Rechte belastet wird.[1] Das Optionsrecht ist dem E.G. nicht bekannt. Dagegen findet es sich noch im intertemporalen Urheberrecht.[2]

Es läßt sich nicht verkennen, daß das Meistbegünstigungs- und Optionsrecht innig miteinander verwandt sind. Man könnte das Optionsrecht eine besonders vereigenschaftete Unterart des ersteren nennen, nämlich ein subjektives Meistbegünstigungsrecht, so daß wir zwischen einem objektiven und subjektiven Meistbegünstigungsrecht unterscheiden können.[3]

§ 17. Die intertemporalrechtliche Säumnisstrafe.

Schon Fellinus und seine Zeitgenossen bildeten mißverständlich eine Art Strafe für denjenigen aus, der unter der alten Rechtsordnung ein formelles Rechtsgeschäft vorgenommen hatte, insonderheit ein Testament, und es den Anforderungen einer neuen und negativen Rechtsordnung nicht anpaßt, obschon er dazu Zeit und Gelegenheit gehabt hätte. Das Testament soll zur Strafe von der neuen Rechtsordnung ergriffen und kraftlos werden.[4] Auch Lyncker und seine Zeitgenossen erkannten eine derartige Säumnisstrafe an, wonach das Rechtsgeschäft in Folge der Säumnis der Parteien unter der neuen Rechtsordnung hinfällig wird. Nur dann sollte es bestehen bleiben, wenn der Testator durch Krankheit oder sonstige Umstände verhindert war, die von der neuen Rechtsordnung verlangten Formalitäten nachzuholen.[5]

Der Kern dieser Strafe besteht also darin, daß die neue und negative Rechtsordnung durch die Säumnis der Parteien Ausschließlichkeit erhält. Dieser Gedanke läßt sich erweitern auf alle Thatbestände und Rechtsverhältnisse; bei allen läßt sich eine Säumnis der Parteien behaupten und wenn auch nur zum Scheine begründen.[6]

Er ist außerdem praktisch undurchführbar; denn wie will z. B. der Testamentsgegner beweisen, daß der Testator Zeit und Gelegenheit

---

[1] S. unten § 84.

[2] S. unten § 66.

[3] S. unten § 34. Übrigens verdient hervorgehoben zu werden, daß sich rein äußerlich betrachtet das Meistbegünstigungsrecht auf einen Thatbestand, das Optionsrecht auf ein Rechtsverhältnis bezieht. Da aber jeder Thatbestand ein Rechtsverhältnis vermittelt und jedes Rechtsverhältnis einen Thatbestand voraussetzt, so ist dieser Unterschied unerheblich. Über das Optionsrecht im internationalen Privatrecht; s. oben § 4, S. 14, n. 1.

[4] S. Gesch. n. 2; s. auch noch S. 269, n. 3 g. E.

[5] S. Gesch. § 47, S. 303, n. 2. Lyncker dehnt sogar diese Strafe auf das internationale Privatrecht aus; er verlangt, daß wer ein *testamentum ruri conditum* errichtet hatte und nachher in die Stadt zog, ein ordentliches Testament errichten müsse, falls nicht sein außerordentliches hinfällig werden soll; a. a. O., n. 2.

[6] S. unten S. 68, n. 1 und 7.

gehabt hätte, sein Testament zu ändern? Oder wenn man unbilliger Weise demjenigen die Beweislast aufbürdet, der behauptet, das Testament sei gültig, wie kann dieser dann beweisen, daß der Testator keine Zeit und Gelegenheit gehabt habe, sein Testament der neuen Rechtsordnung anzubequemen.[1] Diese Strafe setzt außerdem voraus, daß der Testator vom Wechsel der Rechtsordnung Kenntnis gehabt habe; denn mit welchem Recht will man ihn bestrafen, wenn er auf Grund eines entschuldbaren Irrtums von der Änderung der Gesetzgebung keine Kenntnis hatte? Die intertemporalen Rechtssätze sollen aber wirken, ohne daß es auf das Kennen oder Nichtkennen der Privatpersonen ankommt.

Damit stoßen wir auf eine gemeinsame Wurzel der intertemporalen Säumnisstrafe, welche der neueren Regel dient, und des subjektiven Prinzips, welches die ältere Regel erklären will. In der That kann man von dem Gedanken der Kenntnis der Rechtsordnung sowohl die materielle Fortwirkung der alten Rechtsordnung als auch die Ausschließlichkeit der neuen verteidigen, ein Beweis für die Unhaltbarkeit des subjektiven Prinzips.[2]

Die intertemporale Säumnisstrafe ist aber auch ungerecht; denn sie trifft schuldlose Dritte, nämlich die eingesetzten Erben oder Vermächtnisnehmer, welche durch sie um ihre Erbschaft oder um ihr Vermächtnis kommen.[3] — Das bedenklichste aber an dieser Rechtseinrichtung ist, daß sie sich willkürlich erweitern läßt und damit der Ausschließlichkeit der neuen Rechtsordnung Thür und Thor öffnet.

So wendet Lyncker den Gedanken einer intertemporalen Säumnisstrafe auch auf Verträge an, die unter einer Potestativbedingung abgeschlossen wurden.[4] Auch diese Ausdehnung eines verfehlten Grundsatzes ist zu verwerfen.[5] — Noch weiter ging das Publikationspatent zum Preuß. A.L.R. In Zif. X wird er angewandt auf alle Fälle, wo die subjektiven Thatbestände von der Willkür des zukünftigen Rechtssubjektes abhängen.[6] In Ansehung der Testamente verwirft es ihn aber ausdrücklich und entschieden.[7]

Im 19. Jahrhundert lehnte der österreichische Gesetzgeber die intertemporale *poena negligentiae* in ihrer weitesten Ausdehnung mit unzweideutigen Worten ab.[8] Dagegen erließ der badische Gesetzgeber eine mit

---

[1] Lyncker, a. a. O. bürdet demjenigen die Beweislast auf, der das Testament anficht.

[2] S. oben § 5, S. 17, n. 3 und 4.

[3] S. auch die Kritik in der Gesch. § 46, S. 294 und § 48, S. 309.

[4] S. Gesch. § 47, S. 302, n. 2. Ihm schloß sich Gabba an; ebenda § 72, S. 597, n. 1 g. E.

[5] S. die eingehende Kritik in Gesch. § 48, S. 309.

[6] S. Gesch. § 33, S. 209, n. 1. Man kann in dieser Anwendung die intertemporale Säumnisstrafe auch als eine Fiktion einer stillschweigenden Unterwerfung unter die neue Rechtsordnung auffassen; s. Gesch. § 46, S. 294.

[7] Zif. XII. S. Gesch. S. 211, n. 1 und 2.

[8] S. Gesch. § 53, S. 347, n. 1 und 2.

ihr verwandte Anordnung, daß der Testator noch während einer kurzen Frist nach der Veröffentlichung der neuen Rechtsordnung sein Testament deren Formen anpassen könne.[1] Verwandt ist auch die Anordnung desselben Gesetzgebers, daß für die altverheirateten Eheleute der neue gesetzliche Güterstand eintrete, wenn sie von der gesetzlichen Erlaubnis, innerhalb einer bestimmten Frist (vom Januar 1810 bis 1. Januar 1812) durch Ehevertrag eine im Landrecht enthaltene Gemeinschaft festzusetzen, keinen Gebrauch machen.[2] — Dagegen ist es durchaus nicht zu verwerfen, wenn das E.G. zum B.G.B. in Art. 200, Abs. 2 den altverheirateten Eheleuten das Recht giebt, nach Inkrafttreten der neuen Rechtsordnung neue Eheverträge abzuschließen, obschon das Landrecht den Abschluß von Eheverträgen während der Ehe nicht gestattete. Denn wenn sie auch von dieser Erlaubnis keinen Gebrauch machen, so bleibt trotzdem der alte Güterstand bestehen, während nach der intertemporalen Säumnisstrafe der neue gesetzliche Güterstand eintreten würde.[3]

Die intertemporale Säumnisstrafe kann schließlich zu dem Grundsatz führen, daß sich die Parteien irgend eines Rechtsverhältnisses der neuen Rechtsordnung unterwerfen, sofern sie nach deren Inkrafttreten nichts gegenteiliges verlauten lassen.[4]

Das E.G. zum B.G.B. hat von diesem verfehlten Rechtsgedanken keinen Gebrauch gemacht. Es ist unrichtig, wenn einige Schriftsteller behaupten, daß er dem Art. 214 zu Grunde liege.[5] — Mehr für sich hat die Annahme, daß er zur Aufstellung der Ausschlußklausel des Art. 171 geführt habe.[6] Allein die Fiktion einer stillschweigenden Unterwerfung trägt wie jede Fiktion an ihrer Stirne den Stempel der Vergewaltigung. Nach Art. 171 ergreift die neue Rechtsordnung die aus der alten stammenden Mietsverhältnisse i. w. S. selbst dann, wenn die

---

[1] S. Gesch. § 52, S. 338, n. 2. Die Härte dieser Maßregel ist dort gebührend beleuchtet. Auch der Staatsrat des Großherzogtums Frankfurt erließ eine ähnliche Anordnung; s. ebenda § 52, S. 331, n. 3.

[2] S. Gesch. § 52, S. 338, n. 3. Über eine Abnormität in der bad. Gesetzgebung s. oben § 14, S. 59, n. 5.

[3] S. unten § 58 und § 70. Der badische Gesetzgeber beabsichtigt, die ehelichen Güterstände des älteren Rechtes in das Reichsrecht überzuleiten; vgl. Beilage zum Protokoll der 16. öffentl. Sitzung der zweiten Kammer vom 7. Jan. 1902. In der Begründung wird vom Gedanken der Säumnisstrafe kein Gebrauch gemacht, (obschon der Gedanke nahe lag, da die altverheirateten Ehegatten trotz des Wunsches des Gesetzgebers keinen Ehevertrag abgeschlossen hatten), sondern die materielle Voraussetzung der Ausschließlichkeit der neuen Rechtsordnung eingehend dargethan; a. a. O. S. 9 fg.; s. auch unten §§ 88 und 89.

[4] S. auch oben S. 67, n. 1. In dieser sehr gefährlichen Form findet sich der Gedanke in einigen Urteilen; s. Gesch. § 66, S. 491, n. 2 g. E. und § 69, S. 545, n. 2. S. auch oben § 5, S. 17, n. 3 und 4.

[5] S. unten § 75. Das O.L.G. Köln hat in seinem Urteil vom 28. Jan. 1901, Rsp. 2, S. 117 die Fiktion der Unterwerfung der Partei in Ansehung des Inhalts eines Testamentes ausdrücklich abgelehnt; noch deutlicher das Kammergericht in seinem Urteil vom 4. März 1901; Rsp. 2, S. 374. S. unten § 25.

[6] So Habicht, 3. Aufl., S. 279, n. 1 und 2.

Parteien im kritischen Zeitpunkt wegen Geisteskrankheit die Kündigung unterlassen haben. Es ist daher richtiger, die materielle Voraussetzung der Ausschließlichkeit in der eigentümlichen Natur des Mietsverhältnisses zu suchen.[1]

Für das deutsche intertemporale Privatrecht muß also die Daseinsberechtigung einer intertemporalen Säumnisstrafe oder der Fiktion einer stillschweigenden Unterwerfung der Parteien unter die neue Rechtsordnung geleugnet werden.

§ 18. Die Rechtsvermutungen im intertemporalen Privatrecht.

Die Quellen ergeben keinen Anhaltspunkt dafür, daß die Römer hinsichtlich der Thatbestände eine Rechtsvermutung zu Gunsten der Zuständigkeit der alten oder der neuen Rechtsordnung gekannt hätten. Dagegen behauptet Mühlpfort in seiner intertemporalen Abhandlung, im Zweifel sei anzunehmen, daß die Thatbestände (*negotia*) eher den vergangenen, als den zukünftigen zuzurechnen seien, m. a. W. im Zweifel sei die alte Rechtsordnung für die Thatbestände zuständig. Vor ihm hatten Fichard und Lyncker eine engere Rechtsvermutung aufgestellt, wonach im Zweifel kirchliche Zehntlehen unter der alten Rechtsordnung entstanden seien, sofern deren unvordenklicher Besitz feststehe.[2] Es ist nicht zu leugnen, daß diese *praesumtio iuris* zu Gunsten der Herrschaft der alten Rechtsordnung dem Sinn und Geiste des intertemporalen Privatrechtes entspricht. Stellt doch die materielle Fortwirkung der alten Rechtsordnung die Regel dar, die Ausschließlichkeit der neuen dagegen die Ausnahme.

Im 19. Jahrhundert hat ein deutscher Gesetzgeber und nach ihm der schweizerische für die Thatbestände eine Rechtsvermutung zu Gunsten der Herrschaft der neuen Rechtsordnung aufgestellt. Der erstere allerdings nur für den Thatbestand der Zeugung unehelicher Kinder, letzterer für alle Thatbestände innerhalb des Obligationenrechtes.[3] Diese Rechtsvermutung widerspricht der älteren Rechtsregel und läßt sich nur erklären aus dem der Ausschließlichkeit zugeneigten Geiste der modernen Gesetzgebung. Obschon der Gesetzgeber von Schwarzburg-Sondershausen seinem Gesetze über die Rechtsverhältnisse unehelicher Kinder die Gewährungsklausel beifügte, so sah er sich doch veranlaßt, der Ausschließlichkeit eine besondere Vergünstigung einzuräumen; der schweizerische Gesetzgeber aber als Vertreter eines gemischten intertemporalen Systems bekundete durch die Aufstellung dieser Rechtsvermutung seinen Willen, das Zünglein der Wage auf die Seite der neuen Rechtsordnung zu lenken, obschon er an und für sich von der älteren Regel ausging.[4]

---

[1] S. unten §§ 84 und 88.
[2] S. Gesch. § 47, S. 301, n. 1; § 48, S. 314 und § 52, S. 346, n. 2.
[3] S. Gesch. § 58, S. 401, n. 2 und § 52, S. 346, n. 2.
[4] S. oben § 12, S. 52, n. 7.

Es ist zu wünschen, daß die künftigen Gesetzgeber von der Aufstellung einer Rechtsvermutung zu Gunsten der Zuständigkeit einer neuen Rechtsordnung über Thatbestände, deren Ursprungszeit bestritten ist, absehen. Wenn man auch nicht das Verlangen an sie richten mag, eine solche ausdrücklich zu Gunsten der Herrschaft der alten einzuführen, so doch wenigstens das, daß sie unparteiisch zwischen beiden Rechtsordnungen stehen und gar keine aufstellen. — Das Einführungsgesetz zum B.G.B. hat daher mit Recht von der Festsetzung einer Rechtsvermutung für oder wider die Zuständigkeit der alten Rechtsordnung über Thatbestände, deren Ursprungszeit bestritten ist, Abstand genommen. Man kann daher für das Deutsche intertemporale Privatrecht die Beweisregel aufstellen, daß die Partei, welche für sich einen rechtlichen Vorteil aus dem Umstand erlangen will, daß ein Thatbestand oder ein Rechtsverhältnis der einen oder anderen Rechtsordnung entstamme, diesen Umstand zu beweisen hat, falls er nicht bei Gericht offenkundig ist oder vom Gegner zugestanden wird.

Nicht zu verwechseln mit der Rechtsvermutung, daß im Zweifel die Thatbestände der alten oder neuen Rechtsordnung entstammen und daher jene oder diese über sie zuständig sei, ist die Rechtsvermutung in einem gemischten intertemporalen System, welches entweder grundsätzlich von der materiellen Fortwirkung der alten oder von der Ausschließlichkeit der neuen Rechtsordnung ausgeht. Im Zweifel spricht dann die Vermutung je nachdem für die materielle Fortwirkung der alten oder für die Ausschließlichkeit der neuen Rechtsordnung hinsichtlich der Rechtsmaterien.[1] Die Unterschiede lassen sich dahin feststellen: Jene Rechtsvermutung betrifft Thatbestände, deren Ursprungszeit oder Abstammung zweifelhaft ist; sie spricht für die Abstammung aus der alten Rechtsordnung und damit für ihre konkrete Zuständigkeit. Voraussetzung dabei ist, daß die materielle Fortwirkung der alten Rechtsordnung vom Gesetzgeber gewährleistet ist. Diese dagegen bezieht sich auf Rechtsmaterien im juristisch-technischen Sinne,[2] wenn zweifelhaft ist, ob sie der intertemporale Gesetzgeber der alten überließen oder der Rechtsordnung zugewiesen hat. Geht der Gesetzgeber grundsätzlich von der materiellen Fortwirkung der alten aus, so spricht die Vermutung zu deren Gunsten; d. h. daß sie die Materie abstrakt beherrsche. Verleiht er aber grundsätzlich der neuen Rechtsordnung die Ausschließlichkeit, so spricht die Vermutung zu Gunsten der neuen, d. h. daß die Materie ihrer abstrakten Herrschaft zufalle. Voraussetzung ist also hier nicht die Gewährung der materiellen Fortwirkung der alten Rechtsordnung, also ein reines intertemporales System, sondern das gleichzeitige Bestehen von Gewährungs- und Ausschlußklauseln d. h. ein gemischtes intertemporales System. — Jene Rechtsvermutung gehört dem materiellen Beweisrecht an, diese je-

---

[1] S. oben § 8, S. 30 n. 6, ferner § 12, S. 53 n. 1.

[2] S. E.G. zum Reichsstrafgesetzbuch § 2 Abs. 1.

doch ist öffentlich-rechtlicher Natur. Jene gewährt der begünstigten Rechtsordnung eine konkrete Herrschaft über Thatbestände, diese eine abstrakte Herrschaft über Rechtsmaterien.

§ 19. System, Rechtsprechung, Litteratur u. Bedeutung des Deutschen intertemporalen Privatrechtes.

Schon frühere Schriftsteller lassen in ihren intertemporalen Abhandlungen ein System erkennen, welches der Hauptsache nach darauf hinausläuft, einen allgemeinen und besonderen Teil des intertemporalen Privatrechtes zu unterscheiden. — Jacobus de Belviso und Fellinus kennen eine derartige Einteilung noch nicht. Ersterer hat überhaupt noch kein System, letzterer nur ein sehr unentwickeltes, dessen Grundgedanke ist, zunächst die intertemporale Hauptregel mit ihren Weiterungen (*ampliationis*) und Ausnahmen (*fallentiae*) darzustellen.[1] Dagegen tritt bei Lyncker schon in ziemlich scharfen Umrissen der allgemeine Teil hervor, in welchem er die Rechtsordnung und den Thatbestand im allgemeinen betrachtet.[2] Leider nahm Henne den Faden des Systems nicht auf;[3] dagegen spannen ihn die Schriftsteller des 19. Jahrhunderts weiter.

Weber kam zwar noch nicht zu einer äußerlichen Scheidung des allgemeinen und besonderen Teiles. Jedoch überwiegt in seiner „*Doktrinalen Darstellung*" der allgemeine Teil weitaus den besonderen.[4] Besonders scharf tritt das System in Hüttners Schrift auf. Sein Plan ist folgender: *Einleitung*, — *theoretischer Teil*, — *praktischer Teil*, — *Anhang*.[5] Der theoretische Teil ist nichts anderes als unser heutiger allgemeiner, der praktische unser heutiger besonderer Teil. — Das erste Buch von Bergmanns Werk kann man als den allgemeinen Teil ansehen und das zweite als den besonderen.[6] Die §§ 384—388 der Savigny'schen Ausführung a. a. O. können ebenfalls als allgemeiner Teil betrachtet werden und die nun folgenden „*Anwendungen*" (§§ 389—396) sind nichts anderes als der besondere Teil.[7] In den Lehrbüchern des deutschen und des partikularen Privatrechtes wird, soweit ich sehe, überall die Scheidung durchgeführt. So hat z. B. Gierke a. a. O. in § 23 den allgemeinen Teil, in § 24 den besonderen Teil. Hofmanns Exc. enthalten auf S. 112—144 „*allgemeine Lehren*" und von S. 144—295 den „*besonderen Teil*" und von S. 296—350 einen „*Anhang*". — Der vierte Abschnitt von Goepperts Abhandlung: „*die normale Gestaltung der Kollision in den*

---

[1] S. Gesch. § 46, S. 287 fg.
[2] S. Gesch. § 48, S. 312 fg.
[3] S. Gesch. § 50, S. 312 fg.
[4] S. Gesch. § 80, S. 629 fg.
[5] S. Hofmann, Exc. S. 309, Anm. 81.
[6] S. Gesch. § 80, S. 633 fg.
[7] S. auch oben § 2, S. 7, n. 4.

einzelnen Fällen" fehlt zwar, würde aber den besonderen Teil enthalten haben. GABBAS groß angelegtes Werk enthält nicht bloß das intertemporale Privatrecht, sondern auch intertemporales Strafrecht. Der erste Band enthält aber den allgemeinen Teil des Werkes, worin, was HOFMANN vernachlässigt hat, auch die Rechtsordnung berücksichtigt wurde (in den *prolegomini*).[1] Eine nur ungenügende Untersuchung widmet GABBA den Rechtsverhältnissen. Man kann hierher Kap. IV. u. V. der *Parte Terza* des 2. Buches rechnen.

Auch wir schließen uns diesem Systeme an. Es frägt sich nur, wie der allgemeine Teil gegliedert werden soll. Die früheren Schriftsteller legen den Nachdruck entweder auf den Thatbestand, wie GABBA, oder auf die Rechte, wie HOFMANN. Einige berücksichtigen auch die Rechtsordnung, wie LYNCKER und GABBA. Daraus geht hervor, daß im allgemeinen Teil die drei Rechtselemente die wesentlichen Grundlagen bilden müssen: Thatbestand, Rechtsverhältnisse und Rechtsordnung. Es sind dies dieselben drei Elemente, welche auch im allgemeinen Teil des Privatrechtes, ja in einer allgemeinen Rechtslehre überhaupt darzustellen sind.[2]

In welcher Reihenfolge sollen nun die drei Rechtselemente behandelt werden? Man könnte zwei Wege einschlagen. Einmal kann man den Ausgang nehmen von der Rechtsordnung als Grundlage aller Rechtserscheinungen, dann zum Thatbestand fortschreiten und dessen Rechtsfolgen, die Rechtsverhältnisse darstellen. Dieser Weg erweckt jedoch das Bedenken, daß man vom Abstrakten ausgeht, das Konkrete in die Mitte nimmt und mit dem Abstrakten endigt. Es ist gewiß für die Wissenschaft empfehlenswerter mit dem Konkreten zu beginnen, um darauf zu den abstrakten Elementen überzugehen.[3]

Wir werden daher den allgemeinen Teil, soweit er noch vor uns liegt, in drei Kapitel zerlegen: Thatbestand, Rechtsverhältnisse, Rechtsordnung. — Im ersten Kapitel ist von großer Wichtigkeit die intertemporale Behandlung des Beweisrechtes, des Rechtsgeschäftes und der Verjährung;[4] im zweiten Kapitel die der Haupt- und Nebenrechtsverhältnisse;[5] im dritten die der zwingenden, gebietenden und verbietenden und der Hilfsrechtsordnungen, insonderheit der gesetzlichen Auslegungen.[6]

---

[1] S. Gesch. § 72, S. 592 fg.

[2] S. Institutionensystem Kap. XI, S. 562 fg. ferner Gesch. S. 14 und § 48, S. 312 fg.

[3] Auch vom Standpunkte des Rechtsunterrichtes aus ist es ratsamer, das leicht faßliche Konkrete voranzustellen. Da jede wissenschaftliche Darstellung des Rechtes den Zweck hat, die Kenntnisse des Rechtes zu erweitern und zu vertiefen, also einen Unterrichtszweck, so darf diese Seite nicht vernachlässigt werden; s. im übrigen Institutionensystem, insbes. S. 566 fg.

[4] S. unten §§ 24, 25 und 34.

[5] S. unten § 41.

[6] S. unten §§ 48, 50 und 53.

Wie ist der besondere Teil zu gliedern? Seine Aufgabe besteht darin, die Fragen zu beantworten, nach welcher Rechtsordnung die einzelnen Thatbestände und Rechtsverhältnisse des bürgerlichen Rechtes, die der alten Rechtsordnung entstammen, entschieden werden sollen. — Ein Hauptmangel der bisherigen Darstellung des besonderen Teiles besteht nun darin, daß man die neuere Rechtsregel oder das intertemporale Sonderrecht vollständig übersehen hat. Nimmt man aber beide Regeln in Betracht, so zerfällt notwendig der besondere Teil in zwei Hälften, von denen die erste sich der Darstellung des intertemporalen gemeinen Rechtes, d. h. der Hauptregel und dessen Ausflüsse für die einzelnen Rechtsverhältnisse widmet, die zweite aber das intertemporale Privatrecht im Zeichen der neueren Regel, also das Sonderrecht enthält. Daher soll im ersten Kapitel des besonderen Teiles das gewährende, im zweiten das ausschließende intertemporale Privatrecht behandelt werden. Im engen Zusammenhange mit letzterem steht die Politik der intertemporalen Gesetzgebung, welches im dritten Kapitel zur Darstellung gelangt.[1]

Diese Gliederung des besonderen Teiles hat große Vorzüge, die einer jeden Systematik überhaupt: Das Zusammengehörige wird vereinigt, das Fremdartige ausgeschieden. Die große Kluft zwischen der älteren und neueren Regel tritt greifbarer hervor. Der Stoff wird besser verteilt; die einzelnen Abschnitte und Unterabteilungen werden entlastet.

Nachdem so die Hauptgliederung des besonderen Teiles erledigt ist, tritt die Unterfrage auf, wie ist das erste Kapitel, welches sich mit der Darstellung des gemeinen intertemporalen Privatrechtes beschäftigt, aufzubauen? Seine Aufgabe besteht darin, die Thatbestände und Rechtsverhältnisse, welche der Herrschaft der alten Rechtsordnung entstammen, reinlich vom Herrschaftsbereiche der neuen zu scheiden. Man hat also die Wahl, entweder von den Thatbeständen oder von den Rechtsverhältnissen auszugehen, wenn nicht ein Drittes gefunden werden kann. Beide Wege sind einseitig. Gelingt es uns aber, die beiden Gesichtspunkte zu vereinigen, so wird der Übelstand der Einseitigkeit vermieden. In der That liegt eine derartige Verbindung im Bereiche der Möglichkeit, wenn es gelingt, eine Einteilung der Thatbestände zu finden, welche zugleich auch eine systematische Gruppierung der Rechtsverhältnisse herbeiführt. Diese Einteilung ist gefunden; es ist die in vermittelnde (neutrale) und gestaltende (aktive) Thatbestände. Die ersteren vermitteln das Werden der Rechtsverhältnisse, ohne auf deren Inhalt irgend welchen Einfluß auszuüben; die letzteren vermitteln nicht bloß das Werden der Rechtsverhältnisse, sondern gestalten den Inhalt derselben aus.[2]

Der erste Abschnitt des ersten Kapitels wird daher das intertemporale Privatrecht der vermittelnden Thatbestände enthalten. In ihm kommt

---

[1] S. oben § 10, S. 41, n. 1.

[2] S. Gesch. § 69, S. 550, n. 2 g. E. und unten § 22.

im ersten Abschnitt die intertemporale Behandlung der personalen Rechtsverhältnisse natürlicher Personen zum Ausdruck, die nur ausnahmsweise unter die gestaltenden Thatbestände fallen; so die persönlichen Fähigkeiten, der Wohnsitz, die Todeserklärung, die Eheschließung, der gesetzliche eheliche Güterstand, Ehescheidung, Wiederverehelichung, Rechtsverhältnisse der Kinder aus nichtigen oder ungültigen Ehen, die Stellung der von der Geschäftsfähigkeit ausgeschlossenen oder in ihr beschränkten Personen; ihrer Vormünder und Pfleger. — Von den realen Rechtsverhältnissen gelangen im zweiten Unterabschnitt zur Erscheinung das gesamte Liegenschaftsrecht während der Zwischenzeit, das Stockwerkseigentum, dingliche Rechte an fremder Sache insbes. Bauerngüter, das Urheberrecht, das Recht der gesetzlichen Erbfolge im weiteren Sinne,[1] das Pflichtteils- und Kollationsrecht.

Der zweite Abschnitt hebt die gestaltenden Thatbestände hervor. — Im ersten Unterabschnitt erscheinen als personale Rechtsverhältnisse einzelne Körperschaften (Vereine), der vertragsmäßige Güterstand und die übrigen rechtsgeschäftlichen und öffentlichen Anordnungen im Gebiete des Familienrechtes. — Die Schuldverhältnisse eröffnen die realen Rechtsverhältnisse. Dann folgen sämtliche erbrechtliche Anordnungen.

Die innere Gliederung des zweiten Kapitels, des intertemporalen Sonderrechtes, gestaltet sich sehr einfach: In zwei Abschnitten werden zuerst die personalen und dann die realen Rechtsverhältnisse behandelt. Von personalen Rechtsverhältnissen erscheinen: Die juristischen Personen, die nichtigen und anfechtbaren Ehen, die persönlichen Beziehungen der Ehegatten, der Eltern und der ehelichen Kinder, der unehelichen Kinder, die Unterhaltspflicht unter Verwandten und die Vormundschaft. Von realen: Besitz, Eigentum, Liegenschaftsrecht nach der Zwischenzeit, einzelne Schuldverhältnisse und die Testamente Entmündigter.

Das dritte Kapitel, die Politik der intertemporalen Gesetzgebung gewährt im ersten Abschnitt eine Darstellung der die Ausschließlichkeit rechtfertigenden Gründe. Der zweite Abschnitt erörtert die Frage, ob und wann der Staat eine Entschädigung der durch die Ausschließlichkeit eines Gesetzes betroffenen Privatpersonen festsetzen solle oder müsse.[2]

Das dargestellte System bringt also auch in seinem besonderen Teile die drei Rechtselemente zur greifbaren Ausgestaltung.[3]

---

[1] Das Recht der gesetzlichen Erbfolge im w. S. umfaßt auch die Rechtsverhältnisse nach dem Erwerbe der Erbschaft, das Verhältnis des Erben zu den Gläubigern und zu Dritten und das Verhältnis mehrerer Erben untereinander, selbst wenn die Berufung zur Erbschaft eine testamentarische ist.

[2] S. auch oben § 10, S. 41, n. 2.

[3] Wir bauen zwar unser System im besonderen Teil nicht auf die personalen und realen Rechtsverhältnisse oder Rechtsordnungen, sondern auf die bloß vermittelnden und gestaltenden Thatbestände auf. Es wird sich aber zeigen, daß auch bei diesem Systeme der Unterschied zwischen den personalen und realen Rechtsverhältnissen und Rechtsordnungen zur Geltung gelangt, indem

Zum System gehört auch, da wo es erforderlich ist, sorgfältig zwischen dem intertemporalen Reichs- und Landesrecht zu scheiden,[1] deren Charakter auch innerlich auseinandergeht. Während das Reichsrecht grundsätzlich auf dem Boden des gemeinen Rechtes steht, neigt sich das Landesrecht mehr der Ausschließlichkeit der neuen Rechtsordnung zu, begünstigt somit das Sonderrecht.[2]

Das System des Einführungsgesetzes schließt sich genau an das des Bürgerlichen Gesetzbuches selbst an, welches einen allgemeinen Teil vorausschickt.[3] — Dann folgt das Recht der Schuldverhältnisse,[4] das Sachenrecht;[5] das Familienrecht;[6] und endlich das Erbrecht.[7] — Bei diesem System ist besonders der allgemeine Teil verfehlt.[8] — Für das intertemporale Privatrecht ist dies System deswegen ungeeignet, weil es seine

---

zuerst die personalen Rechtsverhältnisse im engern Sinne erscheinen, dann die Rechtsverhältnisse des reinen Familienrechtes mit ihrem Ausflusse des sogenannten gesetzlichen Familiengüterrechtes; dieses System nimmt auf alle drei Elemente der Rechtswelt Rücksicht und verdient daher den Vorzug vor jedem andern, welches entweder bloß die Arten der Rechtsverhältnisse, oder bloß die der Rechtsordnung, oder endlich nur die der Thatbestände zu Grunde legt. Auch die bisherigen Darsteller des intertemporalen Privatrechtes in den Lehrbüchern des deutschen Privatrechtes sahen ein, daß man mit dem gewöhnlichen System nicht auskommt und beginnen daher mit den personalen Rechtsverhältnissen i. e. S.

[1] S. oben § 4, S. 11, n. 2.

[2] S. unten §§ 58, 65, 69, 70 und 82.

[3] Zum allgemeinen Teil gehören die Art. 153—169; er zerfällt in drei Gruppen: Das Recht der Personen: Art. 153—167. Die natürlichen Personen: Art. 153—162, Volljährigkeit (Art. 153 und 154), Entmündigung wegen Geisteskrankheit und Geistesschwäche (Art. 155 und 156), Wohnsitz (Art. 157), Todeserklärung (Art. 158—162). Die juristischen Personen: Art. 163—167. — Das Recht der Rechtsgeschäfte: Art. 168. — Die Verjährung: Art. 169.

[4] Art. 170—179. Es zerfällt in zwei Abteilungen: Die Schuldverhältnisse im allgemeinen: Art. 170—179. — Einzelne Schuldverhältnisse: Art. 171—178; Miet-, Pacht- und Dienstverhältnis (Art. 171 und 172); die Gemeinschaft nach Bruchteilen (Art. 173); die Schuldverschreibungen auf den Inhaber und ähnliche Urkunden (Art. 174—178).

[5] Art. 180—197. Es zerfällt in drei Abteilungen: Das Sachenrecht im allgemeinen: Art. 180—185. Besitz (Art. 180); Eigentum (Art. 181—183); die Rechte an fremden Sachen (Art. 184); die Ersitzung an beweglichen Sachen (Art. 185). — Das Grundbuch und Liegenschaftsrecht: Art. 186—196. — Bäuerliche Nutzungsrechte: Art. 197.

[6] Art. 198—212. Es gliedert sich in drei Abteilungen: Die Ehe: Art. 198 bis 202. — Das Eltern- und Kindesrecht: Art. 203—209. — Die Vormundschaft: Art. 210—212.

[7] Art. 223—217. Zwei Fälle sind zu unterscheiden: Tod des Erblassers vor dem 1. Januar 1900: Art. 213. Tod des Erblassers nach dem 1. Januar 1900: Art. 214—217. Der Art. 218 enthält einen allgemeinen Vorbehalt für die Landesgesetzgebung während der Übergangszeit; s. auch oben § 8, S. 32 fg.

[8] S. die Kritik des jetzigen allgemeinen Teiles im Institutionensystem Kap. XI, S. 560 fg. Im E.G. machen sich die Mängel desselben besonders darin bemerkbar, daß Art. 153—156 im Vormundschaftsrecht behandelt werden müssen; insbes. gehört Art. 155 und 156 unbedingt zu Art. 210 und 211; s. unten §§ 62 und 80.

wichtigste Gliederung, die in ein intertemporales *ius commune* und *singulare*, ganz unberücksichtigt läßt.[1] Daß in den Übergangsbestimmungen des vierten Abschnittes sich auch Vorschriften befinden, die in den dritten Abschnitt gehören und umgekehrt, ist bereits früher gezeigt worden.[2]

Die Rechtsprechung, welche sich auf Grund des neuen Deutschen intertemporalen Rechtes entwickelt hat,[3] kann der Forscher mit einem lachenden und mit einem weinenden Auge betrachten. — Zum größten Teil hat die Rechtsprechung die angebliche Ausschließlichkeit der zwingenden Vorschriften des B.G.B. verneint.[4] Die aus der alten Rechtsordnung stammenden Pfandrechte, Testamente, Erbverträge und erbrechtliche Verhältnisse haben bei ihr eine durchaus zutreffende Behandlung gefunden.[5] Dagegen wurden die Aufhebungsthatbestände der Obligation und die Verzugszinsen[6] die Vertragsstrafen,[7] die durch Urteil und Vergleich festgestellte Unterhaltsverpflichtung[8] und die rechtshängigen Sachen über Eigentumsbeschränkungen,[9] der Ausschließlichkeit unterworfen. Auch vertrat die Rechtsprechung bei Gesamtthatbeständen die atomistische Auffassung.[10] Sie stand dabei unter dem Einfluß teils der von Hilfsarbeitern abgefaßten Motive zum E.G., teils einer für die möglichst schnelle Anwendung der neuen Rechtsordnung schwärmenden Litteratur. Doch giebt es unter den genannten Fällen kaum eine Frage, die nicht von irgend einem deutschen Gericht, und oft von einem Untergericht, ihre richtige Lösung gefunden hätte.[11]

Die Litteratur über den vierten Abschnitt des E.G. zum Bürgerlichen

---

[1] So stehen denn die Ausschlußklauseln friedlich und ungetrennt inmitten der Gewährungsklauseln; so z. B. Art. 208, Abs. 1. Ausschlußklauseln u. Gewährungsklauseln wechseln oft bunt mit einander ab; so z. B. Art. 99 (Ausschlußklausel); Art. 200 (Gewährungsklausel); Art. 201 (Ausschlußklausel); Art. 202 (Gewährungsklausel).

[2] S. oben § 8, S. 32 fg. und § 11, S. 46, n. 1.

[3] Über die frühere Rechtsprechung vgl. Gesch. §§ 37—40, S. 240 fg. und §§ 62—69, S. 428 fg. Als Quellen der neuen Rechtsprechung kommen in Betracht: Entscheidungen des Reichsgerichts in Civilsachen von Bd. 45 an; abgekürzt E.; Seufferts Archiv von Bd. 55 an; abgekürzt S.A.; Die Rechtsprechung der Oberlandesgerichte von Mugdan u. Falkmann von Bd. 1 an; abgekürzt Rsp. — Außerdem noch Deutsche Juristen-Zeitung von Bd. 5 an; abgekürzt D.J.Z. und Das Recht von Bd. 5 an; Beiträge zur Auslegung des Bürg. Gesetzbuches von Bernhöft und Binder; abgekürzt Beitr. Soergel, Rechtsprechung, vom 1. Jahrg. an.

[4] S. oben § 13, S. 58, n. 6 und unten § 48.

[5] S. unten §§ 63, 67 und 74.

[6] S. unten § 73; vgl. auch §§ 23 und 41.

[7] S. unten § 73; vgl. auch § 29.

[8] S. oben § 12, S. 52, n. 1 und unten § 79.

[9] S. oben § 13, S. 57, n. 7 und unten § 82.

[10] S. unten §§ 23, 31, 32, 63—65.

[11] Das geht aus den Urteilen der höheren Gerichte hervor, die ein richtiges Urteil des Unterrichters ändern oder aufheben. Eine besondere Sammlung der Urteile der Untergerichte giebt es leider nicht.

Gesetzbuch und zu den Einführungsgesetzen der Einzelstaaten ist bis jetzt noch nicht sehr angewachsen.[1]

Der Inhalt der Litteratur läßt vom Standpunkte des gemeinen intertemporalen Privatrechtes oft zu wünschen übrig, da der Wunsch nach möglichst schneller Anwendung des neuen Rechtes und damit eine unverkennbare Hinneigung zur Ausschließlichkeit die Einzelentscheidungen beeinflußt. Doch macht sich ersichtlich in den neuesten Erscheinungen, insbesondere in den späteren Auflagen HABICHT's eine Bewegung zu Gunsten des gemeinen Rechtes bemerkbar.[2]

Das System des Deutschen intertemporalen Privatrechtes ist in doppelter Richtung von großer Bedeutung. Einmal für die deutsche Rechtsprechung. Noch auf Jahrzehnte hinaus wird die alte Rechtsordnung materiell fortwirken und daher die deutschen Gerichte Gelegenheit haben, intertemporale Rechtsfragen zu entscheiden. Das System läßt den Faden des geschichtlichen Zusammenhangs und der organischen Fortentwickelung

---

[1] Vor allem ist zu nennen das umfangreiche Werk von H. HABICHT: *Die Einwirkung des Bürgerlichen Gesetzbuches auf zuvor entstandene Rechtsverhältnisse*. Bis jetzt drei Auflagen, Jena 1899, 1900 und 1901. — Ferner: A. NIEDNER, Das Einführungsgesetz. Kommentar, Berlin 1899. SCHERER, Einführungsgesetz zum B.G.B. Kommentar, Erlangen 1899. — Kleinere Abhandlungen sind: FUCHS „*Die Uebergangsbestimmungen des Einführungsgesetzes zum B.G.B.* In den Beiträgen zur Erläuterung des Deutschen Rechtes 44, S. 1—64. — LEHMANN: *Die zeitliche Anwendbarkeit der Bestimmungen des neuen Handelsgesetzbuches.* — In der Ztschr. f. d. ges. Handelsrecht 48, S. 1—120 u. 387. — Ferner E. ZITELMANN in JHERINGS Jahrb., 2. F. VI 1901, S. 190—204.

Die Litteratur zu den Ausführungsgesetzen der Einzelstaaten: ARON, Das Ges. betr. die Ausführung des B.G.B. in Elsaß-Lothringen, Straßburg 1899. — BEST, Die Hess. Gesetze zur Ausführung des B.G.B. (Mainz 1900) 2. — HENLE, Die Anlegung des Grundbuches in den Landesteilen rechts des Rheins (Bayr. Ges. vom 18. Juni 1898), erläutert v. HENLE (München 1899). — HENLE-SCHNEIDER, Die bayr. Ausführungsges. zum B.G.B., Handausg. mit Einl. und erläut. Anmerkungen v. HENLE und SCHNEIDER (München 1900). — LANGFELD, Mecklenburgische Ausführungsverordnungen zum B.G.B. (1899). SCHNEIDER, Das Liegenschaftsrecht in der Pfalz (Bayr. Ges. vom 1. Juli 1898 u. d. Verord. v. 28. Aug. 1898), erläutert von SCHNEIDER, München 1899. — STRANZ-GERHARD, Das Preuß. Ausführungsgesetz zum B.G.B., Berlin 1899 f. — S. auch noch FÖRTSCH, Der Code civil und das B.G.B. (1897). — G. ZELTER, Die statutarischen Gütererbrechte der Übergangszeit in Preußen. Berlin 1901. — TURNAU-FÖRSTER, Das Liegenschaftsrecht u. s. w. 1. Paderborn 1900. KAHN, Kollisionen u. Kompetenz-Überschreitungen der deutschen Ausführungsgesetze zum ehelichen Güterrecht. JHERINGS Jahrb. 42, S. 309. Derselbe, Das zeitliche Anwendungsgebiet der örtlichen Kollisionsnormen. JHERINGS Jahrb. 43, S. 299 fg.

Einschlägige Werke sind noch: SCHULTETUS, Vormundschaftsrecht. — KURTZ, Das Verfahren der Vormundschaftsgerichte u. s. w. — SCHULTZENSTEIN und KÖHNE, Das deutsche Vormundschaftsrecht. — STUTZ, Die Rechtsnatur des Verlöbnisses u. s. w. 1900. — SCHMIDT, Komm. zum B.G.B. 4. — OBERNECK, Reichsgrundbuchrecht. Für die ältere Litteratur vgl. Gesch. § 70, S. 572 fg.

[2] H.'s Werk hat bis jetzt drei Auflagen erlebt. Ich halte mich hauptsächlich an die zweite, da die dritte erst während der Abfassung meines Werkes erschien. Ist nichts anderes bemerkt, so ist in meinen Ausführungen die zweite gemeint.

des intertemporalen Privatrechtes nie aus den Händen gleiten. Daher findet der Richter in ihm für alle vorkommenden Fragen Belehrung; insonderheit wird der allgemeine Teil eine Fundgrube bilden für die tieferen Probleme des intertemporalen Privatrechtes. Die Entscheidungen sind zu fällen nicht nach rechtspolitischen Erwägungen, sondern nach streng wissenschaftlichen Rechtsgrundsätzen, wie sie sich dem Forscher nach mühevollen Untersuchungen aus der Geschichte des intertemporalen Privatrechtes und aus dem Geiste des neuen Deutschen Übergangsrechtes unumstößlich ergeben. Es hat sich bereits gezeigt, daß das Deutsche intertemporale Privatrecht nichts ist als eine weitere Blüte eines Rechtes, dessen Keime bereits den Römern bekannt waren.

Aber auch für die Wissenschaft und den Unterricht ist unser System von Bedeutung. Es gewährt Einblicke in die Natur der drei Rechtselemente, wie sie eine andere Rechtsdisziplin nicht zu geben vermag.[1]

[1] An anderer Stelle habe ich daher den Vorschlag gemacht, das intertemporale und internationale Privatrecht als obligatorischen Unterrichtsgegenstand in den juristischen Lehrplan der deutschen Universitäten einzuführen; s. Gesch. S. 8 fg. Hier möchte ich den Vorschlag dahin erweitern, daß man eine allgemeine Rechtslehre, worin alle drei Rechtselemente, nicht bloß die Rechtsordnung, sondern auch der Thatbestand und das Rechtsverhältnis zu Worte kommen, als obligatorische Vorlesung in den juristischen Lehrplan einführen sollte. Bei der Lehre von der Rechtsordnung würde dann nicht bloß das intertemporale und internationale Recht, sondern auch die Entstehung, Änderung und Aufhebung der Rechtsordnung, ihr Wesen, ihre Arten, ihre Auslegung und Analogie zur Darstellung gelangen. S. auch oben § 4, S. 12 n. 6.

Erstes Kapitel.

Der Thatbestand.

Erster Abschnitt.

Der Thatbestand im allgemeinen.

§ 20. Begriff des Thatbestandes im abstrakten und konkreten Sinne. Die drei Rechtsfaktoren. Thatbestand und juristische Thatsache.

Bevor wir zum Begriff des Thatbestandes schreiten, müssen wir zwei Bedeutungen desselben unterscheiden. Es giebt einen Thatbestand im absoluten und abstrakten und einen solchen im relativen und konkreten Sinne. Jener ist eine reine Abstraktion mit den logischen Kategorien der Einheit der Zeit und des Raumes. Er ist also ein Begriff, der in der Sinnenwelt nicht wahrnehmbar ist, sowenig wie die Begriffe der juristischen Person, des Staates u. s. w. Er ist aber eine Abstraktion und keine Fiktion; ein notwendiges Erzeugnis des logisch-juristischen Denkens, der „juristischen Urteilskraft". Er ist eine Einheit auch im Sinne der juristischen Zweckmäßigkeit. In diesem Sinne ist der Thatbestand zu bestimmen als der Inbegriff aller derjenigen sinnlichen Vorgänge der menschlichen Außen- und Innenwelt, die unter Anerkennung der Rechtsordnung Rechtsverhältnisse vermitteln.

Diese Bestimmung bedarf einiger Erläuterung. Es giebt meines Wissens keinen deutschen Ausdruck, der umfassender wäre, als „Vorgang" und einen solchen umfassenden Begriff brauchen wir, um sowohl die Willensthatbestände als auch die notwendigen zu umschließen. Gerade letztere umfassen eine Mannigfaltigkeit von Thatsachen, welche sich nicht eingliedern lassen etwa unter den Begriff der Ereignisse, die vielmehr Zustände darstellen. Ist nun der Ausdruck „Vorgang" auch geeignet, den Begriff „Zustand" aufzunehmen? M. E. ist die Frage zu bejahen. Denn die meisten in Betracht kommenden Zustände werden in der Hauptsache gebildet entweder durch eine Kette von menschlichen Handlungen und Unterlassungen, wie z. B. bei der Verjährung, oder durch das stetige Wirken von Naturkräften, wie z. B. bei gewissen menschlichen Krankheiten und Gebrechen oder bei gewissen Eigenschaften der öffentlichen Flüsse. Wir wollen daher bei dem Ausdruck „Vorgang“ bleiben, bis uns ein besserer bekannt wird.[1]

„Der menschlichen Außen- und Innenwelt“: Daß die Außenwelt in Betracht kommt, wenn es sich um den Thatbestand handelt, wird wohl allgemein zugegeben werden. Aber auch die Innenwelt? So ungewöhnlich es klingen mag, sie spielt eine große Rolle beim Thatbestand, so insbesondere beim Willensthatbestand. Aber auch bei den notwendigen Thatbeständen; man denke an die Wirkungen des Irrtums, des guten Glaubens, der Furcht. Das moderne Recht hat dem guten Glauben noch größere Wirkungen zuerkannt, als das römische.[2]

„Rechtsverhältnisse“: Gewöhnlich bestimmt man den Thatbestand dahin, daß er die Entstehung, Änderung und Aufhebung von Rechtsverhältnissen zur Folge haben. Es läßt sich aber diese Dreiheit in eine Einheit verwandeln, sobald man den Begriff „Rechtsverhältnis“ im weiteren Sinne versteht. Es ist für die Jurisprudenz notwendig, wie wir weiter unten § 40 noch zeigen werden, den Begriff eines negativen Rechtsverhältnisses aufzustellen, welches durch Aufhebung eines positiven Rechtsverhältnisses entsteht. Auch aus der Änderung eines Rechtsverhältnisses gehen neue Rechtsverhältnisse hervor, so z. B. aus dem Verzug des Schuldners; s. unten § 41. Wir können daher mit gutem Grunde an unserer einheitlichen Definition festhalten, wonach der Thatbestand Rechtsverhältnisse vermittelt.[3]

Er „vermittelt“ Rechtsverhältnisse; ich wähle dieses Wort absichtlich, um jene falsche Theorie zu treffen, welche behauptet, daß zwischen Thatbestand und Rechtsverhältnis ein Kausalzusammenhang im Sinne der Naturgesetze bestehe; s. oben § 5, S. 17, n. 5. Ebenso ist damit auch jene Theorie verworfen, wonach die Rechtsfolgen bald mit Notwendigkeit, bald nur vergünstigungsweise von seiten des Gesetzgebers aus dem Thatbestand hervorgehen. Jeder Thatbestand ist vor dem Gesetzgeber und der Rechtsordnung gleich. Die Rechtsfolgen entstehen aus allen Thatbeständen ohne Ausnahme mit Notwendigkeit.[4]

„Unter Anerkennung der Rechtsordnung“. Diese Ausdrucksweise ist gegen die Lehre gerichtet, daß Rechtsordnung und Rechtsverhältnis wie Ursache und Wirkung einander gegenüberstehen.[5] Die Rechtsordnung als Rechtsfaktor ist nicht im Stande, ein Rechtsverhältnis zu verursachen wie eine Naturkraft eine Naturerscheinung, sondern als

---

[1] Auch BEKKER System, Bd. 2, S. 1' bedient sich des Ausdruckes „Vorgänge“: Er hebt hervor, daß der Ausdruck auch Nichtbewegungen umfaßt. Das ist wichtig für die negativen Thatbestände; s. unten § 33.

[2] Noch wichtiger als im bürgerlichen Recht sind die Vorgänge der Innenwelt im Strafrecht.

[3] Über die Beziehung der Rechtsfolgen z. Rechtsverhältnis s. weiter unten.

[4] S. Gesch. § 72, S. 593, n. 2. [5] S. Gesch. § 80, S. 643, n. 1.

Wille des beseelten Gemeinwesens[1] kann sie nur eine seelische Leistung entfalten, welche der Hauptsache nach in der Anerkennung dessen besteht, was entstehen soll.[2]

„Unter" Anerkennung der Rechtsordnung. Damit ist gesagt, daß die Anerkennung gleichzeitig mit dem Eintreten des Vorganges erfolgt, nicht etwa erst nachträglich.[3]

Aus dieser Begriffsbestimmung des Thatbestandes geht auch das Verhältnis der drei Rechtsfaktoren hervor. Thatbestand und Rechtsordnung sind einander gleichgeordnet; sie bilden die primären Faktoren der Rechtswelt. Aus ihrem Zusammenwirken ergiebt sich als sekundäres Element das Rechtsverhältnis.[4]

Der Thatbestand im absoluten und abstrakten Sinne erscheint nun kaleidoskopisch in den mannigfaltigsten Sondergestalten, die alle wiederum seine abstrakte Natur besitzen. Wenn man vom Kontrakt, Delikt im allgemeinen spricht, so ist dies der Thatbestand im absoluten und abstrakten Sinne in seiner besonderen Ausgestaltung. Daraus folgt, daß es so viele Ausstrahlungen des Thatbestandes im absoluten und abstrakten Sinne giebt, als sich typische Thatbestände im Rechtsleben herausgebildet haben.

Welcher Unterschied besteht nun zwischen einer derartigen Ausstrahlung des Thatbestandes im absoluten und abstrakten Sinne und dem

---

[1] S. Gesch. § 4 der Einl. S. 15.

[2] Bekannt ist der Satz Windscheids: *„das eigentlich Wirkende ist der an diesen Thatbestand angeknüpfte Spruch der Rechtsordnung"* a. a. O. § 63. Dieser Satz birgt Wahres und Falsches in sich. Wahres: es handelt sich um einen Spruch der Rechtsordnung; dieser Spruch ist eben die Anerkennung. Falsches: das eigentlich Wirkende ist dieser Spruch nicht. Das würde ein Verhältnis des Übergewichts der Rechtsordnung über den Thatbestand bedeuten. In Wahrheit sind beide Rechtsfaktoren gleichgeordnet. So wenig als man die *auctoritatis interpositio* des Tutors als das eigentlich Wirkende beim Vertragsabschluß eines Unmündigen bezeichnen kann, und den Willen des Unmündigen als den untergeordneten Faktor. Eine Frage ist noch zu beantworten. Sollte man nicht zwischen den Willensthatbeständen und den notwendigen unterscheiden und nur bei jenen von einer Anerkennung sprechen, bei diesen dagegen von einem Befehle, einem kategorischen Imperativ der Rechtsordnung? Vom subjektiven Standpunkte aus betrachtet gewiß; vom objektiven Standpunkte dagegen liegt im Befehle: es soll auf Grund des notwendigen Thatbestandes ein bestimmtes Rechtsverhältnis entstehen, auch eine Anerkennung, wie umgekehrt in der Anerkennung auch ein Befehl, eine „Sollenserklärung" liegt; s. Bülow, Geständnisrecht, S. 106 fg. Was dem Thäter als Befehl der Rechtsordnung erscheint, das ist für den Verletzten Anerkennung seines Rechtes; s. über den objektiven und subjektiven Standpunkt beim Thatbestand unten § 21, S. 83.

[3] S. auch Gesch. § 73, S. 601, n. 1; vgl. auch § 80, S. 639, n. 1 und § 81, S. 645, n. 1 und S. 647, n. 1. Darin liegt die Ähnlichkeit zwischen der *interpositio auctoritatis* und dem *„Spruche der Rechtsordnung"*: Der Vertrag des Mündels erfolgt *„tutore auctore";* der Vorgang „unter Anerkennung der Rechtsordnung". Wenn daher Bülow a. a. O., S. 130 von einer *„Rechtsbestätigung"* der Rechtsordnung (*„der abstrakten und hypothetischen Rechtsbestimmungen"*) spricht, so hebt er die Gleichzeitigkeit nicht genügend hervor.

[4] S. Institutionensystem S. 557 fg. u. Gesch. S. 14, besonders § 71, S. 585, n. 1.

Rechtsverhältnis? Beide sind Abstraktionen. Aber hinter der Abstraktion des Thatbestandes stehen konkrete Thatumstände, die durch die Abstraktion zu einer juristischen Einheit werden; hinter der Abstraktion des Rechtsverhältnisses, dagegen stehen die Rechtsfolgen des Thatbestandes, also bereits gedachte Elemente, welche die Abstraktion zur juristischen Einheit erhebt.[1]

Thatbestand im relativen und konkreten Sinne ist ein individuell bestimmter, sinnlich wahrnehmbarer Vorgang der menschlichen Außen- oder Innenwelt, der unter Anerkennung der Rechtsordnung ein individuell bestimmtes Rechtsverhältnis vermittelt. So aufgefaßt ist der Thatbestand ein konkretes Rechtselement, der einzige konkrete Faktor in der *trias iurisprudentiae*. Thatbestand in diesem Sinne ist z. B. ein bestimmter Vertrag, der zwischen zwei individuell bestimmten Personen abgeschlossen wird. Der prozessualische „Thatbestand“ des Urteils ist mit dem Thatbestande in relativem Sinne insofern nahe verwandt, als er auch nur konkrete Thatsachen, die erwiesener Maßen stattgefunden haben, enthält.[2] Die neuere Richtung in der staatsrechtlichen Litteratur, welche unter dem befruchtenden Einflusse der Philosophie steht, geht daher auf Abwegen, wenn sie der Jurisprudenz lediglich Abstraktionen, keine konkreten Elemente zugesteht.[3]

In den Lehrbüchern des bürgerlichen Rechtes kommt statt des Ausdruckes „Thatbestand“ auch der Ausdruck „juristische Thatsache“ vor. Doch wird dieser mehr und mehr durch jenen, der in der Strafrechtswissenschaft schon lange der herrschende ist, verdrängt. Es möge hier ein Unterschied zwischen den beiden Ausdrücken hervorgehoben werden, der die Überlegenheit des Wortes „Thatbestand“ ins hellste Licht setzt. „Juristische Thatsache“ erinnert bloß an den Thatbestand im relativen Sinne; für den Thatbestand im absoluten und abstrakten Sinne ist der Ausdruck weniger geeignet. Nur der Ausdruck Thatbestand vermag jene juristische Einheit mannigfaltiger und zahlreicher „juristischer Thatsachen“ anzugeben, welche die Rechtswissenschaft, die „juristische Urteilskraft“ notwendig hat. Der Ausdruck „Thatbestand“ hat zudem noch den Vorzug der Kürze. „Thatbestand“, auch ohne den Zusatz „juristisch“, bedeutet schon einen Inbegriff rechtlich erheblicher Thatumstände.[4]

---

[1] S. unten § 35.

[2] R.C.P.O. §§ 313, 314, 543, 320. Auch im Strafprozeß versteht man unter Thatbestand die ermittelten konkreten und individuellen Thatsachen, von welcher die rechtliche Beurteilung des einzelnen konkreten Falles abhängt.

[3] Vgl. insbes. Jellinek, System der subjekt. öffentl. Rechte S. 16, n. 1. Die Jurisprudenz im französischen Sinne (s. Gesch. § 59, S. 414, n. 2) hat es fast ausschließlich mit dem Thatbestand im konkreten Sinne zu thun. Man denke ferner an die neuere Abzweigung der Strafrechtswissenschaft (Kriminalanthropologie), die sich in gewissem Sinne der Naturwissenschaft nähert oder an die „juristische Psychologie“, s. Bülow a. a. O., S. 118, n. 2. S. über das Wesen der Jurisprudenz und ihre Einreihung in die Wissenschaften das Institutionensystem S. 567.

[4] Über den Unterschied zwischen Thatbestand u. Thatumstand s. unten § 30.

§ 21. Gliederung der Thatbestände im konkreten Sinne. Die Elemente des Thatbestandes und ihre wissenschaftliche Bedeutung. Die Lehre von den unmittelbar aus Gesetzen fließenden Rechten und vom stillschweigenden Vertrag.

Es giebt zwei Standpunkte, von denen aus man die Welt der Thatbestände im konkreten Sinne betrachten kann: einen subjektiven und einen objektiven. Ich als Rechtssubjekt kann sagen, daß die mir zustehenden Rechtsverhältnisse entweder mit meinem Willen oder ohne meinen Willen, oder was mit dem zweiten juristisch eins ist, wider meinen Willen entstanden sind. Darnach lassen sich sämtliche Thatbestände einteilen: In willentliche und notwendige. Notwendige Thatbestände deswegen, weil ihre Rechtsverhältnisse nicht mit Willen des Rechtssubjektes, sondern mit Notwendigkeit eintreten.[1] Gleichgültig ist für ihren Begriff, ob sie dem Rechtssubjekte ohne seinen Willen oder wider seinen Willen oder was zufällig der Fall sein kann, seinem Willen gemäß die Rechtsverhältnisse aufnötigen.

Die Einteilung in willentliche und notwendige Thatbestände leidet an einem Übelstand, der von dem einseitigen subjektiven Standpunkte verschuldet ist. Unter den notwendigen Thatbeständen befinden sich solche, die mit den übrigen nicht zusammenpassen. Es sind dies diejenigen, deren wesentliches Merkmal eine Willenserklärung von seiten eines öffentlichen Organes ist, wie z. B. die Erteilung eines Privilegs, Großjährigkeitserklärung, Entmündigung, Eintragung ins Grundbuch u. s. w. Diese werden durch die subjektive Einteilung in einen Topf geworfen mit personalen Ereignissen, wie Geburt, Tod, Vollendung eines bestimmten Lebensjahres u. s. w.; mit personalen Zuständen, wie Wahnsinn, Verschwendungs- und Trunksucht; mit realen Ereignissen, wie Anlandung, Entstehung einer neuen Flußinsel, Trennung der Früchte; mit realen Zuständen, wie Fehlerhaftigkeit eines Grundstückes, Schiffbarkeit und Flößbarkeit eines Stromes u. s. w.[2]

Diesen Übelstand vermeidet die objektive Einteilung der Thatbestände. Verläßt man den einseitigen Standpunkt des Rechtssubjektes und stellt sich mitten in die Welt der Thatbestände, so leuchtet einem auf den ersten Blick ein, daß die Privatwillensthatbestände und die Willenserklärungen der öffentlichen Organe etwas gemeinsames haben, nämlich den Willen. Inhaltlich ist der Wille der gleiche, ob er von einer

[1] Der Begriff des notwendigen Thatbestandes im Gegensatz zum willentlichen Thatbestand ist der bisherigen Rechtssprache nicht unbekannt. So unterschied die gemeinrechtliche Wissenschaft ein *pignus voluntarium* und *pignus necessarium*. Jenes ist das Pfandrecht, welches auf Grund eines willentlichen Thatbestandes entsteht, dieses das durch die übrigen Thatbestände begründete. S. die Pandektenlehrbücher, z. B. Baron § 188. Vgl. auch Gesch. § 72, S. 590, n. 2.

[2] S. auch Gesch. § 72, S. 596, n. 1.

Privatperson herrührt oder von einem staatlichen Organe; er ist gerichtet auf Entstehung von Rechtsverhältnissen. Nur dem Ursprunge nach ist er verschieden. Der eine hat zum Ursprung eine private Willenspotenz, sei es nun einer natürlichen oder juristischen Person; der andere dagegen die Willenspotenz des Gemeinwesens. Schafft nun die Verschiedenheit des Ursprunges eine derartige Kluft zwischen beiden Arten von Willensthatbeständen, daß sie nicht unter einen höheren Begriff gebracht werden können? Die Frage ist zu verneinen; denn trotz der Verschiedenheit hat beider Ursprung etwas gemeinsames, nämlich die Willenspotenz. Die Willenspotenz einer juristischen Privatperson und die Willenspotenz des Gemeinwesens sind dem Wesen nach gleich, nur dem Zwecke und dem Machtbereiche nach verschieden. Dem Wesen nach sind sie gleich: Denn der Wille entsteht bei beiden nicht auf Grund eines natürlichen Vorganges, sondern durch ein rechtlich geregeltes Verfahren. Also ist ein Wesensunterschied nur noch zwischen der Willenspotenz der natürlichen Person einerseits und der Willenspotenz der juristischen Privatperson und des Gemeinwesens andererseits. Die natürliche Willenspotenz ist die ursprüngliche, die rechtlich geordnete Willenspotenz die abgeleitete. Da nun Niemand daran Anstoß findet, die Privatwillensthatbestände der juristischen Privatperson auf eine Linie zu stellen mit den Privatwillensthatbeständen der natürlichen Person und sie unter der Bezeichnung der „Rechtsgeschäfte" zusammenzufassen,[1] so dürfen wir mit Fug die privaten und die öffentlichen Willensthatbestände unter den gemeinsamen Oberbegriff „Willensthatbestände" bringen. Die objektive Einteilung gelangt also zunächst auch zu einer Dichotomie, nämlich die voluntaren Thatbestände auf der einen Seite, die involuntaren auf der andern.

Die voluntaren zerfallen dann in private, s. unten § 25, und öffentliche Willensthatbestände. — Betrachten wir nun die öffentlichen Willensthatbestände etwas näher. Welches sind die öffentlichen Organe, von denen sie ausgehen können? Die Staatsrechtswissenschaft unterscheidet drei Staatsgewalten: Die gesetzgebende, richterliche und verwaltende. Darnach können wir die öffentlichen Organe einteilen in gesetzgebende, richterliche und verwaltende. So lassen sich auch die öffentlichen Willensthatbestände einteilen. Sie zerfallen also in drei Gruppen: Die öffentlichen Willensthatbestände der gesetzgebenden, der richterlichen und der verwaltenden Organe; das Nähere unten § 26.

Die involuntaren Thatbestände ordnen sich wieder in zwei Gruppen: In die der personalen und realen.[2] Der Schwerpunkt jener liegt in der Privatperson, sei es nun, daß sie thätig oder leidend am Thatbestand beteiligt ist; thätig, z. B. bei der Zeugung, leidend, z. B. bei Geburt und Tod. Sie zerfallen wieder in drei Untergruppen: Handlungen, Ereignisse und

---

[1] S. den dritten Abschnitt im ersten Buche des B.G.B.

[2] S. Institutionensystem S. 566 und insbes. Gesch. § 72, S. 590, n. 2 g. E. S. 596, n. 1; § 76, S. 613, n. 1.

Zustände; das Nähere unten § 27. — Der Schwerpunkt dieser liegt in einer körperlichen Sache oder deren Eigenschaften und Kräfte, sei es nun, daß sie thätig oder leidend beim Thatbestand beteiligt ist: thätig, z. B. beim Wildschaden; leidend, z. B. beim Untergang der Sache. Die realen zerfallen nur in zwei Untergruppen: Ereignisse und Zustände; die Thätigkeit der Tiere ist zu den Ereignissen zu rechnen.

Welches ist nun der Unterschied zwischen notwendigen und involuntaren Thatbeständen? Der Kreis jener ist größer; denn er schließt auch noch die öffentlichen Willensthatbestände ein; der Kreis dieser schließt sie aus.[1] — Daraus ergiebt sich auch der Unterschied zwischen willentlichen und voluntaren Thatbeständen. Jene beschränken sich auf die Privatwillensthatbestände; denn die öffentlichen gehören vom Standpunkte des Rechtssubjektes aus betrachtet zu den notwendigen. Diese umfassen auch die öffentlichen Willensthatbestände, da es der objektiven Betrachtung einerlei ist, ob das dem Thatbestand wesentliche Willenselement von Privatpersonen herrührt oder von öffentlichen Organen.

In den nachfolgenden Untersuchungen gebrauchen wir die Ausdrücke willentliche und notwendige, voluntare und involuntare Thatbestände genau in dem eben entwickelten Sinne.[2]

Welches sind nun die Elemente des Thatbestandes? Sie ergeben sich ungezwungen aus unserer Untersuchung. Zunächst erscheineu zwei Elemente: Wille und Nichtwille. Das zweite ist seiner negativen Bestimmung wegen wissenschaftlich unbrauchbar. Es zerfällt in ein personales und reales Element, wovon das erstere wiederum in eine Dreiheit ausläuft: Handlungen, Ereignisse und Zustände; das letztere in eine Zweiheit: Ereignisse und Zustände. Das oberste Element, der Wille, spaltet sich in einen privaten und öffentlichen.

Die wissenschaftliche Bedeutung der erschöpfenden Gliederung des Thatbestandes und der Auflösung in seine Elemente ist eine weittragende. Eine besonders wichtige Aufgabe fällt den involuntaren Thatbeständen zu und unter ihnen den personalen und realen Ereignissen und Zuständen. Sie füllen eine Lücke aus, welche bis jetzt zu den unhaltbarsten Erscheinungen in der Jurisprudenz geführt hat, nämlich zur Lehre von den unmittelbar aus Gesetzen fließenden Rechten und zum stillschweigenden Vertrag.

Die Lehre von den unmittelbar aus Gesetzen fließenden Rechten ist alt.[3]

---

[1] Über einen weiteren Unterschied vgl. unten § 25.

[2] Die Einteilung der Thatbestände in voluntare und involuntare kennt schon Gabba; s. Gesch. § 72, S. 596, n. 1. Doch deckt sich seine Einteilung keineswegs mit der oben ausgeführten. Zwei Unterschiede beweisen dies: Gabba kennt einmal den Begriff der öffentlichen Willensthatbestände nicht. Außerdem rechnet er zu den voluntaren auch die erste Untergruppe der personalen, die Handlungen. Auch sind ihm die personalen und realen Zustände als Thatbestände nicht bekannt.

[3] Hofmanns Behauptung, Exc. S. 297, n. 8, daß schon Bartolus diese Lehre vertrat, können meine Forschungen nicht bestätigen.

Weiter ausgebildet wird sie in der Schule des späteren Naturrechtes; die *iura connata* sind nichts anderes als die Vorgänger der unmittelbar aus Gesetzen fließenden Rechte.[1] Der Begründer der Lehre in ihrer modernen Gestalt ist PFEIFFER.[2] Sie hängt aufs innigste mit der Lehre von den wohlerworbenen Rechten zusammen. Die Anhänger dieser sind auch Anhänger jener, namentlich die, welche die erworbenen Rechte auf gewisse Thatbestände beschränken.[3] Ihre Gefährlichkeit besteht nun in der Behauptung, daß die unmittelbar aus Gesetzen fließenden Rechte keines Schutzes vor der neuen Rechtsordnung würdig seien. Leider spielt sie sowohl in der Rechtsprechung als auch in der Litteratur des 19. Jahrhunderts eine bedeutende Rolle, zum großen Schaden des intertemporalen Privatrechtes.[4] Es fehlt der Lehre auch nicht an Gegnern. Schon BARTOLUS nahm da einen Thatbestand an, wo ihre späteren Anhänger nur ein unmittelbar aus dem Gesetz fließendes Recht wahrnehmen konnten.[5] Das badische Oberhofgericht unterwarf sie einer treffenden Kritik.[6] Auch WEBER, WIPPERMANN und CHRISTIANSEN sind ihre Gegner, waren aber nicht im Stande, die Lücke in der Gliederung der Thatbestände auszufüllen.[7] WIPPERMANN erklärte zwar die Gleichberechtigung aller Thatbestände, allein als solche vermag er nur Vertrag, Verjährung und Privileg aufzuzählen.[8] Schriftsteller, die die geistige Kraft besessen hätten, sämtliche Thatbestandsformen zu erkennen und zu gliedern, wie KIERULFF und SAVIGNY, ließen es beim ersten Anlauf bewenden.[9] Auch GABBA ist auf halbem Wege stehen geblieben und nimmt noch das Dasein unmittelbar aus dem Gesetze fließender Rechte an.[10]

Die Lehre vom stillschweigenden Vertrag ist nur deswegen entstanden, um die Härten der eben besprochenen Lehre zu mildern. Man erhob gewisse sog. gesetzliche Rechte kraft einer willkürlichen Fiktion zu vertragsmäßigen und damit zu geschützten Rechten. Auch sie drang sowohl in die Rechtsprechung als auch in die Litteratur ein.[11]

---

[1] S. Gesch. § 70, S. 575, n. 1.
[2] S. Gesch. § 70, S. 576, n. 5.
[3] S. Gesch. § 71, S. 579 fg. und § 72, S. 589 fg.; s. auch unten § 36.
[4] S. Gesch. S. 438, n 1; 469, n. 1; 472, n. 1; 476, n. 2 g. E.; 534, n. 1 g. E.; 550, n. 2; 551, n. 1; 568, n. 1; 584, n. 1; 585, n. 1; 587, n. 2; 591, n. 3; 592, n. 2; 593, n. 1; 600, n. 3; 604, n. 3; 606, n. 1; 608, n. 4; 619, n. 2; 623, n. 2; 625, n. 1.
[5] S. Gesch. S. 551, n. 1; vgl. auch S. 438, n. 1.
[6] S. Gesch. S. 472, n. 1.
[7] S. Gesch. S. 584, n. 1; 616, n. 2 und 3; 629, n. 3.
[8] S. Gesch. S. 584, n. 1 g. E.
[9] S. Gesch. S. 587, n. 2 g. E.; S. 613, n. 1.
[10] S. Gesch. S. 594, n. 1 und n. 2; insbes. S. 596, n. 1 und oben S. 85, n. 2.
[11] S. Gesch. S. 380, n. 1; 467, 468, 469, n. 1; 551, n. 1; 581, n. 3; 604, n. 1, 2 und 3 insbes. S. 438, n. 1. — Mit dieser Lehre hat die Anschauung der Römer von den *pignora quae tacite contrahuntur* nichts zu thun. Gerade sie beweist, daß die römischen Juristen weit davon entfernt waren, Rechte anzunehmen, die unmittelbar aus dem Gesetze stammen. Diesem Fehler verfielen erst ihre Epigonen, die von *pignora legalia* sprechen.

Die Reform der Lehre von den unmittelbar aus Gesetzen fließenden Rechten zeigt nur ihre Unhaltbarkeit. Die einzige Rettung aus diesem Irrgarten ist die genaue Erkenntnis und Gliederung aller Thatbestandsgebilde, denn es giebt kein Rechtsverhältnis ohne Thatbestand. Wo der Rauch eines Rechtsverhältnisses, da ist auch das Feuer des Thatbestandes.[1] Dazu noch der Grundsatz: Alle Thatbestände, seien sie involuntare oder voluntare, sind vor dem Gesetze gleichberechtigt.[2]

§ 22. Die Arten der Thatbestände.

Aus dem Vorhergehenden folgt die Einteilung der Thatbestände in Entstehungs-, Änderungs-, Aufhebungs-, Erwerbs- und Verlustthatbestände;[3] in willentliche und notwendige, voluntare und involuntare Thatbestände.

Aus dem intertemporalen Privatrechte geht hervor die Einteilung in ausschließende und nicht ausschließende, in abgeschlossene und unabgeschlossene, in ergänzungsfähige und ergänzungsunfähige, in veränderbare und unveränderbare.[4]

Der ausschließende Thatbestand bleibt, wenn er von Anfang an vollkommen ist, trotz nachträglicher Änderungen vollkommen und, falls er anfänglich unvollkommen ist, trotz nachträglicher Änderungen unvollkommen. In diesem Fall ist er ein „ergänzungsunfähiger" Thatbestand; in jenem ein „abgeschlossener" oder „unveränderbarer" Thatbestand. Daraus folgt: Der ausschließende Thatbestand ist der höhere Begriff. Dieser kann entweder ein abgeschlossener sein, für den Fall, daß er von Anfang an vollkommen ist, oder ein ergänzungsunfähiger, für den Fall, daß er von Anfang an unvollkommen ist. Hier greift das ältere intertemporale Regelpaar ein.

Ähnlich verhält es sich mit dem Begriffe des nicht ausschließenden Thatbestandes. Ist er von Anfang an ein vollkommener, so kann man ihn mit Fug als unabgeschlossenen oder veränderbaren Thatbestand bezeichnen, weil er seine Vollkommenheit durch nachträgliche Änderungen verlieren kann. Ist er aber von Anfang an ein unvollkommener, so läßt er sich mit Recht ein ergänzungsfähiger nennen; denn er ist fähig, durch nachfolgende Änderungen sich zu einem vollkommenen zu ergänzen. Diese Ausdrücke stehen unter dem Einflusse des neueren intertemporalen Regelpaares. — S. unten § 87.

Aus der vorstehenden Einteilung geht unmittelbar auch die in vollkommene und unvollkommene Thatbestände hervor.[5]

---

[1] S. Gesch. insbes. S. 576, n. 5 g. E.

[2] S. Gesch S. 584, n. 1 und insbes. S. 469, n. 1 g. E.

[3] S. auch Gesch. § 73, S. 602, n. 1.

[4] S. Gesch. § 5, S. 50 fg. und die dort angegebenen Gründe, warum der Ausdruck „veränderbar" und nicht etwa „veränderlich" zu gebrauchen ist.

[5] S. Bekker, System § 88, Bd. 2, S. 15 fg. und § 90, S. 51, n. v. Vgl. auch

Die Einteilung in Haupt- und Nebenthatbestände deckt sich mit der in selbständige oder bestimmende und unselbständige oder entscheidende Thatbestände.[1] Jene bilden die Grundlage des Thatbestandes, dessen Bestehen sich noch in der Schwebe befindet. Diese entscheiden über sein Bestehen oder Nichtbestehen; sie haben nur „deklaratorische“ Wirkung; s. unten § 29.

Verwandt ist die Einteilung in objektive und subjektive Thatbestände.[2] Jene begründen nur ein objektives Rechtsverhältnis. Die Entstehung der subjektiven Rechte ist abhängig von einem später eintretenden Thatbestand. Diesen nenne ich den subjektiven; s. unten § 28.

Der Hauptthatbestand unterscheidet sich nun vom objektiven dadurch, daß er nicht bloß ein objektives Rechtsverhältnis zu schaffen im stande ist, sondern auch sofort subjektive Rechte; z. B. der unbetagte und unbedingte Vertrag eines Minderjährigen, der noch der Genehmigung des Vormundes bedarf. Wer hingegen einen objektiven Thatbestand errichtet, der will jetzt von der Entstehung eines subjektiven Rechtes nichts wissen; diese überläßt er der Zukunft.

Eine weitere Einteilung der Thatbestände ist die in positive und negative.[3] Jene bestehen in einem Geschehen z. B. in einem Thun, diese in einem Nichtgeschehen z. B. in einem Unterlassen. Die negativen treten selten allein auf. Sie wirken in der Regel nur in Begleitung von positiven; s. unten §§ 33 und 34.

Vorbereitende und ausführende Thatbestände;[4] s. unten § 32. Nicht damit zusammen fällt die Einteilung in Voraussetzungs- und Hauptthatbestände;[5] s. unten § 29. Voraussetzungsthatbestände beziehen sich lediglich auf persönliche Fähigkeiten, wie Testierfähigkeit, Ehemündigkeit, Adoptionsfähigkeit u. s. w., während die Vorbereitungsthatbestände reale Rechtsverhältnisse schaffen.

Schlichte Thatbestände im Gegensatze zu einer Reihe verschiedenartiger Thatbestandsgebilde.[6] Unter schlichtem Thatbestand ist ein solcher zu verstehen, der ohne Mitwirkung oder Beihilfe anderer Thatbestände das Rechtsverhältnis vermittelt und nur einen Zeitpunkt zur Vollendung braucht. Er begegnet sowohl bei den voluntaren als auch bei den involuntaren Thatbeständen. Schlichte Thatbestände sind die Verträge, selbst betagte und bedingte, ja selbst Erbverträge. Sie begründen alle sofort ein Rechtsverhältnis. Des subjektiven Thatbestandes bedürfen sie nur, um subjektive Rechte zu erzeugen. Schlichte Thatbestände sind

---

Gesch. § 72, S. 595, n. 2. BEKKER stellt auch den Begriff des übervollkommenen Thatbestandes auf; vgl. auch Gesch. § 72, S. 594, n. 3 g. E.; s. auch unten § 40.

[1] S. Gesch. § 13, S. 109, § 69, S. 536, n. 2.

[2] S. Gesch. § 33, S. 208, n. 4 u. S. 209; § 68, S. 509, n. 1; § 69, S. 556, n. 2.

[3] S. Gesch. § 33, S. 211, n. 3.

[4] S. Gesch. § 13, S. 99, n. 1 und 2.

[5] S. Gesch. § 53, S. 350, n. 4.

[6] S. Gesch. § 53, S. 358, n. 4; § 76, S. 613, n. 1.

ferner gewisse einseitige Willenserklärungen, wie Verzicht, Auslobung, Ausstellung von Inhaberpapieren u. s. w. Unter den involuntaren Thatbeständen sind schlichte „unerlaubte" Handlungen, Geburt, und in vielen Fällen auch der Tod, Erreichung eines bestimmten Alters (personale), Trennung der Früchte, Verursachung eines Schadens durch Tiere, und durch den Betrieb von Eisenbahnunternehmungen, Entstehung einer Flußinsel u. dergl. (reale).

Nicht zu verwechseln mit den schlichten sind die reinen Thatbestände, deren Gegensatz die gemischten bilden; s. unten § 27. Reine Thatbestände sind solche, welche nur aus einem Elemente bestehen; s. oben S. 85; also entweder lediglich aus dem Willen, oder lediglich aus einem personalen oder realen Elemente, während die gemischten aus Verbindungen der Elemente hervorgehen.

Was ist nun für ein Unterschied zwischen einem reinen und schlichten Thatbestand? Das Kennzeichen dieses besteht darin, daß er in einen Zeitpunkt fällt und damit das Rechtsverhältnis begründet, ohne daß dazu die Mitwirkung eines weiteren Thatbestandes erforderlich ist. Ein personaler oder realer Zustand kann daher niemals ein schlichter Thatbestand sein; ebensowenig ein Glied eines Verbindungsthatbestandes oder Gesamtaktes. Dagegen können personale und reale Zustände, ebenso die Glieder eines Verbindungsthatbestandes oder Gesamtaktes sehr wohl reine Thatbestände sein, sofern sie nur aus einem Thatbestandselement bestehen.

Umgekehrt kann ein Thatbestand zwar ein schlichter, aber kein reiner sein. So sind die Realkontrakte schlichte, aber keine reinen Thatbestände. Auch die Begründung des Wohnsitzes ist ein schlichter aber kein reiner Thatbestand. Der bloße Wille genügt nicht; es muß die Schaffung des personalen Zustandes, die Niederlassung hinzutreten.

Den Gegensatz zu den schlichten bilden zunächst die Doppelthatbestände.[1] Während jene der Wissenschaft des intertemporalen Privatrechtes keine Schwierigkeiten bereiten, geben diese dem Forscher wahre Rätsel auf. Doppelthatbestände sind vor allem die Verjährung und die gesetzliche Erbfolge; s. unten §§ 33 und 34.

Auch die Zustandsthatbestände,[2] sofern sie nicht als Glied eines Doppelthatbestandes, sondern allein auftreten, bilden einen Gegensatz; sie bedürfen ebenfalls einer besonderen intertemporalrechtlichen Behandlung; s. unten § 26.

Wenn der Voraussetzungs-, der Haupt- und der Nebenthatbestand unter einem einheitlichen Gesichtspunkte aufgefaßt werden, so bilden sie ebenfalls einen Gegensatz zu den schlichten Thatbeständen; s. unten § 29.

---

[1] S. Gesch. § 33, S. 211; 215, n. 1. § 53, S. 358, n. 1; § 63, S. 430, n. 2 g. E.; § 65, S. 486, n. 1 g. E.; § 72, S. 597, n. 1.

[2] S. Gesch. § 72, S. 591, n. 1; 592, n. 2; 597, n. 1; § 75, S. 608, n. 4 g. E.; § 76, S. 613, n. 1.

Einen weiteren Gegensatz bilden die Verbindungen von an und für sich gleichgeordneten Thatumständen oder Thatbeständen. Sie lassen sich in zwei Gruppen einteilen: In Verbindungsthatbestände, s. unten § 30, und Thatbestandsverbindungen;[1] s. unten § 32.

Dem Verbindungsthatbestand nahe steht der Kuntze'sche Gesamtakt. Auch er bildet einen Gegensatz zum schlichten Thatbestand; s. unten § 31.

Man kann nun alle die Thatbestandsgebilde, welche im Gegensatz zu den schlichten Thatbeständen aus Gliedern bestehen, unter dem Namen der gegliederten oder Gesamtthatbestände zusammenfassen. Die Zustandsthatbestände fallen nicht darunter.[2]

Endlich können wir die Thatbestände einteilen in bloß vermittelnde (neutrale) und gestaltende (aktive).[3] Die bloß vermittelnden Thatbestände haben keinen Einfluß auf den Inhalt der aus ihnen entstehenden Rechtsverhältnisse, während die gestaltenden den Inhalt der Rechtsverhältnisse individualisieren; s. oben § 19, S. 73 n. 2 und unten § 87.

§ 23. Die atomistische und die organische Auffassung des Thatbestandes.

Man kann die Erscheinungen der Thatbestände auf doppelte Art betrachten: Eine ungebildete Betrachtungsweise erblickt in jedem Thatbestand eine selbständige, für sich bestehende Erscheinung, ohne irgend einen Zusammenhang mit anderen Thatbeständen zu erkennen. Diese Art der Betrachtung ist nicht nur kurzsichtig, sondern für das intertemporale Privatrecht geradezu gefährlich, indem sie als notwendige Folge verlangt, daß die neue Rechtsordnung schonungslos auf jeden Thatbestand angewandt werde, der unter ihre Herrschaft fällt, auch wenn er noch so sehr mit Thatbeständen der alten Rechtsordnung im organischen Zusammenhange steht.

Eine derartige atomistiche Auffassung lag im 16. und 17. Jahrhundert der intertemporalen Gesetzgebung in Württemberg bei Einführung des Landrechtes I, II und III in Ansehung des Erbrechtes der Ehegatten zu Grunde.[4] Auch im 19. Jahrhundert zeigt sie sich in der intertemporalen Gesetzgebung in Ansehung des Rechtes der Schuldverhältnisse. Nach der organischen Auffassung müssen die Änderungs- und Untergangsthatbestände der Obligationen nach der alten Rechtsordnung beurteilt werden, wenn

---

[1] S. Gesch. § 31, S. 182, n. 5; § 46, S. 293; § 48, S. 313 u. 314; § 65, S. 466, n. 1; § 72, S. 597, n. 1; § 80, S. 629, n. 2; 644, n. 5 g. E.

[2] S. auch Gesch. § 76, S. 613, n. 1; § 80, S. 644, n. 5; 645, n. 2 und § 81, S. 645, n. 2.

[3] S. Gesch. § 76, S. 618, n. 1; § 78, S. 623, n. 2; besonders § 69, S. 550, n. 2 g. E.

[4] S. Gesch. § 31, S. 181, n. 2; S. 182, n. 5.

der Entstehungsthatbestand unter deren Herrschaft fiel. Ihrem unzweifelhaften Sinne nach verlangen jedoch Satz 2a und 2b des Badischen Landrechts von 1809, daß die Änderungs- und Untergangsthatbestände der Obligationen nach der neuen Rechtsordnung beurteilt werden, sofern sie sich unter deren Herrschaft ereignen.[1] — Mit deutlichen Worten tritt die atomistische Auffassung hervor in § 19 der Sächsischen Verordnung *„die Publikation des Bürgerlichen Gesetzbuchs betreffend"*. Er bestimmt, daß, wenn das neue Recht neue Aufhebungsthatbestände anerkennt, so sollen diese auch für die Obligationen der Vergangenheit gelten, falls sie unter der Herrschaft der neuen stattfinden.[2] — Noch weiter in der atomistischen Richtung ging Art. 882 Abs. 3 des Schweizerischen Obligationenrechtes. Darnach werden *die nach dem 1. Januar 1883 eintretenden Thatsachen dagegen, insbesondere auch die* Übertragung *und der* Untergang der Forderungen, *welche schon vor jenem Tage entstanden sind*, nach diesem Gesetze beurteilt.[3]

Der atomistischen Auffassung huldigen aber auch einzelne Gerichte und Schriftsteller des 19. Jahrhunderts.[4]

Die organische Auffassung des Thatbestandes sucht einen Zusammenhang mit den voraufgehenden, gleichzeitigen und nachfolgenden Thatbeständen zu erkennen. Ist ein organischer Zusammenhang zwischen zwei Thatbeständen festgestellt, wovon der eine unter die alte, der andere unter die neue Rechtsordnung fällt, so muß dieser nach der alten Rechtsordnung beurteilt werden. Ist jedoch die neue Rechtsordnung eine ausschließliche, so ergreift sie beide.[5]

Der organische Zusammenhang der Thatbestände und seine Bedeutung für das bürgerliche Recht war bereits den Römern bekannt.[6]

Jacobus de Belviso erkannte seine Bedeutung für das intertemporale Recht; so verlangte er, daß die Aufhebungsthatbestände einer Obligation nach der Rechtsordnung beurteilt werden müssen, unter welcher sie entstanden sei.[7] Fellinus und seine Zeitgenossen stellten den organischen Zusammenhang anderer Thatbestände fest.[8] — Einen weiteren Fortschritt machte in dieser Erkenntnis Lyncker.[9] — Im Anfang des 19. Jahrhunderts verfocht Georgii erfolgreich die organische Auffassung. Er machte wieder

---

[1] S. Gesch. § 52, S. 334 fg.

[2] S. Gesch. § 53, S. 356, n. 2.

[3] S. Gesch. § 52, S. 342.

[4] S. Gesch. z. B. § 69, S. 544, n. 1 und oben § 7, S. 27, n. 3.

[5] S. z. B. unten § 80.

[6] *Fr.* 8 *pr. mandati* 17, 1. . . . *uniuscuiusque enim contractus initium spectandum et causam.* — Desgleichen *fr.* 58, § 2. *pro socio* 2. . . . *initium enim in his contractibus inspiciendum.* Die römischen Juristen betonen also, daß der Anfangsthatbestand maßgebend bleibt für die späteren, mit ihm organisch zusammenhängenden Thatbestände.

[7] S. Gesch. § 42, S. 254 und § 43, S. 261 u. 262.

[8] S. Gesch. § 45, S. 282, n. 2.

[9] *Th.* V bis *Th.* XI. S. Gesch. § 47, S. 297—299.

gut, was der württembergische Gesetzgeber im 16. und 17. Jahrhundert gesündigt hatte.[1] Bei den übrigen Schriftstellern des 19. Jahrhunderts findet die organische Auffassung immer mehr Anhänger.[2]

Auch die Gerichte verschließen sich ihr nicht.[3] In der intertempo-Rechtsprechung der nordamerikanischen Republik behauptet im Gegensatz zu derjenigen der Schweizerischen Eidgenossenschaft die organische Auffassung gerade bei den Obligationen siegreich das Feld.[4]

Die organische Auffassung erweist sich als unentbehrlich für die intertemporale Behandlung der um ein Rechtsgeschäft kreisenden unselbständigen Willensthatbestände, s. unten § 24; der Voraussetzungs-Haupt- und Neben-Thatbestände, s. unten § 29; der Gesamtakte, s. unten § 31; der Verbindungsthatbestände, s. unten § 30 und Thatbestandsverbindungen, einschließlich des vorbereitenden und ausführenden Thatbestandes, s. unten § 32. Auch bei den Doppelthatbeständen spricht sie mit; s. unten § 33 und § 34.

Die organische Auffassung findet ihre Verwertung nicht bloß im intertemporalen Privatrechte, sondern auch im bürgerlichen Rechte; so im gemeinen Rechte bei der Feststellung des Ranges der Pfandrechte, im neuen Grundbuchrechte bei der Behandlung der Vormerkungen, Widersprüche und Berichtigungen. Ferner ist sie von Wichtigkeit im Konkurse, bei der Frage nach der Zulässigkeit der Aufrechnung.

In allen ihren Anwendungsformen erprobt sich die organische Auffassung des Thatbestandes nicht bloß als eine Forderung der Gerechtigkeit, sondern auch der Einfachheit und Zweckmäßigkeit.[5] Sie ist daher der beste Beleg für die Rechtswahrheit, daß das Gerechte zugleich auch das Zweckmäßige und Einfache in sich birgt.

Die atomistische Auffassung hat sich dagegen in der Rechtsprechung des Schweizerischen Bundesgerichtes nicht bewährt. Sie führt eine künstliche Gezweitheit der Rechtsordnung herbei, nach welcher die Obligation beurteilt werden muß. Das Rechtsverhältnis wird in seiner Einheitlichkeit zerrissen. Die Gründe, warum einzelne Thatbestände bei der Übertragung und Aufhebung der Obligationen nicht der alten, sondern der neuen Rechtsordnung zugehören und umgekehrt, sind spitzfindig und dem schlichten Rechtsbewußtsein des Volkes unverständlich. Der Ruf nach einheitlichem Recht hat auch in der Übergangszeit seine volle Berechtigung. Man hat daher die Wahl, die altrechtliche Obligation entweder ganz der neuen oder ganz der alten Rechtsordnung zu unterwerfen. Da die erste Alternative selbst den eifrigsten Anhängern der atomistischen Auffassung

---

[1] S. Gesch. § 54, S. 381, n. 1. S. über ihn auch § 71, S. 581, n. 3.

[2] So bei Seuffert; Gesch. § 80, S. 636, n. 1; so auch bei Hofmann u. Gierke.

[3] So insbes. der Österreich. Oberste Gerichtshof, das Preuß. Obertribunal, Gesch. § 64, S. 441, n. 2 u. das Rhein. Appellationsgericht, Gesch. § 65, S. 469, n. 1.

[4] S. Gesch. § 56, S. 397, n. 1 und unten S. 93, n. 1.

[5] Vgl. Gesch. § 64, S. 443, n. 1; § 65, S. 466, n. 1; S. 469, n. 1; § 80, S. 636, n. 1; 640, n. 2; 644, n. 5.

zu weit geht, so bleibt nur die zweite übrig als ein Postulat der Gerechtigkeit, Zweckmäßigkeit und Einfachheit.[1]

Das Deutsche intertemporale Reichsrecht hat sich grundsätzlich der organischen Auffassung zugewandt. Sie zeigt sich bei der Behandlung der Todeserklärung,[2] des Rechtsgeschäfts mit seinen unselbständigen Willenserklärungen,[3] der Schuldverhältnisse,[4] der Haupt- und Nebenrechtsverhältnisse,[5] der Verhältnisse des ehelichen Güterrechtes[6] und der Verhältnisse des gesetzlichen Erbrechtes.[7] In der Behandlung der erbrechtlichen Wirkungen des Güterstandes hat sich das Reichsrecht der organischen Auffassung des württembergischen Gesetzgebers vom Jahre 1814 angeschlossen[8] und in Bezug auf die Behandlung der Übertragungs- und Untergangsthatbestände der Obligationen ist es nicht dem Beispiele Badens, Sachsens und der Schweiz gefolgt, sondern zur alten Auffassung eines Jacobus de Belviso zurückgekehrt.[9] — Auch im Deutschen intertemporalen Landesrecht hat die organische Auffassung Eroberungen gemacht.[10]

Die neue Rechtsprechung ist unter dem Einflusse der Motive zum E.G. und der Litteratur vielfach zur atomistischen Auffassung zurückgekehrt.[11] Dagegen tritt das Reichsgericht in einigen Urteilen für die organische Auffassung ein.[12]

---

[1] S. Gesch. § 63, S. 434, n. 1, insbes. § 67, S. 500, n. 1 g. E.; 504, n. 2; 506, n. 2 g. E.; 508, n. 1 g. E.; 511, n. 1 g. E.; § 68, S. 520 in der Anm.; § 69, S. 536, n. 2; 547, n. 1 g. E.; 549, n. 1 g. E.; 550, n. 1; 558 in der Anm.; vgl. noch § 81, S. 649, n. 3.

[2] S. unten § 56.

[3] S. unten § 24.

[4] S. unten § 73.

[5] S. unten §§ 41 u. 73. Vgl. Art. 175 E.G. Über die organische Auffassung der Rechtsverhältnisse s. unten § 37.

[6] S. unten §§ 58 u. 71. Vgl. Art. 200 E.G.

[7] S. unten § 67.

[8] S. oben S. 92 n. 1 und vgl. Art. 200 E.G. und unten §§ 58 u. 71. Dagegen steht leider das Reichsrecht bei der Behandlung der testamentarischen Erbfolge auf dem atomistischen Standpunkte; s. unten §§ 30 u. 74.

[9] Vgl. den klaren Wortlaut des Art. 170 E.G. mit Art. 882, Abs. 3 des Schweiz. Obligationenrechtes und mit § 19 der Sächs. P.V., endlich mit Satz 2b und 2c des Bad. L.R.

[10] S. z. B. unten § 71.

[11] S. oben § 19, S. 77, n. 5 und unten § 73.

[12] So in dem Urteil v. 9. Mai 1901, Entsch. 48, S. 161, 162. Vgl. auch den Beschluß des K.G. v. 8. Okt. 1900, Rsp. 1, S. 386: *denn das neue Recht regelt jetzt die Fürsorge des Nachlaßgerichtes als einen Teil des Erbrechtes, und betrachtet also die Nachlaßpflegschaft als eine erbrechtliche Einrichtung, die mit den materiellen Bestimmungen seines Erbrechtes im organischen Zusammenhange steht*; s. noch den Beschluß v. 14. Jan. 1901, Rsp. 2, S. 170; Beschluß v. 21. Jan. 1901, Rsp. 2, S. 242; Beschluß v. 4. März 1901, Rsp. 2, S. 346; Beschluß v. 25. März 1901, Rsp. 2, S. 470. Das Oberlandesgericht zu Breslau sagt in seinem Urteil vom 21. Juni 1900, Rsp. 1, S. 219: „*Im allgemeinen müssen sich die Erlöschungs-*

§ 24. Das intertemporale Beweisrecht.

Im Systeme ist das Beweisrecht an die allgemeine Betrachtung des Thatbestandes anzuschließen. Das leuchtet zunächst bei dem Rechte, das die Beweislast regelt, ein. Die Lehre vom Thatbestande hängt mit der Regelung der Beweislast aufs innigste zusammen. Behauptet eine Partei, daß zu ihren Gunsten ein Rechtsverhältnis bestehe, so muß sie die Entstehung desselben beweisen, falls das Bestehen vom Gegner bestritten wird. Dies kann sie nur dadurch, daß sie den Entstehungsthatbestand des Rechtsverhältnisses nachweist. Hat sie diesen Beweis erbracht, so wird vermutet, daß das Rechtsverhältnis noch jetzt fortbestehe. Behauptet der Gegner, es sei untergegangen, so muß er den Untergangsthatbestand nachweisen. Macht eine Partei ein Rechtsverhältnis für sich geltend, das aus einem vorbereitenden und ausführenden Thatbestand entstanden sei, so muß sie beide beweisen. Ähnlich ist es bei Rechtsverhältnissen, die aus Verbindungsthatbeständen und Thatbestandsverbindungen hervorgehen; die Partei hat jedes einzelne Glied nachzuweisen,[1] es wäre denn, daß die Rechtsordnung besondere Vermutungen oder Fiktionen aufstellt.[2]

In Ansehung der Beweislast sind daher für das intertemporale Beweisrecht von besonderer Bedeutung die Rechtsvermutungen und die Rechtsdichtungen (Fiktionen). — Bei jeder Rechtsvermutung und Rechtsdichtung sind zwei Thatbestände zu unterscheiden: Ein Thatbestand, der zu beweisen ist und bewiesen wird, der also in Wirklichkeit stattgefunden hat[3] und ein Thatbestand, der kraft Rechtens an dessen Stelle rückt derart, daß er die Eigenschaft des Bewiesenseins erlangt.[4]

Bei der Rechtsvermutung rückt der zweite Thatbestand nur bedingt und widerruflich an die Stelle des ersten. Sowie der Beweis seines Nichtseins erbracht wird, so fällt er weg. Bei der Rechtsdichtung dagegen rückt der zweite Thatbestand unbedingt und unwiderruflich an die Stelle des ersten.

Die sogenannte *praesumtio iuris et de iure* und die Fiktion gehen praktisch ineinander über. In beiden Fällen rückt an die Stelle eines konkreten Thatbestandes unbedingt und unwiderruflich ein anderer. Der Unterschied ist nur theoretisch. Bei der Rechtsdichtung ist es gewiß, daß der an die Stelle rückende Thatbestand niemals stattgefunden hat, bei der Rechtsvermutung liegt dagegen das Dasein des an die Stelle rückenden Thatbestandes im Bereiche der Wahrscheinlichkeit.[5]

---

gründe einer Schuld nach dem Rechte richten, unter dem die Schuld entstanden ist, wenn nicht ersichtlich das neue Recht unbedingt angewendet sein will."

[1] S. *fr.* 20, *pr. de acq. rer. dom.* 41, 1; die mittelalterliche *probatio diabolica.*

[2] Vgl. *fr.* 18, § 1 *de prob. et praes.* 22, 3 und *c.* 30 *de ev.* 8, 44, bei der *actio Publiciana* und § 1006 Abs. 2, B.G.B.

[3] Bekker, System 2, S. 100 nennt ihn *Praesumptionsbasis* oder *Fiktionsbasis.*

[4] Bekker a. a. O. nennt ihn *Präsumptum* oder *Fiktum.*

[5] Auf die weiteren Unterschiede zwischen Rechtsvermutung und Rechts-

Das Recht der Beweislast besteht nun in der Hauptsache aus Rechtsvermutungen und Rechtsdichtungen, d. h. es setzt an Stelle von konkreten und bewiesenen Thatbeständen abstrakte, die teils wahrscheinlich, teils erdichtet sind. Es ist nun eine Folge der organischen Auffassung, daß der abstrakte Thatbestand dem intertemporalen Schicksale des konkreten und bewiesenen folgt. Fällt also dieser unter die alte Rechtsordnung, so ist auch der abstrakte darnach zu beurteilen; m. a. W. das alte Beweisrecht, das die Beweislast regelt, wirkt auch nach seiner formellen Aufhebung materiell fort für die seiner Herrschaft entstammenden konkreten Thatbestände, es wäre denn, daß sich die neue Rechtsordnung Ausschließlichkeit beilegt.

Das Ergebnis unserer Untersuchung stimmt auch mit der Erkenntnis überein, daß das Beweisrecht, welches die Beweislast regelt, einen wesentlichen Bestandteil der materiellen Rechtsnormen bildet.[1]

Was von den Rechtsvermutungen und Rechtsdichtungen gilt, ist auch für die Beweisformen maßgebend. Diese sind wohl zu unterscheiden von den Förmlichkeiten (Solennitätsformen), welche Voraussetzung der Gültigkeit und Klagbarkeit eines Rechtsgeschäftes sind. Der Gegensatz läßt sich am besten ausdrücken in der Gegenüberstellung der Beweisurkunde und der Schriftform eines Rechtsgeschäftes (*notitia — charta*). Es gehören aber zu den Beweisformen nicht bloß Urkunden, sondern auch Zeugen, notarielle oder gerichtliche Mitwirkung u. s. w. Besonders reich an Beweisformen war die alte Rechtsordnung im Gebiete des französischen Civilrechtes und des preußischen Landrechtes. Sie sind zum größten Teile schon vom Einführungsgesetz zur Reichscivilprozeßordnung vom 30. Januar 1879, § 14, Nr. 2 und 3 aufgehoben worden.[2]

Davon abgesehen gilt der Grundsatz, daß die Beweisformen nach der Rechtsordnung zu beurteilen sind, unter deren Herrschaft das Rechtsgeschäft errichtet wurde, es wäre denn, daß sich die neue Rechtsordnung selbst Ausschließlichkeit beilegt.[3]

---

dichtung kann hier im intert. Privatrecht nicht eingegangen werden; ich verweise auf die scharfsinnige Untersuchung Bekkers a. a. O.

[1] S. oben § 2, S. 7, n. 5. Übereinstimmend das ausgezeichnete Urteil des R.O.H.G. siehe Gesch. § 66, S. 494, n. 1; ferner das Urteil des Schweiz. Bundesgerichtes § 67, S. 495, n. 1 g. E. Vgl. auch § 69, S. 542 fg. in der Anm. So Hüttner, § 58; s. über ihn Gesch. § 73, S. 601, n. 2. Hofmann, Exc. S. 290 fg. macht vom Standpunkte der Vertrauenstheorie Einschränkungen; s. oben § 5, S. 16, n. 6. A. M. Mittermaier, Archiv. für civ. Praxis X, S. 140, Weber, Nr. 68, 69 und grundsätzlich Gabba IV, *p.* 456—459; s. über ihn Gesch. § 72, S. 592 fg.

[2] Über die intertemporale Behandlung der Formen für Rechtsgeschäfte siehe unten § 25, S. 102, n. 1.

[3] Diese Frage ist in der Litteratur wenig behandelt. In der Hauptsache übereinstimmend Hofmann, Exc. S. 171 fg. und 289 fg. Daß der preußische Gesetzgeber die Ausschlußklausel nötig fand, um eine neue Beweisform auf ältere Rechtsgeschäfte anzuwenden, geht hervor aus der Gesch. § 69, S. 538, n. 1 g. E. Auch der Reichscivilprozeßordnung v. 30. Januar 1877 legte der Gesetzgeber in Bezug auf die *Prozeßgesetze* Ausschließlichkeit bei; vgl. § 14, verb. mit § 18 des E.G.

Derselbe Grundsatz muß aber auch dann gelten, wenn die Bedeutung einer Form für den Beweis erhöht oder erniedrigt wird.[1] Es läge sonst eine Ausschließlichkeit der neuen Rechtsordnung im Sinne der zweiten Regel des neueren Regelpaares in ihrer zweiten Möglichkeit vor.

Nahe verwandt mit dem Rechte der Beweisformen ist das Recht der Beweismittel, insoweit es ihre Zulässigkeit regelt. Auch für dieses muß daher obiger Grundsatz gelten, wenn sich nicht die neue Rechtsordnung Ausschließlichkeit beilegt.[2]

Das E.G. zum B.G.B. enthält keine Übergangsbestimmungen für das Beweisrecht. Da aber die neue Rechtsordnung das Beweisrecht besonders in Ansehung der Beweislast, mehr als es in der alten geschehen ist, in sich aufgenommen hat, so erkennt sie damit an, daß dasselbe materieller Natur ist und somit den Grundsätzen des vierten Abschnittes des E.G., besonders dem Art. 170 unterliegt. Soweit Lücken vorhanden sind, müssen sie im Sinne der älteren Rechtsregel ausgefüllt werden.[3]

Die neue Rechtsprechung hat bis jetzt noch wenig Gelegenheit gehabt, sich mit der Lösung dieser Fragen zu beschäftigen. Soweit sie es thut, spricht sie sich in der Regel im Sinne der dargelegten Grundsätze aus.[4]

---

zur C.P.O; nur die rechtshängigen Sachen werden ausgenommen. Vgl. auch *c.* 17 *si certum pet.* 4, 2 und *c.* 18 *pr. de test.* 4, 20. Von älteren Schriftstellern steht Lyncker auf diesem Standpunkte; s. Gesch. § 27, S. 304, n. 3 und S. 310.

[1] Insbes. einer Urkunde; so auch Hofmann, Exc. S. 173, n. 26. Hierher gehört die intertemporale Behandlung der *querela non numeratae pecuniae*, nicht etwa unter den Gesichtspunkt der negativen Rechtsverhältnisse, wie die *condictio indebiti*; s. unten § 40. Savigny faßte sie unter dem Gesichtspunkt der „*Ungültigkeit und Anfechtung der Verträge*" Bd. 8, S. 444, also unter dem der negativen Rechtsverhältnisse. Wenn also ein Gesetz wie das E.G. zur C.P.O. v. 1877, § 17, Abs. 1 die Bedeutung des Schuldscheines erniedrigt, indem es ihm die Kraft entzieht, nach Ablauf von zwei Jahren eine unwiderlegliche Rechtsvermutung dafür zu erzeugen, daß die Darlehnssumme übergeben worden sei, so trifft dies Schuldscheine, die unter der alten Rechtsordnung ausgestellt wurden, nicht, es wäre denn, daß sich das neue Gesetz Ausschließlichkeit beilegt. Es kann also sowohl während der zwei Jahre nach Ausstellung des Schuldscheines von Seiten des Schuldners die *querela n. n. p.* oder gegebenenfalls die *exceptio n. n. p.* auch nach Inkrafttreten des neuen Gesetzes geltend gemacht werden, als auch der Gläubiger nach Ablauf der zwei Jahre die unwiderlegliche Rechtsvermutung noch unter der Herrschaft des neuen Gesetzes anrufen.

[2] So auch Mittermaier im Archiv für civil. Praxis X, S. 118—143; Seuffert; s. über ihn Gesch. S. 636, n. 1; Hofmann, Exc. S. 289 fg. A. M. Weber; s. über ihn Gesch. S. 629, n. 3; Unger I, S. 139; s. über ihn a. a. O. S. 587, n. 1 und S. 606, n. 1.

[3] S. oben § 8, S. 30, n. 6. Die Begründung des E.G. (§ 311 der Guttentag'schen Ausgabe) betrachtet es als selbstverständlich, daß die zur Zeit der Errichtung eines Ehevertrages in Geltung gewesenen Auslegungsvorschriften zu Grunde zu legen seien. S. weiter unten.

[4] Richtig entschied in Ansehung einer den Rechtsvermutungen verwandten Materie O.L.G. Köln am 28. Januar 1901, Rsp. 2, S. 116 und noch unzweideutiger das Kammergericht am 2. März 1901, Rsp. 2, S. 373 fg. und das O.L.G. zu Colmar am 13. Februar 1901, S. A. 56, S. 316 fg. daß für die unter der alten Rechts-

Das Reichsgericht hat sich im Sinne der obigen Ausführungen in Hinsicht der Rechtsvermutungen ausgesprochen.[1]

Die neue Litteratur hat, soweit sie bis jetzt übersehen werden kann, das intertemporale Beweisrecht mehr im Sinne der Ausschließlichkeit behandelt.[2]

Zweiter Abschnitt.

Der Thatbestand im besonderen.

§ 25. Der private Willensthatbestand, der willentliche Thatbestand, das Rechtsgeschäft und die Willenserklärung. Die intertemporale Behandlung des Rechtsgeschäftes.

Es ist zunächst unsere Aufgabe, das Verhältnis des „privaten Willensthatbestandes“ und des „willentlichen Thatbestandes“ genau festzustellen. Ihre Lösung ist mit Schwierigkeiten verbunden, da der Begriff „Rechtsgeschäft“ in der Theorie keineswegs feststeht. Die folgenden Erörterungen mögen zugleich einen Beitrag zur Klärung des Begriffes „Rechtsgeschäft“ bilden.

Der Begriff des privaten Willensthatbestandes ist nach zwei Seiten hin umfassender als der des Rechtsgeschäftes. Nicht alle privaten Willensthatbestände sind Rechtsgeschäfte, sondern nur diejenigen, welche

---

ordnung errichteten Rechtsgeschäfte insonderheit Testamente, deren Auslegungsregeln zur Anwendung kommen. Auslegungsregeln aber stellen wie Beweisregeln auch Rechtsvermutungen auf. Sie sind somit eine Abart der Beweisregeln. Was von ihnen gilt, muß auch von den Beweisregeln gelten. Aus dem dem Urteile des Reichsgerichtes vom 5. Dez. 1900, E. 47, S. 115 geht mittelbar hervor, daß die Regeln über die Beweislast dem alten Rechte zu entnehmen sind, wenn sich nicht die neue Rechtsordnung Ausschließlichkeit beigelegt hat; vgl. bes. S. 117. — Ganz verfehlt ist dagegen ein Urteil des O.L.G. Celle vom 31. Jan. 1900, Das Recht 1900, Nr. 6, S. 126, wonach die Lebensvermutung des § 19 B.G.B. sofort Platz greife, wenn auch für die Entscheidung des Rechtsstreites im übrigen das bisherige Recht maßgebend ist. Beweisfragen seien nach denjenigen Rechtsgrundsätzen zu entscheiden, welche zur Zeit der Beweisführung gelten!

[1] Urteil v. 8. Juli 1901; S. A. 56, S. 470, 471: „*Die in §§ 25, 26 I. 6 A.L.R. enthaltenen Rechtsvermutungen gehören dem materiellen Rechte an.... Unter dem Gesetz aber, welches in § 292, Satz 1 C.P.O. erwähnt ist . . . gemäß Art. 170 des Einf.-Ges. zum B.G.B. das preuß. Allgemeine Landrecht*“.

Für die Beweisformen, s. das Urteil des R.G. v. 3. Nov. 1899. Dasselbe rechtfertigt sich nur dadurch, daß das E.G. zur C.P.O. dem § 14 E.G. in § 18 Ausschließlichkeit beilegt; s. oben. Wäre die Ausschlußklausel nicht da, so hätte das R.G. jedenfalls anders entschieden.

[2] S. z. B. unten § 56 und § 75. Besonders lebhaft tritt für die Ausschließlichkeit des neuen Beweisrechtes Scherer ein. Mit Recht bekämpft ihn darin Habicht, s. unten § 81.

einen Hauptthatbestand im Sinne der organischen Auffassung darstellen; s. oben § 23, S. 92. Keine Rechtsgeschäfte sind daher die Neben-Willensthatbestände, also Genehmigung und Bestätigung, oder wenn sie ihren zeitlichen Standort wechseln, Vollmacht und Einwilligung. —

Keine Rechtsgeschäfte sind aber auch jene unselbständigen Willenserklärungen, welche wie Kündigung, Widerruf, Rücktritts- und Anfechtungserklärung regelmäßig auf dem „übervollkommenen" Hauptwillensthatbestande beruhen. Es sind dies einseitige Willensthatbestände, welche im Verlaufe eines durch das Rechtsgeschäft geschaffenen Rechtsverhältnisses eintreten können, um dessen Beseitigung oder Beendigung herbeizuführen.[1] Mit dieser Ansicht widerspreche ich dem Verfasser des B.G.B., der auch Kündigungen, Rücktrittserklärungen, Einwilligungen und Genehmigungen als Rechtsgeschäfte anzusehen scheint.[2]

Zur Beseitigung dieses Widerspruches kann man zwischen Rechtsgeschäft im weiteren und im engeren Sinne unterscheiden. Jenes würde sich dann mit dem Begriffe des privaten Willensthatbestandes decken; vorbehaltlich einer Einschränkung, die weiter unten entwickelt wird.

Diese Unterscheidung zwischen Rechtsgeschäft und den übrigen Willensthatbeständen, die samt und sonders einen unselbständigen Charakter haben, ist für das intertemporale Privatrecht eine Notwendigkeit. Denn alle unselbständigen privaten Willensthatbestände, die sich auf ein bestimmtes Rechtsgeschäft beziehen, sind nach der Rechtsordnung zu beurteilen, unter welcher die Errichtung des Rechtsgeschäfts stattfand, selbst dann, wenn sie unter der neuen Rechtsordnung abgegeben werden.

Eine besondere Behandlung verlangen die Bevollmächtigungen. Sie haben ein Janusgesicht. Auf der einen Seite sind es selbständige Willensthatbestände, also Rechtsgeschäfte, sofern es sich bloß um das Rechtsverhältnis zwischen Vollmachtgeber und -Empfänger handelt. Daher stellt Bekker mit Recht eine eigene Gruppe von Ermächtigungsgeschäften auf.[3]

Auf der anderen Seite sind aber die Bevollmächtigungen, die einen Zweig der Ermächtigungsgeschäfte darstellen, nur unselbständige Thatbestände; nämlich im Hinblick auf das Rechtsgeschäft, welches der Bevollmächtige mit dem Dritten abschließt.

Diese Unterscheidung führt zu folgendem Ergebnis: In ihrer Eigenschaft als selbständige Willensthatbestände sind sie nach der Rechtsordnung zu beurteilen, unter deren Herrschaft sie errichtet sind. Auch die Untergangsgründe des Vollmachtsverhältnisses bestimmen sich nach dieser Rechtsordnung.[4] In der Eigenschaft aber als unselbständige

---

[1] S. Gesch. S. 557, n. 2 und S. 597, n. 1.

[2] Daß dies die Anschauung des Gesetzgebers sei, könnte besonders aus § 180 B.G.B. nachgewiesen werden.

[3] System 2, S. 210 fg.

[4] So auch Habicht, S. 137, 138; zur Anwendung gelangt Art. 170 E.G.

Thatbestände sind sie der Rechtsordnung unterworfen, unter deren Herrschaft das Rechtsgeschäft mit dem Dritten vollzogen wird.[1]

Aber auch nach einer anderen Seite hin ist der Begriff des privaten Willensthatbestandes umfassender als der des Rechtsgeschäftes. Im bürgerlichen Verkehre versteht man unter Rechtsgeschäft nur die Verkörperung des Willens in der Außenwelt, nicht auch den Willen selbst. Die Lehre von einem im Rechtsgeschäfte fortdauernden Willen ist eine Fiktion. Der Wille als Ursache der Verkörperung ist im Begriffe Rechtsgeschäft nicht eingeschlossen, weder die Verkörperungsabsicht, noch der Erfolgswille.[2] Der Begriff des privaten Willensthatbestandes umfaßt aber beide: Wille, sowohl den Erfolgswillen als die Verkörperungsabsicht und Verkörperung der letzteren. Den Erfolgswillen allerdings nur, wenn die Rechtsordnung ihn als Merkmal des Willensthatbestandes erfordert.[3]

Die bisherigen Darstellungen der alten und neuen Rechtsordnung fordern übereinstimmend als Bestandteile des Rechtsgeschäftes: Wille und Erklärung. Daraus geht hervor, daß sie nicht das Rechtsgeschäft im Auge haben, sondern den Privatwillensthatbestand.

Daraus folgt, daß die „Jurisprudenz“, den Begriff „Willensthatbestand“ nicht entbehren kann. Sowohl Wissenschaft als Rechtsprechung muß von ihm als dem Oberbegriff ausgehen und das Rechtsgeschäft als einen Ausschnitt desselben behandeln.[4]

Daraus geht ferner hervor, daß auch das Rechtsgeschäft des B.G.B., das Rechtsgeschäft im weiteren Sinne, sich nicht vollkommen mit dem privaten Willensthatbestande deckt. Auch es stellt nur eine Willensverkörperung dar, nicht auch den Willen und die Verkörperung.[5]

---

[1] So auch Habicht, S. 137.

[2] Das B.G.B. giebt dem dritten Abschnitt seines ersten Buches die Überschrift: „*Rechtsgeschäfte*“ und den zweiten Titel desselben: „*Willenserklärung*“. Vom Willen allein ist in keiner Titelrubrik die Rede.

[3] Wenn die Rechtsordnung vom Erfolgswillen absieht und sich mit der Verkörperungsabsicht begnügt, so braucht diese nicht einmal auf wirtschaftliche Folgen gerichtet, m. a. W. ein empirischer Wille zu sein, wie Bechmann und Kohler ihn nennen. Die Rechtsordnung begnügt sich dann mit einer Willensbewegung eines Geschäftsfähigen, welche in der Verkörperung irgend einer Verkörperungsabsicht besteht. Der Willensthatbestand verlangt in diesem Falle weder einen „Rechtsfolgewillen“ noch einen „empirischen Willen“ noch die subjektiv richtige Verkörperungsabsicht. Das Vertrauensprinzip sucht die gutgläubige Gesellschaft vor wirtschaftlichen Nachteilen zu bewahren, die aus der Nichtigkeit leichtsinniger Willenserklärungen Einzelner entstehen könnten, verlangt aber nicht, daß die Willenserklärung im wirtschaftlichen Interesse der Erklärenden sein müsse; sie wird demselben in den meisten Fällen direkt widersprechen; s. weiter unten.

[4] Diese Erörterungen treffen mit dem Gedankengange Bülows, Das Geständnisrecht S. 114 fg., zusammen. Während aber Bülow für die in der Rechtslehre entstandene Lücke keinen Ersatz bietet, setze ich an die Stelle, die das Rechtsgeschäft bisher einnahm, den Begriff des privaten Willensthatbestandes. Für die Theorie ist es dann ein leichtes, den Oberbegriff so zu beschneiden, daß sich daraus das Rechtsgeschäft im Sinne des bürgerlichen Rechtslebens bildet.

[5] S. oben S. 98, n. 2.

Der Begriff des willentlichen Thatbestandes ist enger als der des Rechtsgeschäftes. Hält nämlich der Gesetzgeber oder der Richter selbst dann noch am Begriffe Rechtsgeschäft fest, wenn der Erfolgswille, ja, vom subjektiven Standpunkte aus betrachtet, sogar die richtige Verkörperungsabsicht fehlt, so kann von einem willentlichen Thatbestande nicht mehr die Rede sein. Ersteres geschieht von der Gesetzgebung beinahe aller Kulturstaaten dann, wenn der Erfolgswille durch geheimen Vorbehalt ausgeschlossen ist. — Letzteres dann, wenn Irrtum, Versprechen, Verschreiben u. s. w. die subjektiv richtige Erklärungsabsicht bei Seite schieben und der Gesetzgeber die Willenserklärung bloß für anfechtbar, wie das B.G.B. §§ 119, 120, oder auf Grund des Vertrauens- oder Verkehrsprinzipes für unanfechtbar erklärt.

Vom subjektiven Standpunkte aus liegt dann kein willentlicher, sondern ein notwendiger Thatbestand vor. Das Rechtsverhältnis tritt für den Erklärenden ohne, ja wider seinen Willen ein. Dem objektiven Betrachter erscheint aber der Thatbestand immer noch im Kleide eines Rechtsgeschäftes; er kann daher ohne Bedenken auch in diesen Fällen von einem Rechtsgeschäfte, ja sogar von einem Willensthatbestande sprechen; denn objektiv betrachtet ist immer noch eine Erklärungsabsicht (Wille) vorhanden, wenn sie auch dem Erklärenden nicht als die richtige erscheint. Er kann zwar sagen, ich hatte nicht die Absicht, dies zu erklären, aber er hatte die Absicht, etwas zu erklären. Also liegt immer noch die Verkörperung einer Erklärungsabsicht vor, eine Willensbewegung eines geschäftsfähigen Subjektes, die genügt, um objektiv den Thatbestand zum Willensthatbestande zu stempeln.[1]

Damit stoßen wir auf einen weiteren Unterschied zwischen der subjektiven und objektiven Auffassung der Thatbestände;[2] und zugleich auf einen weiteren Beweis dafür, daß sich der willentliche Thatbestand mit dem Willensthatbestande und daher auch mit seinem Ausschnitte, dem Rechtsgeschäft nach keiner Richtung hin deckt.

Der Begriff des Rechtsgeschäftes kann daher nur vom objektiven Standpunkte aus richtig verstanden werden. Er gehört nicht unter die subjektive Einteilung der Thatbestände, sondern unter die objektive.[3]

---

[1] S. auch oben S. 99, n. 3. Auch hier begegnen sich meine Gedanken mit denjenigen Bülows, a. a. O. S. 116, n. 1; doch kennt Bülow nur den subjektiven Standpunkt und daher ist ihm die Lösung des Widerspruches verschlossen. Einer Lösung des Widerspruches bedarf aber die Jurisprudenz. Sonst ist sie genötigt, die obigen Fälle unter die notwendigen Thatbestände, etwa unter die sogenannten „unerlaubten Handlungen“ des B.G.B. § 823 fg. zu stellen. Die Lösung ist nur vom objektiven Standpunkte aus möglich; vor ihm allein verschwindet jener Widerspruch.

[2] S. oben § 21, S. 85, n. 1.

[3] Daraus geht auch hervor, daß die landläufigen Definitionen des Rechtsgeschäftes, wonach der Wille gerichtet sein müsse auf die Begründung u. s. w. eines Rechtsverhältnisses, nicht richtig ist. Ebensowenig die Behauptung, daß die Rechtsgeschäfte das Gebiet bilden, wo die Person der Schmied ihrer Rechtsverhältnisse sei. Das trifft nur in beschränktem Maße zu.

Enger als der Begriff „Rechtsgeschäft" ist der Begriff der „*Willenserklärung*", den das B.G.B. aufstellt. Sie ist ein Akt einer Privatperson, der darauf gerichtet ist, etwas als ihren Willen anderen Personen mitzuteilen.[1]

Die Willenserklärungen sind also die eigentlichen Verhehrsgeschäfte. Die übrigen Geschäfte, welche noch unter den Begriff „Rechtsgeschäft" fallen, könnte man daher Eigengeschäfte nennen.[2]

Die Rechtsgeschäfte des B.G.B. zerfallen also in zwei Gruppen: in Willenserklärungen oder Verkehrsgeschäfte und in Eigengeschäfte.[3]

Die Eigengeschäfte sind regelmäßig auch Rechtsgeschäfte im engeren Sinne des Wortes, somit Hauptwillensthatbestände.[4] Die unselbständigen Willensthatbestände sind dagegen regelmäßig „Willenserklärungen", also Verkehrsgeschäfte,[5] nicht dagegen umgekehrt.[6]

Die Grenzen zwischen dem Gebiete der privaten Willensthatbestände und dem der personalen Thatbestände sind oft schwierig zu bestimmen. Die Hauptkriterien eines Privatwillensthatbestandes und seines Ausschnittes, des Rechtsgeschäftes bestehen in folgendem: Zur Vornahme eines solchen muß die Rechtsordnung Geschäftsfähigkeit und eine Verkörperungsabsicht verlangen. Ferner muß, wenn nicht Irrtum, so doch Betrug und Drohung die Anfechtbarkeit des Thatbestandes auf Grund der Rechtsordnung zur Folge haben; s. oben. —

Nicht erforderlich für das Dasein eines Willensthatbestandes ist, daß das geschaffene Rechtsverhältnis sich mit dem Willen des Handelnden deckt, m. a. W. nicht erforderlich ist der Rechtsfolgenwille. Nicht

---

[1] S. § 130 B.G.B. Ich folge hier dem Beispiele Hellmanns in Jherings Jahrb. 42, S. 432, 433, dessen Ausführungen ich mich in der Hauptsache anschließe. Die Begriffsbestimmung der Willenserklärung weicht von derjenigen Hellmanns etwas ab. Der Ausdruck „Akt", den auch Hellmann gebraucht, deutet an, daß auch bei der Willenserklärung im Verkehrsleben nicht auf das Willenselement, sondern nur auf dessen Verkörperung gesehen wird; s. oben S. 99, n. 2.

[2] Hellmann, S. 449 a. a. O. schlägt für sie den Namen Willensverwirklichungen vor. Es sagt aber selbst S. 446 u. 449, daß die Willenserklärungen grundsätzlich auf einem fremden, die andern Geschäfte auf den eigenen Rechtskreis einwirken.

[3] Der Willensthatbestand, der diesen Begriffen zu Grunde liegt, ist beim Rechtsgeschäfte eine Verkörperungsabsicht, beim Eigengeschäft eine Bethätigungsabsicht, s. Prot. I, S. 83, beim Verkehrsgeschäft eine Erklärungsabsicht.

[4] Von den zwölf Fällen, die Hellmann, a. a. O. S. 439 fg. außer den letztwilligen Verfügungen und dem Stiftungsgeschäfte anführt, sind nur 1. und 2. unselbständige Willensthatbestände. Zu den Eigengeschäften gehört außerdem noch der Thatbestand des § 1587 B.G.B.: „Wiederherstellung der ehelichen Gemeinschaft".

[5] Ausnahmen bilden Nr. 1 und 2 a. a. O., dazu kommt noch der Widerruf eines Testamentes nach §§ 2255 und 2258 B.G.B.

[6] Ein Beispiel eines Verkehrsgeschäftes, das einen Hauptwillensthatbestand bildet, ist die Auslobung, § 657 B.G.B.; s. auch Hellmann, a. a. O. S. 433, und die Annahmeerklärung des § 152 B.G.B.; s. Hellmann, a. a. O. S. 435. Hellmann kennt jedoch den Unterschied zwischen Hauptwillensthatbeständen und unselbständigen Willensthatbeständen nicht.

erforderlich ist ferner, daß die Willensverkörperung, sowie sie vorliegt, mit der vom subjektiven Standpunkte aus richtigen Verkörperungsabsicht übereinstimmt, m. a. W. nicht erforderlich ist die richtige Verkörperungsabsicht. Mit besonderer Beziehung auf das Rechtsgeschäft ausgedrückt: Nicht erforderlich für das Dasein des Rechtsgeschäftes ist, daß die Willensverkörperung vom subjektiven Standpunkte des Handelnden aus betrachtet die richtige sei.

Zum Wesen eines Willensthatbestandes insonderheit eines Rechtsgeschäftes gehört ferner nicht, daß man es auch unter einer Bedingung und Befristung abschließen kann, wie die römischen *actus legitimi* und die Rechtsgeschäfte des B.G.B. beweisen, die keine Befristung und Bedingung vertragen; s. z. B. § 925, Abs. 2 B.G.B.

Kein Kriterium eines Privatwillensthatbestandes, insonderheit eines Rechtsgeschäftes ist es ferner, daß es einen individuellen Einfluß auf den Inhalt des entstehenden Rechtsverhältnisses ausübe. Es giebt auch bloß vermittelnde Rechtsgeschäfte, so die römische *mancipatio* und die Auflassung des § 873 B.GB.; s. oben § 22, S. 90.

Für das intertemporale Privatrecht wichtig sind insbesondere die Voraussetzungen und Formen der Willensthatbestände oder deren Negationen. Wenn zeitlich aufeinander folgende Rechtsordnungen darüber verschiedene Bestimmungen treffen, so hat das intertemporale Privatrecht zu entscheiden, welche Rechtsordnung dafür maßgebend ist. Nach dem intertemporalen *ius commune* gilt der Satz: *tempus regit actum.*[1]

Das E.G. schweigt über diese Frage. Es muß also zur Ausfüllung der Lücke der Grundsatz des gemeinen intertemporalen Rechtes zur Geltung gelangen.[2]

Anders lautet dagegen die zweite Regel des neueren intertemporalen Regelpaares, also des *ius singulare,* welche im § 17 der Einl. zum A.L.R.

---

[1] S. z. B. Gesch. § 64, S. 446, n. 1; § 65, S. 474, n. 2; § 66, S. 491, n. 1. Dieser Satz gilt sowohl für die Voraussetzungsthatbestände; s. oben § 22, S. 88 und unten § 30, als auch für die Formen des Rechtsgeschäftes. Zu den Voraussetzungen der Errichtung eines Rechtsgeschäftes gehört insonderheit die Geschäftsfähigkeit. Auch bei der Form kommen gewisse Voraussetzungsthatbestände in Betracht, was in der einschlägigen Litteratur nicht genügend hervorgehoben wird. Es ist dies der Fall, wenn das Gesetz als Form die Anwesenheit besonders vereigenschafteter Personen oder Sachen verlangt. Das römische Recht und auch das gemeine sind reich an solchen Formen. Aber auch der neuen Rechtsordnung sind sie nicht fremd; s. § 1318, Abs. 2 B.G.B. — Der Satz *tempus regit actum* gilt nun auch für die Fähigkeit der Solennitätszeugen. Wenn die neue Rechtsordnung an dieselbe größere oder geringere Anforderungen stellt, so bleibt doch die alte Rechtsordnung für die Fähigkeit der Zeugen maßgebend; s. insbes. Gesch. § 64, S. 453, n. 2. Über die Beweisformen s. oben § 24, S. 95, n. 2.

[2] S. oben § 8, S. 30, n. 6. So richtig Habicht, S. 125, 126, wenn auch nicht aus denselben Gründen. S. noch Lehmann, S. 91, Niedner, S. 243. Vgl. auch Reuß j. L., Notariatsordnung § 42. Die Motive zum E.G. S. 255 geben als Grund des Schweigens des E.G. die Schwierigkeit an, „*eine Fassung zu finden, welche*

Eingang fand; s. oben § 13, S. 58, n. 1. Darnach kann ein Rechtsgeschäft, welches die von der alten Rechtsordnung vorgeschriebenen Förmlichkeiten nicht erfüllte und daher unvollkommen war, unter der neuen weniger Anforderungen stellenden Rechtsordnung zur Heilung gelangen.

Anders auch nach der intertemporalen Säumnisstrafe; s. oben § 17, S. 66, n. 5, in welcher zum Teil die erste Regel des neueren intertemporalen Regelpaares Aufnahme fand. Darnach kann ein Willensthatbestand, der unter der alten Rechtsordnung nach deren Formvorschriften errichtet wurde, unter der neuen Rechtsordnung hinfällig werden, die höhere Anforderungen an ihn stellt, falls die Privatperson Zeit und Gelegenheit gehabt hätte, denselben nachzukommen.

Intertemporalrechtlich wichtig sind auch die Nichtigkeits- und Anfechtungsgründe eines Privatwillensthatbestandes, insonderheit eines Rechtsgeschäftes. Im Sinne der Hauptregel des intertemporalen Privatrechtes sind sie nach der Rechtsordnung zu beurteilen, unter deren Herrschaft das Rechtsgeschäft errichtet wurde.[1]

Damit ein Zusammenhang steht, daß auch der Inhalt des unter

nicht nötigte, eine große Zahl von Ausnahmen aufzustellen". . . . Diese Besorgnis geht nicht nur zu weit, wie Habicht, a. a. O. meint, sondern ist durchaus unbegründet. — Ausnahmen des Satzes in seiner Anwendung auf den Voraussetzungsthatbestand der Geschäftsfähigkeit kennt das E.G. zu Gunsten der Ehe und des Testamentes in Art. 198, Abs. 2 und Art. 215, Abs. 2; s. unten §§ 76 u. 85.

[1] S. Gesch. § 64, S. 446, n. 1. Die Mängel der Geschäftsfähigkeit und der Form sind hier auszuscheiden; s. oben. Es bleiben noch als Gründe der Nichtigkeit und Anfechtbarkeit übrig: Willensmängel und Minderjährigkeit. — Was die Willensmängel anbetrifft, so entscheiden sich für die alte Rechtsordnung auch Habicht, S. 128 und Lehmann, S. 91, Nr. 148. — Daß die *in integrum restitutio propter minorem aetatem* unter dem Schutze der alten Rechtsordnung steht, erkennen ausdrücklich an: S.-Weimar § 4, S.-Altenburg § 20, Schwarzburg-Rudolstadt Art. 4, Reuß ä. L. § 22. — S.-Koburg-Gotha Art. 55, Nr. 1, Hessen Art. 267, Anhalt Art. 10, Mecklenburg-Schwerin § 34, Mecklenburg-Strelitz § 33, Schwarzburg-Sondershausen § 66 heben die Wiedereinsetzung in den vorigen Stand für die dem Landrecht verbliebenen Gebiete auf, schweigen aber über die intertemporale Frage. Nur in den Motiven zum Hessischen A.G. wird bemerkt, daß diese Frage der Rechtsprechung überlassen sei. Es kann keinem Zweifel unterliegen, daß die Gerichte die alte Rechtsregel als *ius commune* anzuwenden haben; so auch Habicht, S. 128, n. 2. Das O.L.G. Jena hat aber angenommen, daß durch Art. 57, Nr. 1 S.-Koburg-Gotha die Wiedereinsetzung selbst dann ausgeschlossen sein solle, wenn der Anspruch darauf schon vor 1900 begründet war. Die dagegen eingelegte Revision rügte mit Recht Verletzung des Art. 170 E.G. Leider wies sie das R.G. in seinem Urteil v. 9. Okt. 1900: J.W. 1900, S. 741, D.J.Z. 1901, S. 49 zurück. Zutreffend sagt Habicht, 3. Aufl. S. 774: „*Worauf aber das O.L.G. Jena die rückwirkende Kraft des Art. 55, Nr. 1 jenes Ausf.-Ges. stützt, ist aus dem Revisionsurteil nicht zu ersehen. . . . M.E. wird die rückwirkende Kraft durch die Klausel „unbeschadet der Uebergangsvorschriften" im Gegenteil ausdrücklich ausgeschlossen*". Ganz recht! Die Klausel enthält die Gewährungsklausel. Die beiden Gerichte scheinen aber jenen Irrtum verfallen zu sein, den ich oben in § 7 S. 27, n. 2 festgenagelt habe.

der alten Rechtsordnung errichteten Rechtsgeschäftes unter der materiellen Fortherrschaft der alten Rechtsordnung steht.[1]

Dieser Grundsatz gilt auch dann, wenn das Rechtsgeschäft unter einer Bedingung oder Befristung abgeschlossen wurde und die Bedingung oder der Termin erst unter der neuen Rechtsordnung eintritt.[2]

Ausgenommen von den bisher dargestellten Grundsätzen ist aber ein Rechtsgeschäft infolge einer Regel, die sich übereinstimmend in Gesetzgebung und Rechtsprechung des 19. Jahrhunderts entwickelt hat; es ist

---

[1] S. Gesch § 64, S. 447, n. 1; § 65, S. 474, n. 2 und S. 476, n. 1; § 66, S. 491, n. 1 u. 2; § 67, S. 503, n. 1. Hierher gehören nun die Fragen, welche Rechtsordnung darüber entscheidet, ob der Inhalt eines Rechtsgeschäftes gegen ein Verbotsgesetz, gegen die guten Sitten und gegen ein dinglich wirkendes Veräußerungsverbot verstoße und daher nichtig sei. Die erste Frage beantworten Habicht, S. 129, und Lehmann, S. 92 in Übereinstimmung mit dem im Texte aufgestellten Grundsatz. — Bei Beantwortung der zweiten Frage folgt Habicht, a. a. O. seiner Neigung zur Ausschließlichkeit; ihm schließt sich Scherer, S. 145 f. (Nr. 185) an. Beide wollen dem § 138, Abs. 2 B.G.B. Ausschließlichkeit in dem Sinne einräumen, daß sie einem Versprechen, welches gültig unter der alten Rechtsordnung errichtet wurde, aber nach Ansicht des Richters gegen den § 138, Abs. 2 der neuen Rechtsordnung verstößt, die Klagbarkeit versagen, also eine Ausschließlichkeit im Sinne der zweiten Möglichkeit der ersten neueren Regel. Auch scheint Habicht dem Schuldner, der unter der Herrschaft der neuen Rechtsordnung gezahlt hat, die Klage wegen ungerechtfertigter Bereicherung geben zu wollen. Davon kann keine Rede sein. Wenn das Einführungsgesetz zum B.G.B. den § 138, Abs. 2 Ausschließlichkeit eingeräumt hätte, dann läge die Sache anders. Da es aber dies unterlassen, so bleibt es bei dem intertemporalen *ius commune* Vgl. auch Urteil des O.L.G. Hamburg, vom 4. Dez. 1900, S.A. 56, S. 169 fg. und das ausgezeichnete Urteil des O.L.G. Königsberg, v. 16. Juni 1900, Rsp. 1, S. 234 fg. — Das K.G. sagt in seinem Urteil v. 11. Juli 1900 ausdrücklich: *Die Auffasssung des B.G.B. von solchen Verträgen ist für die Beurteilung des nicht unter seiner Herrschaft geschlossenen und also nicht ihm unterstehenden Abkommens unerheblich.* . . . Es fragte sich, ob ein Erziehungsvertrag unter Ehegatten gegen die guten Sitten verstoße oder nicht; s. unten § 59. — Unter dem Einfluß Habichts und Niedners stehen dagegen die Urteile des O.L.G. Karlsruhe vom 26. Mai 1900, Sächs. A. 10, S. 490 fg. und des R.G., E. 47, S. 103 fg. Dagegen hat das R.G. die Ausschließlichkeit des § 656 B.G.B. in seinen Urteilen vom 20. Juni 1900 und vom 12. Juli 1900 verworfen; ebenso die Rückwirkung der §§ 74 und 75 des neuen H.G.B., E. 42, Nr. 24 und 43 Nr. 5 und 48, n. 30, S. 132; E. 46, S. 152 und 177. Das R.G. vermeint aber aus der Fassung des § 138, Abs. 2 die *rückwirkende Tendenz* entnehmen zu können. Daß es intertemporalrechtlich unzulässig ist, trotz der Motive, aus den materiellen Bestimmungen die Ausschlußabsicht des Gesetzgebers zu entnehmen, ist oben § 11, S. 44, n. 1 nachgewiesen worden. Aus denselben Gründen, die das R.G. gegen die Rückwirkung des § 656 B.G.B. und den §§ 74, 75 des neuen H.G.B. anführt, ist auch die Ausschließlichkeit des § 138, Abs. 2 zu leugnen. S. auch Beiträge S. 270. — Bezüglich der dritten Frage stimmt Habicht, S. 130 fg. angesichts des Art. 168 E.G. dem obigen Grundsatze zu.

[2] S. auch unten § 29. Vgl. das vortreffliche Urteil des R.G. v. 16. April 1901, E. 48, S. 132. In demselben Urteil verwirft das R.G. die Fiktion der stillschweigenden Unterwerfung der Parteien unter die neue Rechtsordnung; S. 131, a. a. O. Vgl. oben § 18, S. 68 n. 7 und 69 n. 1.

dies die Schließung der Ehe und zwar sowohl, was ihre Nichtigkeit und Anfechtbarkeit, als auch ihre Scheidungsfähigkeit anbetrifft.[1] Das E.G. hat sich dieser neueren Entwickelung durchaus angeschlossen.[2]

Wichtig für das intertemporale Privatrecht kann auch die Frage nach der Stellvertretung bei den privaten Willensthatbeständen werden, nämlich dann, wenn die zeitlich aufeinander folgenden Rechtsordnungen verschiedene Bestimmungen über die Zulässigkeit der Vertretung oder deren Voraussetzungen entfalten. Nach der Hauptregel bleibt diejenige Rechtsordnung maßgebend, unter welcher der Privatwillensthatbestand insonderheit das Rechtsgeschäft vorgenommen wurde.[3]

Auch die Auslegung der Willensthatbestände spielt eine Rolle im intertemporalen Privatrecht. Hier dürfte die Hauptregel ausnahmslos zur Anwendung kommen, wonach ein Rechtsgeschäft im Sinne der Rechtsordnung auszulegen ist, unter welcher es errichtet wurde.[4] Dieser Grundsatz bezieht sich auf alle Auslegungsregeln der alten Rechtsordnungen und umfaßt daher auch die Rechtsvermutungen und Rechtsdichtungen, die sie bei Rechtsgeschäften aufstellen.[5]

Dem intertemporalen *ius commune* entspricht es endlich, daß sämtliche Rechtsfolgen eines unter der alten Rechtsordnung errichteten Rechtsgeschäftes von dieser beherrscht werden.[6] Dieser Grundsatz gehört auch dem Deutschen intertemporalen Privatrechte an. Art. 168 E.G. stellt nur eine besondere Anwendung desselben dar.[7]

Anders wäre es, wenn die Fiktion einer stillschweigenden Unter-

---

[1] S. Gesch. § 59, S. 415 n. 1. § 68, S. 527 n. 1. § 69, S. 535 n. 1; S. 536 n. 1.

[2] In Beziehung auf die Nichtigkeit und Anfechtbarkeit s. Art. 198, Abs. 2 und in Beziehung auf die Scheidungsfähigkeit Art. 201 E.G. S. unten § 76.

[3] Bezüglich der Vollmacht s. oben S. 98, n. 4.

[4] Dies hat sogar die italienische Jurisprudenz, die sonst der Ausschließlichkeit mehr zugethan ist, als der älteren Rechtsregel, anerkannt; s. Gesch. § 65, S. 484 n. 2 und § 69, S. 562 n. 1. Ebenso Habicht, S. 132. Vgl. auch oben § 24, S. 96, n. 4.

[5] S. oben § 24, S. 95, n. 1. So auch Habicht, a. a. O. Dagegen ist Scherer, S. 250, Nr. 359 der sonderbaren Ansicht, daß die Vermutungen und Fiktionen prozessualer Natur und daher von der neuen C.P.O. abgeschafft seien. Habicht, S. 132 n. 2 widerlegt ihn zutreffend; vgl. oben § 24, S. 97, n. 2 und unten § 81.

[6] S. Gesch. § 64, S. 448 n. 1; § 65, S. 474 n. 2, S. 476 n. 1; § 66, S. 491 n. 2; § 67, S. 500 n. 1, S. 503 n. 2, S. 504 n. 1 u. 2, S. 505 n. 1, S. 506 n. 1 u. 2, S. 508 n. 1, S. 509 n. 1.

[7] Habicht, S. 126, wagt es nicht, obige Folgerung auszusprechen; ja es klingt wie ein Erstaunen, wenn er S. 131 vom Art. 168 sagt: „*Ja, diese Vorschrift geht noch weiter*". Er entpuppt sich als ein Anhänger Savignys, S. 127; das Gesetz, meint er, könne die Wirkung, die das Geschäft nach dem alten Recht gehabt hat, für die Zukunft aufheben oder abändern; s. dagegen Gesch. § 76, S. 614 n. 3. Nur wenn die Ausschlußklausel vorliegt, kann eine derartige Ausschließlichkeit eintreten, die sich dann als Ausnahmerecht, als *ius singulare*, hinstellt. So Art. 176 Abs. 2, wonach eine vor dem Inkrafttreten der neuen Rechtsordnung erfolgte Außerkurssetzung von Schuldverschreibungen auf den Inhaber mit diesem Zeitpunkt ihre Wirkung verliert; s. oben § 13, S. 57 n. 2 und unten § 84.

werfung der Parteien unter die neue Rechtsordnung geltendes Recht wäre. Sie ist aber vom Deutschen intertemporalen Privatrecht nicht angenommen worden.[1]

Die Behauptung, daß alle Rechtsgeschäfte im weitern Sinne, die unter der neuen Rechtsordnung errichtet werden, nach dieser beurteilt werden müssen, ist unrichtig.[2] Sie trifft nicht zu bei unselbständigen Willensthatbeständen, wo das Rechtsgeschäft, auf das sie sich beziehen, unter der alten Rechtsordnung errichtet wurde.[3]

Sie trifft ferner nicht zu auch bei selbständigen Willensthatbeständen, die aber ein Glied eines Gesamtthatbestandes bilden.[4]

§ 26. Die öffentlichen Willensthatbestände.

Die bisherige Litteratur kennt diese Art von Willensthatbeständen entweder — überhaupt nicht oder sie hat sich nur ungenügend damit beschäftigt.[5] Ihre Unkenntnis hat gerade im intertemporalen Privatrecht

---

[1] S. oben § 17, S. 69 n. 1, 2 und 3. Das O.L.G. Köln und das R.G. haben die Fiktion ausdrücklich abgelehnt; s. a. a. O. u. oben S. 104, n. 2. Man könnte den Unterschied zwischen der intertemporalen Säumnisstrafe und der Fiktion einer stillschweigenden Unterwerfung der Parteien dahin setzen, daß jene sich auf die Form der Rechtsgeschäfte bezieht, diese auf deren Inhalt.

[2] Ebenso wie die noch allgemeinere, daß alle Thatbestände, die unter die Herrschaft der neuen Rechtsordnung fallen, von dieser ergriffen werden, s. oben § 7, S. 27 n. 3. Sie entspringt der atomistischen Auffassung.

[3] S. oben S. 98. Habicht mit seiner atomistischen Auffassung des Thatbestandes behauptet das Gegenteil S. 135; die Vorschriften des neuen Rechtes beherrschten die Form des neuen Geschäfts (der Genehmigung), den Einfluß von Willensmängeln und deren Geltendmachung. Dasselbe behauptet er von der Bestätigung. Scherer, S. 143, Nr. 180 scheint dagegen die richtige Ansicht zu vertreten. Ebenso das KG. in seinem Beschluß vom 22. April 1901. Danach kann ein unter der alten Rechtsordnung errichtetes Testament bei Lebzeiten des anderen Ehegatten auch jetzt unter der neuen Rechtsordnung in den Formen des bisherigen Rechtes widerrufen werden. Art. 214 E.G. Rsp. 2, S. 471 f. Die Gründe, welche das Gericht für diesen unselbständigen Willensthatbestand anführt, gelten für alle. Alle älteren Rechtsgeschäfte haben ihren *eigentümlichen Charakter*. Das Gericht blieb seiner Auffassung treu in seinem Urteil vom 8. Okt. 1901. Rsp. 3, S. 384.

[4] S. unten §§ 30—32. Auch hier stellt Habicht von seinem atomistischen Standpunkte aus die entgegengesetzte Behauptung auf, S. 133. Den richtigen Standpunkt nimmt dagegen ein der Gesetzgeber von S. Meiningen A.G. z. fr. G. Art. 123, Abs. 2; von S. Altenburg A.G. z. fr. G. § 80; von Reuß j. L. A.G. z. fr. G. Art. 146, Abs. 2, welche die Ausschlußklausel für notwendig fanden, um derartige Rechtsgeschäfte der neuen Rechtsordnung zu unterwerfen. Habicht hält bezeichnenderweise diese intertemporalen Vorschriften für *„entbehrlich"*. Leider ist auch die Rechtsprechung bis jetzt dieser atomistischen Auffassung gefolgt. S. oben § 19, S. 77 n. 5 und unten § 32.

[5] S. Gesch. 499, n. 1, 588, n. 1, 592, n. 1, 605, n. 2, 619, n. 2, 627, n. 2, 649, n. 4.

zu schweren Mißverständnissen geführt. So legt z. B. LASSALLE einigen Quellenstellen des römischen Rechtes eine intertemporalrechtliche Bedeutung bei, weil er den Unterschied zwischen einem materiellen Gesetze, (Rechtsordnung) und einem öffentlichen Willensthatbestand, der von einem gesetzgebenden Organ ausgeht, nicht kennt.[1] So kamen KIERULFF und GABBA zu dem sonderbaren Ergebnis, daß ein Privileg schutzlos der neuen Rechtsordnung gegenüberstehe.[2]

KIERULFF zog die richtige Folgerung aus der herrschenden Ansicht, daß das Privileg eine *lex specialis* sei, also eines Thatbestandes ermangele; daher sei das Privileg kein erworbenes Recht und genieße auch nicht des Schutzes eines solchen. Ähnlich GABBA.[3]

Nun aber ist die Erteilung eines Privilegs von seiten des gesetzgebenden Organs ein öffentlicher Willensthatbestand, aus dem, wie aus einem privaten Willensthatbestand, insbesondere aus einem Rechtsgeschäft, ein Rechtsverhältnis und auch subjektive Rechte hervorgehen, die nach der älteren Rechtsregel vor der neuen Rechtsordnung geschützt sind.

Die Unkenntnis der öffentlichen Willensthatbestände hat auch zu einer verkehrten Auffassung der römischen *novae tabulae* und des *fr.* 22 *de leg.* 1. 3. geführt.[4] Außerdem wäre der Streit, welcher in Veranlassung der französischen *novae tabulae* entstand, nicht möglich gewesen, wenn eine genaue Kenntnis der Grenzlinie zwischen den öffentlichen Willensthatbeständen und der Rechtsordnung bei Gerichten und Gelehrten bestanden hätte.[5]

Es ist übrigens verwunderlich, daß nicht schon das Wesen der römischen *adiudicatio* die Schriftsteller zur richtigen Erkenntnis geführt hat. Soweit ich sehe, wird von keinem daran gezweifelt, daß die aus der *adiudicatio* hervorgehenden subjektiven Rechte erworbene Rechte und daher vor Rückwirkung gesichert sind. Was ist aber die *adiudicatio?* Doch nicht ein Rechtsgeschäft, sondern die rechtsbegründende Erklärung eines öffentlichen Organs, nämlich des Richters, somit ein öffentlicher Willensthatbestand.

Und wie verhält es sich mit den prätorischen Einweisungen oder im gemeinen Rechte mit den richterlichen Einweisungen in das Vermögen des Schuldners? Sind die daraus entstehenden Pfandrechte nicht auch erworbene und daher geschützte Rechte? Und doch ist die prätorische oder richterliche Einweisung nichts anderes als ein öffentlicher Willensthatbestand.

Es ist in Gesetzgebung und Rechtsprechung festgestellt, daß die

---

[1] S. Gesch. § 5, S. 39 und § 72, S. 592, n. 1.

[2] S. Gesch. § 71, S. 588, n. 1; § 72, S. 594, n. 2.

[3] HOFMANN vermag auch keinen Thatbestand beim Privileg zu erkennen, will ihm aber aus Gründen der Billigkeit doch den Schutz eines erworbenen Rechtes gewähren; s. Gesch. § 78, S. 621 fg.

[4] S. Gesch. § 7, S. 54 fg.

[5] S. Gesch. § 59, S. 420, n. 3 und § 66, S. 499, n. 1.

durch staatliche Verleihung erlangte juristische Persönlichkeit vor der Einwirkung der neuen Rechtsordnung geschützt ist.[1] Was ist aber die staatliche Verleihung? Eine Willenserklärung des höchsten staatlichen Verwaltungsorganes, also ein öffentlicher Willensthatbestand.

Diese in die Rechtswissenschaft einzuführende neue Kategorie von Willensthatbeständen wird nicht nur für das intertemporale Recht, sondern auch für die Wissenschaft des bürgerlichen Rechtes fruchtbar werden. Gerade das Bürgerliche Gesetzbuch für das Deutsche Reich mit seinen Nebengesetzen, der Grundbuchordnung, des Gesetzes über die Zwangsversteigerung und Zwangsverwaltung und des Gesetzes über die freiwillige Gerichtsbarkeit hat eine Reihe dem römischen und gemeinen Rechte unbekannter öffentlicher Willensthatbestände eingeführt.[2] Wie will man diese wissenschaftlich verarbeiten, ohne ihr Wesen und ihre Zugehörigkeit erkannt zu haben? Die Erkenntnis der öffentlichen Willensthatbestände ist auch fruchtbringend für die Erkenntnis der Rechtsordnung, insonderheit der sog. materiellen Gesetze.[3]

Intertemporalrechtlich sind die öffentlichen Willensthatbestände genau so zu behandeln, wie die privaten. Eine unter der alten Rechtsordnung erlassene öffentliche Willenserklärung ist daher nach Voraussetzung, Form, Inhalt, Auslegung und Wirkungen nach dieser zu beurteilen. Es ist dies in Gesetzgebung und Rechtsprechung anerkannt.[4] Auch das neue Deutsche bürgerliche Übergangsrecht hat sich dieser Rechtswahrheit angeschlossen. So bei der Todeserklärung,[5] bei den juristischen Personen, die auf staatlicher Verleihung beruhen[6] und bei den öffentlichen Anordnungen auf dem Gebiete des Familienrechtes.[7]

§ 27. Die involuntaren Thatbestände; insbesondere die Zustände.

Sie zerfallen in personale und reale; s. oben § 21, S. 84, n. 2.

Die personalen Thatbestände bergen eine große Mannigfaltigkeit von Thatbestandsformen in sich. Zunächst die große Gruppe der Handlungen, welche Rechtsverhältnisse zu Gunsten oder Ungunsten des Handelnden hervorrufen, gleichviel, ob ohne oder wider oder mit seinem

---

[1] S. Gesch. § 58, S. 400, n. 2 u. § 64, S. 440, n. 1. Vgl. Art. 163—167 E.G. und unten §§ 69 und 75.

[2] Gleich der erste Abschnitt des ersten Buches des B.G.B. enthält in folgenden Paragraphen öffentliche Willensthatbestände: § 3, Abs. 2; § 6; § 13—19; § 22; § 23; § 33; § 42; § 43; § 44; § 61; § 63; § 67; § 71; § 73; § 74; § 75; § 76; § 80; § 87.

[3] S. unten § 44.

[4] S. Gesch. § 58, S. 404, n. 1; § 64, S. 453, n. 1. Das österreichische Privilegiengesetz enthält die Ausschlußklausel; s. ebenda § 59, S. 419, n. 2.

[5] S. unten § 56.

[6] S. unten §§ 69 und 75.

[7] S. unten § 71.

Willen; die Beziehung seines Willens zu dem Rechtsverhältnis ist rechtlich unerheblich. Sie lassen sich wiederum nach verschiedenen Prinzipien gliedern.

Vom Standpunkt des am Rechtsverhältnis beteiligten Rechtssubjektes aus sind sie entweder seine eigenen Handlungen oder Handlungen Dritter. Sie können entweder Rechtsverhältnisse zu seinen Gunsten oder zu seinen Ungunsten vermitteln. — Diese Einteilung ist eine rein subjektive, weil vom einseitigen Standpunkte des beteiligten Subjektes aus getroffen.

Eine objektive Einteilung ist die vom Standpunkte der Rechtsordnung aus. Die Handlungen können entweder ihren Rechtsätzen gemäß oder dawider sein. Man nennt die ersteren gewöhnlich erlaubte Handlungen, die letzteren unerlaubte oder Delikte.. Zutreffender ist es jedoch, von rechtmäßigen und rechtswidrigen Handlungen zu reden.

Unter den rechtmäßigen Handlungen nehmen die wirtschaftlichen Arbeiten einen breiten Raum ein und zwar zunächst die okkupatorischen Thätigkeiten, dann diejenigen, welche auf Erzeugung des Stoff-, Form-, Orts- und Zeitwertes der Güter gerichtet sind. Die meisten dieser wirtschaftlichen Arbeiten sind zugleich involuntare Thatbestände. Ich erinnere an die römische *occupatio* einschließlich der *thesauri motio* (okkupatorische Thätigkeiten), an die *satio*, *implantatio*, *sematio*: (Erzeugung des Stoffwertes); dann an die *inaedificatio, specificatio, adferruminatio, adplumbatio, confusio, commixtio*: (Erzeugung des Formwertes). — Aber auch die Thätigkeiten, welche auf die Erzeugung des Orts- und Zeitwertes gerichtet sind, können involuntare Thatbestände sein.

Die geistige Arbeit hat aber eine dem römischen und gemeinen Rechte unbekannte rechtliche Bedeutung nach einer ganz anderen Richtung hin erhalten. Die modernen Gesetze über die Urheberrechte im weiteren Sinne des Wortes stempeln sie zum Entstehungsthatbestand der Urheberrechte im weiteren Sinne des Wortes. Damit rückt sie in eine ähnliche Stellung ein wie die wirtschaftliche Arbeit, welche auf Erzeugung von Stoff- und Formwert gerichtet ist. Ist nun die geistige Arbeit als Entstehungsthatbestand der Urheberrechte im weiteren Sinne ein voluntarer oder involuntarer Thatbestand? M.E. nur das letztere. Denn die Urheberrechte entstehen, mag der Schöpfer wollen oder nicht; sein Wille ist ohne rechtliche Erheblichkeit. Man kann hier nicht einwenden, daß bei gewissen Urheberrechten noch eine Eintragung in Register, ja sogar eine Erteilung eines Patentes erforderlich sei. Diese ihrer Natur nach öffentlichen Willensthatbestände beziehen sich richtiger Ansicht nach nicht auf das Dasein des Rechtes, sondern nur auf dessen Ausübung. Nur die Ausübung des Rechtes ist von diesen öffentlichen Willensthatbeständen abhängig.

Aber nicht nur produktive Thätigkeiten liefern Thatbestände dieser Gruppe, sondern auch die Thätigkeit der Konsumtion und zwar sowohl der wirtschaftlichen Güter (Sachgüter) als auch der Dienstleistungen.

Ersteres ist in der juristischen Litteratur nicht unbemerkt geblieben. Ein erlaubter Gebrauch oder Verbrauch von Sachgütern kann ohne, ja wider Willen des Konsumenten ein Rechtsverhältnis vermitteln und zwar die Haftung für den Preis des Sachgutes. Solche Fälle sind denkbar beim Verbrauch oder Gebrauch von Waaren, die zur Probe gesandt wurden, bei Speisen und Getränken auf öffentlichen Gasttischen oder in Schutzhütten u. dergl.[1]

Ähnlich verhält es sich mit der Konsumtion von Dienstleistungen. Auch hier entsteht ohne oder auch wider Willen des Konsumenten ein Rechtsverhältnis, d. h. die Haftung auf Bezahlung eines ortsüblichen Honorars. Der Wille, sich zu verpflichten, ist rechtlich unerheblich.

Alle diese Handlungen des wirtschaftlichen und geistigen Erzeugens und Verbrauchens könnte man technisch mit dem Ausdruck „Thätigkeiten" bezeichnen. Sie entspringen alle aus erlaubenden Rechtsordnungen; s. unten § 50. Es entsteht die Frage, ob auch im Abschluß von Rechtsgeschäften ein involuntarer Thatbestand liegen kann, der dann zu dieser Gruppe zu rechnen wäre. Die Frage ist dann zu bejahen, wenn infolge eines ohne Auftrag stattfindenden Geschäftsabschlusses der Geschäftsherr gegen den Geschäftsführer Ansprüche erwirbt, ohne Rücksicht auf den Willen des Geschäftsführers. Ist der Wille des Geschäftsführers rechtlich unerheblich, so kann niemals von einem Rechtsgeschäft die Rede sein. Diese Handlungen kann man technisch in Übereinstimmung mit dem Bürgerlichen Gesetzbuche „Geschäftsführungen" nennen. Sie entspringen nicht aus den erlaubenden, sondern aus den gewährenden Rechtsordnungen; s. unten § 51. Vgl. auch unten § 46.

Das Bürgerliche Gesetzbuch kennt diese Gruppe von personalen Thatbeständen der äußeren Gestalt nach nicht. Der Sache nach kennt es die meisten; allein es legt sie auf das Prokrustesbett von Willenserklärungen oder gar von Verträgen, letzteres bei Geschäftsführungen ohne Auftrag,[2] und bei Dienstleistungen.[3] Außerdem kann nach § 151

---

[1] S. Bekker, System 2, S. 102. Er will diesen Thatbestand noch als Rechtsgeschäft behandeln, aber jedenfalls nicht als gewöhnlichen Vertrag. M.E. liegt ein involuntarer und zwar personaler Thatbestand vor. Der Konsument haftet für den Preis der Sache, der vom Eigentümer der Waren vorher festgesetzt war, vorbehaltlich einer Klage oder Einrede auf Minderung. Hauptsache ist die Konsumtion; der Wille, sich zu verpflichten, ist rechtlich unerheblich.

[2] Der Gesetzgeber stellt sie zwischen die beiden Verträge des Auftrags und der Verwahrung.

[3] §§ 612 und 632. Diese beiden Bestimmungen können nur vermittelst einer Fiktion auf unsre Fälle ausgedehnt werden, wo von einem vorausgehenden Vertrag keine Rede ist. Vgl. auch die Klage Bekkers, daß E.B.G. die „Naturalakte" übersehen und übergangen hat. Syst. 2, S. 95, n. p. Über die Verschiedenheiten zwischen den „Naturalakten" und Willenserklärungen; s. ebenda S. 103. Ich bin mit Bekker völlig einverstanden, gehe aber insofern weiter, als ich die „Naturalakte" überhaupt nicht zu den Rechtsgeschäften rechne, auch nicht als unselbständige Stücke von solchen, sondern als selbständige Thatbestände eigener Art anerkenne.

B.G.B. vermittelst einer Fiktion insonderheit auf Konsumtionshandlungen angewandt werden.[1] Zur Not können auch die Vorschriften des B.G.B. über ungerechtfertigte Bereicherung auf diese Gruppe unserer personalen Thatbestände herangezogen werden. Diese hätten aber ihrer Eigenart wegen eine Behandlung für sich verdient und die künstliche Erstreckung von Bestimmungen auf ähnliche aber doch eigenartige Gebilde ist nicht im Sinne der Gerechtigkeit und Zweckmäßigkeit.

Die rechtswidrigen Handlungen umfassen nicht bloß die Delikte, welche das Schuldmoment in sich tragen, sondern alle Handlungen, welche objektiv betrachtet eine Rechtsverletzung verursachen. Diese Erweiterung des Begriffes geht aus der objektiven Einteilung hervor, der er entsprungen ist. Daher gehören hierher nicht bloß die rechtsverletzenden Handlungen verantwortlicher Personen, sondern auch nicht verantwortlicher, wie der Kinder, Wahnsinnigen u. s. w. — Für die rechtswidrige Handlung paßt technisch der Ausdruck „That“, der auch im Strafrecht üblich ist.

Unter den „unerlaubten“ Handlungen nehmen die erste Stelle ein: die Delikte. Dabei muß auch an die subjektive Einteilung gedacht werden, wonach entweder durch meine eigene oder durch die Handlung eines Dritten für mich ein ungünstiges Rechtsverhältnis, d. i. eine Haftung, eintreten kann. — Durch das B.G.B. § 826 sind nun aber auch vorsätzliche Handlungen, die gegen die guten Sitten verstoßen, in den Kreis dieser Gruppe von involuntaren Thatbeständen emporgehoben worden, soweit sie einem Dritten Schaden zufügen.

Die zweite große Gruppe der personalen Thatbestände bilden die personalen Ereignisse. Hierher gehören zunächst Geburt und Tod, aber auch die Erreichung eines bestimmten Alters. Man könnte bei letzterem Ereignisse Zweifel erheben, ob überhaupt ein Thatbestand vorliegt: Ein sinnlich wahrnehmbarer Vorgang sei gar nicht vorhanden, also fehle ein wesentliches Merkmal des Thatbestandsbegriffes. Bei Geburt und Tod sei alle Welt damit einverstanden, daß eine juristische Thatsache vorliege, aber die Erreichung eines bestimmten Alters hätte, soweit man sehe, noch niemand als Thatbestand bezeichnet. —

Diese Bedenken sind unbegründet. Sie lassen sich sowohl deduktiv als induktiv widerlegen. Es ist eine logische Notwendigkeit des vernünftigen Denkens, die Erreichung eines bestimmten Alters neben der Geburt als Thatbestand anzuerkennen. Knüpft sich an die Geburt die Rechtsfähigkeit (§ 1 B.G.B.), so knüpfen sich an die Erreichung eines bestimmten Alters die beschränkte und unbeschränkte Geschäftsfähigkeit

[1] Konsumiert jemand ohne Annahmewillen ihm dargebotene Waren, so kann § 151 nur angewandt werden, wenn der Annahmewille fingiert wird. Fiktionen haben immer etwas mißliches. Außerdem liegt es in dem Wesen der Gerechtigkeit, die beiden Fälle scharf zu scheiden. Liegt Annahmewille vor, so ist der vorbestimmte Preis zu leisten. Fehlt es jedoch an einem Annahmewillen, so muß dem Konsumenten eine Klage oder Einrede auf Minderung des Preises, auf das *verum rei pretium* gewährt werden.

(§ 104, § 2 B.G.B.), die Verantwortlichkeit (§ 828 B.G.B.), die Ehemündigkeit (§ 1303 B.G.B.) und die Testamentsfähigkeit (§ 2229 B.G.B.). Die Erreichung eines bestimmten Alters ist somit, juristisch betrachtet, ebenso wichtig als die Geburt. — Ferner hat die Mehrzahl der Gesetze die Erreichung eines bestimmten Alters auch für das intertemporale Privatrecht als einen Thatbestand anerkannt, der von der neuen Rechtsordnung nicht berührt werden darf.[1] Endlich liegt wirklich ein sinnlich wahrnehmbarer Vorgang vor, ebensogut als beim Tode des Menschen. Die Erreichung eines bestimmten Alters drückt sich in der äußeren Erscheinung des Menschen aus. Wenn nun auch diese äußere Erscheinung geraume Zeit vor und geraume Zeit nach der Erreichung eines bestimmten Alters für den oberflächlichen Beobachter dieselbe ist, so liegt darin kein Grund zu leugnen, daß die Erreichung eines bestimmten Alters ein wahrnehmbarer Vorgang sei. Beim Tode ist dasselbe möglich.[2]

Ist aber die Erreichung eines bestimmten Alters ein Thatbestand, so kann es keinem Zweifel unterliegen, daß er ein involuntarer Thatbestand und zwar ein personales Ereignis ist; denn er vollendet sich in einem Zeitpunkte. Zu den personalen Ereignissen müssen wir auch für das intertemporale Privatrecht die Zeugung oder die Empfängnis rechnen. Die Mehrzahl der Gesetzgeber sehen als maßgebenden Zeitpunkt für die Rechtsverhältnisse der unehelichen Kinder den der Zeugung an.[3] Fällt der Zeitpunkt unter die alte Rechtsordnung, so ist diese auf sie anzuwenden, fällt er unter die neue, so sind sie nach dieser zu beurteilen. Eine Minderheit bezeichnet dagegen als maßgebenden Zeitpunkt die Geburt.[4]

Das Deutsche intertemporale Privatrecht hat sich grundsätzlich für den Zeitpunkt der Geburt entschieden; nur bei den Brautkindern ist der Zeitpunkt der Zeugung maßgebend.[5]

Diese beiden großen Gruppen der personalen Thatbestände bieten der Wissenschaft des intertemporalen Privatrechtes, soweit es sich um die Hauptregel handelt, keinerlei Schwierigkeiten. Es sind lauter schlichte Thatbestände und es ist daher leicht zu bestimmen, welche Rechtsordnung auf sie zur Anwendung kommt. Nach der älteren Rechtsregel ist diejenige Rechtsordnung zuständig, unter deren Herrschaft sie stattgefunden haben.

Ganz anderer Natur ist die dritte Gruppe der personalen That-

---

[1] S. Gesch. § 54, S. 377, n. 2 g. E.

[2] Die Prokuleianer verlangten bekanntlich für die Mündigkeit der männlichen Person die Mannbarkeit. Wenn auch die Mannbarkeit allmählich entsteht, so muß es doch auch physiologisch einen Zeitpunkt geben, wo sie wirklich eintritt. Hier kann man somit kein Bedenken mehr erheben, daß ein sinnlich wahrnehmbarer Thatbestand vorhanden ist. Die Prokuleianer verlangten daher eine äußerliche Untersuchung. Beim Tode denke man an die beglaubigten Fälle des Scheintodes.

[3] S. Gesch. § 58, S. 401, n. 2 g. E. und § 59, S. 417, n. 1.

[4] So Baden, s. ebenda § 52, S. 336, n. 2.

[5] S. unten §§ 78, 79 u. 61; vgl. Art. 203; 208, Abs. 1 mit Art. 208, Abs. 2 E.G.

bestände. Es sind dies die personalen Zustände.[1] Sie treten in großer Mannigfaltigkeit auf, so daß wir sie nach verschiedenen Gesichtspunkten einteilen können. — Entweder sind sie an eine bestimmte Zeitdauer gebunden wie die Verjährung, abgesehen von der unvordenklichen Zeit — oder ihre Zeitdauer ist rechtlich unerheblich, wie bei Verschwendungs- und Trunksucht. — Sie können entweder in natürlichen Zuständen (z. B. Gesundheit) bestehen oder in rechtlichen (Besitz, Ehe). — Sie können ferner rein persönlicher oder gemischter Natur sein, indem noch ein reales Element hinzutritt. Beispiele für erstere sind Verwandtschaft, Schwägerschaft; für letztere Besitz, Bereicherung. — Sie können endlich für sich allein ein Rechtsverhältnis erzeugen oder nur im Zusammenhange mit anderen Thatbeständen, sei es in der Form eines Doppelthatbestandes oder eines Verbindungsthatbestandes oder einer Thatbestandsverbindung. Die erstere Alternative ist selten. Hierher gehört z. B. die Geisteskrankheit. Sie bewirkt sofort die Geschäftsunfähigkeit; s. B.G.B. § 104, Nr. 2. Beispiele für die letztere ist die Verjährung, ferner der Thatbestand der gesetzlichen Erbfolge und des Pflichtteilsrechtes.

Daß zur Verjährung ein personaler Zustand gehört, ist von der bisherigen Litteratur wenig beachtet worden.[2] Der diese Wahrheit, soweit ich sehe, zum ersten Male ausgesprochen hat, ist kein geringerer als SAVIGNY,[3] ohne daß er bis jetzt Nachfolger gefunden hätte. Untersuchen wir zunächst die Ersitzung, so gehört dazu vor allem Besitz. Als Thatbestand aufgefaßt ist er nichts anderes als ein gemischt personaler Zustand. Gemischt insofern, als noch ein reales Element dazutritt, was die Römer *corpus* bezeichneten. Das kanonische Recht verlangte ferner dauernden guten Glauben, ebenso jetzt das B.G.B. § 937. Auch er ist nichts anderes als ein personaler und zwar seelischer Zustand. Dieser personale Zustand ist aber nur ein Glied eines Doppelthatbestandes. Es bedarf noch eines negativen Thatbestandes, s. unten § 33.

Ähnlich verhält es sich mit der Anspruchs-(Klagen)-Verjährung. Sie bedarf zunächst eines personalen Zustandes, der hier ein rechtlicher Zustand ist, nämlich dessen, was die Römer mit *actio nata* bezeichnet haben. Es ist somit ein Zustand rechtlicher Gebundenheit einer Person, des Schuldners, erforderlich, gegen den ein Anspruch entstanden. Dieser Zustand muß eine bestimmte zeitliche Dauer haben. Auch er genügt nicht, um die Wirkung hervorzubringen. Es bedarf noch eines negativen Thatbestandes; s. unten § 33.

In der bisherigen Litteratur wurde die Verjährung als Unterart des „Zeitablaufes“ behandelt. Man behauptete nämlich, die Zeit könnte Entstehungs- und Untergangsthatbestand von Rechten sein. Diese Behaup-

[1] S. auch über sie oben § 22, S. 89, n. 2.

[2] S. auch Gesch. § 72, S. 591. n. 1.

[3] S. Syst. 8, § 388, S. 407; s. Gesch. § 76, S. 613, n. 1.

tung findet sich noch in den neuesten Lehrbüchern des bürgerlichen Rechtes.[1]

Kann nun aber wirklich die Zeit Thatbestand sein? Dies ist sowohl philosophisch als auch juristisch unmöglich. Die Zeit als solche ist philosophisch nur eine „Anschauungsform" nicht selbst Gegenstand der sinnlichen Wahrnehmung, so wenig wie der Raum als solcher. Ist nun aber die Zeit nicht sinnlich wahrnehmbar, so fehlt ihr das von der Rechtswissenschaft geforderte Hauptmerkmal des Thatbestandes, die sinnliche Wahrnehmbarkeit. Auch in der Jurisprudenz ist die Zeit nur eine Anschauungsform. Sie dient zur (zeitlichen) Abgrenzung und Abmessung von Thatbeständen, insbesondere von personalen Zuständen, sofern die Rechtsordnung eine bestimmte Zeitdauer von ihnen verlangt. Nicht die Zeit ist also der Thatbestand oder der Zeitablauf, sondern der zeitlich abgegrenzte personale Zustand.

Auch die ungerechtfertigte Bereicherung ist als personaler Zustand in der bisherigen Litteratur verkannt worden. Die meisten Lehrbücher nennen die Schuldverhältnisse, welche aus der ungerechtfertigten Bereicherung hervorgehen, gesetzliche Obligationen. Damit gestehen deren Verfasser ein, daß sie mit der ungerechtfertigten Bereicherung als Thatbestand nichts anzufangen wissen. Genau so verhält es sich auch mit der Aussteuer-, Unterhalts-, Vorlegungs- und Beerdigungspflicht. Sie alle sollen gesetzliche Obligationen sein. Mit dieser bequemen Ausdrucksweise treibt man aber ein gefährliches Spiel. Man erweckt in dem angehenden Juristen notwendigerweise die Vorstellung, als ob Schuldverhältnisse unmittelbar aus dem Gesetze entstehen könnten und fällt damit in eine Lehre zurück, die längst abgethan sein sollte.[2] In der That liegen aber allen diesen Schuldverhältnissen personale Zustände als Thatbestände zu Grunde: Der Vorlegungspflicht ähnlich wie den Bereicherungsklagen ein gemischt personaler Zustand. Das reale Element ist dort das *corpus*, hier das bereicherte Vermögen. Die Unterlage der drei anderen Obligationen bilden dagegen reine personale Zustände, in der Regel die Verwandtschaft; das subjektive Recht wird aber durch einen Gesamtthatbestand vermittelt.[3]

Die intertemporale Behandlung dieser dritten Gruppe personaler Thatbestände begegnet großen Schwierigkeiten. Wir wollen hier absehen von den Fällen, wo der personale Zustand nur ein Glied eines Gesamtthatbestandes, insbesondere eines Doppelthatbestandes ist. Wir beschäftigen uns hier nur mit denjenigen personalen Zuständen, die für sich allein ein

---

[1] Auch in der Strafrechtswissenschaft wird von einigen Schriftstellern die Zeit als Thatbestand der Strafverjährung aufgefaßt. So sagt Berner, Strafrecht 11. Aufl., S. 312: *die Zeit hört nicht auf, das Verbrechen nach und nach aufzuzehren*", und Köstlin, System 1855, S. 482: „*unendliche, alles Irdische in ihrem Strom begrabende Macht der Zeit*".

[2] S. oben § 21, S. 87, n. 1.

[3] S. unten § 29.

Rechtsverhältnis zu erzeugen vermögen. Was nun zunächst die reinen personalen Zustände anbetrifft, so läßt sich im Sinne der älteren Rechtsregel im allgemeinen folgender Satz aufstellen: Hat der reine personale Zustand unter einer Rechtsordnung begonnen und bereits rechtlichen Wirkungen geäußert, so ist er, wenn er auch noch unter der neuen Rechtsordnung fortdauert, mit seinen Wirkungen nach der alten Rechtsordnung zu beurteilen. Hat also unter der alten Rechtsordnung ein von ihr anerkannter Verwandtschaftszustand begonnen, so müssen dessen Wirkungen auch unter der neuen Rechtsordnung nach der alten beurteilt werden, selbst wenn die neue aber nicht ausschließliche Rechtsordnung den personalen Zustand nicht mehr als Verwandtschaft anerkennt.[1] Wenn aber umgekehrt die alte Rechtsordnung den unter ihr begonnenen personalen Zustand nicht als Verwandtschaft anerkennt, wie z. B. der *Code civil* die uneheliche Verwandtschaft und die neue nicht ausschließliche Rechtsordnung erkennt ihn als Verwandtschaft an, so ist er der zweiten Regel des älteren Regelpaares gemäß nicht im Stande, Rechtswirkungen zu erzeugen.[2]

Anders ist es dagegen, wenn der Gesetzgeber der neuen Rechtsordnung die Ausschließlichkeit gewährt. Dann treten die Regeln des neueren Regelpaares in Kraft, und die genannten Fälle sind gerade im entgegengesetzten Sinne zu entscheiden.[3]

Das Deutsche intertemporale Privatrecht verleiht der neuen Rechtsordnung in Ansehung der Verwandtschaft die Ausschließlichkeit. Es kommt also das neuere Regelpaar zur Anwendung.[4]

Die Behandlung der reinen personalen Zustände vereinfacht sich dann, wenn der Gesetzgeber als ausschlaggebenden intertemporalen Zeitpunkt das personale Ereignis bezeichnet, welches diesen Zustand geschaffen hat.[5] Diese Behandlung dürfte sich noch mehr bei den gemischten personalen Zuständen empfehlen, weil das körperliche Element sinnenfälliger ist. Der Thatbestand, der den gemischten Zustand geschaffen hat, läßt sich leicht feststellen. Fällt er unter die alte Rechtsordnung, so ist diese für das Rechtsverhältnis maßgebend, falls der neuen Rechtsordnung nicht Ausschließlichkeit beigelegt ist.[6]

---

[1] S. Gesch. § 58, S. 401, n. 2 und § 65, S. 474, n. 1; vgl. auch § 69, S. 538, n. 1, die Kritik der dortigen Urteile.

[2] Anders dagegen die italienische Rechtsprechung, s. Gesch. § 65, S. 474, n. 1 und § 69, S. 538, n. 1. Sie wendet also das *ius singulare* nnd zwar die zweite Regel des neueren Regelpaares in ihrer ersten Möglichkeit an.

[3] S. Gesch. § 69, S. 538, n. 1 und unten § 79.

[4] Es folgt dies aus Art. 203, 208, 213. Wenn der Gesetzgeber es auch nicht ausdrücklich erklärt, so folgt es schlüssigerweise aus diesen Übergangsbestimmungen; s. oben § 11, S. 44, n. 1. Auch die Rechtsprechung hat einstimmig in obigem Sinne entschieden; s. unten § 79.

[5] Dies ist bei der unehelichen Verwandtschaft geschehen; s. oben S. 112, n. 3.

[6] So sind also das Rechtsverhältnis des Besitzes, der ungerechtfertigten Bereicherung und der Vorlegungspflicht nach der alten Rechtsordnung zu beurteilen, wenn der Thatbestand, der den gemischten personalen Zustand geschaffen hat,

Zu diesem Grundsatze der älteren Regel, daß ein aus der alten Rechtsordnung stammender personaler Zustand lediglich nach deren Vorschriften sich richtet, ist jedoch noch eines zu bemerken. Es kann sein, daß der in die Herrschaft der neuen Rechtsordnung hineinragende altrechtliche personale Zustand ein *factum novum* darstellt, welches von dieser ergriffen wird, selbst dann, wenn sie nicht für ausschließlich erklärt ist. Dies ist dann möglich, wenn die neue Rechtsordnung an einen personalen Zustand, z. B. an das Halten eines Tieres, eine Haftung knüpft und das schädigende Ereignis unter der neuen Rechtsordnung stattfindet. Dann ist die Haftung nach der neuen, wenn auch nicht ausschließlichen Rechtsordnung zu beurteilen.[1]

In der jüngsten Rechtsprechung und Litteratur macht sich eine neue Richtung bemerkbar, die befähigt ist, sämtliche aus der alten Rechtsordnung stammenden Thatbestände und Rechtsverhältnisse der neuen zu unterwerfen, selbst wenn ihr vom Gesetzgeber keine Ausschließlichkeit beigelegt wurde. Die neue Lehre behauptet, daß es Thatbestände und Rechtsverhältnisse gäbe, die sich täglich, ja stündlich immerfort erneuern, so daß sie mit dem Inkrafttreten der neuen Rechtsordnung sofort von dieser ergriffen werden.[2] Bis jetzt hat man zwar bloß das Verlöbnis,[3] den Verzug des Schuldners,[4] und die Unterhaltspflicht,[5] mit dieser neuen Theorie beglückt, allein es ist nicht abzusehen, warum man nicht sämtliche Thatbestände und Rechtsverhältnisse mit dauernder Wirkung, selbst die Verträge nicht ausgenommen, ihr unterwirft und damit die Gewährungsklauseln des Deutschen Gesetzgebers einschließlich des weitherzigen Art. 170 ihrer Wirksamkeit beraubt.[6] Die Lehre von der stetigen Erneuerung hat beim Verlöbnis gar keinen[7] und beim Verzug des Schuldners nur geteilten[8] Anklang gefunden, wohl aber bei der Unterhaltspflicht zur Begründung einer wiedereinsetzenden Ausschließlichkeit der neuen Rechtsordnung.[9]

---

unter ihr stattgefunden. Die *condictio indebiti* beruht nicht auf reiner Bereicherung, sondern wie der Name andeutet, auf einem negativen Rechtsverhältnis; s. insbesondere das schweizer. Bundesgericht; s. Gesch. § 67, S. 513, n. 1 und unten §§ 40 u. 74. Für den Rechtsbesitz hat das E.G. aus dem richtigen Grundsatz für die Zwischenzeit eine wichtige Folgerung gezogen; s. unten § 64. Den entgegengesetzten Standpunkt nimmt die italienische Rechtsprechung ein; s. Gesch. § 69, S. 557, n. 1. In Bezug auf die Vorlegungspflicht s. unten § 73; in Bezug auf den Besitz überhaupt unten § 81.

[1] S. unten § 73.

[2] Spuren dieser Lehre finden sich bereits in früheren Urteilen; s. Gesch. § 67, S. 504, n. 1; vgl. auch § 66, S. 491, n. 2.

[3] S. unten § 71.

[4] S. unten § 73.

[5] S. unten § 79.

[6] In der That wurde diese Theorie der stetigen Erneuerung auf Vertragsverhältnisse angewandt; s. Gesch. a. a. O.

[7] S. unten § 71.

[8] S. Beitr. z. Erläut. S. 74 und unten § 73.

[9] S. oben § 12, S. 52, n. 1 und unten § 79.

Die realen Thatbestände zerfallen nur in zwei Gruppen: in die realen Ereignisse und in die realen Zustände.

Die erste Gruppe umfaßt die Schaden herbeiführenden Kraftäußerungen der vernunftlosen Natur.[1]

Intertemporalrechtlich sind die realen Ereignisse, sofern sie objektive Thatbestände sind, leicht zu behandeln. Nach der Hauptregel ist diejenige Rechtsordnung für ihre Beurteilung maßgebend, unter deren Herrschaft sie sich zugetragen haben.[2]

Die realen Zustände sind, wie die personalen, in der bisherigen Litteratur nicht genügend gewürdigt worden. Dies beweist der Umstand, daß man in den Lehrbüchern der Pandekten die *cautio damni infecti* als gesetzliche Obligation hinstellt. In der That liegt aber dem Schuldverhältnis ein realer Zustand, ein *vitium loci* zu Grunde.

Auch die meisten gesetzlichen Eigentumsbeschränkungen gehen hervor aus realen Zuständen, so aus der Lage des Grundstückes, aus bereits bestehenden baulichen Anlagen und Pflanzungen.[3] Ebenso die Beschränkungen, welche das Berggesetz den Grundeigentümern auferlegt, nämlich aus dem Reichtum des Bodens an Mineralien. — Endlich beruhen die Rechtsverhältnisse der im Gemeingebrauche befindlichen Sachen regelmäßig auf realen Zuständen, die entweder sich ausdrücken in bestehenden Anlagen (öffentlichen Straßen und Plätzen) oder in dauernden Eigenschaften von Flüssen und Strömen oder in der Lage der Grundstücke am Meere oder im Zustande des fließenden Wassers, der Luft oder des Meeres.

Die intertemporale Behandlung der realen Zustände im Sinne der Hauptregel ist mit größeren Schwierigkeiten verbunden als diejenige der realen Ereignisse. Sofern die realen Zustände für sich allein, ohne Mitwirkung eines anderen Thatbestandes Rechtsverhältnisse vermitteln, kann man nach Analogie der personalen Zustände folgende Regel aufstellen: Sind die realen Zustände unter der alten Rechtsordnung entstanden und haben sie bereits Rechtsverhältnisse unter Anerkennung der alten Rechtsordnung vermittelt, so bleiben diese auch unter einer neuen und negativen Rechtsordnung bestehen.[4] Dieser Grundsatz gilt selbst dann, wenn der

---

[1] Schon nach römischem Rechte haftete der Eigentümer eines Tieres für den Schaden, den dieses gegen die Natur seiner Gattung angerichtet hatte. Das B.G.B. §§ 833 und 834 verlangt für diese Haftung weniger Voraussetzungen und fügt noch die Haftung für Wildschaden hinzu; § 835. — Durch das Reichshaftpflichtgesetz sind in die Rechtswelt noch andere reale Ereignisse als Thatbestände aufgenommen worden, mit Ausnahme der höheren Gewalt. Im Gebiete des Versicherungsrechtes spielen die realen Ereignisse einschließlich der höheren Gewalt die Rolle von subjektiven Thatbeständen; s. unten § 29.

[2] S. Gesch. § 66, S. 494, n. 1, das Urteil des R.O.H.G.

[3] S. Gesch. § 65, S. 476, n. 2 und § 69, S. 551, n. 1; § 80, S. 639, n. 2 und unten § 82.

[4] S. Gesch. § 65, S. 476, n. 2 und § 69, S. 551, n. 1, die Kritik der Rechtsprechung. In Bezug auf den Gemeingebrauch öffentlicher Wege ist obiger Grund-

Gesetzgeber der neuen Rechtsordnung eine schlichte Ausschließlichkeit beilegt.[1]

Was insonderheit die *cautio damni infecti* anbetrifft, so muß unterschieden werden. Hatte der Nachbar bereits unter der Herrschaft der alten Rechtsordnung vom Besitzer des fehlerhaften Grundstückes Sicherheit verlangt, so bleibt letzterer auch unter der neuen sicherungspflichtig, selbst wenn diese eine Sicherungspflicht des Besitzers eines fehlerhaften Grundstückes nicht mehr anerkennt. Hatte er es aber unterlassen, das Verlangen zu stellen, so kann er unter der neuen Rechtsordnung das versäumte nicht mehr nachholen. Ähnlich verhält es sich mit der *operis novi nuntiatio*. Diese Behandlung entspricht vollkommen derjenigen, welche die Rechtsprechung den bereits bestehenden Anlagen zu teil werden ließ.[2]

Wenn dagegen der reale Zustand, der unter der alten Rechtsordnung entstanden ist, von dieser nicht als Thatbestand anerkannt wurde und daher kein Rechtsverhältnis vermittelt hatte, so sollte er gemäß der älteren Rechtsregel auch unter der neuen wirkungslos bleiben. Allein hier muß eine Einschränkung gemacht werden. Nehmen wir an, daß die alte Rechtsordnung die Bestimmungen des § 908 B.G.B. nicht kennt, so kann, wenn die Fehlerhaftigkeit des Grundstückes unter der neuen Rechtsordnung fortdauert, der Eigentümer des bedrohten Grundstückes auf Grund der neuen Rechtsvorschriften von demjenigen, welcher nach dem § 836 Abs. 1 oder den §§ 837, 838 B.G.B. für den eintretenden Schaden verantwortlich sein würde, verlangen, daß er die zur Abwendung der Gefahr erforderliche Vorkehrung trifft.[3] Denn wenn auch der reale Zustand unter der alten Rechtsordnung entstanden ist, so gestaltet er sich unter der neuen Rechtsordnung zum gegenwärtigen Thatbestand, und unterwirft sich somit der neuen Rechtsordnung.[4] Wir haben gesehen, daß sich

---

satz in einer Einzelanwendung (Interdikte) vom O.L.G. Braunschweig 31. Januar 1901 anerkannt, unter Berufung auf Art. 170 E.G., Rsp. 4, S. 284. Vgl. Mot. 2, S. 764 flg. Windscheid-Kipp, S. 979.

[1] S. unten § 82.

[2] S. a. a. O. Habicht, S. 368, n. 1, gelangt zu ähnlichen Ergebnissen; nur verlangt er ohne weitere Begründung Klagerhebung; eine außergerichtliche Aufforderung genüge nicht. Er übersieht, daß hier nicht bloß das Obligationenrecht, sondern auch das Nachbarrecht in Frage kommt.

[3] Ebenso unterliegt es keinem Zweifel, daß der durch den Einsturz oder die Ablösung Verletzte auf Grund des § 836 B.G.B. einen Schadensersatzanspruch hat, selbst wenn die Ursache des Einsturzes oder der Ablösung unter die alte Rechtsordnung fällt.

[4] Ebenso ist es, wenn ein Berggesetz gesetzliche Beschränkungen des Grundeigentümers einführt, dessen Grundstück mineralhaltig ist, oder wenn ein Rayonsgesetz gesetzliche Beschränkungen dem Grundeigentümer auferlegt, dessen Grundstück in einer bestimmten Entfernung von einer Festung liegt. In beiden Fällen wird der zwar unter der alten Rechtsordnung bereits vorhandene, aber unter der neuen Rechtsordnung fortdauernde Zustand zum gegenwärtigen Thatbestand, über welchen die neue Rechtsordnung zuständig ist. Ebenso ist es endlich bei den im Gemeingebrauche befindlichen Sachen. Wenn die alte Rechtsordnung die Bestim-

die intertemporale Behandlung derjenigen personalen Zustände, welche für sich allein Rechtsverhältnisse erzeugen, dadurch vereinfachen läßt, daß man als entscheidend für die Herrschaft der alten Rechtsordnung das Ereignis ansieht, das unter ihr den Zustand geschaffen hat. Ganz anders geartet sind dagegen die realen Zustände der Grundstücke. Diese sind von ewiger Dauer. Andererseits sind neu entstehende reale Zustände viel seltener, ja oft ganz undenkbar. Eine Vereinfachung ihrer intertemporalen Behandlung ist daher ganz ausgeschlossen. Es läßt sich kaum ein Ereignis nachweisen, das unter der alten Rechtsordnung den realen Zustand des Grundstückes geschaffen hätte. Es bedarf daher ein neues Gesetz über reale Zustände der Grundstücke, insoweit es diesen die Eigenschaft von Thatbeständen verleiht, der Ausschlußklausel nicht. Ohne Verletzung der älteren Rechtsregel, m. a. W. ohne ausschließlich zu sein, kann es die bereits bestehenden realen Zustände als neue, selbständige Thatbestände ergreifen.

Das deutsche intertemporale Privatrecht verleiht den Bestimmungen des neuen bürgerlichen Rechtes über das Eigentum grundsätzlich die Ausschließlichkeit und damit auch seinen Vorschriften über die auf realen Zuständen der Grundstücke beruhenden Beschränkungen und Belastungen.[1]

§ 28. Die gemischten Thatbestände. Die Verbindungen der Thatbestandselemente.

Wie es in der Welt der Staatengebilde keines giebt, das genau unter eine besimmte Form fällt, so kommen unter den Thatbestandsfiguren reine Thatbestände, die nur aus einem Elemente bestehen, selten vor. Es können vielmehr die verschiedenartigsten Verbindungen der Elemente eintreten.[2]

Schon aus der Übersicht der Thatbestandselemente und Unterelemente ergiebt sich, daß Verbindungen in großer Anzahl möglich sind. Was den Begriff „Rechtsgeschäft" anbetrifft, so bleibt derselbe trotz der gemischten Zusammensetzung des Thatbestandes solange unangetastet, als das Element des Privatwillens, der Verkörperungsabsicht, das Hauptstück des Thatbestandes ausmacht. Schrumpft der Privatwille zum Nebenstück

mung nicht kennt, daß ein beständig fließender Fluß oder ein schiff- und flößbarer Fluß ein öffentlicher sein soll, so ist klar, daß diejenigen Flüsse, die schon unter der alten Rechtsordnung diese Eigenschaft hatten, unter der neuen dem Gemeingebrauche anheimfallen. — Daß auch personale Zustände als Thatbestände der Gegenwart von der neuen Rechtsordnung erfaßt werden können, darüber s. unten § 69 und § 76. S. auch das Urt. des O.L.G. Hamburg, 14. Juli 1900, Rsp. 1, S. 313. 314. Vgl. über reale Zustände bei Ausschließlichkeit der Rechtsordnung unten § 81 und § 82.

[1] S. unten § 82.

[2] Über die Elemente des Thatbestandes s. oben § 21, S. 85.

zusammen oder wird er gar rechtlich unerheblich, so haben wir es nicht mehr mit einem Rechtsgeschäft zu thun, sondern entweder mit einem öffentlichen Willensthatbestande oder mit einem personalen Thatbestande.[1]

Im folgenden wollen wir an eine, wenn auch nicht erschöpfende Betrachtung der Möglichkeiten gehen, unter welchen eine Verbindung der verschiedenen Thatbestandselemente eintreten kann. Eine Verbindung kann zunächst eintreten zwischen einem privaten und einem öffentlichen Willen. Diese Mischung von Thatbestandselementen wird von der modernen Gesetzgebung bevorzugt. Es sind folgende Möglichkeiten denkbar: Die beiden Willen sind einander gleichgeordnet; dann entsteht entweder eine Thatbestandsverbindung oder ein Verbindungsthatbestand, so § 925 B.G.B. und § 52 des R.G. v. 6. Februar 1875; unten § 31 und § 33. Oder es kann der Privatwille dem öffentlichen Willen untergeordnet sein oder umgekehrt, sei es daß der Privatwille bloß Voraussetzungs- oder Nebenthatbestand ist oder umgekehrt; so § 4 B.G.B; § 80 und §§ 1317, 1318 B.G.B.

Wann liegt bei dieser Mischung der Elemente ein Rechtsgeschäft vor? Die Regel ist folgende: Der einheitliche Thatbestand bleibt ein Rechtsgeschäft einmal dann, wenn der Privatwille dem öffentlichen gleichgeordnet ist: Auflaßung und Eheschließung nach altem Rechte. Aber auch dann, wenn der öffentliche Wille bloß Voraussetzungs- oder Nebenthatbestand ist; Stiftung und Eheschließung nach neuem Rechte. Dagegen ist kein Rechtsgeschäft, sondern ein öffentlicher Willensthatbestand vorhanden, wenn der Privatwille den Voraussetzungs- oder Nebenthatbestand bildet: Volljährigkeitserklärung.[2]

So kann sich ferner der private Wille mit einer wirtschaftlichen Thätigkeit zu einem einheitlichen Thatbestande vermischen. In diesem Sinne sind sämtliche römischen Realkontrakte einschließlich der ungenannten, gemischte Thatbestände. Auch sie bleiben trotz der Mischung Rechtsgeschäfte.[3]

Ein gemischter Thatbestand kann auch so eintreten, daß als Hauptthatbestand ein Rechtsgeschäft und als accessorischer ein personales Ereignis erscheint; so der Thatbestand für die testamentarische Erbfolge; s. unten § 30. —

Es ist auch möglich, daß sich das Element des privaten Willens mit einem personal-realen Zustande zu einem einheitlichen Thatbestand verbindet; so die Begründung des Wohnsitzes (Wohnsitz als Rechtsverhältnis

[1] S. auch oben § 27, S. 110, n. 1.

[2] Ebenso stellen §§ 13, 14, 21, 22, 230, 1723, 1774 in Verbindung mit 1777, 1792, 1883, 1889 B.G.B. keine Rechtsgeschäfte, sondern öffentliche Willensthatbestände dar.

[3] Will man die Occupation durchaus als Rechtsgeschäft ansehen, so kann es sich nur um einen solch gemischten Thatbestand handeln.

aufgefaßt).[1] Trotz dieser Mischung bleibt der Thatbestand ein Rechtsgeschäft.

Oder es kann sich ein negativer Willensthatbestand mit einem personalen Zustande zu einem Doppelthatbestande verbinden; die höchste Stufe der Gemischtheit erreicht die gemeinrechtliche Ersitzung; s. unten §§ 33 und 34.

Auch die involuntaren Elemente des Thatbestandes können unter sich Verbindungen eingehen. So die wirtschaftliche Thätigkeit mit einem realen Ereignis. Es ist dies der Thatbestand, der der Haftpflicht des Eisenbahnunternehmers zu Grunde liegt. So auch ein personales Ereignis und ein personaler seelischer Zustand, vergl. § 828 B.G.B. Eine eigentümliche Verbindung einer erlaubten Thätigkeit, eines reinen personalen Zustandes und einer (rechtswidrigen) That stellt § 827, S. 2 B.G.B. dar.[2] Eine Verbindung eines reinen personalen Zustandes mit einem personal-realen Zustande und einer (rechtwidrigen) That findet sich in § 829 B.G.B.[3] Ebenso eines personal- realen Zustandes mit einem realen Ereignis in §§ 833, 835, 836 B.G.B.[4] Eine Verbindung eines realen Zustandes mit einem realen Ereignis können die Thatbestände des Art. 65 E.G. enthalten.

Die intertemporale Behandlung der gemischten Thatbestände ist verschieden; sind sie schlichte, so gilt nach gemeinem intertemporalen Rechte die einfache Regel, daß für sie die Rechtsordnung zuständig ist, unter deren Herrschaft sie sich ereignen. Sind sie nicht schlichte, so ist die Anwendung einer einheitlichen Regel ausgeschlossen.[5]

§ 29. Die objektiven und subjektiven Thatbestände.

Diese Einteilung der Thatbestände, s. oben § 22 S. 88 n. 2, erweist sich für das intertemporale Privatrecht als unentbehrlich. Ist festgestellt, daß ein Thatbestand ein subjektiver ist, so ist sein intertemporalrechtliches Schicksal entschieden. Diejenige Rechtsordnung, unter welche der objektive Thatbestand fiel, ist maßgebend auch für den subjektiven. —

Der Kreis der subjektiven Thatbestände ist kein kleiner. Es gehören

---

[1] S. § 7 des B.G.B. In dem Ausdruck „ständig“ liegt der personal-reale Zustand, im § 8 des B.G.B. liegt der Willensthatbestand.

[2] Die Thätigkeit ist wirtschaftliche Konsumtion; der reine personale Zustand ist Bewußtlosigkeit; die That ist die Verursachung des Schadens durch den an und für sich nicht Verantwortlichen. Rechtswidrig ist die That im objektiven Sinne; s. oben § 27, S. 111.

[3] Der rein personale Zustand ist die Zurechnungsunfähigkeit. Der personal-reale Zustand ist die Größe des Vermögens des Schädigenden und des Beschädigten. Rechtswidrig ist die That im objektiven Sinne; s. oben a. a. O.

[4] Der personal-reale Zustand ist das Halten des Tieres, des Wildes, der Besitz des fehlerhaften Gebäudes u. s. w.

[5] Über ihre Behandlung geben unten die §§ 29 bis 35 Aufschluß.

hierher nicht bloß sämtliche aufschiebende Bedingungen und Befristungen (im Sinne von Thatbeständen), sondern auch andere Thatbestände, die in Rechtsprechung und Litteratur bis jetzt nicht richtig eingeschätzt wurden. Was die aufschiebenden Bedingungen und Befristungen anbetrifft, so sind sie jetzt vom B.G.B. § 163 ihren Rechtsfolgen nach gleichgestellt worden. Diese Rechtsfolgen bestehen darin, daß das bereits begründete objektive Rechtsverhältnis mit subjektivem Inhalte erfüllt wird, vom Tage des Eintrittes der Bedingung und Befristung an gerechnet; § 158 B.G.B. Damit ist die sog. „retrotraktive Fiktion" beseitigt. — Fällt nun der objektive Thatbestand unter die alte Rechtsordnung, so müssen auch die Bedingungen und Befristungen nach dieser beurteilt werden, selbst wenn sie unter der Herrschaft der neuen eintreten. Dabei ist keine Ausnahme zu Gunsten der Potestativbedingung zu machen, wie Lyncker und nach ihm Gabba meinen.[1]

Die aufschiebenden Bedingungen und Befristungen haben als subjektive Thatbestände die Eigentümlichkeit, daß sie immer einen Willensthatbestand als objektiven voraussetzen. Dieser kann sowohl ein privater als ein öffentlicher sein. Sie selbst aber sind entweder willentliche Thatbestände (Potestativbedingungen) oder notwendige (kasuelle Bedingungen) oder gemischte Thatbestände (gemischte Bedingungen). Selbst, wenn die Erfüllung der Bedingung in die Willkür des bedingt Verpflichteten gesetzt wird, so ist der Eintritt der Bedingung für den Berechtigten ein notwendiger Thatbestand.

Die auflösenden Bedingungen und Befristungen gehören nicht zu den subjektiven, wohl aber zu den unselbständigen Thatbeständen, die das Rechtsgeschäft umkreisen, s. oben § 25 S. 106 n. 3, und dessen intertemporalrechtliches Schicksal teilen. Sind die auflösenden Bedingungen potestativer Natur, so sind sie als Thatbestände betrachtet, nicht etwa selbst Rechtsgeschäfte, sondern gehören zu jener Gruppe von unselbständigen Willensthatbeständen, welche dem Rechtsgeschäfte folgen. Man kann sie als Rechtsgeschäfte i. w. S. d. W. bezeichnen; s. oben § 25 S. 98.

Eine besonders wichtige Gruppe von objektiven Thatbeständen bilden im modernen Grundbuchrechte die Vormerkungen; ihnen stehen dann

---

[1] S. Gesch., § 47, S. 302, Thes. XXIII; § 48, S. 309 und § 72, S. 597, n. 1. S. oben § 25, S. 104, n. 2. Man kann auch nicht etwa behaupten, es läge hier ein Doppelthatbestand vor, s. unten § 33; denn er verlangt zwei gleichgeordnete Thatbestände, die von gegnerischen Parteien ausgehen. Hier aber werden beide von denselben Parteien bestimmt. Der subjektive Thatbestand steht in einem Verhältnis der Unterordnung zum objektiven. In der Litteratur herrscht beinahe Übereinstimmung, daß die Bedingungen und Befristungen nach der Rechtsordnung beurteilt werden müssen, unter welche das Rechtsgeschäft fiel. Selbst die Vertreter der Lehre von den erworbenen Rechten suchen durch künstliche Verdrehungen zu demselben Ergebnis zu gelangen; s. Gesch., § 79, S. 627. Als neuester Vertreter dieser Lehre darf Lehmann angesehen werden, s. z. B. a. a. O. S. 40. Aber auch er erklärt sich für obigen Grundsatz; S. 87, n. 142.

die Einträge ins Grundbuch als subjektive Thatbestände gegenüber.[1] Da das Deutsche intertemporale Privatrecht in Art. 184 E.G. die Gewährungsklausel enthält, hat es damit den richtigen Grundsatz anerkannt.[2]

Objektive und subjektive Thatbestände treten ferner auf bei Generalpfandrechten und Pfandrechten an einem Sachinbegriffe.[3] Für die Thatbestandswissenschaft äußerst lehrreich ist der Umstand, daß die bisherige romanistische Litteratur mit Einstimmigkeit auch gesetzliche Generalhypotheken annimmt. Es ist dies noch ein Überrest jener Lehre, wonach es Rechte geben könne, die unmittelbar aus Gesetzen fließen.[4] In Wahrheit liegen aber all diesen sog. gesetzlichen Pfandrechten an einem ganzen Vermögen Thatbestände unter; nur wußte die bisherige Jurisprudenz mit ihnen nichts anzufangen, weil ihr eine wissenschaftliche Gliederung aller Thatbestände und ihrer Elemente fehlte.[5] Greifen wir eines der sog. gesetzlichen Generalpfandrechte heraus, dasjenige der Ehefrau am Vermögen ihres Mannes zur Sicherung ihrer Forderung auf Rückgabe der Dos. Zunächst liegt ein personaler Zustand vor, nämlich die Ehe; s. oben § 27, S. 113. — Dazu kommt noch der Thatbestand der Bestellung der Dos, der als solcher ein Willensthatbestand ist, jedoch vom Standpunkte der Frau aus gesehen ein notwendiger, sofern sie nicht selbst die Dos bestellt hat. Beide zusammen bilden einen Verbindungsthatbestand. — Oder nehmen wir das gesetzliche Generalpfandrecht des Mündels an dem Vermögen seines Vormundes; auch hier haben wir zunächst einen personalen Zustand, in welchem sich das Mündel befindet. Dazu kommt die Übernahme der Vormundschaft von seiten des Vormundes, also wiederum eine Verbindung eines Zustandes mit einem privaten Willensthatbestande, der aber vom Standpunkte des Mündels aus betrachtet ein notwendiger ist. Letzterer kann sogar mit einem öffentlichen Willensthatbestande verknüpft sein (*tutela dativa*). Ebenso lassen sich bei allen anderen sog. gesetzlichen Generalpfandrechten Thatbestände nachweisen, die sich meistens als Verbindungsthatbestände herausstellen. Sie bilden dann die objektiven Thatbestände.

Welches sind nun bei diesen Generalpfandrechten die subjektiven Thatbestände? Es sind dies jene, mit welchen der Eintritt eines neuen Vermögensstückes in das haftende Vermögen verbunden ist. Sofort entsteht für den Pfandgläubiger das subjektive Pfandrecht an dem Vermögensstück. Während nun bei den Bedingungen und Befristungen der objektive Thatbestand immer ein voluntarer ist, sei es ein privater sei es

---

[1] S. Gesch., § 64, S. 448, n. 1 g. E. und besonders § 69, S. 556, n. 2.

[2] S. unten § 39 und § 65.

[3] Wenn nun auch das neue Recht ein Pfandrecht an einem ganzen Vermögen nicht mehr kennt, so sind ihm doch Pfandrechte an Sachinbegriffen nicht fremd; s. z. B. B.G.B., § 559.

[4] S. oben § 21, S. 85, n. 3.

[5] S. oben § 21, S. 85 und S. 87.

ein öffentlicher, so liegt bei den Generalpfandrechten als objektiver Thatbestand entweder ein voluntarer vor (Generalhypotheken durch Vertrag oder letztwillige Verfügungen) oder ein Verbindungsthatbestand, wovon das eine Glied regelmäßig ein involuntarer und zwar ein personaler Zustand ist, das andere Glied zwar ein voluntarer sein kann, aber subjektiv betrachtet ein notwendiger ist. Die subjektiven Thatbestände bei den Generalhypotheken sind vom Standpunkte des Gläubigers aus betrachtet notwendige Thatbestände; objektiv betrachtet voluntare Thatbestände, soweit der Erwerb der Vermögensstücke durch Rechtsgeschäft vor sich geht, andernfalls involuntare.

Intertemporalrechtlich wichtig ist es nun, daß auch hier die subjektiven Thatbestände nach derselben Rechtsordnung zu beurteilen sind wie die objektiven, selbst wenn sie unter die neue Rechtsordnung fallen. Dieser Grundsatz ist im 19. Jahrhundert sowohl in der Gesetzgebung[1] als auch in der Rechtsprechung anerkannt worden.[2] Das Gleiche gilt auch im Deutschen intertemporalen Privatrechte.[3]

Auch beim Zurückbehaltungsrecht ist ein objektiver und subjektiver Thatbestand zu unterscheiden. Der objektive wird gebildet durch den Besitz der Sache und den Erwerbsthatbestand der Forderung des Besitzers gegen den Aussonderungsberechtigten. Der subjektive dagegen besteht in der Geltendmachung des Aussonderunganspruches. Fällt diese unter die neue Rechtsordnung, so muß trotzdem das Zurückbehaltungsrecht nach der alten beurteilt werden, wenn der objektive Thatbestand unter ihrer Herrschaft begonnen hatte.[4]

Ein weitere Gruppe objektiver und subjektiver Thatbestände läßt sich bei den Früchten und Nutzungen nachweisen. Bekanntlich hat das B.G.B. den Fruchtbegriff des römischen und gemeinen Rechtes erweitern wollen, jedoch sich höchst unglücklich ausgedrückt; s. § 99; vergl. auch § 100 B.G.B.[5] Auf Grund des Abs. 2 verb. mit Abs. 3 des § 99 läßt sich im Sinne des Gesetzgebers folgende Begriffsbestimmung der Früchte

[1] So insbesondere in der hannoverschen; Gesch., § 54, S. 370, n. 3 g. E.; in der oldenburgischen; S. 375, n. 2; in der hamburgischen; § 58, S. 403, n. 1 und 2.

[2] In der Rechtsprechung erfolgte die Begründung meistens im Geiste der Lehre von den erworbenen Rechten. Da nun aber ein erworbenes Recht auf künftige Vermögensstücke ein logischer Unsinn ist, so mußte notwendig die Begründung eine verfehlte sein; s. in der Gesch. das Urteil des R.G. vom 9. Oktober 1882, § 63, S. 430, n. 2, wo sich das Reichsgericht vergeblich abmüht, durch künstliche Phantasiebegriffe erworbener Rechte oder deren Negationen seine an sich richtige Entscheidung zu stützen. Vgl. ferner in der Gesch. § 65, S. 480, n. 2, die reichhaltige Rechtsprechung im Gebiete des französischen und italienischen Rechtes.

[3] S. unten § 65.

[4] S. Gesch., § 66, S. 494, n. 3 g. E., § 67, S. 514, n. 1 g. E. Gegen diese Rechtswahrheit verstieß das Urteil des O.L.G. Hamburg vom 1. Dezember 1901, Rsp. 2, S. 57, welches lediglich den subjektiven Thatbestand ins Auge faßt (atomistischer Standpunkt). S. auch unten §§ 41 und 82.

[5] S. Reichel, Der Begriff der Frucht im B.G.B., in Jherings Jahrb. 6, S. 305 flg.

geben: Früchte sind die Erträgnisse eines objektiven realen Rechtsverhältnisses zu Gunsten des zuständigen Rechtssubjektes. Das reale Rechtsverhältnis steht im Gegensatze zum personalen. Es umfaßt die dinglichen Rechtsverhältnisse sowohl als auch die obligatorischen und die Urheberrechtsverhältnisse.[1]

Welches ist nun der objektive und welches der subjektive Thatbestand des Fruchterwerbes? — Der objektive Thatbestand ist derjenige, der das objektive reale Rechtsverhältnis begründet oder seinen Erwerb herbeiführt. Es wird in den meisten Fällen ein voluntarer Thatbestand sein. Es kann aber auch ein unvoluntarer sein, ja bei den Urheberrechtsverhältnissen ist es immer ein solcher; s. oben § 27 S. 109. — Der subjektive Thatbestand ist derjenige, welcher die Entstehung und den Erwerb der Früchte herbeiführt, also nach römischem, gemeinem und jetzigem Rechte die *separatio, perceptio, traditio fructuum*, die Zahlung der Zinsen; nach jetzigem Rechte die Ausbeutung des Bergwerkes, des Urheberrechtes u. s. w. Es sind also regelmäßig involuntare Thatbestände mit Ausnahme der Zahlung der Zinsen, Renten, Anteile, Dividenden u. s. w.[2]

Für das intertemporale Privatrecht von höchster Wichtigkeit ist es nun, daß auch bei dieser Gruppe von subjektiven Thatbeständen der Satz gilt: Sie teilen das intertemporalrechtliche Schicksal des objektiven That-

[1] Über den Gegensatz der personalen und realen Rechtsverhältnisse vgl. mein Institutionensystem S. 469 fg. und unten § 38. Die personalen Rechtsverhältnisse sind unfähig, Früchte im juristischen Sinne hervorzubringen. Die Rechts- und Geschäftsfähigkeit verleihen wohl der Person die Fähigkeit, zuständiges Subjekt von realen Rechtsverhältnissen zu sein oder zu werden. Unmöglich aber kann man die erworbenen Rechte als Früchte der Rechts- und Geschäftsfähigkeit auffassen. — Dagegen sind die realen Rechtsverhältnisse geradezu dazu bestimmt, Früchte und Nutzungen hervorzubringen; so das reale Rechtsverhältnis des Eigentums, die früher sog. natürlichen Früchte; ebenso das Bergwerkseigentum, die früher sog. *fructus civiles*; das Erbbaurecht, Nutzungen oder auch *fructus civiles* (im früheren Sinne), wie Mietzinsen; die persönlichen Dienstbarkeiten „natürliche“ Früchte und Nutzungen; die Grunddienstbarkeiten regelmäßig nur Nutzungen; die Grundrenten wiederum „civile“ Früchte, ebenso die Grundschulden und Hypotheken. — Die obligatorischen Rechtsverhältnisse, Darlehen, Pacht, Miete bringen im Sinne des früheren Rechtes civile Früchte hervor, Zinsen. — Die modernen Urheberrechtsverhältnisse, die dem römischen und gemeinen Rechte unbekannt waren, bringen Erträgnisse hervor, die im Sinne des alten Rechtes als civile Früchte zu bezeichnen wären. Es ist ein großer Fortschritt, daß das B.G.B. den Unterschied zwischen natürlichen und civilen Früchten fallen läßt. Alle jene Erträgnisse sind jetzt Früchte oder fallen unter den noch weiteren Begriff der Nutzungen.

[2] Es würde hier zu weit führen, die Frage zu beantworten, ob jedes „Einkommen“ als Frucht im Sinne des B.G.B. zu betrachten ist. Würde die Frage bejaht, dann wären die vier volkswirtschaftlichen Einkommensarten, Grundrente, Kapitalzins, Arbeitslohn und Unternehmergewinn als Früchte oder Nutzungen im im juristischen Sinne zu betrachten. Die Fassung des B.G.B. ist eine so weite, daß sie wirklich diese vier Arten in sich aufzunehmen vermag. Es wäre kein Unglück, wenn sich Jurisprudenz und Volkswirtschaftslehre in der Weise nähern

bestandes. Fällt also dieser unter die alte Rechtsordnung, so sind auch jene darnach zu beurteilen, selbst wenn sie unter die Herrschaft der neuen Rechtsordnung fallen.[1] Gerade für die sog. civilen Früchte ist die Erkenntnis des subjektiven Thatbestandes von weittragender Bedeutung. Sie verleiht eine feste Handhabe bei der Beantwortung der Frage, nach welcher Rechtsordnung die civilen Früchte, insonderheit die Zinsen und Renten zu beurteilen sind. Von jeher bestand gerade bei dieser Frage ein bedenkliches Schwanken in Rechtssprechung und Litteratur.[2] Der richtige Standpunkt ist aber sowohl in der Gesetzgebung[3] als auch in der Rechtsprechung[4] und Litteratur[5] vertreten.

In diesen Zusammenhang gehört auch der Mäklervertrag. Er begründet das objektive Rechtsverhältnis. Der subjektive Thatbestand ist der Abschluß des Geschäftes mit dem Dritten; § 652 B.G.B. Jetzt erst entsteht der Anspruch auf den Mäklerlohn.[6]

Eine weitere hierher gehörige Gruppe bilden die Verträge zu Gunsten eines Dritten, falls die Rechtsordnung oder der Vertrag selbst zur Entstehung seines Anspruches verlangt, daß er dem Vertrage beitrete. Der Vertrag zwischen den Parteien bildet dann den objektiven, die Beitrittserklärung des Dritten den subjektiven Thatbestand. Fällt also der Vertrag unter die alte, der Beitritt unter die neue Rechtsordnung, so ist das ganze Rechtsverhältnis nach der alten zu beurteilen.[7]

Auch die Auslobungen sind objektive Thatbestände; der subjektive Thatbestand ist hier die Vornahme der Handlung; s. § 657 B.G.B. Fällt also die Auslobung unter die alte, die Vornahme der Handlung dagegen unter die neue Rechtsordnung, so ist doch erstere maßgebend.[8] Ebenso verhält es sich mit den Vertragsanträgen; sie bilden die objektiven

---

würden, daß ein so umfassender volkswirtschaftlicher Begriff, wie Einkommen, durch einen ebenso umfaßenden juristischen Begriff, wie Früchte und Nutzungen, gedeckt würde. Bedenken steigen lediglich beim Arbeitslohn auf, ob dieser als Frucht eines Rechtsverhältnisses anzusehen sei; das Rechtsverhältnis ist das des Dienst- oder Werkvertrags.

[1] Gegen diese intertemporale Rechtswahrheit verstieß sowohl die Rechtsprechung als auch die Litteratur. Bezüglich der Rechtsprechung s. besonders Gesch., § 69, S. 545, n. 4, S. 547, n. 1; inbesondere S. 557, n. 2, S. 560, n. 1; vgl. noch § 55, S. 394, n. 1, und § 63, S. 434, n. 1. Bezüglich der Litteratur s. § 47, S. 300, n. 2 und 3 und § 48, S. 308 (Lyncker).

[2] S. vorige Note. Auch unter der Herrschaft des neuen Rechtes hat dieses Schwanken angehalten; s. z. B. unten in § 72.

[3] S. Gesch., § 55, S. 389, n. 1; das Albertinische Patent Art. 16 in § 58, S. 402, n. 1.

[4] S. Gesch., § 64, S. 447, n. 1, § 65, S. 476, n. 1, insbesondere S. 480, n. 1. S. auch unten § 72.

[5] Savigny, s. Gesch., § 54, S. 376, n. 1; Hofmann, s. Gesch., § 69, S. 545, n. 4.

[6] A. M. wie es scheint Lehmann, a. a. O., S. 87, n. 141.

[7] S. unten § 72.

[8] S. unten § 72.

Thatbestände, die Annahme dagegen den subjektiven. Fällt daher der Antrag unter die alte Rechtsordnung, so ist diese für den ganzen Vertrag maßgebend.[1]

Auch der Thatbestand des § 25 H.G.B. fällt in diesen Rahmen. Der Vertrag, wodurch jemand ein Handelsgeschäft erwirbt, bildet den objektiven Thatbestand; die Fortführung des Handelsgeschäftes unter der bisherigen Firma den subjektiven. Mit Eintritt dieses letzteren gehen einerseits die Forderungen des früheren Inhabers auf den Erwerber über und entstehen andererseits gegen ihn die Ansprüche der Gläubiger wegen den Verbindlichkeiten des früheren Inhabers. Fällt daher der Vertrag unter die alte, die Fortführung des Handelsgeschäftes unter die neue Rechtsordnung, so ist für das ganze Rechtsverhältnis die alte maßgebend.[2]

Ebenso gehört die Vertragsstrafe hierher. Den objektiven Thatbestand bildet der Vertrag, den subjektiven die Zuwiderhandlung.[3] Ferner der Versicherungsvertrag. Dieser bildet den objektiven Thatbestand; der Unfall i. w. S. dagegen den subjektiven.[4]

Auf einen objektiven und subjektiven Thatbestande beruht auch die Unterhaltspflicht. Der objektive besteht in dem rein personalen Zustande der Verwandtschaft und dem personal-realen des Vermögens des Pflichtigen; der subjektive in dem personal-realen Zustande der Verarmung des Berechtigten.[5]

---

[1] So richtig auch Habicht, S. 166 flg. Dagegen Lehmann, a. a. O., S. 85 flg.; Endemann, B.R. 8. Aufl., Bd. 1, § 16, Anm. 13, und Niedner, im Recht 1900, S. 427.

[2] A. M. Lehmann, a. a. O., S. 86. 87, der vom atomistischen Standpunkte aus den Zeitpunkt der Fortführung als entscheidend ansieht. Denselben Standpunkt nimmt er a. a. O. bei der intertemporalen Behandlung der Offerte und deren Annahme ein. Habicht, welcher im letzteren Falle Anhänger der organischen Auffassung ist und diese besonders in der 3. Aufl., S. 774, 775, lebhaft gegen Endemann und Niedner verteidigt, huldigt bei dieser Frage dem atomistischen Standpunkte; s. a. a. O. S. 224, n. 2. Die richtige Auffassung teilt Cosack, 4. Aufl., S. 768, Nr. 7.

[3] Gegen diese einfache Regel verstieß das O.L.G. Hamburg, 9. Februar 1900; es mißt dem § 343 B.G.B. eine öffentlichrechtliche Bedeutung bei; D. Recht 1900, S. 174. Richtig entschied das O.L.G. Kassel, 23. April 1900; es unterscheidet zwischen dem Vertrag und dem daraus erworbenen Anspruch; s. Erläut. zum B.G.B. 1. Heft, S. 76. Ebenso O.L.G. Karlsruhe, 21. Juni 1901; D. Recht 1901, S. 468. Ähnlich wie die Vertragsstrafe ist die Draufgabe zu behandeln; sie selbst bildet den objektiven, die Erfüllung oder Aufhebung des Vertrages den subjektiven Thatbestand; s. § 337 B.G.B. Vgl. auch unten § 72.

[4] S. Gesch., insbesondere § 67, S. 509, n. 1. Für das Deutsche intertemporale Privatrecht muß im Sinne des Art. 170 dasselbe gelten.

[5] S. Gesch., § 69, S. 543, in der Anm. Das Deutsche intertemporale Privatrecht legt der neuen Rechtsordnung im Hinblick auf die Unterhaltspflicht grundsätzlich Ausschließlichkeit bei; s. unten § 79. Vgl. auch oben § 12, S. 52, n. 1. Dem gemeinen Rechte folgt es in Art. 208 E.G., Abs. 1; s. unten § 61.

§ 30. Der Hauptthatbestand im Gegensatze zum Voraussetzungs- und Nebenthatbestande.

Für den Voraussetzungs- und Nebenthatbestand giebt es einen schlichten intertemporalen Grundsatz: Sie folgen dem rechtlichen Schicksale des Hauptthatbestandes, wie das Zubehör dem rechtlichen Schicksale der Hauptsache.

Die Voraussetzungsthatbestände sind in der Regel involuntarer Natur. Sie vermitteln rechtliche Fähigkeiten und Eigenschaften von Personen und Sachen, die im Hauptthatbestande eine Rolle spielen sollen. So bei den Personen die Geschäftsfähigkeit und Deliktsfähigkeit mit ihren Schattierungen; bei den Sachen Vertretbarkeit, Verbrauchbarkeit, Teilbarkeit, Veräußerlichkeit, Zugehörigkeit und deren Negationen.

Im neuen Rechte giebt es hinsichtlich der persönlichen Voraussetzungen nur noch einen gemischten Privatwillensthatbestand; es ist dies die Begründung des Wohnsitzes nach § 7 B.G.B. Im römischen und gemeinen Rechte war die Emanzipation ein Privatwillensthatbestand; ähnlich im französischen Rechte; s. unten § 70. Die Legitimation und und Adoption haben ihre Bedeutung für die persönlichen Fähigkeiten größtenteils eingebüßt.

Beiden realen Voraussetzungen sind als Privatwillensthatbestände vertragsmäßige Veräußerungsverbote denkbar, die aber im gemeinen Rechte mit einer bestrittenen Ausnahme keine dingliche Wirkung hatte wohl aber im preußischen Rechte;[1] ferner gewillkürte Pertinenzen.[2] Im übrigen handelt es sich bei realen Voraussetzungen um reale Zustände wie Fungibilität, Teilbarkeit, Verbrauchbarkeit, Zugehörigkeit, wobei die Verkehrsanschauung mitwirkt, die gleichsam von der Rechtsordnung als ihr Vertreter ernannt wird; s. §§ 91. 92. 97. 752 B.G.B.

Unser Grundsatz wird nun gerade in Anschauung realer Voraussetzungsthatbestände durch die neue deutsche Rechtsprechung bestätigt.[3]

Abweichend von den Voraussetzungsthatbeständen ist der Hauptthatbestand regelmäßig ein voluntarer; doch sind auch involuntare denkbar, insonderheit personale Handlungen und Ereignisse. So verlangte die Geburt nach der alten Rechtsordnung mehrere Voraussetzungsthatbestände, nach französischem Rechte sogar die Lebensfähigkeit des Geborenen. Das neue Recht begnügt sich mit der Vollendung der Geburt. Aber auch hier wird die (praktische und theoretische) Jurisprudenz gewisse Voraussetzungen verlangen, wie Leben, Reife, Trennung vom Mutterleibe.[4]

---

[1] A.L.R. I, 4, § 15 flg. Gerade in Bezug auf dieser realen Voraussetzungsthatbestand bot das E.G. unserem Satz in Art. 168 anerkannt; s. unten § 73.

[2] S. O.L.G., Stuttgart; Seufferts Bl. f. R.A. 1901, S. 471.

[3] R.G., 7. Juli 1900, E. 46, S. 172 fl. und 27. Februar 1901; D. Recht 1901, S. 207. Es handelt sich um die Zugehörigkeit der Sachen. Noch deutlicher O.L.G. Stuttgart, 3. Okt. 1901, Rsp. 3, S. 297; vgl. noch Seufferts Bl. f. R.A. 1901, S. 471.

[4] Wenn Planck in seinem Kommentar zu § 1 B.G.B. von der Trennung

Auch dem Nebenthatbestande gegenüber ist der Hauptthatbestand regelmäßig ein Willensthatbestand. Es giebt jedoch Ausnahmen; so nach römischem Rechte beim Eigentumserwerb auf Grund des Nießbrauches an einer Herde. Der Hauptthatbestand ist hier die Geburt der Thierjungen, der accessorische die Summission.[1] Auch der Nebenthatbestand ist regelmäßig ein voluntarer, wie z. B. Genehmigung, Bestätigung. Er kann aber auch ausnahmsweise ein involuntarer sein, wie die ebengenannte Summission. Der bedeutendste Fall aber eines involuntaren Nebenthatbestandes ist der Tod bei Testamenten.

Dies läßt sich sowohl für das römische Recht als auch für die Mehrzahl der modernen bürgerlichen Gesetzbücher als richtig nachweisen. — Nehmen wir zunächst an, der Tod wäre in den Augen jener Gesetzgeber kein accessorischer, sondern ein dem Testamente gleichgeordneter oder übergeordneter Thatbestand, dann müßte der Gesetzgeber die neue Rechtsordnung für zuständig erklären, sobald der Tod des Testators unter der neuen Rechtsordnung erfolgt. Dem ist aber im römischen Rechte und in der Mehrzahl der bürgerlichen Gesetzbücher nicht so. Schon die *lex Falcidia* ging von dem Gesichtspunkte aus, daß ein neues Gesetz, welches für den Inhalt eines Testamentes (nicht bloß für die Form) neue Vorschriften enthält, auf die unter der Herrschaft der alten Rechtsordnung errichteten Testamente keinen Einfluß haben solle.[2] Justinian sprach dieselbe Rechtsanschauung aus.[3] — Daß der Tod den römischen Juristen schon zur Zeit der Republik als Nebenthatbestand erschien, beweist auch die *regula Catoniana.*[4]

Auch in einer Übergangsbestimmung eines neueren kodifizierten Erbrechtes hat der Gedanke, daß der Tod im Verhältnis zum Testamente ein Nebenthatbestand sei, einen prägnanten Ausdruck gefunden. So sagt die Bernische Promulgationsordnung vom 28. Mai 1827, Ziffer 3: „*Namentlich sollen die letzten Willensverordnungen, die vor dem 1. April 1828 errichtet werden, nach den Gesetzen beurteilt werden, die zu der Zeit ihrer Errichtung gegolten haben, obschon derjenige, der eine solche errichtet haben mag, sie nach diesem Tage durch seinen Tod bestätigen sollte.*“[5]

---

vom Mutterleibe absehen will, so öffnet er einer schwankenden Rechtsprechung Thür und Thor.

[1] S. Karlowa, Rechtsgeschäft S. 10, n. 2.

[2] Vgl. *fr.* 1 *pr. ad leg. falc.* 35, 2: ... *qui eorum post hanc legem rogatam testamentum facere volet.* ... Die gleiche Rechtsanschauung sprach Cicero aus in seinen Reden gegen Verres; s. Gesch. § 2, S. 21 u. 22.

[3] S. *c.* 29 *i. f. de testam.* 6, 23; *c. un.* § 15. *de caducis toll.* 6, 51; *Nov.* 18 *cap.* 5.

[4] Dies ist m. E. der Sinn dieser Regel. Da der Tod nur ein Nebenthatbestand in den Augen der republikanischen römischen Juristen war, so konnte die Frage, nach welchem Zeitpunkte die Gültigkeit der Legate zu beurteilen sei, nur so und nicht anders beantwortet werden. Der Hauptthatbestand ist eben das Testament, also ist der Zeitpunkt der Errichtung des Testamentes maßgebend.

[5] Die gleiche Auffassung liegt wohl sämtlichen Übergangsbestimmungen des

Wie kamen nun die Römer dazu, im Tode einen Nebenthatbestand zum Testamente zu erblicken? M. E. durch folgenden Gedankengang: Bis zu seinem Tode kann der Testator sein Testament widerrufen. Wenn er nun stirbt, ohne es widerrufen zu haben, so liegt in diesem negativen Willensthatbestande, der sich im Augenblicke des Todes erfüllt, eine Bestätigung des Testamentes. Eine Bestätigung ist aber immer ein Nebenthatbestand. Der Bernische Gesetzgeber hat also mit seiner Ausdrucksweise den Nagel auf den Kopf getroffen.[1]

Das deutsche intertemporale Privatrecht hat sich dieser Anschauung nicht angeschlossen.[2] Jedoch hat die deutsche Rechtsprechung anerkannt, daß die Auslegung des Inhaltes eines Testamentes nach der Rechtsordnung zur Zeit der Errichtung erfolgen müsse.[3]

Diejenigen Nebenthatbestände, welche Willensthatbestände sind, können ihren zeitlichen Standort wechseln; die involuntaren aber, z. B. der Tod, sind unbeweglich, sie können dem Hauptthatbestande nur nachfolgen. Wechseln die voluntaren Nebenthatbestände ihren zeitlichen Standort und fallen sie vor den Hauptthatbestand, so kann man sie zu den Voraussetzungsthatbeständen im weiteren Sinne rechnen.[4]

Nicht zu verwechseln mit den Nebenthatbeständen sind die Entstehungsthatbestände der Nebenrechtsverhältnisse.[5]

§ 31. Der Verbindungsthatbestand. — Die Thatumstände. — Der Gesamtakt.

Ein Verbindungsthatbestand ist dann vorhanden, wenn zwei oder mehrere gleichgeordnete Thatumstände nur in ihrer Zusammenwirkung ein Rechtsverhältnis zu begründen vermögen, dagegen für sich allein, los-

---

19. Jahrhunderts zu Grunde, welche Form und Inhalt des Testamentes der alten Rechtsordnung überlassen, obschon der Tod des Testators unter der neuen erfolgte. S. Gesch. § 32, S. 201, n. 4, S. 203; § 33, S. 210, n. 2; § 53, S. 348, n. 1; § 54, S. 367, n. 1, 370, n. 3; 55, S. 385, n. 2, 3 u. 4, S. 389, n. 2, S. 392, n. 1.

[1] S. Gesch. § 80, S. 644, n. 5 und § 81, S. 645, n. 2. Vgl. auch die reichhaltige preußische und österreichische Rechtsprechung; s. Gesch. § 62, S. 429, n. 1; § 64, S. 453, n. 2.

[2] Es steht hier auf dem atomistischen Standpunkte; s. oben § 23, S. 93, n. 8. Im Tode des Testators muß es also einen Hauptthatbestand erblicken, nicht eine Bestätigung des Testamentes, sondern eine Neuerrichtung desselben, was wissenschaftlich unhaltbar ist; s. unten § 85.

[3] Daß die „*Errichtung*" einer Verfügung von Todes wegen nach den bisherigen Gesetzen zu beurteilen sei, sagt Art. 214 E.G. ausdrücklich. Über die Rechtsprechung s. oben § 24, S. 96, n. 4. Vgl. noch unten §§ 74 u. 85.

[4] Isay, Die Willenserklärungen im Thatbestande des Rechtsgeschäftes, 1899; und Engelmann, Das alte und das neue Recht, zweite Aufl., S. 95 nennen die Genehmigung eine Voraussetzung für die Gültigkeit eines Rechtsgeschäftes; dies ist, wie aus der obigen Ausführung hervorgeht, nicht genau.

[5] S. unten § 41.

gerissen von dem oder den andern, keine Rechtsfolgen erzeugen. Es ist damit nicht ausgeschlossen, daß wenigstens der eine oder andere der Thatumstände von einer ganz anderen Seite aus betrachtet, einen Thatbestand bilden kann, der mit demjenigen des Verbindungsthatbestandes gar keinen Zusammenhang hat, sondern selbständige Wirkungen in entgegengesetzter Richtung erzeugt. Wir sprechen nur von zwei oder mehreren Thatumständen, nicht von Thatbeständen aus dem Grunde, weil sie für sich allein jene Rechtswirkungen nicht zu Stande bringen, die ihrer Verbindung entfließen.[1]

Zwei Gruppen von Verbindungsthatbeständen sind zu unterscheiden; Bei der ersten müssen die einzelnen Thatumstände ohne erheblichen zeitlichen Zwischenraum aufeinanderfolgen; derart sind die Verbindungsthatbestände der §§ 873, 925 B.G.B. u. § 52 des R.G. v. 6. Februar 1875. Sie haben intertemporalrechtlich eine geringere Bedeutung; denn es ist kaum möglich, daß der eine Thatumstand unter die alte, der andere unter die neue fällt. — Bei der zweiten Gruppe kann ein beliebiger Zeitabschnitt zwischen den Thatumständen liegen. Diese Gruppe ist für das intertemporale Privatrecht von äußerster Wichtigkeit, denn hier ist es nun möglich, daß der eine Thatumstand unter die alte, der andere dagegen unter die neue Rechtsordnung fällt. Es entsteht nun die Frage, welche Rechtsordnung ist zuständig? Nach der organischen Auffassung der Thatbestände entscheidet die alte Rechtsordnung.[2]

Betrachten wir nun einige Fälle der zweiten Gruppe: Der Verbindungsthatbestand kann sowohl ein Willensthatbestand als auch ein involuntarer, sowohl ein reiner als auch ein gemischter Thatbestand sein. Die Thatumstände können zunächst voluntarer Art sein. Dies zeigt sich bei einer Reihe von Verbindungsthatbeständen im modernen Grundbuch- und Hypothekenrecht. So § 873 des B.G.B. verbunden mit § 19 der Gr.B.O. Während nämlich bei Übertragung des Eigentums an Grundstücken sowie eines Erbbaurechtes die Einigung des Veräußerers und des Erwerbers der Eintragung vorausgehen muß und die Eintragung nachher, von Ausnahmen abgesehen, sofort erfolgt, sodaß dieser Verbindungsthatbestand ohne intertemporales Interesse ist, kann nach § 19 der Gr.B.O. verbunden mit § 29 die Eintragung anderer dinglicher Rechte zuerst erfolgen und die Bewilligung erst nachträglich erteilt werden, ohne daß die Gültigkeit der Eintragung beeinflußt würde. Es ist also möglich, daß die Eintragung unter der alten Rechtsordnung erfolgt, die Bewilligung dagegen erst unter der neuen. In diesem Falle entscheidet zweifellos die alte Rechtsordnung für den Gesamtthatbestand.

Verbindungsthatbestände sind ferner nach neuem Rechte Eintragung eines Widerspruches mit nachfolgender Bewilligung oder einstweiliger Verfügung, § 892 B.G.B. verbunden mit § 899 B.G.B. und mit § 29 Gr.B.O.[3]

[1] S. Gesch. hauptsächlich § 46, S. 293 u. 294.

[2] S. oben § 23, S. 92.

[3] Dagegen ist die Vormerkung mit nachfolgender Bewilligung oder einst

In jenen Fällen der Grundbuchordnung und des B.G.B. sind die beiden Thatumstände voluntarer Natur. Wichtiger ist jedoch der Fall, wo der eine Thatumstand ein Willensthatumstand ist, der andere ein involuntarer. 'Hierher gehört der Erbvertrag und der Tod des einen Vertragschließenden. Hier kann der Tod nicht etwa als Nebenthatbestand aufgefaßt werden wie beim Testament; denn der Erbvertrag ist unwiderruflich.[1] Aus demselben Grunde liegt auch kein Doppelthatbestand vor.[2] Auch von einer Thatbestandsverbindung kann keine Rede sein, weil der Erbvertrag, losgelöst vom Tode, für sich allein keine subjektiven Rechte zu erzeugen vermag.[3] Man könnte aber den Tod im Verhältnis zum Erbvertrage auch als subjektiven Thatbestand auffassen. Für die intertemporale Behandlung kommt es auf das Selbe hinaus, ob der Tod als Thatumstand eines Verbindungsthatbestandes angesehen wird oder als subjektiver Thatbestand. Doch dürfte jene Auffassung die zutreffendere sein, weil der Tod, vom Erbvertrage losgelöst, selbständige Rechtsfolgen nach sich ziehen kann, während ein subjektiver Thatbestand ohne vorausgegangenen objektiven keine Rechtswirkungen zu Wege bringt.[4] — Weitere Verbindungsthatbestände haben wir oben in § 29, S. 123 kennen gelernt, aus denen die sog. gesetzlichen Generalhypotheken des gemeinen Rechtes hervorgingen.[5]

Der Haupt- und Nebenthatbestand sind zweifellos sehr nahe verwandt mit dem Verbindungsthatbestand, jedoch ist ein Unterschied festzustellen. Beim Verbindungsthatbestande sind die einzelnen Glieder gleichwertig. Der Thatbestand ist erst vollendet, wenn das letzte Glied eingetreten ist, beim Haupt- und Nebenthatbestande dagegen sind die einzelnen Thatbestände nicht gleichwertig. Der accessorische ist dem Hauptthatbestande untergeordnet. Mit dem Eintritt des Hauptthatbestandes ist der Thatbestand überhaupt vollendet. Der Nebenthatbestand hat nur entscheidende Bedeutung; eine Rückwirkung tritt ein, indem es so angesehen wird, als ob der Nebenthatbestand schon im Zeitpunkte des Hauptthatbestandes

---

weiliger Verfügung ein Beispiel eines objektiven und subjektiven Thatbestandes; s. oben § 29, S. 123, n. 1 u. unten § 40; s. §§ 883, 885, 899 B.G.B. verbunden mit § 29 Gr.B.O. Die Vormerkung erzeugt eine dingliche Gebundenheit, die noch nicht da war, während der Widerspruch eine solche voraussetzt; Widerspruch und Bewilligung bilden daher einen Verbindungsthatbestand; Vormerkung und Bewilligung einen objektiven und subjektiven.

[1] Vgl. oben § 30, S. 129 und unten § 74.

[2] Vgl. unten § 33.

[3] Vgl. unten § 32.

[4] Der Erbvertrag ist oben im weiteren Sinne d. W., nicht im Sinne des B.G.B. § 2274 fg. genommen; er umfaßt daher auch den Erbverzicht. — Ein Verbindungsthatbestand begegnet auch beim *testamentum reciprocum*, insofern daraus eine Bindung des überlebenden Teiles entsteht. Die Thatumstände sind hier das wechselseitige Testament, der Tod des einen Teiles und Annahme der Erbschaft von seiten des Überlebenden, wozu als letztes Glied der Tod des Überlebenden kommt; s. unten § 74.

[5] S. auch noch die Verbindungsthatbestände unten in §§ 56, 57 u. 58.

vorhanden gewesen wäre. Ein Nebenthatbestand, wie z. B. die Genehmigung, Bestätigung, kann auch seinen zeitlichen Standort wechseln, und auch dem Hauptthatbestande voraufgehen, oder mit demselben zeitlich zusammenfallen. Dagegen ein Glied eines Verbindungsthatbestandes hat in der Regel seinen festen, ihm von der Rechtsordnung angewiesenen zeitlichen Standort.

Der Gesamtakt bildet eine Erscheinung für sich. Man könnte ihn auch als eine besonderte Unterart des Verbindungsthatbestandes ansehen. Seine eigentümlichen Merkmale sind folgende: Einmal besteht er aus lauter Willensthatumständen, während der Verbindungsthatbestand auch aus involuntaren Thatumständen zusammengesetzt sein kann. Des ferneren sind diese Willensthatumstände alle gleichartig, während der Verbindungsthatbestand, wenn er aus lauter Willensthatumständen besteht, zum Teil von privaten, zum Teil von öffentlichen erfüllt sein kann.

Trotz dieser Verschiedenheiten folgt der Gesamtakt der gleichen intertemporalen Rechtsregel wie der Verbindungsthatbestand. Fällt also einer der Willensthatumstände unter die alte Rechtsordnung, so ist der Gesamtakt nach dieser zu beurteilen, wenn auch die übrigen Willensthatumstände unter der neuen Rechtsordnung vorgenommen werden.[1]

Wie bei den Verbindungsthatbeständen, so giebt es auch bei den Gesamtakten Fälle, wo dieser intertemporale Grundsatz keine Gelegenheit hat zur Anwendung zu kommen, weil gemäß den einschlägigen Rechtsvorschriften die einzelnen Willensthatumstände ohne längere zeitliche Zwischenräume abzugeben sind. Dahin gehören Mehrheitsbeschlüsse der Konkursgläubiger, des Gläubigerausschusses, der Aktionäre und Gesellschafter u. s. w.

§ 32. Der Vorbereitungs- und Ausführungsthatbestand. — Die Thatbestandsverbindung.

Der Vorbereitungsthatbestand und der Ausführungsthatbestand sind an und für sich selbständige Thatbestände mit eigenen subjektiven Rechtsfolgen. Sie stehen aber in einem derartigen Verhältnis zu einander, daß der Vorbereitungsthatbestand im Hinblick auf den Ausführungsthatbestand vorgenommen wird und der Ausführungsthatbestand nicht errichtet werden kann, ohne daß der Vorbereitungsthatbestand voraufgegangen ist.

---

[1] Wenn also bei der Gründung einer offenen Gesellschaft oder einer Aktiengesellschaft die ersten Beitrittserklärungen unter der alten Rechtsordnung erfolgen, so ist der Gesamtakt nach dieser zu beurteilen, wenn auch die späteren unter der neuen stattfinden. A. A. Lehmann, s. unten § 73. Ebenso wäre es, wenn die Miteigentümer eines zukünftig dienenden Grundstückes ihre Zustimmung zur Bestellung einer Dienstbarkeit zum Teil unter der alten Rechtsordnung abgegeben hätten; die alte Rechtsordnung bleibt maßgebend für den Gesamtakt. Anders wenn die neue Rechtsordnung Ausschließlichkeit besitzt; s. oben § 23, S. 91, n. 5.

Für den Vorbereitungs- und Ausführungsthatbestand gilt folgender intertemporaler Grundsatz: Fällt der Vorbereitungsthatbestand unter die alte Rechtsordnung, der Ausführungsthatbestand aber unter die neue, so wird sowohl der Vorbereitungsthatbestand als auch der Ausführungsthatbestand nach der alten beurteilt.[1] Der entgegengesetzte Grundsatz gilt, wenn der Gesetzgeber der neuen Rechtsordnung die Ausschlußklausel beigefügt hat.[2]

Besonders wichtig ist der Grundsatz für die Zwischenzeit. Nach Art. 189 E.G. ist der Erwerb des Eigentumes oder eines anderen Rechtes an einem Grundstücke in der Zwischenzeit nach den bisherigen Gesetzen zu beurteilen. Diese Gewährung bezieht sich sowohl auf den Vorbereitungs- als auch auf den Ausführungsthatbestand.[3]

Eine Thatbestandsverbindung liegt vor, wenn zwei oder mehrere Thatbestände, von denen jeder seine eigenen subjektiven Rechtsfolgen entfaltet, durch ihre Zusammenwirkung noch weitere subjektive Rechtsfolgen zu vermitteln vermögen. Der organischen Auffassung kann es nicht zweifelhaft sein, daß die Thatbestandsverbindung doch nicht eine zu lose ist, um zu bewirken, daß, wenn das erste Glied unter die alte Rechtsordnung fällt, sämtliche Glieder der Thatbestandskette

---

[1] Im römischen Rechte waren Vorbereitungsthatbestände der Konkubinat im Verhältnis zur *legitimatio per subsequens matrimonium*; die *stipulatio Aquiliana* im Verhältnis zur *acceptilatio*; die *iusta causa* im Verhältnis zur Manzipation oder Tradition. Im neuen Rechte das obligatorische Rechtsgeschäft im Verhältnis zur Auflassung; s. § 313 B.G.B. — Die Lehre von *titulus* und *modus* nahm bei allen Eigentumserwerbsarten einen Vorbereitungs- und Ausführungsthatbestand an; s. über diese Lehre Gesch. § 71, S. 584, n. 1. Ein anderes Beispiel aus dem neuen Rechte bietet der Entstehungsthatbestand der juristischen Persönlichkeit eines Vereines mit idealem Zwecke. Den Vorbereitungsthatbestand bilden die Gründung, die Organisation und die Anmeldung des Vereins §§ 25—27, Abs. 1; §§ 55—60 B.G.B. Der Ausführungsthatbestand besteht in der Eintragung, §§ 61—66 B.G.B.; s. auch unten §§ 63 und 64.

[2] S. oben § 23, S. 91, n. 5 und unten § 80, Art. 181, Abs. 1 E.G. räumt bezüglich des *titulus* und *modus* beim Eigentumserwerbe der neuen Rechtsordnung keine Ausschließlichkeit ein. Es bemißt sich also der *modus* nach der alten Rechtsordnung, wenn der *titulus* noch unter die alte Rechtsordnung fiel; s. unten § 82.

[3] Schon die Regel, daß die Gewährungsklauseln ausdehnend ausgelegt werden müssen, bestätigt das. In dem Worte Erwerb liegt nicht bloß der Ausführungsthatbestand, sondern auch der Vorbereitungsthatbestand. Es muß daher auch der obligatorische Vertrag nach der alten Rechtsordnung beurteilt werden. Leider sind mehrere Gerichte der atomistischen Auffassung gefolgt und unterwarfen den obligatorischen Vertrag dem § 313 der neuen Rechtsordnung; so O.L.G. Frankfurt a. M. 29. Mai 1900, S. A. 56, S. 124; Rsp. 1, S. 95 fg. Den organischen Zusammenhang zwischen dem obligatorischen und dinglichen Vertrag in der alten Rechtsordnung (formloser Vertrag — formlose Tradition) hat das O.L.G. Frankfurt a.M. wohl erkannt; S. A. S. 125. Dieser Umstand vermochte leider nicht das Gericht von seiner atomistischen Anschauung abzubringen. Der atomistischen Auffassung huldigt auch das K.G. 4. Dezember 1900, Rsp. 3, S. 26 fg. und das O.L.G. Jena 28. August 1900, Rsp. 1, S. 293; s. auch unten § 63.

der Herrschaft der alten Rechtsordnung unterliegen.[1] Das E.G. ist weitherzigster Weise der organischen Auffassung gefolgt.[2]

Der weitaus wichtigste und häufigste Fall ist der gesetzliche eheliche Güterstand verbunden mit dem Tode des einen Ehegatten. Was ist nun der „gesetzliche" eheliche Güterstand? Die Lehre von den unmittelbar aus Gesetzen fließenden Rechten ist gänzlich verfehlt. Wo der Rauch eines Rechtsverhältnisses, da ist auch das Feuer des Thatbestandes; s. oben § 21, S. 87, n. 1. Der Thatbestand beim gesetzlichen ehelichen Güterstand ist nichts anderes als ein personaler Zustand; s. oben § 27, S. 113. Dieser personale Zustand ist eins und dasselbe mit dem rechtlichen Zustande der Ehe. Es giebt Ausdrücke, mit denen man zu gleicher Zeit sowohl den Thatbestand, als auch das Rechtsverhältnis bezeichnet. Sie haben dann ein Janusgesicht: Das eine Antlitz zeigt einen Thatbestand, der sinnlich wahrnehmbar ist; das andere ein Rechtsverhältnis, das notwendig einen abstrakten Charakter hat. Gerade so verhält es sich mit dem Ausdrucke *possessio*, Besitz.[3] Die Ehe (nicht die Eheschließung) ist also im Sinne des Thatbestandes ein personaler Zustand, der, von Ausnahmen abgesehen, durch das gemeinschaftliche Zusammenleben der Ehegatten wie der Wohnsitz höchst konkrete Merkmale aufweist.[4] Es ist so recht charakteristisch für die Wissenschaft, daß sie diesen äußerst sinnlich wahrnehmbaren Thatbestand übersehen konnte und sich nicht anders zu helfen wußte, als durch die Fiktion eines stillschweigenden Ehevertrages. So besonders die französische Jurisprudenz und die ihr verfallene Rechtsprechung; s. oben § 21, S. 86, n. 11. — Die Thatbestandsverbindung zur Erzeugung des gegenseitigen Erbrechtes unter Ehegatten ist also in diesem häufigsten Fall zusammengesetzt aus einem personalen Zustande und einem personalen Ereignis.[5]

Handelt es sich um einen vertragsmäßigen Güterstand, so erweitert sich die Thatbestandsverbindung um ein Glied. Zuerst kommt der

---

[1] Ein Beispiel einer Thatbestandsverbindung und zugleich eines Doppelthatbestandes ist der Erwerbsthatbestand des Usucapionsbesitzes nach römischem und gemeinem Rechte. Das erste Glied ist hier der Titel z. B. Kauf, Schenkungsversprechen; es liegt zunächst ein Willensthatbestand vor. Das zweite Glied ist der Besitzerwerb im guten Glauben; letzteres ein involuntarer Thatbestand.

Das wichtigste Beispiel aber aus dem deutschen Rechte ist die Thatbestandsverbindung zur Erzeugung der gegenseitigen Erbrechte unter Ehegatten. Gerade dieser Fall hat in der Geschichte des intertemporalen Privatrechtes das größte Aufsehen erregt. Es stritten die atomistische und organische Auffassung um die Alleinherrschaft. S. Gesch. § 31, S. 179 fg.; § 54, S. 381, n. 1 und oben § 23, S. 90, n. 4 und 92, n. 1.

[2] S. oben § 23, S. 93, n. 7, Art. 200, Abs. 1, S. 2. S. unten §§ 67 und 70. Vgl. noch Art. 161 E.G. und unten § 56; Art. 170 E.G. und unten §§ 72 und 73.

[3] S. Bekker, Besitz.

[4] Dieser Thatbestand spielt eine wichtige Rolle; s. Art. 198, Abs. 2 E.G. und unten § 76. Vgl. auch § 1587 B.G.B.

[5] S. unten § 58.

Willensthatbestand, dann der personale Zustand und endlich das personale Ereignis.[1]

Am Schlusse dieser Erörterung ist es angebracht, auf die Unterschiede verwandter Thatbestandsgebilde hinzuweisen, um zugleich deren Begriffe fester abzugrenzen. Der Unterscheidung zwischen dem Verbindungsthatbestand und der Thatbestandsverbindung liegt ein ähnlicher Gesichtspunkt zu Grunde wie derjenigen zwischen Bundesstaat und Staatenbund. Beim Staatenbunde bleiben die einzelnen Gliedstaaten suverän; bei der Thatbestandsverbindung behalten die einzelnen Gliedthatbestände ihre besondere Wirksamkeit, d. h. sie vermitteln ihre besonderen Rechtsverhältnisse. Alle einzelnen Gliedthatbestände vermitteln aber durch ihr Zusammenwirken noch ein weiteres Rechtsverhältnis. Beim Bundesstaate verlieren die einzelnen Gliedstaaten ihre äußere Suveränität; beim Verbindungsthatbestande entbehren die einzelnen Glieder eine besondere Rechtswirksamkeit, nur vereint mit allen anderen Gliedern zusammen vermitteln sie das Rechtsverhältnis.

Die Thatbestandsverbindung und der vorbereitende und ausführende Thatbestand haben eine unverkennbare Ähnlichkeit. Aber auch der Unterschied läßt sich sicher feststellen. So wird der vorbereitende Thatbestand nur im Hinblick auf den Ausführungsthatbestand errichtet. Oder wenn auch anfänglich diese Absicht fehlte, so wird sie nachträglich durch Vornahme des Ausführungsthatbestandes ersetzt. Andererseits setzt die Errichtung des Ausführungsthatbestandes den Vorbereitungsthatbestand voraus. — Das erste Glied der Thatbestandsverbindung hingegen wird nie im Hinblick auf das zweite Glied errichtet. Es ist von ihm vollständig unabhängig. Und ebenso umgekehrt. Die Unabhängigkeit zeigt sich oft auch darin, daß die Gliedthatbestände von ganz verschiedenen Personen herrühren können oder auch, daß der zweite Gliedthatbestand ein involuntarer sein kann, der erste aber ein voluntarer.

§ 33. Der Doppelthatbestand. — Die negativen Willensthatbestände.

Eine der schwierigsten Figuren unter den Thatbestandsgebilden ist der in der Litteratur unvermerkt gebliebene Doppelthatbestand. Ein solcher ist nur möglich, wenn zwei Parteien vorhanden sind, deren Interessen in entgegengesetzter Richtung laufen und von jeder der beiden ein Thatbestand ausfließt. Beispiele bilden die Verjährung i. w. S. und der Thatbestand der gesetzlichen Erbfolge.

Bei der Verjährung sind die oben genannten Voraussetzungen mit Händen zu greifen: Die eine Partei ist der Verjährende, zu dessen Vorteil, die andere Partei ist der Berechtigte, zu dessen Nachteil die Verjährung läuft. Beide Parteien haben also in entgegengesetzter Richtung laufende

---

[6] S. unten § 70.

Interessen. Von beiden geht ein Thatbestand aus: Vom Verjährenden ein Zustandsthatbestand, der entweder ein rein personaler sein kann, wie bei der Klagenverjährung, oder ein personal-realer, wie im gemeinen Rechte bei der Eigentums- und Servitutenersitzung, bei der Ersitzung der Emphyteuse und Superficies, beim Untergange der Servituten, der Emphyteuse und Superfices durch Versitzung und endlich bei der Verjährung des Pfandrechtes. — Von seiten des Gegners liegt in allen Fällen ein negativer Willensthatbestand vor. Derselbe vollendet sich im letzten Zeitpunkte der Verjährungsfrist. Fällt dieser negative Willensthatbestand unter die neue Rechtsordnung, so wird diese vom Standpunkte des strengen intertemporalen Rechtes aus zuständig für den Gesamtthatbestand. Jedoch verlangt das intertemporale *ius aequum* eine weitgehende Berücksichtigung der alten Rechtsordnung. Der Deutsche Gesetzgeber hat sich dem billigen Rechte angeschlossen.[1]

Die Frage, ob die noch nicht vollendete werbende Verjährung anders behandelt werden soll als die noch nicht vollendete löschende in der Art, daß jene ganz der neuen, diese ganz der alten Rechtsordnung unterstellt werden müsse, ist zu verneinen.[2]

Bei der gesetzlichen Erbfolge sind die Voraussetzungen eines Doppelthatbestandes, wenn auch nicht in so greifbarer Weise wie bei der Verjährung, ebenfalls vorhanden. Die eine Partei ist der Erblasser, die andere Partei bilden seine gesetzlichen Erben. Beide haben in entgegengesetzter Richtung laufende Interessen, und von beiden gehen Thatbestände aus. Bei den gesetzlichen Erben ist der Thatbestand immer ein rein personaler Zustand, sei es die Verwandtschaft, oder sei es die Ehe.[3] — Von seiten des Erblassers liegt dagegen ein negativer Willensthatbestand vor, der sich im Zeitpunkte seines Todes vollendet.

Ähnlich ist der Thatbestand des gesetzlichen Pflichtteiles; auch er ist ein Doppelthatbestand: Auf der einen Seite stehen die Pflichtteils-

---

[1] Über die intertemporale Behandlung der Anspruchs-(Klagen-)verjährung und der Ersitzung im E.G,; vgl. unten § 34.

[2] Der Hannoversche Gesetzgeber hat diesen Unterschied gemacht; s. Gesch. § 54, S. 373 in der Note. In der zweiten und dritten Verordnung § 68 verlieh er der neuen Rechtsordnung Ausschließlichkeit in Hinsicht auf die noch nicht vollendeten Acquisitivverjährungen, sowohl in Rücksicht ihrer Erfordernisse als auch der Zeit des zu ihrer Vollendung erforderlichen Besitzes, während er in § 70 die Extinktivverjährung der Rechtsordnung zur Zeit der Entstehung des zu verjährenden Rechtes unterwarf. Diese Unterscheidung mag dem Gedanken entsprungen sein, den Verjährungsgegner stärker zu schützen, wenn ihn ein Verlust droht. Der Gesetzgeber hat aber übersehen, daß ihn auch bei der werbenden Verjährung ein Verlust trifft. Daher ist sie nicht begründet. Der Hannoversche Gesetzgeber hat hierin keine Nachfolger gefunden.

[3] Wenn der Fiskus des Heimatsstaates ein gesetzliches Erbrecht besitzt, wie jetzt nach der neuen Rechtsordnung § 1936, so gründet sich dies ebenfalls auf einen personalen Zustand der (juristischen) Person des Fiskus. S. im übrigen unten §§ 67 und 75.

erben, auf der anderen Seite der Erblasser. Beide Teile haben widersprechende Interessen. Von beiden Teilen gehen Thatbestände aus. Auf seiten der Pflichtteilserben ist es wiederum ein rein personaler Zustand, Verwandtschaft oder die Ehe. Auf seiten des Erblassers dagegen ist es ein positiver Willensthatbestand, nämlich eine letztwillige Verfügung, wodurch der Pflichtteil geschmälert wird.. Außerdem aber noch ein negativer Willensthatbestand, nämlich der Nichtwiderruf dieser letztwilligen Verfügung und die Nichtzuwendung des Pflichtteils bei seinen Lebzeiten. Dieser negative Willensthatbestand vollendet sich erst im Zeitpunkte des Todes des Erblassers.[1]

Auch der Entstehungsthatbestand der Ausgleichungs-(Kollations)-pflicht ist in der Regel ein Doppelthatbestand. Die beiden Parteien sind die Kollations-Berechtigten und Verpflichteten einerseits und der Erblasser andererseits. Ihre Interessen laufen in entgegengesetzter Richtung; von beiden gehen Thatbestände aus: Von seiten der Kollationsberechtigten und Verpflichteten ein personaler Zustand, Verwandtschaft oder Ehe, außerdem ein Willensthatbestand, nämlich die Annahme von Zuwendungen. — Von seiten des Erblassers ebenfalls ein Willensthatbestand, nämlich die Zuwendung und außerdem ein negativer Willensthatbestand, die Unterlassung der Ausgleichung an die Kollationsberechtigten zu seinen Lebzeiten; dieser vollendet sich erst an seinem Todestage.

Intertemporalrechtlich von höchster Wichtigkeit ist nun die richtige Beantwortung der Frage, nach welcher Rechtsordnung der Gesamtthatbestand der gesetzlichen Erbfolge, des Pflichtteilsrechtes und der Kollationspflicht zu beurteilen ist. Grundsätzlich muß man diejenige Rechtsordnung für zuständig erklären, unter deren Herrschaft der negative Willensthatbestand fällt m. a. W. unter deren Herrschaft der Erblasser gestorben ist. Das Deutsche intertemporale Privatrecht hat diese Grundsätze ausdrücklich aufgenommen.[2]

Zum Schlusse mögen zur negativen Abgrenzung des Doppelthatbestandes noch einige Fragen beantwortet werden. Warum ist nicht auch der Thatbestand der testamentarischen Erbfolge ein Doppelthatbestand? Es fehlt hier an der Voraussetzung, daß von beiden Parteien Thatbestände ausgehen. Von den eingesetzten Erben nämlich geht kein Thatbestand aus, sondern nur vom Erblasser ein positiver und ein negativer Willensthatbestand. Der negative Willensthatbestand ist daher ein accessorischer; s. oben § 30, S. 129. — Warum ist der Thatbestand der vertragsmäßigen Erbfolge kein Doppelthatbestand? Schon aus dem einfachen Grunde, weil der Erbvertrag nicht widerruflich ist; außerdem fehlt auch hier ein Thatbestand, der von den Vertragserben ausgehen würde.[3]

---

[1] Die *querela inofficiosae donationis* und *dotis* entstammen aber keinen Doppelthatbeständen; s. unten S. 139, n. 1.

[2] Art. 213 E.G. S. unten §§ 67 und 68.

[3] S. oben § 31, S. 132, n. 1.

Ist der Thatbestand zur Anfechtung der Rechtshandlungen eines Gemeinschuldners und des Schuldners außerhalb des Konkurses ein solcher Doppelthatbestand? Auch hier sind zwei Parteien: Die Gläubiger auf der einen Seite, der Schuldner auf der anderen. Ihre Interessen laufen in entgegengesetzter Richtung. Von beiden gehen Thatbestände aus: Von den Gläubigern Thatbestände, welche ihre Forderungen begründet haben. Vom Schuldner die Rechtshandlungen, welche den Gläubiger nachteilig sind. Es fehlt jedoch ein negativer Willensthatbestand, nämlich die Unterlassung der Rückgängigmachung jener Rechtshandlung, denn die Rechtsordnung giebt ihm dazu kein Rechtsmittel. Nur unter der Voraussetzung, daß die Rechtsordnung dem Schuldner ein Rechtsmittel in die Hand geben würde, seine eigenen Rechtshandlungen, die er zum Nachteil seiner Gläubiger vorgenommen hatte, rückgängig zu machen, wäre diejenige Rechtsordnung maßgebend, unter welche die Konkurseröffnung oder die Zwangsvollstreckung fällt, denn in diesem Zeitpunkte würde sich der negative Willensthatbestand vollenden. Nach dem Stande der jetzigen Gesetzgebung der zivilisierten Völker ist es aber die Rechtsordnung unter deren Herrschaft die benachteiligenden Rechtshandlungen vorgenommen wurden.[1]

§ 34. Die Verjährung insbesondere.

A. Die Anspruchsverjährung.[2] Nach strengem intertemporalen Rechte herrscht die neue Rechtsordnung über eine Verjährung, deren Beginn zwar unter die Herrschaft der alten Rechtsordnung fällt, deren Vollendung aber erst unter der Herrschaft der neuen zu erwarten steht.[3] Die neue Rechtsordnung könnte also nach strengem Rechte eine Anspruchsverjährung nach allen Richtungen, in allen ihren Beziehungen beherrschen. Das billige intertemporale Recht jedoch verlangt, daß die Voraussetzungen der Verjährung, ihr Beginn, ihre Hemmung oder ihre Unterbrechung, falls diese Thatbestände in die Zeit der alten Rechtsordnung fallen, von dieser fernerhin beherrscht werden sollen. Außerdem hat sich auf Grund des P.P. zu A.L.R. ein objektives und subjektives Meistbegünstigungsrecht gebildet und im 19. Jahrhundert in der Gesetzgebung große Verbreitung gefunden.[4] Darnach wirkt für den Fall, daß die neue Rechtsordnung eine kürzere Verjährungsfrist einführt, die alte Rechtsordnung dann fort, wenn sich nach ihr die Verjährung schneller vollendet.

---

[1] S. Gesch. § 59, S. 419, Nr. 3 und unten § 72. Aus denselben Gründen ist die *querela inofficiosae donationis* und *dotis* nach der Rechtsordnung zu beurteilen, unter welcher die Schenkung oder die Dosbestellung erfolgte, nicht nach der Rechtsordnung zur Zeit des Todes des Erblassers; s. unten § 68.

[2] Habicht a. a. O. behandelt die Verjährung als einen Unterfall der Rechtsgeschäfte, eine Folge des verfehlten Systems. S. oben § 19, S. 75, n. 8.

[3] S. oben § 33, S. 137, n. 1.

[4] S. über die geschichtliche Entwickelung des intertemporalen Verjährungs-

Das E.G. hat im Art. 169 sowohl das billige intertemporale Verjährungsrecht Abs. 1, als auch das objektive Meistbegünstigungsrecht Abs. 2 aufgenommen.[1]

Das Meistbegünstigungsrecht gelangt zur Anwendung auch dann, wenn die längere Verjährungsfrist nach der alten Rechtsordnung keine gesetzliche, sondern eine vertragsmäßige ist.[2]

Das Deutsche intertemporale Verjährungsrecht gestaltet sich im übrigen folgendermaßen: Die Wirkungen einer unter der alten Rechtsordnung vollendeten Verjährung sind nach dieser zu beurteilen.[3] Dieser Grundsatz gilt selbst dann, wenn die neue Rechtsordnung an die Verjährung eine günstigere Rechtsstellung des Verjährenden knüpft.[4] Es frägt sich nun, ob der Schuldner unter der Herrschaft der neuen Rechtsordnung, nach deren Vorschriften die Verjährung noch einmal beginnen und vollenden kann, um der stärkeren Wirkungen teilhaftig zu werden, die das neue Recht an die Verjährung knüpft. Es liegt nahe, diese Frage zu verneinen mit der Begründung, daß ein Anspruch nicht zweimal verjähren könne. Allein man muß bedenken, daß nach der unter der alten Rechtsordnung vollendeten schwächeren Verjährung ein positives Rechtsverhältnis übrig bleibt.[5] Damit hängt folgender allgemeiner Grundsatz zusammen: Ist die Wirkung einer Verjährung auf Grund der alten Rechtsordnung eine schwächere als die auf Grund der neuen, so tritt die stärkere der neuen erst nach Ablauf der neurechtlichen Fristen von ihrem Inkrafttreten an gerechnet ein.[6]

---

rechtes in der Gesetzgebung und Rechtsprechung Gesch. § 33, S. 215, n. 1; § 53, S. 355, n. 2 und 3; § 55, S. 383 fg., insbes. S. 384, n. 1 und 3; S. 385, n. 1; § 58, S. 406, n. 1; § 59, S. 420, n. 2; § 61, S. 423, n. 2; S. 427, n. 2; § 64, S. 458, n. 2; S. 461, n. 1; S. 462, n. 1; § 66, S. 497, n. 1; § 69, S. 567, n. 1; S. 571, n. 1 und oben § 16, S. 65, n. 5.

[1] S. oben § 16, S. 65, n. 7.

[2] So richtig Habicht, S. 145; A. M. Förtsch, S. 204; vgl. z. B. Preuß. A.L.R. I, § 565—567 und Sächs. B.G.B. § 152. War nach der alten Rechtsordnung eine Verlängerung der Frist durch Vertrag unzulässig, so bleibt es bei der gesetzlichen, selbst wenn die neue Rechtsordnung (s. §§ 477, Abs. 1, 480, 490, 638, Abs. 2) eine vertragsmäßige Verlängerung erlaubt. Sonst würde sich die neue Rechtsordnung eine Ausschließlichkeit im Sinne der zweiten Regel des neueren Regelpaares beilegen; ähnlich Habicht, S. 146.

[3] Ein selbstverständlicher Satz. S. Mot. zum E.G. S. 250.

[4] Die Stellung des Verjährenden ist nach dem Preuß. A.L.R. I 9 §§ 568 und 569 und nach *C. c. Art.* 2275 (vergl. auch *Art.* 2271—2273) eine ungünstigere als nach § 222 der neuen Rechtsordnung.

[5] Insbes. bleibt nach der *prescription particulière* der *Art.* 2271—2273 des *Code* der Anspruch bestehen; folglich kann dieser auch unter der neuen Rechtsordnung der Verjährung unterworfen werden; ähnlich Habicht, S. 140, n. 1; Aron, S. LX.; Matthiass, B.R. 3. Aufl. 1900, S. 44. Über das negative Rechtsverhältnis vgl. oben § 12, S. 50, n. 1 und unten § 40.

[6] Zwischen dem R.G. (Bd. 32, S. 367), Mann (Deutsche Jur.-Ztg. Bd. 4, S. 481) und Scherer (S. 158, Nr. 205) einerseits und Habicht (S. 147, Nr. 1) andererseits besteht ein Streit, ob die Verjährung des *Art.* 2271—2274 *C. c.* eine wirkliche

Die *condictio indebiti* bei Zahlungen in Unkenntnis der vollendeten Verjährung richtet sich nach der Rechtsordnung, unter deren Herrschaft das negative Rechtsverhältnis entstand.[1] Die Frage, ob eine verjährte Forderung aufgerechnet werden könne, ist nach der Rechtsordnung zu beantworten, unter deren Herrschaft die Verjährung zur Vollendung und somit das negative Rechtsverhältnis zur Entstehung kam.[2]

Ist die Verjährung eines Anspruches unter der alten Rechtsordnung noch nicht vollendet, so gilt in Bezug auf ihre Hemmung und Unterbrechung in Bezug auf Unverjährbarkeit des Anspruches die neue Rechtsordnung vom Zeitpunkte ihres Inkrafttretens.[3] Die unterbrechenden

---

Verjährung im Sinne des Art. 169 E.G. sei oder nicht. Die ersteren leugnen es mit Recht; denn sonst kommt man zu dem auch von Habicht für beklagenswert angesehenen Ergebnis, daß man einer Verjährung auf Grund jener Artikel die am 31. Dezember 1899 vollendet ist, die schwächere Wirkung der alten Rechtsordnung beläßt, also den Beweis der Nichtzahlung gestattet und erst nach Ablauf der neurechtlichen Verjährungsfrist von zwei oder vier Jahren die stärkere Wirkung der neuen Rechtsordnung eintreten läßt. Daß dagegen eine Verjährung, die am 1. oder 2. Januar vollendet ist, sofort die unvergleichlich stärkere Wirkung des neuen Rechtes haben soll und nicht erst nach Ablauf der neurechtlichen Frist. Auch die herrschende Ansicht im Gebiete des franz. Rechtes steht auf Seite Manns, Bad. Rechtspraxis 1900, Nr. 1 (XIV) Nr. 2 (XIV). Daraus kann man den oben angegebenen intertemporalen Grundsatz als Ergebnis der heutigen Rechtsanschauung feststellen. Er entspricht durchaus dem *ius intertemporale aequum* und läßt sich auch wissenschaftlich begründen. Allerdings muß man auch die Verjährung des A.L.R. I 9 §§ 568, 569 zu der unechten Verjährung rechnen; sodaß die starken Wirkungen der neuen Rechtsordnung auch bei dieser erst nach Ablauf von 30 Jahren seit ihrem Inkrafttreten eintreten können.

[1] S. oben § 27, S. 115, n. 6 u. unten § 40; vgl. auch Art. 170 E.G.; A. M. Habicht, S. 141, n. 2; § 222 B.G.B. hat sich verirrt; er gehört unter den Titel von der ungerechtfertigten Bereicherung und zwar in den § 813; so richtig Habicht a. a. O. Allein gänzlich verfehlt ist es, demselben Ausschließlichkeit einzuräumen, wie Habicht es thut, so daß also derjenige, der in Unkenntnis einer unter der alten Rechtsordnung verjährten Forderung unter der neuen bezahlt, das Gezahlte nicht mehr zurückfordern könnte, obschon die alte Rechtsordnung, unter welcher das negative Rechtsverhältnis entstand, die *condictio* zuließ; s. auch oben § 11, S. 44, n. 1 und 3.

[2] Leider ist ein Teil der Rechtsprechung, verführt durch die Motive bei der Aufrechnung dem Art. 170 E.G. nicht treu geblieben. Den richtigen Standpunkt nimmt ein O.L.G. Königsberg, 13. April 1901, Rsp. 2, S. 344 fg.; den unrichtigen K.G. Berlin, 17. Mai 1900; Rsp. 1, S. 138; S. auch unten § 72.

[3] War die Verjährung unter der alten Rechtsordnung durch einen Thatbestand gehemmt, dem die neue diese Kraft nicht zubilligt, so beginnt die Verjährung mit dem Inkrafttreten der neuen Rechtsordnung an zu laufen. Hat die Verjährung eines nach der alten Rechtsordnung verjährbaren, nach der neuen Rechtsordnung unverjährbaren Anspruches unter der alten Rechtsordnung bereits begonnen, so wird sie mit dem Inkrafttreten der neuen Rechtsordnung abgeschnitten; so die Verjährung der Ansprüche der §§ 902 u. 924 B.G.B. S. auch Gesch. § 69, S. 571, n. 1. War aber die Verjährung dieser Ansprüche bereits unter der alten Rechtsordnung vollendet oder vollendet sie sich noch während ihrer materiellen Fortwirkung, vgl. E.G. Art. 189, dann bleiben die Wirkungen der Verjährung, die ihr die alte Rechtsordnung zuspricht, unberührt; ebenso Habicht, S. 142.

Wirkungen einer Klagerhebung, die unter der Herrschaft der alten Rechtsordnung stattgefunden hat, ist nach dieser zu beurteilen, selbst wenn die Klage unter der neuen Rechtsordnung durch ein nicht in der Sache selbst entscheidendes Urteil rechtskräftig abgewiesen wird.[1]

Da der Beginn der Verjährung sich nach der alten Rechtsordnung richtet, so kommen die §§ 196 und 197, verbunden mit § 201 der neuen Rechtsordnung nur für solche Ansprüche zur Anwendung, welche nach ihrem Inkrafttreten entstanden sind.[2]

Die neue Rechtsordnung findet nur auf die Verjährung solcher Ansprüche Anwendung, die sowohl der alten, als auch der neuen Rechtsordnung bekannt sind, nicht aber solcher, die nur von der alten oder nur von der neuen anerkannt werden.[3]

Gehen aus einem und demselben Rechtsverhältnis, das unter der alten Rechtsordnung begründet wurde, mehrere Klagen (Ansprüche) hervor, die in verschieden bemessenen Fristen verjähren, und ist die Verjährung der einen oder anderen Klage unter der alten Rechtsordnung bereits vollendet, während die Verjährung der einen oder anderen Klage noch läuft, so kann die neue Rechtsordnung nur diese letztere erfassen. Die anderen Ansprüche sind und bleiben auf Grund der alten Rechtsordnung erloschen.[4]

---

[1] Dies gilt trotz des § 212, Abs. 1 B.G.B.; ebenso Habicht, S. 143. Habicht meint, daß, wenn unter der alten Rechtsordnung eine Klage vor einem unzuständigen Gericht erhoben wurde, jedoch im Zeitpunkte des Inkrafttretens der neuen Rechtsordnung noch nicht rechtskräftig erledigt war, die neue Rechtsordnung (§ 211, Abs. 1) den Thatbestand ergreife. Folglich könne der Berechtigte dadurch, daß er binnen sechs Monaten nach der Rechtskraft der Abweisung von neuem Klage erhebt, die erfolgte Unterbrechung in Kraft erhalten § 212, Abs. 2. Dies ist unrichtig. Der Thatbestand wird vollständig von der alten Rechtsordnung beherrscht, wie ja auch die rechtshängigen Sachen der alten Rechtsordnung angehören; s. oben § 12, S. 49, n. 6. Dem § 212, Abs. 2 B.G.B. kommt keine Ausschließlichkeit zu. Habicht behauptet den unrichtigen Grundsatz für das gemeine, preußische und französische Recht.

[2] Dies ist wichtig für Warenforderungen von Kaufleuten, die im Gebiete des franz. Rechtes unmittelbar vor dem Inkrafttreten der neuen Rechtsordnung entstanden sind und die auf Grund des *Art.* 2272 *C. c.* sofort mit der *actio nata* zu verjähren beginnen und nach einem Jahre verjährt sind.

[3] Nur der alten Rechtsordnung sind bekannt die *querela inofficiosi testamenti* und die *in integrum restitutio propter minorem aetatem* (gemeines Recht); ferner die Ansprüche, aus der *laesio enormis* des gemeinen, preuß. und franz. Rechtes. Auf die Verjährung derartiger Ansprüche hat die neue Rechtsordnung gar keinen Einfluß. Für sie wirkt die alte Rechtsordnung fort, und zwar in allen Beziehungen, also auch in der Hemmung und Unterbrechung. Habicht leugnet letzteres, doch ohne Grund; denn in diesen Fällen ist die materielle Fortwirkung der alten Rechtsordnung uneingeschränkt. — Hierher gehören auch solche Ansprüche der alten Rechtsordnung, welche zwar der neuen der Sache nach bekannt sind, aber eine wesentliche Umgestaltung erfahren haben. So die *actio quod metus causa*, die *restitutio in integrum propter metum* des gemeinen Rechtes und Reszissionsklage des *Art.* 1304 *C. c.*; ähnlich Habicht, S. 150.

[4] Ein Hauptbeispiel dafür bietet die Haftung des Verkäufers wegen zuge-

Für die Verjährung der Einreden muß der Art. 169 E.G. entsprechende Anwendung finden.[1]

Verjährungsfristen der neuen Rechtsordnung, die erst nach Ablauf einer Ausschlußfrist beginnen können, finden auf unvollendete Verjährungen, die unter der alten Rechtsordnung begonnen haben, keine Anwendung.[2] Denn anders als die Verjährungsfristen müssen die gesetzlichen Ausschlußfristen behandelt werden. Für sie gilt grundsätzlich die Hauptregel des intertemporalen Privatrechtes, wonach sie ganz nach der alten Rechtsordnung zu beurteilen sind, falls sie sich auf Thatbestände oder Rechtsverhältnisse beziehen, die der Herrschaft der alten Rechtsordnung unterworfen bleiben.[3] Dieser Grundsatz findet hauptsächlich praktische Verwertung bei Schuldverhältnissen, beim ehelichen Güterstande und bei erbrechtlichen Verhältnissen der alten Rechtsordnung. Im einzelnen auch für die Geltendmachung der Ungültigkeit einer Ehe,[4] für die Geltendmachung der Unehelichkeit eines in der Ehe geborenen Kindes,[5] für die Berechnung der Empfängniszeit ehelicher und unehelicher Kinder, die noch unter der alten Rechtsordnung geboren wurden.[6] — Ist aber ein

---

sagter Eigenschaften und wegen heimlicher Mängel. Sind unter der Herrschaft der alten Rechtsordnung die beiden ädilizischen Klagen bereits verjährt, die *actio emti* noch nicht, so kann die neue Rechtsordnung nur diese ergreifen; jene leben nicht wieder auf. Sechs Monate oder ein Jahr nach Inkrafttreten der neuen Rechtsordnung ist daher die *actio emti* verjährt. Ähnliches ist zu sagen, wenn die *actio redhibitoria* unter der alten Rechtsordnung bereits verjährt ist, jedoch die Verjährung der *actio quanti minoris* noch läuft: Die erstere ist und bleibt erloschen, die zweite verjährt auf Grund des Meistbegünstigungsrechtes.

[1] Wichtig ist dieser Grundsatz für die Einreden wegen heimlicher Mängel gegen die *actio venditi*. Läuft im Zeitpunkte des Inkrafttretens der neuen Rechtsordnung die Verjährung der Einrede noch, so kann der Käufer auf Grund der neuen Rechtsordnung durch Anzeige die Verjährung hemmen oder ausschließen. Die Anzeige muß aber unter deren Herrschaft stattfinden; denn unter der Herrschaft der alten z. B. des gemeinen Rechtes hatte sie keine Kraft und kann auch nicht unter der neuen zu Kräften gelangen, sonst würde man der neuen § 478 B.G.B. eine Ausschließlichkeit im Sinne der zweiten neueren Regel beilegen. Dies widerspricht aber dem Art. 169, Abs. 1, Satz 2. A. M. Habicht, S. 152 jedoch ohne Begründung.

[2] So findet § 490 B.G.B. auf Viehhändel, die aus der alten Rechtsordnung stammen, keine Anwendung; die Ausschlußfrist ist hier die „Gewährfrist“; § 482, Abs. 1 B.G.B. So richtig auch Habicht jetzt in 3. Aufl. S. 774.

[3] Stellt die alte Rechtsordnung dem Rechtsverhältnis nach irgend einer Richtung eine Frist zur Seite, so verleiht sie ihm damit eine Eigenschaft. Würden die Ausschluß- und sonstigen Fristen der neuen Rechtsordnung auf das altrechtliche Verhältnis angewandt, so läge hierin eine Ausschließlichkeit im Sinne der ersten Regel des neueren Regelpaares in ihrer zweiten Möglichkeit. Ähnlich Habicht, S. 153; Lehmann, S. 63 für den Zusammenstoß von Verjährungs- und Ausschlußfristen im alten und neuen Handelsrecht.

[4] So richtig das K. K.G. 6. Febr. 1901, Rsp. 2, S. 165 u. R.G. 9. Mai 1901, E. 48, S. 158 fg. Vgl. auch unten §§ 57 und 76.

[5] § 1594 B.G.B. besitzt keine Ausschließlichkeit, auch nicht auf Grund des Art. 203 E.G.; so mit Recht O.L.G. Rostock, 14. Juli 1900, Rsp. 1, S. 315.

[6] § 1592 B.G.B. besitzt keine Ausschließlichkeit. So richtig Habicht, S. 153/154.

Rechtsverhältnis durch eine Ausschlußklausel der neuen Rechtsordnung unterworfen, so finden die dieser eigentümlichen Ausschluß- und sonstige Fristen für das Rechtsverhältnis Anwendung.[1] Wenn ein Rechtsverhältnis auf Grund der Übergangsbestimmungen grundsätzlich nach der alten und nur ausnahmsweise nach der neuen Rechtsordnung beurteilt werden soll, so sind die Ausschlußfristen grundsätzlich nach der alten zu behandeln.[2]

Das Landesrecht enthält Bestimmungen über die Verjährung von Ansprüchen, aus den dem Landesrechte vorbehaltenen Gebieten, und regelt deren intertemporale Behandlung.[3]

B. Die Ersitzung an beweglichen Sachen. Dem billigen intertemporalen Privatrechte entspricht es, daß sich eine unter der alten Rechtsordnung begonnene Ersitzung sowohl in ihrem Beginne als in ihrer Hemmung und Unterbrechung, soweit deren Thatbestände unter die alte

---

Ganz auf Abwegen steht Scherer, S. 252, n. 360, Nr. 3, der meint, die Vermutungen der früheren Gesetze seien vom 1. Januar 1900 an mit rückwirkender Kraft aufgehoben. Infolgedessen behauptet er, die Berechnung der Empfängniszeit ehelicher oder unehelicher Kinder, die vor dem 1. Januar 1900 geboren sind, müsse nach der neuen Rechtsordnung erfolgen. Dagegen mit Recht Habicht, S. 154, n. 1. S. auch oben § 24, S. 97, n. 2.

[1] So die neue zehnjährige Frist, wenn erst unter der Herrschaft der neuen Rechtsordnung das Verschollenheitsaufgebot beantragt wird; s. §§ 14 ff. B.G.B. ferner die dreißigjährige bei dem Aufgebot nach § 927 B.G.B.; ferner die zehnjährige Ausschlußfrist des § 1571 B.G.B.; s. Art. 201 E.G. Nur wenn das Gesetz bei einer solchen Frist auf die Vorschriften des Verjährungsrechtes verweist, vgl. z. B. § 1571, Abs. 4 B.G.B. ist das Meistbegünstigungsrecht des Art. 169, Abs. 2 E.G. entsprechend zulässig; ebenso Habicht, S. 154; Niedner, zu Art. 169, Anm. 7; Erler, Ehescheidungsrecht, bei § 30; Entsch. 46, S. 156. Dagegen Kuhlenbeck, E.G. S. 239. So richtig O.L.G. Dresden, 15. Juni 1901, Rsp. 4, S. 89, 90. Kannte aber die alte Rechtsordnung die Ausschlußfristen des § 1571, Abs. 1 nicht, so können diese erst mit dem Inkrafttreten der neuen beginnen; vgl. O.L.G. Augsburg, 7. April 1900, Rsp. 1, S. 445.

[2] Dies ist der Fall nach Art. 198 E.G., Abs. 1 enthält die Gewährungsklausel für die Giltigkeit einer unter der alten Rechtsordnung geschlossenen Ehe; Abs. 2 enthält die Ausschlußklausel im Sinne der zweiten neueren Regel in ihrer ersten Möglichkeit. Grundsätzlich sind also alle Ausschlußfristen zur Anfechtung einer unter der alten Rechtsordnung geschlossenen Ehe nach dieser zu beurteilen. Nur wenn die Ehegatten zur Zeit des Inkrafttretens der neuen Rechtsordnung noch als Ehegatten mit einander leben, muß die Frist der neuen Rechtsordnung § 1339 zur Anwendung kommen. Die Frist darf aber erst vom Zeitpunkte des Inkrafttretens der neuen Rechtsordnung an berechnet werden; Art. 198, Abs. 2, Satz 2 E.G.; nicht wie Habicht meint Art. 169, Abs. 2; s. auch oben n. 1 g. E.

Nach Art. 180 E.G. soll auf ein zur Zeit des Inkrafttretens der neuen Rechtsordnung bestehendes Besitzverhältnis von dieser Zeit an ihre Vorschriften Anwendung finden; also auch ihre Ausschlußfristen für die Besitzklagen, § 864 B.G.B., allein nur dann, wenn die Besitzstörung oder Besitzentziehung unter der Herrschaft der neuen Rechtsordnung stattgefunden hat. Andernfalls gelten die Verjährungsfristen der alten Rechtsordnung. So richtig Habicht, S. 155. S. unten §§ 81 und 82.

[3] Keine Bestimmung über die Verjährung geben die A.G. von Bayern, Baden, Hamburg, Oldenburg und Elsaß-Lothringen. Ohne Übergangsvorschrift sind

Rechtsordnung fallen, nach deren Vorschriften bestimmt. So auch das Deutsche intertemporale Privatrecht.[1] Das gilt sowohl für die Ersitzung des Eigentumes als auch des Nießbrauches und zwar sowohl für die ordentliche,[2] als auch für die außerordentliche Ersitzung der alten Rechtsordnung.[3]

Wird nach der neuen Rechtsordnung durch Ablauf von Ausschlußfristen Eigentum erworben und hat der Lauf einer Frist unter der Herrschaft der alten Rechtsordnung bereits begonnen, so bleibt diese allein maßgebend für den Eigentumserwerb.[4]

Hessen §§ 19 u. 20; Mecklenburg-Schwerin § 32; Strelitz § 33; Bremen § 9. Die Mehrzahl der A.G verweist ausdrücklich auf Art. 169 E G. teils allgemein: So Württemberg Art. 141, S.-Weimar § 21, Braunschweig § 17, S.-Meiningen Art. 4, S.-Altenburg §§ 16—18, Koburg-Gotha Art. 11, § 1, Schwarzburg-Rudolstadt Art. 18—22, Sondersh. Art. 10, § 1, Reuß ä. L. § 17, j. L. § 17, Lübeck § 22; teils nur auf den Abs. 1 des Art. 169: So Preußen Art. 8, § 2; Sachsen § 2, Abs. 2; Anhalt Art. 9, Abs. 2, Waldeck Art. 7, Schaumburg-Lippe § 13. — In den Staaten, deren A.G. keine Übergangsbestimmung für die Verjährung enthalten, ist der Art. 169 E.G. anzuwenden, weil er das intertemporale Verjährungsrecht darstellt, wie es sich seit dem A.L.R. in den civilisierten Staaten entwickelt hat; so auch Habicht, S. 156. — Verweisen die A.G. bloß auf den Abs. 1 des Art. 169 E.G., so ist aus den obigen Gründen gegebenen Falles auch Abs. 2 anzuwenden; so auch Habicht, S. 156. — Soweit die A.G. Sondervorschriften für die Verjährung enthalten, die von dem gemeinen Rechte abweichen, so sind auch sie der intertemporalen Regel des Art. 169 E.G. unterworfen. Sie haben also im Bezug auf Beginn Hemmung und Unterbrechung der Verjährung keine rückwirkende Kraft; so richtig auch Habicht. Zweifel konnte nur die unglückliche Fassung des Art. 8, § 2 des Preuß. A.G. erregen. Es ist dies ein trefflicher Beleg dafür, daß die Ausschlußklausel nicht gut durch anderweitige Ausdrücke des Gesetzgebers ersetzt werden kann; s. oben § 11, S. 43, n. 4. Habicht widerspricht sich mit dieser Parteinahme für die ältere intertemporale Rechtsregel selbst; s. a. a. O.

[1] S. Art. 185 in Verbindung mit Art. 169 E.G.

[2] Die neue Rechtsordnung § 937 hat im Vergleiche zur alten die Erfordernisse der ordentlichen Ersitzung erleichtert. Sie kennt weder den Titel noch die Ersitzungsfähigkeit der Sache als deren Voraussetzungen. Dagegen sind Erschwerungen insofern eingetreten, als die neue Rechtsordnung Gutgläubigkeit während der ganzen Dauer der Ersitzung verlangt und die Ersitzungsfrist auf zehn Jahre verlängert. Im Gebiete des gemeinen Rechtes erwirbt nunmehr der titulierte gutgläubige Besitzer, der die Ersitzung im Zeitpunkte des Inkrafttretens des neuen Rechtes noch nicht vollendet hat, das Eigentum erst nach zehnjähriger Besitzzeit, von seinem oder seines Vorgängers Besitzerwerbe an gerechnet; denn hier schlägt das Meistbegünstigungsrecht des Art. 169, Abs. 2 E.G. nicht ein. Wäre sein Erwerb unter dem neuen Rechte erfolgt, so wäre er unter Umständen sofort Eigentümer geworden; § 932 B.G.B.

[3] Der alten außerordentlichen Ersitzung gegenüber ist die neue Ersitzungsfrist bedeutend abgekürzt, von dreißig auf zehn Jahre. Sie vollendet sich also auf jeden Fall mit dem Ablaufe von zehn Jahren seit dem Inkrafttreten des neuen Rechtes, unbeschadet der Vollendung durch gänzlichen Ablauf der alten Frist, wenn deren Rest in jenem Zeitpunkte weniger als zehn Jahre betrug; denn hier liegen die Voraussetzungen des Meistbegünstigungsrechtes vor; Art. 169, Abs. 2 E.G.

[4] S. auch oben S. 143, n. 3. So bei gefundenen Sachen; §§ 965 fg. B.G.B. kommen

C. Die Ersitzung an unbeweglichen Sachen. Für die aus der Herrschaft der alten Rechtsordnung stammende Ersitzung an Grundstücken gilt in der Zwischenzeit bis zu dem Zeitpunkte, wo das Grundbuch als angelegt anzusehen ist, die alte Rechtsordnung. Auch noch nach der Zwischenzeit kann eine Ersitzung von Grunddienstbarkeiten, die im Grundbuche nicht eingetragen sind und auch nicht eingetragen zu werden brauchen, nach den Vorschriften der alten Rechtsordnung neu beginnen.[1] — Die Buchersitzung, welche unter der alten Rechtsordnung oder in der Zwischenzeit begonnen wurde, ist nach denselben billigen Grundsätzen zu behandeln, wie die Anspruchsverjährung und die Ersitzung an beweglichen Sachen.[2]

Ist eine altrechtliche Ersitzung an Grundstücken im Zeitpunkte, wo die neue Rechtsordnung in Kraft tritt oder wo das Grundbuch als angelegt anzusehen ist, noch nicht vollendet, so ist sie nicht etwa endgültig abgeschnitten, sondern der Zustand unter der neuen Rechtsordnung ist ihr zuzurechnen.[3] Eine Ausnahme machen die Grundstücke, die nicht eintragungspflichtig sind; Gr.B.O. § 90 und Art. 127 E.G. Bei ihnen kann sich eine Ersitzung nach den Vorschriften der alten Rechtsordnung nicht bloß vollenden, sondern sie kann auch neu beginnen.[4]

---

nicht zur Anwendung. A. M. Habicht, S. 422. Dagegen giebt auch er zu, daß der Anspruch Dritter auf einen Teil des Wertes sich nach der alten Rechtsordnung richtet, wenn unter ihrer Herrschaft der Fund gemacht wurde; ebenso der Finderlohn. Warum soll sich aber nicht auch der Eigentumserwerb nach der alten Rechtsordnung richten, wenn der Fund unter ihre Herrschaft fiel und der Art. 185 E.G. unanwendbar ist? Art. 181 E.G. giebt der neuen Rechtsordnung nur für den Inhalt, nicht für den Erwerb des Eigentums Ausschließlichkeit; s. auch unten § 82.

[1] S. Art. 189 und Art. 128 E.G. und § 90 Gr.B.O.

[2] S. Art. 189, Abs. 2 in Verbindung mit Art. 169 E.G.; für die Buchersitzung der neuen Rechtsordnung s. § 900 B.G.B. Darnach bestimmt sich die Frage, ob die Zeit vor dem Inkrafttreten des neuen Rechtes oder vor dem Zeitpunkte, wo das Grundbuch als angelegt anzusehen ist, in die dreißigjährige Frist des neuen Rechtes einzurechnen ist, nach der alten Rechtsordnung. Konnte nach dieser der damalige Besitz zur Ersitzung führen, so ist die Frage zu bejahen, anderenfalls zu verneinen. — War die alte Frist zur Buchersitzung kürzer als die neue dreißigjährige, aber im Zeitpunkte des Inkrafttretens des neuen Rechtes oder der erfolgten Grundbuchanlegung noch nicht abgelaufen, so ist Ablauf der neuen und längeren Frist erforderlich. Das Meistbegünstigungsrecht des Art. 169, Abs. 2 gelangt nicht zur Entfaltung, wohl aber im umgekehrten Falle. Von jenem Zeitpunkte an ist auch fortdauernder Besitz zu verlangen; § 900 B.G.B; über die frühere Zeit verfügt die alte Rechtsordnung. S. auch Habicht, S. 433.

[3] Die neue Rechtsordnung legt sich in Ansehung des Eigentumserwerbes keine Ausschließlichkeit bei; s. oben S. 145, n. 4 u. unten § 82. Art. 181 E.G. enthält die Ausschlußklausel nur für den Inhalt des Eigentums. A. M. Habicht, S. 424, der ohne Ausschlußklausel der neuen Rechtsordnung auch in Ansehung des Erwerbes Ausschließlichkeit verleiht, obschon er zugiebt, daß Art. 181 bloß den Inhalt des Eigentums berühre; s. unten § 82.

[4] A. M. Habicht, S. 424, n. 2 der den Art. 127 eng auslegt, wozu er gar keine Berechtigung hat, denn dieser Artikel, insbes. das Wort „*Uebertragung*" ist

Einen Ersatz für die mangelnde Ersitzung an Grundstücken bietet die neue Rechtsordnung im Eigentumserwerbe durch Aufgebot nach dreißigjährigem Eigenbesitze.[1] Dieser Erwerb findet statt an Grundstücken, die entweder nicht eingetragen, oder deren eingetragene Eigentümer gestorben oder verschollen sind. Die bisherige Besitzzeit kann nicht eingerechnet werden, denn der alten Rechtsordnung war diese Einrichtung fremd.[2]

D. Die unvordenkliche Verjährung. Einer unter der alten Rechtsordnung begonnenen unvordenklichen Verjährung kann der Zustand unter der neuen und negativen Rechtsordnung angerechnet werden.[3]

In dem der Landesgesetzgebung überlassenen Bereiche behält die alte Rechtsordnung für die unvordenkliche Verjährung in Vergangenheit und Zukunft ihre volle Bedeutung.[4]

---

ausdehnend auszulegen, weil er materiell eine Gewährungsklausel enthält; s. oben § 8, S. 34, n. 1 u. 2 u. § 12, S. 54, n. 4. Die Ersitzung des Eigentums ist objektiv genommen eine Übertragung des Eigentums; s. auch BEKKER, System Bd. 1, S. 124, Beil. 2.

[1] S. § 927 B.G.B.

[2] So richtig COSACK, B.R. II, S. 115; A. M. HABICHT, S. 425, n. 1; NIEDNER, S. 298 fg., Nr. 7. Die entgegengesetzte Ansicht führt zu einer vom Gesetzgeber nicht gewollten Ausschließlichkeit im Sinne der zweiten Regel des neueren Regelpaares in ihrer ersten Möglichkeit.

[3] S. in der Gesch. § 64, S. 462, n. 1 den Plenarbescheid des Preuß. O.T. vom 24. Oktober 1845. Die Verhältnisse lagen damals ganz ähnlich, wie sie jetzt nach Einführung des B.G.B. liegen. Das A.L.R. enthielt über die unvordenkliche Zeit keine Bestimmungen; ebensowenig gab das P.P. zum A.L.R. darüber eine intertemporale Vorschrift. Das Gericht kam daher lediglich vom Standpunkte des gemeinen intertemporalen Privatrechtes zu obigem Grundsatz; (§ 5 des P.P.). Das E.G. zum B.G.B. enthält allerdings keinen § 5 des P.P.; aber der deutsche Gesetzgeber ist doch von der älteren Rechtsregel ausgegangen; s. oben § 8, S. 30, n. 5. Außerdem sagen zum Überflusse die Motive genau das, was das angeführte Urteil hervorhebt, daß den „erworbenen Rechten“ Schutz zu gewähren sei oder daß sie nicht beeinträchtigt werden dürfen. Der Richter sah in einer begonnenen, aber nicht vollendeten unvordenklichen Verjährung ein zu schützendes „erworbenes Recht“, obschon bloß ein objektives Rechtsverhältnis vorlag; s. a. a. O. S. 462, n. 1 g. E. A. M. HABICHT, S. 426, der diese preuß. Rechtsprechung übersieht. Immerhin tröstet er damit, das Gericht könne die Härten seines Grundsatzes, daß sich nach dem 1. Januar 1900 oder nach dem Zeitpunkte der Anlegung des Grundbuches der Erwerb eines Rechtes durch unvordenkliche Zeit nicht mehr vollenden könne, durch freie Beweiswürdigung mildern.

[4] S. im dritten Abschnitte des E.G. Art. 65, 66, 69, 73, 74, 132, 133. Innerhalb dieses landesrechtlichen Bereiches ist nicht bloß die Vollendung der unvordenklichen Verjährung möglich, wie innerhalb des Bereiches des Reichsrechtes, sondern auch ihr Neubeginn, S. auch die derselben günstigen Bestimmungen des Preuß. A.G.; ferner Mecklenburg-Schwerin § 33; -Strelitz § 32.

Zweites Kapitel.

Die Rechtsverhältnisse.

Erster Abschnitt.

Das Rechtsverhältnis im allgemeinen.

§ 35. Begriff des Rechtsverhältnisses.

Wie beim Thatbestande, so können wir auch beim Rechtsverhältnis unterscheiden zwischen dem Rechtsverhältnis im absoluten Sinne und den Rechtsverhältnissen im relativen Sinne. Jenes ist die Abstraktion aller Rechtsverhältnisse im relativen Sinne. Diese sind aber die Abstraktionen der Rechtsfolgen, welche die Thatbestände im relativen und konkreten Sinne vermitteln. Durch den Begriff des Rechtsverhältnisses im relativen Sinne werden die ihrer Zahl und Art nach mannigfaltigen und vielgestaltigen Rechtsfolgen eines konkreten Thatbestandes zu einer Denkeinheit emporgehoben. Hinter der Abstraktion liegt also nicht etwa der sinnlich wahrnehmbare Thatbestand, sondern die bereits der juristischen Gedankenwelt angehörigen Rechtsfolgen.[1]

Das Rechtsverhältnis im absoluten Sinne spielt bei allgemeinen wissenschaftlichen Betrachtungen eine Rolle; so wenn wir das Rechtsverhältnis als Rechtselement dem Thatbestande oder der Rechtsordnung gegenüberstellen.[2] Doch wie der Thatbestand im absoluten Sinne sich prismatisch bricht in tausendfacher Ausgestaltung,[3] so auch das Rechtsverhältnis im absoluten Sinne; so giebt es ein Rechtsverhältnis des Eigentums, der Obligation, der Erfindung, der Ehe, der Erbschaft. Diese Ausstrahlungen des

---

[1] S. oben § 20, S. 82, n. 1.

[2] So im Institutionensystem die *trias iurisprudentiae* S. 557 und Gesch. § 4 der Einl. S. 14.

[3] S. oben § 20, S. 81.

Rechtsverhältnisses im absoluten Sinne sind es, wovon die theoretische Jurisprudenz in ausgiebigster Weise Gebrauch macht.

Das Rechtsverhältnis im relativen Sinne ist zwar auch abstrakt, aber individuell bestimmt; denn es geht aus einem konkreten und individuell bestimmten Thatbestande hervor. Mit ihm beschäftigt sich die praktische Jurisprudenz. Auch das intertemporale Privatrecht, soweit es sich an den Richter wendet, meint die Rechtsverhältnisse im relativen Sinne; soweit es aber mit dem Gesetzgeber zu thun hat, weist es ihn auf die Ausstrahlungen des Rechtsverhältnisses im absoluten Sinne hin; s. oben § 1 S. 3.

Wir können das Rechtsverhältnis von zwei ganz verschiedenen Seiten und in ganz verschiedenartiger Beleuchtung betrachten. Dem zuständigen Subjekte erscheint das Rechtsverhältnis als subjektives Recht; dem objektiven Zuschauer aber ergiebt sich auch das Bild eines Rechtsverhältnisses im objektiven Sinne.

Das Rechtsverhältnis im objektiven Sinne ist eine rechtliche Abstraktion, dessen Träger entweder etwas Herrschenkönnendes, eine Willenspotenz, *potentia voluntatis*, oder etwas Beherrschbares, *voluntatis potens*, ist. Das objektive Rechtsverhältnis zerfällt daher von vornherein in zwei scharf getrennte Arten: das personale und das reale Rechtsverhältnis. Das personale ist also dasjenige, dessen Träger eine Willenspotenz, das reale dasjenige, dessen Träger etwas Beherrschbares ist. Die Römer nannten das erstere *persona*, das letztere *res.*[1] Den ersteren Ausdruck hat das neue Recht übernommen; s. den ersten Abschnitt B.G.B.; den letzteren jedoch seinem Begriffe nach ausdrücklich abgelehnt; s. § 90 B.G.B.

Dadurch aber ist eine bedenkliche Lücke im neuen Rechte entstanden, die auszufüllen Aufgabe der Rechtswissenschaft ist. Wenn wir uns daran gewöhnen, die Personen als rechtliche Abstraktionen aufzufassen, deren Träger eine Willenspotenz ist, so müssen wir andererseits nicht davor zurückschrecken, die Sachen i. w. S. ebenfalls als rechtliche Abstraktionen anzusehen, deren Träger etwas Beherrschbares ist. Es wird dadurch eine Harmonie geschaffen zwischen Personen und Sachen. Beide sind dann rechtliche Abstraktionen.

Die Sachen i. w. S. als objektive, reale Rechtsverhältnisse bergen noch eine Eigenschaft in sich, auf die besonders aufmerksam zu machen ist. Es ist die Eigenschaft einer rechtlichen Gebundenheit zu Gunsten entweder eines gegenwärtigen oder eines zukünftigen Subjektes. Gerade im letzteren Falle zeigt sich die Unentbehrlichkeit ihres Begriffes. In der Litteratur hat man derartige Rechtsverhältnisse wohl erkannt; man sprach aber logisch unrichtig von subjektlosen subjektiven Rechten; schon besser ist der Ausdruck: objektiver Bestand eines Rechtes. Aber auch hier ist noch der Gedanke an ein subjektives Recht maßgebend, welches gar nicht zu bestehen braucht und in jenem Hauptfalle gar nicht

---

[1] S. Institutionensystem S. 469 fg.

bestehen kann.[1] M. E. ist der beste Ausdruck: objektives reales Rechtsverhältnis; denn in dem Worte Rechtsverhältnis ist der Begriff des subjektiven Rechtes als solcher nicht enthalten, wohl aber die Beziehung dieses Rechtsobjektes zu einem gegenwärtigen oder künftigen Rechtsobjekte angedeutet.

Objektive reale Rechtsverhältnisse sind nicht bloß die *res in nostro patrimonio*, sondern auch die *res extra nostrum patrimonium*, was schon das römische Institutionensystem erkannt hat.[2] Gerade für die im Gemeingebrauche befindlichen Sachen ist der Begriff des objektiven Rechtsverhältnisses nicht zu entbehren; denn von einem bestimmten Rechtssubjekte kann hier keine Rede sein. Selbst das sog. Recht des Gemeingebrauches ist bestritten. Objektive reale Rechtsverhältnisse sind auch die herrenlosen Sachen i. e. S., d. h. eigentumsfähige körperliche Sachen, die gegenwärtig in niemandes Eigentum stehen.[3] Das moderne Recht hat dazu einen merkwürdigen Beleg im aufgegebenen Inhaberpapier geliefert. Hier liegt nicht nur ein objektives Eigentumsverhältnis vor, sondern auch damit verknüpft ein objektives obligatorisches Rechtsverhältnis. — Auch auf dem Gebiete des Urheberrechtes lassen sich derartige *res nullius* nachweisen. So vergessene Erfindungen, die vor hundert Jahren gemacht wurden und ihres Entdeckers harren.[4] So auch Marken, Fabrik- und Warenzeichen, die in Vergessenheit geraten sind, und wieder neu hervorgeholt werden können. Ebenso ist denkbar, daß Melodien alter vergessener Volkslieder von einem Komponisten neu verwertet werden.

Es giebt objektive Rechtsverhältnisse, die ein subjektives Recht überhaupt nicht hervorbringen können. Die objektiven personalen Rechtsverhältnisse gewähren ihrem Träger nie ein subjektives Recht.[5] Trotzdem genießen die unter der alten Rechtsordnung entstandenen personalen Rechtsverhältnisse wie die realen des Schutzes der älteren intertemporalen Rechtsregel.[6]

Die objektiven realen Rechtsverhältnisse dagegen sind abgesehen von den im Gemeingebrauch befindlichen Sachen, dazu bestimmt, subjektive Rechte zu erzeugen. Es ist daher lediglich ein vorübergehender Zustand, wenn sie bestehen, ohne daß ein subjektives Recht daraus hervorgeht.

Die neue Rechtsordnung kennt das objektive Rechtsverhältnis.[7] Sie

---

[1] S. Institutionensystem S. 539 fg.

[2] S. Institutionensystem S. 383.

[3] S. Institutionensystem S. 417 und insbes. S. 509.

[4] S. § 2 des Reichspatentgesetzes.

[5] Um das objektive personale Rechtsverhältnis der Handlungsfähigkeit vor der neuen Rechtsordnung zu schützen, wurde es hin und wieder in Rechtsprechung und Litteratur als erworbenes Recht bezeichnet; s. Gesch. § 79, S. 628, n. 1. Allein die überwiegende Mehrheit der Schriftsteller erblickt darin zutreffend kein subjektives Recht.

[6] S. unten § 39, S. 161, n. 1 u. 2.

[7] S. unten § 36, S. 154 und § 37, S. 156.

läßt bei dem objektiven realen Rechtsverhältnisse einen Wechsel der Subjekte zu, unbeschadet seiner Identität. Bei den objektiven obligatorischen Rechtsverhältnissen thut sie dies in einem Umfang, welcher der alten Rechtsordnung unbekannt war.[1] Ja, der neuen Rechtsordnung wird die Persönlichkeit des zuständigen Subjektes des objektiven Rechtsverhältnisses so gleichgültig, daß selbst der Aussteller des Inhaberpapieres das zuständige Subjekt des Schuldverhältnisses[2] und der Eigentümer des Grundstückes zuständiges Subjekt der Hypothek und Grundschuld sein und werden kann.[3] Sie läßt eine Vererbung eines objektiven Rechtsverhältnisses zu, selbst wenn daraus noch gar kein subjektives Recht hervorgegangen ist.[4]

§ 36. Das Rechtsverhältnis im subjektiven Sinne oder das subjektive Recht. Die eigentlichen und uneigentlichen Rechte, insbes. die Ansprüche. Die Lehre von den wohlerworbenen Rechten.

Das Rechtsverhältnis im subjektiven Sinne oder das subjektive Recht ist die aus einem objektiven realen Rechtsverhältnis hervorgehende, einem bestimmten Subjekte zustehende rechtliche Herrschaft. — Diese Definition mußte so allgemein gefaßt werden, um zwei grundverschiedene Arten der subjektiven Rechte zu umfassen: die eigentlichen und uneigentlichen subjektiven Rechte. Die eigentlichen subjektiven Rechte gewähren eine gegenwärtige, rechtliche Herrschaft über eine fremde Willenspotenz, die darauf gerichtet ist, sie zu einem Thun oder Unterlassen zu zwingen. Das eigentliche subjektive Recht ist daher verwandt mit dem Anspruche des B.G.B. § 194 Abs. 1. Jedoch deckt es sich nicht vollständig mit dem Anspruche des B.G.B. Jenes muß eine gegenwärtige Herrschaft gewähren. Es ist also erst vorhanden, falls der Anspruch auf ein Thun geht, mit der Säumnis, und, falls es auf ein Unterlassen geht, mit der Zuwiderhandlung des Verpflichteten. Der deutsche Gesetzgeber hat den Unterschied wohl eingesehen, denn er läßt in letzterem Falle die Verjährung des Anspruches erst mit der Zuwiderhandlung beginnen; s. § 198, S. 2, B.G.B. Richtiger Ansicht nach beginnt aber auch die Verjährung des Anspruches auf ein Thun erst mit der Säumnis, obschon das der Gesetzgeber nicht ausdrücklich gesagt hat. Dies ist zweifellos der Fall, wenn für die Leistung eine Zeit nach dem Kalender bestimmt ist und der Schuldner nicht zu der bestimmten Zeit leistet; s. § 284, Abs. 2, S. 1 B.G.B. Das gleiche gilt, wenn der Leistung eine Kündigung vorauszugehen hat und die Zeit für die Leistung in der

[1] S. §§ 398, 414, 793 fg.; s. auch §§ 1153 fg., 1192 B.G.B.

[2] S. § 797, S. 2 B.G.B.

[3] Vgl. §§ 1163, Abs. 1, S. 2; 1164, 1177, 1195, 1197 B.G.B.

[4] Abgesehen von bedingten Schuldverhältnissen, vgl. § 153 B.G.B. S. auch § 943 B.G.B.

Weise bestimmt ist, daß sie sich von der Kündigung an nach dem Kalender berechnen läßt; § 284, Abs. 2, S. 2. Aus Billigkeitsrücksichten bestimmt jedoch § 199 B.G.B., daß für den Beginn der Verjährung die Kündigung nicht wirklich erfolgt zu sein braucht.[1]

Die uneigentlichen subjektiven Rechte dagegen gewähren eine Herrschaft nur über das objektive reale Rechtsverhältnis. Sie zerfallen in zwei Gruppen. Die erste Gruppe gewährt dem zuständigen Subjekte den Genuß der Sache i. w. S. Nehmen wir den Begriff der Früchte und Nutzungen zu Hülfe, wie wir ihn auf Grund der §§ 99 und 100 des B.G.B. oben in § 29, S. 125, n. 1 festgestellt haben, so ist das uneigentliche subjektive Recht der ersten Gruppe zu bestimmen als die rechtliche Herrschaft über die Nutzungen des objektiven realen Rechtsverhältnisses.[2]

Die zweite Gruppe gewährt dem zuständigen Subjekte die rechtliche Macht, über das objektive reale Rechtsverhältnis beliebig zu verfügen, sei es, daß es die Zuständigkeit über das ganze Rechtsverhältnis oder nur Abzweigungen der rechtlichen Herrschaft über dasselbe oder bloß die daraus hervorgehenden Ansprüche übertragen will.

Die uneigentlichen Rechte der zweiten Gruppe kann man auch als die Rechte des rechtlichen Könnens bezeichnen.[3] Wenn Zitelmann die Rechte des rechtlichen Dürfens den dinglichen Rechten, des rechtlichen Sollens den Obligationen gleichstellt und den Rechten des rechtlichen Könnens gleichordnet, so ist dagegen zu bemerken, daß aus dem obligatorischen Rechtsverhältnis nicht nur Rechte des rechtlichen Sollens, sondern auch Rechte des rechtlichen Dürfens und des rechtlichen Könnens als uneigentliche subjektive Rechte hervorgehen. Als Rechte des rechtlichen Dürfens erscheinen die Genußrechte, also die rechtliche Herrschaft über die Nutzungen des obligatorischen Rechtsverhältnisses.[4] Rechte des rechtlichen Könnens sind die Rechte zur Zession, Delegation, Assignation, Interpellation, Novation, Kompensation, zur Rücktrittserklärung, Kündigung und zum Widerruf.[5]

---

[1] Ähnliche Gedanken entwickelt Hölder, Zeitschr. für Civilprozeß 1901, S. 50 fg.; insbes. S. 55.

[2] Dadurch wäre eine bedeutende Vereinfachung des Begriffes des uneigentlichen subjektiven Rechtes der ersten Gruppe erzielt. Nehmen wir den Begriff der Früchte und Nutzungen in jenem weiten Sinne, wozu uns ja das B.G.B. berechtigt, so erschöpft die obige Definition den Begriff des uneigentlichen subjektiven Rechtes der ersten Gruppe vollständig; er geht ohne Rest in ihr auf.

[3] S. Zitelmann, Das Recht des Bürgerlichen Gesetzbuches, Allg. Teil S. 22 fg. S. auch Hellwig, Anspruch und Klagrecht S. 2. — Der Unterschied zwischen meiner Auffassung und derjenigen Zitelmanns und Hellwigs besteht darin, daß diese die Rechte des rechtlichen Könnens als selbständige Rechte den absoluten und den relativen (den Obligationen) gegenüberstellen, während sie m. E. nur unselbständige subjektive Erscheinungen der objektiven realen Rechtsverhältnisse sind.

[4] S. oben § 29, S. 125, n. 1. Als Nutzungen ist auch der Gebrauch der gemieteten Sache, die Entgegennahme der Dienstleistungen u. s. w. zu betrachten.

[5] Hölder a. a. O. rechnet zu den Rechten des Dürfens, die aus der Obli-

Umgekehrt gehen aus den dinglichen Rechtsverhältnissen nicht bloß Rechte des rechtlichen Dürfens, sondern auch Rechte des rechtlichen Sollens und Könnens hervor: Gerät das dingliche Rechtsverhältnis in einen abnormen Zustand, so entstehen Ansprüche auf ein Thun oder Unterlassen (Rechte des rechtlichen Sollens), das zuständige Subjekt kann das Rechtsverhältnis übertragen oder daraus Tochterrechte abzweigen, oder die entstandenen Ansprüche abtreten (Rechte des rechtlichen Könnens).[1]

Der historische Ursprung der ZITELMANNschen Lehre von den Rechten des rechtlichen Könnens ist in der Theorie des *jus personarum* zu suchen, welches sämtliche *potestates* der Privatperson, also sämtliche Rechte des rechtlichen Könnens, in sich vereinigen soll. Sie wurde im 17. Jahrhundert von manchem Schriftsteller vertreten, vor allem von TITIUS in seinen *Observationes* S. 306, Nr. 2.[2] Bereits PUFENDORF erkannte die Schwäche dieser Lehre.[3]

Der Hauptunterschied zwischen den eigentlichen und uneigentlichen subjektiven Rechten besteht darin, daß nur jene des staatlichen Zwanges und Schutzes bedürftig und auch teilhaftig sind. Auf eine Förderung der Genuß- und Verfügungsrechte, also der uneigentlichen Rechte, läßt sich der Staat nicht ein. Nur in beschränkender, nicht in fördernder Richtung mischt sich der Staat in die Genuß- und Verfügungsrechte der Privatpersonen ein. So bei Entmündigungen, Zwangsvollstreckungen, Zwangsverwaltungen und Konkurseröffnungen.

Wegen dieses Unterschiedes nenne ich jene „eigentliche", diese „uneigentliche" Rechte. Die uneigentlichen Rechte spalten sich wieder in Genuß- und Verfügungsrechte. Der Terminologie ZITELMANNS kann ich mich, abgesehen von dem oben entwickelten Grunde, auch deswegen nicht anschließen, weil das logische Einteilungsprinzip nicht folgerichtig durchgeführt ist. Die Rechte des rechtlichen Dürfens und Könnens sehen auf den Berechtigten: dieser darf, dieser kann; die Rechte des rechtlichen Sollens dagegen sehen auf den Verpflichteten: dieser soll.

Die eigentlichen Rechte oder die Ansprüche im engeren Sinne haben entweder einen persönlichen oder dinglichen Charakter. In der Regel erzeugen die realen Rechtsverhältnisse entweder nur Ansprüche mit persönlichem oder nur Ansprüche mit dinglichem Charakter. Die Schuldverhältnisse erzeugen in der Regel nur Ansprüche mit persönlichem

---

gation hervorgehen, auch die Rechte der Selbsthülfe, §§ 229 und 561 B.G.B. Doch sind dies Rechte eigener Art, die nicht aus dem Wesen der Obligation hervorgehen; s. unten § 52.

[1] Auf ähnlichen Gedanken beruhen die Ausführungen HÖLDERS a. a. O. S. 83. S. auch BEKKER, Über die Objekte und Kraft der Schuldverhältnisse, Zeitschr. für Rechtsgesch. XXIII, Rom. Abt. S. 8.

[2] S. Institutionensystem, Kap. VI, S. 163.

[3] *De iure naturae et gentium Francofurti et Lipsiae* 1744, *p.* 594. S. auch Institutionensystem S. 163, n. 2.

Charakter; die dinglichen Rechtsverhältnisse in der Regel nur dingliche Ansprüche; die Urheberrechtsverhältnisse in der Regel nur Ansprüche dinglichen Charakters; die Familienrechtsverhältnisse bald Ansprüche persönlichen Charakters (zwischen Ehegatten, Eltern und Kindern, Vormund und Mündel), bald dinglichen Charakters (zwischen den Gewalthabern und Dritten). Die erbrechtlichen Verhältnisse erzeugen in der Regel Ansprüche dinglichen Charakters. Eine merkwürdige Erscheinung des modernen Rechtes ist das reale Rechtsverhältnis, welches mit „Geschäftsanteil" oder „Aktie" bezeichnet wird; s. § 14 fg. der R.G. v. 20. April 1892 und H.G.B. § 179 fg., § 320, Abs. 1. Es kann sowohl Ansprüche persönlichen als auch dinglichen Charakters erzeugen.

Die vermögenswerten Ansprüche im engeren Sinne sind jedoch in Bezug auf Übertragbarkeit, Verjährung und Inverzugsetzung gleich zu behandeln, mögen sie nun dinglichen oder persönlichen Charakter haben.[1]

Die neue Rechtsordnung kennt sehr gut den Unterschied zwischen dem objektiven realen Rechtsverhältnis und dem Anspruch. Sie verwertet ihn zunächst bei der Verjährung, indem sie das reale Rechtsverhältnis der ordentlichen, den Anspruch dagegen einer kürzeren Verjährung unterwirft.[2] Ferner bei der Übertragbarkeit; das objektive reale Rechtsverhältnis erklärt sie oft für unübertragbar, während die daraus hervorgehenden Ansprüche übertragen werden können.[3] Dann bei der Vererblichkeit. Das objektive Rechtsverhältnis ist oft unvererblich, während die daraus hervorgegangenen Ansprüche auf die Erben übergehen.[4] Ferner bei der nicht zu vertretenden Unmöglichkeit der Leistung. Die Ansprüche auf Leistung gehen unter, nicht aber das objektive Schuldverhältnis.[5] Dann bei der Konfusion; durch Konfusion geht das objektive Rechtsverhältnis nicht unter, wohl aber fallen die bereits entstandenen Ansprüche hinweg.[6] Umgekehrt kann z. B. durch Tod des zuständigen Subjektes

---

[1] Vgl. B.G.B. §§ 413, 194, 990, Abs. 3. S. auch unten § 81. Es ist dies ein Beweis dafür, daß sie ihrem Wesen nach übereinstimmen.

[2] Das beste Beispiel bietet § 852, Abs. 1 B.G.B.; s. unten § 72. Vgl. ferner die Verjährung der Zinsobligation § 224 B.G.B. und die Verjährung des Zinsanspruches § 197 B.G.B. — Vgl. auch § 1028, Abs. 1 B.G.B. Die Grunddienstbarkeit erlischt nur soweit, als der Bestand der Anlage mit ihr in Widerspruch steht. Der Anspruch verjährt in der ordentlichen Frist; trotzdem bleibt das objektive Rechtsverhältnis, die Grunddienstbarkeit, unter Umständen bestehen.

[3] S. z. B. B.G.B. §§ 549; 613, S. 1; 664, Abs. 1; 1059 und dazu 398 u. 413. Einen lehrreichen Fall bildet die sogen. Maximalhypothek. Als objektives Rechtsverhältnis ist sie unübertragbar; wohl aber kann die Forderung übertragen werden; s. § 1190, Abs. 4 B.G.B.

[4] So das Rechtsverhältnis des Auftrages und der Gesellschaft; s. §§ 673 und 736 B.G.B. die *actio mandati contraria* und die *actio pro socio* gehen auf den Erben über.

[5] S. § 323, Abs. 1 B.G.B. Es geht dies daraus hervor, daß aus dem objektiven Schuldverhältnis neue Ansprüche entstehen; s. § 323, Abs. 2 B.G.B.

[6] S. B.G.B. §§ 1063, Abs. 2; 889; 1177. Die eigentlichen subjektiven Rechte, die Ansprüche, gehen unter; dagegen bleiben die uneigentlichen Rechte, insbesondere die Verfügungsrechte bestehen.

das objektive Rechtsverhältnis untergehen, während die daraus erwachsenen Ansprüche bestehen bleiben.[1] Auch äußerlich hat die neue Rechtsordnung die Scheidung des objektiven realen Rechtsverhältnisses von den daraus hervorgehenden Ansprüchen anerkannt. So spricht sie von *Ansprüchen aus dem Eigentume.*[2]

Bis in die jüngste Zeit spielte das Rechtsverhältnis im subjektiven Sinne in der Wissenschaft des intertemporalen Privatrechtes die Hauptrolle.[3] Auch in der Rechtsprechung behielt es die Oberhand.[4] In der Gestalt des „erworbenen Rechtes“ bildete es den „Maßstab der Rückwirkung“.[5] Die Biegsamkeit dieses Begriffes und seiner Negation führte aber in der Rechtsprechung zu mancher rechtswidrigen Entscheidung. Wenn auch oft die Urteile trotz der Lehre von den wohlerworbenen Rechten zu richtigen Ergebnissen kamen, so war dies dem gesunden Sinne des Richters, nicht aber jener Lehre zu verdanken.[6] Sie war auch nicht im Stande, die wichtigsten Fragen des intertemporalen Privatrechtes zu lösen. Folgerichtig durchgeführt, fordert sie eine angeborene Ausschließlichkeit der Gesetze.[7] Daher ist die „Schonung wohlerworbener Rechte“ auch nicht als Prinzip des gemeinen intertemporalen Privatrechtes anzuerkennen. Wie jedes subjektive Prinzip ist es unzuverlässig und gefährlich.[8] Mit gutem Grunde hat sich der Gesetzgeber im 19. Jahrhundert nach dem Vorbilde des *Code civil* mehr und mehr vom Rechtsverhältnis im subjektiven Sinne oder vom wohlerworbenenen Rechte zurückgezogen.[9]

Auch der Gesetzgeber des Deutschen Reiches würdigt im ganzen vierten Abschnitt des E.G. des erworbenen Rechtes keiner Erwähnung, während noch die Motive sich einer gemischten Ausdrucksweise be-

---

[1] S. § 1061 B.G.B., trotzdem bleiben die Ansprüche einerseits aus §§ 1057, 1055; andererseits aus § 1049 B.G.B. bestehen. Vgl. ferner §§ 1882 fg. B.G.B., trotzdem bleiben die Ansprüche aus §§ 1833, 1834, 1890 einerseits und 1835 B.G.B. andererseits bestehen.

[2] S. die Überschrift des vierten Titels des dritten Abschnittes des dritten Buches B.G.B. Das „Eigentum“ ist das objektive Rechtsverhältnis.

[3] S. Gesch. § 70, S. 572 fg.

[4] S. Gesch. § 63, S. 430 fg.; vgl. dagegen § 67, S. 500 fg. die Rechtsprechung des Schweiz. Bundesgerichtes.

[5] So Gierke; s. Gesch. § 63, S. 430, n. 1

[6] S. Gesch. § 63, S. 434, n. 1.

[7] S. Gesch. § 79, S. 626 fg. Vgl. noch S. 645, n. 2 und S. 646, n. 2 und oben § 8, S. 29, n. 1. S. auch meine Abhandlung im Jahrb. der intern. Ver. 1902, S. 192.

[8] S. oben § 5, S. 17, n. 3 und 4.

[9] Der österreichische und der sächsische Gesetzgeber sind die letzten Vertreter der Theorie von den wohlerworbenen Rechten, aber nicht in ihrer reinen Form, sondern bereits in gemischter Fassung. — Die Gewährungsklauseln der übrigen intertemporalen Gesetzgebung nehmen eine objektive Fassung an. S. oben § 8, S. 28 fg.

fleißigen.[1] Es ist daher möglich, ja sogar wahrscheinlich, daß der Thatbestand und das objektive Rechtsverhältnis an Stelle des erworbenen Rechtes ihren Einzug auch in die deutsche Rechtsprechung und Rechtswissenschaft halten wird.[2]

§ 37. Gliederung der objektiven Rechtsverhältnisse. Ihre atomistische und organische Auffassung. Die personalen Rechtsverhältnisse.

Die objektiven Rechtsverhältnisse gliedern sich zunächst in personale und reale. Die personalen sind entweder „natürliche" oder „juristische"; erstere beziehen sich auf die sog. „natürliche", letztere auf die sog. „juristische" Person.

Die natürlichen personalen Rechtsverhältnisse zeichnen sich durch eine große Mannigfaltigkeit ihrer Erscheinungsformen aus. Einmal das personale Rechtsverhältnis der Rechtsfähigkeit, § 1 B.G.B.; dann das der Geschäftsfähigkeit, s. z. B. den ersten Titel des dritten Abschnittes des ersten Buches B.G.B.; ferner das der Geschäftsunfähigkeit, § 104 B.G.B.; ferner das der beschränkten Geschäftsfähigkeit oder, wie sich das B.G.B. ausdrückt, das *Beschränktsein in der Geschäftsfähigkeit*, § 106 B.G.B. Dazu kommen noch folgende personale Rechtsverhältnisse: die Fähigkeit zur „Verantwortlichkeit" für einen Schaden, m. a. W. die Deliktsfähigkeit und die Deliktsunfähigkeit, § 828 B.G.B.; ferner die Ehemündigkeit und die Eheunmündigkeit, § 1303 B.G.B., die Testamentsfähigkeit und Testamentsunfähigkeit, § 2229 B.G.B. Von geringerer Bedeutung sind die Fähigkeit zur Annahme an Kindesstatt, § 1744 B.G.B., und zur Annahme und Ablehnung einer Vormundschaft, § 1786, Nr. 2 B.G.B. Zu den natürlichen personalen Rechtsverhältnissen kann man noch rechnen den Wohnsitz, § 7 B.G.B., und die Verschollenheit, § 13 B.G.B.

Diese natürlichen personalen Rechtsverhältnisse kommen teilweise auch als juristische in Betracht; so die Rechtsfähigkeit, die Geschäftsfähigkeit und die Fähigkeit zur „Verantwortlichkeit" für einen Schaden. Ausgeschlossen sind die Geschäftsunfähigkeit, das Beschränktsein in der Geschäftsfähigkeit, die Deliktsunfähigkeit, die Ehemündigkeit, die Testamentsfähigkeit, die Fähigkeit zur Annahme an Kindesstatt, zur Ablehnung einer Vormundschaft und die Verschollenheit. Was den Wohnsitz anbetrifft, so kann die juristische Person einen solchen im wörtlichen Sinne nicht haben, wohl aber einen Sitz, s. §§ 22 bis 24 und § 80 B.G.B.; C.P.O. §§ 17 bis 19.

Die objektiven realen Rechtsverhältnisse gliedern sich in solche,

---

[1] S. oben § 5, S. 18, n. 1 und § 8, S. 31, n. 2.

[2] S. K.G. 3. Dezember 1900, Rsp. 2, S. 44 fg. „*latente Forderung*" — „*ruhende Forderung*"; R.G. 16. April 1901, E. 48, S. 132 „*rechtliche Gebundenheit*". Ganz ist das erworbene Recht noch nicht verschwunden; s. z. B. O.L.G. Stuttgart 8. Oktober 1901, Rsp. 3, S. 296.

welche dazu bestimmt sind, eigentliche Rechte zu erzeugen und solche, welche im normalen Zustande keine eigentlichen Rechte schaffen, sondern erst in einem Zustande, der ihrer normalen Gestaltung widerspricht. Zu den ersteren gehören grundsätzlich die obligatorischen Rechtsverhältnisse, die Gesellschaftsanteile und die Aktien. Zu den letzteren gehören sämtliche dingliche Rechtsverhältnisse, ferner die Rechtsverhältnisse des Urheberrechtes, zum Teil die des Familienrechtes, und grundsätzlich auch die erbrechtlichen Rechtsverhältnisse.[1] — Auch in intertemporalrechtlicher Beziehung besteht ein Unterschied. Der Inhalt der obligatorischen Rechtsverhältnisse ist dem Einflusse der neuen Rechtsordnung unzugänglicher, als der Inhalt der übrigen.[2]

Wir müssen aber der juristischen Zweckmäßigkeit zu Liebe die Grenzen der personalen Rechtsverhältnisse etwas weiter stecken und damit Hand in Hand den Kreis der realen Rechtsverhältnisse enger ziehen. Mit den personalen Rechtsverhältnissen, insbesondere mit dem *Beschränktsein in der Geschäftsfähigkeit* und mit der Geschäftsunfähigkeit ist das Vormundschaftsrecht eng verbunden, aber auch das Eherecht und das Eltern- und Kindesrecht. Die personalen Rechtsverhältnisse im weiteren Sinne umfassen daher auch das gesamte Familienrecht.[3] Dadurch vermindert sich der Kreis der realen Rechtsverhältnisse um die ehemännliche, elterliche und Vormundschafts-Gewalt.[4] In diesem weiteren Sinne verwenden wir die personalen Rechtsverhältnisse zur systematischen Darstellung des besonderen Teiles; umgekehrt treten darin die realen Rechtsverhältnisse in dem beschränkten Umfange auf.[5]

Wie die Thatbestände, so können auch die Rechtsverhältnisse atomistisch oder organisch betrachtet werden. Die atomistische Auffassung sieht in jedem Rechtsverhältnis eine selbständige, von anderen Rechtsverhältnissen losgelöste Erscheinung. Sie ist verbreitet bei den Nebenrechtsverhältnissen, insonderheit bei den Zinsobligationen.[6] Diese unterwirft sie der neuen Rechtsordnung, obschon die Hauptobligation unter der alten Rechtsordnung entstanden war. Sie ist also für das intertemporale Privatrecht von großem Schaden und daher auf das entschiedenste zu bekämpfen.

[1] Insoweit ist das System des B.G.B. zu billigen, als es die Schuldverhältnisse allen übrigen Rechtsverhältnissen voranstellt; s. auch Institutionensystem S. 564.

[2] S. darüber unten §§ 43 und 88.

[3] S. auch oben § 19, S. 74, n. 3. In diesem weiteren Sinne habe ich die personalen Rechtsverhältnisse auch in der Gesch. genommen; s. §§ 58, 59, 64—67 und 69.

[4] Das römische Institutionensystem betrachtete diese Gewalten als *res*, als reale Rechtsverhältnisse, weil in der älteren Periode der römischen Rechtsentwickelung das Pflichtmoment in diesen Rechtseinrichtungen noch keine rechtliche Anerkennung gefunden hatte: *ius ac potestas in capite libero.* Die *potestas legitima* war sogar übertragbar; s. Institutionensystem S. 372 und 392.

[5] S. oben § 19, S. 74, n. 3.

[6] S. unten § 72.

Die organische Auffassung sucht dagegen den Zusammenhang unter den einzelnen Rechtsverhältnissen zu erkennen, insbesondere die Abhängigkeit einzelner Rechtsverhältnisse von einem Hauptrechtsverhältnis. Findet sie eine solche, so stellt sie den Grundsatz auf, daß die abhängigen Rechtsverhältnisse das intertemporale Schicksal des Hauptverhältnisses teilen.[1]

Das deutsche intertemporale Reichsrecht schließt sich auch in Bezug auf die Rechtsverhältnisse der organischen Auffassung an.[2] Auch in der neuen Rechtsprechung findet sich die organische Auffassung.[3]

§ 38. Einteilungen der realen Rechtsverhältnisse.

Sie lassen sich zunächst einteilen in vermögensrechtliche und nicht vermögensrechtliche, je nachdem sie in Geld abschätzbar sind oder nicht. Zu den vermögensrechtlichen müssen auch die im Gemeingebrauch befindlichen Sachen gerechnet werden, soweit sie vom volkswirtschaftlichen Standpunkte aus einen Geldwert verkörpern. Sie gehören insofern zum Verwaltungsvermögen des Staates. Auch die herrenlosen Sachen i. e. S. besitzen für die Volkswirtschaft einen Geldwert. Rechtsverhältnisse von Vermögenswert auch vom privatwirtschaftlichen Standpunkte aus sind die obligatorischen, die dinglichen, die Urheberrechtsverhältnisse und die Gesellschaftsanteile einschließlich der Aktien; innerhalb des Familienrechtes die Güterrechtsverhältnisse und endlich die Erbrechtsverhältnisse. Dagegen haben die Rechtsverhältnisse des reinen Familienrechts keinen Vermögenswert. Darin stehen sie den personalen Rechtsverhältnissen im engeren Sinne gleich. Auch aus diesem Grunde ist es angebracht, sie zu den personalen Rechtsverhältnissen im weiteren Sinne zu rechnen, jedoch einschließlich der Güterrechtsverhältnisse, die doch nur einen Ausfluß der reinen Familienrechtsverhältnisse bilden; s. oben § 37, S. 157.

Folgende Einteilung der realen Rechtsverhältnisse ist der bisherigen Litteratur in dieser Form unbekannt: positive und negative. Die negativen Rechtsverhältnisse sind diejenigen, welche durch Nichtigkeits-, Anfechtungs- oder Aufhebungs-Thatbestände der positiven Rechtsverhältnisse entstehen. Die Notwendigkeit ihres Begriffes ist schon bei der Lehre vom Thatbestande dargethan worden.[4] Es giebt eben Thatbestände, deren Dasein niemand bestreiten kann, bei denen aber zweifelhaft ist, ob

---

[1] S. unten § 41; vgl. auch oben § 23, S. 90 fg.

[2] Art. 175 E.G. S. oben § 23, S. 93, n. 5.

[3] R.G. 9. Mai 1901, E. 48, S. 162. O.L.G. Dresden 20. März 1900 in Bezug auf die Frage, ob eine Zinsenforderung fähig sei, ein selbständiges Hypothekenrecht zu bilden. Beiträge S. 99.

[4] S. oben § 20, S. 80, n. 3; vgl. auch oben § 12, S. 50, n. 1. Bekker, System 1, § 28, S. 89 spricht von negativen Rechten. Es liegt diesem Begriffe ein ähnlicher Gedanke zu Grunde.

ein Rechtsverhältnis entsteht.[1] Selbst wenn man einräumt, es genüge zum Thatbestandsbegriffe, daß er ein bereits vorhandenes positives Rechtsverhältnis aufhebt, so bleibt doch noch eine Lücke offen dann, wenn der Thatbestand ein positives Rechtsverhältnis gar nicht vorfindet. Dies ist z. B. der Fall bei dem Thatbestande, der die Nichtigkeit der Ehe herbeiführt. Hier ist ein positives Rechtsverhältnis gar nicht entstanden, das etwa durch einen Thatbestand aufgehoben werden könnte. So ist es aber bei jedem nichtigen Rechtsgeschäft einschließlich der Testamente, Erb- und Eheverträge.[2] In allen diesen Fällen erzeugt der Thatbestand ein negatives Rechtsverhältnis. Der Begriff des negativen Rechtsverhältnisses erweist sich auch im intertemporalen Privatrechte als unentbehrlich für die Behandlung gewisser Klagen; s. unten § 40.

Haupt- und Neben- oder accessorische Rechtsverhältnisse. Diese kommen hauptsächlich auf dem Gebiete des Obligationenrechtes vor. So sind accessorische Rechtsverhältnisse zu einer Obligation die Pfandrechtsverhältnisse, die Bürgschaft, die Zinsen, die Vertragsstrafe § 344 B.G.B., die Draufgabe § 337, Abs. 2 B.G.B., und die Übernahme eines Vermögens § 419 B.G.B. Diese Einteilung ist von großer intertemporalrechtlicher Wichtigkeit; s. unten § 41 und oben § 37, S. 158, n. 1.

Widerrufliche und unwiderrufliche Rechtsverhältnisse. Widerruflich ist ein Rechtsverhältnis dann, wenn schon bei seiner Entstehung die rechtliche Möglichkeit besteht, daß es durch einen zukünftigen Thatbestand aufgehoben werden kann; s. unten § 42.

Rechtsverhältnisse mit individuellem und generellem Inhalte; s. unten § 43.

Mit der vorhergehenden hängt zusammen die Einteilung in ewige und zeitliche Rechtsverhältnisse. Zu den ersteren gehören Grundeigentum, Grunddienstbarkeiten, Bauerngüter, Erbbaurechte, Grundrenten, Familienfideikommisse, Stammgüter u. dgl. Zu den letzteren sind in der Regel zu rechnen Obligationen, persönliche Dienstbarkeiten, Pfandrechte, Erbrechte. Die letzten beiden Einteilungen spielen in der Politik der intertemporalen Gesetzgebung eine Rolle; s. unten § 88.

Verwandt mit der vorhergehenden Einteilung, aber doch davon verschieden ist die in persönliche und sachliche Rechtsverhältnisse. Die Dauer der ersteren hängt ab vom Leben der berechtigten Person; die

---

[1] Das Seitenstück dazu bieten jene Rechtsverhältnisse, deren Dasein auch unbestritten ist, deren Thatbestände jedoch so ins Dunkel gehüllt sind, daß man von ihrer Entstehung unmittelbar aus dem Gesetze sprach; s. oben § 21, S. 85, n. 3.

[2] S. Gesch. § 72, S. 594, n. 3. Hier tritt zwar infolge des Nichtdaseins des Rechtsgeschäftes die sogenannte gesetzliche Erbfolge oder der sogenannte gesetzliche Güterstand ein. Allein die gesetzliche Erbfolge entsteht nicht aus dem Thatbestande des nichtigen Testamentes, sondern aus dem Thatbestande, daß der Erblasser ohne Testament verstorben ist. Ebenso tritt der gesetzliche Güterstand nicht infolge eines nichtigen Ehevertrages ein, sondern deswegen, weil die Ehegatten ohne Ehevertrag geheiratet haben. A. M. Gabba, s. Gesch. a. a. O.

der letzteren vom Bestande der berechtigten Sache (im Sinne des § 90 B.G.B.). Ist die berechtigte Sache ein Grundstück, so spricht das B.G.B. von Grundrechtsverhältnissen; s. § 1018 B.G.B. Zu den ersteren gehören die persönlichen Dienstbarkeiten, die höchst persönlichen Schuldverhältnisse wie z. B. aus § 847 B.G.B.; ferner die Urheberrechte; von den realen Rechtsverhältnissen im weiteren Sinne gehören auch die des Familienrechtes hierher. Zu den letzteren die Grunddienstbarkeiten, z. T. die Reallasten, sofern der Berechtigte jeweiliger Eigentümer eines Grundstückes sein muß; endlich gewisse Schuldverschreibungen auf den Inhaber.[1]

Das Gegenstück zu dieser Einteilung bildet die in vermittelte und unvermittelte Rechtsverhältnisse. Bei den ersteren ist die Person des Verpflichteten nur mittels eines regelmäßig dinglichen Rechtsverhältnisses festzustellen: Sie ist entweder der Eigentümer oder der Besitzer einer Sache. Bei den letzteren bedarf es eines derartigen Mittels zur Feststellung der Person des Verpflichteten nicht. Zu den ersteren gehören die Grunddienstbarkeiten, alle Reallasten, die Grundschuld, die Hypothek, die sog. Noxalschulden jetzt B.G.B. §§ 833 bis 838.[2]

Von geringer Bedeutung für das intertemporale Privatrecht sind die Einteilungen der Rechtsverhältnisse in primäre und sekundäre, absolut geschützte und relativ geschützte, veräußerliche und unveräußerliche, vererbliche und unvererbliche, teilbare und unteilbare.

Zweiter Abschnitt.

Die Rechtsverhältnisse im einzelnen.

§ 39. Die objektiven Rechtsverhältnisse.

Es ist für das intertemporale Privatrecht von äußerster Wichtigkeit, die Thatsache festzustellen, daß schon nach den bisher geltenden intertemporalen Grundsätzen objektive Rechtsverhältnisse, die entweder überhaupt kein subjektives Recht erzeugen können oder noch kein subjektives Recht erzeugt haben, vor dem Einflusse der neuen Rechtsordnung gesichert sind. Für die erste Art ist das objektive personale Rechtsverhältnis der Handlungsfähigkeit (Volljährigkeit) anzuführen, welches die Mehrheit der Gesetzgeber des 19. Jahrhunderts vor der Einwirkung der neuen Rechtsordnung bewahrt hat. Ja selbst Schriftsteller, die der Lehre von den erworbenen Rechten anhängen, wollen die erlangte Handlungsfähigkeit, obschon sie kein subjektives, also kein erworbenes Recht ist,

---

[1] S. § 799, Abs. 1, S. 2. Die persönlichen realen Rechtsverhältnisse sind nicht zu verwechseln mit den personalen; s. oben § 37, S. 136. S. auch Bekker, System 1, S. 59 fg.

[2] S. auch Bekker, System 1, S. 65 fg

geschützt wissen.[1] Auch die Rechtssprechung schützte die erlangte Handlungsfähigkeit.[2] — Beispiele für die zweite Art bieten die bedingten und betagten Rechtsverhältnisse. Beinahe mit Einstimmigkeit haben sie die Anhänger der Lehre von den erworbenen Rechten unter den Schutz der älteren Rechtsregel gestellt. Es ist ein köstliches Schauspiel zu sehen, mittelst welchen Fiktionen und Wortspielen sie beweisen wollen, daß bedingte und betagte Rechtsverhältnisse subjektive und daher erworbene Rechte seien. An diesem Prüfstein der Richtigkeit einer Theorie des intertemporalen Privatrechtes zerschellt ihre ganze Lehre.[3] — Zweifellos begründet das Testament, bevor es durch den Tod „bestätigt" wird, nur ein objektives Rechtsverhältnis und doch schreibt die Mehrzahl der intertemporalen Gesetzgebungen vor, daß es auch in seinem Inhalte unter dem Schutze der alten Rechtsordnung stehe. Auch diesen Grundsatz wollte ein Anhänger jener Lehre durch die erworbenen Rechte stützen.[4]

Das sind nur Beispiele. Es ist aber im allgemeinen der Grundsatz aufzustellen, daß, sobald ein objektives Rechtsverhältnis unter der alten Rechtsordnung begonnen hat, es dem Eingriffe der neuen Rechtsordnung entzogen ist.[5] Es stimmt dies überein mit unserer Thatbestandslehre. Bei den Vorbereitungsthatbeständen vor Eintritt der Ausführungsthatbestände, bei den Hauptthatbeständen vor Eintritt der accessorischen, bei den Verbindungsthatbeständen und Thatbestandsverbindungen vor Eintritt des letzten Gliedthatbestandes, bei den objektiven Thatbeständen vor Eintritt der subjektiven, entsteht zunächst bloß ein objektives Rechtsverhältnis. Dieses bleibt der alten Rechtsordnung erhalten, selbst wenn das letzte Glied des Gesamtthatbestandes unter die neue Rechtsordnung fällt.[6] Dieser Grundsatz ist in Ansehung der Gesamtthatbestände sowohl von der Gesetzgebung als auch von der Rechtsprechung[7] für einzelne Fälle anerkannt, wenn sie ihn auch oft mit der Lehre von den erworbenen Rechten begründet.[8]

An dieser Stelle möge nun eine Frage erörtert werden, welche die neue deutsche Rechtsprechung bereits beschäftigt hat, nämlich die nach

[1] S. Gesch. z. B. § 54, S. 377, n. 2 g. E.; § 71, S. 586, n. 1; § 76, S. 613, n. 1 und S. 619, n. 1. Auch das O.L.G. zu Prag bezeichnete die erlangte Großjährigkeit als erworbenes Recht; s. Gesch. § 63, S. 434, n. 1 g. E.

[2] S. z. B. § 63, S. 434, n. 1 g. E.; ferner § 65, S. 465, n. 1 a. a. O.

[3] S. Gesch. z. B. § 75, S. 610, n. 2; § 76, S. 612; S. 616, n. 3 u. besonders § 79, S. 627.

[4] S. Gesch. § 71, S. 587, n. 1 und § 79, S. 627, n. 1. S. auch meine Abh. im Jahrb. der intern. Verein. für vergl. R. 1902, S. 190, n. 3.

[5] S. Gesch. S. 430, n. 2; 448, n. 2; 462, n. 1 g E.; 556, n. 2; 587, n. 1 u. 2; 595, n. 1; 597, n. 1 g. E.; 599, n. 2; 600, n. 3; 602, n. 1; 603, n. 1; 607, n. 1; 608, n. 3; 610, n. 2; 611, n. 2; 612, n. 1; 616, n. 3; 618, n. 2; 621, n. 4; 624, n. 1; 625, n. 1; 627, n. 1; 637, n. 2; 644, n. 2. Vgl. noch oben § 36, S. 155, n. 7 und Jahrb. der intern. Ver. S. 190.

[6] S. oben § 28, S. 92 und §§ 29—32.

[7] S. oben a. a. O.

[8] S. Gesch. insbes. § 63, S. 430 fg.

der intertemporalen Behandlung der Vormerkungen im Grundbuche. Diese begründen zweifellos eine dingliche Gebundenheit, ein objektives dingliches Rechtsverhältnis.[1] Das Pfandrecht selbst wird erst durch den subjektiven Thatbestand erzeugt. Daher ist nicht die Gewährungsklausel des Art. 192 E.G. auf das objektive dingliche Rechtsverhältnis anzuwenden, sondern die des Art. 184 E.G.[2] Nach den gleichen Grundsätzen wie eine Vormerkung ist die Eintragung einer Kautionshypothek zu behandeln, bevor eine Forderung entstanden ist. Dadurch wird bloß ein objektives dingliches Rechtsverhältnis erzeugt. Also ist nicht Art. 192 E.G. darauf anzuwenden, wenn die Forderung im Zeitpunkte des Inkrafttretens der neuen Rechtsordnung noch nicht entstanden war, sondern Art. 184 E.G.[3]

§ 40. Die negativen Rechtsverhältnisse.

Diese sind für das intertemporale Privatrecht von großer Bedeutung, indem ihr Begriff ein unentbehrliches Hilfsmittel darbietet, um schwierige Rechtsfragen zu entscheiden. Der bisherigen intertemporalen Wissenschaft mangelte derselbe gänzlich. Wenn es sich um die Frage handelte, nach welcher Rechtsordnung ist die Nichtigkeit oder Anfechtbarkeit der Ehe oder eines sonstigen Rechtsgeschäftes zu beurteilen, so lautete die Antwort der bisherigen Lehre und Rechtsprechung: Nach der Rechtsordnung, unter welcher das Rechtsgeschäft abgeschlossen wurde.[4] Diese Antwort ist nicht korrekt. Man muß vielmehr sagen: Nach der Rechtsordnung, unter welcher das negative Rechtsverhältnis entstand. Praktisch kommen die beiden Antworten auf dasselbe Ergebnis hinaus, aber die erste ist in Bezug auf ein nichtiges Rechtsgeschäft logisch unhaltbar. Vom juristischen Standpunkte aus betrachtet ist überhaupt kein Rechtsgeschäft abgeschlossen worden. Aber auch bei der Anfechtbarkeit ist die Antwort bedenklich; denn nicht der Abschluß des Rechtsgeschäftes ist der Ent-

---

[1] S. Gesch. § 69, S. 556, n. 2.

[2] S. oben § 29, S. 123. Im Sinne obigen Grundsatzes entschied das K.G. 10. April 1901, Rsp. 2, S. 402 fg. Es nennt das objektive dingliche Rechtsverhältnis eine „*dinglich gesicherte Anwartschaft*" auf ein subjektives Pfandrecht. Der subjektive Thatbestand ist ein neuer endgültig vollstreckbarer Titel; die alte Rechtsordnung, das Ges. vom 13. Juli 1883. — Unrichtig ist die Annahme Habichts, 1. Aufl. S. 359, daß die Vormerkung als bestehendes Pfandrecht zu gelten habe; ebenso die gleichartige Annahme OberneckS, Reichsgrundbuchrecht S. 24. Vgl. auch noch K.G. 22. Okt. 1900, Rsp. 2, S. 514, n. 15. Auf ähnlichen Gedanken beruhen die Beschlüsse vom 31. Aug. 1900, Rsp. 1, S. 264 und vom 15. Okt. 1900, Rsp. 1, S. 452. Der subjektive Thatbestand wäre hier die nachträgliche Bezahlung der Valuta.

[3] O.L.G. Celle, 31. Januar 1901, S. A. 56, S. 274 fg. Da es in diesem Zeitpunkte sicher war, daß die Forderung nicht entstehen wird, so war das objektive Rechtsverhältnis hinfällig. S. auch unten § 65.

[4] S. z. B. Gesch. § 64, S. 446, n. 1.

stehungsgrund der Anfechtbarkeit, sondern er wird gebildet von Thatbestandsmerkmalen, die in Fehlern und Mängeln des Rechtsgeschäftes bestehen.[1]

Besondere Dienste leistet das negative Rechtsverhältnis bei der intertemporalen Behandlung der Scheidung oder Trennung der Ehe. Die Thatbestände der Scheidungs- oder Trennungsgründe der Ehe erzeugen, was die gesetzlichen Bezeichnungen ebenfalls andeuten, negative Rechtsverhältnisse. Sie sind also nach der Rechtsordnung zu beurteilen, unter deren Herrschaft sie entstanden sind. Das Deutsche intertemporale Privatrecht hat diesen Grundsatz ausdrücklich anerkannt.[2]

Das negative Rechtsverhältnis dient uns auch zur Lösung der schwierigen Frage, nach welcher Rechtsordnung die Anfechtungsklagen eines Rechtsgeschäftes, insonderheit die *condictio indebiti* zu beurteilen sind. Es kann dies nur die Rechtsordnung sein, unter welcher das negative Rechtsverhältnis z. B. durch Verjährung entstanden ist.[3]

Ebenso ist die gemeinrechtliche *actio de patria potestate negativa* oder die Klage auf Feststellung des Nichtbestehens der elterlichen Gewalt materiell nach der Rechtsordnung zu beurteilen, unter welcher die *patria potestas* oder die elterliche Gewalt aufgehoben wurde, unter welcher somit das negative Rechtsverhältnis entstanden ist.[4] Ingleichen bestimmt sich die *actio negatoria,* die gegen denjenigen angestellt wird, der eine untergegangene Servitut wieder geltend macht, materiell nach der Rechtsordnung, unter welcher das negative Rechtsverhältnis entstanden ist. Schließlich läßt sich auch der wichtige Grundsatz aufstellen: Sämtliche negative Feststellungsklagen sind materiell nach der Rechtsordnung zu beurteilen, unter welcher das negative Rechtsverhältnis begründet wurde.[5]

---

[1] Bekker, a. a. O. § 90, S. 51, n. v. spricht daher von einem übervollkommenen Thatbestand. Es sind aber genau genommen zwei Thatbestände zu unterscheiden: Der Abschluß des an und für sich gültigen Rechtsgeschäftes und der Entstehungsthatbestand des negativen Rechtsverhältnisses.

[2] S. Art. 201, Abs. 2 E.G.; s. auch unten § 76.

[3] So richtig das Schweiz. Bundesgericht; s. Gesch. § 67, S. 513, n. 1; s. auch oben § 27, S. 115, n. 6 und § 34, S. 141, n. 1. Wenn freilich die Zahlung erfolgte auf Grund einer reinen Phantasievorstellung von einer bestehenden Schuld, dann tritt die Regel ein, welche wir für die ungerechtfertigte Bereicherung aufgestellt haben; s. oben § 27, S. 115, n. 6. S. auch unten § 72.

[4] Vgl. § 640, R. C.P.O.

[5] Die dem römischen Rechte in der Ausdehnung unbekannten Feststellungsklagen sind anerkannt in § 256 R. C.P.O. — Nicht hierher gehört die *querela non numeratae pecuniae*; s. oben § 24, S. 96, n. 1 und die *querela inofficiosi testamenti etc.*; s. oben § 33, S. 138, n. 1.

§ 41. Die Haupt- und Nebenrechtsverhältnisse.

Auch diese Begriffe sind für das intertemporale Privatrecht unentbehrlich. Sie bilden ein Seitenstück zu der Einteilung der Thatbestände in Haupt- und Nebenthatbestände,[1] haben jedoch damit inhaltlich nichts gemein.

Es gilt im allgemeinen der intertemporale Grundsatz, daß die Nebenrechtsverhältnisse nach der Rechtsordnung zu beurteilen sind, unter welcher das Hauptrechtsverhältnis entstanden ist. So bestimmen sich also Bürgschaften, Zinsen einschließlich der Verzugszinsen, Vertragsstrafen, Schuldübernahmen, nach der Rechtsordnung, unter welcher die Hauptobligation entstand. Dasselbe gilt grundsätzlich von den Pfandrechten. Fällt also die Entstehung der Hauptobligation unter die alte Rechtsordnung, so ist nach der organischen Auffassung für die Nebenrechtsverhältnisse grundsätzlich diese maßgebend.[2] Das Deutsche intertemporale Privatrecht hat diesen Grundsatz allgemein anerkannt.[3]

Der erörterte Grundsatz findet im modernen Rechte eine wichtige Anwendung bei den Schuldverschreibungen auf den Inhaber. Hier ist zu unterscheiden das Rechtsverhältnis des Hauptinhaberpapieres von den Rechtsverhältnissen der Zins-, Renten- und Gewinnanteilscheine, die für jenes ausgegeben werden. Ersteres bildet das Hauptrechtsverhältnis, letztere stellen dagegen die Nebenrechtsverhältnisse dar. Fällt nun die Entstehung des ersteren, d. h. die Ausstellung des Inhaberpapieres unter die alte, die Entstehung der letzteren, d. h. die Ausgabe der Scheine unter die neue Rechtsordnung, so sind diese trotzdem nach der alten Rechtsordnung zu beurteilen. Dies hat das Deutsche intertemporale Privatrecht ausdrücklich und unzweideutig anerkannt.[4]

Ausnahmen von diesem Grundsatze können nur eintreten, wenn der Gesetzgeber der neuen Rechtsordnung die Ausschließlichkeit verleiht. Sie ergreift dann vertragsmäßige Zinsen, wenn der Zinsvertrag erst unter ihrer Herrschaft abgeschlossen wird. Auch ältere Zinsverträge werden von ihr ergriffen, soweit es sich um Zinsen handelt, die erst unter ihrer Herrschaft fällig werden.[5] Verleiht der Gesetzgeber einer neuen Grundbuchordnung die Ausschließlichkeit, so ergreift sie eine Hypothek, die unter ihrer Herrschaft an einem Grundstücke bestellt wird. Soweit aber die Hypothek durch das moderne Recht einen derartig selbständigen Charakter erhalten hat, daß sie ihre accessorische Natur verliert, liegt überhaupt kein Nebenrechtsverhältnis mehr vor; so bei der Eigentümerhypothek; s. § 1163 B.G.B. Bei Errichtung einer solchen selbständigen Hypothek müssen sich die

---

[1] S. oben § 30, S. 128 fg.

[2] Vgl. Gesch. § 52, S. 339; 340, n. 1 in Bezug auf die Bürgschaft; § 64, S. 448, n. 1 in Bezug auf die Verzugszinsen.

[3] Art. 170 E.G. S. unten § 72.

[4] Art. 175 E.G. S. auch unten § 73.

[5] S. Gesch. § 59, S. 419, n. 1 und § 69, S. 545, n. 4; vgl. auch S. 547, n. 1.

Parteien immer der in Geltung befindlichen Rechtsordnung unterwerfen, selbst wenn ihr der Gesetzgeber keine Ausschließlichkeit verliehen hat.

Es giebt auch einige Bürgschaftsformen, welche ein von der Hauptobligation selbständiges Dasein führen, sodaß man ihnen auch ein selbständiges intertemporalrechtliches Schicksal zuerkennen muß. Solche selbständige Bürgschaftsformen waren im römischen Rechte das *constitutum debiti alieni* und das *mandatum qualificatum*. Im gemeinen Rechte hat sich nur letzteres erhalten. Fällt also der Kreditauftrag noch unter die alte, das Darlehen oder die Stundung aber unter die neue Rechtsordnung, so ist die Bürgschaft nach der alten, das Schuldverhältnis aber nach der neuen zu beurteilen.

In diesen Zusammenhang fällt auch die Frage, wie das Rechtsverhältnis, das aus einem Auftrage entsteht, der auf Abschluß eines Rechtsgeschäftes gerichtet ist — und das aus dem abgeschlossenen Rechtsgeschäfte hervorgehende Rechtsverhältnis intertemporalrechtlich zu behandeln sind. Beide Rechtsverhältnisse sind durchaus selbständig, wie dies beim Kreditauftrag, der ja nur eine Unterart dieses Falles bildet, gezeigt wurde. Die Selbständigkeit macht sich besonders darin bemerkbar, daß Dritte beim zweiten Rechtsverhältnis als Hauptparteien auftreten, die vom ersten gar keine Kenntnis zu haben brauchen. Fällt also der Auftrag unter die alte, das bezweckte Rechtsgeschäft unter die neue Rechtsordnung, so ist das Rechtsverhältnis zwischen dem Auftraggeber und Beauftragten nach der alten, das Rechtsverhältnis zwischen dem Beauftragten und dem Dritten, gegebenenfalles zwischen dem Dritten und dem Auftraggeber nach der neuen zu beurteilen. Dasselbe ist von einem Rechtsverhältnis zu sagen, das aus einem Mäklervertrag hervorgeht und dem Rechtsverhältnis, das aus dem vermittelten Rechtsgeschäft entsteht. Fällt das erstere unter die alte, das letztere unter die neue, so gehen ihre intertemporalen Schicksale auseinander; jedes hat seine eigene Rechtsordnung.[1]

Unser Grundsatz findet auch Anwendung auf Rechtsverhältnisse, die man in der Litteratur als Hilfsrechte der Gläubiger bezeichnet. Sie sind jedoch nichts anderes als Nebenrechtsverhältnisse der Obligationen zur Sicherheit des Gläubigers.[2] Sind sie mit dem obligatorischen Hauptverhältnis unter der alten Rechtsordnung entstanden, so müssen sie nach dieser beurteilt werden, selbst wenn sie erst unter der neuen zur subjektiven Erscheinung gelangen.

Hierher gehören besonders die sogenannten gesetzlichen Pfandrechte. Diese bleiben auch nach dem Inkrafttreten der neuen Rechtsordnung mit dem alten Inhalte und Umfange bestehen; Art. 184 E.G. Nach Art. 188, Abs. 1 E.G. haben gerade die gesetzlichen Pfandrechte an Grundstücken einen Vorzug vor den meisten anderen dinglichen Rechten, indem durch

---

[1] S. auch Habicht, S. 215, n. 1. S. auch Lehmann, S. 87 Anm.

[2] Habicht behandelt sie in § 36a als Anhang zum Rechte der Schuldverhältnisse, obschon sie in der Regel dinglichen Charakter haben.

landesherrliche Verordnung bestimmt werden kann, daß sie bis zum 31. Dezember 1909 keiner Eintragung bedürfen, um die Wirksamkeit gegenüber dem öffentlichen Glauben des Grundbuches zu erhalten. Auch nach dem Inkrafttreten der neuen Rechtsordnung kann an Grundstücken ein gesetzliches Pfandrecht auf Grund der alten Rechtsordnung entstehen bis zu dem Zeitpunkte, wo das Grundbuch für das betroffene Grundstück als angelegt anzusehen ist; s. Art. 189 E.G. Ist das Schuldverhältnis, zu dessen Gunsten das gesetzliche Pfandrecht von der alten Rechtsordnung anerkannt ist, noch unter ihrer Herrschaft entstanden, so bedarf es nur noch eines subjektiven Thatbestandes zur Entstehung des Pfandrechtes; s. oben § 29, S. 123. Aber auch wenn das Schuldverhältnis erst unter der neuen Rechtsordnung entsteht, jedoch noch in der Zwischenzeit, kann auf Grund der alten Rechtsordnung ein gesetzliches Pfandrecht entstehen; s. unten § 63. Auch an beweglichen Sachen kann nach dem Inkrafttreten der neuen Rechtsordnung noch ein gesetzliches Pfandrecht im Sinne der alten Rechtsordnung entstehen, sofern das Schuldverhältnis unter der alten Rechtsordnung entstanden ist; es handelt sich auch hier nur um einen subjektiven Thatbestand; s. oben § 29, S. 123.[1]

Das Gleiche gilt, wenn der Gläubiger nach der alten Rechtsordnung wegen seiner Forderung nur einen Titel zum Pfandrechte besitzt. Dieses Nebenrecht bleibt auch unter der neuen Rechtsordnung bestehen und muß sowohl in seiner Geltendmachung als auch in seiner Umsetzung in das Pfandrecht selbst nach der alten Rechtsordnung beurteilt werden.[2] Wenn unter der alten Rechtsordnung mit einer Forderung zugleich ein Vorzugsrecht als Nebenrecht entstanden ist, so bleibt es nicht nur an den unter ihrer Herrschaft ergriffenen Vermögensstücken auch nach dem Inkrafttreten der neuen Rechtsordnung bestehen, sondern es ergreift auch nach diesem Zeitpunkte auf Grund subjektiver Thatbestände neue Vermögensstücke.[3] Das Gleiche gilt auch für ein mit einer Forderung verknüpftes Zurückbehaltungsrecht.[4] Dabei ist es m. E. einerlei, ob man den Charakter des Retentionsrechtes als dinglich ansieht oder als „Ausfluß des obligatorischen Verhältnisses“; immer ist es ein accessorisches Verhältnis, das das intertemporale Schicksal des Hauptrechtsverhältnisses teilt.

---

[1] So auch Habicht, S. 337, jedoch mit Beschränkung auf Sachen des Schuldners, was er aber nicht genügend begründet.

[2] Habicht stimmt zu, will jedoch die Geltendmachung und Umsetzung des Titels nur in der Zwischenzeit dem alten Rechte unterwerfen; S. 337.

[3] So auf Grund des Art. 170 in Verbindung mit Art. 184 E.G. S. auch oben § 29, S. 123. Übereinstimmend Habicht nach einigen Zweifeln in Bezug auf Sachen, die nach dem 1. Jan. 1900 ergriffen werden. — Das Hess. A.G. Art. 153, Abs. 3 gewährt den Vorschriften der neuen bürgerlichen Rechtsordnung und der Konkursordnung über gesetzliche Pfandrechte und Zurückbehaltungsrechte Ausschließlichkeit „*sofern mit einer Forderung dieser Art nach den Vorschriften des Bürgerlichen Gesetzbuchs oder der Konkursordnung ein gesetzliches Pfandrecht oder ein Zurückbehaltungsrecht verbunden ist*“.

[4] S. oben § 29, S. 124, n. 4. So auch Habicht, S. 328.

Einerlei ist ferner, ob der Gegenstand, der zurückbehalten werden soll, erst unter der neuen Rechtsordnung in die Gewalt des Gläubigers kommt, einerlei ob der Gegenanspruch des Schuldners erst unter der neuen Rechtsordnung entsteht.[1] Entzog die alte Rechtsordnung dem Schuldner das Zurückbehaltungsrecht, während die neue diese Beschränkung nicht kennt, so bleibt es auch fernerhin dem Schuldner versagt. Es läge sonst eine Ausschließlichkeit im Sinne der zweiten Regel des neueren Regelpaares in ihrer ersten Möglichkeit und in der ersten Spielart vor.[2]

Als ein Nebenrecht muß auch das des *Art.* 1166 *C. c.* angesehen werden. Ist daher ein Schuldverhältnis im französischen Rechtsgebiete unter der alten Rechtsordnung entstanden, so bleibt dem Gläubiger dieses Hilfsrecht mit allen seinen Wirkungen auch nach dem Inkrafttreten der neuen Rechtsordnung.[3]

§ 42. Die unwiderruflichen und widerruflichen Rechtsverhältnisse.

Keine Einteilung der Rechtsverhältnisse hat in der Wissenschaft des intertemporalen Privatrechtes eine so hervorragende Rolle gespielt als diese. Die französische Jurisprudenz, an deren Spitze Chabot de l'Allier, knüpfte daran den tiefgreifenden Unterschied, daß die irrevokablen Rechtsverhältnisse unter dem Schutze der alten Rechtsordnung verbleiben, die revokablen dagegen der neuen anheimfallen.[4] Diese Lehre fand auch bei deutschen Schriftstellern Anklang.[5] Unter den neueren Schriftstellern haben insbesondere Hofmann und Gierke die Unterscheidung berücksichtigt.[6]

Diese intertemporalrechtlich schlechtere Behandlung der widerruflichen Rechtsverhältnisse ist verfehlt. Schon das römische Recht stellte die Testamente unter den Schutz der älteren Rechtsregel, und ihm ist die Mehrzahl der Gesetzgebungen im 19. Jahrhundert gefolgt.[7] Was aber für die Testamente wahr ist, muß es auch für die anderen widerruflichen

---

[1] So auch Habicht, S. 338, n. 2 und Lehmann, S. 77 und 100.

[2] S. oben § 9, S. 35. Die Rechtsprechung s. oben § 29, S. 124, n. 4. Verfehlt ist auch das Urteil des O.L.G. Posen, 6. Nov. 1901, Rsp. 4, S. 336 und des R.G. 16. April 1901, J.W. 1901, S. 379. S. aber E. 49, S. 83.

[3] So richtig Habicht, S. 338; A. M. Scherer, S. 162, Nr. 114, der im *Art.* 1166 eine prozessuale Vorschrift erblickt. Vgl. die treffende Widerlegung Habichts a. a. O. Habicht bezeichnet dieses accessorische Rechtsverhältnis als „*eine Eigenschaft des altrechtlichen Schuldverhältnisses*". Der Kern seines Gedankens ist richtig; aber mit demselben Rechte kann man auch die Bürgschaft eine „Eigenschaft" des Schuldverhältnisses nennen, die darum dessen intertemporalem Schicksale unbedingt folgt. Dagegen verstößt aber Habicht; s. unten § 73.

[4] S. Gesch. § 54, S. 361; § 59, S. 412, n. 2; § 63, S. 438, n. 1; § 65, S. 482, n. 2 und insbes. § 73, S. 599 fg. und § 74, S. 604 fg.

[5] S. Gesch. § 73, S. 600, n. 2 und 3.

[6] S. Gesch. § 78, S. 622, n. 1 und 624, n. 2.

[7] S. oben § 30, S. 129.

Rechtsgeschäfte und die daraus hervorgehenden widerruflichen Rechtsverhältnisse sein, also auch für das *precarium*, ja für alle Ermächtigungsgeschäfte. Überhaupt ist jedes Rechtsverhältnis von zeitlich begrenzter Dauer Zufälligkeiten ausgesetzt, die ihm ein vorzeitiges Ende bereiten können, so daß in der That die Grenze zwischen widerruflichen und unwiderruflichen Rechtsverhältnissen eine verschwimmende ist. Will man aber die Zuständigkeit der neuen Rechtsordnung für die widerruflichen Rechtsverhältnisse mit dem Gedanken einer *poena negligentiae* oder einer stillschweigenden Unterwerfung der Parteien unter die neue Rechtsordnung begründen, so steigen dagegen dieselben Bedenken auf, die wir bei Betrachtung dieser verfehlten Ideen kennen gelernt haben.[1]

Der deutsche Gesetzgeber hat bei Testamenten von diesem Grundsatz, was ihre Errichtung anbetrifft, keinen Gebrauch gemacht;[2] wohl dagegen, was ihren Inhalt angeht.[3] Bei gewissen kündbaren Rechtsverhältnissen läßt er eine entsprechende Anwendung derselben zu.[4]

Der Thatbestand nun, der dem widerruflichen Rechtsverhältnis ein Ende bereiten kann, ist nicht immer, wie der Name angiebt, ein willentlicher, er kann vielmehr auch ein notwendiger sein; so bei einer auflösenden, dem Zufalle anheimgestellten Bedingung. Immer aber ist dieser „Widerrufs"-Thatbestand ein unselbständiger, d. h. er folgt dem intertemporalen Schicksal des Rechtsgeschäftes. Fällt also dieses unter die alte, der Widerruf unter die neue, so muß er doch nach der alten beurteilt werden. Wichtig ist dies vor allem für die willentlichen Thatbestände, wie Widerruf eines Testamentes, einer Schenkung, eines Ermächtigungsgeschäftes.[5]

§ 43. Rechtsverhältnisse mit individuellem und gattungsmäßigem Inhalte, mit dauerndem und vorübergehendem Charakter.

An und für sich sind die Rechtsverhältnisse mit individuellem und gattungsmäßigem Inhalte intertemporalrechtlich gleich zu behandeln.[6] Sie stehen beide unter dem Schutze der älteren Rechtsregel. Es ist jedoch zuzugeben, daß, wenn der Gesetzgeber der neuen Rechtsordnung die Ausschließlichkeit verleihen will, er die materielle Voraussetzung für die Rechtsverhältnisse mit gattungsmäßigem Inhalte eher auf seiner Seite hat, als für die Rechtsverhältnisse mit individuellem Inhalte. Dies gehört in die Politik der intertemporalen Gesetzgebung; s. unten § 88.

---

[1] S. oben § 17, S. 66 fg.

[2] S. unten § 74.

[3] S. unten § 85.

[4] Vgl. Art. 171 E.G. S. unten § 84. Widerruf und Kündigung sind scharf zu unterscheiden. Jener löst das Rechtsverhältnis nach rückwärts für die Vergangenheit auf, diese nur vorwärts für die Zukunft.

[5] S. oben § 25, S. 98, n. 1 und unten § 74.

[6] S. Gesch. § 75, S. 610, n. 3; § 78, S. 623, n. 2.

Der Zusammenhang zwischen dieser Einteilung der Rechtsverhältnisse mit der Einteilung der Thatbestände in bloß vermittelnde und gestaltende ist bereits früher nachgewiesen worden.[1] Darauf gründet sich auch ihre Bedeutung für das System, das wir im ersten Kapitel des besonderen Teiles befolgen werden.[2]

Eine ähnliche Stellung nehmen die Rechtsverhältnisse mit dauerndem und bloß vorübergehendem Charakter ein. Sie stehen an und für sich beide unter dem Schutze der Hauptregel;[3] allein der Gesetzgeber hat die materielle Voraussetzung auf seiner Seite, wenn er der neuen Rechtsordnung für die Rechtsverhältnisse von dauerndem Charakter eine schlichte Ausschließlichkeit verleiht und das um so eher dann, wenn sie zu gleicher Zeit einen gattungsmäßigen Inhalt besitzen; s. unten § 88. Diesem Gedanken ist der Reichsgesetzgeber gefolgt hinsichtlich der juristischen Personen,[4] der reinen Familienverhältnisse,[5] der dinglichen Rechtsverhältnisse, insonderheit des Besitzes und Eigentumes.[6] Aus demselben Grunde unterwirft er auch einzelne Schuldverhältnisse einer schlichten Ausschließlichkeit, so die Gemeinschaft nach Bruchteilen und die Schuldverschreibungen auf den Inhaber.[7]

Aus denselben Gründen sah sich der Landesgesetzgeber veranlaßt, den gesetzlichen ehelichen Güterstand einer schlichten Ausschließlichkeit zu unterziehen.[8]

---

[1] S. oben besonders § 19, S. 73, n. 2 und § 22, S. 90, n. 3.

[2] S. unten §§ 54—74.

[3] S. Gesch. 63, S. 434, n. 1.

[4] Art. 163, E.G. S. unten § 75.

[5] Art. 199, 203, 208 E.G. S. unten §§ 77—80.

[6] Art. 180, 181, 192 E.G. S. unten §§ 81—83.

[7] Art. 173—177 E.G. S. unten § 84.

[8] Nach einigem Zögern folgt jetzt auch der Badische Gesetzgeber dem obigen Gedanken. S. unten § 58.

Drittes Kapitel.

Die Rechtsordnung.

Erster Abschnitt.

Die Rechtsordnung im allgemeinen.

§ 44. Begriff der Rechtsordnung im absoluten und relativen Sinne. — Ihre negative Abgrenzung.

Der Einfachheit halber wollen wir uns von vornherein auf die bürgerliche Rechtsordnung beschränken, da sich das intertemporale Privatrecht nur auf sie bezieht. — Die Rechtsordnung im absoluten Sinne deckt sich mit der ewigen Rechtsordnung, der *êuua* der germanischen Rechtsauffassung. Wenn auch die Rechtsordnung fortwährend Änderungen, ja gänzlichen Umwälzungen unterworfen ist, so bleibt sie doch von einem höherem Standpunkte aus betrachtet eine und dieselbe; sie bleibt die Rechtsordnung. — Sie bietet in dieser Richtung ein Seitenstück zum Staate. Trotz aller inneren Verfassungs-Änderungen, ja -Umwälzungen bleibt der Staat als solcher absolut genommen, derselbe.

Gerade dieser Begriff der Rechtsordnung im absoluten Sinne ist für das intertemporale Privatrecht von höchster Wichtigkeit; denn er bildet seine objektive Rechtfertigung, seine rechtliche Grundlage, sein Prinzip, soweit es sich um seine Hauptregel, das intertemporale *ius commune* handelt.[1]

Die Rechtsordnung im relativen Sinne ist die jeweils geltende Rechtsordnung. In diesem Sinne giebt es also so viele Rechtsordnungen, als im Laufe der Zeit von den staatlich anerkannten, rechtserzeugenden Kräften geschaffen werden. Hierzu kommt, daß wir nicht bloß die Kodifikationen des gesamten bürgerlichen Rechtes als Rechtsordnungen im

[1] S. oben § 5, S. 18, n. 2.

relativen Sinne auffassen dürfen, sondern auch die Kodifikationen einzelner Teile des bürgerlichen Rechtes, wie z. B. des Obligationenrechtes. Ja wir müssen noch weiter gehen und auch die Gesetze, welche einzelne Materien des bürgerlichen Rechtes regeln, als Rechtsordnungen bezeichnen.[1] Es kann also eine Rechtsordnung, insbes. eine negative, aus einer einzigen Rechtsnorm bestehen.[2]

Ob man nun die Rechtsordnung im absoluten oder im relativen Sinne auffaßt, in beiden Fällen ist sie lediglich eine Abstraktion. Im ersten Falle freilich ist sie eine Abstraktion höherer Ordnung, eine Abstraktion der Abstraktionen, gegründet auf der logischen Denkform der Einheit und Identität in der zeitlichen Aufeinanderfolge; geradeso wie die Begriffe Thatbestand und Rechtsverhältnis im absoluten Sinne.[3]

Was ist nun der Inhalt der Rechtsordnung, einerlei ob im absoluten oder relativen Sinne? M. E. nur allgemeine und abstrakte Anordnungen. Individuelle Regelungen und Anordnungen der staatlichen Organe sind keine wirklichen Rechtsordnungen, sondern öffentliche Willensthatbestände.[4] Diese sind also von vornherein aus dem Kreise der Rechtsordnungen auszuscheiden. Sie bereichern die Rechtsordnung nicht und machen sie auch nicht ärmer. Uns gilt daher als Kriterium einer Rechtsordnung (im relativen Sinne), daß sie die Rechtsordnung (im absoluten Sinne), um Rechtssätze entweder bereichert oder ärmer macht.[5]

Keine Rechtsordnungen im eigentlichen Sinne sind uns ferner die gesetzlichen Auslegungen; denn sie machen die Rechtsordnung weder reicher noch ärmer, sondern nur klarer und unzweideutiger.[6] Ebenso die sonstigen Hilfsrechtsordnungen.[7]

Keine Rechtsordnungen im Sinne des intertemporalen Privatrechtes sind endlich die, welche bestehendes Gewohnheitsrecht ganz oder zum überwiegenden Teile aufnehmen. Sie haben nur die äußere Gestalt von Rechtsordnungen; innerlich aber sind es keine. Denn sie bereichern die Rechtsordnung im absoluten Sinne nicht, führen sie nur von einem flüssigen in einen festen Zustand über.[8]

---

[1] So ist auch die Rechtsordnung in der Gesch. in den §§ 52—69 aufgefaßt worden.

[2] Vgl. z. B. ebenda § 59, S. 409, n. 1; S. 418, n. 2.

[3] S. oben § 20, S. 79 und § 35, S. 149.

[4] S. oben § 26, S. 107, n. 1; S. 108, n. 3.

[5] S. auch Gesch. § 4, S. 27; § 7, S. 60; § 43, S. 263; § 46, S. 291 fg.; § 50, S. 320, n. 1; § 59, S. 420, n. 3; § 66, S. 499, n. 1; § 71, S. 588, n. 1; § 72, S. 592 n. 1; 594, n. 2; § 74, S. 605, n. 2; § 76, S. 619, n. 2; § 81, S. 649, n. 4.

[6] S. Gesch. § 14, S. 112 fg.; oben § 14, S. 59, n. 2 und unten § 53.

[7] S. unten §§ 46, und 53.

[8] S. oben § 11, S. 42, n. 5 und 6 und § 13, S. 59, n. 4.

§ 45. Übersicht der Rechtsordnungen im relativen Sinne.

Wir können die Rechtsordnungen im relativen Sinne, oder wie sie die Glossatoren auch nannten, die *statuta*, unterscheiden in personale und reale Rechtsordnungen; oder *statuta personalia* und *realia*. Die französische und italienische Jurisprudenz unterscheidet noch heute so.[1]

Die personalen Rechtsordnungen können wir in einem engeren und einem weiteren Sinne auffassen. Im e. S. sind es diejenigen, die sich auf die personalen Rechtsverhältnisse i. e. S., auf die *personae* des römischen Institutionensystems beziehen, also auf die persönlichen Fähigkeiten.[2] Im w. S. dagegen erfassen sie auch die Verhältnisse des gesamten Familienrechtes, einschließlich des Familiengüterrechtes.[3] So faßt sie heute noch die französische und italienische Jurisprudenz auf. Ich habe sie in diesem Sinne angewandt in der Gesch. §§ 58, 59, 64—67 und 69. Diese Erweiterung des Begriffes der personalen Rechtsordnungen erweist sich systematisch als sehr wertvoll, weil sie einfach, klar und übersichtlich ist.[4]

Die realen Rechtsordnungen können ebenfalls in einem engern und weitern Sinne verstanden werden. — Im w. S. erfassen sie das Obligationenrecht, das Sachenrecht, das Urheberrecht, das Familien- und Erbrecht. — Im e. S. dagegen erstrecken sie sich nicht auf das Familienrecht.[5]

Wir gebrauchen jedoch die Einteilung nicht im Sinne der französischen und italienischen Jurisprudenz, wonach den *statuta personalia* eine angeborene Ausschließlichkeit innewohnt, die den *realia* abgeht.[6] Eine Scheidung in diesem Sinne hat schon deswegen keinen Wert, weil einerseits die Grenzlinie zwischen den *statuta personalia* und *realia* in der Rechtsprechung nicht fest genug gezogen wird;[7] andererseits aber sowohl die französische als auch die italienische Jurisprudenz den Gesetzen über den Inhalt des Eigentums, also gewissen *statuta realia* ebenfalls eine angeborene Ausschließlichkeit einräumen.[8] Wie sich aus der Geschichte des intertemporalen Privatrechtes ergiebt, haben gerade die *statuta personalia* i. e. S. keine angeborene Ausschließlichkeit.[9]

Für das Deutsche intertemporale Privatrecht gilt dasselbe.[10] Aber auch bei den *statuta personalia* i. w. S. sieht der deutsche Gesetzgeber

---

[1] S. Gesch. § 65, S. 465, n. 2; S. 466, n. 1; § 69, S. 528, n. 1; 537, n. 1 g. E.; § 74, S. 605, n. 1; § 80, S. 629, n. 2; 635, n. 2.

[2] S. oben § 37, S. 156.

[3] S. oben § 37, S. 157, n. 5.

[4] S. auch oben § 19, S. 74, n. 3.

[5] S. auch oben § 37, S. 157, n. 4. Vgl. auch oben § 19, S. 74, n. 3. Die Darstellung unseres Systems, welches auf diese Einteilung der Rechtsverhältnisse und Rechtsordnungen Rücksicht nimmt.

[6] S. oben § 13, S. 58, n. 5.

[7] S. Gesch. § 69, S. 537, n. 1 g. E.

[8] S. Gesch. § 69, S. 551, n. 1 und die Kritik.

[9] S. oben § 39, S. 161, n. 1 u. 2.

[10] Art. 153—155 E.G. S. unten § 54.

von einer angeborenen Ausschließlichkeit ab. Daher findet er es für nötig, durch klare Ausschlußklauseln seinen personalen Rechtsordnungen i. w. S. Ausschließlichkeit zu verleihen.[1] Jedoch befolgt auch er einen Grundsatz, der sich im 19. Jahrhundert entwickelt hat. Verleiht er den Gesetzen über die Nichtigkeit, Anfechtbarkeit und Scheidung der Ehe Ausschließlichkeit, so besitzen sie eine solche stärkeren Grades.[2] Dasselbe gilt von den Vorschriften über die persönlichen Rechtsbeziehungen der Ehegatten, denen der deutsche Gesetzgeber Ausschließlichkeit verliehen hat.[3]

Ebensowenig erkennt der deutsche Gesetzgeber eine angeborene Ausschließlichkeit seiner realen Rechtsordnungen an, nicht einmal soweit es sich um den Inhalt des Eigentumes handelt. Er sieht sich vielmehr veranlaßt, ihnen durch unzweideutige Ausschlußklauseln eine schlichte Ausschließlichkeit zu verleihen.[4]

Nach dem gewöhnlichen Pandektensystem zerfallen ferner die bürgerlichen Rechtsordnungen in solche des allgemeinen Teiles, des Sachenrechtes, des Rechtes der Schuldverhältnisse, des Familien- und Erbrechtes.[5]

§ 46. Gliederung der Rechtsordnungen im relativen Sinne.

Eine wichtige, in der bisherigen Litteratur nicht beachtete Gliederung ist die in positive und negative Rechtsordnungen. Die positiven sind diejenigen, welche die Rechtsordnung im absoluten Sinne bereichern, sei es, daß sie eine Lücke innerhalb einer bereits geregelten Materie ausfüllen, sei es, daß sie eine Materie, die bis jetzt ungeregelt war, ergreifen und neue Rechtssätze und Rechtseinrichtungen schaffen; im ersteren Falle sind die positiven Rechtsordnungen ergänzende, im letzteren schöpferische. Die negativen Rechtsordnungen dagegen sind diejenigen, welche entweder bestehende Rechtssätze und Rechtseinrichtungen abschaffen, ohne an deren Stelle etwas anderes zu setzen oder aber eine bereits geregelte Materie in abweichender Art ordnen. Im ersteren Falle sind die negativen Rechtsordnungen abschaffende, im letzteren umwandelnde. Die abschaffenden Rechtsordnungen machen zunächst die Rechtsordnung im absoluten Sinne ärmer; sie reißen eine Lücke hinein. Allein trotzdem sind

---

[1] S. Art. 199, 203, 210 E.G.; oben § 43, S. 169, n. 5 und unten §§ 77—80.

[2] S. oben § 12, S. 48, n. 2 und § 13, S. 57, n. 4. Vgl. auch unten § 76.

[3] Art. 199 E.G. S. oben § 13, S, 57, n. 5.

[4] S. insbes. Art. 181 E.G.; vgl. Art. 180 E.G. S. auch oben § 13, S. 58, n. 4 und unten §§ 81—83.

[5] Auch diese Ordnung ist in unserem System berücksichtigt. Zunächst der allgemeine Teil: das objektive Recht §§ 44—53; die Personen § 37; die Sachen im w. S. § 38; die Thatbestände §§ 20—34; insbes. das Rechtsgeschäft § 25, die unerlaubten Handlungen § 27; die Verjährung § 34; s. auch oben § 19, S. 72. — Auch im besonderen Teile ist die Pandektenordnung berücksichtigt, indem innerhalb der realen Rechtsverhältnisse zuerst die dinglichen, dann die Schuld- und endlich die Erbrechtsverhältnisse dargestellt werden; s. z. B. unten §§ 63—65, 72—74. Vgl. oben § 19, S. 74, n. 3.

auch sie in ihrer Art, wenn auch nur mittelbar, schöpferisch. Es entstehen auf Grund derselben neue, bis jetzt unbekannte Rechtsverhältnisse. Wird z. B. ein personaler Stand abgeschafft oder erniedrigt, so kommt ein anderer Stand in die Höhe.[1]

Auch für das intertemporale Privatrecht von Wichtigkeit ist die Gliederung in nachgiebige und zwingende Rechtsordnungen. Jene lassen durch Rechtsgeschäft Abänderungen zu; diese dagegen unterdrücken jede Privatwillkür.[2]

Erlaubende, gebietende und verbietende, gewährende und ermächtigende Rechtsordnungen. Diese Gliederung geht von den vier Rechtszuständen der Privatpersonen aus. Die erste Art begründet den *status libertatis.* Die Privatpersonen können sich auf Grund desselben rechtlich frei bewegen. Hier ist das Gebiet der erlaubten (rechtmäßigen) Handlungen.[3] Die zweite Art liegt dem *status passivus sive subjectionis.* Sie verlangt von den Privatpersonen, gewisse Handlungen vorzunehmen oder zu unterlassen. Es ist das Gebiet der rechtswidrigen Handlungen und Unterlassungen.[4] Die dritte Art schafft den *status positivus.* Sie verspricht den Privatpersonen bürgerlichen Rechtsschutz für die von ihnen geschaffenen Rechtsverhältnisse. — Es ist das Gebiet der Rechtsgeschäfte.[5] Die letzte Art endlich verleiht den Privatpersonen den *status activus*, d. h. sie räumt ihnen die Stellung eines Staatsorganes ein, um sich in ihrem Rechtsbereiche selbst zu schützen. Es ist das Gebiet der Handlungen des Selbstschutzes.[6] Während die erlaubenden, gebietenden, verbietenden und ermächtigenden Rechtsordnungen den Raum für involuntare Thatbestände schaffen, bieten die gewährenden Rechtsordnungen den Grund zu den voluntaren.[7]

Ausschließliche und nicht ausschließliche Rechtsordnungen. Diese Gliederung schlägt nur in das Gebiet des intertemporalen Privatrechtes ein.[8] Sie bezieht sich sowohl auf die alte als auch auf die neue

---

[1] S. Gesch. § 4, S. 27; s. im übrigen unten § 47.

[2] S. unten § 48. Die nachgiebigen werden auch „ergänzende" genannt; so Habicht, 3. Aufl., S. 281. Doch ist diese Bezeichnung zweideutig. Soll die Rechtsordnung ergänzt werden oder die Privatwillkür? S. oben S. 173. Wir ziehen daher den von Windscheid zuerst gebrauchten Ausdruck „nachgiebig" dem anderen vor.

[3] S. oben § 27, S. 110 und unten § 49. Es handelt sich um wirtschaftliche Thätigkeiten.

[4] S. oben § 27, S. 111 und unten § 50.

[5] S. oben § 25, S. 97 fg. und unten § 51.

[6] S. oben § 36, S. 152, n. 6 u. unten § 52. Vgl. über die Arten des öffentlichen *status* Jellinek, System der subjektiven öffentlichen Rechte S. 89 fg. Diese Vierteilung des öffentlichen *status* zu einer Gliederung der bürgerlichen Rechtsordnungen zu benutzen, hat, soweit ich sehe, noch kein Schriftsteller versucht.

[7] Vgl. oben § 21, S. 84. Soweit die ermächtigenden Rechtsordnungen die Selbstverteidigung und Selbsthülfe betreffen, (§§ 227—229 B.G.B.) gehören die Thatbestände zu den rechtmäßigen Handlungen; s. oben § 27, S. 109, 110.

[8] S. Gesch. § 4, S. 24 fg.; § 59, S. 407 fg.; § 68, S. 515 fg. Vgl. auch oben §§ 9—13, S. 34 fg.

Rechtsordnung. Nach gemeinem intertemporalem Rechte ist die alte ausschließlich, auf Grund des intertemporalen Sonderrechtes dagegen die neue Rechtsordnung.[1]

In der Litteratur findet sich noch eine Reihe von weiteren Gliederungen. So kennen ältere Schriftsteller konfirmatorische und annulatorische Rechtsordnungen. Bei Lichte besehen sind sie aber oft nur scheinbare Rechtsordnungen. Die konfirmatorischen sind nur dann wirkliche Rechtsordnungen, wenn sie schöpferische Normen aufstellen, denen der Gesetzgeber Ausschließlichkeit gewährt hat. Die annulatorischen können wirkliche Rechtsordnungen auch nur dann sein, wenn sie abschaffende Normen enthalten, denen der Gesetzgeber Ausschließlichkeit verliehen hat.[2] Diese Einteilung findet sich schon bei JACOBUS DE BELVISO, dann bei FELLINUS und seinen Zeitgenossen, bei LYNCKER und HENNE.[3] Neuere Schriftsteller haben sie mit Recht nicht aufgenommen, so THÖL und WINDSCHEID. Übrigens sind die konfirmatorischen Gesetze im Sinne LYNCKERS und Genossen nicht zu verwechseln mit den „bestätigenden“ Gesetzen. Letztere beziehen sich auf Rechtsnormen, deren Geltung bestritten war; erstere dagegen auf Rechtsgeschäfte, deren Gültigkeit unter der alten Rechtsordnung zweifelhaft oder deren Nichtigkeit unzweifelhaft war. Letztere gehören zu den Hilfsrechtsordnungen, erstere zu den eigentlichen Rechtsordnungen. GABBA *Ip.* 24 *sq.* (§ 2), hat den Unterschied übersehen.[4] Treffen jene Voraussetzungen nicht zu, so sind die sogenannten *leges confirmatoriae* und *annullatoriae* nur öffentliche Willensthatbestände.[5]

In der Litteratur findet sich auch der Begriff der revokatorischen Rechtsordnungen. Richtig aufgefaßt sind diese entweder nur öffentliche Willensthatbestände, oder es sind negative Rechtsordnungen, denen der Gesetzgeber Ausschließlichkeit verliehen hat.[6] — HENNE verstand infolge eines Denkfehlers solche Gesetze darunter, die den Privatpersonen die Befugnis gewähren, Rechtsgeschäfte zu widerrufen; diese gehören aber zu den gewährenden Gesetzen; s. unten § 51.

Ferner begegnet der Begriff der deklaratorischen Rechtsordnungen. Eine Unterart davon bilden die gesetzlichen Auslegungen. Die deklaratorischen Gesetze sind aber keine eigentlichen Rechtsordnungen, weil sie die Rechtsordnung (im absoluten Sinne) weder mit Rechtsätzen bereichern noch um solche ärmer machen.[7] Doch sind sie auch keine öffentlichen Willensthatbestände. Denn sie schaffen nicht neue Rechts-

---

[1] S. Gesch. § 6, S. 52.

[2] S. Gesch. bes. § 43, S. 263.

[3] S. Gesch. § 43, S. 263; § 46, S. 291, n. 2; § 48, S. 310, 311, n. 1; § 50, S. 320, n. 1 und 2.

[4] S. auch HOFMANN, Exc. S. 387, n. 22a. Vgl. auch unten § 51.

[5] S. Gesch. a. a. O. und oben § 26, S. 106 fg.

[6] S. Gesch. § 50, S. 319 und 320, n 2.

[7] S. oben § 44, S. 171, n. 6.

verhältnisse, sondern sie beziehen sich allgemein auf bereits bestehende Rechtsverhältnisse. Wir müssen sie daher einschließlich der bestätigenden Gesetze als uneigentliche ansehen, als Hülfsrechtsordnungen. Auf sie finden die Grundsätze der Hauptregel des intertemporalen Privatrechtes keine Anwendung.[1]

Thöl und Windscheid kennen auch verneinende Rechtsordnungen. Dieser führt drei Fälle dafür an. In der That sind sie aber nur eine Unterart der gewährenden Rechtsordnungen in Ansehung negativer Rechtsverhältnisse.[2] Der Begriff der verneinenden Rechtsordnungen ist daher ganz überflüssig; s. unten § 51.

Es giebt noch andere Gliederungen der Rechtsordnung, die aber für das intertemporale Privatrecht weniger von Bedeutung sind. So die Gliederung in absolute und subsidiäre, in primäre und sekundäre,[3] in Reichsrecht und Landesrecht,[4] in geschriebenes (*ius scriptum*) und nicht geschriebenes Recht (*ius non scriptum*), in Gesetzes- und Gewohnheitsrecht. — Die Gliederung in generelle und spezielle Rechtsordnungen (*ius generale* und *ius speciale*) ist eine verfehlte. Die sogen. speziellen Rechtsordnungen sind nichts anderes als öffentliche Willensthatbestände.[5]

Die Gliederung in gemeines- und Sonder-Recht (*ius commune* und *ius singulare*) haben wir auch dem intertemporalen Privatrechte zu Grunde gelegt.[6] — Ebenso die in gemeine Rechtsordnungen im Gegensatze zu partikularen oder nationalen.[7]

---

[1] S. oben § 44, S. 171, n. 7. Von älteren Schriftstellern kannten diese deklaratorische Rechtsordnungen Fellinus und seine Zeitgenossen; s. Gesch. § 45, S. 277, n. 5; Lyncker, § 47, S. 306, n. 2 und 3; 307, n. 1; Henne, § 49, S. 318, n. 1. Auch bei den neueren finden sie sich; so bei Thöl, § 35 (begriffsentwickelnde Rechtssätze); Windscheid, a. a. O. § 27, n. 5. S. im übrigen die ausführliche Behandlung der Hilfsrechtsordnungen unten in § 53.

[2] Nur der dritte Fall ist eine gewährende Rechtsordnung in Bezug auf positive Rechtsverhältnisse. Der erste Fall lautet: „*Die Willenserklärungen von Kindern und Geisteskranken sind nichtig*". — A. a. O. § 27, n. 2. Es entsteht also ein negatives Rechtsverhältnis; s. oben § 38, S. 159, n. 2. Der zweite Fall: „*Ansprüche verjähren in 30 Jahren*"; a. a. O. § 27, n. 3. Auch hier entsteht ein negatives Rechtsverhältnis; s. oben a. a. O. Der dritte Fall: „*Bei Handelsgeschäften ist die Gültigkeit der Verträge durch schriftliche Abfassung oder andere Förmlichkeiten nicht bedingt*"; H.G.B. § 317, a. a. O. n. 4. Hier entsteht ein positives Rechtsverhältnis auch bei mangelnder Form.

[3] S. oben § 1, S. 3; 4.

[4] Diese Gliederung haben wir auf das Deutsche intertemporale Privatrecht übertragen; s. oben § 3, S. 11, n. 2.

[5] S. oben § 26, S. 106 fg. und § 44, S. 171, n. 4.

[6] S. oben § 3, S. 11, n. 1; § 8, S. 28, n. 2; S. 33, n. 4; § 19, S. 73.

[7] S. oben § 3, S. 9.

Zweiter Abschnitt.

Die Rechtsordnung im besonderen.

§ 47. Die negativen Rechtsordnungen.

Im intertemporalen Privatrechte spielen die negativen Rechtsordnungen die wichtigste Rolle; legt ihnen der Gesetzgeber Ausschließlichkeit bei, so greifen sie tief in die bestehenden Rechtszustände ein. Dagegen besitzen sie keine angeborene Ausschließlichkeit, wie das oft behauptet worden ist.[1] Bekanntlich unterscheidet Savigny zwischen Gesetzen, welche den Erwerb und solchen, welche das Dasein von Rechten regeln. Jene stellt er unter das gemeine intertemporale Recht; diesen spricht er eine angeborene Ausschließlichkeit zu. Die Unhaltbarkeit dieser Annahme ist aber nicht unbemerkt geblieben.[2] Gesetze, welche im Sinne Savignys das Dasein von Rechten betreffen, sind nichts anderes als negative Rechtsordnungen. Es ist ihnen daher aus denselben Gründen, wie den negativen Rechtsordnungen überhaupt, die angeborene Ausschließlichkeit abzusprechen.[3]

Merkwürdig ist ein Versuch, den Goeppert unternommen hat, darzulegen, daß die negativen Rechtsordnungen keine eigentlichen Rechtsordnungen, sondern, wie ich mich ausdrücken würde, eine Art öffentlicher Willensthatbestände („Verwaltungsakte“) seien, und daher der Hauptregel des intertemporalen Privatrechtes nicht unterlägen. Der Versuch ist durchaus mißlungen.[4] Auch der Gesetzgeber des Deutschen Reiches hat den Irrtum vermieden, wonach negativen Rechtsordnungen eine angeborene Ausschließlichkeit zukommen solle, ja noch mehr, er sah sich veranlaßt, da, wo das Bürgerliche Gesetzbuch die bisherigen Rechtseinrichtungen nicht mehr anerkennt, sie entweder der Landesgesetzgebung zu überlassen,[5] oder wenigstens die unter der alten Rechtsordnung bereits entstandenen Rechtsverhältnisse ausdrücklich aufrecht zu erhalten.[6] Einen trefflichen Beleg bietet der Art. 209 E.G. Die neue Rechtsordnung hat die Einkindschaft abgeschafft, ist also insoweit eine negative Rechts-

---

[1] S. Gesch. § 7, S. 61; § 45, S. 281, n. 1; § 47, S. 307, n. 2, 3, 4 und 5; besonders § 49, S. 317, n. 6. Vgl. oben § 13, S. 58, n. 3.

[2] S. Gesch. § 76, S. 614, n. 3; § 78, S. 625, n. 2; § 80, S. 637, n. 1; S. 638, n. 1; S. 639, n. 2; § 81, S. 645, n. 2; S. 649, n. 3 und 4. Vgl. auch oben § 13, S. 58, n. 3.

[3] S. Gesch. hauptsächlich § 76, S. 614, n. 3 und § 80, S. 639, n. 2.

[4] S. Gesch. § 81, S. 649, n. 4.

[5] So im dritten Abschnitt des E.G.; s. insbes. Art. 59, 62, 63, 64, 68, 73, 74 und 96.

[6] So im vierten Abschnitt des E.G.; insbes. Art. 157; Art. 161 (Verschollenheitserklärung); Art. 164—167; Art. 182; Art. 183; Art. 184; z. T. auch Art. 191; Art. 197; Art. 216.

ordnung. Art. 209 hält aber, richtig ausgelegt, die bereits entstandenen Rechtsverhältnisse der Einkindschaft aufrecht.[1]

Verleiht der Gesetzgeber einer negativen Rechtsordnung die Ausschließlichkeit, so ist im Zweifel nur eine schlichte anzunehmen. Ausgenommen von der Ausschließlichkeit sind also die erledigten und die rechtshängigen Sachen.[2] Nur die Gesetze über Nichtigkeit, Anfechtbarkeit und Scheidung der Ehe und die persönlichen Rechtsbeziehungen der Ehegatten machen eine Ausnahme.[3] Verleiht der Gesetzgeber den negativen Rechtsordnungen ausdrücklich eine wiedereinsetzende Ausschließlichkeit, so ist die Frage nach der Entschädigungspflicht des Staates zu erledigen.[4]

§ 48. Die zwingenden und nachgiebigen Rechtsordnungen.

Auch den zwingenden Rechtsordnungen kommt im intertemporalen Privatrechte eine große Bedeutung zu: Eine neue Rechtsordnung kann vom Gesetzgeber nur unter der Voraussetzung die Eigenschaft der Ausschließlichkeit gegen ältere rechtsgeschäftliche Bestimmungen erhalten, wenn sie zwingender Natur ist. Es wäre widersinnig, wenn ein Gesetzgeber einer nachgiebigen Rechtsordnung hinsichtlich älterer rechtsgeschäftlicher Bestimmungen die Ausschlußklausel beifügen würde. Trotz der Ausschlußklausel wäre sie doch nicht im Stande, die Privatwillensthatbestände der alten Rechtsordnung zu ergreifen; denn sie selbst gestattet ja den Privatpersonen durch rechtsgeschäftliche Bestimmungen Abweichungen von ihren Vorschriften zu treffen. Ob nun diese rechtsgeschäftlichen Bestimmungen unter der neuen Rechtsordnung errichtet werden oder unter der alten errichtet wurden, ist einerlei.

Ist es nun zwecklos, wenn der Gesetzgeber einer nachgiebigen Rechtsordnung Ausschließlichkeit verleiht, m. a. W. ist eine nachgiebige Rechtsordnung der Ausschließlichkeit unfähig? Man muß unterscheiden: Älteren Vertragsbestimmungen oder einseitigen Vorschriften der Parteien gegenüber sind sie unfähig, nicht aber gegenüber den sogenannten *naturalia negotii* der alten Rechtsordnung. Ein ausschließliches, aber nachgiebiges Gesetz kann über ein altes Rechtsgeschäft seine Herrschaft insofern ausüben, als es sich an die Stelle der, der alten Rechtsordnung entnommenen, *naturalia negotii* setzt.[5] Die Frage, ob der Gesetzgeber nicht dazu geneigt

---

[1] So das ausgezeichnete Urteil des obersten Bayerischen Gerichtes; s. oben § 12, S. 54, n. 1.

[2] S. oben § 12, S. 49, n. 6 und § 13, S. 57, n. 1.

[3] S. oben a. a. O.

[4] S. unten die Politik der intert. Gesetzgebung § 91 fg.

[5] Dies kann nicht genug hervorgehoben werden, um den Irrtum abzuwehren, daß bloß zwingende Rechtsordnungen der Ausschlußklausel fähig seien, ein Irrtum, der sich vielleicht beim oberflächlichen Lesen jener Urteile des R.G. einschleichen könnte.

sei, eher eine zwingende Rechtsordnung mit der Ausschlußklausel zu versehen, als eine nachgiebige, gehört in die Politik der intertemporalen Gesetzgebung.[1]

Dagegen ist es ganz verfehlt, einer jeden zwingenden Rechtsordnung ohne weiteres Ausschließlichkeit beizulegen. Diese kommt ihr nur dann zu, wenn ihr der Gesetzgeber die Ausschlußklausel beifügt.[2]

Bei zwingenden Gesetzen mit Ausschlußklausel muß man einen doppelten Willen des Gesetzgebers unterscheiden: Einmal den Willen, daß die Vorschriften der neuen Rechtsordnung den rechtsgeschäftlichen Anordnungen der Privatpersonen, die unter ihrer Herrschaft vorgenommen werden, unbedingt vorgehen. Zweitens den Willen, daß die Regeln der neuen Rechtsordnung auch den Vereinbarungen und einseitigen Vorschriften, welche Privatpersonen unter der Herrschaft der alten Rechtsordnung errichtet haben, ein Ende machen und ihre Stelle einnehmen sollen. Beide Willen des Gesetzgebers müssen klar und deutlich zum Ausdruck gelangen.[3]

Der Deutsche Gesetzgeber hat diese Rechtswahrheit wohl erkannt. Seine Vorschriften über die persönlichen Rechtsbeziehungen der Ehegatten sind alle zwingender Natur. Die Ausdrucksweise des Gesetzgebers läßt über seinen dahingehenden Willen keinen Zweifel.[4] Trotzdem hat er seinen Willen, daß diese Vorschriften auch für ältere Ehen und Eheverträge gelten müssen, ausdrücklich und unzweideutig erklärt.[5]

Die Erkenntnis, daß nur unter dieser doppelten Voraussetzung ein Gesetz ältere Vertragsbestimmungen ergreifen und vernichten kann, scheint leider unter den meisten einschlägigen Schriftstellern der Gegenwart abhanden gekommen zu sein. Sie begnügen sich mit dem ersten Willen des Gesetzgebers und dessen Ausdruck im Gesetze und sind geneigt, in blinder Vorliebe für die sofortige Anwendung der neuen Rechtsordnung vom zweiten Willen und dessen Ausdruck gänzlich abzusehen.[6]

Besitzen nun die zwingenden Vorschriften des Bürgerlichen Gesetzbuches im Gebiete des allgemeinen Teiles Ausschließlichkeit ohne Ausschlußklausel? Die Antwort ist bereits oben in § 11, S. 42, n. 6 gegeben

---

[1] S. unten § 89.

[2] S. in der Gesch. die ausgezeichneten Urteile des Reichsoberhandelsgerichtes § 66, S. 487, n. 1 u. des Reichsgerichtes § 68, S. 515, n. 1 g. E. und S. 521, n. 1; vgl. auch noch Gesch. § 12, S. 87 und § 76, S. 616, n. 1 (gegen Savigny gerichtet).

[3] Der erste Wille meistens durch die Wendungen: *so hat* oder *so muß* oder *ist nichtig* oder *kann nicht* oder *so ist* oder *so sind*; s. z. B. §§ 137, 138, 276, Abs. 2; §§ 1353 fg. B.G.B. u. s. w. Der zweite Wille erhält seinen Ausdruck in der Ausschlußklausel; s. oben § 11, S. 41 fg.

[4] S. §§ 1353 fg. B.G.B.

[5] S. Art. 199 E.G.; s. auch unten § 76.

[6] Vgl. oben § 11, S. 44, n. 3; § 13, S. 58, n. 5 u. unten S. 181, n. 6. S. Habicht a. a. O., § 2, S. 4 fg. und § 28, S. 232.

worden. Das Schweigen des Gesetzgebers läßt dem gemeinen intertemporalen Rechte freien Lauf. HABICHT dagegen möchte der Erklärung der Motive zu Art. 103, E. 1 E.G. die gleiche Anerkennung zollen, wie dem „Buchstaben des Art. 170". Das geht in der Berücksichtigung der Gesetzesvorbereitung weit über das erlaubte Maß hinaus. Der Gesetzgeber hat es der Wissenschaft und der Rechtsprechung im allgemeinen überlassen, den Art. 170 E.G. möglichst weit auszulegen; allein er hat sie nicht angewiesen, jede zwingende Vorschrift des Gesetzbuches daraufhin zu prüfen, ob ihr Ausschließlichkeit beiwohne oder nicht.[1] Der Gesetzgeber selbst muß sich frei halten von Zweifeln und Irrtümern in Ansehung klarer intertemporaler Grundsätze. — Seine hohe Stellung verlangt es von ihm. In der That haben auch die Gesetzgeber der einzelstaatlichen A.G. bewiesen, daß sie manchem Schriftsteller in der Kenntnis des intertemporalen Rechtes überlegen sind, wie sich unten aus dem besonderen Teile zur genüge ergeben wird. — Kurz, der Gesetzgeber hat die Vermutung für sich, daß er auf dem Boden des gemeinen Rechtes stehe, bis er sie selbst durch seine eigenen Gesetzesworte (nicht Kommissionsberatungen) beseitigt.[2]

Einige Schriftsteller, die im allgemeinen auf dem richtigen Standpunkte stehen, bedauern, daß der Gesetzgeber nicht einzelnen zwingenden Vorschriften des Gesetzbuches Ausschließlichkeit verliehen habe. Das Bedauern stammt aus der Neigung zur sofortigen Anwendung eines neuen Gesetzes.[3] Diese Neigung ist nicht berechtigt; es ist keineswegs immer ausgemacht, daß die sofortige Anwendung des neuen Rechtes wirklich das Glück der Bürger fördere.[4] Ein gesunder Erhaltungssinn zur Schonung der altrechtlichen Geschöpfe ist es, das allein dem Gesetzgeber zur Zierde gereicht und dem Wohle des Volkes frommt![5]

Nach HABICHTS Anschauung ist folgenden zwingenden Vorschriften im allgemeinen Teile des B.G.B. Ausschließlichkeit beizumessen, abgesehen

---

[1] HABICHT, 3. Aufl., S 245, n. 2 will mit dem § 9 des Reichsgesetzes über die Abzahlungsgeschäfte vom 16. Mai 1894 den Beweis führen, daß der Gesetzgeber keineswegs der Meinung sei, bei einem neuen Gesetze mit zwingenden Vorschriften sei die Anwendbarkeit dieser Vorschriften auf ältere Verhältnisse von vornherein so lange ausgeschlossen, als er ihnen nicht rückwirkende Kraft besonders beilege. § 9 jenes Gesetzes enthält die ausdrückliche Gewährungsklausel. Nun ist die Gewährungsklausel hauptsächlich deswegen entstanden, um der Unkenntnis der Gerichte im intertemporalen Privatrechte zuvor zu kommen; s. oben § 8, S. 28, n. 1. Derselbe Beweggrund erscheint in der Begründung zum Entwurf dieses Gesetzes, Drucks. des Reichst. 1893/94, Anl. Bd. 1, S. 726.

[2] Über den gesetzgeberischen Wert oder Unwert der Rechtsanschauungen der Kommissionsmitglieder dem klaren Wortlaute des Gesetzes gegenüber vgl. auch BEKKER, Beiträge zur Auslegung. Heft 1, S. 17 und 21.

[3] S. besonders LEHMANN a. a. O., S. 16 unten.

[4] Gerade LEHMANN hat das an einigen Beispielen im Handelsrecht vorzüglich erläutert; s. S. 36 fg.

[5] S. Gesch. § 51, S. 324.

von den Vorschriften über die Form der Rechtsgeschäfte, denen er entgegen der organischen Auffassung auch Ausschließlichkeit zuspricht: § 138, Abs. 2,[1] § 310,[2] 343.[3] Nach HABICHT soll außerdem den drei genannten Vorschriften eine Ausschließlichkeit beiwohnen, welche auch die in der Berufungsinstanz hängigen Sachen ergreift.[4]

Prüfen wir noch die zwingenden Vorschriften des Handelsgesetzbuches vom 10. Mai 1897 auf ihre Ausschließlichkeit. Das E.G. zum H.G.B. enthält nur eine Ausschlußklausel, Art. 22 für den § 20 H.G.B.[5] Nach den vorstehenden Ausführungen müssen wir daher sämtlichen übrigen zwingenden Vorschriften des H.G.B., soweit nicht etwa Art. 171 E.G. zum B.G.B. eingreift, die Ausschließlichkeit absprechen. In der einschlägigen Litteratur stehen sich die Meinungen schroff gegenüber. Nach der einen Ansicht ist den zwingenden Vorschriften des H.B.G. schlechthin „rückwirkende Kraft“ beizumessen.[6] Nach der andern ist ihnen eine solche gänzlich abzusprechen.[7] Eine mittlere Ansicht will zwischen polizeilichen und nicht polizeilichen Vorschriften unterscheiden.[8]

---

[1] Gleicher Ansicht ENDEMANN, B.R. 8. Aufl., Bd. 1, S. 70, Anm. 16; MATTHIASS, B.R. 3. Aufl., S. 45; SCHERER, Nr. 185; NIEDNER, S. 268, Bl. f. Rechtsanw. 1900, S. 248; O.L.G. Karlsruhe, 26. Mai 1900, Sächs. A 10, S. 490 fg.; R.G. 30. Nov. 1900, E. 47, S. 103; L.G. Dresden, 17. Mai 1901, d. Recht 1901, S. 309. Gegen die Ausschließlichkeit: O.L.G. Königsberg, Rsp. 1, S. 234 fg. mit ausgezeichneter Begründung und O.L.G. Hamburg, 4. Dezember 1900, S.A. 56, S. 169 fg. und Rsp. 2, S. 58.

[2] Gleicher Ansicht ENDEMANN a. a. O., § 16, n. 16; MATTHIASS a. a. O., S. 45. Dagegen vertreten die richtige Ansicht SCHERER a. a. O., NIEDNER a. a. O., SCHOLLMEYER, Komm. zu § 310, Anm. 1, der hervorhebt, daß nur volkwirtschaftliche und nicht ethische Gründe, wie HABICHT, 3. Aufl., S. 249, n. 1 meint, bei § 310 entscheidend gewesen seien.

[3] Gleicher Ansicht: SCHERER, Nr. 188, O.L.G. Hamburg, 9. Februar 1900; Recht 1900, S. 174, H.G. 1900, Nr. 14 u. 46. Dagegen treten für die richtige Anschauung ein NEUMANN, S. 1457, O.L.G. Kassel, 23. April 1900, D.J.Z. 1900, S. 304; R.G. 11. Juli 1900 und vom 16/23. Okt. 1900 im Recht 1900, S. 440, 1901, S. 17; L.G. Mainz, 5. Februar 1900, Hess. R. 1900, S. 27; O.L.G. Karlsruhe, 21. Juni 1901, d. Recht 1901, S. 468.

[4] S. dagegen oben § 12, S. 49, n. 6; S. 52, n. 1 und 2; § 13, S. 57, n. 6. Die richtige Ansicht, daß den genannten Vorschriften keine Ausschließlichkeit beiwohne, scheint Aussicht zu haben, in der Rechtsprechung durchzudringen. Wenn HABICHT selbst den §§ 247, 248, 312 und 400 B.G.B. keine Ausschließlichkeit beilegt, so kehrt auch er auf den rechten Pfad des gemeinen intertemporalen Privatrechtes zurück. — Über die Frage, ob noch anderen Vorschriften des B.G.B. Ausschließlichkeit zukommt, s. unten §§ 67, 70, 73, 76, 84.

[5] S. auch unten § 75.

[6] So FULD, Das Recht der Handlungsgehilfen 1897, S. 14, 15; DÜRINGER-HACHENBURG, S. 17; STAUB, Suppl. zum Kommentar S. 4; HABICHT, 3. Aufl., S. 305 fg. mit der Einschränkung, daß „nicht höhere Gründe entgegenstehen.“

[7] COSACK, Lehrbuch des H.R. S. 768.

[8] So HORRWITZ, Das Recht der Handlungsgehilfen 1897, S. 8, 9 u. LEHMANN S. 35 fg. Zu demselben Ergebnis gelangt PAPPENHEIM bei GRUCHOT XLII, S. 339 fg.

Einigt man sich auf diesem Boden, so fängt sofort ein neuer Streit an: Welche Vorschriften haben polizeilichen Charakter, welche nicht?[1] Die Rechtsprechung ist auch für das Handelsrecht im allgemeinen fest geblieben.[2]

§ 49. Die erlaubenden Rechtsordnungen.

Es ist in der zweiten Hälfte des 19. Jahrhunderts darüber gestritten worden, ob es erlaubende Rechtsordnungen gäbe oder nicht. WINDSCHEID faßt das Ergebnis in folgenden Worten zusammen: „*Erlaubende Rechtssätze d. h. in der Form der Erlaubniß ausgedrückte Rechtssätze, sind in der Wirklichkeit entweder gebietende oder verbietende oder verneinende.*“[3]

WINDSCHEID ist zu diesem Ergebnis gekommen, weil er die erlaubenden Rechtsordnungen innerhalb der gewährenden sucht.[4] Die erlaubenden Rechtsordnungen bewegen sich aber innerhalb des *status libertatis* oder anders ausgedrückt, jenseits des Gebietes der positiven oder negativen Rechtsverhältnisse. Es zeigt sich dies zunächst bei öffentlichen erlaubenden Rechtsordnungen. Gewährt z. B. ein Reichspostgesetz der Reichspost kein Monopol für den Briefverkehr innerhalb eines Ortes; s. § 1 des Gesetzes vom 28. Okt. 1871, so erlaubt es Privatposten für den Ortsbriefverkehr. Macht nun eine Privatperson von der Erlaubnis Gebrauch und errichtet eine Privatpostanstalt, so liegt ein Thatbestand vor (ein realer Zustandsthatbestand), aus welchem ein Rechtsverhältnis hervorgeht, das gegen eine neue und negative Rechtsordnung zu schützen ist.[5] Ähnlich verhält es sich, wenn Gewerbeordnungen gewisse Anlagen freigeben, z. B. Brennereien, Cigarrenfabriken. Macht eine Privatperson von der Erlaubnis Gebrauch und errichtet eine solche Anlage, so entsteht ein Thatbestand

---

[1] HORRWITZ ist nach der Ansicht LEHMANNS in der Annahme polizeilicher Vorschriften zu ängstlich; letzterer beansprucht für die Gruppe § 624 B.G.B.; §§ 64, 73 und 80 H.G.B.; hegt dagegen Bedenken für §§ 67, 74 und 75 H.G.B., § 247 B.G.B. und § 139 H.G.B.

[2] Vgl. R.G. 18. Nov. 1898, E. Bd. 42, S. 97 fg.; 7. Dez. 1898, Bd. 43, S. 23: in Ansehung des § 74, Abs. 2 und 3 H.G.B.; 16. April 1901, Bd. 48, S. 129; in Ansehung der §§ 74, 75 H.G.B.; besonders aber R.G. in D.J.Z. 1900, S. 503: „*Der § 60 H.G.B. findet auf ältere Vertragsverhältnisse keine Anwendung*“; K.G. 24. Oktober 1900, im Recht 1901, S. 67. K.G. 12. Nov. 1900, Rsp. 2, S. 228 fg., spricht dem § 268 H.G.B. Ausschließlichkeit zu, weil er nur das Gesellschaftsorgan betreffe, also nicht materieller Natur sei. Eine Ausschlußklausel für die organischen Bestimmungen des H.G.B. besteht aber nicht; im Gegenteil läßt die Gewährungsklausel des Art. 23 E.G. zum H.G.B. eine ausdehnende Auslegung zu, wonach alle organischen Bestimmungen des alten Handelsgesetzbuches materiell für die unter seiner Herrschaft begründeten Aktiengesellschaften noch fortwirken; s. auch unten § 75.

[3] S. a. a. O. § 27, n. 7.

[4] Vgl. die Beispiele a. a. O. n. 7.

[5] S. Gesch. § 72, S. 592, n. 2 u. oben § 27, S. 117, n. 3. — Wie der Schutz gewährt wird, darüber s. unten in der Politik der intertemporalen Gesetzgebung § 92.

und damit ein Rechtsverhältnis, das ebenfalls gegen eine neue und negative Rechtsordnung zu schützen ist.

Es können aber auch bürgerliche Rechtsordnungen, sei es ausdrücklich, sei es stillschweigend, gewisse Anlagen freigeben, so insbesondere Nachbarrechtsordnungen. Macht nun der Nachbar von der Erlaubnis Gebrauch und errichtet die Anlage, so entsteht ein Thatbestand und damit ein Rechtsverhältnis, welches gegen die neue und negative Rechtsordnung gesichert ist. Dieser Grundsatz wird ausdrücklich durch die Gesetzgebung und Rechtsprechung bestätigt.[1] Daß es sich hier nicht etwa um gebietende oder verbietende Rechtssätze handelt, wie Windscheid behaupten muß, geht aus der Ansicht eines italienischen Gerichtes hervor, welches leugnet, daß unter einer bloß erlaubenden Rechtsordnung ein Rechtsverhältnis entstehen könne; ja, meint es, wenn es eine verbietende Rechtsordnung wäre, dann wäre die Entstehung eines Rechtsverhältnisses durch Ersitzung möglich. So widersinnig diese Behauptung ist, so liegt ihr doch die Erkenntnis zu Grunde, daß wir es hier mit einer erlaubenden Rechtsordnung und nicht mit einer gebietenden oder verbietenden zu thun haben.[2]

Die Thatbestände, die unter einer erlaubenden Rechtsordnung errichtet werden, sind reale Zustände, nicht etwa „Handlungen“ wie einige italienische Gerichte behauptet haben; denn wenn die neue Rechtsordnung in Kraft tritt, so sind nicht mehr die Handlungen, sondern die aus ihnen hervorgegangenen Anlagen vorhanden. Hätte z. B. der Eigentümer des Grundstückes die Anlage vor dem Inkrafttreten der neuen Rechtsordnung wieder beseitigt, so wäre damit der Thatbestand aufgehoben und mit ihm auch das Rechtsverhältnis.[3] M. E. liegt in der Entdeckung eines in der Litteratur bis jetzt kaum beachteten Thatbestandes, der in der Errichtung einer Anlage unter einer erlaubenden Rechtsordnung besteht, eine nicht bloß für das bürgerliche Recht, sondern auch für das Staats- und Verwaltungsrecht ergiebige Quelle weiterer Erkenntnisse. Von hier aus besehen, sind die sogenannten Freiheitsrechte der Bürger, wie die Preßfreiheit, Gewerbefreiheit, Freizügigkeit, Niederlassungsfreiheit und dergl., in der That gar keine subjektiven Rechte, sondern nur eine andere Bezeichnung für erlaubende Rechtsordnungen. Errichtet aber ein Staatsbürger auf Grund dieser gesetzlichen Freiheit eine Anlage, so entsteht für ihn ein subjektives Recht. Dies zeigt sich praktisch darin, daß eine neue Rechtsordnung die Anlage achten muß.[4]

---

[1] S. Gesch. § 54, S. 370, n. 2 (§ 59 bezw. 58); § 55, S. 389, n. 2 (Art. 15); § 65, S. 476, n. 2; § 69, S. 551, n. 1.

[2] S. noch Gesch. § 69, S. 551, n. 1 und die dort geübte Kritik. S. auch unten § 82.

[3] S. Gesch. a. a. O. S. 581, n. 3; 604, n. 3; 639, n. 2.

[4] S. auch Gesch. § 72, S. 592, n. 2 (Gabba) und unten § 92.

§ 50. Die verbietenden und gebietenden Rechtsordnungen. Die unvollkommenen, vollkommenen und übervollkommenen Rechtsordnungen.

Das Dasein der verbietenden und gebietenden Rechtsordnungen wird von allen Schriftstellern zugegeben, vielfach jedoch mit der Einschränkung, daß zwischen den gebietenden und verbietenden Gesetzen kein materieller, sondern nur ein formeller Unterschied bestehe.[1] Diese Ansicht ist, wie sich zeigen wird, unrichtig. Viele Schriftsteller legen den verbietenden (Prohibitiv)-Gesetzen eine angeborene Ausschließlichkeit bei. Gehen wir daher näher auf das Wesen derselben ein.

Bekanntlich unterscheiden die Romanisten vier Arten von verbietenden Gesetzen, sofern sie sich auf Rechtsgeschäfte beziehen: *leges imperfectae*, unvollkommene Rechtsordnungen; *leges minus quam perfectae*, nicht ganz vollkommene Rechtsordnungen; *leges perfectae*, vollkommene Rechtsordnungen und *leges plus quam perfectae*, übervollkommene Rechtsordnungen. Bei den ersten bleiben die trotz des Verbotes errichteten Rechtsgeschäfte gültig; bei den zweiten bleiben sie zwar auch gültig, aber die errichtende Partei trifft eine Strafe; bei den dritten sind die trotz des Verbotes errichteten Rechtsgeschäfte von vornherein nichtig und bei den vierten endlich sind sie auch von vornherein nichtig und die errichtende Partei trifft außerdem eine Strafe.

Diese Einteilung ist intertemporalrechtlich nicht ohne Bedeutung. Eine unvollkommene Rechtsordnung ist der Ausschlußklausel in Ansehung der alten Rechtsgeschäfte materiell unfähig, ähnlich wie eine nachgiebige Rechtsordnung.[2] Die unter der alten Rechtsordnung errichteten Rechtsgeschäfte bleiben trotz des Verbotes der neuen und formell ausschließlichen Rechtsordnung aufrecht. — Aber auch eine nicht ganz vollkommene Rechtsordnung ist der materiellen Ausschließlichkeit nach dieser Richtung hin unfähig. Die unter der alten Rechtsordnung errichteten Rechtsgeschäfte bleiben unter der neuen und ausschließlichen aufrecht; die Strafe selbst kann nicht vollzogen werden, weil nach dem intertemporalen Strafrecht der zivilisierten Staaten Strafandrohungen niemals rückwirkende Kraft haben können.[3] — Dagegen sind die vollkommenen Rechtsordnungen den Rechtsgeschäften der Vergangenheit gegenüber materiell der Ausschlußklausel fähig. Nur auf sie kann sich also die Behauptung jener Schriftsteller beziehen, daß die verbietenden Gesetze eine angeborene Ausschließlichkeit hätten. Aber auch mit dieser Einschränkung ist der Satz unrichtig; sie sind bloß der Ausschlußklausel fähig. Der Gesetzgeber kann, wenn die materielle Voraussetzung vorhanden ist, ihnen die Ausschlußklausel beifügen; nur dann besitzen sie Ausschließlichkeit.[4] Der

---

[1] So schon v. Struve a. a. O., S. 140; s. Gesch. § 75, S. 607, n. 1.
[2] S. oben § 48, S. 178, n. 5.
[3] S. Gesch. § 56, S. 395 fg., besonders S. 398, n. 1.
[4] S. Gesch. § 7, S. 61; § 49, S. 318, n. 4; § 68, S. 521, n. 1.

Irrtum ist bereits erkannt worden, so von Goeppert.[1] Die unter der alten Rechtsordnung errichteten Rechtsgeschäfte werden mit dem Inkrafttreten des vollkommenen und ausschließlichen Verbotsgesetzes hinfällig; es tritt die erste Regel des neueren Regelpaares in Kraft.[2] — Es greift die erste Möglichkeit in der ersten Spielart Platz. Auch die übervollkommenen Rechtsordnungen besitzen keine angeborene Ausschließlichkeit, wohl aber sind sie der Ausschlußklausel fähig. Aber nicht ihrem vollen Inhalte nach, sondern nur soweit sie die Nichtigkeit des Rechtsgeschäftes aussprechen. Soweit sie aber eine Strafe androhen, widerstreitet ihre Ausschließlichkeit dem intertemporalen Strafrecht der zivilisierten Staaten. Somit deckt sich ihre Ausschließlichkeit mit derjenigen der vollkommenen Rechtsordnungen, wenn ihnen der Gesetzgeber die Ausschließlichkeit verliehen hat. Sie stehen somit in gleicher Weise unter der ersten Regel des neueren Regelpaares.

Das E.G. zum B.G.B. kennt in der That ein vollkommenes Verbotsgesetz, dem es die Ausschlußklausel beifügt; s. Art. 176. Ihm entspricht Art. 26 des E.G. zum H.G.B. vom 10. Mai 1897. Nur teilweise gehören auch Art. 201 und Art. 211 E.G. hierher. Eine eigentümliche Stellung nimmt Art. 159 E.G. ein; er verleiht einer gewährenden Rechtsordnung Ausschließlichkeit gegen ein bisheriges Verbotsgesetz. — Beispiele einer neuen verbietenden Rechtsordnung, welcher der Gesetzgeber keine Ausschließlichkeit verleiht, sondern im Gegenteil durch seine ausdrückliche Gewährungsklausel die Fortwirkung der alten Rechtsordnung gewährleistet, sind Art. 157 und insbes. Art. 182 E.G. Teilweise gehört auch Art. 197 hierher. Aus dem E.G. zum H.G.B. sind hierher zu rechnen Art. 27 und Art. 28; auch sie gewähren der alten Rechtsordnung neuen Verbotsgesetzen gegenüber die materielle Fortwirkung.

Die gebietenden (präceptiven) Rechtsordnungen unterscheiden sich nicht bloß formell, wie einige Schriftsteller meinen, sondern auch materiell von den verbietenden (prohibitiven) Rechtsordnungen. Am besten läßt sich dies für die Strafrechtsordnungen nachweisen. Wer gegen ein prohibitives Strafgesetz verstößt, begeht ein Kommissivdelikt; wer dagegen ein präceptives Strafgesetz übertritt, macht sich eines Omissivdeliktes schuldig.

Auch im bürgerlichen Rechte giebt es gebietende Vorschriften. So im römischen Rechte die gebietende Vorschrift, daß der Emphyteuta dem Herrn den bevorstehenden Verkauf der Emphyteuse anzeigen muß; daß der Nutznießer dem Herrn die Prozesse anzuzeigen hat, mit denen er wegen der dienenden Sache überzogen wird und dergl. Das Handelsrecht kennt eine ausgedehnte Anzeige- und Rügepflicht und eine Anmeldungspflicht zum Handelsregister. Aber auch im B.G.B. kommen gebietende Vorschriften in nicht geringer Anzahl vor, so die §§ 965—983 über den Fund, die Anzeigepflicht des Mieters, des Beauftragten §§ 545 u. 666 u. s. w.

---

[1] Ebenda § 81, S. 651, n. 2.

[2] S. oben § 9, S. 35.

Der Unterschied zwischen den verbietenden und gebietenden bürgerlichen Rechtsordnungen läßt sich nun entsprechend den strafrechtlichen dahin feststellen, daß, wer ein Verbotsgesetz verletzt, sich einer *culpa in faciendo*, wer dagegen ein Gebotsgesetz außer acht läßt, sich einer *culpa in negligendo* oder *in omittendo* schuldig macht.[1]

Können wir auch bei den gebietenden Rechtsordnungen unvollkommene, nicht ganz vollkommene, vollkommene und übervollkommene Rechtsordnungen unterscheiden? M. E. ist die Frage zu bejahen. Unvollkommen sind die gebietenden Rechtsordnungen, welche an die Unterlassungsschuld keine Rechtsfolgen knüpfen. — Nicht ganz vollkommen sind die, welche auf die Unterlassungsschuld eine Strafe setzen, jedoch sonst keine weiteren Rechtsfolgen eintreten lassen. — Vollkommen dagegen sind die, welche an die Unterlassungsschuld die Entstehung eines positiven oder negativen Rechtsverhältnisses knüpfen.[2] — Übervollkommen sind die, welche an die Unterlassungsschuld nicht bloß die Entstehung eines positiven oder negativen Rechtsverhältnisses knüpfen, sondern darauf auch eine Strafe setzen.[3]

Wie verhält es sich nun mit der Ausschließlichkeit der gebietenden Rechtsordnungen? Die gleichen Schriftsteller, welche eine angeborene Ausschließlichkeit der verbietenden Gesetze behaupten, müssen folgerichtig eine solche auch für die gebietenden Rechtsordnungen in Anspruch nehmen. Nun ist aber klar, daß die unvollkommenen und nicht ganz vollkommenen gebietenden Rechtsordnungen der Ausschließlichkeit überhaupt nicht fähig sind, aus denselben Gründen, die wir bei den verbietenden dargethan haben. Eine angeborene Ausschließlichkeit der vollkommenen und übervollkommenen Rechtsordnungen dagegen ist schlechtweg zu leugnen. Sie sind nur der Ausschlußklausel fähig; sie besitzen daher Ausschließlichkeit nur, wenn ihnen der Gesetzgeber auf Grund der materiellen Voraussetzung die Ausschlußklausel beifügt. Dann erlangt die vollkommene gebietende Rechtsordnung ihrem ganzen Inhalte nach Ausschließlichkeit; die übervollkommene dagegen nicht ihrem ganzen Inhalte nach, indem die Strafandrohung, kraft des intertemporalen Strafrechtes der zivilisierten Staaten, der Ausschließlichkeit unfähig ist. Erhalten die vollkommenen und übervollkommenen gebietenden Rechtsordnungen vom Gesetzgeber die Ausschließlichkeit, so stehen sie unter der ersten Regel des neueren Regelpaares in ihrer ersten oder zweiten Möglichkeit; und zwar greift ihre

---

[1] Im Sinne des alten römischen Rechtes ist *culpa* immer *culpa in faciendo*; die *culpa in omittendo* hieß *negligentia*.

[2] So die Vorschrift des römischen Rechtes, daß der Emphyteuta dem Herrn den Verkauf anzuzeigen hat. Im Falle der Unterlassung entsteht ein negatives Rechtsverhältnis; der Herr kann den Emphyteuta entsetzen. So ferner die Vorschrift des § 545 B.G.B.; die Unterlassungsschuld begründet ein positives Rechtsverhältnis, nämlich einen Schadensersatzanspruch des Vermieters gegen den Mieter.

[3] Derart sind die Vorschriften des H.G.B. zur Anmeldung der Firmen und der Gesellschaften zum Handelsregister.

zweite Spielart Platz; s. oben § 9, S. 35. Wenn z. B. eine neue und ausschließliche Rechtsordnung, die bis jetzt unbekannte Anzeigepflicht des Finders einführen würde, so würden die Wirkungen des Thatbestandes, die ihm nach der alten Rechtsordnung zukamen, gemindert, wenn der Finder die Anzeige unter der neuen Rechtsordnung unterläßt.[1]

Das E.G. enthält eine Reihe von Klauseln, welche vollkommenen Gebotsvorschriften der neuen Rechtsordnung Ausschließlichkeit verleihen; insbesondere den Vorschriften des Grundbuchrechtes nach Ablauf der Zwischenzeit, also nach dem Zeitpunkte, wo das Grundbuch als angelegt anzusehen ist.[2] Beispiele von gebietenden Rechtsordnungen mit Ausschließlichkeit finden sich auch im Schweiz. Obligationenrecht;[3] ferner in den Einführungsgesetzen zum Allgemeinen Handelsgesetzbuche;[4] ferner im Einführungsgesetz zum H.G.B. vom 10. Mai 1897, Art. 22.

Im öffentlichen Rechte sind unter den gebietenden Rechtsordnungen die unvollkommenen die häufigsten. So sind die gebietenden Vorschriften der Reichsverfassung, sofern sie sich auf Kaiser, Bundesrat und Reichstag beziehen, sämtlich unvollkommen.

§ 51. Die gewährenden Rechtsordnungen.

Der Begriff der gewährenden Rechtsordnungen ist, soweit ich sehe, für das bürgerliche Recht noch nicht verwertet worden. Das Wesen derselben besteht darin, daß sie auf Grund von Thatbeständen zu Gunsten der Privatpersonen positive oder negative Rechtsverhältnisse entstehen lassen, zu deren Schutze diese die bürgerlichen Gerichte in Anspruch zu nehmen berechtigt sind.

Aus dem Begriffe geht hervor, daß es zwei Arten von gewährenden Rechtsordnungen giebt: positive und negative. Das Dasein der letzteren hat Windscheid erkannt; er nennt sie „verneinende"; s. oben § 46, S. 176, n. 2. Die ersteren beziehen sich auf positive Rechtsverhältnisse, die letzteren auf negative. Die Mehrzahl der Rechtsordnungen im bürgerlichen Rechte sind gewährende und zwar positiv gewährende. Alle Vorschriften über die Erwerbsthatbestände der Rechtsverhältnisse sind positiv gewährender Natur.[5] Bei den positiv gewährenden Rechtsordnungen handelt es sich regelmäßig um voluntare Thatbestände. Aber auch die negativ gewährenden Rechtsordnungen sind nicht selten. Hierher gehören alle die Vorschriften, welche sich auf Nichtigkeit, Anfechtbarkeit, Widerruf, Rücktritt,

---

[1] Vgl. auch oben § 34, S. 145, n. 4.

[2] So Art. 181, 184, 186 Abs. 2, 187 Abs. 1, 192, 195. S. unten § 83.

[3] S. Gesch. § 52, S. 344, n. 3; S. 345, n. 3; S. 346, n. 1.

[4] Ebenda § 61, S. 424, n. 2 und 3; S. 425, n. 4.

[5] Die Savigny'schen Gesetze über den Erwerb der Rechte gehören also zu den positiv gewährenden.

Kündigung und Aufhebung von Rechtsverhältnissen beziehen.[1] Bei den negativ gewährenden kommen in der Regel involuntare Thatbestände in Betracht.

Da die gewährenden Rechtsordnungen in der bisherigen Litteratur, insonderheit der intertemporalrechtlichen, als solche keine Beachtung gefunden haben, so ist es nicht verwunderlich, daß noch kein Schriftsteller eine angeborene Ausschließlichkeit derselben im allgemeinen behauptet hat. Für die positiv gewährenden gilt unbestritten die intertemporale Rechtswahrheit, daß sie nur dann Ausschließlichkeit haben, wenn ihnen der Gesetzgeber auf Grund der materiellen Voraussetzung die Ausschlußklausel beigefügt hat. Das E.G. verleiht in Art. 159 einer positiv gewährenden Rechtsvorschrift Ausschließlichkeit.[2] Dagegen fehlt es nicht an Schriftstellern, welche mit Unrecht einzelnen Unterarten der positiv gewährenden Rechtsordnungen eine angeborene Ausschließlichkeit zuerkennen. So FELLINUS und seine Zeitgenossen einem Gesetze, das eine Einrede gegen ein Recht aufhebt. Ein solches Gesetz ist unzweifelhaft ein positiv gewährendes; es bestärkt das Bestehen des Rechtsverhältnisses.[3] Eine Unterart der positiv gewährenden sind auch die sogenannten konfirmatorischen Rechtsordnungen. Für sie haben HENNE und der Sache nach auch BURCKHARD und REGELSBERGER eine angeborene Ausschließlichkeit behauptet.[4] Wir haben oben in § 46, S. 175 gesehen, daß die sogenannten konfirmatorischen Gesetze sehr oft bloße öffentliche Willensthatbestände sind. Sie sind nur dann eigentliche Rechtsordnungen, wenn sie für die zukünftigen Rechtsgeschäfte gewisser Art erleichterte Formen vorschreiben. Dann besitzen sie aber Ausschließlichkeit nur, wenn ihnen der Gesetzgeber die Ausschlußklausel auf Grund der materiellen Voraussetzung beifügt. In diesem Falle greift die zweite Regel des neueren intertemporalen Regelpaares ein: ein unter der alten Rechtsordnung wegen mangelnder Form ungültiges Rechtsgeschäft wird unter der neuen und ausschließlichen geheilt; erste Möglichkeit innerhalb der ersten Spielart, s. oben § 9, S. 35. Der deutsche Gesetzgeber hat in einem einzigen Falle einer konfirmatorischen Rechtsordnung Ausschließlichkeit verliehen.[5]

Aber auch gewissen, negativ gewährenden Rechtsordnungen wird eine angeborene Ausschließlichkeit zugeschrieben; so von FELLINUS und seinen Zeitgenossen, einer neuen Rechtsordnung, die eine Einrede gewährt;[6] so von SAVIGNY, den Gesetzen über das Dasein von Rechten. Wenn also ein Gesetz neue Nichtigkeits-, Anfechtungs- und Aufhebungsgründe

---

[1] S. die zwei oben in § 46, S. 176, n. 2 angeführten Beispiele WINDSCHEIDS.

[2] S. unten § 56. Vgl. auch Art. 176; s. unten § 84; ferner Art. 191, Abs. 2; s. unten § 83.

[3] S. Gesch. § 45, S. 285, n. 1 und dazu die Kritik in § 46, S. 295, 296.

[4] Vgl. Gesch. § 49, S. 318, n. 3 und § 80, S. 641, n. 3; S. 644, n. 4.

[5] Art. 198, Abs. 2 E.G. hinsichtlich der Ehe. S. oben § 16, S. 65, n. 8 und unten § 76.

[6] S. Gesch. § 45, S. 285, n. 1 und dazu die Kritik in § 46, S. 296.

eines Rechtsverhältnisses einführt, so müßte es nach SAVIGNYS Lehre eine angeborene Ausschließlichkeit haben.[1] Vorgänger SAVIGNYS sind in dieser Beziehung LYNCKER und HENNE. Letzterer dadurch, daß er eine angeborene Ausschließlichkeit der sogenannten revokatorischen Gesetze behauptet. Sofern diese eigentliche Rechtsordnungen sind und nicht etwa bloße öffentliche Willensthatbestände, s. oben § 46, S. 175, gehören sie zu den negativ gewährenden Rechtsordnungen und zwar im Sinne SAVIGNYS über das Dasein der Rechte. Die SAVIGNY'schen Gesetze über das Dasein der Rechte umfassen also zwei Gruppen von sonst scharf zu unterscheidenden Rechtsordnungen: negative Rechtsordnungen; s. oben § 47, S. 177, und negativ gewährende. Der deutsche Gesetzgeber hat einigen negativ gewährenden Vorschriften der neuen Rechtsordnung Ausschließlichkeit erteilt.[2]

In welchem Verhältnis stehen die negativ gewährenden Rechtsordnungen zu den negativen Rechtsordnungen? Diese reißen eine Lücke in die Rechtsordnung im absoluten Sinne. Durch sie verschwindet ein ganzer Geschäftstypus.[3] Dagegen lassen jene, den Geschäftstypus als solche unberührt; nur gewähren sie neue Nichtigkeits-, Anfechtungs-, Widerrufs-, Rücktritts-, Kündigungs- u. s. w. Gründe, die dem bisherigen Rechte nicht bekannt waren. Die negativen Rechtsordnungen können ferner auch erlaubende, verbietende, gebietende, gewährende und ermächtigende Rechtssätze abschaffen; die negativ gewährenden niemals. Es ist nicht daran zu zweifeln, daß die negativen Rechtsordnungen auch negative Rechtsverhältnisse schaffen; insoweit, aber auch nur insoweit, berühren sie sich mit den negativ gewährenden Rechtsordnungen. — Ähnlich stehen die positiven Rechtsordnungen zu den positiv gewährenden. Nach der einen Richtung hin decken sie sich mit ihnen, insoweit sie positive Rechtsverhältnisse schaffen; nach der anderen gehen sie weit darüber hinaus. Sie erzeugen neue, bisher unbekannte Geschäftstypen; sie können ferner neue erlaubende, gebietende, verbietende, gewährende und ermächtigende Rechtsnormen einführen, was den positiv gewährenden ein für alle mal versagt bleibt.

Aus dieser Betrachtung geht hervor, daß die positiven und negativen Rechtsordnungen ein umfassendes Gebiet, nämlich sämtliche vier Rechtszustände der Privatpersonen als Spielraum haben, während die positiv und negativ gewährenden auf den engen Kreis eines einzigen Rechtszustandes des *status positivus* beschränkt sind.

---

[1] S. Gesch. § 76, S. 614, n. 3.

[2] S. Art. 171 E.G. in Bezug auf §§ 544, 569 und 570 B.G.B. Vgl. unten § 84. Vgl. auch Art. 194 E.G.

[3] So der Erbvertrag durch die *c. fin. de pactis* 2,3; s. Gesch. § 12, S. 81.

§ 52. Die ermächtigenden Rechtsordnungen.

Auch dieser Begriff ist für die bürgerliche Rechtswissenschaft neu. Er läßt sich aber nicht entbehren; denn gerade die moderne bürgerliche Gesetzgebung hat die ermächtigenden Rechtsvorschriften im Verhältnis zum bisherigen gemeinen Rechte vermehrt. Sie räumen der Privatperson zum Schutze ihrer Rechte die Stellung eines Staatsorganes ein und ermächtigen sie zu Thätigkeiten, die ihrem Wesen nach staatlicher Natur sind; s. oben § 46, S. 174, n. 6. Dahin gehören die Rechtsvorschriften, welche der Privatperson das Recht der Selbsthülfe einräumen, um einen verletzten Rechtszustand wieder herzustellen, §§ 229—231, 859 Abs. 3, 910 B.G.B. Ferner die, welche die Privatperson zur Selbstverteidigung ermächtigen, um einer drohenden und ungerechtfertigten Verletzung ihrer Rechtsgüter vorzubeugen; §§ 227, 228 und 904; §§ 561 Abs. 1, 581 Abs. 2 und 704; §§ 962, 859 Abs. 1 u. 2 B.G.B. Auch das H.G.B. kennt ermächtigende Rechtsvorschriften; so diejenigen, die das Recht des Selbsthülfeverkaufes gewähren; s. z. B. § 373 H.G.B.; s. auch §§ 383, 385 und § 1219 B.G.B.[1]

Wie alle anderen, besitzen auch die ermächtigenden Rechtsordnungen keine angeborene Ausschließlichkeit. Der Gesetzgeber kann ihnen, wenn die materielle Voraussetzung vorliegt, die Ausschlußklausel beifügen. Die Politik der intertemporalen Gesetzgebung wird wenig Bedenken haben, einem ermächtigenden Gesetze die Ausschließlichkeit zu verleihen, da es sich um Ausdehnung des Machtbereiches der Privatpersonen handelt.[2] Die Wirkung der Ausschließlichkeit ist die, daß Handlungen der Selbsthülfe, der Notwehr und aus dem Notstande, die noch unter der alten Rechtsordnung ohne rechtlichen Halt vorgenommen wurden und über die noch kein Prozeß schwebt, unter der Herrschaft der neuen und ausschließlichen Rechtsordnung zu rechtmäßigen erhoben werden.[3] — Der deutsche Gesetzgeber hat davon Abstand genommen, den ermächtigenden Vorschriften der neuen Rechtsordnung Ausschließlichkeit zu verleihen. Ausschlaggebend ist Art. 170 E.G. Erblickte nämlich die alte Rechtsordnung in den von der neuen für rechtmäßig erklärten Handlungen Delikte, so entstanden daraus Schuldverhältnisse im Sinne jenes Artikels, für welche die alte Rechtsordnung maßgebend bleibt; vgl. auch unten § 72. Dagegen sind Handlungen der Selbstverteidigung und der Selbsthülfe auch für Rechtsverhältnisse, die unter der alten Rechtsordnung entstanden sind, auf Grund der neuen statthaft, ohne daß sich diese Ausschließlichkeit beilegt. Die Rechte des Selbstschutzes gehen nicht aus den obligatorischen oder dinglichen Rechtsverhältnissen hervor. Wäre dies der Fall, so unter-

---

[1] Auch die Vorschriften des § 258 [*ius tollendi*] und des § 273 [*ius retinendi*] lassen sich zu den ermächtigenden Rechtsordnungen i. w. S. rechnen.

[2] Vgl. Gesch. § 13, S. 112 und unten § 89.

[3] Zweite Regel des neueren Regelpaares in ihrer ersten Möglichkeit und Spielart; s. oben § 9, S. 35.

ständen sie noch der alten Rechtsordnung, wenn jene unter deren Herrschaft entstanden wären. Es sind aber vollkommen selbständige Rechte, die aus ermächtigenden und nicht aus gewährenden Vorschriften stammen. Auch haben diese Rechte entschieden eine öffentlichrechtliche Färbung.[1]

§ 53. Die Hülfsrechtsordnungen; insbesondere die gesetzlichen Auslegungen.

Die Hülfsrechtsordnungen haben den Zweck, die Hauptrechtsordnungen positiv oder negativ sicher zu stellen. Sie zerfallen in bestätigende, verwerfende und erklärende.

Die bestätigenden beziehen sich auf Rechtssätze, deren Dasein bestritten oder mindestens zweifelhaft ist und haben den Zweck, deren Dasein unbestritten oder unzweifelhaft zu machen. Sie sind nicht zu verwechseln mit den sogenannten konfirmatorischen Gesetzen.[2]

Die verwerfenden beziehen sich ebenfalls auf Rechtsätze, deren Dasein bestritten oder mindestens zweifelhaft ist; sie haben aber den Zweck, deren Nichtdasein unbestritten oder unzweifelhaft zu machen. Sie sind nicht zu verwechseln mit den sogenannten annullatorischen Gesetzen.[3]

Die erklärenden dagegen fassen Rechtssätze ins Auge, deren Dasein zwar unbestritten oder unzweifelhaft, deren Inhalt, Bedeutung oder Tragweite bestritten oder mindestens zweifelhaft ist. Sie haben den Zweck, den Inhalt, die Bedeutung oder Tragweite der Rechtssätze unbestritten oder unzweifelhaft zu machen.[4]

Aus dieser Unterscheidung geht hervor, daß die bestätigenden und verwerfenden Gesetze selbständige Unterarten der Hülfsrechtsordnungen sind. Die Grenze zwischen ihnen und den erklärenden läßt sich haarscharf ziehen. Um so mehr befremdet es, daß in der einschlägigen Litteratur ein ernstlicher Streit darüber besteht, ob die bestätigenden Gesetze als gesetzliche Auslegungen anzusehen seien oder nicht.[5] Die Frage ist falsch gestellt. Sie muß lauten, ob den bestätigenden Gesetzen wie den auslegenden Ausschließlichkeit zukommt. Die Mehrzahl der Schriftsteller spricht sich für die Rückwirkung der bestätigenden Gesetze aus.[6]

---

[1] S. oben § 36, S. 152, n. 5.

[2] S. oben § 46, S. 175, n. 4.

[3] S. oben § 46, S. 175, n. 4 u. 5.

[4] Nur auf diese Art der Hülfsrechtsordnungen macht Thöl, Einl. § 33, S. 97 und Windscheid, § 27 aufmerksam. Der Ausdruck Thöls: „begriffsentwickelnde“ Rechtssätze ist, wie Windscheid bemerkt, selbst für diese Art der Hülfsrechtsordnungen zu eng.

[5] S. Hofmann, Exc. S. 367.

[6] S. Weber a. a. O., S. 54—56, 185; Bergmann a. a. O., S. 64 fg, 203 fg.; Savigny, S. 513; Bremer a. a. O., S. 261, der dies als Konsequenz der herrschenden

Um die Frage richtig zu beantworten, muß man zwischen der Stellung des Richters und der des Gesetzgebers unterscheiden. Der Richter hat die vom Gesetzgeber bestätigten Rechtssätze auch auf die früheren Thatbestände und Rechtsverhältnisse anzuwenden; ein Prüfungsrecht steht ihm nicht zu. — An den Gesetzgeber aber stellt das intertemporale Privatrecht folgende Anforderungen: Ist er überzeugt, daß die zu bestätigenden Rechtsnormen nie oder während einer gewissen Zeit nicht gegolten haben, so soll er ein neues Gesetz erlassen und ihm, wenn er infolge eines rechtfertigenden Grundes dessen Ausschließlichkeit wünscht, die Ausschlußklausel beifügen. Dies ist offener und ehrlicher gehandelt, als wenn er Rechtsnormen bestätigt, die nie oder während einer gewissen Zeit nicht gegolten haben.

Über die verwerfenden Gesetze herrscht dieselbe Meinungsverschiedenheit. Die Stellung des Richters und des Gesetzgebers ist aber eine ähnliche wie vorhin. Der Richter hat sich der Anordnung des Gesetzgebers zu fügen. Der Gesetzgeber soll, wenn er überzeugt ist, daß die Rechtsnormen gegolten haben, eine negative Rechtsordnung mit der Ausschlußklausel erlassen, falls ein rechtfertigender Grund vorhanden ist.[1]

Es lassen sich zwei Hauptfälle der erklärenden Hülfsrechtsordnungen unterscheiden, je nach dem Zeitpunkte ihres Erlasses: Sie können entweder gleichzeitig mit der Hauptrechtsordnung erlassen werden; in diesem Falle bilden sie einen thatsächlichen Bestandteil derselben, der aber nur der wissenschaftlichen Untersuchung erkennbar ist. — Oder aber sie werden nach einem längeren oder kürzeren Zeitraume nach der Hauptrechtsordnung erlassen; dann erscheinen sie als selbständige Rechtsordnungen und führen den Namen authentische Interpretationen oder gesetzliche Auslegungen. Der Wissenschaft des intertemporalen Privatrechtes ist die erste Art der erklärenden Hülfsrechtsordnungen bisher unbemerkt geblieben. Es ist klar, daß sie die intertemporale Eigenschaft der Hauptrechtsordnung teilt, da sie ja einen thatsächlichen Bestandteil derselben bildet. — Anders verhält es sich dagegen mit der zweiten Art, mit den gesetzlichen Auslegungen. Sie haben von jeher die Aufmerksamkeit des Forschers erregt; über sie besteht eine bedeutende Litteratur.[2]

Obschon die gesetzliche Auslegung zeitlich getrennt von der Haupt-

---

Meinung bezeichnet; Hofmann, Exc. S. 367. — Weber macht genau denselben Fehler wie Gabba, wenn er für seine Meinung auch Henne, § XXV anführt. Henne versteht unter *leges confirmatoriae* keine bestätigenden Gesetze, sondern gewährende. S. Gesch. § 49, S. 318 u. oben § 51, S. 188, n. 4. A. M. Gabba a. a. O., *p.* 24 sg: Das bestätigende Gesetz habe, von ausdrücklicher Vorschrift abgesehen, dann keine rückwirkende Kraft, wenn und soweit das bestätigte Gesetz doch nicht bestanden habe. Dasselbe sagt er in Bezug auf die auslegenden Gesetze. Ähnlich Goeppert a. a. O., S. 200.

[1] Im Hinblick auf den Gesetzgeber stimme ich also sachlich mit Gabba und Goeppert überein; im Hinblick auf den Richter jedoch mit der herrschenden Ansicht.

[2] S. darüber besonders Hofmann, Exc. S. 361, n. *.

rechtsordnung erlassen wird, so muß man doch im Sinne des Gesetzgebers annehmen, daß sie als ein Bestandteil der Hauptrechtsordnung, wie die erste Art der erklärenden Hülfsrechtsordnungen, gedacht ist. Folgerichtig muß angenommen werden, daß sie bereits im Zeitpunkte der Hauptrechtsordnung erlassen wurde und daher auch die Thatbestände und Rechtsverhältnisse ergreift, welche zwischen dem Zeitpunkte des Erlasses der Hauptrechtsordnung und dem Zeitpunkte ihres Erlasses entstanden sind.[1] Die gesetzliche Auslegung untersteht somit nicht der intertemporalen Hauptregel; sie bildet aber auch keine Ausnahme derselben. Fellinus und seine Zeitgenossen, ebenso Lyncker und Henne betrachten die gesetzliche Auslegung noch als Ausnahme. Die Schriftsteller am Anfange des 19. Jahrhunderts dagegen, z. B. Rudhart, sind zur richtigen Erkenntnis gelangt, daß keine Ausnahme besteht. Seit Savigny a. a. O., S. 511 fg. ist dies die herrschende Ansicht.[2]

Es ist nicht zu verkennen, daß eine große Gefahr in dem Grundsatze liegt, daß jedes Gesetz, welchem der Gesetzgeber den Namen eines auslegenden giebt, eine angeborene Ausschließlichkeit haben solle.[3] Daher haben schon frühzeitig die Schriftsteller des intertemporalen Privatrechtes Einschränkungen des Grundsatzes von der absoluten Ausschließlichkeit auslegender Gesetze aufgestellt. So schon Jacobus de Belviso.[4] Er sagt: Nur wenn die Thatbestände der Vergangenheit undeutlich sind oder zweifelhaft, dann erstreckt sich die (deklaratorische) Rechtsordnung auch auf sie. Sind jedoch die Thatbestände der Vergangenheit bereits vom alten Rechte geregelt und mit rechtlichen Wirkungen ausgestattet, dann kann sich im Zweifel die neue (deklaratorische) Rechtsordnung nicht auf sie beziehen. — Es ist bezeichnend für das Schwanken der Ansichten, daß andere Schriftsteller gerade bei Dunkelheit der alten Rechtsordnung die gesetzliche Auslegung für unzulässig halten; so die Redaktoren des österreichischen A.B.G.B. Aichen, Haan und Pfleger.[5] An Belviso schließen sich an: Erhard, Berg, Blondeau und Borst; s. unten. Fellinus und seine Zeitgenossen stellen bereits vier Begrenzungen (*limitationes*) auf.[6]

---

[1] S. auch Gesch. § 14, S. 112 fg.; § 52, S. 328, n. 4—6; § 53, S. 348, n. 2 und 3; S. 349, n. 1.

[2] Rudhart, s. Gesch. § 80, S. 632, n. 1 und Böhlau, s. ebenda § 75, S. 606, n. 1 drücken sich so aus, das erklärende Gesetz sei ein integrierender Teil des erklärten, was nicht ganz zutreffend ist. Vgl. auch noch Roth, Deutsches Privatr. Bd. 1, S. 274, n. 8; Windscheid, § 33; Regelsberger, Pand. S. 190 und in Holtzendorffs Rechtslexikon von Rückwirkung; Dernburg, Pand. § 37, n. 6; Gierke, Deutsches Privatr. S. 190 fg.; Cosack, Lehrb. Bd. 1, S. 50; Lehmann a. a. O., S. 24.

[3] S. Gesch. § 76, S. 614, n. 2.

[4] S. Gesch. § 42, S. 257.

[5] S. Hofmann, Exc. S. 370, n. 36a.

[6] S. Gesch. § 45, S. 278, n. 2 und 3; S. 279, n. 1; S. 280, n. 1. Ich werde auf die zweite und dritte Begrenzung noch zurückkommen.

Ähnliche Einschränkungen macht Lyncker.[1] So giebt er dem Gesetzgeber den Rat, unter Umständen ausdrücklich zu erklären, daß das auslegende Gesetz sich nicht auf die Vergangenheit beziehe.[2] Henne verlangt bloß, daß die *interpretatio authentica* vom Träger der gesetzgebenden Gewalt ausgehe.[3] Ende des 18. Jahrhunderts ist es Erhard, der auf den Gedanken Jacobus de Belviso zurückgreift.[4] Er erhebt gegen die Bestimmungen der §§ 16, 19, 20 und 21 der Einleitung des A.L.R. Bedenken. *Nur insofern, als das erklärte Gesetz bisher nach einer entgegenstehenden Deutung noch nicht zur Anwendung gekommen sey, könne der authentischen Interprätation die Rückanwendung zugestanden werden.*" Ähnlich drückt sich Borst aus.[5] Seine Ausführungen erinnern an das langobardische Prinzip;[6] ebenso Struben,[7] Pütter[8] und v. Wening-Ingenheim.[9]

Der Hauptschriftsteller über die Voraussetzungen der Ausschließlichkeit auslegender Gesetze anfangs des 19. Jahrhunderts ist jedoch B. W. Pfeiffer.[10] Der Kern seiner Ansicht besteht darin, daß der Richter das Prüfungsrecht besitze, ob einer vom Gesetzgeber als auslegendes Gesetz bezeichneten Rechtsordnung Ausschließlichkeit zu komme oder nicht.

Von den neueren Schriftstellern, welche eine absolute Ausschließlichkeit der auslegenden Gesetze bekämpfen, sind Bremer,[11] Böhlau,[12] Chironi[13] und Gabba[14] hervorzuheben. Diese Schriftsteller verlangen übereinstimmend als Erfordernis der gesetzlichen Auslegung und damit ihrer Ausschließlichkeit, daß sie eine richtige oder doch wenigstens eine mögliche Erklärung des Gesetzes sei. Doch giebt es eine Reihe von Schriftstellern, welche von derartigen Einschränkungen ganz absehen wollen. So Weber[15]

---

[1] S. Gesch. § 47, S. 306, n. 3; diese deckt sich mit der vierten *limitatio* von Fellinus.

[2] S. ebenda S. 307, n. 1.

[3] S. Gesch. § 49, S. 318, n. 1.

[4] *Versuch einer allgemeinen Kritik des Gesetzbuchs für die preußischen Staaten.* Dresden und Leipzig 1792, S. 294.

[5] S. Gesch. § 73, S. 600, n. 3.

[6] S. Gesch. § 20, S. 147.

[7] Nebenstunden T. III, Abhandl. 13, § 12.

[8] *Diss. de iure et officio etc.* Göttingen 1758, § 23, n. * fügt die Beschränkung hinzu: „. . . *at simulac tamen revera novi quid statuitur, vel plane si sub praetextu interpretationis authenticae iuri quaesito anteriori detrimentum immineat, aliud statuendum videtur.*"

[9] Lehrbuch des Civilrechts, Bd. I, § 5. Er beschränkt die Anwendbarkeit der authentischen Interpretation auf vorhergegangene Fälle durch die hinzugefügte Bestimmung: „*jedoch nur soweit sie wirklich Auslegung ist*".

[10] Praktische Ausführungen Bd. II, XIII, S. 385 fg.; Gesch. § 70, S. 576, n. 5.

[11] In Bekkers Jahrb. des gemeinen deutschen Rechtes, II. Bd. (1858), S. 240 bis 299.

[12] A. a. O. S. 409.

[13] A. a. O. *p.* 18 und 24, Nr. 5.

[14] A. a. O. I *p.* 21 *sgg.*

[15] A. a. O. S. 67 fg.

und SAVIGNY.[1] KIERULFF[2] stellt alles in den Willen des Gesetzgebers. Es genügt ihm, wenn die Absicht aus dem Zusammenhange des Gesetzes ersehen werden kann. Ihm schließt sich REINHOLD SCHMID[3] an. Ebenso genügt nach GOEPPERT[4] die erkennbare Absicht des Gesetzgebers, eine Deklaration zu geben.

Der Widerstreit der Meinungen erklärt sich vielfach aus dem Mangel scharfer Unterscheidung. Die Wissenschaft des intertemporalen Privatrechtes muß genau dessen Verhältnis zum Gesetzgeber und zum Richter auseinanderhalten.

Für den Richter gilt als Erfordernis der gesetzlichen Auslegung eine ausdrückliche Klausel, worin der Gesetzgeber dem Gesetze den Charakter einer gesetzlichen Auslegung verleiht, entsprechend der Ausschlußklausel. Ich nenne jene Klausel zum Unterschiede von dieser „Auslegungsklausel". Dieselben Gründe, welche für eine ausdrückliche Ausschlußklausel sprechen, reden auch einer ausdrücklichen Auslegungsklausel das Wort. Dagegen ist von dem von BREMER aufgestellten Erfordernis eines inneren Verhältnisses zwischen dem erklärten und erklärenden Gesetze für den Richter ganz abzusehen. Der Richter darf einem Gesetze, welchem der Gesetzgeber die Auslegungsklausel beigefügt hat, die Ausschließlichkeit nicht absprechen, wenn auch jenes innere Verhältnis fehlt, geradeso, wie er einem Gesetze, das der Gesetzgeber mit der Ausschlußklausel bedacht hat, die Ausschließlichkeit zuerkennen muß, obschon der Gesetzgeber die materielle Voraussetzung nicht erfüllt hat. Ein Prüfungsrecht hat der Richter nicht. Insoweit ist jenen Schriftstellern zuzustimmen, welche mit SAVIGNY dem Richter das Recht absprechen, einem Gesetze, das der Gesetzgeber ausdrücklich als gesetzliche Auslegung bezeichnet hat, die Rückwirkung zu versagen.

Anders jedoch sind die Forderungen, die das intertemporale Privatrecht an den Gesetzgeber stellt.[5] Es muß der Gesetzgeber bei gesetzlichen Auslegungen eine doppelte Voraussetzung erfüllen: eine materielle, die darin besteht, daß zwischen dem erklärenden Gesetze und dem erklärten ein innerer Zusammenhang vorliegen muß, derart, daß die gesetzliche Auslegung eine mögliche Auslegung darstellt. — Insoweit ist also BREMER Recht zu geben. Eine formelle, welche in der Hinzufügung der Auslegungsklausel besteht. Diese kann ersetzt werden durch *verba concludentia* des Gesetzgebers, aus denen seine Auslegungsabsicht klar und deutlich hervorgeht. Zu weit gehen diejenigen Schriftsteller, welche sich damit begnügen wollen, daß die Auslegungsabsicht des Gesetzgebers aus *facta concludentia*, gegebenen Falles aus den Gesetzesvorbereitungen erkennbar sei. Es gilt hier das Gleiche, was über den Ersatz der Aus-

[1] S. Gesch. § 76, S. 614, n. 2.
[2] S. ebenda § 71, S. 588, n. 1.
[3] A. a. O. § 16, S. 146—148.
[4] A. a. O. S. 180.
[5] S. oben § 6, S. 19 fg.

schlußklausel gesagt wurde.[1] Kann der Gesetzgeber die materielle Voraussetzung nicht erfüllen, weil der innere Zusammenhang zwischen dem neuen und dem alten Gesetze fehlt und möchte er trotzdem dem neuen Gesetze die Ausschließlichkeit verleihen, so handelt er offener und ehrlicher, wenn er ihm statt der Auslegungsklausel die Ausschlußklausel beifügt. Allerdings muß dann einer der Gründe vorliegen, die die Politik der intertemporalen Gesetzgebung als genügend erachtet.[2]

In Bezug auf die gesetzlichen Auslegungen sind noch drei Fragen zu beantworten. — Besitzt die Entscheidung einer Streitfrage durch den Gesetzgeber schon an sich den Charakter einer gesetzlichen Auslegung? Mehrere Schriftsteller bejahen dies. So GOEPPERT.[3] WEBER[4] stellt die Entscheidung einer Streitfrage nur in den Fällen der gesetzlichen Auslegung gleich, wenn die Gesetzgebung *„förmlich nnd bestimmt“* erklärt, *„was sie in Ansehung des vorliegenden Gegenstandes den bisher gegoltenen und etwa von Gerichten und Parteien nur mißverstandenen Rechten oder deren Analogie wirklich gemäß finde.“* Die meisten Schriftsteller aber verneinen mit Recht die Frage. So sagt schon BERGMANN[5] darum allein, weil ein Gesetz eine Kontroverse entscheide, sei es noch keine authentische Interpretation. Ähnlich KIERULFF,[6] BREMER,[7] UNGER,[8] GOLDSCHMIDT[9] und GOEPPERT.[10] Der letztern Meinung ist beizupflichten. Für den Richter ist die Entscheidung einer Streitfrage durch den Gesetzgeber keine gesetzliche Auslegung, weil die Auslegungsklausel fehlt. — Aber auch der Gesetzgeber darf nicht jede Entscheidung einer Streitfrage als gesetzliche Auslegung erlassen; denn nur zu oft fehlt der innere Zusammenhang der Entscheidung mit dem früheren Rechte, welches der Gesetzgeber abgeschafft wissen will.[11] Will der Gesetzgeber neues Recht einführen, so steht ihm ja die Ausschlußklausel zu Gebote, wenn ein ausreichender Grund der Ausschließlichkeit vorliegt.

Ist eine Erklärung des Gewohnheitsrechtes durch den Gesetzgeber eine gesetzliche Auslegung? Es hängt die Beantwortung der Frage davon ab, ob man das Gewohnheitsrecht in dieser Beziehung dem Gesetze gleichstellen darf. Bereits FELLINUS und seine Zeitgenossen haben sich eingehend mit dieser Frage beschäftigt.[12] Sie kamen zu dem Ergebnis, daß das auslegende Gesetz dem Gewohnheitsrecht gegenüber keine Ausschließ-

---

[1] S. oben § 11, S. 43, n. 4; vgl. auch Gesch. § 68, S. 518, n. 1.
[2] S. oben § 10, S. 41, n. 1 und unten § 86 fg.
[3] A. a. O. S. 199, n. 1.
[4] A. a. O. S. 193 fg.
[5] A. a. O. S. 63 fg. und S. 234 fg.
[6] A. a. O. S. 72.
[7] A. a. O. S. 262 fg.
[8] A. a. O. S. 98 fg.
[9] A. a. O. Bd. I, S. 279 fg., 2. Aufl., S. 388 fg.
[10] A. a. O. S. 199 fg.
[11] S. auch KIERULFF a. a. O., S. 72 und GOEPPERT a. a. O., S. 199.
[12] S. Gesch. § 45, S. 278, n. 3.

lichkeit besitze; es sei vielmehr eine neue schöpferische Rechtsordnung und erfasse daher nicht die Vergangenheit. Eine Ausnahme macht jedoch FELLINUS für den Fall, daß das Gewohnheitsrecht von den Gelehrten als *non rationabilis* angesehen wird. BREMER[1] hält die Gleichstellung des Gewohnheitsrechtes mit dem Gesetze für eine unabweisbare Konsequenz der herrschenden Ansicht. Nach BÖHLAU[2] kann die Bedeutung authentischer Interpretationen der gesetzgeberischen Auslegung eines Gewohnheitsrechtes schlechterdings nicht zukommen. Richtiger Ansicht nach kann man von einer gesetzlichen Auslegung des Gewohnheitsrechtes schon aus logischen Gründen nicht sprechen. Wie oben ausgeführt, sind die erklärenden Hülfsrechtsordnungen entweder thatsächliche oder gedachte Bestandteile der Hauptrechtsordnung. Daraus folgt, daß die Hauptrechtsordnung nur ein Gesetz, niemals ein Gewohnheitsrecht sein kann; denn ein Gewohnheitsrecht kann seiner Natur nach keine „begriffsentwickelnde“ Bestandteile haben, die vom Gesetzgeber herrühren. Das intertemporale Privatrecht muß daher an den Gesetzgeber die Anforderung stellen, daß er einer Erklärung des Gewohnheitsrechtes die Ausschlußklausel beifügt, wenn er auf Grund der materiellen Voraussetzung wünscht, daß sie Ausschließlichkeit haben solle und nicht die Auslegungsklausel.[3]

Welchen Grad von Ausschließlichkeit hat die gesetzliche Auslegung zu beanspruchen? Richtiger Ansicht nach nur eine Ausschließlichkeit ersten Grades, eine schlichte Ausschließlichkeit.[4] Es treten auch die Ausnahmen in Kraft, selbst wenn die Ausnahmeklausel, was in der Regel der Fall ist, vom Gesetzgeber nicht hinzugefügt wurde. Ausgenommen sind also Sachen, die durch rechtskräftiges Urteil, Vergleich, Zahlung, Verjährung erledigt sind.[5] Bereits FELLINUS und seine Zeitgenossen haben dies hinsichtlich des rechtskräftigen Urteils anerkannt.[6] Ausgenommen werden nur die *sacramentalia* und Ehesachen; letztere nicht ohne Widerspruch.

Es giebt jedoch Schriftsteller, welche diese Ausnahmen nicht anerkennen. So hält BREMER[7] es für eine Konsequenz der herrschenden Lehre, daß gegen ein rechtskräftiges Urteil auf Grund der authentischen Interpretation unter Umständen eine Nichtigkeitsbeschwerde zulässig sei.[8] Er will also im Sinne der herrschenden Meinung der gesetzlichen Aus-

---

[1] A. a. O. S. 260.

[2] A. a. O. § 411 fg.

[3] Sachlich stimmen wir daher mit BÖHLAU überein. Wenn FELLINUS bei einem vernunftwidrigen Gewohnheitsrecht Ausschließlichkeit des erklärenden Gesetzes verlangt, so betont er dabei nur die materielle Voraussetzung.

[4] S. oben § 13, S. 57, n. 1.

[5] S. oben § 12, S. 49, n. 6.

[6] S. Gesch. § 45, S. 279, n. 1.

[7] A. a. O. S. 269.

[8] So in der That BERGMANN a. a. O. S. 200 fg.; GABBA I, *p.* 23; auch KIERULFF a. a. O. S. 71.

legung eine wiedereinsetzende Ausschließlichkeit beimessen.[1] So meint Unger,[2] daß ein Vergleich wegen einer authentischen Interpretation angefochten werden könne. Somit verleiht auch er der gesetzlichen Auslegung wiedereinsetzende Ausschließlichkeit. — So meinen Wächter,[3] Unger,[4] Stobbe[5] und Gabba,[6] daß gegen eine Zahlung wegen des durch die authentische Interpretation sich herausstellenden Rechtsirrtumes eine *condictio indebiti* zulässig sei. Damit würde der gesetzlichen Auslegung ebenfalls eine wiedereinsetzende Ausschließlichkeit zukommen. — Böhlau war der erste, der mit scharfem Blicke erkannte, daß der gesetzlichen Auslegung nur eine schlichte Ausschließlichkeit beizumessen sei.[7]

Gehören zu den Ausnahmen auch die rechtshängigen Sachen?[8] Die herrschende Meinung verneint die Frage; sie geht sogar noch weiter und läßt die gesetzliche Auslegung auch bereits abgeurteilte Sachen ergreifen, sofern das Urteil noch nicht rechtskräftig ist und bei der höheren Instanz angefochten wird. Diese Meinung entspricht in der That dem römischen intertemporalen Privatrechte, wie aus den Novellen Justinians hervorgeht.[9] Sie entspricht auch dem Deutschen intertemporalen Privatrechte. Die gesetzlichen Auslegungen bilden also neben den Gesetzen über Nichtigkeit, Anfechtbarkeit und Scheidung der Ehe und über die persönlichen Beziehungen der Ehegatten Ausnahmen von der Regel.[10]

Zum Schlusse noch ein historischer Überblick auf das Verhältnis des Gesetzgebers zu der gesetzlichen Auslegung. Das Langobardische Prinzip, das der intertemporalen Gesetzgebung König Liutprands zu Grunde liegt, erblickte in einem jeden Gesetze, welches eine Lücke in dem als einheitlich und lückenlos gedachten Volksrechte ausfüllte, eine Art gesetzlicher Auslegung, und verlieh ihm daher die Ausschließlichkeit.[11] — Eine eigenartige Stellung nehmen die Päpste des Mittelalters als Gesetzgeber ein. Von ihnen stammt das kanonische Prinzip. Nach diesem hat das *ius divinum* eine angeborene ausschließende Kraft stärksten Grades. Wenn nun der kirchliche Gesetzgeber erkennt, daß das bestehende Recht dem göttlichen nicht entspricht, so gilt diese in einem Gesetze verkörperte Einsicht als authentische Interpretation, der eine wieder-

---

[1] S. oben § 13, S. 56, n. 2.

[2] A. a. O. S. 100, Nr. 15.

[3] P. Bd. II, S. 152 fg.

[4] A. a. O. S. 100, 101.

[5] A. a. O. I. Aufl., S. 159.

[6] A. a. O. *p.* 30 *sgg.*

[7] A. a. O. S. 410. Vgl. auch Hofmann, Komm. S. 212, 213.

[8] S. oben § 12, S. 49, n. 6.

[9] S. Gesch. § 12, S. 91, n. 1; § 14, S. 114, n. 1; Fellinus und seine Zeitgenossen ebenda § 45, S. 279, n. 1; Savigny a. a. O. S. 513, n. 1; Unger a. a. O., S. 100; Windscheid a. a. O., § 33; Hofmann a. a. O., S. 213, n. 12.

[10] S. oben § 12, S. 51, n. 2 und § 13, S. 57, n. 4 und 5.

[11] S. Gesch. § 20, S. 147; vgl. auch § 65, S. 480, n. 2 g. E. und oben § 5, S. 19, n. 1.

einsetzende Ausschließlichkeit zukommt.[1] Auf einem ähnlichen Standpunkte wie Liutprand bewegte sich Kurfürst August von Sachsen, der durch ein Rescript vom 26. Juli 1572 dem größten Teile seiner Konstitutionen die Ausschließlichkeit verlieh aus dem Grunde, weil *„kein neues und in Unsern Landen ungewöhnlich Recht durch dieselben eingeführt, sondern allein die Ungleichheit des Sprechens aufgehoben worden."*[2]

Es ist ein hochbedeutsames Spiel der Weltgeschichte, daß die Gesetzgeber der französischen Revolution zu einer ähnlichen intertemporalen Rechtsanschauung kamen, wie die großen Päpste des Mittelalters. Sie betrachteten die Grundsätze vom 14. Juli 1789 zwar nicht als *ius divinum*, wohl aber als unveränderliches, ewiges Naturrecht. Daher erkannten sie ihren Gesetzen, die ihrer Ansicht nach Ausflüsse jener Grundsätze waren, eine wiedereinsetzende Ausschließlichkeit zu.[3] Dagegen näherte sich der preußische Gesetzgeber am Ende des 18. Jahrhunderts mehr der Anschauung Liutprands und des Kurfürsten von Sachsen, indem nach Zif. VII und IX des P. P. das Allgemeine Landrecht in gewissem Sinne als eine authentische Interpretation des vor demselben geltenden Rechtes, soweit es dunkel oder zweifelhaft war, betrachtet werden solle;[4] außerdem sprach er in § 15 der Einl. zum A.L.R. ausdrücklich aus, daß den gesetzlichen Auslegungen Ausschließlichkeit beiwohne.[5]

Eine vorsichtigere Stellung nahm der französische Gesetzgeber am Anfange des 19. Jahrhunderts ein. Er weigerte sich geradezu, über die gesetzlichen Auslegungen eine Regel auszusprechen.[6] Dagegen stellte der österreichische Gesetzgeber in § 8 des A.B.G.B. den Satz auf, daß jedem Gesetze, welches der Gesetzgeber als erklärendes bezeichnet, Ausschließlichkeit zukomme.[7] Selbst wenn das erklärende Gesetz in Wahrheit eine neue Rechtsordnung einführt, besitzt es nach der herrschenden Ansicht unter den österreichischen Juristen Ausschließlichkeit.[8] Auch der sächsische Gesetzgeber gebietet in § 3 des B.G.B. die *„Anwendung der Gesetze, soweit sie frühere Gesetze auslegen, auf alle noch nicht rechtskräftig entschiedenen Fälle."*[9] Der badische Gesetzgeber bestimmt: im Satze 2 c. des B.L.R. *„Auslegungen des Gesetzgebers haben nicht mehr Rückwirkung als Gesetze selbst."*[10] Der schweizerische Gesetzgeber sah sich, wie der französische, nicht veranlaßt, seinen intertemporalen Bestimmungen auch eine Regel über die gesetzlichen Auslegungen hinzuzufügen; hatte er es

---

[1] S. Gesch. § 24, S. 159, n. 4; S. 160, n. 1—3.
[2] S. Gesch. § 32, S. 192 fg.
[3] S. Gesch. § 59, S. 411, n. 2.
[4] S. Gesch. § 33, S. 207, n. 1; 208, n. 3.
[5] S. ebenda S. 217, n. 6.
[6] S. ebenda § 52, S. 328.
[7] S. ebenda § 53, S. 348, n. 3; S. 349, n. 1.
[8] So z. B. das Hfd. vom 29. Mai 1845; s. Hofmann Exc., S. 372.
[9] S. ebenda § 53, S. 353, n. 1.
[10] S. ebenda § 52, S. 335.

doch nur mit einer Kodifikation eines Teiles des bürgerlichen Rechtes, mit dem Obligationenrechte, zu thun.[1]

Dem französischen und schweizerischen Vorbilde folgte der Gesetzgeber der neuen Rechtsordnung für das Deutsche Reich. Da er auch eine allgemeine Fassung der älteren Rechtsregel gefließentlich vermied,[2] lag es um so weniger in seinem Berufe, über das zeitliche Herrschaftsgebiet der gesetzlichen Auslegungen eine Regel aufzustellen. Mit Recht überläßt er dies der Jurisprudenz i. w. S. der Rechtsprechung und der Rechtswissenschaft. Diese soll sich aber der historischen Entwickelung anschließen.[3]

---

[1] S. ebenda § 52, S. 341 fg. [2] S. oben § 8, S. 30, n. 5.
[3] S. oben § 12, S. 50.

BESONDERER TEIL.

Erstes Kapitel.

Das gewährende (gemeine) intertemporale Privatrecht.

Erster Abschnitt.

Das intertemporale Privatrecht der bloß vermittelnden Thatbestände.

I. Die personalen Rechtsverhältnisse.

§ 54. Die persönlichen Fähigkeiten.

A. Die Rechtsfähigkeit. Man kann eine Rechtsfähigkeit im weiteren und im engeren Sinne unterscheiden. Im weiteren Sinne bedeutet die Rechtsfähigkeit die Eigenschaft des Menschen, daß seinen Worten und Thaten von der Rechtsordnung rechtliche Bedeutung beigemessen wird.[1] Im engeren Sinne dagegen bedeutet sie die Fähigkeit, Träger von Rechtsverhältnissen und im engsten Sinne die Fähigkeit, Subjekt eines Vermögens zu sein. Es muß nun als intertemporaler Grundsatz auch des heutigen Rechtes angesehen werden, daß die unter der alten Rechtsordnung erworbene Rechtsfähigkeit von der neuen Rechtsordnung unberührt bleibt. Umgekehrt, daß ein unter der alten Rechtsordnung empfangener oder geborener Mensch, der nach dieser rechtsunfähig ist, unter der neuen, nicht ausschließlichen, auch nicht rechtsfähig werden kann, obschon diese von den Erfordernissen der alten Rechtsordnung absieht. Für das heutige bürgerliche Recht haben diese intertemporalen Rechtssätze wenig praktische Bedeutung mehr, soweit es sich um die natürlichen Personen handelt.

---

[1] S. Institutionensystem S. 469 fg.

Die vor dem 1. Januar 1900 im Deutschen Reiche geltenden bürgerlichen Rechtsordnungen kannten Voraussetzungen der Rechtsfähigkeit, welche die neue Rechtsordnung für das Deutsche Reich nicht aufgenommen hat. So waren nach gemeinem, preußischem und sächsischem Rechte Mißgeburten, und nach französischem und badischem Rechte lebensunfähige Geburten in erbrechtlicher Beziehung rechtsunfähig. Theoretisch wäre also die intertemporale Rechtsfrage möglich, ob ein nach der alten Rechtsordnung rechtsunfähiger unter der neuen Rechtsordnung die Rechtsfähigkeit ohne weiteres erlangt, falls diese von jenen Voraussetzungen absieht. Diese Frage müßte nach dem oben aufgestellten allgemeinen Grundsatze verneint werden. Allein praktisch wird die Frage kaum vorkommen können, sofern es sich um Mißgeburten und lebensunfähige Geburten handelt, die unter der alten Rechtsordnung zur Welt kamen. Ist aber eine lebensunfähige Geburt unter der alten Rechtsordnung empfangen, jedoch unter der neuen Rechtsordnung geboren worden, dann ist die Frage praktisch möglich, die nach obigem Rechtsgrundsatze zu verneinen ist. In der That hat auch das E.G. Art. 213 im Sinne jenes Rechtssatzes für die erbrechtlichen Verhältnisse die alte Rechtsordnung für maßgebend erklärt, wenn der Erblasser unter deren Herrschaft gestorben ist. Wenn auch der Lebensunfähige unter der neuen Rechtsordnung geboren wird, so ist er in diesem Falle nicht erbfähig. Stirbt aber der Erblasser unter der neuen Rechtsordnung und ist der lebensunfähig geborene beim Tode des Erblassers noch am Leben, so ist er erbfähig geworden, weil jetzt die neue Rechtsordnung ausschließlich maßgebend ist; s. unten § 67.

Nach einigen Landesgesetzen bestand die Vermögensunfähigkeit der Klosterpersonen (Religiosen, Regularen). Die neue Rechtsordnung hat sie beseitigt. Hier können nun intertemporale Rechtsfragen von praktischer Bedeutung entstehen, besonders bei erbrechtlichen Verhältnissen. Was die gesetzliche Erbfolge anbetrifft, so kann der Regulare die Erbschaft erwerben, sofern der Erbfall unter der Herrschaft der neuen Rechtsordnung erfolgt; denn in diesem Falle ist nach allgemein anerkanntem Rechtsgrundsatze die neue Rechtsordnung maßgebend. — Ist eine letztwillige Verfügung unter der Herrschaft der alten Rechtsordnung errichtet, so bleibt nach Österreichischem intertemporalem Rechte die alte maßgebend, selbst wenn der Erbfall unter der neuen Rechtsordnung erfolgt; nach dem Deutschen intertemporalen Rechte dagegen die neue.[1] In beiden Fällen aber bleibt die alte Rechtsordnung maßgebend, wenn der Erbfall unter ihr erfolgt. Es kann also nicht etwa der Religiose die Erbschaft, selbst wenn sie noch ledig ist, nach Eintritt der neuen Rechtsordnung erwerben.

B. Geschäftsfähigkeit. Der intertemporale Grundsatz ist hier der, daß die unter der alten Rechtsordnung erlangte Geschäftsfähigkeit unter der neuen bestehen bleibt. Dieser Satz muß gelten für die erlangte Ehemündigkeit und Testierfähigkeit und endlich auch für die erlangte Delikts-

[1] S. oben § 30, S. 180, n. 2 und unten § 85.

fähigkeit.[1] Was zunächst die Volljährigkeit anbetrifft, so stimmt die neue deutsche Rechtsordnung mit der alten überein. Sowohl nach § 2 B.G.B. als auch nach dem R.G. v. 19. Februar 1875 tritt die Volljährigkeit mit der Vollendung des 21. Lebensjahres ein. Für die Art der Berechnung des Volljährigkeitstermins sind für diejenigen Personen, welche unter der Herrschaft der neuen Rechtsordnung volljährig werden, deren Vorschriften über Zeitbestimmungen maßgebend, also §§ 188 fg. B.G.B.[2]

Ein erheblicher Unterschied zwischen der alten und neuen Rechtsordnung besteht hinsichtlich der Erlangung der rechtlichen Stellung eines Volljährigen durch Verehelichung. Das neue Recht kennt diesen Entstehungsthatbestand der Geschäftsfähigkeit nicht. Hatte nun jemand unter der alten Rechtsordnung auf Grund dieses Thatbestandes die Geschäftsfähigkeit erlangt, so behält er sie auch unter der neuen Rechtsordnung. E.G. Art. 153[3] hat sogar durch die *generalis clausula: „oder sonst die rechtliche Stellung eines Volljährigen erlangt hat“* jeden Entstehungsthatbestand der Geschäftsfähigkeit, den die alte Rechtsordnung anerkannt hat, gutgeheißen. Er kann auch ein personales Ereignis, wie die Erreichung eines bestimmten Alters, sein.[4] Hat also jemand unter der alten Rechtsordnung die Stellung eines Volljährigen auf Grund irgend eines Thatbestandes erlangt, so stehen ihm unter der neuen sämtliche Rechte und Pflichten zu, die die neue Rechtsordnung überhaupt einem Volljährigen gewährt. In dieser Richtung besitzt sie somit Ausschließlichkeit.[5]

Wird ein minderjähriger Ehemann, der unter einer alten Rechtsordnung die Ehe geschlossen hatte, die den Satz „Heirat macht mündig“, nicht kannte, unter der neuen Rechtsordnung mündig, weil diese nur volljährige Ehemänner kennt? Die Frage ist zu verneinen; denn damit würde sich die neue Rechtsordnung eine Ausschließlichkeit beilegen im Sinne der zweiten Regel des neueren intertemporalen Regelpaares in ihrer ersten Möglichkeit.[6]

---

[1] S. oben § 37, S. 156 und § 39, S. 160, 161, n. 1 und 2.

[2] Mot. S. 242; NIEDNER, 2. Aufl., S. 303.

[3] S. über ihn Mot. zu Art. 95, S. 242—244, Prot. S. 8986 (Bd. VI, S. 486). Als Gewährungsklausel muß er möglichst weit ausgelegt werden; s. oben § 8, S. 33 und 34, n. 1 und 2.

[4] S. oben § 27, S. 112, n. 1 u. 2. A. M. NIEDNER, 2. Aufl., S. 302b, obschon er zum gleichen Ergebnis kommt.

[5] NIEDNER a. a. O. zu Art. 153, S. 247 spricht von einem Grundsatz der Gleichstellung der durch Heirat erlangten Mündigkeit und der neuen Großjährigkeitserklärung, der analog der *c. 4 de his qui veniam aet. impet.* 2, 44 einzuschränken sei. Einen derartigen Grundsatz kennt der Art. 153 nicht; er stellt nicht die neue Großjährigkeitserklärung der durch Heirat erlangten Mündigkeit gleich, sondern umgekehrt. Es bedarf also keiner derartigen Einschränkung. Wenn in einem Testamente oder in einer Schenkung jemanden unter der Bedingung, daß er durch Heirat die Mündigkeit erlange, etwas zugewendet wird, so ist für die Auslegung die alte Rechtsordnung maßgebend; ähnlich HABICHT a. a. O., S. 43, n. 1. Siehe unten § 74.

[6] S. oben § 9, S. 35. S. auch HABICHT a. a. O., S. 44.

Die Ehemündigkeit ist für Frauen von der neuen Rechtsordnung nicht geändert worden. Dagegen ist sie für Männer vom vollendeten 20. Jahre auf das Alter der Volljährigkeit, d. h. der Regel nach auf das vollendete 21. Lebensjahr, erhöht und zugleich die bisher auch für Männer zulässige Befreiung von dem Erfordernis dieses Alters beseitigt worden. Es entstehen daher mehrere intertemporale Rechtsfragen, die gelöst werden müssen. Wie ist es, wenn mit dem Inkrafttreten der neuen Rechtsordnung jemand das 20. Lebensjahr bereits vollendet, also die Ehemündigkeit auf Grund der alten Rechtsordnung erlangt hat, behält er dann unter der neuen die Ehemündigkeit? Die Frage ist nach den oben entwickelten Grundsätzen zu bejahen. — Die zweite Frage ist folgende: Wenn jemand die auf Grund der alten Rechtsordnung zulässige Befreiung von der Ehemündigkeit erlangt, also auf Grund dieses öffentlichen Willensthatbestandes die Fähigkeit zur Eheschließung erworben hat, behält er dann diese Fähigkeit auch unter der neuen Rechtsordnung? Auch diese Frage ist nach den obigen Grundsätzen zu bejahen. Das E.G. z. B.G.B. schweigt. Es läßt also dem richtigen Grundsatze den Raum offen.[1]

Die neue Rechtsordnung hat gegenüber den meisten bisher geltenden Rechten das Alter der Testierfähigkeit für beide Geschlechter erhöht. Es tritt also hier die Frage auf, ob jemand, der unter der alten Rechtsordnung Testierfähigkeit erlangt hatte, diese unter der neuen Rechtsordnung behält, obschon er das von der neuen Rechtsordnung vorgeschriebene sechszehnte Lebensjahr noch nicht vollendet hat. Die Frage ist grundsätzlish zu bejahen. Das E.G. Art. 215, Abs. 1 schließt sich mit einer Einschränkung an: er *behält die Fähigkeit* nur dann, wenn er bereits unter der alten Rechtsordnung davon Gebrauch gemacht hat.[2]

C. Die erweiterte Geschäftsfähigkeit Minderjähriger. Die alten Landesrechtsordnungen kennen ihrer überwiegenden Mehrzahl nach

---

[1] S. oben § 8, S. 30, n. 6. Habicht a. a. O., S. 48 verneint beide Fragen, weil er von dem längst überwundenen Standpunkte ausgebt, daß die Geschäftsfähigkeit nicht zu schonen sei, weil sie kein erworbenes Recht des einzelnen sei. Er kommt also zu dem jedem Rechtsgefühle zuwiderlaufenden Ergebnisse, daß in beiden Fällen die Ehe nachher nicht mehr vollzogen werden könne, selbst wenn das Aufgebot bereits stattgefunden hat. Ähnlich Niedner, 2. Aufl., S. 302b. Danach hätte also die neue Rechtsordnuug eine Ausschließlichkeit im Sinne der ersten neueren Regel in ihrer ersten Möglichkeit. S. oben § 9, S. 35. Wo ist aber die Ausschlußklausel für eine solche übermäßige Ausschließlichkeit?

[2] Mot. zu Art. 129, Prot. S. 9108—9112 (Bd. VI, S. 557—559). Der Entwurf I E.G. stand auf dem Boden der Ausschließlichkeit, so daß Testamente, die vor dem 1. Januar 1900 von Personen unter 16 Jahren errichtet waren, zwar gültig bleiben, aber von den Testatoren, bevor diese die Testiermündigkeit des B.G.B. erreicht hätten, nicht widerrufen oder geändert werden sollten; Mot. z. E.G. S. 310. Der neue Standpunkt hält die Mitte zwischen einer strengen Anwendung der alten und der neuen Regel. Der Gedanke stammt aus der intertemporalen Behandlung der Thatbestände unter einer erlaubenden Rechtsordnung; s. oben § 49, S. 183, n. 1. Hier wird er übertragen auf eine gewährende Rechtsordnung. S. auch unten §§ 74 und 85.

eine Erweiterung der Geschäftsfähigkeit Minderjähriger, namentlich um ihnen den Betrieb eines Handels- oder sonstigen Gewerbes zu ermöglichen oder ihr Fortkommen in Dienst- und Arbeitsstellen zu erleichtern. Auch die neue Rechtsordnung kennt sie, hat sie jedoch zum Teil beschränkt, zum Teil ausgedehnt. Grundsätzlich muß man behaupten, daß ein Minderjähriger mit erweiterter Geschäftsfähigkeit auch unter der neuen Rechtsordnung nach den Vorschriften der alten beurteilt werden muß. Da das E.G. schweigt, so muß dieser Grundsatz als jetzt geltendes Recht angesehen werden.[1]

D. Das Beschränktsein in der Geschäftsfähigkeit und Geschäftsunfähigkeit. Diese personalen Rechtsverhältnisse führen, wie schon ihr Name andeutet, eine Vormundschaft i. w. S. herbei. Es ist daher richtiger, sie beim intertemporalen Vormundschaftsrechte darzustellen.[2]

§ 55. Der Wohnsitz.

Ähnlich wie beim Besitze sind zwei Bedeutungen des Wohnsitzes zu unterscheiden: Wohnsitz als Thatbestand und als Rechtsverhältnis. — Der Wohnsitz als Thatbestand gehört zu den gemischten Thatbeständen.[3] Der Wohnsitz als Rechtsverhältnis gehört zu den personalen Rechtsverhältnissen.[4] Der älteren Rechtsregel entspricht der Satz, daß das unter der alten Rechtsordnung gültig begründete personale Rechtsverhältnis des Wohnsitzes auch unter der neuen Rechtsordnung bestehen bleibt und nach der alten Rechtsordnung beurteilt werden muß. Eine Einzelanwendung dieses Grundsatzes hat in der That das E.G. in Art. 157[5] anerkannt, und zwar für den *„erwählten Wohnsitz“* des französischen und badischen Rechtes.

Von Bedeutung ist der erwählte Wohnsitz als Rechtsverhältnis, namentlich für Schuldverhältnisse, die unter der französischen und badischen Rechtsordnung entstanden sind (E.G. Art. 170), und für Verhältnisse der gesetzlichen Erbfolge, sofern der Erblasser vor dem Inkrafttreten des B.G.B. gestorben ist (E.G. Art. 213). Voraussetzung ist, daß die Erwählung des Wohnsitzes nach den Vorschriften der alten Rechtsordnung erfolgt ist.[6]

Auch für das Prozeßrecht hat der erwählte Wohnsitz unter der

---

[1] S. oben § 8, S. 30, n. 6. A. M. Habicht auf Grund seines falschen Ausgangspunktes. Nur eines will er der alten Rechtsordnung einräumen, nämlich die Herrschaft über die unter ihr erteilte Ermächtigung, jedoch sofort wieder mit der Einschränkung, wonach ihr Widerruf der neuen Rechtsordnung unterliegt (§ 112, Abs. 2 B.G.B.).

[2] S. unten §§ 62 und 80. Habicht behandelt sie unter dem Titel Geschäftsfähigkeit in §§ 9 und 10.

[3] S. oben § 28, S. 121, n. 1.

[4] S. oben § 37, S. 156.

[5] Mot. zu Art. 100, S. 249, 250, Prot. S. 8992—8994 (Bd. VI, S. 490).

[6] *Code c. Art.* 113, 111, *Code de proc. Art.* 59, Nr. 3; Bad. L.R. Satz 111.

neuen Rechtsordnung eine Bedeutung. In dem E.G. zur C.P.O. vom 30. Januar 1877 wurden in § 15, Nr. 5 die Vorschriften des französischen und badischen Rechtes über den erwählten Wohnsitz, soweit es sich um Zustellungen handelt, ausdrücklich aufrecht erhalten; später jedoch durch den Art. 2, Nr. 3 des E.G. zu dem Gesetze betr. Änderungen der C.P.O. vom 17. Mai 1898 beseitigt. Art. 157 E.G. jedoch schränkt seinerseits wiederum diesen Artikel ein, indem er dem erwählten Wohnsitz seine alte Bedeutung für Zustellungen, sowohl innerhalb als auch außerhalb eines Prozesses gewährleistet, sofern es sich um Rechtsverhältnisse handelt, für die die alte Rechtsordnung maßgebend bleibt.[1] Art. 157 E.G. gilt auch für solche Rechtsverhältnisse, die unter die Vorbehalte des dritten Abschnittes des E.G. fallen (z. B. Art. 67, 75, 76), soweit sich diese Verhältnisse nach dem französischen oder badischen Rechte bestimmen.[2]

Es kann auch noch nach dem 1. Januar 1900 die Wahl eines Wohnsitzes zulässig, ja notwendig sein, nämlich auf dem Gebiete des Liegenschaftsrechtes in der Zwischenzeit bis zu dem Zeitpunkte, wo das Grundbuch für einen Bezirk als angelegt anzusehen ist, bei der Einschreibung einer Hypothek nach *Code civil Art.* 2148 f., Nr. 1; s. auch Bayer. L.G. Pfalz, Art. 4. Auch nach der Zwischenzeit bleibt der unter ihr erwählte Wohnsitz aufrecht unter denselben Einschränkungen, die wir oben festgestellt haben.[3]

Über die anderen Arten des Wohnsitzes, die unter der alten Rechtsordnung begründet wurden, giebt das E.G. keine Bestimmung. Man kann aber im Sinne und Geiste des Art. 157 den Satz aufstellen, daß, wenn unter der Herrschaft der alten Rechtsordnung die Begründung des Wohnsitzes eines Entmündigten erfolgt ist, das Rechtsverhältnis des Wohnsitzes auch unter der neuen bestehen bleibt.[4] Nur die Aufhebung des Wohnsitzes eines Entmündigten bestimmt sich nach neuem Recht; Art. 155 E.G.[5]

Verbleibt der abgeleitete Wohnsitz für das Gesinde, den sowohl das französische Recht (*Code civil Art.* 108 und 109) als auch das preußische Recht kannten, sofern er unter der alten Rechtsordnung begründet wurde, ihm auch fernerhin auf Grund des Art. 95 E.G.? Diese Frage ist zu bejahen, selbst für Preußen, obschon das Preuß. A.G. Art. 14, § 1, Abs. 4 ihn ausdrücklich aufgehoben hat; denn diese Aufhebung gilt nur für die Zukunft, unbeschadet der materiellen Fortwirkung der alten Rechtsordnung. Dasselbe muß für Bayern gelten, obschon ihn A.G. Art. 15 aufgehoben hat (Art. 16—28 erwähnen ihn nicht).

---

[1] S. Mot. z. Art. 100, S. 249. In Bezug auf Zustellungen außerhalb des Prozesses; vergl. § 132, Abs. 1 B.G.B.

[2] S. Habicht a. a. O., S. 64, n. 3.

[3] S. auch Schneider a. a. O., S. 16, Nr. 20 und Habicht a. a. O.

[4] Zu demselben Ergebnis gelangt auf anderem Wege das O.L.G. Cöln in s. Urteil v. 27. März 1901, Rsp. 2, S. 444.

[5] S. unten § 80. Vgl. noch O.L.G. Karlsruhe, 6. Dez. 1900, Rsp. 2, S. 445.

Eine weitere Folge der obigen Grundsätze ist auch die, daß der gemeinrechtlich angenommene gesetzliche Wohnsitz der Strafgefangenen unter der neuen Rechtsordnung fortdauert, bis er aufgehoben wird.

Aus dem Vorhergehenden erhellt die Unrichtigkeit der Behauptung mancher Schriftsteller, daß der Wohnsitz der jeweiligen Rechtsordnung unterworfen sei, wobei sie nicht zwischen Thatbestand und Rechtsverhältnis unterscheiden.[1]

Einige Schwierigkeiten verursacht die Abweichung der neuen Rechtsordnung von der alten, wonach der Wohnsitz gleichzeitig an mehreren Orten bestehen kann; § 7, Abs. 2. Hat jemand unter der alten Rechtsordnung im Sinne der neuen bereits die Voraussetzungen zu mehreren Wohnsitzen erfüllt und dauert der personale Zustand unter der neuen fort, so entstehen auf Grund dieses Thatbestandes der Gegenwart mehrere Wohnsitze. Aus demselben Grunde sind die Rechtsfolgen eines unter der Herrschaft der alten Rechtsordnung begründeten Wohnsitzes, sofern er unter der neuen fortdauert und somit einen Thatbestand der Gegenwart bildet, nach der neuen Rechtsordnung zu beurteilen.[2]

Aus dieser Untersuchung ergeben sich folgende wichtige Grundsätze für die intertemporale Behandlung des Wohnsitzes: Führt die neue Rechtsordnung Wohnsitze ein, die der alten unbekannt sind, so ergreift sie die bereits bestehenden Zustandsthatbestände, selbst wenn diese aus der Zeit der alten Rechtsordnung stammen, als Thatbestände der Gegenwart. Schafft sie jedoch Wohnsitze ab, so bleiben die unter dem alten Rechte bereits begründeten aufrecht, es wäre denn, daß der Gesetzgeber der neuen Rechtsordnung Ausschließlichkeit beilegt. Diese Sätze sind an die Stelle des oben angegebenen zu setzen, wonach der Wohnsitz sich nach der jeweiligen Gesetzgebung richtet.

§ 56. Die Verschollenheit. Die Todeserklärung.

Die neue Rechtsordnung weicht von der alten hinsichtlich der Todeserklärung, sowohl in ihren Voraussetzungen als auch in ihren Wirkungen ab. Die alte Rechtsordnung litt an einer bunten Mannigfaltigkeit von Bestimmungen, die zum Teil noch bestritten waren. Das französische und badische Recht kannte überhaupt keine Todeserklärung, sondern nur eine Verschollenheitserklärung. Dem intertemporalen Privatrecht ist daher eine Aufgabe zugewiesen, deren Schwierigkeiten nicht leicht zu überwinden sind. Das E.G. hat in den Art. 158—162[3] diese Aufgabe zu lösen unternommen und wenn auch nicht vollständig, so doch vortrefflich gelöst.

---

[1] S. Habicht a. a. O., S. 63.

[2] S. oben § 27, S. 116 und 118, n. 4.

[3] Mot. zu Art. 92—94, S. 236—241, Prot. S. 8961, 8962, 8982—8984 (Bd. VI, S. 471, 472, 483—485, 626).

Innerhalb der alten Rechtsordnung muß man drei Rechtsgebiete unterscheiden. 1. Das Rechtsgebiet, das nur eine Todeserklärung des Verschollenen kennt, nicht aber eine schon vor der Todeserklärung stattfindende vorläufige Einweisung der mutmaßlichen Erben in das Vermögen des Verschollenen. — 2. Das Rechtsgebiet, welches schon vor der Todeserklärung eine vorläufige Einweisung der mutmaßlichen Erben in das Vermögen des Verschollenen zuläßt, sei es ohne oder nach einer besonderen Verschollenheitserklärung. — 3. Das französische Rechtsgebiet, das nur eine Verschollenheitserklärung und eine daran sich schließende vorläufige Einweisung kennt, der nach Ablauf eines längeren Zeitraumes eine endgültige Einweisung folgt.

Betrachten wir nun zunächst das intertemporale Recht der Todeserklärung, soweit es im E.G. ausdrücklich enthalten ist, um dann die Lücken, die es gelassen hat, auszufüllen.

Die Vorschriften der Art. 158—162 E.G. können wir in zwei Gruppen einteilen: Solche welche sich auf alle drei Rechtsgebiete beziehen und und solche, welche nur einzelne Rechtsgebiete oder innerhalb eines einzelnen Rechtsgebietes nur einen besonderen Abschnitt des Verfahrens der Todeserklärung betreffen. Zu der ersten Gruppe gehört der Art. 161, Abs. 1 und Abs. 3 erster Satz. Alle übrigen Vorschriften fallen in die zweite Gruppe.

Für das erste Rechtsgebiet enthält das E.G. zwei Vorschriften, Art. 158—160 und Art. 161, Abs. 1 u. 3. Ist die Verschollenheit unter der alten Rechtsordnung eingetreten und daraufhin eine Todeserklärung noch unter der alten Rechtsordnung erfolgt, so bestimmen sich ihre Wirkungen nach der alten Rechtsordnung. — Ein an und für sich selbstverständlicher Satz; denn wir haben es hier mit einem Verbindungsthatbestande zu thun, dessen Glieder sämtlich unter die alte Rechtsordnung fallen (personaler Zustand und öffentliche Willenserklärung).[1] Das E.G. hat ihn auch nur aufgenommen, um ihn gleich wieder zu beschränken und zwar im Sinne der zweiten Regel des neueren Regelpaares in ihrer zweiten Möglichkeit.

Für diejenigen Rechtsgebiete, wo bisher die Wirkungen der Todeserklärung sich auf die Verhältnisse des Vermögensrechtes beschränkten, wie im gemeinen und sächsischen Rechte, werden sie jetzt auch auf personale Rechtsverhältnisse ausgedehnt. So kann der Ehegatte einer unter der alten Rechtsordnung für tot erklärten Person unter der neuen eine neue Ehe eingehen, auch wenn die Wiederverheiratung unter der alten unzulässig war, entsprechend den §§ 1348—1352 B.G.B. Es gilt jedoch das Meistbegünstigungsrecht.[2] Wenn nach der alten Rechtsordnung der Ehegatte noch freier gestellt war, z. B. nicht erst die neue Eheschließung, sondern schon die Todeserklärung selbst die frühere Ehe auf-

---

[1] S. oben § 27, S. 113, n. 1, § 26, S. 108, n. 5 und § 31, S. 131, n. 2.
[2] S. oben § 16, S. 66, n. 1.

löste, so bleibt die alte Rechtsordnung materiell in Kraft; § 1350 des B.G.B. findet keine Anwendung.[1] Wo die alte Rechtsordnung dem Ehegatten die Befugnis zusprach, sich wieder zu verheiraten, wird die Gültigkeit der Ehe nach deren Vorschriften beurteilt, selbst dann, wenn sie erst unter der neuen Rechtsordnung geschlossen wird. Dies entspricht der organischen Auffassung der Thatbestände; denn die Todeserklärung und die Wiederverheiratung bilden einen Gesamtthatbestand, wovon das eine Glied unter die alte Rechtsordnung fällt. Außerdem muß die Wiederverheiratung als eine Wirkung der erfolgten Todeserklärung im Sinne des Art. 158 angesehen werden.[2]

Es sollen ferner (Art. 160) auch für eine schon früher erfolgte Todeserklärung diejenigen Vorschriften des B.G.B. gelten, nach denen infolge der Todeserklärung für den für tot erklärten, die elterliche Gewalt, die Vormundschaft, die Pflegschaft, das Amt als Vormund, Gegenvormund, Pfleger, Beistand oder Mitglied eines Familienrates endigt. Doch gilt auch hier das Recht der Meistbegünstigung;[3] diese Ausschließlichkeit der neuen Rechtsordnung findet jedoch nur statt, wenn eine Todeserklärung unter der alten Rechtsordnung stattgefunden hat, nicht aber, wenn nur eine Verschollenheitserklärung stattfand, wie im Gebiete des französischen und badischen Rechtes. Hier herrscht die Hauptregel des intertemporalen Privatrechtes unbeschränkt. Der Ehegatte einer für verschollen erklärten Person kann sich also nicht wieder verheiraten, es wäre denn, daß er wegen böslicher Verlassung auf Scheidung klagt und Scheidung erwirkt oder aber ein neues Verfahren der Todeserklärung auf Grund der neuen Rechtsordnung beantragt und so die Todeserklärung herbeiführt; Art. 162 E.G.; s. unten.

Nicht geregelt in den Art. 158 fg. sind die Wirkungen einer früheren Todeserklärung auf den ehelichen Güterstand. Hierfür ist Art. 200 E.G. allein maßgebend, welcher sich vollständig der älteren Rechtsregel anschließt.[4] Es bestimmen sich also die Wirkungen der Todeserklärung für den ehelichen Güterstand nach der alten Rechtsordnung. Durch die Landesgesetze können aber auf Grund des Art. 218 E.G. die Wirkungen des Art. 200 beschränkt werden; s. unten §§ 58 und 70.

Entsprechend der organischen Auffassung, wonach ein Gesamtthatbestand nach der älteren Rechtsordnung zu beurteilen ist, falls sich ein Glied desselben unter der alten Rechtsordnung vollendet oder auch nur begonnen hat,[5] bestimmt Art. 161, Abs. 1 und 3, daß die alte Rechtsordnung maßgebend bleibt, sowohl für das Verfahren als auch für die Wirkungen der Todeserklärung, wenn beim Inkrafttreten der neuen Rechts-

---

[1] A. M. Niedner, 2. Aufl., S. 309.
[2] So richtig auch Habicht a. a. O., der jedoch nur äußerliche Gründe dafür anführt. Vgl. auch Kuhlenbeck, S. 226.
[3] S. oben § 16, S. 66, n. 1.
[4] S. oben § 32, S. 135, n. 2 und unten §§ 58 und 70.
[5] S. oben § 23, S. 91, n. 5.

ordnung ein Verfahren auf Todeserklärung anhängig ist. Voraussetzung ist somit die Anhängigkeit des Verfahrens am Tage des Inkrafttretens der neuen Rechtsordnung.[1] Wodurch das Verfahren anhängig wird, bestimmt sich nach der alten.

Die Frage, ob die Todeserklärung konstitutive oder nur deklaratorische Kraft habe, m. a. W. die Frage nach dem gesetzlich vermuteten Zeitpunkte des Todes des Verschollenen entscheidet sich nach der alten Rechtsordnung.[2] Hat sie darnach nur deklaratorische Bedeutung, wie nach gemeinem Rechte, so wird regelmäßig der Todestag unter die alte Rechtsordnung fallen; infolgedessen findet auch die Erbfolge nach den Vorschriften der alten Rechtsordnung statt; s. auch Art. 213 u. 214 E.G. — Hat dagegen nach der alten Rechtsordnung die Todeserklärung konstitutive Bedeutung wie nach preußischem und thüringischem Rechte, so fällt der Todestag immer unter die neue Rechtsordnung; Art. 161, Abs. 3. Also sind die Vorschriften der neuen für die Erbfolge maßgebend.[3]

Der mutmaßliche Zeitpunkt des Todes, der sich somit nach der alten Rechtsordnung bestimmt, ist aber nicht nur wichtig für die Erbfolge, sondern auch für die Dauer des Schutzes eines Urheberrechtes des Verschollenen für die zeitliche Dauer einer persönlichen Dienstbarkeit des Verschollenen.[4]

Die persönlichen Wirkungen, welche auf Grund der neuen Rechtsordnung nach Art. 161, Abs. 3, Satz 2 E.G. auch hier eintreten müssen, knüpfen sich an denjenigen Zeitpunkt, der nach der alten Rechtsordnung als Todestag gilt.

Die gleichen Grundsätze sind auf die Kriegsverschollenheit anzuwenden. Der Todestag bestimmt sich also auch nach der alten Rechtsordnung.[5]

Die Übergangsbestimmungen, welche sich auf das zweite Rechtsgebiet beziehen, verlängern die Fortwirkung der alten Rechtsordnung auf Jahrzehnte hinaus, sofern am Tage des Inkrafttretens der neuen Rechtsordnung auch nur der erste Abschnitt des ganzen Verfahrens anhängig ist; denn in diesem Falle ist nicht bloß der anhängige erste Abschnitt, die Verschollenheitserklärung oder vorläufige Einweisung mit allen ihren Wirkungen nach der alten Rechtsordnung zu beurteilen (Art. 161, Abs. 1 u. 3), sondern auch die darauf folgende Todeserklärung und endgültige Einweisung, also der zweite Abschnitt des Verfahrens (Art. 161,

---

[1] S. auch oben § 12, S. 50, n. 1.

[2] So O.L.G. Hamburg, 12. Jan. 1901. Hans. G.Z. 1901, Beibl. S. 190; siehe auch oben § 24, S. 96, n. 4.

[3] So richtig das K.G. 18. März 1901, Rsp. 4, S. 440 fg. Vgl. dazu O.L.G. Stuttgart, 31. Dez. 1901, D.J.Z. 1902, S. 128. Vgl. auch Bayer. O.L.G., 18. April 1901, Samml. 2, S. 213. A. M. Habicht a. a. O., S. 82 fg.; er will in jedem Falle das alte Erbrecht zur Anwendung bringen.

[4] Ähnlich Niedner, 2. Aufl., S. 308.

[5] S. Mot. S. 241.

Abs. 2); und ebenso seine Wirkungen (Art. 161, Abs. 3). Diese mit den oben genannten Erweiterungen und dem Meistbegünstigungsrechte.

Mit diesen Bestimmungen hat sich das E.G. ein großes Verdienst um das intertemporale Privatrecht erworben; denn es ist damit offensichtlich der organischen Auffassung der Gesamtthatbestände beigetreten.[1] In der That bildet das ganze Verfahren des zweiten Rechtsgebietes eine Kette aufeinanderfolgender Gliedthatumstände, welche zusammen einen Verbindungsthatbestand bilden. Fällt das eine Glied unter die alte Rechtsordnung oder hat es auch nur unter ihr begonnen (ist es unter ihr *anhängig* geworden), so ist der Gesamtthatbestand nebst allen seinen Wirkungen nach der alten Rechtsordnung zu beurteilen.[2] Voraussetzung ist, daß entweder am Tage des Inkrafttretens der neuen Rechtsordnung ein Verfahren auf Verschollenheitserklärung oder auf vorläufige Einweisung des mutmaßlichen Erben in den Besitz und Genuß des Vermögens des Verschollenen anhängig, oder daß noch vor diesem Zeitpunkte eine solche Erklärung oder Einweisung erfolgt ist. Ob sie vorhanden ist, darüber entscheidet die alte Rechtsordnung. Ist sie aber vorhanden, so herrscht die alte Rechtsordnung sowohl formell als auch materiell über das weitere Verfahren. Formell in Bezug auf die Form des Verfahrens, materiell in Bezug auf die Wirkungen, selbst wenn erst nach Jahrzehnten ein Aufgebot zum Zwecke der Todeserklärung erfolgt, wie dies in Kurhessen, Schleswig-Holstein, Nassau möglich ist. Die mecklenburgische Allg. Verf. § 2 machte jedoch von der den Landesgesetzen eingeräumten Befugnis Gebrauch und gewährte dem B.G.B. grundsätzlich Ausschließlichkeit; nur wenn am 1. Januar 1900 ein Verfahren auf Todeserklärung anhängig ist, verbleibt es bei der alten Rechtsordnung.[3]

Auch die Frage nach der Wirkung der Lebensvermutung ist auf Grund der organischen Auffassung nach der alten Rechtsordnung zu beurteilen. Intertemporalrechtlich sind zwei Fälle von Wichtigkeit: Die bisherige Rechtsordnung erkennt die Lebensvermutung in zeitlich weiterem Umfange an als die neue; dann wirkt die Lebensvermutung nach Maßgabe der alten noch unter der Herrschaft der neuen fort; abgeändert durch die mecklenburgische A.V.[4] Die alte Rechtsordnung kennt umgekehrt keine Lebensvermutung; auch in diesem Falle gilt die alte Rechtsordnung. Bis zur Todeserklärung hat derjenige, der das Leben des Verschollenen behauptet, die Beweislast.[5]

Auf das französische und badische Recht bezieht sich Art. 161 E.G., soweit er von der Verschollenheitserklärung oder Einweisung des mutmaßlichen Erben in den Besitz oder den Genuß des Vermögens eines Verschollenen spricht (Abs. 1 u. 2). Auch hier zeigt sich die organische Auffassung

---

[1] S. oben § 23, S. 93, n. 2.
[2] S. oben § 23, S. 91, n. 5 und § 31, S. 131, n. 2.
[3] S. Habicht a. a. O., S. 80, Anm. 2.
[4] Habicht a. a. O., S. 86, n. 1.
[5] Dagegen verstieß O.L.G. Celle, 31. Jan. 1900. S. oben § 24, S. 96, n. 4 g. E.

des E.G. Darnach ist ein im Zeitpunkte des Inkrafttretens der neuen Rechtsordnung anhängiges Verfahren, das eine Verschollenheitserklärung oder die Einweisung des mutmaßlichen Erben in den Besitz oder Genuß des Vermögens eines Verschollenen zum Gegenstande hat, nach der alten Rechtsordnung zu erledigen. Ist vor dem Inkrafttreten der neuen eine Verschollenheitserklärung oder die vorläufige Einweisung des mutmaßlichen Erben in den Besitz oder Genuß des Vermögens eines Verschollenen erfolgt, so ist die alte Rechtsordnung negativ oder positiv auch für die Todeserklärung sowie für die endgiltige Einweisung maßgebend. Wann das Verfahren auf Verschollenheitserklärung anhängig ist, bestimmt sich nach der alten Rechtsordnung. Die *déclaration d'absence* des *Code civil* (*Art.* 115—119) deckt sich mit der Verschollenheitserklärung des deutschen Rechtes;[1] das Verfahren auf vorläufige Einweisung ist im *Code Art.* 120 bis 124 geregelt. Das französische Recht kennt die *successio ex tunc.* Maßgebend ist daher für die Frage, wer vorläufiger oder endgültiger Erbe des Verschollenen ist, der Zeitpunkt der letzten Nachricht vom Verschollenen; daher ist aus diesem Grunde die alte Rechtsordnung anzuwenden, weil dieser Zeitpunkt notwendig unter ihre Herrschaft fallen muß. Die *praesumtio vitae* fällt weg, *Art.* 135 des *Code.* Das französische Recht kommt einheitlich und ungeteilt zur Anwendung.[2]

Das französische Recht kennt keine Todeserklärung, daher müßte nach Art. 161, Abs. 2 E.G. eine Todeserklärung im Gebiete des französischen und badischen Rechtes, sofern das Verfahren bereits im Zeitpunkte des Inkrafttretens der neuen Rechtsordnung anhängig war, ausgeschlossen sein. Es ist nicht zu verkennen, daß damit Unzuträglichkeiten eintreten könnten. Die materielle Voraussetzung der Ausschließlichkeit liegt also vor. Art. 162 E.G.[3] verleiht daher den §§ 14—17 des B.G.B. Ausschließlichkeit, *soweit eine nach den bisherigen Gesetzen erfolgte oder nach Art. 161, Abs. 2 zulässige endgültige Einweisung des mutmaßlichen Erben in den Besitz oder Genuß des Vermögens des Verschollenen ohne Einfluß auf Rechtsverhältnisse ist, auf die sich die Wirkungen der Todeserklärung nach dem Bürgerlichen Gesetzbuch erstrecken.* Die Wirkungen dieser ergänzenden Todeserklärung beschränken sich auf das personale Rechtsverhältnis der Ehe. —

Die Bestimmung des Art. 162 E.G. fehlte dem Entwurf I, welcher der alten Rechtsordnung uneingeschränkte Fortwirkung gewährte und dem Ehegatten lediglich die Scheidungsklage wegen böslicher Verlassung überließ. Die wohlwollende Absicht des Gesetzgebers hat einen zu beschränkten Ausdruck erhalten. Denn das Bedürfnis nach einer ergänzenden Todeserklärung ist bei der vorläufigen Einweisung des mutmaßlichen Erben viel stärker als bei der endgültigen. Daher kommt dem Art. 162 an-

---

[1] S. Mot. zum B.G.B., Entw. I, § 5, S. 34.
[2] S. auch Habicht, S. 90.
[3] Prot. 8982—8984 (Bd. VI, S. 483—485, 626).

gesichts der dreißigjährigen Frist des französischen Rechtes wenig oder gar keine praktische Bedeutung zu.[1]

M. E. ist der Ausdruck *Rechtsverhältnisse* in Art. 162 in dem Sinne zu nehmen, wie etwa das Wort *Materie* im § 2 des E.G. z. R.Str.G.B. Der Gesetzgeber dachte dabei nicht an die Unterscheidung der Rechtsverhältnisse in solche, die der alten und solche, die der neuen Rechtsordnung unterworfen sind. Die Folge dieser Auslegung ist die, daß der zurückgelassene Ehegatte auch nach der ergänzenden Todeserklärung die Gütergemeinschaft fortsetzen kann.[2] Verheiratet sich jedoch der zurückgebliebene Ehegatte auf Grund der ergänzenden Todeserklärung, so wird die Gütergemeinschaft damit beendigt,[3] denn durch die Wiederverheiratung wird die frühere Ehe aufgelöst (§ 1348, Abs. 2 B.G.B.), und auch nach der alten Rechtsordnung wird mit der Auflösung der Ehe die Gütergemeinschaft kraft Gesetzes beendigt. Es ist gleichgültig, daß das alte Recht eine derartige Auflösung der Ehe nicht kannte.[4]

Durch das bayerische Ü.G. (Art. 107—112) und das Hessische A.G. (Art. 209 und 210) wurden im Sinne eines rascheren Eintretens der endgültigen Einweisung einige Änderungen an dem oben dargestellten Rechtszustande vorgenommen.[5]

Nicht geregelt durch die Übergangsbestimmungen des E.G. ist der Fall, daß bloß das erste Glied der Thatbestandskette, nämlich die Verschollenheit, unter der Herrschaft der alten Rechtsordnung begonnen hat, jedoch zur Zeit des Inkrafttretens der neuen Rechtsordnung weder ein Verfahren erfolgt noch anhängig ist. Es ist nun die Frage zu beantworten: greift die neue Rechtsordnung Platz oder die alte? Die Frage läßt sich nach den von mir aufgestellten Anhaltspunkten genau beantworten. Die Verschollenheit ist ein personaler Zustandsthatbestand. Wie wir oben in § 27, S. 115 ausgeführt haben, ist für einen solchen die Rechtsordnung maßgebend, unter deren Herrschaft das Ereignis fiel, mit dem der Zustand

---

[1] Falsch ist die Meinung von Habicht, daß der Art. 162 auch auf die Fälle, wo nach Art. 161, Abs. 1 eine endgültige Einweisung noch bevorsteht, ausgedehnt werden müsse. Dies widerspricht dem Satze, daß die Ausschlußklausel möglichst eng ausgelegt werden muß. Aus demselben Grunde ist auch seine Ansicht zu verwerfen, daß nach Absicht des Gesetzgebers der Art. 162 auch für das zweite Rechtsgebiet Platz greifen soll, wenn dort am 1. Januar 1900 bloß das Verfahren auf vorläufige Einweisung anhängig ist oder bereits erfolgt war. Auch hier kann die ergänzende Todeserklärung nicht stattfinden, weil die endgültige Einweisung noch nicht erfolgt oder zulässig ist. Der Ehegatte hat in der Zwischenzeit nur die Klage auf Ehescheidung wegen böswilliger Verlassung.

[2] S. auch Hachenburg a. a. O., S. 85; A. M. Habicht a. a. O., S. 91.

[3] A. M. Habicht a. a. O., S. 91; Hachenburg a. a. O., S. 85.

[4] So richtig Habicht a. a. O., n. 2.

[5] Folgende Landesgesetze beschäftigen sich mit der intertemporalen Regelung der Todeserklärung: Bayern, Ü.G. Art. 107—112; Baden, Fr.G.G. §§ 161—164; Hessen, Art. 156—160, 209, 210, A.G. zu Fr.G.G. Art. 148, 149; Mecklenburg-Schwerin, § 12; -Strelitz § 12; Oldenburg-Birkenfeld, A.G. § 1; Bremen, A.G. § 1; Elsaß-Lothringen, A.G. z. Gr.B.O. § 20 und zu Fr.G.G. §§ 72, 73.

begonnen hatte. Altes und neues Recht stimmen darin überein, daß die Verschollenheit beginnt mit dem Zeitpunkte des Einganges der letzten Nachricht vom Leben des Verschollenen. Das Ereignis, mit dem der personale Zustand der Verschollenheit beginnt, ist also das Eintreffen der letzten Nachricht. Fällt es unter die Herrschaft der alten Rechtsordnung, so ist grundsätzlich diese maßgebend für die materielle Behandlung der Todes- oder Verschollenheitserklärung.[1]

Folgende Betrachtung zeigt, daß die entgegengesetzte Meinung unhaltbar ist. Es kann sein, daß nur der Beginn der Verschollenheit unter die alte Rechtsordnung fällt, während die angeblich nach der neuen Rechtsordnung zu berechnende Verschollenheitsfrist unter der neuen Rechtsordnung ihr Ende nimmt. Es erhebt sich hier die Frage, ob die Lebensvermutung der neuen Rechtsordnung auch in die Zeit der alten zurückgreifen darf, für den Fall, daß der in der Todeserklärung festgestellte Zeitpunkt unter die alte Rechtsordnung fällt. Hier sind zwei Fälle möglich. Entweder es gab nach der alten Rechtsordnung keine Lebensvermutung, oder es gab zwar eine, die jedoch anders begrenzt war. Im ersten Falle darf die neue Lebensvermutung für die Zeit der formellen Herrschaft der alten Rechtsordnung keine Geltung beanspruchen; sonst würde sich die neue Rechtsordnung im Widerspruche mit Art. 213 E.G. eine Ausschließlichkeit für Rechtsverhältnisse beilegen, die bereits unter der alten Rechtsordnung wirksam waren.[2]

Kannte die alte Rechtsordnung eine Lebensvermutung, die weiter ging, als die der neuen, so kann auch diese von der neuen nicht berührt werden, soweit es sich um die Zeit bis zum Inkrafttreten der neuen Rechtsordnung handelt.[3]

Ähnlich verhält es sich mit der Todesvermutung, falls diese nach der neuen Rechtsordnung den Vorschriften der alten Rechtsordnung zuwider in die Zeit ihrer formellen Herrschaft zurückverlegt werden sollte, m. a. W.: die Lebensvermutung sowohl als auch die Todesvermutung müssen für die Zeit der formellen Herrschaft der alten Rechtsordnung nach dieser beurteilt werden. Beide entfließen derselben Quelle; man kann sie nicht von einander trennen, derart, daß die eine nach der alten, die andere nach der neuen beurteilt werden könnte. Der Todestag fällt also bei Widerspruch der alten Rechtsordnung mit dem Tage des Inkrafttretens der neuen zusammen.[4]

Es frägt sich noch, ob die Todesvermutung auch in denjenigen Rechtsgebieten nicht unter die formelle Herrschaft der alten Rechtsordnung zurückgreifen darf, welche eine Lebensvermutung **nicht** kannten.

---

[1] A. M. die Mot. z. Entw. I, S. 239, Nr. 4.

[2] So richtig Habicht a. a. O., S. 95; A. M. Aron, Elsaß-Loth. A.G. Einl., S. LXVIII.

[3] So richtig Habicht a. a. O., S. 95 und Niedner a. a. O. zu Art. 158, n. 2. Anm. 2 a. E.

[4] Auch Habicht a. a. O., S. 97 und Cosack I, § 18 zu Satz II, Nr. 1.

Hier würde an und für sich der Grund wegfallen, daß sowohl die Todes- als auch die Lebensvermutung von der alten Rechtsordnung als Ausfluß eines und desselben Rechtsgedankens für die Zeit ihrer formellen Herrschaft beherrscht werden müssen. Doch ist dieser Einwand nur scheinbar begründet: die alte Rechtsordnung beherrscht als eine negative ebenso die Lebensvermutung, indem sie sie ausschließt. Daher muß sie auch die Todesvermutung als positive beherrschen können.[1]

Eine andere Frage ist nun die, ob die neue Rechtsordnung den unter der alten begonnenen personalen Zustand der Verschollenheit nicht als Thatbestand der Gegenwart ergreifen könne. Sie ist zu bejahen; aber dann darf bei der Berechnung der neuen Frist nicht schon mit dem Zeitpunkte der letzten Nachricht angefangen werden, sondern erst mit dem Zeitpunkte des Inkrafttretens der neuen Rechtsordnung.[2]

Die zehn Jahre des § 14 B.G.B. müssen dann vom 1. Januar 1900 berechnet werden, selbst wenn die letzte Nachricht schon am 1. Januar 1890 oder früher eingetroffen war. Ebenso die fünf Jahre des § 14, Abs. 2 B.G.B., selbst wenn die letzte Nachricht schon früher eingetroffen war. Wenn also der siebzigjährige Greis schon seit 1890 verschollen ist, so muß doch bis zum 1. Januar 1905 gewartet werden, wenn die Todeserklärung nach den Vorschriften der neuen Rechtsordnung stattfinden soll. Die Todesvermutung greift dann frühestens mit dem Zeitpunkte des Inkrafttretens der neuen Rechtsordnung ein; s. oben S. 216, n. 4. § 19 B.G.B. findet keine Anwendung.[3]

Eine aus der alten Rechtsordnung stammende Verschollenheit kommt als Thatbestand der Gegenwart auch beim Aufgebot eines Grundstückes nach § 927, Abs. 1 B.G.B. in Betracht. Ohne Zweifel kann nach obigen Grundsätzen das Aufgebotsverfahren auch dann stattfinden, wenn die Verschollenheit schon unter der alten Rechtsordnung eintrat. Einer besonderen Übergangsbestimmung bedurfte es nicht.[4]

§ 57. Die Eheschließung.

Die Gültigkeit einer Ehe bestimmt sich in ihren Voraussetzungen und in ihrer Form nach der alten Rechtsordnung, wenn die Ehe unter deren Herrschaft geschlossen wurde;[5] diesen Grundsatz des gemeinen intertemporalen Privatrechtes hat sich auch das E.G. in Art. 198, Abs. 1 an-

---

[1] Aus anderen Gründen kommt Habicht zu demselben Ergebnis, S. 98 fg.

[2] S. oben § 27, S. 116 und S. 118, n. 4 g. E.

[3] Diese Grundsätze haben Habicht, Niedner u. s. w., übersehen, da sie den Zustandsthatbestand und dessen intertemporale Behandlung nicht kennen.

[4] Die zweite Kommission beschloß den § 927 B.G.B. in den jetzigen Art. 160 E.G. ausdrücklich aufzunehmen; Prot. 8984. Im Gesetze selbst ist die Aufnahme mit Recht nicht erfolgt. So auch Niedner, 2. Aufl., S. 309, 310, jedoch ohne theoretische Begründung.

[5] S. oben § 25, S. 102, n. 1.

geeignet.[1] Die Unterschiede zwischen der neuen und alten Rechtsordnung in Bezug auf die Voraussetzungen und Form der Eheschließung sind nicht sehr bedeutend.

Das B.G.B. hat die Voraussetzungen für die Eingehung der Ehe in der Hauptsache so beibehalten, wie sie im R.G. vom 6. Februar 1875 geordnet waren. Das Alter der Ehemündigkeit ist beim Manne erhöht und die Zulässigkeit einer Befreiung von dem Erfordernis der Volljährigkeit für ihn beseitigt. — Nach § 1304 B.G.B. bedarf auch der Volljährige, der in der Geschäftsfähigkeit beschränkt ist, der Einwilligung seines gesetzlichen Vertreters zur Eingehung der Ehe, während er nach den Vorschriften der alten Rechtsordnung davon befreit war. — Das Erfordernis der elterlichen Einwilligung besteht nach der neuen Rechtsordnung nur bis zum vollendeten 21. Lebensjahre, während es nach der alten Rechtsordnung für Söhne bis zum vollendeten 25. Lebensjahre, für Töchter bis zum vollendeten 24. Lebensjahre galt. — Bei Versagung der Einwilligung stand bisher einem volljährigen Kinde die Klage zu. Diese ist beseitigt und an ihre Stelle einem für volljährig erklärten, noch nicht 21 jährigen Kinde die Befugnis eingeräumt, das Vormundschaftsgericht anzugehen (§ 1308 B.G.B.; R.G. für Fr.G.G. § 53).

Intertemporale Rechtsfragen können insbesondere hinsichtlich der zweiten und dritten Änderung eintreten. Wie ist es nämlich, wenn unter der alten Rechtsordnung ein in der Geschäftsfähigkeit beschränkter Volljähriger zum Zwecke der Eheschließung das Aufgebot nach den Vorschriften derselben gültig vollzogen hatte; bedarf er dann unter der neuen Rechtsordnung der Nachbringung jener Einwilligung? R.A. nach nicht; denn es handelt sich um einen Verbindungsthatbestand, dessen erstes Glied bereits unter der alten Rechtsordnung gültig vollendet ist.[2]

Für die dritte Änderung ist es möglich, daß unter der alten Rechtsordnung ein Volljähriger gegen den Träger der elterlichen Gewalt auf Ersetzung der mangelnden elterlichen Einwilligung Klage erhoben hat, die noch zur Zeit des Inkrafttretens der neuen Rechtsordnung, sei es in erster, sei es in zweiter Instanz, schwebt. Die Klage ist auf Grund der neuen Rechtsordnung für überflüssig und damit erledigt zu erklären.[3] Die Prozeßkosten trägt der Kläger. Der Anspruch des Klägers ist durch die Änderung der Rechtsordnung hinfällig geworden. Diese ist ein Umstand, der dem Zufalle gleichzuachten ist und dessen Folgen der Kläger, der den Rechtsstreit angefangen, zu tragen hat.[4]

---

[1] S. über ihn Mot. zu Art. 117, S. 278, 279; Prot. S. 9057—9066; 9238 bis 9240 (Bd. VI, S. 526—532, 634, 635, 653, 654).

[2] S. oben § 31, S. 131, n. 2. Habicht verlangt a. a. O., S. 502, zwar nicht eine nochmalige Wiederholung des Aufgebotes, wohl aber eine Nachbringung der Einwilligung.

[3] Habicht a. a. O., S. 502 und Jakobi, Eherecht 2. Aufl., S. 60.

[4] S. Art. 56, S. 185, R.G. 20. Sept. 1900; vgl. dagegen K.G. 19. Juni 1900, Rsp. 1, S. 232, wonach die Kosten bis zur Änderung der Gesetzgebung dem Beklagten aufzuerlegen sind.

Die Voraussetzungen der Anfechtbarkeit und Nichtigkeit einer unter der alten Rechtsordnung geschlossenen Ehe bestimmen sich nach deren Vorschriften, insonderheit die für die Geltendmachung der Anfechtbarkeit und Nichtigkeit aufgestellten Ausschlußfristen.[1] Sie werden auch nicht durch Art. 198, Abs. 2 ausgeschlossen.[2] Art. 198, Abs. 2 E.G. kommt nur zur Anwendung, wenn die Ehe nach altem Rechte ungültig ist, nicht, wenn die Ehe durch Ablauf der altrechtlichen Ausschlußfriften gültig geworden ist, dabei ist es einerlei, ob die Fristen vor oder nach dem Inkrafttreten der neuen Rechtsordnung zu laufen begannen. Satz 2 des Art. 198, Abs. 2 will nur verhindern, daß die neue Frist, falls die Ehe nach altem Rechte ungültig ist, und daher das neue Recht zuständig wird, bereits von einem Zeitpunkte, der unter die alte Rechtsordnung fiel, gerechnet wird, so daß sie sich eher vollenden würde, als die längere Frist des gemeinen und französischen Rechtes.[3] Der Grundsatz läßt sich auch dahin ausdrücken, daß die Rechtswirksamkeit der Thatbestände, die geeignet waren, die ursprünglich anfechtbare oder nichtige Ehe zu einer gültigen, unanfechtbaren zu machen, nach der alten Rechtsordnung zu beurteilen ist.[4]

Umgekehrt wird die Rechtswirksamkeit derjenigen Thatbestände, die geeignet waren, die abgeschlossene Ehe zu einer ungültigen, anfechtbaren zu machen, nach der alten Rechtsordnung beurteilt. So ist eine unter der Herrschaft des Sächs. Gesetzes v. 1. Nov. 1875 (Sächs. B.G.B. § 1627) mit dem Ehebrecher abgeschlossene Ehe trotz der neuen Rechtsordnung § 1328 gültig, eine unter der Herrschaft des *Code civil Art.* 201, 202 abgeschlossene Putativehe trotz der neuen Rechtsordnung § 1345 rechtsbeständig. Thatbestände, die in den Augen der alten Rechtsordnung nur private Ehehindernisse bilden, bleiben auch unter der Herrschaft der neuen solange unberücksichtigt, als sie nicht geltend gemacht werden.[5]

§ 58. Der gesetzliche eheliche Güterstand.

Gesetzgebung, Rechtsprechung und Litteratur stimmen darin überein, daß der unter der alten Rechtsordnung begründete gesetzliche Güterstand auch unter der neuen nach den Vorschriften der ersteren zu beurteilen ist. Auch die französische Jurisprudenz erkannte diesen Satz an und be-

---

[1] S. oben § 25, S. 103, n. 1.

[2] So richtig K.G. 6. Februar 1901, Rsp. 2, S. 165; s. auch O.L.G. Hamburg, 3. Nov. 1900, Rsp. 2, S. 167. Das Urteil des K.G. wurde vom R.G. 9. Mai 1901 bestätigt; E. 48, S. 158 fg.

[3] Prot. Bd. VI, S. 528 und 529; s. auch unten § 76.

[4] So das ang. Urteil des R.G.; s. E. 48, S. 161, 162. *Der Ablauf der im Gesetz für die Geltendmachung eines Eheanfechtnngsanspruches bestimmten Ausschlußfrist* ist ein solcher Thatbestand.

[5] Vgl. *Code civil Art.* 189 mit § 1326 B.G.B.; ferner §§ 1623, 1624, Sächs. B.G.B. mit § 1325 B.G.B. u. s. w. S. auch Niedner, 2. Aufl., S. 417.

gründete ihn mit der Annahme eines stillschweigenden Vertrages.[1] Da das eheliche Güterrecht eigentlich nur die vermögensrechtliche Wirkung des personenrechtlichen Ehebandes ist, so hätte die französische Jurisprudenz, welche die angeborene Ausschließlichkeit der *statuts personnels* annimmt, die Zuständigkeit der neuen Rechtsordnung behaupten müssen.[2]

Auch das E.G. hat sich dieser intertemporalen Rechtswahrheit in Art. 200 angeschlossen.[3] Innerhalb des Rechtsgebietes des deutschen Reiches müssen wir aber unterscheiden zwischen dem intertemporalen Güterrechte der Reichsgesetzgebung und dem der Landesgesetzgebung.

A. Reichsrecht. Die intertemporale Rechtsfrage, welcher Güterstand überhaupt für eine bereits bestehende Ehe eingetreten ist, beantwortet sich nach der alten Rechtsordnung.[4] Nach Art. 15 E.G. wird der Güterstand nach den deutschen Gesetzen beurteilt, wenn der Ehemann zur Zeit der Eheschließung ein Deutscher war. Dieser Grundsatz vermag aber nicht, die intertemporale Hauptregel aufzuheben. Ist daher die Ehe schon vor dem Inkrafttreten der neuen Rechtsordnung von einem im Auslande wohnenden Deutschen geschlossen worden, so ist nach dem damals in Deutschland herrschenden internationalen Privatrechte die Frage zu beurteilen, welcher Güterstand eingetreten ist. Wir stoßen hier auf einen Zweig des Rechtes der Rechtsordnungen und zwar auf ein intertemporales Recht der örtlichen bürgerlichen Anwendungsnormen.[5]

Durch den Art. 200 E.G. tritt im organischen Sinne eine Fortwirkung der alten Güterrechtsordnung im breitesten Umfange ein. Das E.G. war nicht so engherzig wie der württembergische Gesetzgeber bei Einführung des Landrechts I, II und III; sondern es schloß sich dem Beispiele des württembergischen Gesetzgebers vom Jahre 1814 an.[6]

Eine Fortwirkung tritt zunächst ein für das Güterrechtsverhältnis während der Ehe. Die alte Rechtsordnung beherrscht die Rechte der Ehegatten an dem beiderseitigen Vermögen, dem gemeinschaftlichen und dem Sondervermögen, der Fahrnis und den Liegenschaften, die reale und personale Haftung für die vorehelichen und ehelichen Sonder- und Ge-

---

[1] S. oben § 21, S. 86, n. 11 und § 32, S. 135, n. 5.

[2] So in der That Gierke a. a. O., S. 202.

[3] S. die ausführliche Begründung in den Mot. zum E.G. S. 280—286. Prot. S. 9071—9090 (Bd. VI, S. 535—545).

[4] Der Unterschied zwischen Güterstand und Güterrecht ist derselbe wie zwischen Rechtsverhältnis und Rechtsordnung. Güterrecht ist der Inbegriff der Rechtssätze, die die vermögensrechtlichen Folgen der Ehe unter den Gatten und zu Dritten regeln; Güterstand dagegen das auf Grund dieser Rechtsordnung für die einzelne Ehe eintretende Rechtsverhältnis. Die Fassung des Art. 15 E.G. ist daher nicht ganz korrekt.

[5] S. oben § 15, S. 62, n. 1 und meinen Aufsatz in der Bad. Rechtspraxis 1902, Nr. 11, S. 154 und meine Abhandlung in Grünhuts Zeitschr. f. pr. u. öff. Recht Bd. 30, S. 141. Habicht gelangt a. a. O., S. 513 zum richtigen Ergebnis. A. M. Kahn in Jherings Jahrb. 42, S. 345, n. 2 und Niedner, 2. Aufl., S. 295.

[6] S. oben § 23, S. 90, n. 4 und 92, n. 1 und § 32, S. 135, n. 1 g. E.

samtschulden, die Beschränkungen in der Verfügungsgewalt der Eheleute, insonderheit die Zulässigkeit letztwilliger Verfügungen,[1] die Kostentragungs- und Vorschußpflicht des Ehemannes.[2]

Die Fortwirkung der alten Rechtsordnung ergreift auch das Rechtsverhältnis bei Aufhebung des Güterstandes oder bei Auflösung der Ehe. Somit die Voraussetzungen, unter denen die Aufhebung des Güterstandes kraft Gesetzes eintritt oder einseitig begehrt werden kann, einerlei, ob die Auflösung der Ehe durch Tod, Ungültigkeitserklärung, Scheidung oder Aufhebung der ehelichen Gemeinschaft erfolgt; die Art der Auseinandersetzung und die Wirkungen der Aufhebung des Güterstandes oder der Auflösung der Ehe, wie die Anordnung, was an Stelle des aufgehobenen Güterstandes treten solle. Insbesondere greifen auch die Vorschriften der neuen Rechtsordnung nicht Platz, welche für den schuldigen Ehegatten bei der Auseinandersetzung besondere Rechtsnachteile festsetzen, selbst wenn die Scheidung nach dem Inkrafttreten erfolgt. Die Ausschlußklausel des Art. 201 E.G. schlägt hier nicht ein. Nur wirkliche Ehescheidungsstrafen unterliegen ihr.[3] Aufrecht bleibt insbesondere das der Ehefrau oder deren Erben zustehende Recht, sich bei Aufhebung der Gütergemeinschaft derselben zu entschlagen. So nach *Code civil Art.* 1453. Dieses Recht bleibt selbst dann bestehen, wenn durch nachträglichen Ehevertrag die Gütergemeinschaft geändert wird, falls der Ehevertrag das Recht nicht ausdrücklich ausschließt.[4]

Die Fortwirkung der alten Rechtsordnung erfaßt nicht bloß den Güterstand, der zur Zeit des Inkrafttretens der neuen Rechtsordnung in einer Ehe besteht, sondern auch die späteren Veränderungen in diesem Güterstande, die durch Vertrag, Urteil oder involuntare Thatbestände entstehen. Denn Art. 200 E.G. läßt die Fortwirkung der alten Rechtsordnung nicht bloß für den beim Inkrafttreten der neuen Rechtsordnung bestehenden Güterstand zu, sondern für die in diesem Zeitpunkte bestehende Ehe mit ihrem jeweiligen Güterstande.[5] Auch ein nach dem Inkrafttreten der neuen Rechtsordnung unter den altverheirateten Ehegatten abgeschlossener Vertrag steht daher, sowohl seiner Form als seinem Inhalte nach, grundsätzlich noch unter dem Einflusse der alten Rechtsordnung. Daher haben zutreffend einige Ausführungsgesetze sich der Ausschlußklausel bedient, um den Vertrag der neuen Rechtsordnung zu unterwerfen. Sie haben ausdrücklich bestimmt, daß die Abschließung oder Abänderung eines Ehevertrages nach dem 1. Januar 1900 in Ansehung der Zulässigkeit, der Form und der Wirkungen den Bestimmungen des B.G.B. über Eheverträge unterliege; so Meiningen, Gesetz über das

---

[1] S. Gesch. § 65, S. 469, n. 1.

[2] Im Zweifel ist sie als Wirkung des Güterrechtes anzusehen. Abweichend Niedner, 2. Aufl., S. 424.

[3] S. unten § 59. So richtig Niedner, 2. Aufl., S. 425.

[4] S. auch den badischen Entw. S. 9, welcher die Frage für zweifelhaft erklärt.

[5] So richtig Habicht a. a. O., S. 514.

eheliche Güterrecht, § 38; Coburg-Gotha, A.G. Art. 42, § 87. Ebenso richtig ist es, wenn die Landesgesetzgeber ausdrücklich vorschreiben, daß ein Güterstand, für den die alte Rechtsordnung in Kraft bleibt, durch Ehevertrag nur nach Maßgabe des B.G.B. aufgehoben oder geändert werden könne; Preußen, Art. 62; Bayern, Ü.G. Art. 27; S.-Altenburg, § 99; Waldeck, Art. 28; Reuß ä. L., § 114; Schaumb.-Lippe, § 33.[1]

Als Folgen der Fortwirkung der alten Rechtsordnung werden vom Art. 200 E.G. namentlich angeführt: die Fortherrschaft über die erbrechtlichen Wirkungen des Güterstandes; über das Verfahren bei Vermögensabsonderungen unter Ehegatten und endlich (Abs. 3) über die Geschäftsfähigkeit der Ehefrau, sofern sie nach der alten Rechtsordnung infolge des Güterstandes oder der Ehe in der Geschäftsfähigkeit beschränkt ist, solange der bisherige Güterstand besteht.

Die erste Folge ist in der Geschichte des intertemporalen Privatrechtes berühmt. Ihre Verweigerung hatte intertemporale Rechtskämpfe in Württemberg zur Folge. Die Frage, ob es erbrechtliche Wirkungen des Güterstandes gebe, ist gerade im Hinblick auf das württembergische Landrecht entschieden zu bejahen; s. Gesch. § 31, S. 179 fg. und § 54, S. 378 fg. Sie verursachte im 19. Jahrhundert eine reiche Rechtsprechung, die sie überwiegend bejahte.[2] Es läßt sich auf Grund der Rechtsprechung und den Erfahrungen in Württemberg der Satz aufstellen, daß nach den deutschrechtlichen ehelichen Gütersystemen das gegenseitige Erbrecht der Ehegatten immer als eine Wirkung des Güterstandes zu betrachten ist.[3]

Die erbrechtlichen Wirkungen des Güterstandes erstrecken sich auch auf das Recht der gemeinsamen Kinder am Nachlasse des Überlebenden.[4]

Art. 200 E.G. erwähnt besonders die Vorschriften der französischen und badischen Gesetze über das Verfahren bei Vermögensabsonderungen unter Ehegatten. Der Grund dieser namentlichen Anführung liegt darin,

---

[1] A. M. Habicht, der ohne Ausschlußklausel den §§ 1433, 1434 B.G.B. die Ausschließlichkeit verleihen will. An Habicht schließt sich auch Niedner an, S. 317, n. 4. — Über den Abs. 2 des Art. 200 E.G. s. unten § 70. S. auch oben § 11, S. 44, n. 1. Es zeigt sich auch hier, daß der deutsche Landesgesetzgeber das intertemporale Privatrecht besser kennt und handhabt, als Richter und Schriftsteller.

[2] S. Gesch. § 64, S. 441, n. 2 und § 65, S. 469, n. 1. Es ist daher verwunderlich, wenn Habicht a. a. O., S. 517 behauptet: *„Bisher war dieser Unterschied nur selten von Bedeutung. . . .*

[3] Habicht nimmt a. a. O. zur Entscheidung darüber, ob eine erbrechtliche Bestimmung der alten Rechtsordnungen eine güterrechtliche sei, das internationale Privatrecht zu Hülfe. Dies konnte er nur in Unkenntnis der Geschichte des intertemporalen Privatrechtes thun. Ausgehend von dieser falschen Voraussetzung gelangt er zu unrichtigen Folgerungen.

[4] So richtig O.L.G. Stettin, 7. Dez. 1901, Rsp. 4, S. 136, 137. Vgl. auch K.G. 24. März 1902, Rsp. 4, S. 444, 445.

daß das E.G. z. C.P.O. vom 30. Januar 1877 im § 15, Nr. 5 das Verfahren bei Vermögensabsonderungen unter Eheleuten nach den Vorschriften des französischen und badischen Rechtes ausdrücklich beibehielt, während es das E.G. zum Gesetz betr. Änderung der C.P.O. v. 17. Mai 1898, Art. 2, Nr. 3 beseitigt hat. Durch die Erwähnung im Art. 200 E.G. sollte jeder Zweifel darüber ausgeschlossen werden, ob damit jenes Verfahren auch für die schon bestehenden Ehen beseitigt sein sollte, ein Beweis, daß der Gesetzgeber den intertemporalen Rechtskenntnissen der Gerichte noch immer nicht traut;[1] der Grund liegt nicht darin, daß die Vorschriften über das Verfahren eine angeborene Ausschließlichkeit besitzen.[2]

Es ist ein Ausfluß der älteren Rechtsregel, daß das Beschränktsein in der Geschäftsfähigkeit, m. a. W. die Bevormundung einer Person, wie sie unter der alten Rechtsordnung eingetreten ist, zunächst auch unter der neuen Rechtsordnung fortdauern muß, bis sie regelrecht aufgehoben wird. Diesen weisen intertemporalen Grundsatz hat auch das E.G. in besonderer Anwendung auf die altverheirateten Ehefrauen anerkannt.[3] Das E.G. hat damit der alten Rechtsordnung eine bedeutende Einräumung gemacht; denn die neue Rechtsordnung kennt keine Beschränkung in der Geschäftsfähigkeit einer Ehefrau, sondern nur eine sachliche Beschränkung der Verfügungsgewalt. Die alte Rechtsordnung kannte, abgesehen vom Dotalsystem bei allen Güterständen eine Beschränkung der Geschäftsfähigkeit der Ehefrau. Nach französischem und badischem Rechte stand die Ehefrau geradezu unter der Vormundschaft ihres Mannes. Da es aber nach bisherigem Rechte nicht außer Zweifel stand, ob die Beschränkung in der Geschäftsfähigkeit eine Folge des Güterstandes oder nur der Eheschließung sei, so sagt das E.G. Art. 200, Abs. 3 ausdrücklich, daß auch die Beschränkung in der Geschäftsfähigkeit infolge der Ehe in Kraft bleibt. Dies ist von Wichtigkeit für die Ehefrau nach französischem und badischem Rechte, Art. 215—225 *Code*, welche auch für Rechtsgeschäfte, die außerhalb des ehemännlichen Verwaltungsrechtes stehen, in der Geschäftsfähigkeit beschränkt ist.[4] Durch Art. 200, Abs. 3 ist infolgedessen auch aufrecht erhalten die Beschränkung in der Geschäftsfähigkeit, welche Art. 7 und 8, Abs. 1 des alten H.G.B. aufstellen.[5] Aufrecht bleibt auch als eine rein güterrechtliche Vorschrift

---

[1] S. oben § 8, S. 28, n. 1 und § 11, S. 44, n. 5.

[2] So Niedner, 2. Aufl., S. 307, 425. Das nähere gehört in den intertemporalen Civilprozeß.

[3] Ob auch in andern Fällen, darüber siehe unten §§ 62 und 80.

[4] S. auch unten S. 228, n. 1. Ebenso Habicht, 3. Aufl., S. 541. Niedner, 2. Aufl., S. 423.

[5] Art. 199 kommt hier nicht zur Anwendung. So Staub, H.G.B., S. 37; Stranz-Gerhard, S. 275; Lehmann a. a. O., S. 48; A. M. Niedner, 2. Aufl., S. 423, Förtsch, Das Recht 1900, S. 346.

der Art. 8, Abs. 2 des alten H.G.B.[1] Sie wird auch durch intertemporales Landesrecht nicht berührt, da sie Reichsrecht ist.[2]

Die Beschränkung in der Geschäftsfähigkeit der Ehefrauen aber steht und fällt mit dem alten Güterstande, sofern seine Aufhebung unter der Herrschaft der neuen Rechtsordnung erfolgt. Es genügt jedoch nicht, eine vertragsmäßige Abänderung, sondern es muß eine Aufhebung des Güterstandes erfolgen, z. B. auf Grund einer Klage der Frau auf Gütersonderung; so nach französischem Rechte. Hätte die Frau jedoch vor dem Inkrafttreten der neuen Rechtsordnung die Gütersonderung herbeigeführt, so würde sie trotzdem auch nach dem Inkrafttreten in der Geschäftsfähigkeit beschränkt sein.[3]

B. Landesrecht. In den Motiven zum Entwurfe I des E.G. wie auch bei den Beratungen des E.G. in zweiter Lesung kam der Gedanke zum Ausdruck, daß der Reichsgesetzgeber von einer Überleitung der alten Güterstände in die neuen absehen müsse, da zu große Schwierigkeiten im Wege ständen. Es wurde jedoch ausgesprochen, daß die Landesgesetzgebung nicht bloß unbehindert sein solle, ihrerseits eine solche Überleitung vorzunehmen, Art. 218 E.G.; sondern es sei geradezu wünschenswert, daß sie dies thue. Ein unangemessener Gebrauch der Ermächtigung sei nicht zu besorgen.[4] Die Meinung des Reichsgesetzgebers ging nun ohne Zweifel dahin, daß jeder Bundesstaat nur diejenigen Güterstände überleiten solle, welche sich nach seinem Rechte bestimmen, nicht nach dem Rechte eines fremden Bundesstaates oder gar eines reichsfremden Staates.[5]

Leider ist der Gesetzgeber in einzelnen Bundesstaaten weit über diese Grenze hinausgegangen, unter Verletzung der Hauptregel des internationalen und intertemporalen Rechtes und auch der Schranke, die der Reichsgesetzgeber der Landesgesetzgebung gesetzt hat, indem er im Art. 15 E.G. den Grundsatz der Unwandelbarkeit des Güterstandes aufstellte.[6]

Die Bundesstaaten haben meistens im Sinne eines gemischten intertemporalen Systems, teils in den allgemeinen Ausführungsgesetzen zum B.G.B., teils in besonderen Gesetzen zum Ehegüterrecht, Überleitungsvorschriften zum neuen ehelichen Güterrechte gegeben.[7] — Man kann die Ausführungsgesetze in drei große Gruppen einteilen. Erste Gruppe: Württemberg, Art. 260—264, durch Erfahrung gewitzigt, unterwirft

[1] So richtig Niedner, 2. Aufl., S. 424; Förtsch a. a. O.; A. M. Cosack, H.R. S. 768.

[2] So richtig Niedner a. a. O.; Stanz-Gerhard, S. 275.

[3] So richtig Habicht a. a. O., S. 517.

[4] S. Mot. S. 285 fg. und Prot. 443, Nr. I, Bd. VI, S. 535—541.

[5] So auch Kahn in Jherings Jahrb. 42, S. 333 und meine Abhandlung in Grünhuts Ztschr. für priv. u. öff. Recht Bd. 30, S. 147 fg.

[6] S. unten und Kahn a. a. O., S. 336 fg. insbes. 344 und meine Abh. a. a. O., S. 152, n. 73.

[7] S. auch oben § 43, S. 169, n. 8 und unten § 88.

nur die vertragsmäßige allgemeine Gütergemeinschaft der neuen Rechtsordnung, insofern auf sie im Zweifel die Bestimmungen des B.G.B. über fortgesetzte Gütergemeinschaft Anwendung finden. Baden begnügte sich anfangs einige erbrechtliche Wirkungen der bisherigen Güterstände zu beseitigen und dem § 1435 B.G.B. vom Jahre 1905 an Ausschließlichkeit zu geben. Art. 41 des A.G. vom 17. Juni 1899. Die Regierung hat aber am 3. Januar 1902 den Ständen einen Gesetzesentwurf vorgelegt, der *die Ueberleitung der ehelichen Güterstände des älteren Rechts in das Reichsrecht* herbeiführen soll. Das Gesetz ist am 4. August 1902 zu stande gekommen.[1] Die Überleitung erfolgt vom 1. Januar 1903 an.[2] Braunschweig läßt die alte Rechtsordnung bestehen für vertragsmäßige Güterstände, sowie für das Anwendungsgebiet des bäuerlichen ehelichen Güterrechtes; nur den gesetzlichen Güterstand unterwirft es den Bestimmungen des B.G.B. über Gütertrennung; s. Ausf.-Ges. 73. Auch Lippe § 35 Ausf.-Ges. läßt die alte Gütergemeinschaftsordnung für Ehen mit allgemeiner Gütergemeinschaft gewähren und für die Ehen mit Gütertrennung, wenn die Ehegatten innerhalb eines Jahres[3] erklären, daß sie die alte Rechtsordnung beibehalten wollen. Lippe, Mecklenburg-Schwerin und Anhalt lassen die Überleitung erst vom 1. Januar 1901 an erfolgen.

Zweite Gruppe: Sachsen, S.-Weimar, Oldenburg, Anhalt, Schaumburg-Lippe; Hamburg, Lübeck, Bremen halten sich genau an die Grenzen der reichsgesetzlichen Ermächtigung und leiten nur diejenigen Ehen, welche einen einheimischen gesetzlichen Güterstand besitzen, in die Güterstände der neuen Rechtsordnung über; alle übrigen Güterstände lassen sie unberührt.

Dritte Gruppe: Die übrigen Staaten, Preußen, Bayern, Hessen, S.-Meiningen, S.-Altenburg, S.-Coburg-Gotha, Schwarzburg-Rudolstadt, Schwarzburg-Sondershausen, Waldeck, Reuß ä. L., Reuß j. L., Elsaß-Lothringen geben Überleitungsvorschriften nicht nur für die Ehen, welche sich nach einheimischen Güterrechten richten, sondern auch für diejenigen, die nach dem gesetzlichen Güterrechte eines andern deutschen Staates leben. Diese Staaten, an welche sich nachträglich auch Baden angeschlossen hat, haben die Grenzen der Ermächtigung, wie sie ihnen Art. 218 gab, überschritten.[4]

Für das persönliche Herrschaftsgebiet des intertemporalen Landesrechtes wird von den Gesetzgebern für die ehelichen Güterstände im Widerspruche mit der reichsgesetzlichen Ermächtigung das Territoriali-

---

[1] S. Nr. 26 des Gesetzes und Verord.-Blattes 1902, S. 235—239.

[2] § 25 des Ges. S. darüber meinen Aufsatz in der Bad. Rechtspraxis 1902, Nr. 8, S. 114.

[3] Niedner, 2. Aufl., S. 426 behauptet irrtümlich bis zum 1. Januar 1900.

[4] S. Kahn a. a. O. und meine Abhandlung in Grünhuts Zeitschr. S. 158 fg.

tätsprinzip aufgestellt.[1] Darnach umfaßt das persönliche Herrschaftsgebiet des jeweiligen intertemporalen Landesrechtes zunächst die Ehegatten, welche beim Inkrafttreten der neuen Rechtsordnung den Wohnsitz im Territorium haben, selbst dann, wenn deren Güterstände auf der Gesetzgebung eines anderen Bundesstaates beruhen, wenn also die Ehegatten den ersten Wohnsitz nicht in ihrem Territorium gehabt haben. Dies gilt auch dann, wenn die Ehegatten erst nachträglich ihren Wohnsitz in das Territorium verlegen, vorausgesetzt, daß die Abänderung des alten Güterstandes nicht schon kraft der Gesetzgebung eines anderen Staates erfolgt ist.[2] Den richtigen Standpunkt nimmt das badische Ausf.-Ges. vom 17. Juni 1899, Art. 41 und § 2 des Gesetzes vom 4. August 1902 ein. Das badische intertemporale Landesrecht soll grundsätzlich nur die Güterstände beherrschen, welche sich entweder kraft Gesetzes oder Ehevertrages nach dem Badischen Landrecht richten.

Die Frage nach dem persönlichen Herrschaftsgebiete des intertemporalen Landesrechts ist eine Frage des internationalen Rechtes der zeitlichen bürgerlichen Anwendungsnormen.[3]

Die Frage aber, welches internationale Recht soll der Gesetzgeber oder der Richter anwenden, um das zuständige intertemporale Landesrecht zu bestimmen, das neue im E.G. zum B.G.B. Art. 7—30 enthaltene oder das alte in seinem Rechtsgebiet bis jetzt geltende internationale Recht, ist eine Frage des intertemporalen Rechtes der örtlichen bürgerlichen Anwendungsnormen.[4] Dieses entscheidet gemäß der älteren Rechtsregel, daß für die Thatbestände, die von der alten internationalen Rechtsordnung ergriffen wurden, das alte internationale Recht Anwendung zu finden habe.[5]

Die wissenschaftlich richtige Lösung der Frage nach dem persönlichen Herrschaftsgebiete des jeweiligen intertemporalen Landesrechtes hinsichtlich der Güterstände altverheirateter Ehegatten wäre also folgende: Der Landesgesetzgeber hat nach dem in seinem Rechtsgebiete bis jetzt in Geltung befindlichen internationalen Privatrechte zu bestimmen, welche Güterstände seiner eigenen intertemporalen Gesetzgebung unterliegen. In den Ländern des französischen Civilrechtes und des badischen Landesrechtes gilt das Nationalitätsprinzip, also wäre hier die Antwort die richtige: Die Staatsangehörigen altverheirateten Ehegatten unterliegen

---

[1] Dem Territorialitätsprinzip folgen Preußen, Art. 44 und 57; Bayern, Art. 19, 20, 21; Hessen, Art. 230, Abs. 1 und 2; Elsaß-Lothringen § 163 fg.

[2] Preußen, Art. 65; Bayern, Art. 23; Hessen, Art. 264; Elsaß-Lothringen, § 165.

[3] S. Abhandlung in Grünhuts Ztschr. S. 146, n. 58.

[4] S. Abhandlung in Grünhuts Ztschr. S. 141.

[5] S. oben § 15, S. 62, n. 1. In diesem Sinne entschied auch O.L.G. Karlsruhe für Baden in seinem Urteil vom 4. Febr. 1901; vgl. bad. Entwurf S. 38; s. auch Heinsheimer in der bad. Rechtspraxis 1901, S. 313; dagegen Fuchs ebenda; Dorner, Komm. zum bad. A.G. Art. 2, n. 5 fg. Vgl. auch meinen Aufsatz in der Bad. Rechtspraxis 1902, Nr. 11, S. 154.

der intertemporalen Landesgesetzgebung, eine Antwort, wie sie im badischen Ausf.-Ges. Art. 41 vom 17. Juni 1899 wirklich gegeben wurde. In den Ländern des Domizilprinzipes mit dem Grundsatze der Unwandelbarkeit des Güterstandes dagegen: Diejenigen altverheirateten Ehegatten, die ihr erstes Domizil im Lande gehabt haben.

Für die übrigen Güterstände, die nach dieser Feststellung nicht unter sein intertemporales Privatrecht fallen, hätte der Gesetzgeber es dem Richter überlassen sollen zu untersuchen, ob und welche alte internationale Kollisionsnorm den Güterstand ergriffen, um darnach die Landesgesetzgebung festzustellen, die von der Norm berufen war zur Prägung des Güterstandes. Der gleichen intertemporalen Gesetzgebung untersteht dann auch der Güterstand.

Diesen wissenschaftlich richtigen Standpunkt haben aber die deutschen Staaten nicht eingenommen, wohl aus dem Grunde, weil die Wissenschaft diese Frage bis jetzt kaum gestreift hatte und das Dasein eines intertemporalen Rechtes der örtlichen bürgerlichen Kollisionsnormen und umgekehrt eines internationalen Rechtes der zeitlichen bürgerlichen Kollisionsnormen noch nicht einmal geahnt wurde. Die Staaten haben sich so geholfen: Sie haben weder das alte internationale Recht ihres Rechtsgebietes noch das neue des E.G. Art. 7—30 angewandt, sondern ein neues eigens dazu geschaffen. Auch das badische Gesetz vom 4. August 1902 beschreitet diesen Weg in § 1 mit vollem Bewußtsein seiner Unwissenschaftlichkeit, jedoch aus anerkennenswerten praktischen Rücksichten.[1] Es adoptiert das Domizilprinzip, trotz des bis jetzt geltenden und des neuen Nationalitätsprinzips des E.G., welches das badische Ausf.-Ges. v. 17. Juni 1899 in Art. 2 ausdrücklich angenommen hatte. M. a. W. der bad. Gesetzgeber schafft ein neues internationales Privatrecht eigens zu dem Zwecke der intertemporalen Regelung der Güterstände, welches weder mit dem alten noch mit dem neuen übereinstimmt und verleiht ihm auf Grund der vorliegenden materiellen Voraussetzung die Ausschließlichkeit.[2]

Namentlich sind es die Gebiete des französischen Rechtes, für welche das intertemporale Landesrecht eine Unterwerfung unter das neue eheliche Güterrecht bezweckt. Preußen, Art. 56, §§ 2, 6, 8; Bayern, Art. 124, 136, 137; Hessen, Art. 243, 245, 251, 252; Birkenfeld, §§ 44, 55, 56; Elsaß-Lothringen, §§ 144, 157, 158; Baden, Gesetz vom 4. August 1902, §§ 2 fg.[3]

Durch die Ausschließlichkeit der neuen Rechtsordnung wird die nach französischem Rechte unter der Vormundschaft des Mannes stehende Ehefrau von der Beschränkung in der Geschäftsfähigkeit befreit. Diese Befreiung der altverheirateten Ehefrauen und ihre Gleichstellung mit den

[1] S. Entwurf S. 39.
[2] S. unten § 89.
[3] S. oben § 17, S. 68, n. 6.

neuverheirateten war einer der Hauptgründe der Ausschlußklausel.[1] Eine Ausnahme macht Elsaß-Lothringen § 150, Abs. 1. Es erklärt die Einwilligung des Mannes zu jeder Ausschlagung einer Erbschaft oder eines Vermächtnisses durch die Frau, sowie zu jedem Verzicht auf ihr gesetzliches Erbrecht für erforderlich, gleichgültig, ob der Erbfall vor oder nach dem Inkrafttreten des B.G.B. eingetreten oder das Vermächtnis vor oder nach diesem Zeitpunkte angefallen ist. Diese Bestimmung ist ein Ausfluß der älteren Regel. Mit der Lehre von den erworbenen Rechten kann sie nicht erklärt werden, sondern nur mit dem Grundsatze des Schutzes objektiver Rechtsverhältnisse.[2]

Trotz der Ausschließlichkeit der neuen Rechtsordnung ist an dem Grundsatze, daß die rechtshängigen Sachen davon auszunehmen sind, ausdrücklich festgehalten worden.[3] Eine Folge dieses Grundsatzes ist, daß die Aktiv- und Passivlegitimation bei hängigen Sachen nach der alten Rechtsordnung zu beurteilen sind; desgleichen die Pflicht des Ehemannes zur Kostentragung.[4]

Den Vorschriften der neuen Rechtsordnung über die fortgesetzte Gütergemeinschaft ist die Ausschließlichkeit versagt, weil diese Rechtseinrichtung dem französischen Rechte unbekannt war. Sie tritt daher nur ein, wenn sie ausdrücklich vereinbart wird.[5] Das von der französischen Rechtsordnung der altverheirateten Ehefrau gewährleistete Recht auf Vermögensabsonderung verbleibt ihr auch während eines Jahres nach Inkrafttreten der neuen Rechtsordnung, sofern der Thatbestand, auf welche sich das Recht stützt, noch unter der alten Rechtsordnung eingetreten ist.[6]

Ansprüche der Ehegatten untereinander und Dritter gegen sie bleiben unberührt, sofern sie unter der Herrschaft der alten Rechtsordnung entstanden sind. Nur die Geltendmachung der Ersatzansprüche der Ehegatten beherrscht die neue Rechtsordnung.[7] Sie bestimmt also, ob die

---

[1] S. unten § 88. — Preußen, Art. 56, § 10; Bayern, Art. 139, Abs. 2; Hessen, Art. 260, Ab. 1; Elsaß-Lothringen, § 160, Abs. 1; Birkenfeld, § 59; Baden, Ges. v. 4. Aug. 1902, §§ 20 und 22.

[2] S. oben § 39, S. 161, n. 5 und § 54, S. 206, n. 1. Vgl. auch Beilage zum bad. Entwurf S. 28.

[3] S. oben § 12, S. 50, n. 1. Preußen, Art. 59, § 6, Abs. 1; Bayern, Art. 130; Baden, Ges. v. 4. Aug. 1902, § 19. Vgl. auch meinen Aufsatz in der Bad. Rechtspraxis 1902, Nr. 13, S. 184.

[4] So Niedner, 2. Aufl., S. 439; Stranz-Gerhard, S. 392, 290; s. auch Habicht, S. 550.

[5] Preußen, Art. 56, § 3, Abs. 2; Bayern, Art. 124, Abs. 4; Hessen, Art. 249; Elsaß-Lothringen, § 155; Birkenfeld, § 53; Baden, Ges. v. 4. Aug. 1902, § 12.

[6] Preußen, Art. 56, § 4, Abs. 2; Bayern, Art. 131, 132; Hessen, Art. 239, 240; Elsaß-Lothringen, §§ 151, 152; Birkenfeld, §§ 50, 51; Baden §§ 10 und 11.

[7] Preußen, Art. 59, § 3, Abs. 1 u. § 4; Bayern, Art. 126, Abs. 4 u. Art. 128; Hessen, Art. 235, Abs. 2 u. Art. 237; Elsaß-Lothringen, § 146, Abs. 2 u. § 148; Birkenfeld, § 46, Abs. 2 und § 48; Baden, § 7.

Ersatzansprüche schon während der Ehe, oder, wie es regelmäßig nach der alten Rechtsordnung der Fall war, erst nach Beendigung der Ehe geltend gemacht werden können.[1]

Die Überleitung erfolgt grundsätzlich mit Ausschließung der erbrechtlichen Wirkungen des alten ehelichen Güterrechtes. Eine Reihe von Ausf.-Ges. sprechen das ausdrücklich aus.[2] Zu Gunsten der alten Rechtsordnung gelten aber bedeutende Ausnahmen mit vier Abstufungen: Preußen und Rudolstadt halten die bisherigen erbrechtlichen Wirkungen des Güterstandes ausdrücklich aufrecht. — Bayern, Hessen, Mecklenburg halten das bisherige Recht zum Teil aufrecht, indem sie in vielen Bestimmungen darauf verweisen. — S.-Meiningen, S.-Coburg-Gotha, Schwarzburg-Sondershausen, Hamburg, Bremen stellen zwar neue erbrechtliche Wirkungen auf, aber nicht im Sinne der neuen Rechtsordnung, sondern in wesentlicher Übereinstimmung mit der alten Rechtsordnung. — Sachsen, Oldenburg-Birkenfeld, Weimar, Elsaß-Lothringen lassen zwar die Grundsätze der neuen Rechtsordnung gelten, bestimmen aber, daß die besonderen erbrechtlichen Wirkungen des Güterstandes, soweit sie durch die neue Rechtsordnung aufgestellt sind, nur eintreten sollen, wenn sie vereinbart sind.[3] Ein Meistbegünstigungsrecht[4] in Bezug auf die erbrechtlichen Wirkungen gewährt Bayern, Art. 80, 81, 85, 86; ein intertemporales Optionsrecht[5] Preußen, Art. 46, § 3, Art. 50, § 3, Art. 51, § 4, Art. 52, § 2, Art. 53, § 6, Art. 54, § 4, Art. 55, § 3; Hessen, Art. 179, Abs. 4 u. 5; S.-Meiningen, §§ 13, 15, Abs. 2 u. 3; S.-Coburg-Gotha, Art. 42, §§ 13, 15.

Die Rechtsprechung hat sich bis jetzt wenig mit dem intertemporalen Landesgüterrecht beschäftigt.[6]

§ 59. Wirkungen der Ehescheidung oder der Trennung von Tisch und Bett und der Auflösung der Ehe durch Todeserklärung zwischen den Ehegatten.

Auf Grund des Art. 202 E.G.[7] bleibt die alte Rechtsordnung maßgebend für die Wirkungen einer beständigen oder zeitweiligen Trennung von Tisch und Bett, auf welche unter ihrer Herrschaft erkannt worden

---

[1] Vgl. z. B. Preußen, Art. 59, § 4. So richtig Niedner, 2. Aufl., S. 439.

[2] S.-Meiningen, § 1. — S.-Coburg-Gotha, Art. 42, § 1; Hamburg, § 1; Bremen, § 1.

[3] Über den Ehevertrag s. unten § 70.

[4] S. oben § 16, S. 65, n. 1.

[5] S. oben § 16, S. 65, n. 2. Vgl. auch a. a. O., S. 66, n. 3.

[6] Anzuführen ist O.L.G. Stettin, 7. Febr. 1902. Es beantwortet die Frage, welches Güterrecht galt gesetzlich in Wolgast und wie ist dieses übergeleitet? Rsp. 4, S. 445, 446.

[7] S. Prot. S. 9066—9071; 9240—9241; (Bd. VI, S. 532—535, 635).

ist. Dasselbe ist auch für die Ehescheidung, hinsichtlich der Ehegatten anzunehmen.[1]

Zwischen der alten und neuen Rechtsordnung bestehen in Bezug auf die Wirkungen der Ehescheidung bedeutende Verschiedenheiten. Die alten Rechtsordnungen kannten mit wenigen Ausnahmen eine den schuldigen Teil treffende privatrechtliche Ehescheidungsstrafe, während die neue (§ 1578) sich mit einer Unterhaltspflicht des schuldigen Ehegatten begnügt. Voraussetzung der materiellen Fortwirkung der alten Rechtsordnung ist aber, daß die Ehescheidung noch unter ihrer Herrschaft erfolgt ist, dann entstand für den unschuldigen Teil ein Anspruch auf die Ehescheidungsstrafe. Zwischen den früheren Ehegatten besteht ein Schuldverhältnis, das nach Art. 170 E.G. auch in seinen weiteren Schicksalen bei der Übertragung und Aufhebung nach der alten Rechtsordnung zu beurteilen ist. Eine Folge davon ist die, daß, wenn der Anspruch auf die Ehescheidungsstrafe nicht zu verwirklichen ist, weil der Schuldige kein Vermögen besitzt, nicht etwa die Unterhaltspflicht nach § 1578 B.G.B. an Stelle des Anspruches auf die Ehescheidungsstrafe tritt.[2]

Wie ist es nun, wenn das Ehescheidungsurteil zwar unter der alten Rechtsordnung erlassen ist, jedoch erst unter der neuen rechtskräftig wird? Bleibt es dann ebenfalls bei der materiellen Fortwirkung der alten Rechtsordnung oder greift die neue ein? Richtiger Ansicht nach ist die alte Rechtsordnung maßgebend. Der Anspruch auf Ehescheidungsstrafe knüpft sich nicht sowohl an die Auflösung der Ehe als an die Erlassung des Ehescheidungsurteiles und an die Erklärung des schuldigen Teiles. Mit dieser entsteht zunächst das objektive Schuldverhältnis, welches sich in dem Zeitpunkte mit subjektivem Gehalte erfüllt, in welchem das Urteil rechtskräftig wird.[3] Keine Ausnahme tritt ein, wenn das Urteil erster Instanz vor dem Inkrafttreten der neuen Rechtsordnung ergangen, die Bestätigung dieses Urteiles durch das Berufungsgericht aber erst nach diesem Zeitpunkte erfolgt. Eine ausschließliche Rechtsordnung ergreift die rechtshängigen Sachen nicht, insonderheit dann nicht, wenn bereits ein Urteil ergangen ist.[4] Davon giebt es einige wenige Ausnahmen. Aber eine neue Rechtsordnung über die Wirkungen der Scheidung fällt nicht darunter, sondern nur eine neue Rechtsordnung über die Nichtigkeit, Anfechtbarkeit oder Scheidung der Ehe, also über die Zulässigkeit derselben oder ihre Gründe.[5]

Der Unterhaltsanspruch der unter der alten Rechtsordnung ge-

---

[1] S. auch Art. 206 E.G. *Arg. e contrario.*

[2] So richtig Habicht, S. 576, n. 2.

[3] So richtig Habicht a. a. O., S. 576, n. 4; K.G., 24. November 1900 und 27. November 1900, Rsp. 2, S. 159. Die Bedenken des Herausgebers a. a. O., n. 1 sind nicht gerechtfertigt. Vgl. noch das ausgezeichnete Urteil des R.G. vom 13. Januar 1902, E. 50, S. 304—308.

[4] S. oben § 12, S. 49, n. 6 und S. 50, n. 1.

[5] S. oben § 12, S. 51, n. 2; § 13, S. 57, n. 4 u. § 45, S. 173, n. 2. A. M. Habicht.

schiedenen Frau steht unter deren Herrschaft.[1] Nach der alten Rechtsordnung kann dem unschuldigen Ehegatten ein Wahlrecht auf Abfindung oder lebenslängliche Verpflegung zustehen. Auch dieses Wahlschuldverhältnis bleibt in seinen weiteren Schicksalen unter dem Schutze der alten Rechtsordnung. So nach A.L.R. II 1, §§ 783 fg. und 798. Infolgedessen tritt die Beschränkung des Wahlanspruches auf eine der mehreren geschuldeten Leistungen nur durch solche Thatbestände ein, denen die alte Rechtsordnung diese Wirkung beilegte (A.L.R. II 1, § 804). Schrieb die alte Rechtsordnung keine bestimmte Frist für die Ausübung des Wahlrechtes vor, so verbleibt es dem Berechtigten auch unter der neuen Rechtsordnung ohne zeitliche Schranke. Auch der Umfang der wahlweisen Leistungen bestimmt sich nach der alten Rechtsordnung, selbst wenn die Wahl unter der neuen erfolgt. Es gelten also nicht etwa die §§ 1578, 1581, 1580, Abs. 2 der neuen.[2] Verpflichtet sich der schuldige Ehegatte zur lebenslänglichen Verpflegung, so bestimmen sich auch die Erlöschungsgründe der Schuld nach der alten Rechtsordnung. Es findet nicht etwa § 1581 der neuen Rechtsordnung Anwendung.[3]

Die Vermögensauseinandersetzung unter den Ehegatten ist keine Wirkung der Ehescheidung im Sinne des Art. 202, sondern eine Folge des ehelichen Güterstandes im Sinne des Art. 200 E.G.[4] Daher bleibt für sie die alte Rechtsordnung maßgebend, auch wenn die Ehescheidung erst unter der neuen stattfindet, sofern der Güterstand bis zur Ehescheidung fortgedauert hat. Dies ist besonders wichtig, wenn die alte Rechtsordnung dem unschuldigen Teile gewisse Vorteile einräumt, die bei Auflösung der Ehe durch Tod dem überlebenden Ehegatten zustehen. Dies gilt selbst dann, wenn diese Vorteile den Charakter einer Ehescheidungsstrafe an sich tragen. Dagegen sind Rechte, die die alte Rechtsordnung dem unschuldigen Ehegatten erst nach bewirkter Auseinandersetzung an dem durch sie festgestellten Vermögen des schuldigen Teiles einräumt, wahre Ehescheidungsstrafen und sind als solche intertemporalrechtlich zu behandeln.[5] — Der unschuldige Teil verliert jedoch wegen einer Begünstigung, die ihm auf Grund der alten Rechtsordnung bei der Vermögensauseinandersetzung zu Teil wird, sein Recht auf Unterhalt nach den §§ 1578 fg. B.G.B. nicht, obschon die Ehescheidung unter der neuen Rechtsordnung stattfindet.

Auch für die übrigen Wirkungen der Ehescheidung zwischen den

---

[1] So für das Sächs. Recht O.L.G. Dresden, 26. April 1901; Rsp. 3, S. 240 und 1. Juni 1900, Sächs. Arch. 10, S. 631.

[2] Gegen die Anwendung des § 1578 sprach sich aus das K.G., 11. Juli 1900, Rsp. 1, S. 280 fg. Gegen die Anwendung des § 1581, B.G.B. R.G. 26. Nov. 1900, E. 48, S. 4 fg.

[3] So richtig das ausgezeichnete Urteil des O.L.G. Breslau v. 21. Juni 1900, Rsp. 1, S. 217 fg.; vgl. auch unten § 72 und R.G., 26. Nov. 1900, E. 48, S. 4 fg.

[4] S. oben § 58, S. 221, n. 3 und 4.

[5] So richtig Habicht, S. 579, n. 2. Vgl. unten § 76.

Ehegatten: Namenrecht, Widerruf von Schenkungen, bleibt die alte Rechtsordnung materiell in Geltung, wenn auf Ehescheidung unter ihrer Herrschaft erkannt worden ist. So verliert z. B. nach französischem Rechte, wenn beide Teile für schuldig erklärt sind, jeder Ehegatte die ihm vom anderen gemachten Schenkungen. Im sächsischen Rechtsgebiete (§ 1748 Sächs. B.G.B.) behält auch die schuldige Frau den Namen ihres Mannes wider dessen Willen und auch die unschuldige kann ihn nicht aufgeben im Gegensatze zu § 1577 B.G.B.[1]

Besonders wichtig ist die Fortwirkung der alten Rechtsordnung für eine unter ihr erkannte beständige oder zeitweilige Trennung von Tisch und Bett, gleichgültig ob das Urteil noch vor oder nach dem Inkrafttreten der neuen Rechtsordnung rechtskräftig wurde, Art. 202 E.G.[2] Auf eine beständige Trennung von Tisch und Bett kann infolge des R.G. vom 6. Februar 1875 seit dem 1. Januar 1876 nicht mehr erkannt sein, soweit es sich um den Geltungsbereich dieses Gesetzes handelt. War vor diesem Zeitpunkte auf beständige Trennung von Tisch und Bett erkannt worden, so greift § 77, Abs. 2 jenes Gesetzes Platz und diese Vorschrift bleibt auch künftig für alte beständige Trennungen von Tisch und Bett materiell in Kraft. Darnach kann jeder der getrennten Ehegatten, wenn eine Wiedervereinigung nicht stattgefunden hat, die Auflösung des Bandes der Ehe im ordentlichen Prozeßverfahren beantragen. Diese Vorschrift gilt nicht für beständige Trennungen von Tisch und Bett, auf die im Auslande vor dem 1. Januar 1876 erkannt wurde; Entsch. d. R.G. 32, S. 18. Die Folge davon ist, daß die im Auslande getrennten Ehegatten im Deutschen Reiche das Recht nicht haben, Auflösung des Bandes zu verlangen. Ob und unter welchen Voraussetzungen zeitweilig getrennte Ehegatten das Recht haben, Auflösung des Bandes zu verlangen, bestimmt sich dagegen nach den Landesgesetzen.

Ebenso richtet sich nach der alten Rechtsordnung die Frage, ob die Trennung in ihrer Wirksamkeit der Auflösung der Ehe gleich zu achten sei; Art. 202, Abs. 2. Je nachdem die alte Rechtsordnung eine solche Wirkung anerkennt oder nicht, wird es sich also entscheiden, ob im Falle der §§ 2077, 2268, 2279 B.G.B., die den getrennten Ehegatten bedenkende letztwillige Verfügung nichtig ist oder ob der getrennte Ehe-

---

[1] Unrichtig legte O.L.G. Dresden, 15. Januar 1900, dem § 1577 B.G.B. Ausschließlichkeit bei, im Sinne der zweiten Regel des neueren Regelpaares; s. Rsp. 2, S. 167 fg. Das Gericht steht auf dem vom deutschen Gesetzgeber verworfenen Standpunkte der französischen Jurisprudenz, daß die *statuta personalia* eine angeborene Ausschließlichkeit haben; s. oben § 45, S. 172, n. 6 und unten § 61. Richtig entschied dagegen das K.G., 3. Juni 1901, daß § 1577, Abs. 3 nicht auf Ehen Anwendung findet, deren Scheidung unter der Herrschaft des alten Rechtes erfolgt ist; s. Rsp. 3, S. 17.

[2] Prot. S. 9066—9071, 9240, 9241 (Bd. VI, S. 532—535, 635). NIEDNER behauptet 2. Aufl., S. 448, das B.G.B. kenne eine Trennung von Tisch und Bett nicht mehr; was ist aber die Aufhebung der ehelichen Gemeinschaft § 1586 B.G.B. anders, als die alte *separatio a torro et mensa*?

gatte die Zuwendung behält. Ingleichen richtet sich nach der alten Rechtsordnung der Einfluß, den die Trennung auf die Güterrechtsverhältnisse und auf die Unterhaltspflicht unter den Ehegatten ausübt, ferner das gegenseitige Erbrecht der getrennten Gatten. Haben diese auf Grund der alten Rechtsordnung ein Erbrecht und stirbt der eine unter der neuen Rechtsordnung, so findet sie nur Anwendung, wenn der Güterstand mit oder nach der Trennung aufgehoben worden ist. Diese Frage entscheidet sich auch nach der alten Rechtsordnung; Art. 202, Abs. 2 E.G.

Die Wirkungen einer infolge Todeserklärung unter der alten Rechtsordnung eingetretenen Auflösung der Ehe bestimmen sich nach deren Vorschriften. Dieser Satz ist an und für sich selbstverständlich. Er ist aber vom E.G. in einer wichtigen Beziehung ausdrücklich anerkannt.[1]

§ 60. Die Rechte des überlebenden Elternteiles an dem Vermögen der Kinder. Die Strafen der zweiten Ehe.

Das E.G. hat die intertemporale Frage nicht geregelt, ob die auf Grund der alten Rechtsordnung dem überlebenden Elternteile zustehende Nutznießung am Vermögen des Kindes, die nicht Ausfluß des Elternrechtes ist, sondern des Ehe- oder Erbrechtes unter der neuen fortbestehen bleibt. Es tritt also die Hauptregel in die Lücke.[2] So bleibt die Nutznießung des *parens binubus* an den *lucra nuptialia* auf Grund des bisherigen gemeinen Rechtes aufrecht. So auch der Nießbrauch des *pater familias* an dem *peculium adventicum regulare.*[3] Ebenso bleibt das deutschrechtliche Beisitzrecht des überlebenden Elternteiles am Vermögen der aufgelösten Ehe bestehen. In der Regel ist der Beisitz eine Wirkung des ehelichen Güterstandes, insbesondere des Verfangenschaftsrechtes. Es greift dann Art. 200 E.G. ein.[4] Für den Beisitz gelten nicht die Vorschriften des B.G.B. und der C.P.O. über die Unübertragbarkeit und Unpfändbarkeit der elterlichen Nutznießung, sondern die Vorschriften der alten Rechtsordnung. Auch die Verpflichtung der Eltern zur Errichtung eines Vermögensverzeichnisses und Sicherheitsleistung, zur Unterhaltung und Ausstattung der Kinder aus dem dem Beisitze unterworfenen Vermögen sind nach der alten Rechtsordnung zu entscheiden.[5]

Die Rechtsfolgen der zweiten Ehe eines altverheiraten Ehegatten richten sich nach der alten Rechtsordnung, auch wenn sie unter der neuen Rechtsordnung erfolgt. Da das E.G. darüber schweigt, so tritt diese intertemporale Rechtswahrheit in die Lücke. Dies gilt zunächst

---

[1] Art. 206. — Vgl. unten §§ 61 und 71.

[2] S. oben § 8, S. 30, n. 6.

[3] So auch Habicht, S. 606.

[4] S. oben § 58, S. 222, n. 3 u. 4; vgl. auch Gesch. § 64, S. 441, n. 2 u. § 65, S. 469, n. 1. S. auch Habicht, S. 606.

[5] So richtig Habicht a. a. O.

sowohl für den Verlust des Eigentumes an den *lucra nuptialia*, als auch für die Beschränkung in der Befugnis zu freigebigen Zuwendungen an den neuen Ehegatten. Die Rechtsfolgen der zweiten Ehe sind intertemporalrechtlich gleich zu behandeln wie die *condicio viduitatis*. Daß diese nach der zur Zeit der Errichtung der letztwilligen Verfügung herrschenden Rechtsordnung zu beurteilen ist und nicht nach der im Zeitpunkte der zweiten Ehe geltenden, ist von der Rechtsprechung ausdrücklich anerkannt.[1] Der Unterschied zwischen beiden Fällen liegt lediglich im Thatbestande. Dort entsteht die Strafe der zweiten Ehe auf Grund eines involuntaren Thatbestandes, hier auf Grund eines voluntaren. Da aber im intertemporalen Privatrechte die Thatbestände einander ebenbürtig sind, so folgt daraus die gleichmäßige Behandlung beider Fälle.[2]

Im Deutschen intertemporalen Privatrechte erfahren diese Grundsätze eine Abweichung, da sich die neue Rechtsordnung letztwilligen Verfügungen gegenüber Ausschließlichkeit beilegt.[3] Die Beschränkung des *parens binubus*, dem neuen Ehegatten durch letztwillige Verfügungen nicht mehr zuzuwenden, als dem am geringsten bedachten Kinde aus erster Ehe fällt infolgedessen dahin. Der Fortfall dieser Beschränkung kommt nicht nur Verfügungen zu Gute, die erst unter der neuen Rechtsordnung erfolgen, sondern auch solchen, die der *parens binubus* schon früher vorgenommen hat, wenn er nur das Inkrafttreten der neuen erlebt. Beruht jedoch die Zuwendung an den zweiten Ehegatten auf einem Rechtsgeschäfte unter Lebenden, so ist die Beschränkung wirksam. Nicht erst mit dem Tode des *parens binubus*, sondern bereits mit der Geburt des Kindes in erster Ehe entsteht zu dessen Gunsten ein Rechtsverhältnis zunächst objektiver Natur, das sich im Zeitpunkte des Todes des *parens binubus* mit subjektivem Gehalte erfüllt.[4]

Dasselbe gilt hinsichtlich des Verlustes des Beisitzes, der nach manchen Landesrechten mit der zweiten Ehe verknüpft ist.[5] Gleichgültig ist auch hier, ob die zweite Ehe noch unter der alten Rechtsordnung stattfand oder erst unter der neuen. Da aber Art. 203 E.G. den Vorschriften des B.G.B. über das Rechtsverhältnis zwischen Eltern und Kindern Ausschließlichkeit verliehen hat, so treten einige Änderungen ein; s. auch unten § 77. So lebt der bisherige Beisitz des *pater binubus*, falls die Kinder erster Ehe noch minderjährig sind, sofort wieder auf in der Gestalt der elterlichen Nutznießung der neuen Rechtsordnung (§ 1649 B.G.B.), jedoch nicht bei der *mater binuba*. Ebenso lebt er nicht wieder auf, wenn die Strafe der zweiten Ehe nach der alten Rechtsordnung auch dann

---

[1] S. die äußerst lehrreichen Urteile in der Gesch. § 65, S. 484, n. 2.
[2] S. oben § 21, S. 87, n. 2.
[3] S. oben § 30, S. 130, n. 2. Vgl. Art. 213 E.G. und unten § 85.
[4] S. auch oben § 8, S. 30, n. 6. A. N. Habicht a. a. O., S. 581.
[5] Ebenso Habicht, S. 582.

eintritt, wenn die erste eine unbeerbte war. Gleichgültig ist ferner, ob der Beisitz noch unter der alten Rechtsordnung entstanden ist oder auf Grund des Art. 200 E.G. erst unter der neuen.[1]

Dasselbe gilt ferner hinsichtlich der Verpflichtung des *parens binubus*, vor oder bei der zweiten Ehe, seinen Kindern aus erster Ehe den „Voraus" zu bestellen. So nach fuldischem ehelichem Güterrechte. Diese Verpflichtung ist keine Folge der zweiten Ehe, sondern eine Erschwerung derselben.[2]

Die Verpflichtung des Vaters, der eine neue Ehe eingehen will, mit dem Kinde eine Vermögensauseinandersetzung herbeizuführen, kann nicht als Strafe der zweiten Ehe aufgefaßt werden. Sie trifft auch den altverheirateten Vater, wenn er unter der Herrschaft der neuen Rechtsordnung die zweite Ehe eingeht, da Art. 203 E.G. dem § 1669 B.G.B. Ausschließlichkeit verliehen hat. Doch ist diese Ausschließlichkeit schlichter, nicht wiedereinsetzender Art.[3] Umgekehrt, wenn die zweite Ehe bereits unter der alten Rechtsordnung stattfand, tritt die dem Vater nach § 1669 B.G.B. obliegende Auseinandersetzungspflicht nicht ein, wenn sie der alten Rechtsordnung unbekannt war.[4]

§ 61. Das Rechtsverhältnis zwischen den Eltern und den Kindern aus geschiedenen oder getrennten, oder durch Todeserklärung aufgelösten, aus nichtigen oder ungültigen Ehen, aus dem Brautstande und aus außerehelicher Verbindung. Die personale Stellung der Braut.

A. Kinder aus geschiedenen oder getrennten oder durch Todeserklärung aufgelösten Ehen. Fand die Scheidung, Trennung oder die Auflösung durch Todeserklärung auf Grund der bisherigen Gesetze statt, so wird das Rechtsverhältnis der daraus hervorgegangenen Kinder zu ihren Eltern nach der Hauptregel des intertemporalen Privatrechtes von der alten Rechtsordnung beherrscht. Nach Deutschem intertemporalem Privatrechte bestimmen sich nur Recht und Pflicht der Eltern, für die Person der gemeinschaftlichen Kinder zu sorgen, nach ihr; Art. 206[5] in Verbindung mit Art. 203 E.G.

Zur Fortwirkung der alten Rechtsordnung ist es nicht notwendig, daß noch unter ihrer Herrschaft über das Erziehungsrecht bereits eine richterliche Entscheidung, sei es vom ordentlichen Gerichte, sei es vom

---

[1] Ebenso Habicht a. a. O., S. 582.

[2] So auch Habicht a. a. O.

[3] S. oben § 13, S. 57, n. 1. So richtig auch K.G., 10. Dez. 1900, Rsp. 2, S. 168 fg.

[4] So richtig L.G. Düsseldorf, 6. Juni 1900, Z. d. rhpr. A.V. 1900, S. 132.

[5] Mot. zu Art. 124, S. 294—295; Prot. S. 9095 (Bd. VI, S. 548). S. auch oben § 59, S. 230, n. 1 und unten § 77.

Vormundschaftsgerichte getroffen worden. Die Fortwirkung bleibt sogar dann gewahrt, wenn der ihr entsprechende Rechtszustand beim Inkrafttreten der neuen Rechtsordnung noch nicht eingeführt war.[1] Erforderlich ist nur, daß die Ehescheidung, die Trennung oder die Todeserklärung unter der alten Rechtsordnung stattgefunden hat. Die alte Rechtsordnung entscheidet daher über die Frage, welchem von beiden geschiedenen oder getrennten Ehegatten das Recht zusteht, die Kinder zu erziehen.[2] Bei einer unter der alten Rechtsordnung geschiedenen Ehe entscheiden deren Vorschriften über die Zuständigkeit des Gerichtes, den Ehegatten zu bestimmen, dem die Kinder aus der Ehe anzuvertrauen sind. *Art.* 302 *Code civil.*[3] Ebenso regelt sich darnach die Klage eines geschiedenen Ehegatten auf Herausgabe des Kindes.[4] Dagegen kann nicht mehr der Prozeßrichter darüber entscheiden, ob dem Elternteile, welchem nach altem Rechte die Erziehung zustand, dieses Recht genommen werden solle, sondern nur der Vormundschaftsrichter; Art. 206, S. 2 E.G.[5] Der Inhalt der Sorge für die Person der gemeinschaftlichen Kinder und die Unterhaltspflicht richten sich dagegen nach neuem Rechte.[6]

Die Fortwirkung ist jedoch nach einigen Richtungen hin zu Gunsten der neuen Rechtsordnung eingeschränkt. Art. 206, Satz 2 gewährt den Vorschriften des § 1635, Abs. 1, Satz 2, Abs. 2 und des § 1636 B.G.B. die Ausschließlichkeit. So richtet sich insbesondere die Befugnis des Ehegatten, dem die Sorge für die Person des Kindes nicht zusteht, mit dem Kinde persönlich zu verkehren, nach der neuen Rechtsordnung. Zur Anwendung kommt § 1636. Aus denselben Gründen, die wir oben § 12, S. 51, n. 3 bei den Vorschriften über die persönlichen Beziehungen der Ehegatten entwickelt haben, muß auch dieser Vorschrift eine wiedereinsetzende Ausschließlichkeit zukommen.[7] — Die alte Rechtsordnung und nicht § 1591 der neuen ist jedoch maßgebend für die Frage, ob und inwieweit für die während der Trennung aber unter der neuen Rechtsordnung geborenen Kinder eine Rechtsvermutung der Ehelichkeit oder

---

[1] So auch Habicht, S. 604.

[2] So K.G., 11. Juli 1900, Rsp. 1, S. 279. Ebenso O.L.G. Braunschweig, 16. Februar 1900. S. Art. 55, n. 146; O.L.G. Hamburg, 23. Februar 1900; das Recht 1900, S. 175.

[3] O.L.G. Köln, 5. Juni 1901, Rsp. 4, S. 104. Vgl. noch O.L.G. Hamburg, 27. März 1900, Hans. Ger.-Ztg. 1900, Beibl. S. 137; R.G., 3. Juli 1900; J.W. 1900, S. 642; O.L.G. Hamburg, 14. Juli 1900; Hans. Ger.-Ztg., Beibl. 1901, S. 85; O.L.G. Dresden, 16. Dez. 1900, Annalen der O.L.G. 22, S. 185.

[4] S. K.G., 11. Juli 1900, Rsp. 1, S. 278, 279.

[5] So richtig O.L.G. Braunschweig, 16. Febr. 1900. S. Art. 55, S. 296; O.L.G. Hamburg, das Recht 1900, S. 283; Habicht, 3. Aufl., S. 639, n. 2; A. M. Niedner.

[6] So richtig O.L.G. Braunschweig, 16. Febr. 1900. S. Art. 55, n. 145 u. 146 und O.L.G. Dresden, 12. April 1902, Rsp. 4, S. 42; R.G. 30. Okt. 1901, E. 49, S. 155—157.

[7] So richtig L.G. Mainz, 21. März 1900; Hess. R. 1900, S. 21. Vgl. auch noch L.G. Hamburg, 20. Januar 1900; Hans. Ger.-Ztg. 1900, Beibl. S. 108.

Unehelichkeit gilt.[1] Hiernach muß ein im Elsaß während der Trennungszeit empfangenes Kind auch nach dem Inkrafttreten der neuen Rechtsordnung als uneheliches gelten; Ges. v. 6. Dez. 1850.[2]

Schaumburg-Lippe zu § 40 hat die Gewährungsklausel des Art. 206 E.G. beseitigt und den §§ 1635 und 1636 Ausschließlichkeit beigelegt.

B. Kinder aus nichtigen oder ungültigen Ehen. Gemäß der Hauptregel muß das Rechtsverhältnis der Kinder aus einer unter der Herrschaft der alten Rechtsordnung geschlossenen nichtigen oder ungültigen Ehe zu ihren Eltern nach der alten beurteilt werden. Damit stimmt das E.G. Art. 207[3] überein. — Zwei Fälle sind zu unterscheiden: Die unter der alten Rechtsordnung geschlossene nichtige oder ungültige Ehe besteht noch beim Inkrafttreten der neuen. Infolge der in Art. 198, Abs. 2 E.G. enthaltenen Anwendung der zweiten neueren Regel ist die Möglichkeit einer Heilung der Ehe gegeben; s. unten § 76. — Die unter der alten Rechtsordnung geschlossene nichtige oder ungültige Ehe ist noch unter ihrer Herrschaft aufgelöst worden oder unter der neuen nichtig oder anfechtbar geblieben. In diesem Falle wirkt die alte Rechtsordnung fort für die Frage, inwieweit die Kinder als eheliche Kinder anzusehen sind und inwieweit der Vater und die Mutter die Pflichten und Rechte ehelicher Eltern haben, einerlei, ob die Kinder unter der alten oder neuen Rechtsordnung erzeugt oder geboren sind.[4]

Da Art. 203 E.G. der neuen Rechtsordnung für das Rechtsverhältnis zwischen Eltern und ihren ehelichen Kindern Ausschließlichkeit verleiht, so treten die aus einer unter der alten geschlossenen nichtigen oder ungültigen Ehe stammenden Kinder, für den Fall, daß nach ihren Vorschriften sie als ehelich gelten, unter die Herrschaft der neuen.

Sachsen-Weimar und Reuß ä. L. geben den Vorschriften der neuen Rechtsordnung auch für die unter der Herrschaft der alten geschlossenen nichtigen oder ungültigen Ehen Ausschließlichkeit. Nur für die erbrechtlichen Verhältnisse bleibt es bei der materiellen Fortwirkung der alten Rechtsordnung.

C. Brautkinder. Aus der Hauptregel folgt, daß die unter der alten Rechtsordnung erzeugten Brautkinder in ihrem Rechtsverhältnisse zu ihren Eltern nach deren Vorschriften beurteilt werden müssen. In der That hat das E.G. diesen Grundsatz in Art. 208, Abs. 2 als Ausnahme der in Abs. 1 der neuen Rechtsordnung gewährten Ausschließlichkeit aufgenommen. Die hiermit der alten Rechtsordnung gewährte Fortwirkung ist um so wichtiger, als zwischen der neuen und alten in dieser Richtung erhebliche Verschiedenheiten bestehen. Voraussetzung der Fortwirkung

---

[1] Prot. II, 9068.

[2] S. Niedner, 2. Aufl., S. 448.

[3] Mot. zu Art. 125, S. 295, 296. Prot. S. 8095 (Bd. VI, S. 548).

[4] So richtig Habicht, 3. Aufl., S. 643; Niedner, 2. Aufl., S. 454; A. M. Fuchs, S. 46.

ist, daß das Kind unter der alten Rechtsordnung erzeugt wurde. Der Zeitpunkt der Erzeugung als intertemporale Herrschaftsgrenze verdient vor dem der Geburt den Vorzug. Das E.G. kennt beide Grenzen.[1] Es kann die Frage entstehen, ob ein unter der neuen Rechtsordnung geborenes Kind noch unter der alten erzeugt worden ist. Die Berechnung der Empfängniszeit bestimmt sich ganz nach der alten.[2]

Wie steht es mit der Beweislast? Lyncker hat eine Rechtsvermutung zu Gunsten der alten Rechtsordnung aufgestellt; Schwarzburg-Sondershausen und die Schweiz zu Gunsten der neuen.[3] Die Vermutung zu Gunsten der alten liegt im Wesen der Hauptregel. Darnach hat derjenige die Beweislast, der dem Brautkinde die ihm nach der alten Rechtsordnung zukommende günstige Rechtsstellung abstreitet, um damit für sich einen rechtlichen Vorteil abzuleiten.[4]

Folgen der Fortwirkung: Ob der Vater Träger der elterlichen Gewalt über das Brautkind ist, bestimmt sich nach der alten Rechtsordnung. Ist der Vater darnach nicht Träger der elterlichen Gewalt, so kommt sie ihm auch nicht unter der neuen zu.[5] Erwirbt die Mutter die elterliche Gewalt, falls die alte Rechtsordnung den Vater davon ausschließt? Wenn die alte eine elterliche Gewalt der Mutter nicht kennt, so bleibt es auch unter der neuen dabei.[6]

Der Anspruch der Brautkinder gegen den Vater auf Unterhalt und Ausstattung richtet sich in seinem ganzen Umfange nach der alten Rechtsordnung; ebenso das Erbrecht zwischen dem Brautkinde und dem Vater und dessen Verwandten. Auch wenn der Erbfall unter der neuen eintritt, richtet sich sein Erbrecht nach der alten.[7]

Die alte Rechtsordnung wirkt auch für andere Kinder fort, denen sie aus einem anderen *besonderen Grunde*, als der Brautstand es ist, die Stellung eines ehelichen Kindes beilegt.

D. Die personale Stellung der geschwängerten oder geschwächten Braut. Die alte Rechtsordnung kennt einen Deflorationsanspruch der Braut aus einer Schwängerung während des Brautstandes; so das preuß. Gesetz vom 24. April 1854, §§ 2—5. Maßgebender Zeitpunkt für die Grenzen der beiden Rechtsordnungen ist hier nicht der Zeitpunkt der Beiwohnung, sondern der des Abschlusses des Verlöbnisses.[8]

---

[1] S. oben § 27, S. 112, n. 5.

[2] Habicht, 3. Aufl., S. 666 und Niedner, 2. Aufl., S. 455 bejahen dies nur für die vor dem 1. Jan. 1900 zurückliegende Zeit. Scherer, S. 233 verneint es.

[3] S. oben § 18, S. 69, n. 2, 3, 4.

[4] Anders Habicht a. a. O. Scherer, Nr. 327, S. 233; s. oben § 24, S. 97, n. 2.

[5] A. M. Habicht bei Gruchot, Bd. 42, S. 421. In der zweiten Aufl., S. 630, n. 3 bekehrt er sich zur richtigen Ansicht.

[6] Anders Habicht, S. 631.

[7] So richtig Habicht, 3. Aufl., S. 667.

[8] A. M. Habicht a. a. O., S. 633, der den Zeitpunkt der Auflösung des Verlöbnisses als ausschlaggebend ansieht, eine Folge seiner atomistischen Auffassung des Thatbestandes.

Es handelt sich hier um einen Verbindungsthatbestand. Das erste Glied der Thatbestandskette ist das Verlöbnis, welches den Brautstand begründet; das zweite die Beiwohnung und das dritte die Auflösung des Verlöbnisses. Beim Verbindungsthatbestand aber ist die Rechtsordnung zuständig, unter deren Herrschaft das erste Glied fiel.[1]

Einige Rechtsordnungen haben aber einen derartigen Anspruch auch auf andere Geschwächte oder Geschwängerte ausgedehnt. Der Hauptregel entspricht es nun, daß die Ansprüche der Geschwächten oder Geschwängerten gegen den Schwächer oder den Schwängerer nach der alten Rechtsordnung zu beurteilen sind, falls die Schwächung oder Schwängerung unter ihr stattgefunden hat. Da das E.G. darüber schweigt, so tritt der richtige Grundsatz in die Lücke. Ist nach der Anschauung der alten Rechtsordnung die Schwächung oder Schwängerung ein Delikt, so kann man Art. 170 E.G. als Beleg des obigen Grundsatzes anführen.

Aber auch der gemeinrechtliche Anspruch der verführten unbescholtenen Jungfrau oder Witwe gegen den Verführer auf Ehelichung oder Ausstattung ist nach der alten Rechtsordnung zu beurteilen, obschon der Anspruch nicht als Deliktsanspruch und das Verhältnis nicht als ein Schuldverhältnis im Sinne des Art. 170 E.G. angesehen werden kann. Dagegen kann der Deflorationsanspruch des sächs. E.G. §§ 1551—1553 und des württemb. Gesetzes vom 5. September 1839 und anderer Gesetze unter den Art. 170 E.G. gestellt werden. In der neuen Rechtsprechung sind obige Grundsätze anerkannt worden.[2]

Entstehen die Ansprüche nicht aus der Beiwohnung, sondern erst mit der Geburt eines Kindes, dann sind sie nach der Rechtsordnung zu beurteilen, unter deren Herrschaft die Geburt sich ereignet. Im Gebiete des französischen Rechtes erwirbt somit auf Grund einer Geburt, die unter der neuen erfolgt, die Mutter den Anspruch aus § 1715 B.G.B., gleichgültig, ob die Beiwohnung noch unter der alten stattfand.

E. Kinder aus anderen außerehelichen Verbindungen. Grundsätzlich ist nach gemeinem intertemporalem Privatrechte für die Rechtsverhältnisse der unter der alten Rechtsordnung geborenen unehelichen Kinder diese maßgebend.[3] Das E.G. hat jedoch in Art. 208 der neuen Rechtsordnung für die rechtliche Stellung eines vor ihrem Inkrafttreten geborenen unehelichen Kindes grundsätzlich Ausschließlichkeit verliehen.[4]

---

[1] S. oben § 31, S. 131, n. 2.

[2] O.L.G. Hamburg, 27. Febr. 1900, Rsp. 1, S. 30; O.L.G. Hamburg, 3. März 1900; Hans. Ger.-Ztg. 1900, Beibl. S. 122; R.G., 20. Sept. 1900; J.W. 1900, S. 726 und 25. Okt. 1901, E. 49, S. 204—207. Beitr. Heft 3, S. 201.

[3] S. Gesch. § 58, S. 401, n. 2; § 65, S. 474, n. 1 u. oben § 45, S. 172, n. 9. Ganz verkehrt faßt Habicht die Sachlage auf, S. 626. Er geht von einer angeborenen Ausschließlichkeit der neuen personalen Rechtsordnung aus. So kommt er dazu, die drei im Art. 208 bestimmten Ausnahmen zu Gunsten der alten Rechtsordnung auf rechtspolitische und Billigkeitsgründe zurückzuführen.

[4] S. unten § 78. Über den zureichenden Grund der Ausschließlichkeit siehe unten § 88.

Eine stillschweigende Ausnahme besteht zunächst für die Statusklage auf Feststellung der Ehelichkeit oder Nichtehelichkeit von Seiten des Sohnes gegen seinen Vater, nach gemeinem Rechte die *actio de filiatione negativa.*[1] Das E.G. macht ferner der alten Rechtsordnung ausdrücklich drei Zugeständnisse. Die Erforschung der Vaterschaft, das Recht des Kindes, den Familiennamen des Vaters zu führen, sowie die Unterhaltspflicht des Vaters stehen noch unter der alten Rechtsordnung. Voraussetzung ihrer Fortwirkung ist, daß das uneheliche Kind unter ihrer Herrschaft geboren wurde. Das E.G. hat hier als Grenzstein der Herrschaft nicht die Erzeugung, sondern die Geburt angenommen.[2] Ist daher das uneheliche Kind noch unter der alten erzeugt, jedoch erst unter der neuen geboren worden, so gelten für die obigen drei Materien die Vorschriften des neuen Rechtes. Der Grund dieser Verrückung des Grenzsteines dürfte darin zu suchen sein, die Wohlthaten des neuen Rechtes möglichst vielen unehelichen Kindern zukommen zu lassen, ohne die Hauptregel gänzlich zu verleugnen.[3]

In Bezug auf das Recht der Erforschung der Vaterschaft besteht ein bedeutender Unterschied zwischen der neuen und der alten Rechtsordnung im französischen Rechtsgebiete. Nach dem *Code civil Art.* 340 ist die Erforschung der Vaterschaft verboten.[4] Ausnahmen enthält *Art.* 340, Satz 2 und Badisches L.R. Satz 340a. Von diesen Ausnahmen abgesehen, setzte die Geltendmachung der mit der Vaterschaft verbundenen Verpflichtungen die Anerkennung des Kindes durch den Vater voraus. Die Anerkennung kann auch noch unter der neuen erfolgen, unterliegt aber der Fortwirkung der alten, also der in *Art.* 334 *Code civil* vorgeschriebenen Form.[5] Bei der Erforschung der Vaterschaft kann das intertemporale Recht der örtlichen Anwendungsnormen zur Anwendung kommen. Die sogenannte *lex fori* findet bei ihr keine Berücksichtigung.[6] Auch bei der Klage des unehelichen Kindes auf Unterhalt fällt die *lex fori* weg.[7]

Auch in Bezug auf das Recht des Kindes, den Familiennamen des Vaters zu führen, weichen die alte und die neue Rechtsordnung von einander ab. Die unter dem französischen Rechte geborenen, vom Vater an-

---

[1] So richtig O.L.G. Kiel, 27. September 1901, Rsp. 4, S. 105; 26. April 1900; Schlesw.-Holst. Anz. 1900, S. 145.

[2] S. Gesch. § 52, S. 336, n. 2 und 4 und oben § 27, S. 112, n. 5.

[3] Vgl. O.L.G. Kiel, 26. April 1900, Schlesw.-Holst. Anz. 1900, S. 145.

[4] S. Gesch. § 55, S. 393, n. 1.

[5] Abweichend K.G. 21. Mai 1900; das Recht 1900, S. 329.

[6] S. oben § 15, S. 64, n. 4 u. Kahn in Jherings Jahrb. 43, S. 407 fg. R.G., 10. Mai 1901, E. 48, S. 168; A. M. Niedner, 2. Aufl., S. 457. Vgl. L.G. Metz, 12. Okt. 1900; D. Recht 1901, S. 19; L.G. Mainz, 15. Januar 1901; Hess. Rsp. 1, S. 188; R.G., 20. Mai 1901; D. Recht 1901, S. 313.

[7] So richtig Scherer, Erstes Jahr 1901, S. 47. D. Recht 1901, S. 202. L.G. Mainz, 29. April 1901; Hess. Rsp. 2, S. 118; unrichtig entschied L.G. Bonn, 4. Jan. 1901; D. Recht 1901, S. 74. Unrichtig auch Niedner, 2. Aufl., S. 457; Habicht, 3. Aufl., S. 662.

erkannten natürlichen Kinder führen jedoch dessen Namen auch unter der neuen Rechtsordnung weiter. Verschiedene Landesgesetze[1] gestatteten dem unehelichen Kinde, mit Zustimmung des Vaters dessen Familiennamen zu führen. Auch noch unter der neuen Rechtsordnung ist in diesen Gebieten eine nachträgliche Zustimmung des Vaters möglich, jedoch nach den Vorschriften der alten. Daher können im Ehebruche oder in der Blutschande erzeugte und geborene Kinder im französischen Rechtsgebiete auch unter der neuen Rechtsordnung niemals die Fähigkeit erlangen, den Namen des Vaters zu führen, weil sie nach *Art.* 35 *Code civil* nicht anerkannt werden können.

Besonders wichtig ist jedoch die Fortwirkung für die Unterhaltspflicht des Vaters gegenüber seinem früher geborenen unehelichen Kinde. Der Art. 208 E.G. spricht nur von der Unterhaltspflicht des Vaters. Ist daraus zu schließen, daß er es hinsichtlich der Unterhaltspflicht der väterlichen Voreltern bei der Ausschließlichkeit beläßt? Es ist bei Beantwortung dieser Frage in Erwägung zu ziehen, daß Art. 208, Abs. 1, Satz 2 E.G. eine Gewährungsklausel darstellt. Eine solche ist ausdehnend auszulegen, ja es darf sogar die Analogie auf sie angewandt werden.[2] Bleibt also die Unterhaltspflicht des Vaters bestehen, so darf behauptet werden, daß auch die Verpflichtung der väterlichen Voreltern fortdauert. Derartige Erweiterungen kennt schon das römische Recht.[3]

Die Verschiedenheit der alten und neuen Rechtsordnung in Bezug auf diese Materie äußert sich hauptsächlich nach drei Richtungen: Unter welchen Voraussetzungen tritt eine Unterhaltspflicht überhaupt ein? Die alte Rechtsordnung bestimmt den Zeitraum, in den die Beiwohnung fallen muß, die Zulässigkeit der *exceptio plurium constupratorum,* die Zulässigkeit des Gegenbeweises aus der Reife des unehelichen Kindes, die Voraussetzung der Unbescholtenheit der Mutter, die Ausschließung des Anspruchs für das von einer Ehefrau geborene Kind u. s. w.[4] Einige Schriftsteller behaupten, daß in den Gebieten, in denen die alte Rechtsordnung die *exceptio plurium constupratorum* nicht zuließ, wie z. B. im Gebiete des Bayr. L.R. § 1717 des neuen Rechtes Ausschließlichkeit besitzt mit der Begründung, daß nach § 1717 ein Vater nicht vorhanden sei, wenn Mehrere der Mutter in der Empfängniszeit beigewohnt haben, ohne zu bedenken, daß der Begriff „Vater" nach der alten Rechtsordnung zu be-

---

[1] Roth, Deutsches Privatrecht Bd. 2, § 172, n. 2 und Mot. z. B.G.B. Bd. 4, S. 859.

[2] S. oben § 8, S. 33 und § 12, S. 53.

[3] Vgl. den *tit. Dig. de verb. significatione* 50, 16. Vgl. auch unten S. 243, n. 1 die Beschlüsse des K.G. Obige Frage bejaht jedoch Habicht, S. 626, n. 2. Ja, er behauptet sogar, daß selbst rechtskräftige Urteile durch diese Ausschließlichkeit betroffen werden. Selbst wenn wir ihm in der Bejahung jener Frage zustimmen würden, so müßte diese Behauptung zurückgewiesen werden; s. oben § 12, S. 49, n. 4; S. 52, n. 1 und § 13, S. 56, n. 2 und S. 57, n. 1. Ähnlich wie Habicht auch Scherer Nr. 326, S. 233. Ebenso Niedner, 2. Aufl., S. 456.

[4] So richtig Habicht, S. 627.

stimmen ist und nicht nach der neuen.[1] Darnach ist das Wort *Vater* in dem Sinne von „Konkubent“ oder „möglicher Vater“ gebraucht.[2] — Welches sind die Bestandteile und der Umfang der Unterhaltspflicht, und wer, Vater oder Mutter, hat sie an erster Stelle zu tragen? Was den Umfang anbetrifft, so kann eine Verschiedenheit zwischen der alten und neuen Rechtsordnung sowohl für den Betrag der Leistungen als auch für ihre Dauer vorliegen. Bestimmt die alte Rechtsordnung, daß der Vater an erster Stelle verpflichtet sei, so ist seine Pflicht gleich der des neuen Rechtes (§ 1709). Lag dagegen die Unterhaltspflicht in erster Linie der Mutter ob, so ist dies eine Beschränkung der väterlichen Unterhaltspflicht im Sinne des neuen Rechtes, die aber fortwirkt. Ähnlich ist es, wenn nach der alten Rechtsordnung für die erste Zeit des Lebens des unehelichen Kindes die Mutter an erster Stelle unterhaltspflichtig ist und erst im späteren Alter des Kindes der Vater an die erste Stelle rückt. Auch das in manchen Landesgesetzen dem Vater eingeräumte Recht anstatt Unterhaltsbeiträge zu leisten, das Kind in eigene Verpflegung und Erziehung zu nehmen, wirkt als wesentlicher Bestandteil der gesetzlichen Unterhaltspflicht fort. Ebenso eine gegebene Einschränkung dieses Rechtes; s. unten S. 243, n. 1. Ebenso ist die Vererblichkeit des Unterhaltsanspruches nach der alten Rechtsordnung zu beurteilen und die Haftung des Nachlasses des Unterhaltspflichtigen (s. z. B. A.L.R. II 2, §§ 648, 650), selbst wenn der Erbfall unter der Herrschaft der neuen Rechtsordnung stattfindet. — Wem steht der Anspruch zu? Steht er nach der alten Rechtsordnung der Mutter zu, so bleibt es dabei auch unter der neuen; sie kann ihn kraft eigenen Rechtes geltend machen. Steht dagegen der Anspruch dem Kinde zu, so kann die Mutter, wenn sie nach der alten für das Kind den Anspruch erheben konnte, auch fernerhin unter der neuen den Anspruch für das Kind geltend machen; sie muß in dieser Beziehung als Pflegerin im Sinne des Art. 210, Abs. 2 E.G. angesehen werden. Außerdem gelangt eine ausdehnende Auslegung des Art. 208, Abs. 1 zu demselben Ergebnis.[3] Auch die Frage, ob statt der Mutter ein Dritter (z. B. eine öffentliche Anstalt), welcher die Verpflegung des Kindes übernommen hat, gegen den Vater die Unterhaltspflicht nicht bloß für die Vergangenheit, sondern auch für die Zukunft geltend machen kann, bestimmt sich nach der alten Rechtsordnung.[4]

Die Vorschriften der alten Rechtsordnung, welche dem Vater das

---

[1] S. oben § 12, S. 54.

[2] So richtig L.G. Straubing, Seufferts Bl. f. R.A. S. 462. So richtig auch Habicht, S. 627, n. 1; Gerstlauer in Seufferts Bl. f. R.A. Bd. 64, S. 285—288; Scherer, n. 324, S. 232; Niedner, 2. Aufl., S. 456.

[3] A. M. Habicht, S. 628, n. 5. Er gelangt zu der harten Folgerung, daß ein anhängiges Verfahren unterbrochen werde. Ebenso Hörle, Rechtliche Stellung der unehel. Kinder 1899, S. 8, n. 2. Vgl. dazu auch L.G. Gießen 19. Februar 1900; Hess. Rsp. 2, S. 10 fg.

[4] So auch Habicht a. a. O.

Recht gewähren, das uneheliche Kind von einem bestimmten Alter an in eigene Verpflegung zu nehmen, bleibt unter der neuen aufrecht, obschon sie der unehelichen Mutter während der Minderjährigkeit des Kindes die Sorge für dessen Person zuweist.[1] Der Vater ist auch berechtigt, die Erziehung durch einen Dritten bewirken zu lassen, falls er nicht absolut unfähig zur Erziehung ist.[2]

§ 62. Die Stellung der von der Geschäftsfähigkeit ausgeschlossenen oder in ihr beschränkten Personen. Die Stellung der Vormünder und Pfleger und des Familienrates.

A. Das Beschränktsein in der Geschäftsfähigkeit und die Ausschließung von derselben. Als Ausfluß der Hauptregel ist der Satz aufzustellen, daß, wer nach der alten Rechtsordnung in der Geschäftsfähigkeit beschränkt oder von ihr ausgeschlossen war und infolgedessen unter Vormundschaft stand, auch nach dem Inkrafttreten der neuen unter Vormundschaft bleibt, bis eine anderweitige Regelung durch öffentlichen Willensthatbestand stattfindet.[3] Das E.G. hat sich im Großen und Ganzen dieser intertemporalen Rechtswahrheit angeschlossen: Art. 155[4] und 156[5] und in einem besonderen Falle ausdrücklich und ohne Rückhalt ausgesprochen: Art. 200, Abs. 3.[6] Die Entmündigung der alten Rechtsordnung bleibt aufrecht, nur wird sie einer Entmündigung der neuen gleichgestellt. So steht jemand, der unter der alten wegen Geisteskrankheit entmündigt

---

[1] Habicht, 3. Aufl., S. 665 behauptet aus unzulänglichen Gründen das Gegenteil. Von seinem falschen Ausgangspunkte, s. oben, kommt er zur Behauptung, der Grundsatz zu Art. 208, Abs. 1, Satz 1 E.G. sei der höhere; gerade das Umgekehrte ist der Fall; dieser Satz enthält die ausdrückliche Ausschlußklausel, ist daher möglichst eng auszulegen; s. oben § 8, S. 34, n. 1 und § 12, S. 54, n. 5. Satz 2 dagegen enthält die Gewährungsklausel und hat daher Anspruch auf eine möglichst weitherzige Auslegung. Bestimmt sich die Unterhaltspflicht des Vaters nach der alten Rechtsordnung, so müssen doch auch die damit verbundenen Rechte darnach beurteilt werden. Die richtige Ansicht vertritt das K.G., 10. Dez. 1900, 12. Febr. 1900 (Jahrb. 19, S. 41, vgl. Rsp. 1, S. 485, Nr. 25); 3. Febr. 1902; Rsp. 4, S. 409. Hier werden die abweichenden Ausführungen des L.G. München I, 21. Okt. 1901, Ztschr. d. Anw. im O.L.G.-Bez. Naumburg 1901, S. 109, Nr. 2 mit Recht für unzutreffend bezeichnet. Vgl. noch L.G. Tilsit, Urteil v. 30. April 1900; Centralbl. f. fr.G. 1900, S. 16; Bayr. O.L.G., Urteil vom 17. April 1901; Samml. 2, S. 210. — Für das Gebiet des sächs. Rechtes § 1870 des sächs. B.G.B. siehe Entsch. des L.G. Zwickau vom 7. Mai 1900, Centralbl. f. fr.G. 1900, S. 19; des O.L.G. Dresden, v. 9. Juni 1900; Annalen des O.L.G. 22, S. 182.

[2] So richtig K.G. 15. April 1901, Rsp. 3, S. 1.

[3] S. oben § 54, S. 207, n. 2.

[4] Mot. zu 97, S. 245 u. 246; Prot. S. 8987, 8916, 8917, 9108, 9241, 9242 (VI, S. 486, 620, 621).

[5] Mot. zu 98, S. 247, 248; Prot. S. 8890, 8991, 9216—9240 (VI, S. 488, 489).

[6] S. oben § 58, S. 223, n. 3.

ist, von dem Inkrafttreten der neuen an, einem nach deren Vorschriften wegen Geisteskrankheit Entmündigten, gleich.

Voraussetzung dieser Fortwirkung ist, daß eine Entmündigung wegen Geisteskrankheit stattgefunden hat. Hier müssen wir unterscheiden zwischen der alten Rechtsordnung nach dem 1. Oktober 1879 und vor dem 1. Oktober 1879. Für die erstere sind als wegen Geisteskrankheit entmündigt anzusehen, die nach den Vorschriften der Reichszivilprozeßordnung für geisteskrank erklärt worden sind, ohne Rücksicht darauf, wie der Geisteszustand war, der zur Entmündigung geführt hatte, namentlich ob dieser Zustand im Sinne der neuen als Geisteskrankheit oder als Geistesschwäche zu gelten hätte. — Für die letztere gestaltet sich die Unterscheidung schwieriger. Hier galt nur das Landesrecht, wonach eine Entmündigung durch obrigkeitliches Dekret erfolgte, das sehr oft lediglich eine Vormundschaft anordnete, ohne daß eine ausdrückliche Erklärung der Geisteskrankheit vorausging. Trotzdem muß die Vormundschaft nach dem obigen Grundsatze aufrecht erhalten werden im Sinne des Art. 155.

Es ist das Wort *Geisteskrankheit* in dem ersten Halbsatze des Art. 155 E.G. in dem Sinne „geistiger Gebrechlichkeit" zu nehmen; im zweiten Halbsatze dagegen in der technischen Bedeutung des B.G.B.[1] Diese gesetzliche Gleichstellung hat zur Folge, daß ein nach A.L.R. wegen Blödsinnes Entmündigter, der nach § 26 I, 4 A.L.R. in der Geschäftsfähigkeit nur beschränkt war, jetzt nach der neuen Rechtsordnung von der Geschäftsfähigkeit ganz ausgeschlossen wird; § 104, Nr. 3. Die neue legt sich also eine Ausschließlichkeit im Sinne der ersten Regel des neueren Regelpaares in ihrer ersten Möglichkeit bei.[2]

Ist unter der alten Rechtsordnung eine Vormundschaft wegen Geistesschwäche angeordnet worden, ohne daß eine Entmündigung erfolgt ist, so ist sie einer für die Vermögensangelegenheiten des Geistesschwachen angeordneten Pflegschaft im Sinne der neuen gleichgestellt; Art. 210, Abs. 1, Satz 2 E.G. Für das preußische und französische Recht hat diese intertemporale Vorschrift keine Bedeutung; wohl dagegen für das gemeine und das sächsische Recht. Hinsichtlich der Geistesschwachen, über welche unter der alten Rechtsordnung eine Vormundschaft verhängt wurde, ist also zu unterscheiden, ob sie entmündigt oder nur bevormundet

[1] Einer Anregung, die nach bisherigem Rechte wegen Blödsinns oder Geistesschwäche Entmündigten den nach § 6, Nr. 1, § 114 B.G.B. wegen Geistesschwäche Entmündigten gleichzustellen, wurde bei den Beratungen der II. Kommission nicht Folge gegeben, Prot. Bd. II, S. 9108, 9216. S. Niedner, 2. Aufl., S. 305.

[2] Habicht, S. 52, n. 1 gelangt zu der Behauptung, daß der Begriff der Geisteskrankheit nach der neuen zu bestimmen sei und daher die unter der alten formell, jedoch nicht wegen Geisteskrankheit im Sinne der neuen Entmündigten mit ihrem Inkrafttreten voll geschäftsfähig werden. Wie gefährlich eine derartige mit der Hauptregel im Widerspruche stehende Behandlung der unter der alten Entmündigten ist, haben wir in der Gesch. § 69, S. 528, n. 1 gezeigt. Vgl. dazu auch O.L.G. Karlsruhe, 16. Mai 1900; Bad. Rechtspraxis 1900, S. 275.

würden. Der Unterschied zwischen der alten und neuen Rechtsordnung hinsichtlich der Bevormundung wegen Geistesschwäche ist kein sehr großer; wenigstens nicht im Gebiete des gemeinen Rechtes. Nur da, wo nach der alten durch die Bevormundung wegen Geistesschwäche eine Beschränkung der Geschäftsfähigkeit herbeigeführt wurde (Sächs. B.G.B. § 81), findet eine Ausschließlichkeit im Sinne der zweiten Regel des neueren Regelpaares in ihrer ersten Möglichkeit statt, indem der Geistesschwache unter der neuen geschäftsfähig wird.[1] Ist die Vormundschaft wegen Geistesschwäche oder Geisteskrankheit angeordnet und zugleich eine Entmündigung erfolgt, so bleibt die Entmündigung als solche bestehen; Art. 155 E.G.[2] Ist eine Anfechtungsklage gegen die Entmündigung im Zeitpunkte des Inkrafttretens der neuen und ausschließlichen Rechtsordnung noch anhängig, so hat das Berufungsgericht seiner Entscheidung deren Bestimmungen zu Grunde zu legen. Da sie sich mehr dem öffentlichen Rechte als dem materiellen Rechte zuneigen, erhalten sie eine Ausschließlichkeit stärkeren Grades.[3] Eine Entmündigung wegen Geisteskrankheit kann nur durch den Prozeßrichter, nicht durch den Vormundschaftsrichter aufgehoben werden, selbst wenn die Entmündigung unter der alten Rechtsordnung stattgefunden hat.[4]

Das französische und badische Recht läßt für einen Geistesschwachen die Bestellung eines Beistandes zu, welche mit einer Beschränkung der Geschäftsfähigkeit oder besser mit dem Verluste der Geschäftsfähigkeit innerhalb eines gesetzlich bestimmten Umfanges verbunden ist. Grundsätzlich sollte also ein in diesen Rechtsgebieten verbeiständeter Geistesschwacher auch unter der neuen Rechtsordnung in der Geschäftsfähigkeit beschränkt bleiben. Das E.G. Art. 211[5] erkennt diesen Grundsatz nur für die kurze Spanne Zeit von sechs Monaten nach dem Inkrafttreten der neuen an. Es ist dies eine Ausnahme von dem Grundsatze des Art. 210, Abs. 1, Satz 2 und enthält immerhin eine größere Vergünstigung an die alte Rechtsordnung, als sie die genannte Vorschrift kennt. Die Beistandschaft bleibt zunächst bestehen mit allen ihren von der alten bestimmten

---

[1] Gegen die Gefahren einer solchen Ausschließlichkeit können die §§ 1906, 114 B.G.B. Schutz bieten; s. im übrigen unten § 80. Es wäre besser gewesen, wenn das E.G. nach den oben an die Spitze gestellten Grundsätzen den in seiner Geschäftsfähigkeit unter der alten Beschränkten, auch unter der neuen in seiner personalen Rechtsstellung belassen hätte. Leider läßt Art. 210, Abs. 1, Satz 2 keine andere Auslegung zu. Selbst Habicht, S. 58 erkennt die Gefahren dieser Bestimmung an.

[2] S. oben S. 244, n. 2 und das Urteil des O.L.G. Karlsruhe v. 16. Mai 1900; Bad. Rechtspr. 1900, S. 275.

[3] S. oben § 12, S. 51, n. 2, 3 und 4. So richtig R.G., 29. Okt. 1900; Das Recht 1900, S. 464 und 20. Nov. 1900; Das Recht 1901, S. 16; 3. Januar 1901; J.W. 1901, S. 72.

[4] So richtig L.G. Meseritz, 23. März 1900. Centralbl. f. fr.G. 1900, S. 235.

[5] Mot. zu Art. 97, S. 246—247; Prot. S. 8987—8989 (Bd. VI, S. 486—489, 620, 749).

Wirkungen. Stirbt der Beistand, so ist statt seiner ein neuer Beistand zu bestellen. Aber nach Ablauf der sechs Monate hört die Fortwirkung der alten auf und die Ausschließlichkeit der neuen beginnt.[1] Es kann nach den Vorschriften der neuen eine Entmündigung eingeleitet werden. Die Beistandschaft des französischen und badischen Rechtes in den übrigen Fällen, *Code civil Art.* 476—478, 513, sowie die Beistandschaft des A.L.R. II 18, §§ 51—55 stehen unter dem Schutze des Art. 210. Dieser ist als Gewährungsklausel weit auszulegen.[2]

Grundsätzlich muß ein unter der alten Rechtsordnung wegen Verschwendung Entmündigter auch unter der neuen als solcher anerkannt werden, und zugleich auch alle Wirkungen, welche die alte an die Entmündigung knüpfte. Das E.G. Art. 156 erkennt nur das erstere an, indem es den zur Zeit des Inkrafttretens der neuen wegen Verschwendung Entmündigten einem nach deren Vorschriften wegen Verschwendung Entmündigten gleichstellt und dieselbe Gleichstellung auch für denjenigen erklärt, für welchen nach den französischen oder badischen Gesetzen wegen Verschwendung die Bestellung eines Beistandes angeordnet ist.[3]

Da die alte Rechtsordnung eine Entmündigung wegen Trunksucht nicht kannte, so war eine besondere Übergangsbestimmung nicht erforderlich. Immerhin erhebt sich die intertemporalrechtlich wichtige Frage, ob jemand unter der neuen entmündigt werden kann, wenn der Thatbestand der Trunksucht unter die alte fällt. An und für sich muß man die Frage verneinen; denn sonst würde sich die neue eine Ausschließlichkeit im Sinne der zweiten neueren Regel beilegen. Nun aber ist der Thatbestand der Trunksucht ein personaler Zustandsthatbestand; dauert er unter der neuen fort, so darf sie ihn als Thatbestand der Gegenwart ergreifen und die Entmündigung kann stattfinden, falls der Zustand auch noch zur Zeit des Entmündigungsbeschlusses fortdauert.[4]

Grundsätzlich sollte jemand, der unter der alten wegen eines körperlichen Gebrechens bevormundet und in seiner Geschäftsfähigkeit beschränkt worden ist, auch unter der neuen in seinem personalen Rechtsverhältnis und unter der Vormundschaft belassen werden. Beides ist vom E.G. verworfen worden.[5] Nur eine Pflegschaft wird anerkannt.

B. Die Stellung der Vormünder und Pfleger und des Familienrates. Nach der Hauptregel müssen die bisherigen Vormünder, Gegenvormünder und Pfleger, sowie der Familienrat und dessen Mitglieder im Amte bleiben. Dies hat in der Hauptsache auch das E.G. anerkannt; Art. 210, Abs. 2. Für den Gegenvormund gilt eine besondere Bestimmung. Er bleibt zwar zunächst im Amte, allein es liegt im freien

---

[1] S. unten § 80.

[2] So richtig Habicht, 3. Aufl., S. 675, n. 1. A. M. Niedner, 2. Aufl., S. 464.

[3] Über dieses gemischte intertemporale System siehe unten § 80.

[4] S. oben § 27, S. 116, n. 1.

[5] S. unten § 80.

Ermessen des Vormundschaftsgerichtes, ihn nach §§ 1792 u. 1915 B.G.B. zu entlassen. Obschon der Art. 210 E.G. eine gebietende Fassung hat („*ist zu entlassen*“), so kann er in Anbetracht der §§ 1792 u. 1915 B.G.B. nicht anders ausgelegt werden, als wenn er lautete, „ein Gegenvormund kann entlassen werden.“ — Diese intertemporale Rechtsvorschrift ist namentlich für das französische Rechtsgebiet von Wichtigkeit, wo bei jeder Vormundschaft ein Gegenvormund zu bestellen war (*Code civil Art.* 420); und für das Gebiet der preußischen V.O., wo bei jeder Vormundschaft mit Vermögensverwaltung ein Gegenvormund bestellt werden mußte, auch wenn die Vermögensverwaltung nicht erheblich war. Ein Rechtsstreit, in welchem vor dem 1. Januar 1900 eine minderjährige Partei wegen widerstreitender Interessen mit ihrem Vormund durch ihren Gegenvormund vertreten wurde, vgl. *Art.* 420, 450 *Code civil*, wird daher durch das Inkrafttreten der neuen unterbrochen. Der Gegenvormund muß jetzt gemäß § 1909 B.G.B. durch einen Pfleger ersetzt werden.[1]

Da die intertemporale Vorschrift des Art. 210, Abs. 2, S. 1 eine Gewährungsklausel enthält, so ist sie möglichst weit auszulegen. Es bleiben also im Amte nicht bloß die gerichtlich bestellten, sondern auch die gesetzlichen Vormünder; mögen sie über Minderjährige oder Volljährige gesetzt sein; mögen sie eine verwaltende oder bloß beaufsichtigende Thätigkeit ausüben.[2] Auch solche Vormünder und Pfleger bleiben im Amte, die nach der neuen Rechtsordnung nicht zum Vormunde bestellt werden sollen, ja sogar nicht zu diesem Amte bestellt werden können, oder bei denen ein Ereignis eingetreten ist, an das die neue die Be-

---

[1] L.G. Colmar, 11. Mai 1900; Das Recht 1900, S. 284.

[2] Unrichtig ist es, wenn Habicht S. 647 behauptet, daß den gesetzlichen Vormündern nachträglich noch eine Bestallung zu erteilen sei (§ 1791 B.G.B.), wenn dies bisher nicht geschehen ist. Dies widerspricht dem obigen Grundsatze. Die Ausschließlichkeit der neuen Rechtsordnung wird durch Art. 210, Abs. 2 soweit zurückgedrängt, als dies eine möglichst weite Auslegung desselben zuläßt; s. oben § 8, S. 33 und 34, n. 2. Sie bleiben im Amte bedeutet, daß jede weitere Formalität überflüssig ist; s. auch R.G., 12. Febr. 1901, E. 48, S. 356; O.L.G. Jena, 9. April 1900, Rsp. 1, S. 119 fg. und K.G. 12. Febr. 1900; Johow, J. 1900, S. 43.

Noch engherziger sind eine Reihe anderer neuerer Schriftsteller. Schultetus, V.R. S. 236, Anm. 2, S. 240 dem sich Fuchs, Das deutsche Vormundschaftsrecht, § 74, Nr. 1b, S. 308/309; Philler, Das Vormundschaftsrecht des deutschen B.G.B. S. 234 anschließen, behauptet nämlich, die bisherigen gesetzlichen Vormünder seien keine Vormünder im Sinne des Art. 210, Abs. 2 E.G. Der Sprachgebrauch der alten Rechtsordnung entscheidet darüber, wer als Vormund im Amte anzusehen sei; s. auch oben § 12, S. 53 und 54. Ebenso Habicht a. a. O. Die richtige Meinung vertrat das K.G., 12. Februar 1900; Johow, Jahrb. f. Entsch. 19, S. 43; das O.L.G. Jena, 9. April 1900, Rsp. 1, S. 119. Das badische Justizministerium in den an die Vormundschaftsgerichte ergangenen Belehrungen vom 6. Januar 1900, Bad. Rechtspr. 1900, S. 73 und vom 26. Februar 1900 ebenda S. 74. Ferner das R.G., 12. Febr. 1901, E. 48, S. 356, 357. Ferner Hesse, Deutsches Vormundschaftsrecht S. 6; Kurtz, Das Verfahren der Vormundschaftsgerichte S. 5 und S. 19 Anm.

endigung des Amtes knüpft.[1] Tritt an Stelle der bisherigen Vormundschaft eine Pflegschaft, so bleibt der bisherige Vormund als Pfleger im Amte.[2] Da die Pfleger im Amte bleiben, so müssen folgerichtig auch die Pflegschaften, welche nach den Vorschriften des alten Rechtes errichtet wurden, bestehen bleiben, selbst wenn sie die neue in der Art nicht kennt.[3] War die Bestellung unter der alten Rechtsordnung nichtig, so kann ihre Heilung unter der neuen nicht deswegen stattfinden, weil diese den Grund der Nichtigkeit nicht kennt, ansonst würde sie sich eine Ausschließlichkeit im Sinne der zweiten neueren Regel in ihrer ersten Möglichkeit beilegen.[4]

Während nach dem Art. 210, Abs. 2 die bisherigen Vormünder und Pfleger der alten Rechtsordnung allgemein im Amte bleiben, so ist dies für den Familienrat und dessen Mitglieder nur soweit der Fall, als sie dem Geltungsbereiche der preußischen V.O. v. 5. Juli 1875 angehören. Innerhalb dieses Bereiches gelten jedoch sämtliche Grundsätze, die wir oben für die Vormünder und Pfleger festgestellt haben. Also insbesondere der, daß die Mitglieder des Familienrates selbst dann im Amte bleiben, wenn sie im Sinne der neuen Rechtsordnung zu solchen nicht bestellt werden sollten oder konnten, oder ein Ereignis eingetreten ist, an welches die neue die Beendigung der Mitgliedschaft knüpft.[5] Bestehen bleibt auch die nach den Vorschriften der preußischen V.O. erfolgte Übertragung der Obervormundschaft über Volljährige auf den Familienrat.[6] Beseitigt ist aber durch die Ausschließlichkeit der neuen Rechtsordnung die vormundschaftliche Thätigkeit des Familienrates im Gebiete des französischen und badischen Rechtes. Infolgedessen muß eine im Zeitpunkte des Inkrafttretens der neuen anhängige Anfechtungsklage der in der Minderheit gebliebenen Mitglieder des Familienrates *Code de proc. civil Art.* 883 zurückgewiesen werden.[7] Die Zurückweisung erfolgt auf Kosten des Klägers.[8] Die Vormundschaft der Gemeinden bleibt dagegen da, wo sie ausgeübt wird, bis zu ihrer Aufhebung bestehen. Es folgt dies aus dem Art. 210, Abs. 2 E.G.: *„Die bisherigen Vormünder . . . bleiben im Amte;* die Ge-

---

[1] Obige Grundsätze entsprechen einer uneingeschränkten Auslegung des Art. 210, Abs. 2 E.G.; s. auch oben § 8, S. 34, n. 1. Abweichend Habicht, S. 648.

[2] Abweichend O.L.G. Jena, 28. Mai 1900, Bl. f. R. i. Thür. 27, S. 336.

[3] So richtig O.L.G. Frankfurt a. M., 17. Okt. 1900; Frankf. Rundschau 34, S. 248. Abweichend K.G. in seiner E., 18. April 1900; Johow, Jahrb. 1900, S. 21 und L.G. Cassel, 25. September 1900; Centralbl. f. fr.G. 1, S. 771; doch soll der Pfleger unter Umständen durch einen Testamentsvollstrecker ersetzt werden. Vgl. noch K.G. 18. April 1900; J.M. f. Posen 3, S. 129.

[4] So auch Habicht, S. 649.

[5] Habicht, S. 651 äußert sich über diese Frage nicht.

[6] Mot. a. a. O., Niedner, 2. Aufl., S. 463.

[7] So richtig L.G. Mainz, 24. Februar 1900; Hess. Rsp. 1900, S. 53; O.L.G. Darmstadt, 28. Sept. 1900; Hess. Rsp. 1900, S. 114.

[8] S. auch oben § 57, S. 218, n. 4; R.G., 12. Nov. 1900; J.W. 1900, S. 869.

meinde als Vormund bleibt im Amte.[1] Der Gemeindewaisenrat ist der Landesgesetzgebung überlassen.[2] Die intertemporale Stellung des Nachlaßpflegers ist durch Art. 213 E.G. geregelt.[3]

Lag nach der alten Rechtsordnung ein personaler Zustand vor, der nicht geeignet war, eine Vormundschaft oder Pflegschaft zu begründen, und dauert er noch unter der neuen fort, so darf sie ihn als Thatbestand der Gegenwart ergreifen und die Einleitung einer Vormundschaft ist zulässig.[4] Ein Beispiel giebt Sachsen-Weimar, wo die uneheliche Mutter die elterliche Gewalt über ihr Kind hatte und damit die Vormundschaft ausschloß; auf Grund des § 1774 B.G.B. ist jetzt eine Vormundschaft einzuleiten.[5]

Keine Vormundschaft oder Pflegschaft im Sinne des Art. 210 E.G. ist die deutschrechtliche Pflegschaft über Abwesende. Sie ist eine vorläufige Ausantwortung des Vermögens an die mutmaßlichen Erben; folglich steht sie ganz unter der alten Rechtsordnung; Art. 161 E.G.[6]

II. Reale Rechtsverhältnisse.

§ 63. Das Recht der Grundstücke in der Zwischenzeit.

Der Hauptregel des intertemporalen Privatrechtes entspricht es, daß die bereits bestehenden dinglichen Rechtsverhältnisse an Grundstücken nach der alten Rechtsordnung zu beurteilen sind. Dieser Grundsatz ist in Gesetzgebung und Rechtsprechung anerkannt.[7] Der deutsche Gesetzgeber führt jedoch ein einheitliches und ausschließliches Grundbuchrecht ein.[8] Nur für die Zwischenzeit bis zu dem Zeitpunkte, wo das Grundbuch im Sinne der neuen Rechtsordnung als angelegt anzusehen ist, hat das E.G. grundsätzlich die Fortwirkung der alten anerkannt und somit die Ausschließlichkeit der neuen hinausgeschoben. Die einschlägigen Bestimmungen enthalten die Art. 186—195 E.G.

Art. 186[9] bestimmt über die Art und Weise der Anlegung des Grundbuches; hierbei greifen auch die Art. 187 und 188 ein. Sie enthalten insoweit kein intertemporales Privatrecht. Ihrer Natur nach gehören sie vielmehr, wie Art. 218 E.G. zu den Vorbehalten zu Gunsten

[1] A. M. Niedner, 2. Aufl., S. 463, jedoch ohne Begründung. Vgl. noch Art. 147, Abs. 1 E.G.

[2] Vgl. preußisches A.G., Art. 77.

[3] S. unten § 67.

[4] S. oben § 27, S. 116, n. 1 und oben S. 246, n. 4.

[5] S. unten §§ 78, 80 und Habicht, S. 653.

[6] S. oben § 56, S. 209 fg. Ebenso Habicht, S. 653; Schneider, S. 92; Schultetus, V.O. S. 241; vgl. noch preuß. V.O. § 82, Abs. 4.

[7] S. Gesch. § 58, S. 403, n. 2 und § 64, S. 448, n. 2.

[8] S. unten § 90.

[9] Mot. zu Art. 108—110, S. 266—268; Prot. S. 9047, 9048 (Bd. VI, S. 520, 521).

der Landesgesetzgebung und sind daher verwandt mit den Artikeln des dritten Abschnittes des E.G., nur daß sie eine ausdrückliche Ermächtigung des Reichsgesetzgebers zum Erlasse von Landesgesetzen oder Verordnungen enthalten.[1] Zwischen dem Art. 186 einerseits und den Art. 187—188 und 218 andererseits, besteht noch der Unterschied, daß jener den Landesgesetzgeber nicht nur berechtigt, sondern auch verpflichtet, diese ihn dagegen bloß berechtigen. Diesem Unterschiede hat der deutsche Gesetzgeber in feiner Weise Rechnung getragen, in dem nach Art. 186 jeder Bundesstaat durch landesherrliche Verordnung seiner Verpflichtung nachkommen kann, während es nach Art. 187 und 218 zur Ausnutzung der Berechtigung eines Gesetzes bedarf.[2]

Art. 189, Abs. 1 und Art. 191, Abs. 1 enthalten intertemporale Rechtsvorschriften über die Zwischenzeit bis zur erfolgten Anlegung des Grundbuches. Grundsätzlich sind es Ausflüsse der Hauptregel, ausnahmslos soweit es sich um dingliche Rechtsverhältnisse handelt. Dies zeigt sich in folgenden Punkten: *Der Erwerb und Verlust des Eigenthums sowie die Begründung, Uebertragung, Belastung und Aufhebung eines andern Rechtes an einem Grundstück oder eines Rechtes an einem solchen Rechte erfolgen auch nach dem Inkrafttreten des Bürgerlichen Gesetzbuchs nach den bisherigen Gesetzen, bis das Grundbuch als angelegt anzusehen ist, das Gleiche gilt von der Aenderung des Inhalts und des Ranges der Rechte;* Art. 189, Abs. 1.

Zunächst ist also der Erwerb aller dinglichen Rechte an Grundstücken und der Rechte an solchen Rechten unter die Herrschaft der alten Rechtsordnung gestellt. Damit ist der Erwerbsthatbestand dieser Rechte und falls der Thatbestand ein Gesamtthatbestand ist, auch dessen sämtliche Glieder der alten unterworfen.[3] Es ist dies eine einfache und ungekünstelte Forderung aus den klaren Worten des Gesetzgebers. Nun ist gerade beim Erwerbe des Grundeigentumes nach der überwiegenden Mehrzahl der alten Rechte ein Vorbereitungsthatbestand erforderlich, sei es ein obligatorischer Vertrag oder eine sonstige *iusta causa* und ein Ausführungsthatbestand, sei es die Tradition oder Eintragung ins Grundbuch.[4] Daher muß auch der obligatorische Vertrag oder die sonstige *iusta causa* nach der alten beurteilt werden, so gut wie das dingliche Rechtsgeschäft. Das ist die notwendige Folge der organischen Auffassung sowohl, wie der klaren Gesetzesbestimmungen.[5] Die Aus-

---

[1] S. auch oben § 8, S. 28 fg. und § 11, S. 46, n. 1.

[2] Art. 188 macht eine Ausnahme, da hier die Berechtigung durch landesherrliche Verordnung ausgenützt werden kann. In der That handelt es sich jedoch, angesichts der Dauer der Zwischenzeit, um eine so geringfügige Berechtigung, daß kein Staat von ihr Gebrauch gemacht hat; s. unten § 83.

[3] S. oben § 23, S. 91, n. 5.

[4] S. oben § 32, S. 134, n. 1.

[5] A. M. Habicht, S. 434 und mit ihm Aron, S. 74; Schneider, S. 157 ff. und 249; Niedner, 2. Aufl., S. 395. Diese Schriftsteller suchen durch künstliche

drucksweise des Art. 189 darf nicht durch Künsteleien einschränkend ausgelegt werden, da er ja eine Gewährungsklausel enthält.[1] Die richtige Ansicht vertritt auch der Gesetzgeber von Elsaß-Lothringen, A.G. § 92; denn, wenn er annehmen würde, daß sich die allgemeinen rechtsgeschäftlichen Erfordernisse nach neuem Rechte richten, so hätte er nicht eine besondere Bestimmung über den Einfluß der Simulation aufgestellt. — Die Rechtsprechung ist bis jetzt dem atomistischen Standpunkte verfallen;[2] doch ist sie folgerichtiger vorgegangen als die Theorie.[3] Auch für die Legitimation zu einem Rechtsgeschäfte über Liegenschaften wirkt die alte Rechtsordnung fort, selbst wenn sie strenger ist als die neue; erste Möglichkeit der zweiten Regel des älteren Regelpaares.

Im Sinne des Art. 189 ist es einerlei, welcher Art der Erwerbsthatbestand dinglicher Rechte, ob er voluntarer oder involuntarer Natur ist.[4] Für das Eigentum ist dies nicht zu bezweifeln, indem der Art. 189 allgemein vom *„Erwerb" des Eigenthums* spricht, dagegen könnte der Ausdruck *„Begründung eines anderen Rechtes"* Anlaß zu Bedenken geben. Da es sich aber hier um eine Gewährungsklausel handelt, so ist er möglichst weit auszulegen. Zu demselben Ergebnis kommen die A.G. Elsaß-Lothringen, § 97; Bayern, L.G. für die Pfalz Art. 3, 7, Ü.G. Art. 121.[5] Vor allem steht somit die Ersitzung unter der Herrschaft der alten Rechtsordnung, handle es sich nun um die Ersitzung des Eigentumes oder einer Dienstbarkeit. Sämtliche Voraussetzungen der Ersitzung, die positiven sowohl wie die negativen, bestimmen sich in der Zwischenzeit nach der alten.[6] — Ebenso können die gesetzlichen Hypotheken und Vorzugsrechte in der Zwischenzeit entstehen und zwar auch für Ansprüche, die erst unter der Herrschaft der neuen Rechtsordnung erwachsen.[7]

Der Inhalt der dinglichen Rechte unterliegt der Fortwirkung der alten Rechtsordnung. Daher sind auch die allgemeinen Vorschriften des B.G.B. über Sachen, soweit sie den Inhalt der Rechte berühren, ausgeschlossen. So kann nach § 97 B.G.B. ein Grundstück nicht Zubehör eines anderen sein; s. § 890, Abs. 2 B.G.B. Ist nach der alten ein Grundstück Zubehör, so bleibt es dabei; s. dazu Schwarzburg-Sondershausen Art. 26 und Preußen E.G. §§ 32 und 33.[8] Bis zur Anlegung des Grundbuches ist daher die Eintragung gewillkürter Pertinenzen im

---

Trennung des Gesamtthatbestandes zum Erwerbe dinglicher Rechte für die Herrschaft der neuen Rechtsordnung zu retten, was zu retten ist.

[1] S. oben § 8, S. 33, 34 und § 12, S. 53.

[2] S. oben § 32, S. 134, n. 3.

[3] Vgl. O.L.G. Frankfurt a. M., 29. Mai 1900, Rsp. 1, S. 95 fg. Vgl. auch O.L.G. München, 22. April 1901; Das Recht 1901, S. 318.

[4] Vgl. Mot. z. E.G. S. 271.

[5] Auch Habicht, S. 436, n. 3.

[6] S. auch oben § 34, S. 146, n. 1.

[7] Gleicher Ansicht Habicht, S. 438 und 439; Schneider, S. 15; Niedner, 2. Aufl., S. 406.

[8] Mot. S. 271. A. M. Niedner, 2. Aufl., S. 394.

Hypothekenbuche nach bayerischem Hypothekenrechte zulässig, selbst wenn diese Pertinenzen nach § 97 B.G.B. als gesetzliches Zubehör erscheinen.[1]

Auch der Inhalt des in der Zwischenzeit nach Maßgabe der alten Rechtsordnung begründeten Eigentumes, bestimmt sich während der Zwischenzeit nach deren Vorschriften.[2] Art. 181 enthält ein Ausnahmegesetz, welches vor dem Art. 189, der die Hauptregel des intertemporalen Privatrechtes enthält, zurücktreten muß. Für die ganze Zwischenzeit ist die Herrschaft der neuen trotz Art. 181 aufgehoben. Hierzu stimmen selbst die Mot. zu E.G. S. 271 bei. „Die Beurtheilung des Rechtserwerbes nach altem Rechte führt übrigens mit Nothwendigkeit dazu, daß auch der Inhalt und Umfang des erworbenen Rechtes, unbeschadet des Art. 110, Abs. 2 (jetzt Art. 189, Abs. 1, Satz 3 E.G.), nach altem Rechte beurtheilt wird".[3] Ebenso bestimmt sich der Inhalt der in der Zwischenzeit begründeten sonstigen Rechte an Grundstücken und von Rechten an solchen Rechten nach der alten;[4] ingleichen der Rang der Rechte.[5] Der Inhalt derjenigen Rechte an Grundstücken, bei denen er von der Grundbuchverfassung der neuen zum großen Teile unabhängig ist, bestimmt sich nach der alten, selbst wenn sie in der Zwischenzeit begründet wurden.[6] Die alte Rechtsordnung bleibt auch maßgebend für den Umfang der Gegenstände, die ein Pfandrecht ergreift.[7] Dies gilt also beim Nießbrauche und beim dinglichen Vorkaufsrechte; ebenso bei Grunddienstbarkeiten, bei den beschränkten persönlichen Dienstbarkeiten und bei den Reallasten.[8] Daß unsere Ansicht die richtige ist, zeigt auch die Haltung des Landesgesetzgebers. Hessen, Art. 150 bestimmt ausdrücklich, daß beim Erbbaurechte die §§ 1012—1014, 1016, 1017, bei Grunddienstbarkeiten die §§ 1018—1028, beim Nießbrauche an einem Grundstücke die §§ 1030, 1031, 1034—1062, 1065, 1066, bei beschränkten persönlichen Dienstbarkeiten die §§ 1090—1093, mit Ausnahme des in § 1090 für anwendbar erklärten § 1029, bei Reallasten die §§ 1105, Abs. 1, 1106—1108 und 1111 B.G.B. maßgebend seien, sofern diese Rechte in der Zwischenzeit begründet werden. Der hessische Gesetzgeber stand auf dem allein richtigen Standpunkte, daß auf Grund des Art. 189 die neue für die ge-

---

[1] L.G. München, 20. Februar 1900. Seufferts Bl. f. R.A. 1900, S. 460.

[2] Habicht und Niedner a. a. O. glauben, daß hier Art. 181 zur Anwendung komme.

[3] Habicht geht dieser Satz zu weit. S. auch oben § 14, S. 60, n. 3.

[4] Zu diesem Ergebnis gelangt auch Habicht. Warum soll dies nicht auch für das Eigentum gelten, trotz Art. 181 E.G.

[5] Ebenso Habicht, S. 440, n. 3; Schneider, S. 242.

[6] Anders Habicht und Niedner, die nur anerkennen, daß der Inhalt der pfandartigen Belastungen an Grundstücken nach dem alten Rechte zu beurteilen sei.

[7] So auch Habicht, S. 441, n. 1.

[8] Habicht macht hier den gleichen Fehler mit dem Art. 184, wie oben mit dem Art. 181. Art. 184 muß, soweit er die Ausschlußklausel enthält, vor dem Art. 189 zurücktreten.

nannten Rechte ausgeschlossen sei, und machte daher von seiner Befugnis Gebrauch, diese Rechte der neuen zu unterwerfen.[1]

Eine Einschränkung macht jedoch Art. 189, Abs. 1, Satz 3 dahingehend, daß in der Zwischenzeit ein nach dem B.G.B. unzulässiges Recht nicht mehr begründet werden könne. Die Einschränkung ist eine Folge des Grundsatzes, daß sich der Inhalt der in der Zwischenzeit begründeten Rechte ausnahmslos nach der alten Rechtsordnung richten muß.[2] Das Verbot richtet sich nur gegen dingliche Rechte, die ihrer Art nach unzulässig sind, nicht gegen an sich zulässige Rechte, die aber von der alten mit einem ganz oder teilweise unzulässigen Inhalte erfüllt werden. Das Verbot ist ein Ausnahmegesetz und unterliegt daher einer einschränkenden Auslegung.[3] Zulässig ist also auch die Begründung eines veräußerlichen Nießbrauches, eines Erbbaurechtes an einem Teile eines Gebäudes. Zulässig ist ferner ein dinglicher Vertrag zwischen dem Gläubiger und dem Eigentümer, der ihm verbietet, das Grundstück zu veräußern, ein Vorkaufsrecht, eine Reallast, ein Pfandrecht an einem Bruchteile eines Grundstückes; ebenso Pfandrechte (nicht Hypotheken), an Grundstücken.[4] Ferner ist es zu bejahen, daß in der Zwischenzeit auf Grund der alten Rechtsordnung an einem Nießbrauche, dessen Gegenstand ein Grundstück ist, ein Vorzugsrecht oder eine Hypothek begründet werden kann.[5] Unzulässig auf Grund des Art. 189, Abs. 1, S. 3 ist nur ein Recht, dessen Begründung die neue mit Rücksicht auf die geschlossene Zahl ihrer dinglichen Rechte ausschließt; so die dinglichen Miet- und Pachtrechte des preußischen Rechtes, die vererblichen und veräußerlichen Nutzungsrechte mit Ausnahme des Erbbaurechtes, das *ius ad rem* des preußischen Rechtes. Es wäre denn, daß sie auf den der Landesgesetzgebung vorbehaltenen Gebieten Art. 59, 67, 68 u. s. w. E.G. begründet werden.

Umgekehrt können in der Zwischenzeit keine Rechte an einem Grundstücke begründet werden, die zwar nach der neuen Rechtsordnung zulässig, aber der alten unbekannt sind. Es wäre dies eine Rückwirkung

---

[1] Habicht meint, er hätte dies nur gethan, um etwaige Zweifel abzuschneiden. Dasselbe behauptet auch Best, Anm. 1 zu Art. 151.

[2] So richtig auch Habicht, S. 444, n. 1.

[3] A. M. Habicht, S. 444, 454 und Niedner, 2. Aufl., S. 397. Gegen Habicht ist auch Schneider, S. 134, n. 162.

[4] Auch Habicht a. a. O. S. 445 und Niedner, 2. Aufl., S. 397 lassen ein antichretisches Pfandrecht an Grundstücken in der Zwischenzeit zu; dagegen Scherer Nr. 256. Vgl. auch Hessen Art. 223 und Elsaß-Lothringen A.G. zur Gr.B.O. § 23.

[5] Ebenso Habicht, S 446; Niedner, 2. Aufl., S. 398 und Schneider, Nr. 262; dagegen Scherer, Nr. 255. Vgl. Bayern, L.G. f. Pfalz, Art. 13 u. Elsaß-Lothringen, A.G. zur Gr.B.O. § 22. Unrichtig dagegen die Mot. Hessens zu Art. 212, wonach schon nach Art. 189, Abs. 1, Satz 3 E.G. die Nutznießung an einem Grundstücke nicht mehr Gegenstand eines Vorzugsrechtes oder einer Hypothek werden kann; s. auch unten § 83.

der neuen im Sinne der zweiten neueren Regel in ihrer ersten Möglichkeit. Daher können keine Briefhypotheken, Grund- oder Rentenschulden und dergl. begründet werden.[1] Auch ist die Begründung solcher Rechte unzulässig, die das bisherige Recht nur ihres Inhaltes wegen verwarf, ohne daß ihre Bestellung mit der Einrichtung der öffentlichen Bücher unverträglich war.[2]

Die neue Rechtsordnung ist während der Zwischenzeit von den Aufhebungsthatbeständen der dinglichen Rechte ganz ausgeschlossen.[3] Dienstbarkeiten können also auf Grund des gemeinen Rechtes durch *non usus usucapio libertatis* untergehen; der Verlust des Eigentumes kann durch Ersitzung von seiten eines andern eintreten. Dingliche Rechte an fremden Grundstücken auch durch Konfusion, trotz § 889 B.G.B. Ingleichen dingliche Ansprüche durch Verjährung, trotz § 902 B.G.B. Ebenso kann die Tilgung einer Hypothek noch nach Maßgabe des alten Hypothekenrechtes erfolgen.[4]

Der Besitz an Grundstücken und der Rechtsbesitz an Grunddienstbarkeiten und beschränkten persönlichen Dienstbarkeiten ist in der Zwischenzeit nach der alten Rechtsordnung zu beurteilen; so verlangt es die Hauptregel. Das E.G. hat dies nur teilweise anerkannt, indem es im Art. 191[5] nur den Rechtsbesitz an Grunddienstbarkeiten und beschränkten persönlichen Dienstbarkeiten hinsichtlich seines Schutzes der alten unterstellt.[6] Hat ein Berechtigter einer solchen Dienstbarkeit, der zugleich Sachbesitz hat, nur den Schutz des B.G.B. als Sachbesitzer oder auch noch den altrechtlichen Besitzschutz oder nur diesen für seine Dienstbarkeit zu beanspruchen? Nach dem klaren Wortlaut des Art. 191, Abs. 1 muß behauptet werden, daß er nur den letzteren beanspruchen kann („*finden Anwendung*“). Art. 180 muß als Ausnahmerecht dem Art. 191, der die Hauptregel enthält, soweit er reicht, den Vortritt lassen.[7] Wer berufen ist, den Besitzschutz für das herrschende Grundstück zu erlangen, bestimmt sich daher nach der alten.[8] Der Schutz des Rechtsbesitzes an den genannten Dienstbarkeiten bestimmt sich nach der alten, selbst dann, wenn sie während der Zwischenzeit begründet werden.[9]

Das intertemporale Landesrecht gewährt der neuen Rechtsordnung

---

[1] So richtig auch Habicht, S. 446.

[2] So auch Schneider, S. 222, Nr. 266 und die Vorschriften des Bayr. Ü.G. Art. 216—218. A. M. Habicht, a. a. O.

[3] A. M. Niedner, der den Inhalt der Rechte während der Zwischenzeit z. T. der neuen unterwirft; S. 393.

[4] S. L.G. Schwerin, 20. April 1900, Mecklenb. Ztschr. 1900, S. 310.

[5] Mot. zu Art. 111, S. 273; Prot. S. 3917—3920, 8566—8568, 9052, 9236 (Bd. VI, S. 523, 524, 632, 633 Bd. IV, S. 318—320).

[6] Nach Art. 180 untersteht der Besitz an Grundstücken der neuen; s. auch unten § 81.

[7] A. M. Habicht a. a. O.

[8] A. M. Habicht a. a. O.

[9] So richtig auch Habicht, S. 356. S. unten § 81.

auch hierin eine größere Ausschließlichkeit.[1] Preußen und Mecklenburg schreiben vor, daß die vor Anlegung des Grundbuches bereits in den Büchern eingetragenen Grunddienstbarkeiten auch schon in der Zwischenzeit den vollen Besitzesschutz der neuen genießen sollen.

Es entsteht die Frage, ob die Vorschriften der neuen Rechtsordnung, wonach in einigen Fällen mit einem Schuldverhältnisse kraft Gesetzes der Anspruch auf Einräumung einer Sicherungshypothek entsteht, oder wonach bei der Verpfändung des Anspruches auf Übertragung des Eigentumes eines Grundstückes und bei Pfändung eines solchen Anspruches mit dem Übergange des Eigentumes auf den Pfand- oder Pfändungsschuldner eine Sicherheitshypothek für den Gläubiger begründet wird, auch auf die Zwischenzeit anwendbar sind. Die Frage ist zu verneinen.[2] In der Zwischenzeit herrscht eben die alte Rechtsordnung, und damit ist die neue ausgeschlossen. Es wäre Sache der Landesgesetzgebung, auf Grund des Art. 218 diese Verhältnisse besonders zu regeln. Dies hat Bayern, Ü.G. Art. 50, 60, 119, 123 und Hessen, Art. 167, 214 VI unter Art. 14i gethan. In den übrigen Gebieten bleibt den durch die neue Begünstigten nichts anderes übrig, als den Zeitpunkt abzuwarten, in dem das Grundbuch als angelegt anzusehen ist.

Ein Seitenstück zu Art. 189, Abs. 1 bildet der § 1 des E.G. zum Zwangsversteigerungsgesetze vom 24. März 1897, der bestimmt, daß dieses R.G. *für jeden Grundbuchbezirk erst mit dem Zeitpunkte in Kraft* tritt, *in welchem das Grundbuch als angelegt anzusehen ist.* Ebenso bestimmt § 82 der Grundbuchordnung vom 24. März 1897, daß dieses Gesetz *für jeden Grundbuchbezirk mit dem Zeitpunkte in Kraft* tritt, *in welchem das Grundbuch als angelegt anzusehen ist.*[3] Gerade diese Vorschrift beweist, daß durch den Art. 189, Abs. 1 die materielle Herrschaft der alten Rechtsordnung in der Zwischenzeit anerkannt wird. Die Fassung der angeführten §§ 1 und 82 ist nicht intertemporalrechtlich; sie sprechen nicht von Thatbeständen und Rechtsverhältnissen der alten Rechtsordnung. Allein sie bewirken materiell für das R.G. über die Zwangsvollstreckung und die Grundbuchordnung genau dasselbe, was der Art. 189 in Verbindung mit Art. 192—196 für das B.G.B. Ja sie haben den Vorzug der Handgreiflichkeit und sind daher weniger Mißdeutungen ausgesetzt, als der ein feineres Verständnis voraussetzende Art. 189 E.G. und seine Anhängsel.

Auch die §§ 830, 837, 857 Abs. 6, 866—868, 932 R.C.P.O. gelten nicht für die Zwischenzeit.[4] Bayern, A.G. zur Gr.B.O. und zum Zw.V.G.

---

[1] Preußen, Art. 28; Bayern, Ü.G. Art. 45; Lieg.-G., Art. 22; Hessen, Art. 140; Mecklenburg-Schwerin, § 185; M.-Strelitz, § 183; S.-Weimar, § 129; Schwarzburg-Rudolstadt, Art. 82; Elsaß-Lothringen, § 86.

[2] So richtig Niedner, 2. Aufl., S. 394. A. M. Habicht, allein ohne irgend eine stichhaltige Begründung.

[3] S. oben § 14, S. 60, n. 3.

[4] Vgl. für den § 866 L.G. Frankfurt a. M., 5. Februar 1901; Frankfurter R., 34. Jahrg., S. 272.

Art. 56 hat besondere Übergangsbestimmungen für die Zwischenzeit. Eine weitere Folge der Hinausschiebung ist die, daß die Vorschrift des § 416 B.G.B. während der Zwischenzeit keine Anwendung findet;[1] ebenso die Vorschrift des § 1010 B.G.B.[2]

§ 64. Das Eigentum zur gesamten Hand. Das Sondereigentum an stehenden Erzeugnissen eines Grundstückes. Das Stockwerkseigentum.

Das Eigentum zur gesamten Hand, das unter der alten Rechtsordnung entstanden ist, bleibt unter deren Fortwirkung bestehen; so nach der Hauptregel. Das hat auch das Deutsche intertemporale Privatrecht anerkannt; Art. 181, Abs. 2 E.G.[3] Aufrechterhalten sind nur die aus der alten stammenden *Rechte*, nicht etwa Rechtseinrichtungen. Daher ist das Mit- und Gesamteigentum des 17. Titels des A.L.R. und des *Art.* 883 *Code civil* beseitigt.[4]

Das Sondereigentum an stehenden Erzeugnissen eines Grundstückes, insbesondere an Bäumen, das unter der Herrschaft der alten Rechtsordnung begründet wurde, bleibt nach der Hauptregel unter deren Fortwirkung bestehen. So auch nach Deutschem intertemporalem Privatrechte; Art. 181, Abs. 2 E.G.[5] Ein derartiges Sondereigentum kennt das preußische Recht an wildaufwachsendem Holze. A.L.R. I, 22, § 200, 187, 197; das württembergische und französische Recht an Obstbäumen.[6]

Das Sondereigentum muß im Zeitpunkte des Inkrafttretens der neuen Rechtsordnung *„begründet“* sein. Da Art. 181, Abs. 2 eine Gewährungsklausel enthält, so muß sie weit ausgelegt werden;[7] daher ist in Übereinstimmung mit der organischen Auffassung das Sondereigentum schon *begründet*, wenn unter der alten auch nur der Vorbereitungsthatbestand, z. B. der obligatorische Vertrag zur Übergabe des Sondereigentumes abgeschlossen wurde.[8] Unter der neuen können zwar Rechte dieser Art nicht mehr begründet, wohl aber können bereits bestehende Rechte übertragen, verpfändet oder sonstwie dinglich belastet werden.[9] Die nach dem Inkrafttreten der neuen nachgewachsenen oder nachgepflanzten Bäume

---

[1] So richtig NIEDNER, 2. Aufl., S. 396; HABICHT, S. 229, n. 3. A. M. SCHERER, S. 256, Nr. 369 g.

[2] So NIEDNER a. a. O.; HABICHT, S. 390.

[3] Der Gesetzgeber spricht von einem Eigentume an einer Sache, *das Mehreren nicht nach Bruchtheilen* zusteht. Er meint damit das Eigentum zur gesamten Hand, z. B. adelige Gan- und bäuerliche Gemeinde-Erbschaften. S. GIERKE, Bd. I, S. 663 fg.

[4] S. Prot. 9042, 1227, 1228 (Bd. I, S. 612 fg.; VI, S. 517). So richtig NIEDNER, 2. Aufl., S. 370; MAENNER, Das Recht 1900, S. 409. HABICHT, 3. Aufl., S. 410; A. M. SCHERER, S. 167.

[5] Vgl. dazu Bayern, L.G. f. d. Pfalz, Art. 19, Abs. 1 u. 2; Hessen, Art. 220.

[6] S. ARON, S. LXX.

[7] S. oben § 8, S. 33 und § 12, S. 53.

[8] S. oben § 32, S. 185, n. 1; A. M. HABICHT, S. 414.

[9] S. auch HABICHT, S. 414, n. 5.

gehören dem sonderberechtigten Eigentümer.[1] Das E.G. sagt nicht, daß für das Sondereigentum die alte Rechtsordnung noch fortwirkt. Weil aber die neue für solche abweichende Eigentumsgestaltungen überhaupt keine Bestimmungen enthält, so müssen sich notgedrungen alle aus ihrer Eigenart entstehenden Rechtsverhältnisse nach der alten bestimmen.[2]

Das unter der alten Rechtsordnung begründete Stockwerkseigentum (Herbergsrecht) bestimmt sich nach deren Vorschriften. Dieser Satz des gemeinen intertemporalen Privatrechtes hat auch das deutsche angenommen; Art. 182 E.G.[3] Ein derartiges Rechtsverhältnis kannte das französische Recht; *Code civil Art.* 664. Es besteht namentlich in West- und Süddeutschland und in Schleswig. Voraussetzung ist bloß, daß das Stockwerkseigentum im Zeitpunkte des Inkrafttretens der neuen im Sinne der organischen Auffassung besteht; s. oben S. 256, n. 8. Nach diesem Zeitpunkte kann es nicht mehr begründet, wohl aber übertragen, dinglich belastet, verpfändet u. s. w. werden. Ob das Stockwerkseigentum durch Konfusion erlischt, bestimmt sich nach der alten, ingleichen die Frage, ob auch durch Untergang des Gebäudes.[4] Ebenso der Begriff des Stockwerkseigentumes.[5] Zum Stockwerkseigentume sind auch diejenigen Rechtsgebilde zu rechnen, bei denen ein Miteigentum der Berechtigten am ganzen Gebäude nach Bruchteilen mit einer Grunddienstbarkeit an den einzelnen Stockwerken stattfindet. Diese Form kann auf Grund des Art. 131 E.G. mit Hülfe der Landesgesetze auch noch unter der neuen begründet werden; sogenanntes uneigentliches Stockwerkseigentum.[6]

Das obligatorische Rechtsverhältnis der Beteiligten untereinander bestimmt sich nach der alten; Art. 182, Satz 2. Beim eigentlichen Stockwerkseigentum (ohne Miteigentum am ganzen Gebäude nach Bruchteilen) folgt dieser Grundsatz schon aus Art. 170 E.G., da Art. 173 ausgeschlossen ist. Wo aber das Stockwerkseigentum in der Form des Miteigentumes nach Bruchteilen auftritt, wird der Art. 173 E.G. durch den Art. 182, Satz 2 ausgeschlossen; denn dieser enthält die Gewährungsklausel, jener die Ausschlußklausel.[7] Es folgt dies schon aus Art. 131 E.G. Recht und Pflicht zur Unterhaltung des Gebäudes, Verteilung der Lasten, Beschränkung der Beteiligten in der Verfügung über ihr Recht richtet sich nach der alten. Die Unteilbarkeit des Rechtes oder die Vorkaufsrechte haben Wirksamkeit gegen Dritte auch ohne Eintragung ins Grundbuch.[8]

Nach § 83 Gr.B.O. ist es Sache der Landesgesetzgebung, das Ver-

---

[1] A. M. Habicht a. a. O.; Schneider, S. 187.
[2] So auch Habicht, S. 415, n. 1; A. M. Schneider, S. 187, Nr. 229.
[3] Prot. S. 9230—9233 (Bd. VI, S. 629, 630).
[4] Dem Sinne nach übereinstimmend Habicht, S. 416.
[5] S. auch Prot. Bd. VI, S. 629 fg.
[6] S. Habicht, S. 417, n. 2; Niedner, 2. Aufl., S. 373.
[7] So auch Habicht, S. 418.
[8] So auch Habicht, S. 418, n. 1; Schneider, S. 201.

hältnis des Stockwerkseigentumes zum Grundbuche zu regeln. Die grundbuchmäßige Behandlung ist nach den Ausführungsgesetzen verschieden. Nach einigen wird das Stockwerkseigentum als Erbbaurecht behandelt. In der Pfalz ist nur ein Grundbuchblatt für das gemeinsame Grundstück anzulegen. Dagegen wird im rechtsrheinischen Bayern jeder Stockwerksanteil als besonderes Grundstück behandelt; s. Kgl. V.O. vom 23. Juli 1898, § 12.[1]

Die Übertragung des Stockwerkseigentumes bestimmt sich nach der alten Rechtsordnung.[2] Ingleichen der Untergang des Stockwerkseigentumes in der Zwischenzeit und auch noch später, solange das Recht noch nicht in das Grundbuch eingetragen ist; Art. 189, Abs. 1 und 3 E.G. Ist das Recht im Grundbuche eingetragen, dann gilt § 875 der neuen.[3]

So das intertemporale Reichsrecht. Eine abweichende Gestaltung hat das intertemporale Landesrecht angenommen. Für das Stockwerkseigentum und das Sondereigentum an Bauwerken und Teilen von solchen geben Bayern und Hessen Übergangsbestimmungen. Für das uneigentliche Stockwerkseigentum, wobei den sämtlichen Stockwerkseigentümern der Grund und Boden gemeinschaftlich gehört, beläßt es Hessen, Art. 216—219 in der Hauptsache bei der alten Rechtsordnung, während es nach Lieg.G. für die Pfalz Art. 20, Ü.G. Art. 42 im Sinne des Art. 131 E.G. umgewandelt wird.[4] Dagegen regeln Bayern, L.G. für die Pfalz Art. 19 und Hessen, Art. 220 übereinstimmend das Sondereigentum an einem selbständigen Bauwerke und das Sondereigentum an einzelnen Räumen eines fremden Gebäudes. Ersteres soll als Erbbaurecht im Sinne der neuen gelten, letzteres als das vererbliche und veräußerliche Recht, auf einem fremden Grundstück einen Gebäudeteil zu haben.[5]

Nach intertemporalem Landesrechte wird der Hauptsache nach das sogenannte notwendige Miteigentum im Sinne der alten Rechtsordnung aufrecht erhalten; im französischen Rechte wird es *copropriété avec indivision forcée* genannt. Hierher gehören gemeinsame Einfahrten, Zugänge, Winkel, Brunnen, Scheuertennen, Hofräume und dergl. Subjekte sind hier nicht Personen, sondern die herrschenden Grundstücke.[6] Bayern, Ü.G. Art. 43 für die Landesteile rechts des Rheines; L.G. für die Pfalz, Art. 21; Hessen, Art. 139 für die Gebiete des gemeinen und rhein. Rechtes; Oldenburg für Birkenfeld, § 42; Bremen, § 25; Elsaß-Lothringen, § 76. In den Rechtsgebieten, für welche die Ausführungsgesetze keine Vorschriften geben, muß grundsätzlich das notwendige Miteigentum im Sinne der alten Rechtsordnung bestehen bleiben. Es sind

---

[1] S. Habicht, S. 405 und Schneider, S. 198.

[2] Abweichend Habicht, S. 400.

[3] Ebenso Habicht a. a. O.

[4] S. Habicht, S. 419 fg.

[5] S. Habicht, S. 422 fg.

[6] Vgl. Habicht, S. 411; Maenner, im Recht 1900, S. 410; Niedner, 2. Aufl., S. 371.

dafür zwei Begründungen denkbar: Man kann das Verbot der Aufhebung der Gemeinschaft im Sinne der alten als eine besondere nachbarrechtliche Beschränkung ansehen, die dann unter dem Schutze des Art. 124 E.G. fortbesteht, oder man kann wie die zuvor erwähnten Ausführungsgesetze, zwar die Aufhebung der Gemeinschaft auf einseitigen Antrag zulassen, aber das gemeinsame Grundstück als mit einer Grunddienstbarkeit belastet ansehen, die den herrschenden Grundstücken die Fortdauer der bisherigen Benutzung gewährleistet. Letztere Begründung war schon im gemeinen Rechte anerkannt und ist daher in Ermangelung anderer Bestimmungen heranzuziehen; sie steht dann unter dem Schutze des Art. 184 E.G. Es bedürfen die Grunddienstbarkeiten der Eintragung ins Grundbuch nur, wenn dies durch Landesgesetz zur Wirksamkeit gegen den öffentlichen Glauben des Grundbuches vorgeschrieben ist; Art. 187, Abs. 2 E.G.[1]

§ 65. Dingliche Rechte an fremder Sache. Die bäuerlichen Nutzungsrechte (Bauerngüter) insbesondere.

Die unter der alten Rechtsordnung entstandenen dinglichen Rechte an fremder Sache insonderheit an Grundstücken richten sich sowohl in ihrem Inhalte als in ihrem Range nach deren Vorschriften. Dieser Satz ist ein Ausfluß des gemeinen intertemporalen Privatrechtes, der sowohl in der Gesetzgebung als in der Rechtsprechung anerkannt ist.[2] Den Satz hat auch der deutsche Gesetzgeber in Art. 184 E.G.[3] anerkannt. Ist unter der alten Rechtsordnung ein Vorbereitungsthatbestand zur Begründung eines dinglichen Rechtes errichtet worden; z. B. ein obligatorischer Vertrag oder eine letztwillige Verfügung, so bestimmt sich der Ausführungsthatbestand ebenfalls nach deren Vorschriften.[4] Der Art. 184 ist als Gewährungsklausel möglichst weit auszulegen.[5] Daher sind auch die Änderungsthatbestände der unter der alten entstandenen *iura in re* grundsätzlich nach deren Vorschriften zu beurteilen. Es folgt dies daraus, daß die alte für den Inhalt maßgebend bleibt.[6] Gleichgültig ist, wie die dinglichen Rechte unter der alten entstanden sind, ob durch einen voluntaren oder involuntaren Thatbestand und wie sie erworben wurden. Das richtet sich nach den Vorschriften der alten. Jedoch gehören die sogenannten Legalservituten nicht hierher;[7] diese richten sich nach Art.

[1] S. auch Habicht, S. 413; A. M. Aron und Niedner, 2. Aufl., S. 371.

[2] S. Gesch. § 58, S. 403, n. 1 und 2; ferner § 64, S. 448, n. 2 und § 65, S. 479, n. 1; 480, n. 1 und 2.

[3] Mot. zu Art. 106, S. 265, 266; Prot. S. 8797, 9040—9042; 9044—9047; 9230—9233 (Bd. VI, S. 516—520, 555, 629—631).

[4] S. oben § 32, S. 134, n. 1; § 63, S. 250, n. 5; § 64, S. 256, n. 8; A. M. Habicht, 3. Aufl., S. 426, n. 2 und 3.

[5] S. oben § 8, S. 33 und § 12, S. 54, n. 4.

[6] A. M. Habicht a. a. O.

[7] So richtig auch Habicht, S. 426. Niedner, 2. Aufl., S. 378; R.G. 19. Dez. 1900, E. 47, S. 159; 9. Febr. 1901, E. 47, S. 230. S. auch Rsp. 2, S. 59, n. 1.

181 E.G.; s. unten § 82. Ist daher ein Wasserbezugsrecht unter der alten durch Ersitzung erworben worden, und gilt nach deren Vorschriften der Satz *tantum praescriptum quantum possessum*, § 28 I, 22, A.L.R., so bleibt es in seinem Umfange trotz der §§ 1020—1028 der neuen bestehen.[1]

Einen schweren Mißgriff in der Auslegung des Art. 184 beging das R.G. in seinem Urteile vom 9. März 1901; s. Art. 56, Nr. 149. Darnach soll der Ausdruck *„belastet"* darauf hinweisen, daß das Recht im Grundbuche eingetragen sein müsse. Diese Auslegung ist eine Vergewaltigung des Art. 184 und durch Nichts gerechtfertigt. Im Gegenteile sagt Art. 184 allgemein *„Rechte, mit denen eine Sache. . . ."* und nicht ein Grundstück. . . . *belastet ist.* Kommt aber für eine bewegliche Sache bei ihrer Belastung mit einem Rechte das Grundbuch in Betracht? Ebensowenig muß es auch bei Grundstücken im Sinne des Gesetzgebers in Betracht kommen. Darüber entscheidet doch lediglich die alte Rechtsordnung, ob eine Eintragung ins Grundbuch erforderlich sei.[2] Wenn die Ansicht des R.G. richtig wäre, müßte in den Ländern des gemeinen Rechtes gar kein dingliches Recht an fremden Grundstücken aufrecht erhalten bleiben, weil es nicht durch Eintragung ins Grundbuch entstanden ist.[3] Gegen die Auslegung des Reichsgerichtes spricht auch der Wortlaut des Art. 189, Abs. 3 E.G. Aus ihm geht unzweifelhaft hervor, daß *ein Grundstück mit einem Rechte belastet* sein kann, ohne daß dasselbe im Grundbuche eingetragen ist; denn seine Aufhebung erfolgt auch nach der Anlegung des Grundbuches nach der alten Rechtsordnung, *bis das Recht in das Grundbuch eingetragen wird.*

Die dinglichen Rechte, die aus der alten Rechtsordnung stammen, bleiben bestehen, auch wenn ihre Begründung unter der neuen unzulässig wäre. So ein vererblicher Nießbrauch, superfiziarische Rechte an Gebäudeteilen, dingliche Miet- und Pachtrechte.[4] Liegt beim Eintritt der neuen bloß ein obligatorischer Vertrag vor, der auf Begründung eines dinglichen Rechtes gerichtet ist, das unter der neuen unzulässig ist, so kann es trotzdem noch geschaffen werden. Art. 189, Abs. 1, Satz 3 ist als Ausschlußklausel möglichst eng auszulegen. Mit dem Vorbereitungsthatbestande hat nämlich die Begründung des dinglichen Rechtes unter der alten bereits begonnen.[5] Wird der Vorbereitungsthatbestand unter der alten vorgenommen, die Bestellung des Nießbrauches oder des

---

[1] R.G. 12. Mai 1900; D. Recht 1900, S. 374, Nr. 230.

[2] S. auch oben § 12, S. 53 und 54, n. 4.

[3] S. dagegen die richtige Entsch. des Obersten L.G. München, vom 14. Dez. 1900; D. Recht 1901, S. 144, Nr. 487. Es handelt sich um gesetzliche Hypotheken der Kinder am Vermögen des Vaters.

[4] So auch Habicht, S. 427.

[5] S. auch oben § 63, S. 250, n. 5 und § 64, S. 256, n. 8. A. M. Habicht a. a. O. Auch R.G., 16. März 1901; J.W. 1901, S. 293 u. 9. März 1901; S.A. 56 S. 266 und 267 steht auf dem atomistischen Standpunkte.

Pfandrechtes, aber erst nach dem Inkrafttreten der neuen, so muß der Inhalt dieses Nießbrauches oder des Pfandrechtes nach der alten bestimmt werden.[1]

Die bestehenden dinglichen Rechte behalten den ihnen nach der alten Rechtsordnung zukommenden Inhalt selbst dann, wenn die neue den gleichartigen Rechten einen abweichenden Inhalt giebt. Nach der alten bestimmt sich also der Umfang der Rechte und Pflichten des Nießbrauchers, insonderheit die Verpflichtung zur Kautionsleistung;[2] die Übertragbarkeit des Nießbrauches;[3] seine Dauer bei juristischen Personen;[4] der Untergang des Nießbrauches durch Mißbrauch[5] und durch Konsolidation.[6] Bei einer aus der alten Rechtsordnung stammenden Reallast bestimmt sich die Frage, ob der Eigentümer für die während seines Eigentumes fällig werdenden Leistungen auch persönlich haftet, nach deren Vorschriften.[7]

Zum Inhalte des Pfandrechtes insbesondere gehört der Umfang der Forderung, für die das Pfand haftet, die Voraussetzungen des Veräußerungsrechtes, die Art seiner Ausübung, deren Fristen und Formen.[8] Das gerichtliche Verkaufsverfahren richtet sich nach der neuen Rechtsordnung.[9]

Für den Rang bestehender dinglicher Rechte insonderheit an Grundstücken bleibt die alte Rechtsordnung maßgebend und zwar kraft intertemporalen Reichsrechtes auch nach erfolgter Anlegung des Grundbuches; Art. 184 E.G. Die Landesgesetzgebung kann andere Bestimmungen einführen.[10]

Die Aufhebung der aus der alten Rechtsordnung stammenden dinglichen Rechte bestimmt sich auch fernerhin grundsätzlich nach deren Vorschriften.[11] Art. 184 entspringt dem *ius commune* und ist daher der weiten Auslegung bedürftig. Außerdem enthält er nicht, wie Art. 168 E.G. die Klausel *„unbeschadet der Vorschriften des Bürgerlichen Gesetzbuchs*

---

[1] So richtig auch Habicht, S. 429.

[2] O.L.G. Jena, 10. April 1901; Bl. f. Rpfl. i. Th. 48, S. 376; O.L.G. Darmstadt, 21. Dez. 1900, Hess. Rsp. 2, S. 33.

[3] So auch Habicht, S. 428, n. 1; Oberneck, S. 424; Niedner, 2. Aufl., S. 377.

[4] Prot. II, S. 4105; Habicht a. a. O.; Oberneck, S. 425; Niedner, 2. Aufl., S. 377; abweichend Dernburg, B.R. Bd. 3, S. 509.

[5] So auch Habicht a. a. O.; Aron, S. 119.

[6] A. M. Niedner, 2. Aufl., S. 377.

[7] S. Gesch. § 65, S. 480, n. 1. So richtig Niedner, 2. Aufl., S. 377. S. auch Prot. II, 9045, 9041. Abweichend Dernburg a. a. O., S. 548.

[8] Vgl. Mot. z. B.G.B., Bd. 3, S. 818; vgl. auch A.L.R. I, 20, §§ 197—199 und Sächs. B.G.B. § 481.

[9] Abweichend Lehmann, S. 75, der behauptet, daß die Form des Pfandverkaufes sich durchweg nach der neuen bestimme; Habicht, S. 428, n. 5; ebenso Niedner, 2. Aufl., S. 378.

[10] So auch Habicht, S. 429, n. 1.

[11] Gleicher Ansicht Lehmann, S. 72, 76; A. M. Habicht, S. 430, n. 1; Neumann, S. 1463.

zu Gunsten derjenigen, welche Rechte von einem Nichtberechtigten herleiten."[1] Es geht also ein aus der alten stammender Nießbrauch oder ein Pfandrecht an einer beweglichen Sache nicht gegen einen gutgläubigen Erwerber der Sache unter, trotz § 936 der neuen.[2] Ob ein aus der alten stammendes Pfandrecht an einer beweglichen Sache schon durch Verlust der Innehabung oder erst mit der Rückgabe erlischt, bestimmt sich nach deren Vorschriften: z. B. *Code civil Art.* 2076 im Gegensatze zu § 1253 der neuen.[3] Ein aus der alten stammendes Pfandrecht geht auch nicht auf Grund der §§ 560—562 der neuen unter.[4]

Für die dinglichen Rechte an Grundstücken gilt eine besondere intertemporale Bestimmung, Art. 189, Abs. 3. Ihre Aufhebung unterliegt auch nach der Zwischenzeit der alten Rechtsordnung, bis sie in das Grundbuch eingetragen werden. Sie können also durch Nichtgebrauch, Ersitzung der Freiheit des Eigentumes, Konsolidation, Konfusion, Teilung auch noch nach Anlegung des Grundbuches aufgehoben werden. — Mit der Aufhebung nicht eingetragener Grunddienstbarkeiten insbesondere, beschäftigt sich das intertemporale Landesrecht; so Bayern, Ü.G. Art. 11 bis 18; Hessen, Art. 142—148; S.-Weimar, §§ 130—132; S.-Meiningen, Art. 17, §§ 17—19; Schwarzburg-Rudolstadt, Art. 83—85; Schw.-Sondershausen, Art. 36, §§ 2—4; Reuß j. L., § 89.

Nach den Vorschriften der alten Rechtsordnung richten sich auch die konfessorischen Ansprüche über die Geltendmachung der Nutzungs- und Pfandrechte, über den Widerstreit unvereinbarer Nutzungsrechte. Es kommen hier nicht etwa die Vorschriften der neuen zur Anwendung, nämlich §§ 1065, 1227, 985 fg., 1060. Dies geht einmal daraus hervor, daß Art. 184, Abs. 1 als Gewährungsklausel möglichst weit, dagegen Art. 184, Abs. 2 als Ausschlußklausel möglichst eng ausgelegt werden müssen.[5] Nun verleiht aber Art. 184, Abs. 2 nur den §§ 1017, 1020 bis 1028 der neuen Ausschließlichkeit. Von einer solchen der oben angeführten Vorschriften kann daher keine Rede sein.[6] Ebenso richten sich die Rechtsvermutungen zu Gunsten des Seins der aus der alten stammenden Rechte ausschließlich nach deren Vorschriften. Es gelten nicht etwa die §§ 891, 1006, 1065 u. s. w. der neuen.[7]

Die dargelegten Grundsätze gelten nach intertemporalem Reichsrechte für die persönlichen Dienstbarkeiten. Das intertemporale Landesrecht enthält häufig die Ausschlußklausel für die altrechtlichen Personalservituten einschließlich der sogenannten irregulären; so S.-Weimar, § 148;

---

[1] Ebenso Lehmann a. a. O.

[2] A. M. Niedner, 2. Aufl., S. 375.

[3] So richtig Niedner, 2. Aufl., S. 378; A. M. Habicht, S. 411.

[4] So richtig das vortreffliche Urteil des R.G. v. 12. Juli 1901, E. 49, S. 58, 59; A. M. Habicht, 3. Aufl., S. 270 und n. 3.

[5] S. oben § 8, S. 33, n. 4; 34, n. 1 und 2 und oben § 12, S. 53, 54.

[6] A. M. Niedner, 2. Aufl., S. 377.

[7] So richtig Niedner, 2. Aufl., S. 376; A. M. Habicht, S. 457.

S.-Meiningen, Art. 17, § 21; Schwarzburg-Rudolstadt, Art. 100; Reuß j. L., § 87;[1] für die Reallasten. — Das intertemporale Landesrecht erklärt sich hier und da für das *ius singulare*; so Bayern, Ü.G. Art. 46 für die rechtsrheinischen Gebiete; S.-Weimar, § 150; Meiningen, Art. 18, § 2; C.-Gotha, Art. 36, § 2.[2] Nach Art. 115 E.G. ist der Landesgesetzgebung die Befugnis eingeräumt, den Inhalt und das Maß solcher Dienstbarkeiten und Reallasten noch nach dem Inkrafttreten der neuen näher zu bestimmen, also nicht bloß für die Vergangenheit, sondern auch für die Zukunft. — Für das Pfandrecht an beweglichen Sachen und Rechten. — Das intertemporale Landesrecht verleiht der neuen auch hier teilweise Ausschließlichkeit; Hessen, Art. 153; Mecklenburg-Schw., § 205; Strelitz, § 203; Braunschweig, § 62. Mecklenburg, Braunschweig, Oldenburg insonderheit für die im Schiffsregister eingetragenen Pfandrechte; am weitesten geht hier Bremen §§ 46—51.[3] Für das dingliche Vorkaufsrecht und sonstige dingliche Beschränkungen des Eigentümers, z. B. Ansprüche aus Schuldverhältnissen, die durch Eintragung in ein öffentliches Buch Wirksamkeit gegen Dritte erlangt haben; Art. 179 E.G. — Für die aus eingetragenen Vormerkungen hervorgehenden dinglichen Rechte.[4] Mit einer zeitlichen Beschränkung sind ferner hierher zu rechnen die verschiedenen Pfandrechte an Grundstücken und die Grundschulden für die Dauer der Zwischenzeit. — Das intertemporale Landesrecht geht auch hier weiter als das Reichsrecht, indem es die aus der alten stammenden Pfandrechte an Grundstücken schon mit ihrem Inkrafttreten der neuen unterwirft. So Hessen, Art. 224; S.-Weimar, § 156; Schw.-Rudolstadt, Art. 105; teilweise auch Elsaß-Lothringen, § 102. — Hierher gehört insbesondere das antichretische Pfandrecht an Grundstücken, welches nicht etwa unter Art. 192 E.G. fällt.[5] Hierher gehört das vertragsmäßige Rückfallsrecht *retour conventionnel, droit de reversion* aus dem französischen Rechte im Gegensatze zum gesetzlichen Rückfallsrechte, welches dem Art. 213 E.G. untersteht; s. unten § 67.[6] Auch das Verhalten des inter-

---

[1] S. Habicht, S. 431, n. 1.

[2] S. Habicht a. a. O., n. 2.

[3] S. Habicht, S. 432, n. 1.

[4] So K.G. in seinem Beschl. v. 10. April 1901, Rsp. 2, S. 402 fg.; A. M. Habicht, 1. Aufl., S. 359 u. Oberneck, S. 24. Vgl. noch K.G., 22. Okt. 1900, Rsp. 2, S. 514; R.G., 12. Okt. 1901, E. 49, S. 108.

[5] So richtig K.G. 26. Mai 1900, Rsp. 1, S. 261; R.G. 27. Okt. 1900; J.W. 1900, S. 821, E. 47, S. 66. Nach Neumann, S. 1475, Anm. III 1) fallen die alten Antichresen entweder unter den Art. 184 oder unter den Art. 179. Förster, S. 174 läßt die Antichrese nach Art. 184; Wilde, D. J.Z. 1900, S. 206 nach Art. 179 E.G. bestehen. A. M. Niedner, 2. Aufl., S. 379. R.G. 9. März 1901. S.A. 56, S. 266, 267. S. die Kritik oben S. 260, n. 2 u. 3; Habicht, S. 469; Freudenthal, D. J.Z. 1900, S. 162 fg.

[6] So richtig R.G., 7. Febr. 1902, E. 50, S. 183 fg. Habicht, S. 494, Scherer, Nr. 240 stellen das *droit de reversion* unter Art. 184. Turnau-Förster, S. 335 beruft Art. 170, 179; andere, wie es scheint auch R.G. a. a. O., berufen Art. 168. A. M. Niedner, 2. Aufl., S. 379.

temporalen Landesrechtes rechtfertigt sich aus diesem Grundsatze; so Preußen, Art. 25; Bayern, Pfalz, Art. 17; Elsaß-Lothringen, § 25; Hessen, Anleg.-Ges. Art. 43, 44. — Unter dem Schutze des Art. 184 steht auch das Rechtsverhältnis des publizianischen Besitzes und des französischrechtlichen Fahrnisbesitzes.[1]

Für bäuerliche Nutzungsrechte gewährt das deutsche intertemporale Privatrecht der alten Rechtsordnung eine gewisse Fortwirkung; im weitesten Umfange zunächst für die Erbpachtrechte; Art. 63 E.G. Dieser enthält nicht eine eigentliche Übergangsbestimmung, sondern der Hauptsache nach einen Vorbehalt für die Landesgesetzgebung.[2] Allein er hat auch eine intertemporale Seite; denn er setzt voraus, daß bereits im Zeitpunkte des Inkrafttretens der neuen Rechtsordnung Erbpachtrechte bestehen, während reine Vorbehalte zu Gunsten der Landesgesetzgebung diese Voraussetzung nicht kennen.[3] Daher wirkt auch dieser Vorbehalt nicht zu Gunsten aller deutscher Staaten, sondern nur zu Gunsten derjenigen, in denen in jenem Zeitpunkte Erbpachtrechte bereits bestanden. — Für das Büdner- und Häuslerrecht; Art. 63 E.G. — Die Landesgesetzgebung verhält sich folgendermaßen zum Erbpachtrechte mit Einschluß des Büdner- und Häuslerrechtes. Die Begründung neuer Erbpachtrechte erklären für unzulässig Hessen, Art. 93, Abs. 4; S.-Weimar, § 136; S.-Altenburg, § 79; S.-Coburg-Gotha, Art. 26, § 1; Schwarzburg-Rudolstadt, Art. 79; Reuß ä. L., § 95; j. L., § 68. — Die Zulässigkeit beschränkt Lübeck, § 74. — Für ein persönliches Recht wird die Erbpacht von Hessen, Art. 223 erklärt, soweit sie in Rheinhessen (im Gebiete des französischen Rechtes) vorkommt. Sie steht daher unter Art. 170 bis 172 E.G. Dagegen wird sie im rechtsrheinischen Gebiete durch Art. 154 den Vorschriften der neuen Rechtsordnung über Grundstücke unterworfen. Zur Wirksamkeit des dinglichen Nutzungsrechtes gegen Dritte wird die Eintragung des Nutzungsberechtigten und der Eigenschaft des Grundstückes als Erbpachtgrundstück im Grundbuche verlangt, ohne daß es der Eintragung der einzelnen Rechte und Pflichten bedarf. S.-Weimar, § 127; Schwarzburg-Rudolstadt, Art. 80 verleihen dem § 1017 der neuen für die bestehenden Erbpachtrechte Ausschließlichkeit. Ähnlich Lippe, A.G. zur Gr.B.O. § 7. Der Gesetzgeber ging von der richtigen Anschauung aus, daß der Art. 63, S. 2 E.G. keine Ausschlußklausel enthalte.[4] S.-Coburg-Gotha, Art. 26, § 2; Reuß j. L., § 68 fordern zur Wirksamkeit einer Vereinbarung gegen Dritte, wonach der Erwerb oder die Belastung des Erbpachtrechtes an die Zustimmung des Erbverpächters gebunden sein solle, die Eintragung auf dem Grundbuchblatte des Erbpachtrechtes.

Das Reichsrecht gewährt für die übrigen bäuerlichen Nutzungsrechte

---

[1] So auch Niedner, 2. Aufl., S. 378.
[2] So auch Habicht, 3. Aufl., S. 358.
[3] S. oben § 8, S. 32.
[4] A. M. Habicht a. a. O., S. 358, n. 2.

der alten Rechtsordnung eine Fortherrschaft; wenn nach ihren Vorschriften *in Ansehung solcher Grundstücke, bezüglich deren zur Zeit des Inkrafttretens des Bürgerlichen Gesetzbuchs ein nicht unter den Art. 63 fallendes bäuerliches Nutzungsrecht besteht, nach der Beendigung des Nutzungsrechts ein Recht gleicher Art neu begründet werden kann und der Gutsherr zu der Begründung verpflichtet ist;* Art. 197 E.G. Es ist einleuchtend, daß die alte Rechtsordnung nicht nur in diesen Vorschriften fortwirkt, sondern daß sie sowohl das bestehende bäuerliche Nutzungsrecht als auch das neu begründete in allen Beziehungen beherrscht. Es liegt dies im Wesen des intertemporalen Systems des E.G. Wo eine Lücke ist, wird sie vom *ius commune* ausgefüllt.[1] Andererseits ist die materielle Fortherrschaft der alten geradezu eine Notwendigkeit, weil die neue keine Bestimmungen über bäuerliche Nutzungsrechte enthält. Die alte entscheidet also darüber, ob diese Rechte vererblich und veräußerlich sind, ob sie ins Grundbuch eingetragen werden müssen, um Wirksamkeit gegen Dritte zu erlangen.[2]

Der deutsche Gesetzgeber hatte bei den Gewährungsklauseln in Ansehung der bäuerlichen Nutzungsrechte in der Hauptsache die Bauerngüter in Mecklenburg im Auge. Die A.G. von Mecklenburg-Schwerin und -Strelitz unterscheiden vier Arten von Bauerngütern: Die Erbpacht im Sinne des Art. 63 E.G. mit Einschluß des Büdner- und Häuslerrechtes; Schwerin, A.G. §§ 164—176; Strelitz, §§ 161—173. — Vererbliche und übertragbare bäuerliche Nutzungsrechte, die beim Inkrafttreten der neuen Rechtsordnung bestehen; E.G. Art. 196. Schwerin, § 177, vgl. § 179; Strelitz, § 175, vgl. § 177. — Bäuerliche Nutzungsrechte, die nicht Erbpachtrechte und nicht vererbliche übertragbare Rechte sind; Art. 197 E.G.; Schwerin, § 178; Strelitz, § 176.[3] Schulzenlehen (Freischulzengerichte); Strelitz, § 174 der Ausf. Verord. beläßt sie in der Hauptsache der alten Rechtsordnung.

§ 66. Die Rechtsverhältnisse des Urheberrechtes.

Privilegien und Urheberrechte im weitesten Sinne stehen unter dem Schutze der alten Rechtsordnung, der sie entstammen.[4]

Eine neue und positive Rechtsordnung über Urheberrechte im w. S. ergreift grundsätzlich die auf Grund der alten und negativen Rechts-

---

[1] S. oben § 8, S. 30, n. 6.

[2] HABICHT a. a. O., S. 359 hat die obigen Folgerungen übersehen.

[3] LANGFELD, S. 166, n. 3 zu § 178 nimmt an, daß ein solches bäuerliches Recht auch durch die Eintragung ins Grundbuch nicht den Charakter eines dinglichen Rechtes erhalte. Gegen ihn wendet sich mit Recht HABICHT a. a. O., S. 359, n. 1.

[4] S. Gesch. § 58, S. 404, n. 1. Dazu kommt noch § 64 des Reichsgesetzes *betreff. das Urheberrecht an Werken der Literatur und der Tonkunst* v. 19. Juni 1901. Dieser bestätigt die §§ 59 und 60 des Gesetzes vom 11. Juni 1870, welche die Gewährungsklauseln enthalten. — Auf demselben Boden steht auch das Reichs-

ordnung vorgenommenen Thatbestände nicht.[1] Damit sind die beiden Regeln des älteren intertemporalen Regelpaares für das Urheberrecht anerkannt.

Allein auch das neuere Regelpaar greift ein. So gelangt die zweite Möglichkeit der ersten Regel desselben zur Geltung, wenn die kürzeren Schutzfristen auch für die Urheberrechtsverhältnisse der alten Rechtsordnung anzuwenden sind.[2] Dagegen entfaltet sich die erste Möglichkeit der zweiten Regel, wenn die Neueinführung eines Urheberrechtsschutzes und die Verlängerung einer Schutzfrist auch älteren Geisteswerken zu gute kommen.[3]

Dem intertemporalen Urheberrechte ist ein Optionsrecht eigen, wonach dem Berechtigten die Wahl zwischen zwei Rechtsordnungen zu seinem Schutze zusteht, der alten und der neuen.[4] Das Optionsrecht erscheint zunächst im Gesetze betr. das Urheberrecht an Schriftwerken u. s. w., § 60, Abs. 2.[5] Ihm schließt sich das Gesetz betr. das Urheberrecht an Werken der bildenden Künste vom 9. Januar 1876 an. Auch das Reichspatentgesetz vom 25. Mai 1877, § 42 gewährt das Optionsrecht, trifft aber, falls die neue gewählt wird, in § 44 Maßnahmen zum Schutze derjenigen, *welche die Erfindung zur Zeit der Anmeldung derselben ohne Verletzung eines Patentrechtes bereits in Benutzung genommen oder die zur Benutzung erforderlichen Veranstaltungen getroffen hatten;* s. a. a. O. g. E. — Das Reichspatentgesetz vom 7. April 1891 enthält das Optionsrecht nicht, weil ein Bedürfnis dazu nicht mehr vorlag. Das Reichsgesetz betr. das Urheberrecht an Werken der Litteratur und Tonkunst vom 19. Juni 1901 hält an dem Optionsrechte insofern fest, als es in § 64 den § 60 des Gesetzes betr. das Urheberrecht an Schriftwerken u. s. w. v. 11. Juni 1870 aufrecht erhält.

Wenn ein fremder Staat einer neuen Urheberrechtsordnung, welche bisher ungeschützte oder nicht mehr geschützte Werke betrifft, Ausschließlichkeit verleiht, so sind unsere Gerichte nicht daran gebunden.[6]

---

gesetz über Markenschutz vom 30. November 1874, § 9, mit der Eigentümlichkeit, daß die Verkehrsanschauung als Ersatzmittel der Rechtsordnung anerkannt wird; s. a. a. O. Das Reichspatentgesetz v. 7. April 1891 beläßt ebenfalls in der Hauptsache die älteren Patente der alten Rechtsordnung; s. a. a. O.

[1] S. Gesch. § 66, S. 495 n. 1. S. jetzt § 62, Satz 2 des Reichsgesetzes vom 19. Juni 1901.

[2] S. Gesch. § 58, S. 404, n. 1 und Reichsgesetz vom 11. Juni 1870, § 58 und vom 9. Januar 1876, § 18.

[3] S. a. a. O. und § 58 des Reichsgesetzes vom 11. Juni 1870 und § 18 des Reichsgesetzes vom 9. Januar 1876; § 60 des Reichsgesetzes vom 19. Juni 1901; vgl. auch § 61, Abs. 1 und § 62, Satz 1.

[4] S. oben § 16, S. 66, n. 2.

[5] S. Gesch. § 58, S. 404, n. 1.

[6] S. das wertvolle Urteil des K.G. vom 5. Juli 1901, Bl. f. Rechtspflege i. B. d. K.G. 1902, S. 65, 66. *„Nun hat zwar das österreichische Reichsgesetz vom 26. Dezember 1895 (Oesterreich. Reichsgesetzbl. S. 667) in § 43 bestimmt, daß fortan, ebenso wie in Deutschland, der Schutz des Urheberrechts sich auf dreißig Jahre nach*

§ 67. Die gesetzliche Erbfolge.

Aus der Hauptregel folgt, daß für die gesetzliche Erbfolge im w. S., wenn der Erblasser unter der alten Rechtsordnung stirbt, diese maßgebend bleibt; stirbt er dagegen unter der neuen, so wird diese maßgebend.[1] Die gesetzliche Erbfolge i. w. S. fällt zusammen mit dem Begriffe *„erbrechtliche Verhältnisse"* des Art. 213 E.G.[2] Das E.G. Art. 213[3] hat diese Grundsätze anerkannt und zwar den einen ausdrücklich, den andern als logische Schlußfolgerung.

A. Tod des Erblassers unter der Herrschaft der alten Rechtsordnung. Die Frage, wer gesetzlicher Erbe ist, bestimmt sich nach der alten Rechtsordnung.[4] Die gesetzliche Erbfolge des gemeinen Rechtes weicht von der zweiten Klasse an erheblich von derjenigen der neuen Rechtsordnung ab, die der Parentelenordnung folgt. Aber auch das französische und badische Recht steht mit der neuen Erbordnung in einem gewissen Gegensatze; indem nach ersterem in der Seitenlinie nur bis zum zwölften Grade eine gesetzliche Erbfolge zugelassen wird, nach letzterem dagegen ohne Begrenzung. — Ebenso der Erwerb der Erbschaft und daher die Frage, ob die Antretung der Erbschaft notwendig sei und welches deren Voraussetzungen sind.[5] So bleibt sie denn maßgebend für die Frage, ob ein Bevormundeter, insbesondere ein Verschwender, mit oder ohne Zustimmung seines Vormundes die Erbschaft antreten könne. Ebenso für die Frage, ob der Vormund eines Wahnsinnigen als dessen Vertreter die Erbschaft erwerben könne.[6] Ingleichen für den Einfluß der Willensmängel bei der Annahme oder Ausschlagung der Erbschaft.[7] Sie wirkt

---

dem Tode des Urhebers erstrecken solle. Das Gesetz hat sich aber durch § 65 rückwirkende Kraft beigelegt dahin, daß es auf die vor Beginn seiner Wirksamkeit erschienenen Werke Anwendung finden solle. Durch diese einseitige Anordnung einer Rückwirkung, die freilich für das Rechtsgebiet Oesterreichs wirksam war, konnte die in Deutschland bereits gültig bestehende, den deutschen Staatsbürgern günstige Aufführungsfreiheit hinsichtlich der Libußa für das deutsche Rechtsgebiet ohne Einwilligung des Deutschen Reichs nicht wieder beseitigt werden. ... S. auch oben § 6, S. 22, n. 2 und unten § 92.

[1] S. oben § 33, S. 138, n. 2.

[2] So auch O.L.G. Rostock, 28. Juli 1900, Rsp. 1, S. 347. S. auch oben § 19, S. 74, n. 1.

[3] Mot. zu Art. 129, S. 305—307, 311, 314; Prot. S. 9108, 9109 (Bd. VI, S. 557).

[4] Habicht a. a. O. beantwortet diese Hauptfrage gar nicht.

[5] Unrichtig ist die Ansicht Habichts, daß man scharf unterscheiden müsse, ob eine Vorschrift, die in erbrechtliche Verhältnisse eingreift, wirklich selbst erbrechtlich ist, oder ob sie einem anderen Teile des Rechtssystems angehört. Der Versuch einer derartigen Unterscheidung würde zu willkürlichen Einschränkungen führen, die mit dem Art. 213, Satz 1, der als Gewährungsklausel nicht einschränkend ausgelegt werden darf, in schroffem Widerspruche stehen.

[6] Dies giebt auch Habicht, 3. Aufl., S. 697, 698, 711 zu; aber warum soll diese Vorschrift erbrechtlich sein und jene zum Vormundschaftsrecht gehören? An Habicht schließt sich Niedner, 2. Aufl., S. 468.

[7] So richtig Niedner, 2. Aufl., S. 467

auch fort für die Wiederaufhebung des notwendigen oder willkürlichen Erwerbes, für die Form der Ausschlagung (Entsagung),[1] für die Annahme oder Antretung der Erbschaft.[2] Ingleichen für die Frage, ob und unter welchen Voraussetzungen eine gerichtliche Einweisung des Erben in den Besitz der Erbschaft statthaft ist, für die Erbfähigkeit, Erberwerbsfähigkeit (Kapazität) und Erbwürdigkeit (Dignität) und deren Negationen. Sie entscheidet insbesondere über die Erbfähigkeit juristischer Personen und der Regularen,[3] über die Beschränkung der Erberwerbsfähigkeit eines *parens binubus*, oder der *mater binuba* und der unehelichen Kinder,[4] über die Erbunwürdigkeit. Stirbt aber der Erblasser unter der neuen, so verlieren die Thatbestände, an die die alte die Erbunwürdigkeit knüpfte, ihre Wirkung, wenn sie ihnen nicht auch die neue beilegt. So werden diesfalls die Gründe des französischen Rechtes, *Art.* 727, Nr. 2 und 3 *Code civil* unter der neuen hinfällig, wie auch die Kinder eines Erbunwürdigen trotz *Art.* 730, *Code civil* unter der neuen zur Erbfolge gelangen.[5] Die Frage nach dem Verhältnisse der Substitution, Transmission und Anwachsung ist nach der alten Rechtsordnung zu beantworten. Sie hat hauptsächlich Bedeutung für das gemeine Recht. In den Rechtsgebieten, wo die Erbschaft *ipso iure* erworben wird, ist die Rechtseinrichtung der Transmission überflüssig. — Die alte Rechtsordnung ist für die Erblegitimation in Kraft geblieben; § 36 Gr.B.O. besitzt keine Ausschließlichkeit.[6] Sie bestimmt, in welcher Weise und in welcher Form das Gesuch auf Erteilung eines Erbscheines abzufassen ist.[7] Sie entscheidet auch darüber, welche Behörde befugt ist, einen Erbschein auszustellen, ebenso wer das Testament zu eröffnen hat und in welcher Weise.[8] Ebenso bestimmt sie über das Recht auf Einsicht und Erteilung von Abschriften,[9] über die Vorzeigungspflicht,[10] über die Ablieferungspflicht,[11]

---

[1] So richtig auch Habicht a. a. O., Niedner a. a. O.

[2] Vgl. Bayern, Ü.G. Art. 143, Abs. 2.

[3] S. auch oben § 54, S. 204, n. 1.

[4] Vgl. auch *Code civil Art.* 907, 908, 910. S. auch oben § 60, S. 234, n. 3.

[5] Ebenso Habicht, S. 699.

[6] Planck, Anm. 2¹ zu Art. 213 E.G. K.G. 28. April 1902, Rsp. 5, S. 236.

[7] L.G. Posen, 17. Febr. 1900; J.M. f. Posen 1900, S. 52; O.L.G. München, 9. Februar 1901; Das Recht 1901, S. 262; L.G. Colmar, 1. März 1901; Das Recht 1901, S. 552; L.G. Neu-Ruppin, 22. Februar 1900; Das Recht 1900, S. 128; L.G. Hamburg, 22. März 1900; Hans. G.-Ztg. 1900, Beibl. S. 141; L.G. Plauen, 4. April 1900; Sächs. Arch. 10, S. 362; L.G. Kiel, 20. Mai 1900; Schleswig-Holst. Anz. 1900, S. 177.

[8] S. O.L.G. Rostock v. J., Mai 1900, Rsp. 1, S. 34; ferner K.G. 29. Januar 1900; Naumb. A.Z. 1900, S. 43; 30. April 1900; Joh. J. 1900, S. 156. Vgl. noch *argumento e contrario*; R.G. 1. April 1901; J.W. 1901, S. 326.

[9] K.G. 25. März 1901, Rsp. 2, S. 471.

[10] So *argumento e contrario* K.G., 19. Nov. 1900; Joh. J. 21, S. 61.

[11] *argumento e contrario* K.G., 4. März 1901, Rsp. 2, S. 372; s. auch den ausführlichen Beschl. v. 19. Nov. 1900, Rsp. 2, S. 12 fg. S. auch *argumento e contrario* L.G. Bonn v. 10. Mai 1900; Das Recht 1900, S. 307.

über das Erblegitimationsverfahren.[1] Das Verhältnis zwischen dem oder den Erben und dem von dem Erblasser berufenen Testamentsvollstrecker und die Wirkungen des durch die Ernennung des Testamentsvollstreckers begründeten Rechtsverhältnisses sind nach der alten Rechtsordnung zu beurteilen.[2] Ingleichen das Verfahren für die Entsetzung eines Testamentsvollstreckers.[3] Für eine unter der alten Rechtsordnung erhobene Klage auf Absetzung des Testamentsvollstreckers bleibt der Rechtsweg zulässig, obschon die neue ihn nicht mehr kennt.[4]

Das Verhältnis mehrerer Erben zu einander und zum Nachlasse ist nach der alten Rechtsordnung zu beurteilen. Es tritt also die Erbgemeinschaft der alten ein, auch wenn sie erst unter der neuen entsteht. Es ist möglich, daß Erben die Erbschaft ihres Erblassers in der Gemeinschaft im Sinne der neuen, dagegen die Erbschaft des Erblassers ihres Erblassers in der Gemeinschaft im Sinne der alten besitzen. — Der Unterschied zwischen der alten und neuen ist hierin groß, da nach der neuen eine Gemeinschaft zur gesamten Hand entsteht; nach gemeinem Rechte dagegen eine Gemeinschaft nach Bruchteilen an den einzelnen körperlichen Sachen. Auch das französische Recht weicht von der neuen ab, während das preußische im großen und ganzen damit übereinstimmt. Gleichgültig ist es, ob einzelne Sachen oder Forderungen erst unter der neuen für die Gemeinschaft erworben werden, oder ob die Nachlaßschulden erst unter der neuen entstanden sind. Im Zweifel ist ein organischer Zusammenhang der Schulden mit dem Nachlasse anzunehmen, sodaß sie als solche der alten Rechtsordnung unterliegen.[5] Die Erbgemeinschaft der Miterben bestimmt sich nach der alten Rechtsordnung selbst dann, wenn sie eine Gemeinschaft nach Bruchteilen ist. Es ist auf sie nicht der Art. 173 E.G. anzuwenden. Er enthält eine Ausschlußklausel und diese muß möglichst eng ausgelegt werden.[6] Art. 213 E.G. dagegen enthält eine Gewährungsklausel. Diese muß möglichst weit ausgelegt werden.[7] Wichtig ist dieses Ergebnis besonders für das gemeine und sächsiche Recht.

---

[1] L.G. Neu-Ruppin, 22. Februar 1900; Centralbl. f. fr.G. 1900, S. 142; L.G. Kiel, 1. Mai 1900; Schlesw.-Holst. Anz. 1900, S. 177; vgl. auch L.G. Hamburg, 22. März 1900; Hans. Ger.-Ztg. 1900, Beibl. S. 141.

[2] S. R.G. 26. April 1900; Das Recht 1900, S. 284; K.G. 30. April 1900; Joh. J. S. 156; O.L.G. Stettin, 30. Juni 1900, Rsp. 1, S. 347 fg. u. O.L.G. Rostock, 28. Juli 1900, Rsp. 1, S. 347. Vgl. auch *argumento e contrario*; R.G. 7. März 1901, J.W. 1901, S. 322.

[3] So R.G. 26. April 1900; J.W. 1900, S. 466, Nr. 52 und 53 und O.L.G. Stettin, Urteil v. 30. Juni 1900, Rsp. 1, S. 347, 348.

[4] R.G. 26. April 1900; J.W. 1900, S. 466. Vgl. Das Recht 1901, S. 74. Die unrichtige Ansicht vertritt das K.G., 16. Januar 1900; Bl. f. Rechtspflege i. B. d. K.G. 1900, S. 25.

[5] Anders Habicht, S. 670, weil er auf dem atomistischen Standpunkt steht. Abweichend auch Mot. S. 307 und Niedner, 2. Aufl., S. 468.

[6] S. oben § 12, S. 54, n. 5.

[7] S. oben § 12, S. 54, n. 4. So richtig Niedner, 2. Aufl., S. 467; Scherer, E.G. Nr. 226; Kuhlenbeck, E.G. S. 301. A. M. Habicht, S. 671.

Hier besteht für die mehreren Erben im Verhältnis zu den einzelnen Nachlaßgegenständen eine Gemeinschaft nach Bruchteilen. Diese wird trotz des Art. 173 E.G. von der alten beherrscht, selbst wenn sie erst unter der neuen entsteht.

Auch für die Erbteilung und Erbauseinandersetzung bleibt die alte Rechtsordnung uneingeschränkt und einheitlich maßgebend. So auch ihre Vorschrift, daß bei Beteiligung bevormundeter Personen nur eine gerichtliche Teilung zulässig sei, Sächs. B.G.B. § 2349, *Code civil Art.* 838; § 1822, Nr. 2 der neuen Rechtsordnung ist ausgeschlossen.. Vgl. Sachsen, V.O. vom 24. Juli 1899, § 126 und Württemberg, Art. 92.[1] — Ebenso ist die Anwendung der §§ 86—99 des Gesetzes über die fr.G. ausgeschlossen.[2] Bayern, Ü.G. Art. 36 (s. auch Art. 114 u. 115) und Elsaß-Lothringen, A.G. z. R.G. über die Angel. der fr.G. § 76 verleihen der neuen Rechtsordnung eine beschränkte Ausschließlichkeit.[3] Die Zulässigkeit eines Verbotes der Erbteilung durch den Erblasser, des Verzichtes der Erben auf Teilung, bestimmt sich nach der alten Rechtsordnung.[4] Die §§ 2042, 751 der neuen sind ausgeschlossen. Die Rechtsfolgen der Aufhebung der Erbgemeinschaft sind nach der alten zu beurteilen. Dieser Grundsatz ist deswegen wichtig, weil hierin bedeutende Verschiedenheiten zwischen der alten und der neuen bestehen. So insbesondere in Bezug auf die Rechtsbehelfe gegen die Aufhebung, die Gewährleistungspflicht der Miterben, die Haftung der zahlungsfähigen Miterben für die Zahlungsunfähigen u. s. w.[5] Die Fortwirkung der alten Rechtsordnung erstreckt sich nicht nur auf das materielle Recht, sondern auch auf das formelle; insbesondere auf die Vorschriften über das erbschaftliche Liquidationsverfahren. Letzteres erwähnt Art. 213, Satz 2 E.G. ausdrücklich. So bestimmt sich auch die Frage, ob es im erbschaftlichen Liquidationsverfahren ein Armenrecht giebt, nach der alten.[6] Eine Folge dieses Grundsatzes ist die, daß dem § 2262 der neuen Rechtsordnung keine Ausschließlichkeit zukommt.[7]

Die Frage, ob die Gläubiger des Erben zu ihrer Befriedigung eine ihrem Schuldner unter der alten Rechtsordnung angefallene, aber von ihm noch nicht erworbene Erbschaft in Beschlag nehmen können, richtet sich nach deren Vorschriften. Für den Konkurs ist dies durch den Art. 6 E.G. zum Gesetz betr. Änderungen der K.O. vom 17. Mai 1898 ausdrücklich anerkannt. Das Verhältnis des oder der Erben zu den Nachlaß-

---

[1] A. M. Habicht a. a. O.

[2] So auch Habicht, S. 673. S. auch K.G., 14. Januar 1901, Rsp. 2, S. 170; L.G. Colmar, 8. November 1900 in Bezug auf *Art.* 883 *Code civil*; Das Recht 1901, S. 47.

[3] Habiht, S. 673, n. 1.

[4] A. M. Habicht a. a. O.

[5] So auch Habicht, S. 674 und S. 675.

[6] K.G. 25. März 1901, Rsp. 2, S. 470.

[7] So richtig das A.G. Ludwigshafen a. Rh., A.M. A.G. Heidelberg und R.G. 15. Mai 1902; Bad. Rechtspr. 1902, S. 202.

gläubigern beherrscht die alte Rechtsordnung.[1] Ingleichen den Umfang der Haftung des Erben, die Voraussetzungen, unter denen eine Beschränkung derselben auf den Nachlaß stattfindet, die Fristen für die Ausübung der Rechtswohlthat des Güterverzeichnisses, die Form des Güterverzeichnisses und deren Wirkungen, die Stellung des Benefiziarerben, die Sorgfalt, für die er einzustehen hat, die Rechtsbehelfe der Erben gegen Versäumnisse ihrer gesetzlichen Vertreter.[2] Wird eine Nachlaßverbindlichkeit erst nach dem Erbfalle durch einen Thatbestand unter der neuen Rechtsordnung begründet, so ist im Zweifel anzunehmen, daß ein organischer Zusammenhang zwischen ihm und dem Nachlasse besteht, so daß über die Frage, ob überhaupt ein Schuldverhältnis begründet wird, die alte entscheidet. Auf alle Fälle bestimmt sie die Frage nach dem Umfange der Haftung des Erben.[3] Auch die Frage, ob und unter welchen Voraussetzungen die Nachlaßgläubiger und Vermächtnisnehmer die Rechtswohlthat der Gütertrennung geltend machen können, beantwortet sich nach ihr. S. auch Art. VI des E.G. zur K.O. vom 17. Mai 1898. Die neue Rechtsordnung kennt das *beneficium seperationis* nicht mehr, ebensowenig die neue K.O., trotzdem besteht der Absonderungsanspruch der Gläubiger und der Vermächtnisnehmer auch nach dem Inkrafttreten der neuen weiter im Gebiete des gemeinen Rechtes; ebenso im Gebiete des französischen Rechtes der *Art.* 2111; vgl. dazu Bayern, L.G. für die Pfalz, Art. 16 und Hessen, Art. 229, welche streng der Hauptregel folgen. Für Elsaß-Lothringen, vgl. A.G. z. Gr.B.O. § 24, Abs. 3. Die Rechte und Pflichten des Vor- und Nacherben richten sich nach der alten Rechtsordnung, insbesondere die Frage, ob die Rechte von Amtswegen im Grundbuche vermerkt werden müssen. Es kommen daher nicht zur Anwendung die §§ 52, 53 Gr.B.O.[4]

Nach der alten Rechtsordnung richtet sich die Erbschaftsklage, somit die Haftung dessen *qui liti se obtulit.* Denn die Gewährungsklausel des Art. 213, Abs. 1 des E.G. ist ohne Einschränkung auszulegen.[5] Nach der alten Rechtsordnung richtet sich auch der Erbschaftskauf.[6] Ebenso die Frage, ob eine Nachlaßpflegschaft zulässig ist und in welcher

---

[1] S. auch O.L.G. Karlsruhe, 28. Mai 1900; Bad. Rechtspr. 1900, S. 206.

[2] So L.G. Ostrowo in s. E. v. 4. April 1900; J.M. f. Posen 1900, S. 70. Vgl. auch Bayern, Ü.G. Art. 145 und 146.

[3] Für letzteres auch Habicht, S. 666, n. 2. — Er bestreitet, daß die oben genannten Rechtsbehelfe nach der alten Rechtsordnung zu beurteilen seien, aus ähnlichen Gründen wie oben; diese Rechtsbehelfe gehören aber zum Erbrechte und nicht zum Vormundschaftsrechte.

[4] So richtig Niedner, 2. Aufl., S. 465, 468; *argumento e contrario*, K.G. 21. Mai 1902, Rsp. 5, S. 237, 238; A.M. K.G. 9. April 1900, Rsp. 1, S. 21 und Habicht, 3. Aufl., S. 403.

[5] S. auch oben § 23, S. 93, n. 7. A. M. Habicht a. a. O.

[6] So mit Recht K.G., 21. Jan. 1901. Es stellt sich hier auf den organischen Standpunkt; s. oben § 23, S. 93, n. 12. So Niedner, 2. Aufl., S. 467, Habicht, S. 716. A. M. Planck, Bem. zu Art. 24, S. 79.

Weise.[1] Die alte Rechtsordnung wirkt auch fort in Ansehung der durch den altrechtlichen Erbfall begründeten Rechte an Grundstücken, insbesondere des Eigentumes an denselben. Art. 186 E.G. ist nicht die maßgebliche intertemporale Vorschrift. Es bedarf daher bei einem Vindikationslegat, dessen Anfall unter der alten erfolgt ist, nicht der Auflassung nach §§ 925 B.G.B.; 20 Gr.B.O.[2] Das gesetzliche Rückfallsrecht des französischen Rechtes ist als Erbfolge anzusehen und richtet sich daher nach der alten Rechtsordnuug.[3] Auch beim gesetzlichen Rückfallsrechte läßt sich der Doppelthatbestand genau nachweisen. Der negative Willensthatbestand besteht darin, daß der Erblasser nicht bis zu seinem Tode *die geschenkten Gegenstände in unwiderruflicher Weise veräußerte und deren Preis einzog.*[4] Die deutschrechtliche Sondernachfolge ist durch Art. 64 E.G. nicht bloß für die Vergangenheit, sondern auch für die Zukunft aufrecht erhalten.

B. Tod des Erblassers unter der Herrschaft der neuen Rechtsordnung. — In diesem Falle ist der allgemein anerkannte Grundsatz der, daß für die gesetzliche Erbfolge im weiteren Sinne die neue Rechtsordnung maßgebend ist. Alle die Fragen, die wir im vorstehenden behandelt haben, richten sich dann nach den Vorschriften der neuen. Es bestimmt sich also insbesondere die Frage, welche Personen zur Erbfolge berufen sind, nach der neuen. Die alte kann jedoch noch fortwirken auf Grund des Art. 200[5] und des Art. 207—209.[6] In diesen Fällen wird nämlich ein subjektives Erbrecht noch nach der alten Rechtsordnung beurteilt, auch wenn der Erbfall unter der neuen stattfindet. Dadurch erleidet der Grundsatz keinen Eintrag, daß die Erbfolge im ganzen sich nach der neuen richtet.

Nach welcher Rechtsordnung ist die Wirkung des Todes einer Person auf deren Schuldverhältnisse zu beurteilen? Wie bereits Jacobus de Belviso erkannt hat, ist ein unter der alten entstandenes Schuldverhältnis auch in seinen weiteren Schicksalen (Änderung und Untergang), deren Vorschriften unterworfen.[7] Es wirkt also die alte für die Änderungen weiter, welche ein Schuldverhältnis durch den Tod erleidet, z. B. A.L.R II 1, § 806 und II 2 §§ 648 und 650, selbst wenn der Tod des Schuldners unter der neuen erfolgt.[8]

---

[1] S. K.G., 8. Okt. 1900, Rsp. 1, S. 386 und 4. März 1901, Rsp. 2, S. 346.

[2] So mit Recht Niedner, 2. Aufl., S. 467.

[3] So L.G. Metz, 19. April 1901; Das Recht 1901, S. 286; R.G. 7. Febr. 1902, E. 50, S. 185, S. auch oben § 65, S. 263, n. 6.

[4] Dies hat das R.G. a. a. O. ausgesprochen, ohne den Doppelthatbestand zu kennen. S. oben § 33, S. 136 fg.

[5] Vgl. oben § 58, S. 222, n. 2 und 3 und unten § 70.

[6] Vgl. oben § 61, S. 238, n. 7 und unten §§ 70 und 71.

[7] S. unten § 72.

[8] So richtig Habicht, S. 679, n. 1.

§ 68. Das Pflichtteilsrecht und die Ausgleichungs-(Kollations-)pflicht.

Das Pflichtteilsrecht richtet sich, wenn der Tod des Testators noch unter der alten Rechtsordnung erfolgt, nach dieser, ansonst nach der neuen.[1] Es bestimmt also je nachdem die alte oder die neue Rechtsordnung den Kreis der pflichtteilsberechtigten Personen, die Art und den Umfang ihres Anspruches, die Gründe für die Entziehung des Pflichtteiles und für die Enterbung in guter Absicht. Eine wichtige Folgerung für den Fall der Herrschaft der neuen ist die, daß, wenn in einem Testamente der Pflichtteil entzogen wurde aus einem Grunde, der nur von der alten anerkannt war, die Entziehung hinfällig wird, und daß umgekehrt eine Entziehung des Pflichtteiles, die aus einem der Gründe der neuen erfolgte, geheilt wird, wenn dieser Grund zur Zeit der Errichtung des Testamentes thatsächlich bestand;[2] die zweite Regel des neueren Regelpaares in ihrer ersten Möglichkeit. Die Wirkungen der Verzeihung sind im ersten Falle nach der alten, im zweiten nach der neuen Rechtsordnung zu beurteilen; § 2237 B.G.B. und im Gegensatze dazu A.L.R. II 2, § 416.

Besondere Behandlung erfordert die Frage, nach welcher Rechtsordnung die *querela inofficiosae donationis* zu beurteilen sei, sofern die Schenkung unter der Herrschaft der alten errichtet wurde. Da ein Doppelthatbestand nicht vorhanden ist, so ist die alte Rechtsordnung maßgebend.[3] Der Beschenkte ist nur dann zur Herausgabe des Geschenkes verpflichtet, wenn ihm die alte Rechtsordnung eine solche Verpflichtung auferlegt; dagegen bestimmt sich der Anspruch des Pflichtteilsberechtigten gegen die Erben auf Ergänzung seines Pflichtteiles nach der neuen, falls der Erbfall unter ihrer Herrschaft erfolgt.[4] Erkennt die alte Rechtsordnung eine Verpflichtung des Beschenkten zur Herausgabe des Geschenkes an, so bestimmt sich doch die Größe des Pflichtteilsanspruches des Berechtigten nach der neuen. Hat er im Sinne der neuen bereits seinen Pflichtteil, so kann er die *querela inofficiosae donationis* nicht anstellen, selbst wenn sie nach der alten gerechtfertigt wäre.[5] Das gleiche gilt für die *querela inofficiosae dotis*. Der neuen Rechtsordnung ist dieselbe unbekannt.

Eine Bresche in die Herrschaft des neuen Pflichtteilsrechtes legt der Art. 216 E.G., indem er die landesgesetzlichen Vorschriften, nach welchen Mitglieder gewisser ritterschaftlicher Familien bei der Ordnung der Erb-

---

[1] S. oben § 33, S. 138, n. 2 und Art. 213, Abs. 1 E.G. Über das formelle Noterbrecht vgl. unten §§ 74 und 85.

[2] So auch Habicht, S. 694.

[3] S. oben § 33, S. 138, n. 1. Zu demselben Ergebnis gelangt Habicht, jedoch aus andern Gründen; A. M. Niedner, 2. Aufl., S. 469.

[4] So richtig Habicht, S. 694.

[5] So richtig auch Habicht a. a. O. Die Motive zum E.G. I, Art. 129 vertraten die Ansicht, daß eine vor dem 1. Jan. 1900 vorgenommene Schenkung der Rückforderung nach neuem Rechte unterliege. Gegen diese Ansicht spricht sich mit Recht Habicht, S. 695, n. 2 aus. S. auch oben § 33, S. 139, n. 1.

folge in ihrem Nachlasse durch das Pflichtteilsrecht nicht beschränkt sind, in Ansehung derjenigen Familien aufrecht erhält, welchen dieses Recht zur Zeit des Inkrafttretens der neuen Rechtsordnung zusteht.[1] Der Gesetzgeber hat hier gewisse adelige Familien der preußischen Rheinprovinz im Auge, denen durch die Kabinetsordre vom 16. Januar 1836 und die Königliche Verordnung v. 21. Januar 1837 (Preus. Gesetzs. S. 7) gewisse Privilegien wieder hergestellt worden sind.[2] Art. 216 hat keine Bedeutung für Baden.[3] Für die Familienfideikommisse hat der Art. 59 E.G. bereits gesorgt. — Über die Verwandtschaft des Art. 216 mit Art. 57 und 58, s. oben § 8, S. 32. Nach dem klaren Wortlaute des Art. 216 kommt es nur darauf an, ob einer bestimmten Familie vor dem 1. Januar 1900 die Fähigkeit zur Autonomie eingeräumt ist, nicht auch darauf, ob vor jenem Zeitpunkte die Mitglieder der Familie ihren Nachlaß bereits geordnet haben; vgl. dazu Art. 215, Abs. 1.[4]

Es entspricht der Hauptregel, daß die Ausgleichungs-(Kollations-)pflicht dann nach der alten Rechtsordnung zu beurteilen ist, wenn der Erblasser unter ihrer Herrschaft stirbt; fällt sein Tod dagegen unter die neue, so wird sie von dieser beherrscht.[5] Es folgt dies aus Gründen der Natur des Doppelthatbestandes und aus der Verwandtschaft des Ausgleichungsrechtes mit dem Pflichtteilsrechte.[6] Stirbt daher der Erblasser unter der neuen, so bestimmen sich die Voraussetzungen der Ausgleichungspflicht, der Kreis der Berechtigten und Verpflichteten nach deren Vorschriften, anderen Falles nach den Vorschriften der alten. Der Umfang des Ausgleichungsgegenstandes und die Art desselben bestimmt sich im ersten Falle nach der neuen, im anderen Falle nach der alten Rechtsordnung. Dieser Grundsatz gilt im ersten Falle selbst dann, wenn die neue Rechtsordnung die Ausgleichungspflicht erweitert.[7]

---

[1] S. oben § 8, S. 32 und 33, n. 1.

[2] S. auch Habicht, S. 695.

[3] So richtig Habicht a. a. O.; A. M. Scherer, Nr. 335, S. 240, Anm. zu Art. 216.

[4] Ähnlich Habicht a. a. O.

[5] S. oben § 33, S. 138.

[6] Nur von nebensächlicher Bedeutung sind die Gründe, welche Habicht, S. 698, n. 1 für die Herrschaft der neuen Rechtsordnung ins Feld führt. So richtig L.G. Freiburg i. B., 16. Februar 1901; Bad. Rechtspraxis 1901, S. 124.

[7] Habicht, S. 698, n. 1 meint, in diesem Falle müsse die Pflicht eine bisher kollationsfreie Zuwendung einzuwerfen, nach dem mutmaßlichen Willen des Erblassers verneint werden; so auch Aron, S. LXXXXVI. Einen grundsätzlich anderen Standpunkt nimmt Scherer ein, wenn er für jede vor 1900 im Gebiete des rheinischen Rechtes bewirkte Schenkung die Kollationspflicht annimmt, bloß deshalb, weil das frühere Recht ihre Einwerfung vorschrieb.

Zweiter Abschnitt.

Die gestaltenden Thatbestände.

I. Die personalen Rechtsverhältnisse.

§ 69. Körperschaften und Vereine.

Der Hauptregel des intertemporalen Privatrechtes entspricht es, daß die unter der alten Rechtsordnung errichteten Körperschaften, deren Herrschaft auch unter der neuen unterworfen bleiben. Das E.G. z. B.G.B. hat sich diesem Grundsatze nicht angeschlossen, sondern enthält im Art. 163 die Ausschlußklausel zu Gunsten der wichtigsten Vorschriften, die die neue für die juristischen Personen aufstellt.[1] Aber auch hier bleibt es dem gemischten intertemporalen Systeme treu und enthält in Art. 164—166 Gewährungsklauseln zu Gunsten gewisser Körperschaften.

Aus dem Fehlen der §§ 21—24 und 55—84 der neuen Rechtsordnung im Art. 163 geht hervor, daß der Entstehungsthatbestand einer Körperschaft, sofern er unter der alten stattgefunden hat, nach dieser zu beurteilen ist.[2] Bei der zweiten Lesung des E.G. wurde dieser Grundsatz ausdrücklich anerkannt.[3] Nach der organischen Auffassung wirkt die alte Rechtsordnung für den Entstehungsthatbestand dann fort, wenn auch nur ein Glied desselben unter ihre Herrschaft fiel.[4]

Die Vereine, welche auf Grund des vierten Abschnittes des E.G. auch nach Inkrafttreten der neuen Rechtsordnung noch unter der Herrschaft der alten stehen, zerfallen in folgende Gruppen:

Realgemeinden und ähnliche Verbände, deren Mitglieder als solche zu Nutzungen an land- und forstwirthschaftlichen Grundstücken, an Mühlen, Brauhäusern und ähnlichen Anlagen berechtigt sind. Hierunter fallen die auf dem Dreifeldersysteme beruhenden Realgemeinden wie Mark- oder Märkergenossenschaften, Nutzungsgemeinden, Gehöferschaften, Ganerbschaften, Gütergemeinden, Wüstungsgemeinden, Rechtsame-Gemeinden, Mente-Gemeinden, Interessenschaftsforsten, Halben-Gebrauchswaldungen, Haubergs-Genossenschaften u. s. w. — Ferner Verbände, deren Mitglieder als solche zu Nutzungen an land- und forstwirtschaftlichen Grundstücken berechtigt sind. — Endlich Verbände, deren Mitglieder als solche zu Nutzungen an Mühlen, Brauhäusern und *ähnlichen Anlagen* berechtigt

[1] S. unten § 75.
[2] So auch HABICHT, S. 100, n. 1; NIEDNER, Art. 163, Anm. 2a.
[3] S. Prot. 438. Sitzung, Nr. VIII A, Bd. VI, S. 492.
[4] S. oben § 23, S. 91, n. 5 und § 31, S. 131, n. 2; A. M. NIEDNER, 2. Aufl., S. 312.

sind. Da der Art. 164 eine Gewährungsklausel enthält, so ist das Wort „ähnliche Anlagen“ im weitesten Sinne zu nehmen. Es fallen auch nicht gewerbliche Betriebe, die einen ähnlichen Charakter tragen, darunter.[1] Hierher gehören die bayerischen Sägemühlenverbände, Brauhausverbände in Mittel- und Süddeutschland, Fleischbänke, Brunnen- und Wasserleitungsverbände u. s. w.; Art. 164 E.G.[2]

Viele von diesen Verbänden, deren Mitglieder zu Nutzungen an forstwirtschaftlichen Grundstücken berechtigt sind, können zugleich unter den Art. 83 des dritten Abschnittes E.G. fallen. So Markgenossenschaften, deren Allmende in Holzungen besteht; vgl. z. B. das preuß. Gesetz vom 14. März 1881, § 6, die Haubergsgenossenschaften; preußische Haubergsordnung für den Kreis Siegen vom 17. März 1879. Der Unterschied zwischen dem Art. 164 des vierten Abschnittes und dem Art. 83 des dritten Abschnittes wurde früher festgestellt.[3] Hier sei noch bemerkt, daß auf Grund des Art. 83 Waldgenossenschaften auch nach dem Inkrafttreten der neuen Rechtsordnung begründet werden können und auch fernerhin unter der Herrschaft der landesgesetzlichen Vorschriften bleiben, während die Realgemeinden, die bloß unter dem Schutze des Art. 164 stehen, nach Inkrafttreten der neuen nicht mehr begründet werden können. Nur die bereits unter der Herrschaft der alten entstandenen, bleiben unter deren Schutz und Schirm weiter bestehen. Nach den Protokollen[4] hatte der Gesetzgeber beim Art. 83 mehr die öffentlichrechtlichen, beim Art. 164 mehr die privatrechtlichen Korporationen im Auge. Es ist aber nicht ausgeschlossen, daß eine Waldgenossenschaft beide Seiten, die öffentlichrechtliche sowohl als die privatrechtliche besitzt. Auch unter den Art. 113 E.G. können manche der genannten Verbände fallen. Von mittelbarem Einflusse sind Art. 89, 111, 181 Abs. 2, 183 E.G.[5]

Entscheidendes Merkmal für diejenigen Realgemeinden und ähnliche Verbände, welche unter dem Schutze des Art. 164 stehen ist, daß die *Mitglieder als solche zu Nutzungen an „Grundstücken“ und an „Anlagen“* berechtigt sind.[6] Nicht erforderlich ist, daß diese Nutzungen in Natur zu geschehen haben, sie können auch verpachtet sein, sodaß nur der Erlös den Mitgliedern zufällt. Nicht erforderlich ist ferner, daß die Realgemeinden und ähnliche Verbände selbst oder deren Mitglieder das Eigentum an den Allmenden oder Anlagen haben, sondern das Eigentum kann auch einem Dritten, z. B. dem Staate oder einer politischen

---

[1] S. Prot. II, S. 8999.

[2] Prot. S. 1225—1239, 8994—8996, 8998, 8999 [Bd. VI, S. 491—494; I S. 612 bis 619]. Henle, S. 59; Habicht, S. 104; Niedner, 2. Aufl., S. 315.

[3] S. oben § 8, S. 32 fg.

[4] Bd. VI, S. 494—496, 438. Sitzg. Nr. VIII. D.

[5] So auch Niedner, 2. Aufl., S. 314.

[6] Die Prot. II, S. 1234 fügen noch hinzu, daß die Nutzungsrechte der Mitglieder nicht auf Miteigentum im Sinne des römischen Rechtes, sondern auf Grundsätzen des deutschen Rechtes beruhen.

Gemeinde zustehen.[1] Nicht erforderlich ist, daß diese Verbände juristische Persönlichkeit besitzen, daß die Berechtigung der Mitglieder subjektiv an Grundeigentum geknüpft ist, daß die Teilung ausgeschlossen oder beschränkt ist, daß endlich die Verbände auf althergebrachter Gewohnheit beruhen.[2]

Für diese Verbände bleibt die alte Rechtsordnung nicht bloß aufrecht für ihre Verfassung und Thätigkeit, sondern auch für das Rechtsverhältnis der Mitglieder zu dem Vermögen, das der gemeinsamen Nutzung unterliegt. Dies geht schon aus dem Satze hervor, daß eine Gewährungsklausel weit ausgelegt werden muß.[3] Zum Überflusse weist aber auch der Zusatz darauf hin: *„Es macht keinen Unterschied, ob die Realgemeinden oder sonstigen Verbände juristische Personen sind oder nicht“.* Denn wo die Gemeinden keine juristischen Personen sind, werden sie ohnehin nicht von der Ausschlußklausel ergriffen und fallen damit auch nicht unter das Vereinsrecht der neuen Rechtsordnung. Einige A.G. schreiben die Anwendbarkeit der §§ 26—29 der neuen auf solche Realgemeinden vor: Reuß j. L., § 15; S.-Coburg-Gotha, Art. 8; S.-Meiningen, Art. 1 § 3; S.-Altenburg, §§ 6—8; nur § 29 ist von letzterem ausgeschlossen. Selbst dann, wenn die Mitglieder der Verbände eine Gemeinschaft nach Bruchteilen bilden, fallen sie trotz des Art. 173 E.G. nicht unter die neue. Dies geht schon aus allgemeinen Grundsätzen hervor. Art. 164 enthält gemeines Recht, Art. 173 Sonderrecht; m. a. W. Art. 164 enthält die Regel, Art. 173 die Ausnahme. Also kann Art. 173 nur die Gemeinschaften ergreifen, welche nicht unter Art. 164 fallen.[4] Die Herrschaft der alten Rechtsordnung zeigt sich praktisch darin, daß sie bestimmt, ob jeder Teilhaber über seinen Anteil am Eigentume oder am Nutzungsrechte frei verfügen, ob er die Aufhebung der Gemeinschaft verlangen kann oder nicht, ob alle Teilhaber ein Recht haben an der Verwaltung teilzunehmen oder nicht.[5] Versagt die alte Rechtsordnung, dann treten nicht etwa die §§ 742—758 der neuen ein. Hier entscheidet vielmehr das Ermessen des Gerichtes, wie es die Lücke der alten ausfüllen will.[6]

Die bayerischen und sächsischen Vereine. Nach Art. 165 und 166 bleibt für sie die alte Rechtsordnung ohne alle Beschränkung aufrecht, sofern sie unter ihrer Herrschaft entstanden sind.[7]

Bei den sächsischen Vereinen sind auch die allgemeinen Vorschriften in den §§ 53—56 des sächs. B.G.B. aufrecht erhalten; denn Art. 166 E.G.

---

[1] So auch Habicht, S. 104 und 105.

[2] Prot. II, S. 1238, 1240; Niedner, 2. Aufl., S. 314, 315.

[3] S. oben § 8, S. 33, 34, n. 1.

[4] S. oben § 8, S. 33, 34, n. 1 und § 11, S. 45, n. 1 und 2; Habicht gelangt auf anderem Wege zu demselben Ergebnisse; s. S. 106. Ebenso Niedner, 2. Aufl., S. 314.

[5] S. im übrigen Prot. I, S. 612—618 bes. S. 617, 77. Sitzung Nr. I.

[6] Vgl. *Art.* 4 des *Code civil* u. Gesch. § 20, S. 147, n. 1. A. M. Habicht a. a. O.

[7] Prot. S. 8995, 9003, 9004, 9005 (Bd. VI, S. 491, 496, 497).

enthält eine Gewährungsklausel und muß daher ausdehnend ausgelegt werden.[1] Es ist wohl zu beachten, daß der sächsische Gesetzgeber des Jahres 1868 bereits allgemeine Vorschriften in den §§ 53—56 des Sächs. B.G.B. vom Jahre 1863 vorfand, also diese Vorschriften, wenn er sie nicht selbst abänderte, stillschweigend in das Gesetz aufnahm. Hätte er sie nicht vorgefunden, so würde er jedenfalls den Inhalt der §§ 53—56 materiell in sein Gesetz aufgenommen haben. In der That verweist sogar ausdrücklich der § 2 des sächsischen Gesetzes vom 15. Juni 1868 auf den § 55 des Sächs. B.G.B. Daraus folgt, daß die §§ 53—56 des Sächs. B.G.B. einen wesentlichen Bestandteil des Gesetzes vom 15. Juni 1868 bilden, also mit diesem materiell fortwirken.[2]

Dies Ergebnis ist von großer Wichtigkeit für die sächsische Landesgesetzgebung. Sie behält nach Art. 218 E.G. das Recht, nicht bloß die äußerlich im Gesetze vom 15. Juli 1868 aufgenommenen Rechtssätze abzuändern, sondern auch die innerlich einen wesentlichen Bestandteil des Gesetzes bildenden §§ 53—56 des Sächsischen B.G.B. entweder aufrecht zu erhalten oder durch andere Vorschriften zu ersetzen. — Dasselbe muß auch nach Art. 165 für die bayerischen Vereine und registrierten Genossenschaften gelten; ebenso für die Gemeinden und Verbände des Art. 164 E.G.[3] Das bayerische Übergangsgesetz, Art. 1 ordnet an, daß die Vereine des Gesetzes vom 29. April 1869, vom 1. Januar 1900 ab als eingetragene Vereine gelten sollen. Damit hat Bayern wenigstens für diese Vereine auf seine Landesgesetzgebung verzichtet, dagegen nicht für die registrierten Erwerbs- und Wirtschaftsgesellschaften des genannten Gesetzes.[4]

Art. 166 E.G. bezieht sich auch auf solche vor dem Erlasse des sächsischen Gesetzes bestehenden Vereine, welche sich nachträglich auf Grund dieses Gesetzes noch eingetragen haben.[5]

Die landschaftlichen oder ritterschaftlichen Kreditanstalten, welche noch unter der alten Rechtsordnung entstanden sind, unterliegen deren Vorschriften, mögen sie sie unmittelbar oder mittelbar betreffen; Art. 167 E.G. Es handelt sich um Vereine von Großgrundbesitzern zur Beförderung des Liegenschaftskredites ihrer Mitglieder, die durch staatliche Verleihung die juristische Persönlichkeit erlangt haben. Deswegen fallen sie auch unter den Art. 82 E.G.; s. unten. Da sie an und für

---

[1] Die Gründe, welche ZITELMANN für die engere Auslegung der Vorbehalte des dritten Abschnittes ins Feld führt, haben für die Gewährungsklauseln des E.G. keine Bedeutung; s. seine Rektoratsrede vom 3. Aug. 1902: *Zum Grenzstreit zwischen Reichs- und Landesrecht*, S. 11 fg.

[2] A. M. HABICHT, S. 102, NIEDNER, 2. Aufl., S. 314.

[3] So auch NIEDNER mit anderer Begründung, 2. Aufl., S. 314. A. M. HABICHT, S. 103, n. 2, jedoch ohne stichhaltige Gründe.

[4] Es sind etwa 26 an der Zahl. Vgl. E.G. zur K.O. § 6 und SARWEY, Komm. 3. Aufl., S. 902.

[5] So auch HABICHT a. a. O.

sich schon auf Grund dieses Artikels den Bestimmungen der neuen Rechtsordnung §§ 25—30 und 85—89 entzogen sind, so war es vom deutschen Gesetzgeber ganz richtig, den Art. 167 nicht im Art. 163 anzuführen.[1] Die Vorschriften der alten Rechtsordnung, welche sich mittelbar auf sie beziehen, fallen in das Gebiet des Grundbuch- und Hypothekenrechtes. Die preußischen landschaftlichen oder ritterschaftlichen Kreditanstalten wurden schon früher von der preußischen Grundbuchordnung v. 5. Mai 1873 durch § 47 derselben befreit. Das preußische A.G. z. Gr.B.O., Art. 21 hält jene Vorschriften aufrecht und bestimmt, daß als landschaftliche Kreditanstalten im Sinne dieses Artikels auch die provinzial-kommunal-ständischen Kreditanstalten gelten sollen. Jetzt sind sie es durch Art. 167 E.G. vom Reichsgrundbuch- und Hypothekenrechte. Es entscheiden also über die Aufnahme, Eintragung und Erlöschung der Pfandbriefdarlehen, über die Umschreibung eingetragener Forderungen in Pfandbriefdarlehen, und über die Umwandelung von Pfandbriefen die Satzungen dieser Anstalten. Eine Verpachtungsbeschränkung zu ihren Gunsten ist eintragungsfähig.[2] Es gilt ferner für sie nicht der Grundsatz des § 1163, Abs. 1, Satz 2 der neuen Rechtsordnung. — Dem Art. 167 E.G. entspricht auf dem Gebiete des formellen Grundbuchrechtes der § 83 der R.Gr.B.O. und auf dem Gebiete der Zwangsversteigerung und Zwangsverwaltung der Art. 2 E.G. z. Zw.V.G. v. 24. März 1897. Vgl. Preußen A.G. z. Gr.B.O. Art. 21 und A.G. z. Zw.V.G. Art. 12 und 34.[3]

Auf Grund des dritten Abschnittes des E.G. verbleiben folgende Körperschaften der alten Rechtsordnung: Vereine, deren Rechtsfähigkeit auf staatlicher Verleihung (Anerkennung, Ermächtigung, Konzession) beruht, bleiben unter der alten, soweit es sich um ihre Verfassung handelt. Dies beruht auf der Auslegung des Art. 82. Er hält nicht, wie die Gewährungsklauseln im vierten Abschnitte (Art. 164—166), auch die allgemeinen Vorschriften der Landesgesetze aufrecht, sondern nur die Sondergesetze.[4] Die Landesgesetzgebung ist auf Grund dieses Artikels befugt, nicht bloß für die im Zeitpunkte des Inkrafttretens der neuen bereits bestehenden Vereine, sondern auch für die zukünftig erst entstehenden, deren Vorschriften in Bezug auf die Verfassung auszuschließen und andere an ihre Stelle zu setzen.

Die Ganerbschaften, die Wassergenossenschaften, die Deich- und Sielverbände, die Gewerkschaften, die Pfännerschaften, die Versicherungsgesellschaften auf Gegenseitigkeit, die Gemeinschaften aus dem Verfahren für die Zusammenlegung der Grundstücke, die Waldgenossenschaften, welche unter der alten Rechtsordnung entstanden sind, bleiben auch künftig unter ihrer Herrschaft; Art. 59, 65, 66, 67, 75, 83, 113 E.G.

---

[1] Habicht, S. 117, n. 1 hat dies übersehen.
[2] L.G. 9. Febr. 1901. J.M. f. Posen 1901, S. 40.
[3] S. Wolff, Komm. zum preuß. A.G. z. Zw.V.G.; Turnau-Förster, S. 621, 689.
[4] S. unten S. 280, n. 3; Zitelmann a. a. O.; Habicht, S. 108, 109.

Daher bleiben die besonderen landesgesetzlichen Vorschriften in Geltung, nicht bloß, sofern diese Vereine beim Inkrafttreten der neuen Rechtsordnung bereits bestehen, sondern auch wenn sie erst künftig entstehen. Schw.-Sondershausen, Art. 3 bestimmt dies ausdrücklich für die bestehenden Waldgenossenschaften. Auch die zwingenden Vorschriften der neuen Rechtsordnung sind ausgeschlossen; z. B. §§ 26, 27 Abs. 2, Satz 1; § 28, Abs. 2; §§ 29, 34, 35 und 39. So ist das Recht zum Austritte aus dem Vereine bei Deichverbänden völlig ausgeschlossen oder wesentlich beschränkt; ebenso bei Wiesen-(Wasser-)Genossenschaften und bei den Gemeinschaften aus dem Verfahren für die Zusammenlegung der Grundstücke.[1] Aufrechterhalten sind bloß die ausdrücklichen Sondervorschriften der Landesgesetzgebung, nicht auch die stillschweigend in ihnen enthaltenen Vorschriften des allgemeinen bürgerlichen Rechtes. Es handelt sich nämlich hier um Vorbehaltsklauseln zu Gunsten der Landesgesetzgebung, nicht um Gewährungsklauseln zu Gunsten der alten Rechtsordnung. Jene sind aber als Ausnahmen der Reichsgesetzgebung eng auszulegen;[2] diese dagegen unterliegen als Ausflüsse des gemeinen intertemporalen Privatrechtes der weitesten Auslegung. Die Landesgesetzgebung ist jedoch berechtigt, künftig die Anwendbarkeit der neuen Rechtsordnung auch in ihren allgemeinen Vorschriften durch neue Gesetze auszuschließen oder zu beschränken; Art. 3 E.G. Dem künftigen Landesrechte gegenüber gilt das Reichsrecht nur subsidiär.[3]

Alle bisher betrachteten Körperschaften, die zur Zeit des Inkrafttretens der neuen Rechtsordnung bereits bestehen, sind ihrer Vorschrift des § 42, Abs. 2 entzogen. Diese Vorschrift findet zwar auf Grund des § 89 der neuen auch auf die bereits bestehenden juristischen Personen des öffentlichen Rechtes Anwendung. Damit giebt der Gesetzgeber nicht zu erkennen, daß er von dieser Vorschrift überhaupt keine landesrechtlichen Ausnahmen dulden wolle. § 89 enthält keine Übergangsbestimmung, insbesondere keine Ausschlußklausel. Wenn der Gesetzgeber gewollt hätte, daß § 42, Abs. 2 für die bereits bestehenden juristischen Personen der Art. 164—167 Anwendung finden sollte, so hätte er es nach allgemeinen Grundsätzen in diesen Artikeln ausdrücklich bemerken müssen. Das hat er aber unterlassen, folglich findet jene Vorschrift auf bereits bestehende juristische Personen dieser Art keine Anwendung.[4]

Eine andere Frage ist die, ob § 31 der neuen Rechtsordnung die genannten Körperschaften ergreife. Sie ist zu bejahen aus folgenden

[1] Bezüglich der Waldgenossenschaften s. Prot. der II. Kom. Bd. VI, S. 495, 438. Sitzg. Nr. VII. D.

[2] So auch Zitelmann „Zum Grenzstreit zwischen Reichs- und Landesrecht" S. 10—14; Habicht a. a. O. Vgl. O.L.G. Kiel, 10. Febr. 1902, Rsp. 4, S. 200, 201.

[3] So auch Zitelmann a. a. O., S. 38; Habicht a. a. O.; Niedner, S. 127; Eck, Vorträge S. 19; Cosack I, S. 35; Matthiass I, S. 26; Enneccerus I, S. 17; A. M. Meyer, Hans. Ger.-Ztg. 1899, S. 262.

[4] A. M. Habicht, S. 118.

Erwägungen: Eine Ausschlußklausel war hier überflüssig. Wenn der Vorstand, ein Mitglied des Vorstandes oder ein anderer verfassungsmäßig berufener Vertreter durch eine in Ausführung der ihm zustehenden Verrichtungen begangene Handlung einem Dritten Schaden zufügt, so liegt ein Thatbestand der Gegenwart vor, der von der neuen Rechtsordnung § 31 ergriffen wird.[1]

Die Körperschaften des öffentlichen Rechtes, die unter der alten Rechtsordnung entstanden sind, werden grundsätzlich von deren Vorschriften beherrscht. Der vierte Abschnitt enthält für sie keine Übergangsbestimmung. Die Richtigkeit dieses Grundsatzes ergiebt sich aber aus folgendem. Nach § 89 der neuen Rechtsordnung beziehen sich nur zwei ihrer Vorschriften auf diese Art der juristischen Personen; nämlich § 31 und im beschränkten Umfange § 46, Abs. 2; ihre anderen Bestimmungen beziehen sich nicht auf sie. Es frägt sich nun, ob die Vorschriften der §§ 31 und 46, Abs. 2 der neuen auch auf die zur Zeit ihres Inkrafttretens bereits bestehenden öffentlichen Körperschaften anzuwenden sind. Art. 163 E.G. ist auf sie nicht anwendbar; er bezieht sich nur, wie aus seiner Fassung hervorgeht, auf private Körperschaften und Stiftungen.[2] Davon kann gar keine Rede sein, daß § 89 B.G.B. eine Übergangsbestimmung im Sinne der Ausschließlichkeit also eine Ausschlußklausel enthalte; s. oben. Ein Ersatz der Ausschlußklausel liegt auch nicht vor, denn diese kann nur aus den Übergangsbestimmungen entnommen werden;[3] trotzdem muß angenommen werden, daß § 89 bereits bestehende öffentliche Körperschaften trifft, ohne daß eine Ausschlußklausel notwendig war. Das geht aus folgendem Gedankengange hervor: § 89 spricht vor allem von dem Fiskus. Für ihn war eine Übergangsbestimmung folgenden Inhaltes ganz undenkbar: „Auf den bereits bestehenden Fiskus findet die Vorschrift des § 31 auch Anwendung". Die Zahl der *fisci* im deutschen Reiche ist eine gegebene. Auf zukünftige *fisci* allein konnte der Gesetzgeber unmöglich die Vorschrift des § 31 anwenden wollen. Ähnlich verhält es sich mit den Körperschaften des öffentlichen Rechtes. Auch sie sind der Zahl nach gegeben. Eine Ausschlußklausel war ebenfalls überflüssig. Es greift ein ähnlicher Grundsatz Platz, wie er früher hinsichtlich gewisser realer Zustände, deren Zahl eine gegebene ist, auseinandergesetzt wurde. Das Gesetz ergreift sie auch ohne Ausschlußklausel als Thatbestände der Gegenwart.[4] Aus denselben Gründen ergreift § 839 der neuen Rechtsordnung die bereits bestehenden öffentlichen Körperschaften und führt daher zu einer entsprechenden Erweiterung ihrer Haftpflicht.

Die Rechtsprechung hat, ohne die Frage näher zu erörtern, auch

---

[1] S. auch unten § 73. Auf falschem Wege gelangt Habicht zum selben Ergebnis.

[2] So auch Habicht, S. 100.

[3] S. oben § 11, S. 44, n. 1.

[4] S. oben § 27, S. 118, 119.

angenommen, daß § 31 auf bereits bestehende Körperschaften des öffentlichen Rechtes Anwendung finde;[1] ebenso § 839.[2]

Vereine, die unter der alten Rechtsordnung entstanden sind, ohne die juristische Persönlichkeit erlangt zu haben, bleiben unter deren Herrschaft. Dieser Grundsatz ergiebt sich aus dem intertemporalen gemeinen Rechte in Ermangelung einer Ausschlußklausel.[3] Es greifen nicht die Grundsätze der neuen Rechtsordnung, § 54, Abs. 1 und §§ 705 ff. Platz. Wohl aber gilt auch für bereits bestehende Vereine ihre Vorschrift des § 54, Abs. 2.[4] Da Art. 163 intertemporales Sonderrecht enthält, so ist seine analoge Anwendung auf Vereine überhaupt ausgeschlossen.[5] Die Beantwortung der Frage, ob auch die neue C.P.O. (§ 50, Abs. 2; § 735) und die neue K.O. § 213 auf die altrechtlichen Vereine anzuwenden seien oder nicht, gehört nicht in den Rahmen dieses Werkes. Wenn der neuen Rechtsordnung in Bezug auf die altrechtlichen Vereine grundsätzlich jede Herrschaft abzusprechen ist, so bleibt es der Landesgesetzgebung unbenommen, auf Grund des Art. 218 ihr Ausschließlichkeit beizulegen; dies that Bayern, Ü.G. Art. 2 und Hessen, Art. 134 ohne genügenden Rechtfertigungsgrund.[6] Die infolge dieser landesrechtlichen Ausschlußklauseln zur Anwendung kommenden Vorschriften der neuen Rechtsordnung sind aber nicht nachgiebiger Natur und können daher durch ausdrückliche oder stillschweigende Satzungen der Vereinsmitglieder ausgeschlossen sein.[7] Bedenklich ist, angesichts des § 43 der neuen, die Anordnung des badischen A.G. Art. 4, Abs. 3 und 4. Darnach können Vereine, die vor ihrem Inkrafttreten nach Maßgabe des zweiten Konstitutionsediktes v. 14. Juli 1807 (durch staatliche Verleihung) Körperschaftsrechte erlangt haben, von dem zuständigen Ministerium aufgefordert werden, sich binnen einer zu bestimmenden Frist durch Eintragung in das Vereinsregister in privatrechtliche Vereine im Sinne der §§ 21 fg., 25 fg. der neuen Rechtsordnung

---

[1] O.L.G. Naumburg, 21. Juni 1901; Das Recht 1901, S. 433; O.L.G. Dresden, 14. Juni 1900; Das Recht 1901, S. 175; ferner Oberstes Bayer. L.G., 25. Januar 1901, Samml. 2, S. 47.

[2] O.L.G. Dresden, 20. März 1902, Rsp. 5, S. 243, 244. Einen ähnlichen Fall entschied es 25. Febr. 1902 im entgegengesetzten Sinne, Rsp. 4, S. 282.

[3] So richtig L.G. Hamburg, 17. Febr. 1900 und O.L.G. Hamburg, 22. Juni 1900; Hans. Ger.-Ztg. 1900, Beibl. S. 75 und 242. Nicht ganz korrekt ist das Urt. des O.L.G. Stettin, 17. Dez. 1901, Rsp. 4, S. 201. So richtig auch Habicht, S. 122.

[4] S. unten § 73. Habicht, S. 123, n. 4 und Gierke; D. J.Z. Bd. 4, S. 480.

[5] A. M. Habicht, der daher dem § 39 B.G.B. Ausschließlichkeit für Vereine zuspricht.

[6] S. unten § 87. So auch Habicht, S. 120—122. O.L.G. Bamberg giebt in seinem trefflichen Urteil v. 12. Juli 1900 dem § 50 C.P.O. Ausschließlichkeit auf Grund des Art. 2 des bayer. Ü.G., aber keine wiedereinsetzende; rechtshängige Sachen sind ausgenommen; s. Rsp. 1, S. 237, 238. Vgl. oben § 13, S. 57, n. 1 und § 12, S. 49, n. 6.

[7] S. oben § 48, S. 178, n. 5; Gierke, Habicht a. a. O., Niedner, 2. Aufl., S. 313.

umzuwandeln. Ist die Umwandelung binnen der bestimmten Frist infolge des Verhaltens des Vereines nicht erfolgt, so kann dem Vereine durch Entschließung des Staatsministeriums die Rechtsfähigkeit entzogen werden.[1]

§ 70. Die rechtsgeschäftlichen Anordnungen im Gebiete des Familienrechtes: Verlöbnis, Ehevertrag, Annahme an Kindesstatt u. s. w.

A. Das Verlöbnis. Für das Verlöbnis enthält das E.G. keine Übergangsbestimmung. Es können also die Grundsätze der Hauptregel ungehindert eintreten.[2] Darnach sind Voraussetzungen, Form und Wirkungen des Verlöbnisses nach der alten Rechtsordnung zu beurteilen, wenn es unter ihrer Herrschaft geschlossen wurde. Die Mot. zum E.G. S. 378 geben dies hinsichtlich der Voraussetzungen zu, hegen jedoch Bedenken in Bezug auf die Wirkungen; Art. 103 (E. I, jetzt E.G. Art. 170) lege jedoch die Bejahung nahe. Ein nach der alten Rechtsordnung unwirksames Verlöbnis kann daher unter der neuen nicht etwa nach Analogie des Art. 198, Abs. 2 E.G. zur Heilung gelangen. Dieser Artikel kann als Ausschlußklausel nicht analog ausgedehnt werden.[3] Abgesehen von der Ablehnung aus allgemeinen Gründen sprechen noch einige besondere dagegen. Der Willensthatbestand des Verlöbnisses kann nicht in einen sich erneuernden personalen Zustand der Gebundenheit umgedeutet werden. Sonst wäre nicht einzusehen, warum nicht auch die Ehe einen solchen Zustand darstellt und warum nicht die neue Rechtsordnung auch ohne Ausschlußklausel die Ehe in allen ihren Voraussetzungen und in allen ihren Wirkungen sich unterwirft, also auch den ehelichen Güterstand.[4]

Sowohl die persönlichen Beziehungen der Verlobten wie die vermögensrechtlichen sind der alten Rechtsordnung unterworfen. Ausschlußklauseln dürfen nicht analog ausgedehnt werden.[5] Die Folgerungen dieses Grundsatzes sind für die Übergangszeit von großer Bedeutung, weil die neue Rechtsordnung in wichtigen Punkten mit der alten gebrochen hat. Nach preußischem Rechte gab das in der vorgeschriebenen Form eingegangene Verlöbnis einen klagbaren Anspruch auf Schließung der Ehe oder auf Entschädigung oder Zahlung der Vertragsstrafe. Wenn also im Gebiete des preußischen Rechtes unter der alten Rechtsordnung ein gültiges Verlöbnis abgeschlossen wurde, so kann auf Grund desselben auch unter der neuen, die durch den Bruch des Verlöbnisses verwirkte

---

[1] So auch Habicht, S. 119, n. 1.

[2] S. oben § 8, S. 30, n. 6.

[3] S. oben § 8, S. 34, n. 1 u. 2 und § 11, S. 45, n. 2.

[4] S. auch oben, § 27, S. 116, n. 2, 3 und 7. So K.G. in seinen vortrefflichen Beschlüssen, 23. Januar 1901, Rsp. 2, S. 133; 8. Jan. 1902, Rsp. 4, S. 82 fg. A. M. Habicht, S. 500 und Bunsen, Beitr. 3. Heft, S. 199.

[5] S. oben § 11, S. 45, n. 2. A. M. Habicht, der den Art. 199 analog auf die Wirkungen des Verlöbnisses anwenden will.

Strafe eingeklagt werden, in andern Rechtsgebieten der Schadensersatz, gleichgültig, ob das Verlöbnis noch unter der alten oder erst unter der neuen gebrochen wurde.[1] § 1297, Abs. 1 und § 1298 der neuen Rechtsordnung besitzen trotz ihres zwingenden Charakters keine Ausschließlichkeit.[2]

Auch auf Eingehung der Ehe kann aus einem altrechtlichen Verlöbnisse noch unter der neuen Rechtsordnung geklagt werden.[3] Dagegen entbehrt eine unter der neuen erfolgende Verurteilung auf Eingehung der Ehe der Zwangsvollstreckung.[4] In der Begründung zur C.P.O. vom 17. Mai 1898, § 774 wird gesagt, daß die Bestimmung dieses Paragraphen noch für Fälle in Betracht kommen könne, wo es sich um Vollstreckung ausländischer Urteile handele, sie kann aber auch bei intertemporalen Rechtsfällen zur Anwendung kommen, nicht bloß bei internationalen. Wäre diese Rechtswahrheit von der neuen deutschen Rechtsprechung überall anerkannt worden, so hätte sie Urteile vermieden, die das Rechtsgefühl im höchsten Grade empören. Der Rechtsfall liegt so: Nach gemeinem Rechte und auch nach dem Hamburger Rechte begründete das Verlöbnis nur einen Anspruch auf Erfüllung, also auf Schließung der Ehe, und an die Stelle dieses Anspruches trat das Recht auf einen Schadensersatz nur dann, wenn der andere Teil einer vorgängigen richterlichen Verurteilung zur Vollziehung der Ehe gegenüber ungehorsam geblieben war oder durch sein Verhalten die Erfüllung unmöglich gemacht hatte. Wenn nun ein deutsches Gericht von der intertemporalen Wahnvorstellung ausgeht, daß dem § 1297 der neuen Rechtsordnung Ausschließlichkeit beiwohne, so muß es die Klage auf Eheschließung aus einem altrechtlichen Verlöbnisse abweisen; außerdem aber auch die Klage

---

[1] Habicht a. a. O., S. 501 will die Klage nur zulassen, wenn das Verlöbnis unter der alten gebrochen wurde. Ähnlich Siebenhaar, Komm. z. Sächs. B.G.B. 2. Aufl., Bd. I, S. 20; Stutz, die Rechtsnatur des Verlöbnisses, S. 83 fg.; Jacobi, persönliches Eherecht, 2. Aufl., S. 20; Cosack, B.G.B. 2, S. 407, sub. II; O.L.G. Stuttgart, D. J.Z. 1900, S. 256. Der richtigen Ansicht schließen sich an Nöldeke, D. J.Z. 1899, S. 151 fg.; Lehmann, S. 30; Fuchs, S. 31; Aron, S. LXXVII; Scherer, Nr. 279, Anm. 1; Engelmann bei Staudinger, Komm. z. B.G.B., Familienrecht, S. 4, Vorbem. 10 z. Titel 1.

[2] S. oben § 48, S. 181, n. 4. O.L.G. Hamburg, 12. Jan. 1901, Rsp. 2, S. 148 verleiht § 1298 Ausschließlichkeit. Vgl. auch das bestätigende Urteil des Reichsgerichtes vom 20. Sept. 1900, S. A. 56, S. 183 fg.; K.G. 23. Januar 1901 verleiht dem § 1297, Abs. 1 Ausschließlichkeit, Rsp. 2, S. 133 fg.; Bunsen, Beitr. S. 199, 200 schließt sich beiden Urteilen an, dem ersteren mit der Begründung aus der Lehre von der stetigen Erneuerung.

[3] So richtig das ausgezeichnete Urteil des O.L.G. Frankfurt, 23. März 1900; Das Recht 1900, S. 373. Vgl. auch O.L.G. Frankfurt, 30. März 1900; Frankfurt Das Recht 1900, S. 86. Das K.G. meint in seinem angeführten Beschlusse, daß die Bestimmung des § 1297, Abs. 1 B.G.B. zwingenden Rechtes sei; infolgedessen müsse auch der Abs. 2 ausschließlich sein. Dies ist eine *petitio principii* § 1297, Abs. 1 hat keine Ausschließlichkeit, auch nicht mit Hülfe des § 888 C.P.O. erhalten. S. auch oben § 48, S. 180, n. 1; 181, n. 4.

[4] So auch das angeführte Urteil des O.L.G. Frankfurt.

auf Schadensersatz, da ja die Voraussetzung derselben durch das Verhalten des Gerichtes selbst unmöglich gemacht wurde. Ja noch mehr; das Gericht muß den unschuldigen und vertragstreuen Verlobten, dem nach den Vorschriften der alten Rechtsordnung das Recht zur Seite steht, in den vollen Betrag der Prozeßkosten verurteilen.[1] Die Folgen jener intertemporalen Wahnvorstellung sind also kurz gesagt die, daß der in seinem Rechte gekränkte vertragstreue Verlobte von dem, der das Verlöbnis schuldhafter Weise gebrochen, nicht nur keine Genugthuung erlangt, sondern außerdem noch in die Prozeßkosten in ihrem vollen Betrage alle Instanzen hindurch verurteilt wird.[2]

Von derselben Wahnvorstellung ging das O.L.G. Hamburg, 12. Januar 1901[3] aus. Allein es konnte es nicht über das Herz bringen, die harten Folgerungen zu ziehen; es gewährte den vertragstreuen Verlobten einen Entschädigungsanspruch aus § 1298 der neuen Rechtsordnung. Ein Fehler zieht den anderen nach sich. Der erste Fehler war, den § 1297 der neuen Ausschließlichkeit zu geben; dieser führte dann den weiteren Mißgriff herbei, auch dem § 1298 der neuen Ausschließlichkeit einzuräumen. Das R.G. hat zwar diesen vermieden; das O.L.G. Hamburg kann aber den Umstand für sich geltend machen, das Rechtsgefühl nicht in so gröblicher Weise verletzt zu haben, wie das R.G.[4]

Nach französischem und badischem Rechte war das Verlöbnis ein privatrechtlich bedeutungsloser Vertrag.[5] Ist also ein Verlöbnis vor dem Inkrafttreten der neuen Rechtsordnung im Gebiete des französischen und badischen Rechtes geschlossen und unter der neuen gebrochen worden, so hat der unschuldige Teil nicht die aus dem §§ 1298—1300 der neuen hervorgehenden Ansprüche. Das Verlöbnis bleibt auch unter der neuen wirkungslos; sie hat nicht etwa im Sinne der zweiten Regel des neueren Regelpaares Ausschließlichkeit.[6]

B. Der Ehevertrag. Die Hauptregel verlangt, daß Voraussetzung, Form, Inhalt und Rechtsfolgen eines Ehevertrages, der unter der alten Rechtsordnung errichtet wurde, nach dieser zu beurteilen ist. Das E.G. enthält darüber keine ausdrückliche Bestimmung. Man kann aber aus dem Art. 200 mühelos den aufgestellten Grundsatz ableiten. Art. 200, Abs. 1 spricht vom Güterstande überhaupt, schließt also den vertrags-

---

[1] S. oben § 57, S. 218, n. 4.

[2] Zu diesen Folgerungen kam das R.G., 20. Sept. 1900, S. A. 56, S. 183 fg.

[3] Rsp. 2, S. 148.

[4] Über die Härte einer solchen Rechtsprechung vgl. auch Rsp. 1, S. 474, n. 1 u. unten § 76, das Urteil des O.L.G. Hamburg, 21. Dez. 1900, Rsp. 2, S. 387 g. E. Solche Härten lassen sich nur durch eine richtige intertemporale Rechtsprechung vermeiden.

[5] R.G. E. 20, S. 333.

[6] A. M. Habicht a. a. O., S. 500, mit dem Niedner, S. 310, n. 1; Endemann, 8. Aufl., Bd. 2, S. 605, n. 13 und Schmidt a. a. O., S. 14 übereinstimmen. Die Gründe Habichts sind unhaltbar; s. auch die oben angeführten Beschlüsse des Kammergerichts.

mäßigen in sich. Auch aus Abs. 2 läßt sich entnehmen, daß grundsätzlich die alte Rechtsordnung für den unter ihr abgeschlossenen Ehevertrag maßgebend ist.[1] Abs. 2 enthält eine Ausschlußklausel und muß daher möglichst eng ausgelegt werden. Er bezieht sich nur auf die Rechtsgebiete, wo bisher ein Ehevertrag nach Abschluß der Ehe unzulässig war, wie im Gebiete des französischen und badischen Rechtes, *Code civil Art.* 1394, 1395; Badisches L.R., Satz 1394, 1395.[2] Er gewährt in diesen Rechtsgebieten den altverheirateten Ehegatten die Befugnis, nachträglich noch einen Ehevertrag abzuschließen, um eine nach den Vorschriften der neuen Rechtsordnung zulässige Regelung des Güterstandes zu treffen. Dagegen bezieht er sich nicht auf die Rechtsgebiete, wo der Ehevertrag bis jetzt zulässig war. In diesen beherrscht die alte ausschließlich den Ehevertrag.[3] In jenen Rechtsgebieten steht aber der Ehevertrag ganz unter der neuen, schon deswegen, weil die alte hier versagt. Kommt es infolge des Vertrages zu einer Auseinandersetzung des bisherigen Güterstandes, so kommen die Vorschriften der alten über die Auseinandersetzung in sonstigen Fällen zur analogen Anwendung, falls der Vertrag keine Bestimmungen darüber enthält.[4]

Ein Ehevertrag kann verschiedene Anordnungen enthalten; vor allem die Regelung des ehelichen Güterstandes und der gegenseitigen Erbrechte der Ehegatten; für diese bleibt also die alte Rechtsordnung maßgebend. So nach intertemporalem Reichsrechte.[5]

Das intertemporale Landesrecht schließt sich zum Teil dem Reichsrechte an, zum größten Teil jedoch leitet es die vertragsmäßigen ehelichen Güterstände der alten Rechtsordnung in das Reichsrecht über.[6] Die meisten Ausführungsgesetze der Einzelstaaten beschäftigen sich mit der Überleitung des vertragsmäßigen Güterstandes. Ausdrücklich sprechen diesen Grundsatz aus: Preußen, Art. 56, 58; Bayern, Art. 21, 94—96, 124, 136, 137; Sachsen, § 34; Hessen, §§ 36, 39; S.-Coburg-Gotha, Art. 42, §§ 26, 28; Oldenburg-Birkenfeld, §§ 44, 55, 56; Elsaß-Lothringen, §§ 144, 157, 158; Baden, Ges. vom 4. August 1902, § 2. Das gleiche ergiebt sich aus anderen Bestimmungen für Sondershausen, Art. 48, § 6 und § 4; Reuß ä. L., § 113; S.-Altenburg, § 98, Abs. 3.[7] Sie lassen sich in drei Gruppen einteilen: Die erste Gruppe sieht von einer Überleitung der vertragsmäßigen Güterstände gänzlich ab: Mecklenburg-Schwerin,

---

[1] S. oben § 58, S. 221, n. 5 und 222, n. 1.

[2] S. auch oben § 17, S. 68, n. 3 u. meinen Aufsatz in der Badischen Rechtspraxis 1902, S. 113, 114.

[3] S. oben § 58, S. 222, n. 1. A. M. Niedner, 2. Aufl., S. 425 jedoch ohne Begründung. „*Natürlich*" ist sein Grundsatz nicht; ebenso Habicht, 3. Aufl., S. 539.

[4] Prot. II, S. 9087; Niedner, 2. Aufl., S. 425.

[5] Art. 200 E.G.

[6] Über die materielle Voraussetzung der Ausschließlichkeit siehe unten §§ 88 und 89.

[7] So richtig Niedner, 2. Aufl., S. 427. Abweichend Habicht, S. 541.

§ 210; -Strelitz, § 208; Oldenburg (für Oldenburg, § 16; für Lübeck, § 15); Braunschweig, § 73, Nr. 2 (vgl. aber Nr. 3); Lippe, § 35; Hamburg, § 5; ursprünglich auch Baden, Art. 41. Die zweite Gruppe läßt nur in dem Falle, in welchem durch Vertrag das Verwaltungs- und Nießbrauchsrecht des Ehemannes oder die Gütergemeinschaft ausgeschlossen ist, die Vorschriften der neuen Rechtsordnung über Gütertrennung Platz greifen, falls sich nicht aus dem den Ausschluß begründenden Rechtsgeschäfte ein anderes ergiebt. Im Zweifel wird wohl immer anzunehmen sein, daß die beiden vertragsschließenden Parteien unter der Herrschaft der alten bleiben wollen. So S.-Weimar, § 184; Schw.-Rudolstadt, Art. 138; Sondershausen, Art. 49; Schaumburg-Lippe, § 21; Hamburg, § 4. Die dritte Gruppe dehnt die Überleitungsvorschriften, die sie für die gesetzlichen Güterstände giebt, auch auf vertragsmäßige aus, falls der Ehevertrag den Güterstand nicht im einzelnen regelt, sondern nur allgemein ein anderes, von der alten entweder selbst geordnetes oder zugelassenes Gütersystem auswählt; so Preußen, Art. 58; Bayern, Art. 21, 94—96; Sachsen, § 34; Hessen, Art. 199, 243 (vergl. auch Braunschweig, § 73, Nr. 3; und mit Beschränkung auf Ehen, deren Güterstand durch den Ehevertrag dem gesetzlichen Güterrechte) eines anderen Bundesstaates unterworfen ist: S.-Meiningen, §§ 36—38; S.-Altenburg, § 98; S.-Coburg-Gotha, Art. 42, § 28; Schwarzburg-Rudolstadt, § 135; -Sondershausen, Art. 48, § 6; Waldeck, Art. 27; Reuß ä. L., § 113; j. L., § 94, Nr. 2. Meiningen, § 36, Abs. 1 und Coburg-Gotha, Art. 42, § 26, Abs. 1 entziehen auch solchen Bestimmungen der Eheverträge ihre Kraft, welche auf Vorschriften des bisherigen gesetzlichen Güterstandes *„lediglich verweisen oder solche Vorschriften unverändert wiedergeben“*. Durchweg lassen die Gesetze in diesem Falle denselben Güterstand der neuen eintreten, in den die Ehegatten treten würden, wenn ihr alter Güterstand nicht auf Vertrag, sondern unmittelbar auf dem Gesetze beruhte, dem sie ihn unterworfen hatten. Eine besondere Behandlung erfährt der vertragsmäßige Güterstand des gemeinen Dotalrechtes. Dieser geht in Preußen, Art. 58, Abs. 2 und Bayern, Art. 94, Abs. 2 in das System der Gütertrennung der neuen Rechtsordnung über, statt in die Verwaltungsgemeinschaft, wie in Hessen, Art. 199, 195.

Nach intertemporalem Landesrechte fast aller Staaten bleiben besondere Vereinbarungen der Ehegatten unberührt, welche einzelne Vorschriften über die gesetzlichen Güterstände ergänzen oder abändern. Die meisten Ausführungsgesetze sprechen diesen Grundsatz ausdrücklich aus, so Preußen, Art. 59, § 5, Abs. 1; S.-Meiningen, § 36, Abs. 2; S.-Coburg-Gotha, Art. 42, § 26, Abs. 2.[1] Unberührt bleibt auch eine durch einen Dritten z. B. einen Erblasser oder Schenkgeber getroffene Anordnung, vorausgesetzt, daß diese nach Form und Inhalt der alten Rechtsordnung

---

[1] So richtig Niedner, 2. Aufl., S. 427; Habicht, S. 542 nimmt für die letzteren beiden Gesetze das Gegenteil an.

entsprach. So Preußen, Art. 59, § 5; Bayern, Art. 102, 138; Hessen, Art. 200, 242; S.-Meiningen, § 36, Abs. 2; S.-Altenburg, § 98, Abs. 3; S.-Coburg-Gotha, Art. 42, § 26, Abs. 2; Schw.-Rudolstadt, Art. 142; -Sondershausen, Art. 48, § 4; Waldeck, Art. 25, § 6; Baden, Ges. vom 4. August 1902, § 17, S. 2.

Der Ehevertrag kann aber auch noch andere Anordnungen der Ehegatten enthalten; so über ihre persönlichen Rechtsbeziehungen, über Witwenversorgung, über die Erziehung der Kinder in Ansehung der Religion, über das Kindesvermögen, über die Vormundschaft, ferner Erbverträge und Erbverzichte. Alle diese Anordnungen sind in Bezug auf Voraussetzungen, Form, Inhalt und Wirkungen nach der Rechtsordnung zu beurteilen, unter deren Herrschaft der Vertrag errichtet wurde.[1] So war es nach A.L.R. II 1, § 682 zulässig, vor oder während der Ehe durch Vertrag das Recht des Mannes, den Wohnort zu bestimmen, oder die Pflicht der Frau, dem Manne zu folgen, zu beschränken. Welcher Einfluß auf die fernere Wirksamkeit des Vertrages Art. 199 E.G. ausübt, s. unten § 76. Über die Wirksamkeit eines Verzichtes auf den elterlichen Nießbrauch und einer Befreiung vom Vermögensverzeichnisse s. unten § 77; über Anordnungen in Bezug auf die Vormundschaft s. unten § 80.

C. Annahme an Kindesstatt. Nach der Hauptregel ist die unter der alten Rechtsordnung erfolgte Annahme an Kindesstatt sowohl in ihren Voraussetzungen und ihrer Form wie in ihren Wirkungen nach deren Vorschriften zu beurteilen. Dies hat zum Teil auch das E.G. anerkannt. Soweit es schweigt, tritt das intertemporale gemeine Recht in die Lücke.

Zunächst wirkt die alte Rechtsordnung fort, hinsichtlich der Voraussetzungen und der Form der Annahme an Kindesstatt. Die sächsische Verordnung v. 24. Juli 1899, § 127 und das Elsaß-Lothr. A.G. zum Ges. über fr. Gerichtsbarkeit § 74, huldigen der organischen Auffassung. Ist der Hauptthatbestand der Annahme an Kindesstatt noch unter der alten erfolgt, so wirkt sie fort, auch wenn der Nebenthatbestand unter die neue fällt.[2] So schreibt der angeführte § 127 vor, daß die bisherigen Vorschriften maßgebend bleiben, wenn der über das Genehmigungsgesuch zu erstattende Bericht des Amtsgerichtes vor dem 1. Januar 1900 bei dem Justizministerium eingegangen ist; und ähnlich der angeführte § 74, daß, wenn am 1. Januar 1900 die in Art. 353 *Code civil* vorgesehene Urkunde über die Annahme an Kindesstatt errichtet ist, für das weitere Verfahren und für die Wirkungen der Annahme an Kindesstatt die bisherigen Vorschriften maßgebend bleiben. Wird die Annahme an Kindesstatt rechtskräftig zugelassen, so soll die Entscheidung auf den Zeitpunkt der gegenseitigen Einwilligung zurückwirken. Dies trifft inter-

---

[1] So richtig K.G., 20. Januar 1902 in Bezug auf einen Vertrag geschiedener Eltern über die Kindererziehung mit Hinweis auf Art. 206 E.G., Rsp. 4, S. 357.

[2] S. oben § 30, S. 128.

temporalrechtlich vollständig zu; denn die gegenseitige Einwilligung bildet den Hauptthatbestand.[1]

Ebenso sind die Wirkungen einer unter der alten Rechtsordnung vorgenommenen Annahme an Kindesstatt nach deren Vorschriften zu beurteilen. Gerade hinsichtlich der Wirkungen bestehen große Verschiedenheiten zwischen der alten und neuen Rechtsordnung; daher hat die der alten vom E.G. Art. 209 gewährte Fortwirkung, wonach sie darüber entscheidet, inwieweit ein unter ihrer Herrschaft an Kindesstatt angenommenes Kind die rechtliche Stellung eines ehelichen Kindes hat und inwieweit der Vater und die Mutter die Pflichten und Rechte ehelicher Eltern haben, eine große Bedeutung.[2] Schaumburg-Lippe, § 41 und Bremen, § 54 lassen zu, daß die unter der alten durch Arrogation oder Adoption verbundenen Personen das zwischen ihnen bestehende Rechtsverhältnis durch Vertrag den Vorschriften der neuen unterwerfen können. Fehlt es an einer solchen landesrechtlichen Ausschlußklausel, so ist ein solcher Vertrag nur dann zulässig, wenn die alte einen nachträglichen abändernden Adoptionsvertrag gestattet; *arg.* Art. 200, Abs. 2 E.G.[3]

Die alten Rechtsordnungen lassen sich hinsichtlich der Adoption in drei Gruppen einteilen: Das gemeine Recht mit seiner Unterscheidung der *arrogatio*, *adoptio plena* und *minus plena.* Die *arrogatio* und die *adoptio plena* begründeten die *patria potestas* und die Nutznießung an den *bona adventicia regularia,* ferner ein Intestat- und Noterbrecht zwischen dem Adoptivkinde und dem Adoptivvater, außerdem ein Intestaterbrecht zwischen dem Adoptivkinde und den agnatischen Verwandten des Adoptivvaters. Alle diese Wirkungen bleiben unter der neuen Rechtsordnung aufrecht.[4] Die *adoptio minus plena* hatte weder väterliche Gewalt noch Nutznießung zur Folge. Unter der neuen steht daher dem Adoptivvater die elterliche Gewalt nicht zu, dagegen bleibt das Intestaterbrecht des Kindes gegen den Adoptivvater bestehen. Eine Frau konnte *in solatium liberorum amissorum* ein Pflegekind annehmen mit der Wirkung, daß ein gegenseitiges Intestaterbrecht entstand. Auch dieses bleibt unter der neuen aufrecht.

Das preußische und sächsische Recht. Nach dieser Gruppe begründete die Adoption die Rechte und Pflichten leiblicher Eltern in Bezug auf die Person des Kindes, aber weder Nutznießung noch Erbrecht an seinem Vermögen. Unter der neuen Rechtsordnung erwerben daher die Adoptiveltern die elterliche Gewalt, jedoch mit Ausschluß der Vermögensverwaltung und Nutznießung. Art. 203 bezieht sich nur auf das Ver-

---

[1] S. oben § 30, S. 129, 130. Auch Habicht, der sonst auf dem atomistischen Standpunkte steht, stimmt diesen Vorschriften zu, S. 611, n. 1. Ebenso Niedner, 2. Aufl., S. 458.

[2] Mot. zu Art. 127, S. 302, 303; Prot. S. 9108 (Bd. VI, S. 556).

[3] A. M. Habicht, S. 615, n. 3; Scherer, S. 236.

[4] S. auch oben § 61, S. 238, n. 7 u. § 67, S. 272, n. 6; abweichend Habicht, S. 616.

hältnis zwischen leiblichen Eltern und Kindern.[1] Das Erbrecht des angenommenen Kindes bleibt aufrecht; es schließt die nach der alten pflichtteilsberechtigten Vorfahren des Adoptivvaters von dessen Erbschaft aus, und der überlebende Ehegatte des Adoptivvaters erbt neben ihm nur zu einem Viertel; denn die neue hat diesen Personen gegenüber auf Grund des Art. 213 Ausschließlichkeit.

Das französische und badische Recht. Darnach können nur Volljährige adoptiert (angewünscht) werden. Folglich entstehen elternrechtliche Befugnisse nicht. Die erbrechtlichen Wirkungen bleiben bestehen; sie stimmen mit denen der neuen Rechtsordnung überein. Dagegen kommt das Rückfallsrecht *Art.* 351 und 352 des *Code civil* in Wegfall.[2]

D. Die Einkindschaft. Die Hauptregel verlangt, daß eine unter der alten Rechtsordnung vorgenommene Einkindschaft sich in ihren Voraussetzungen, ihrer Form und ihren Wirkungen nach deren Vorschriften bestimmt. Da das E.G. schweigt, so tritt dieser gemeine intertemporale Rechtssatz in die Bresche.[3] Das durch den Einkindschaftsvertrag begründete Erbrecht bleibt in seinem bisherigen personalen und realen Umfange bestehen; ebenso die Beschränkungen in der Testierbefugnis der Eltern.[4] Die Einkindschaft ist ein Erbvertrag, der nach Art. 214, Abs. 2 E.G. der alten überlassen bleibt.[5] — Auch die elternrechtlichen Wirkungen bleiben bestehen mangels einer entgegengesetzten Vorschrift im E.G. Art. 203 E.G. bezieht sich nur auf das Verhältnis zwischen leiblichen Eltern und Kindern, denn er muß als Ausschlußklausel möglichst eng ausgelegt werden.[6] Es kommt also nicht so sehr darauf an, ob die Einkindschaft als eine Unterart der Annahme an Kindesstatt unter Art. 209 falle.[7] — Hat nach der alten Rechtsordnung (A.L.R.) die Stiefmutter keine elterliche Gewalt, so bleibt sie auch unter der neuen

---

[1] So richtig Habicht, S. 616, n. 1. S. unten n. 6. Die Motive zum E.G. S. 302 dagegen wollen der neuen im Sinne der zweiten neueren Regel Ausschließlichkeit einräumen, sodaß die Adoptiveltern unter der neuen Verwaltung und Nutznießung erlangen. Ebenso O.L.G. Dresden, 27. Febr. 1900. Sächsisches Arch. 21, S. 317.

[2] S. oben § 67, S. 272, n. 3 und 4.

[3] Dies giebt grundsätzlich auch Habicht zu, S. 617; mit Vorbehalten hinsichtlich der Wirkungen S. 617 fg.

[4] S. Gesch. § 65, S. 469, n. 1.

[5] S. unten § 74.

[6] S. oben § 8, S. 30, n. 6 und § 12, S. 54, n. 5. Zu demselben Ergebnisse gelangen Habicht, S. 618; bei Gruchot 42, S. 423—427; Scherer, J.W. 1900, S. 820; Kuhlenbeck, E.G. S. 296. Ebenso O.L.G. Dresden, 27. Februar 1900. A. M. Niedner, 2. Aufl., S. 458; Staudinger (Wagner), Art. 209, n. 3; Stranz-Gerhard, S. 30.

[7] Habicht bejaht dies mit Recht und gelangt daher zu demselben Ergebnisse. Der gleichen Ansicht ist der Oberste bayerische Gerichtshof in seinem Urteile v. 27. Juni 1900, welches mit meinen oben in §§ 8, 11 u. 12 entwickelten Grundsätzen der Auslegung des E.G. übereinstimmt; s. oben § 12, S. 54, n. 1. Ebenso Wagner, Art. 209, n. 5; Kuhlenbeck, S. 296, n. 3. A. M. Niedner, 2. Aufl., S. 459.

davon ausgeschlossen; hat sie sie aber darnach (fränkisches Gebiet), so steht sie ihr auch unter der neuen zu. War der Stiefvater nach der alten der Verwaltung und Nutznießung am Vermögen des Kindes ledig (A.L.R. II 2, §§ 720, 732, 733), so erlangt er unter der neuen die elterliche Gewalt, jedoch ohne ihre vermögensrechtlichen Befugnisse. Entgegen den Motiven S. 303 muß endlich behauptet werden, daß die Vormundschaft über die Eingekindeten ausgeschlossen ist, solange die elterliche Gewalt der Stiefeltern besteht.

War nach der alten ein zur zweiten Ehe schreitender Elternteil verpflichtet, einen Einkindschaftsvertrag abzuschließen und erfolgt die Wiederverheiratung erst unter der neuen, so muß der Einkindschaftsvertrag auch unter ihrer Herrschaft abgeschlossen werden; Art. 200.[1]

E. Die Pflegkindschaft. Die Hauptregel fordert, daß eine unter der alten Rechtsordnung errichtete Pflegkindschaft in ihren Voraussetzungen, ihrer Form und ihren Wirkungen nach deren Vorschriften zu beurteilen ist. Da das E.G. schweigt, so muß dieser Grundsatz des gemeinen Rechtes die Lücke ausfüllen.[2] Besteht ein Verhältnis dieser Art, so verliert es mit dem Inkrafttreten der neuen keineswegs seine familienrechtlichen Wirkungen. Wo ist im E.G. die Ausschlußklausel, die der neuen eine derartige an sich unbegründete und ungerechtfertigte Ausschließlichkeit verleiht? Eine solche Pflegkindschaft gab es nach A.L.R. II 2, § 753—773 und nach französischem und badischem Rechte *Code civil Art.* 361—370. Nach Dernburg, Preuß. Privatrecht, Bd. 3, § 64, n. 1 und 2 ist das Verhältnis im Leben nicht so selten; das Gegenteil behaupten die Motive zum B.G.B. Bd. 4, S. 954. Wie dem auch sei, und wenn es nur einige wenige solcher Verhältnisse in dem Gebiete des französischen und preußischen Rechtes gäbe, so wäre eine solche Ausschließlichkeit eine verletzende Ungerechtigkeit. Die von Justinian den Müttern gestattete Annahme von Pflegekindern, um sie wegen ihrer verlorenen Kinder zu trösten, ist auch nichts anderes als eine Pflegkindschaft, keine *adoptio*; s. oben S. 289. Warum soll dort die alte Rechtsordnung maßgebend bleiben, hier aber nicht? Man muß Art. 209 möglichst weit auslegen, ja sogar analog anwenden, weil er als Gewährungsklausel der Hauptregel des intertemporalen Privatrechtes entfließt.[3]

---

[1] S. auch oben § 58, S. 221, n. 5 und § 60, S. 233. Dies leugnet Habicht, a. a. O., S. 583, n. 3, giebt aber zu, daß die Einkindschaft dann eintritt, wenn sie nach der alten eine gesetzliche Folge der Wiederverheiratung ist. Hier sei sie unmittelbarer Ausfluß des für die frühere Ehe geltenden und noch nachwirkenden ehelichen Güterrechtes, das nach Art. 200 E.G. in Kraft bleibe. Ist aber die Verpflichtung zum Vertragsschlusse nicht auch ein unmittelbarer Ausfluß des für die frühere Ehe geltenden und noch nachwirkenden Güterstandes?

[2] A. M. Habicht.

[3] S. oben § 8, S. 33 u. § 12, S. 54, n. 5. Habicht macht der französischen *tutelle officieuse* wenigstens das Zugeständnis, daß die dem Pfleger nach *Art.* 365 *Code civil* zustehende Verwaltung des Vermögens des Pfleglings und die Aufsicht über seine Person nach Eintritt des B.G.B. als Vormundschaft oder Pflegschaft

F. Die Legitimation durch nachfolgende Ehe. Erfolgt eine solche unter der Herrschaft der alten Rechtsordnung, so sind nach der Hauptregel sowohl ihre Voraussetzungen als auch ihre Form und ihre Wirkungen nach deren Vorschriften zu beurteilen. Da das E.G. über die ersten beiden Forderungen schweigt, so müssen sie in die Lücke treten.

Zunächst sind Voraussetzungen und Form der Legitimation durch nachfolgende Ehe nach der alten Rechtsordnung zu beurteilen; so die Frage, ob das Kind legitimationsfähig war. So bestimmte das Bayerische Landrecht V, § 8, Nr. 3, daß *liberi naturales ex damnato coitu procreati* nicht legitimiert werden können. Das bayerische Ü.G. Art. 105 legt jedoch der neuen eine weitgehende Ausschließlichkeit im Sinne der zweiten neueren Regel bei.[1] Ebenso die Frage, ob bloß die Eheschließung genüge, oder außerdem noch eine Anerkennung des Kindes durch den Ehemann nötig sei. Letzteres schrieb das französische Recht vor.[2] Die Anerkennung mußte entweder vor der Eheschließung oder in der Heiratsurkunde gesetzmäßig erfolgt sein; *Code civil Art.* 331, 334—342. Ist das unterlassen worden, so bleibt das Kind nach der zweiten älteren Regel auch unter der neuen unehelich, selbst wenn es nachträglich anerkannt wird.[3] Es bleibt nur ein Ausweg übrig, nämlich der Antrag auf Ehelichkeitserklärung. Die Möglichkeit, durch Wiederholung der Eheschließung im Sinne des § 1309, Abs. 1 der neuen die Legitimation herbeizuführen, ist zu verneinen.[4] Das bayerische Ü.G. Art. 141 läßt für die Pfalz eine nachträgliche Anerkennung im Sinne der zweiten neueren Regel zu; ähnlich das hessische Gesetz vom 7. Juli 1900 (R.Bl. S. 429). Anders dagegen das preußische A.G. Art. 71, § 1, welches nur eine Anerkennung, die unter der alten Rechtsordnung erfolgt ist, zuläßt.[5]

Aber auch die Wirkungen der Legitimation durch nachfolgende Ehe sind nach der alten Rechtsordnung zu beurteilen. Das hat das E.G. in Art. 209 ausdrücklich anerkannt.[6] So erwirbt nach A.L.R. §§ 3 fg. II 9, §§ 596, 597 II 2 in Verbindung mit §§ 25, 26 des R.G. v. 6. Februar 1875 der Legitimierte *nicht nur die volle Rechtsstellung eines ehelichen Kindes, sondern auch rückwirkend den Adelsstand, sowie die Befugnis zur Führung des adelichen Namens.*[7]

---

im Sinne des B.G.B. fortbestehe, E.G. Art. 210. Niedner, 2. Aufl., S. 459 läßt nicht einmal das gelten, sondern verlangt eine erneute Bestellung.

[1] S. Habicht a. a. O., S. 611, n. 2.

[2] Aus diesem Grunde ist die Legitimation durch nachfolgende Ehe unter die rechtsgeschäftlichen Anordnungen im Gebiete des Familienrechtes aufzunehmen.

[3] So richtig auch Habicht, S. 612.

[4] So richtig K.G., 21. Mai 1900, Rsp. 1, S. 189, 190. Scherer, J.W. 1900, S. 820; Grüninger, Bad. Rechtspraxis 1900, S. 58. A. M. Brementhal, Das Recht 900, S. 417; Habicht a. a. O., S. 612, n. 1.

[5] S. Habicht a. a. O., S. 612, n. 2.

[6] S. auch unten § 71, S. 297, n. 1.

[7] S. K.G. 9. Dezember 1901, Rsp. 4, S. 135.

Die Anerkennung unehelicher Kinder, die unter der alten Rechtsordnung erfolgt war, ist nach deren Vorschriften zu beurteilen, wenn nicht der neuen Ausschließlichkeit verliehen ist. Dies gilt insbesondere für die Anerkennung im Gebiete des französischen und badischen Rechtes. Das E.G. hat der neuen Rechtsordnung ausdrücklich in Art. 208, Abs. 3 Ausschließlichkeit gegenüber der im Gebiete des französischen und badischen Rechtes erfolgten Anerkennung verliehen; s. unten § 78. Daraus geht hervor, daß der Gesetzgeber diese Anerkennung nicht als ein bloßes Geständnis, sondern als eine rechtsgeschäftliche Anordnung ansieht; s. Art. 209.[1]

G. Anfechtung und Aufhebung der Annahme an Kindesstatt Legitimation u. s. w. Die Anfechtung einer unter der alten Rechtsordnung erfolgten Annahme an Kindesstatt, Legitimation und Einkindschaft ist in ihren Voraussetzungen, ihrer Form und ihren Wirkungen nach deren Vorschriften zu beurteilen. So verlangt es die Hauptregel.[2]

Aber auch die Aufhebung einer unter der alten erfolgten Annahme an Kindesstatt bestimmt sich in ihren Voraussetzungen, ihrer Form und ihren Wirkungen nach deren Vorschriften.[3] Es ist dies eine Folge der Hauptregel.[4] Das E.G. verleiht der neuen in dieser Richtung keine Ausschließlichkeit. Eine weitherzige Auslegung des Art. 209 gelangt zum richtigen Ergebnisse; denn in dem Worte *„inwieweit"* liegt auch die zeitliche Grenze der Rechtstellung eines angenommenen Kindes. Dann aber untersteht die zeitliche Grenze, d. i. die Aufhebung der Adoption nach Art. 209 der alten.[5]

Die Fortwirkung nach dieser Richtung hin ist von großer Wichtigkeit; denn es bestehen große Verschiedenheiten zwischen der alten und neuen. So bedarf es nach Sächsischem B.G.B. § 1800 der Genehmigung des Landesherrn zur Aufhebung der Adoption. Es bedarf daher zur Aufhebung einer im Gebiete des sächsischen Rechtes erfolgten Adoption auch unter der neuen einer Genehmigung des Landesherrn, die er nach freiem Ermessen erteilen oder versagen kann.

H. Emanzipation (Gewaltsentlassung). Ist unter der alten Rechtsordnung eine rechtsgeschäftliche Emanzipation vorgenommen worden, so unterliegt sie in ihren Voraussetzungen, ihrer Form, ihrem Inhalte und ihren Wirkungen deren Vorschriften. So verlangt es die Hauptregel. Das Rechtsgeschäft kann ein einseitiger Verzicht oder ein Vertrag sein. Die Form war nach gemeinem Rechte eine doppelte. Hierher gehört nur die *emancipatio Justinianea*; über die andere s. unten § 71, S. 296. Von der Emanzipation des französischen Rechtes gehört ebenfalls

---

[1] S. Habicht, S. 625; Niedner, 2. Aufl., S. 456.

[2] So richtig Habicht, S. 620.

[3] Das Gegenteil behauptet Habicht, jedoch mit unzureichenden Gründen.

[4] S. oben § 23, S. 91, n. 7 und § 25, S. 106, n. 3.

[5] Auch Niedner, 2. Aufl., S. 459 hält es für „rechtskonsequenter", wenn die Aufhebung dem alten Rechte unterstellt wäre.

nur die des *Art.* 477 *Code civil* hierher; die Gewaltsentlassung vor dem Amtsrichter des badischen L.R., Satz 477; s. § 71, S. 296, n. 4.[1] Gleich wie die *emancipatio expressa* ist die *emancipatio tacita* zu behandeln.

I. Anordnungen in Bezug auf die Vormundschaft. Zu Gunsten der Fortwirkung der alten Rechtsordnung bestimmt Art. 205 E.G., daß die unter ihr erfolgte Anordnung des Vaters, wonach die Mutter von der Vormundschaft über das Kind ausgeschlossen sei oder einen Beistand haben müsse, auch unter der neuen materiell bestehen bleibt, jedoch formell als Anordnung der Bestellung eines Beistandes für die Mutter im Sinne der neuen gilt.[2] Nach der neuen und nach dem bisherigen französischen Rechte (*Code civil Art.* 291) kann der Vater die Mutter für die Zeit nach seinem Tode von der elterlichen Gewalt nicht ausschließen, wohl aber nach gemeinem preußischem und sächsischem Rechte. Eine unter der alten Rechtsordnung erfolgte Ausschließung der Mutter von der Vormundschaft gilt dann so, als wäre ihr ein Beistand für alle Angelegenheiten bestellt worden; §§ 1687, Nr. 1; 1688, Abs. 1 der neuen. Hat der Vater unter der alten genaue Bestimmungen über die Ausschließung der Mutter oder über den Umfang des Wirkungskreises des Beistandes getroffen, so sind sie vom Vormundschaftsgerichte nach Maßgabe des § 1688, Abs. 3 der neuen zu befolgen.

Der Art. 205 E.G. ist nicht bloß auf den Fall anwendbar, daß der Vater die Mutter von der Vormundschaft über das Kind ausschließt, sondern auch auf den Fall, daß er sie völlig von der Verwaltung und Nutznießung des Kindesvermögens ausschließt, soweit dasselbe von ihm dem Kinde hinterlassen ist.[3] Wenn der Vater unter der alten Rechtsordnung nach deren Vorschriften, anstatt der Mutter einen Vormund bestellt hat, so greift nicht etwa Art. 205 E.G. ein. Infolgedessen bleibt der vom Vater anstatt der Mutter bestellte Vormund nach Art. 210, Abs. 2 als Vormund im Amte, bis er vom Vormundschaftsgerichte seines Amtes als Vormund enthoben wird.[4]

Das E.G. schweigt über den Fall, daß ein Dritter auf Grund der alten Rechtsordnung dem Vater oder der Mutter die Nutznießung an dem dem Kinde zugewandten Vermögen, sei es ausdrücklich, sei es stillschweigend, entzogen hat. Auch hier gilt die Hauptregel, wonach die Anordnung unter der neuen aufrecht bleibt. Wenn jedoch der dritte weder ausdrücklich noch durch schlüssige Handlungen die Nutznießung der Mutter ausgeschlossen hat aus dem Grunde, weil die alte die Nutznießung der Mutter am Vermögen des Kindes überhaupt nicht kannte,

---

[1] Obigen Grundsatz erkennt Habicht, S. 506 nur teilweise an, insofern es sich um den Untergang der elterlichen Nutznießung handelt; ebenso Schultetus, Vormundschaftsrecht, S. 231; Fuchs, S. 41.

[2] Mot. zu Art. 123, S. 194; Prot. S. 9095 (Bd. VI, S. 548.

[3] So richtig Habicht, S. 602.

[4] Abweichend Habicht, S. 602; Nussbaum, D. J.Z. 1899, S. 412—414 und Niedner, 2. Aufl., S. 452.

so erwirbt die Mutter unter der neuen kraft des Art. 202 E.G. sofort die Nutznießung.[1] War die unter der alten erfolgte Ausschließung des Vaters oder der Mutter von der Nutznießung nach deren Vorschriften ungültig, § 155 A.L.R. II 2, so bleibt sie auch unter der neuen ungültig, obschon nach deren Vorschriften die Ausschließung zulässig ist; zweite Regel des älteren Regelpaares in ihrer ersten Möglichkeit.[2]

Eine unter der Herrschaft der alten Rechtsordnung rechtsgeschäftlich gültig angeordnete Befreiung des Vormundes bleibt auch unter der neuen und negativen Rechtsordnung in Kraft, wenn nicht der letzteren Ausschließlichkeit verliehen wird. Über die Form einer früheren Befreiung entscheidet die alte Rechtsordnung. So war nach gemeinem und sächsischem Rechte, B.G.B. § 1886 auch ein Vertrag zulässig.[3] Die Frage nach der Berechtigung zu dieser Anordnung ist ebenfalls nach der alten zu beurteilen.[4] Aus diesem Grundsatze folgt, daß die Befreiung trotz der Ausschließlichkeit der neuen aufrecht bleibt, wenn diese eine Befreiung im weiteren Umfange gestattet. Der Vormund behält unter der neuen und positiven doch nur die ihm zugestandenen Freiheiten.[5] Umgekehrt, wenn die alte eine Befreiung im weiteren Umfange gestattet, so kommt die angeordnete Befreiung unter der neuen und ausschließlichen doch nur in den von ihr gesetzten Schranken zur Geltung. Erste Regel des neueren Regelpaares in ihrer zweiten Möglichkeit.[6]

Eine unter der alten Rechtsordnung gültig errichtete letztwillige Anordnung von seiten der Mutter, wodurch der überlebende Vater von der Verpflichtung befreit wird, das Vermögen seiner Kinder aufzuzeichnen und das Verzeichnis dem Gerichte einzureichen, bleibt auch unter der neuen aufrecht, selbst wenn sie ausschließlich ist. Die Rechtsvorschrift ist keine zwingende.[7]

§ 71. Die öffentlichen Anordnungen im Gebiete des Familienrechtes: Volljährigkeitserklärung, Emanzipation, Ehelichkeitserklärung u. s. w.

A. Volljährigkeitserklärung (*venia aetatis*). Eine unter der Herrschaft der alten Rechtsordnung erfolgte Volljährigkeitserklärung ist in ihren Voraussetzungen, ihrer Form und ihren Wirkungen nach deren Vorschriften zu beurteilen; so verlangt es die Hauptregel. Dem hat sich auch im wesentlichen das deutsche intertemporale Privatrecht angeschlossen; Art. 153 E.G.

In Bezug auf die Voraussetzungen der Volljährigkeitserklärung

---

[1] S. auch Habicht, S. 603 und R.G. 19. Nov. 1900, J.W. 1900, S. 870.
[2] So richtig O.L.G. Marienwerder, 3. März 1902, Rsp. 5, S. 185, 186.
[3] So auch Habicht, S. 645.
[4] A. M. Habicht a. a. O. Beschränkt giebt er es zu; s. n. 2.
[5] So auch Habicht, S. 645; s. unten § 80.
[6] So richtig K.G., 29. Okt. 1900, Rsp. 2, S. 39.
[7] S. oben § 48, S. 178. So richtig Habicht, S. 592, n. 1.

stimmen die alte und neue Rechtsordnung nicht mit einander überein, während sie sich für die Erlangung der Volljährigkeit durch Erreichung eines bestimmten Alters decken.[1] Nach § 3 der neuen ist für beide Geschlechter die Vollendung des 18. Lebensjahres eine genügende Voraussetzung zur Volljährigkeitserklärung, während nach gemeinem Rechte die Vollendung des 20. Lebensjahres bei Männern, des 18. bei Frauen erforderlich war. Das preußische Recht (V.O. §§ 61, 97) hatte bereits die Bestimmung der neuen. Wenn der Antrag auf Volljährigkeitserklärung unter der alten gestellt worden und eine Sachuntersuchung stattgefunden hatte, ist dann der bisherige Träger der *venia aetatis* zur Erklärung der Volljährigkeit berechtigt oder der neue? Es liegt hier ein Verbindungsthatbestand vor, wovon der eine Thatumstand bereits unter der alten stattgefunden hatte; folglich bleibt diese maßgebend.[2] Die Wirkungen einer unter der alten erfolgten Volljährigkeitserklärung bestimmen sich dagegen nach der neuen; ausgedrückt im Art. 153 E.G. durch die Worte: „*steht von dieser Zeit an einem Volljährigen* (der neuen) *gleich*".[3]

B. Emanzipation (Gewaltsentlassung). Eine durch öffentlichen Willensthatbestand unter der alten Rechtsordnung erfolgte Emanzipation (Gewaltsentlassung) ist in ihren Voraussetzungen, ihrer Form und ihren Folgen nach deren Vorschriften zu beurteilen; so die Hauptregel. Das deutsche intertemporale Privatrecht schließt sich dem grundsätzlich an. Hierher gehört die *emancipatio Anastasiana* des gemeinen Rechtes; ferner die *emancipatio expressa* des *Code civil Art.* 478, die Gewaltsentlassung durch den Amtsrichter des Badischen L.R., Satz 478. Die Voraussetzungen dieser Emanzipation richten sich nach der alten, wie bei der rechtsgeschäftlichen Emanzipation.[4] Im Falle, daß ein Antrag bereits unter der alten stattgefunden hat, gilt dasselbe wie bei der *venia aetatis.*[5]

Die Wirkungen einer im französischen und badischen Rechtsgebiete vorgenommenen Emanzipation oder Gewaltsentlassung richten sich dagegen nach der neuen Rechtsordnung; Art. 158 E.G.[6] Darnach werden die Emanzipierten den Volljährigen der neuen gleichgestellt, jedoch nur unter der Voraussetzung, daß sie im Zeitpunkte ihres Inkrafttretens das 18. Lebensjahr vollendet haben. Sind sie aber in diesem Zeitpunkte noch nicht 18 Jahre alt (vgl. *Art.* 477 *Code civil*), so sind sie den Minderjährigen der neuen gleichgestellt. Sie werden dann auch nicht dadurch volljährig, daß sie später das 18. Lebensjahr vollenden. Es steht ihnen nur der Weg offen, die Volljährigkeitserklärung nachzusuchen.[7]

---

[1] S. oben § 54, S. 205.

[2] S. oben § 23, S. 91, n. 6 u. § 31, S. 131, n. 2. A. M. Habicht a. a. O., S. 43 seinem atomistischen Standpunkte gemäß, jedoch ohne Angabe der Gründe: s. dagegen oben § 70, S. 288, n. 2.

[3] So richtig Niedner, 2. Aufl., S. 302.

[4] S. oben § 70, S. 293, 294.

[5] S. oben.

[6] Mot. zu Art. 96, Prot. S. 8986 (Bd. VI, S. 486).

[7] So richtig Niedner, 2. Aufl., S. 304.

C. Ehelichkeitserklärung. (*legitimatio per rescriptum principis.*) Nach der Hauptregel ist die Gültigkeit einer unter der alten Rechtsordnung abgegebenen Ehelichkeitserklärung nach deren Vorschriften zu beurteilen. Dem schließt sich das deutsche intertemporale Privatrecht an; Art. 209 E.G.[1] — Ist unter der Herrschaft des gemeinen Rechtes ein Testament errichtet worden, in welchem eine Ehelichkeitserklärung aufgenommen war (*legitimatio per testamentum*), so wirkt nach der organischen Auffassung die alte Rechtsordnung fort. Es kann also noch unter der Herrschaft der neuen trotz § 1733, Abs. 2 das Reskript erlassen werden, vorausgesetzt, daß der Erblasser noch unter der alten starb.[2]

Auch die Rechtsfolgen der unter der alten Rechtsordnung abgegebenen Ehelichkeitserklärung bestimmen sich nach deren Vorschriften. Insbesondere die Fragen, inwieweit das legitimierte Kind die rechtliche Stellung eines ehelichen Kindes oder inwieweit der Vater und die Mutter die Pflichten und Rechte ehelicher Eltern haben. Diese Folgerung aus der Hauptregel ist vom E.G. im Art. 209 ausdrücklich anerkannt. Die alte gewährte der *legitimatio per rescriptum principis* größere Wirkungen, namentlich auf dem Gebiete des Erbrechtes. Es ist daher das Erbrecht des Legitimierten im Sinne des Art. 209 auch bei den erst unter der neuen eintretenden Erbfällen nach der alten zu beurteilen, mit Ausnahme des Pflichtteilsrechtes.[3] Ein unter der alten durch landesherrliches Reskript legitimiertes Kind bedarf unter der neuen der Einwilligung der unehelichen Mutter zur Eingehung der Ehe auch dann nicht, wenn der Vater gestorben ist; anders § 1305, Abs. 1, Satz 3 der neuen. Es ist dieser Grundsatz im Sinne der zweiten Regel des älteren Regelpaares.[4]

D. Anordnungen in Ansehung des Rechtsverhältnisses zwischen den Eltern und ihrem Kinde. Nach der Hauptregel muß das Rechtsverhältnis zwischen den Eltern und einem unter der alten Rechtsordnung geborenen ehelichen Kinde nach deren Vorschriften beurteilt werden. Das E.G. hat jedoch der neuen für dieses Rechtsverhältnis grundsätzlich die Ausschließlichkeit verliehen; Art. 203 E.G. enthält die Ausschlußklausel.[5] Die Ausschließlichkeit der neuen hat aber zu Gunsten der Fortwirkung der alten eine wichtige Abschwächung erfahren. — Es bleibt die unter ihrer Herrschaft erfolgte Beschränkung des Vaters oder der Mutter in Kraft, welche die zuständige Behörde in der Sorge für die Person oder das Vermögen des Kindes angeordnet hat; Art. 204 E.G.[6] Die Fortwirkung der alten ist verschieden abgestuft, je nachdem es sich

---

[1] S. auch oben § 70, S. 292, n. 1—7.

[2] A. M. Habicht a. a. O., S. 613, der auch hier der atomistischen Anschauung huldigt. Abweichend auch Niedner, 2. Aufl., S. 458.

[3] S. auch oben § 61, S. 238, n. 7; § 67, S. 272, n. 5 u. 6 und § 70, S. 290, n. 4. So auch Habicht, S. 615, n. 1 u. 2.

[4] So richtig Habicht, S. 614, n. 2.

[5] S. unten § 77.

[6] Mot. zu Art. 122, S. 293, 294; Prot. S. 9093—9095 (Bd. VI, S. 547, 548).

um die Beschränkung der Vermögensrechte der Eltern handelt oder um die Beschränkung der vormundschaftlichen Befugnisse. Im letzteren Falle ist die Fortwirkung eine stärkere. Die Beschränkung bleibt in Kraft, ohne Rücksicht darauf, ob sie bei gleichen Umständen auch nach der neuen gerechtfertigt wäre. Hierher gehört namentlich die Entziehung der väterlichen oder mütterlichen Gewalt, die unter der Herrschaft der alten nach deren Vorschriften durch die zuständige Behörde angeordnet wurde. Der in seinen Rechten beschränkte Elternteil kann nicht verlangen, daß die Entziehung aufgehoben werde, weil sie nach der neuen nicht mehr gerechtfertigt sei. Das Vormundschaftsgericht kann sie vielmehr nach freiem Ermessen aufheben, ohne an die Voraussetzung der neuen gebunden zu sein. War die Entziehung gegen die Vorschriften der alten, dann hat der Elternteil einen Anspruch auf Aufhebung. Hat ein Elternteil vor dem Inkrafttreten der neuen im Wege der Klage eine Entscheidung der zuständigen Behörde rechtzeitig angefochten, so bleibt das ordentliche Gericht zuständig, obschon jetzt die Entscheidung über die Beschränkung der elterlichen Gewalt lediglich dem Vormundschaftsgerichte zusteht.[1] Bei einer Beschwerde gegen einen vor dem Inkrafttreten der neuen ergangenen, die elterliche Gewalt beschränkenden Beschluß der Vormundschaftsbehörde ist zu prüfen, ob die Anordnung nach den Vorschriften der alten begründet gewesen ist und ob sie nach den Bestimmungen der neuen aufrecht erhalten werden kann. Für die Entscheidung der Frage, ob eine Entziehung des Erziehungsrechtes nach der neuen gerechtfertigt ist, kann auch das unter der alten bethätigte Verhalten der Eltern ausschlaggebend sein.[2]

Ist die Mutter auf Grund der alten Rechtsordnung durch Bestellung eines andern Vormundes von der Verwaltung des Vermögens des Kindes ausgeschlossen worden, obschon sie nach deren Vorschriften keine elterliche Gewalt, aber einen Anspruch auf Berufung zur Vormünderin hatte, so verlangt sie zwar unter der neuen die elterliche Gewalt, allein der Vormund bleibt im Amte, bis das Vormundschaftsgericht seine Bestellung gemäß Art. 204, Abs. 1, Satz 2 E.G. aufhebt. Es ist dies eine sehr weise Maßregel; hierin ist dem deutschen der italienische Gesetzgeber vorausgegangen.[3] Aus den Vorarbeiten zu Art. 204 (Mot. S. 293, Prot. Bd. VI, S. 547 f.), geht zwar nicht hervor, ob man mit Art. 204, Abs. 1 eine derartige Anordnung hat treffen wollen. Da aber Art. 204, Abs. 1 eine Gewährungsklausel enthält, so ist der Begriff *„Sorge für die Person oder das Vermögen"* im weitesten Sinne zu nehmen.[4] Er umfaßt also auch

---

[1] S. oben § 12, S. 49, n. 6 u. § 13, S. 57, n. 1. A. M. R.G. 12. Nov. 1900, J.W. 1900, S. 868. NIEDNER, 2. Aufl., S. 452.

[2] S. oben § 27, S. 116. So richtig K.G. 29. Januar 1900, Centralbl. f. fr.G. 1900, S. 54; NIEDNER, 2. Aufl., S. 452.

[3] S. Gesch. § 55, S. 387, n. 1; vgl. auch noch § 69, S. 528, n. 1.

[4] S. oben § 12, S. 53.

die Vormundschaft.[1] Hatte der Vater kraft Gesetzes die elterliche Gewalt verloren und ist von der Vormundschaftsbehörde ein Vormund bestellt worden, so bleibt diese Beschränkung des Vaters auf Grund des Art. 204, Abs. 1 bestehen. Er muß als Gewährungsklausel weit ausgelegt werden.[2] Aus gleichem Grunde steht unter dem Art. 204 die Beschränkung und Entziehung der elterlichen Gewalt im Falle eines Konkurses.[3]

Ist auf Grund der alten Rechtsordnung der Mutter ein Gegenvormund bestellt worden, so bleibt dieser unter der neuen im Amte, bis das Vormundschaftsgericht ihn auf Grund des Art. 210, Abs. 2, Satz 2 entläßt. Er muß von Amts wegen entlassen werden, wenn er nicht auch nach § 1687 der neuen zu bestellen sein würde.

Handelt es sich um die Beschränkung der Vermögensrechte der Eltern, nämlich um die Entziehung der Nutznießung an dem Vermögen des Kindes, so ist die Fortwirkung der alten Rechtsordnung eine schwächere, sie bleibt nur bestehen, wenn sie auch nach den Vorschriften der neuen gerechtfertigt ist; Art. 204, Abs. 2 E.G. Immerhin bleibt die Entziehung bestehen, auch wenn sie nach den Vorschriften der neuen (§ 1666, Abs. 2) nicht gerechtfertigt ist; das Vormundschaftsgericht hat sie jedoch aufzuheben, wenn es der beschränkte Elternteil beantragt. Erst mit diesem Augenblicke vollzieht sich der Übergang der Nutznießung auf die Eltern und nach ihm bestimmt sich die Verteilung von Nutzungen und Lasten im Sinne der §§ 101—103 der neuen.[4]

Zum Schlusse möge noch auf eine Reihe öffentlicher Willenserklärungen im Gebiete des Familienrechtes hingewiesen werden, die aber gar keine gestaltende Kraft besitzen. Hierher gehört die Todeserklärung,[5] die Trennung von Tisch und Bett und die Ehescheidung,[6] die Ernennung eines Vormundes oder Pflegers und dessen Absetzung.[7]

II. Die realen Rechtsverhältnisse.

§ 72. Die Schuldverhältnisse im allgemeinen.

A. Grundsatz. Es entspricht der organischen Auffassung, daß ein Schuldverhältnis, das unter der alten Rechtsordnung begründet wurde, nicht bloß in seiner Entstehung, sondern auch in seinen ferneren Schick-

---

[1] Gleicher Ansicht ist jetzt HABICHT, S. 599, n. 1; in einem früheren Aufsatze bei GRUCHOT, Bd. 42, S. 437 hatte er das Gegenteil behauptet. A. M. NIEDNER, 2. Aufl., S. 452.

[2] So richtig HABICHT, 3. Aufl., S. 632. A. M. NIEDNER, 2. Aufl., S. 451.

[3] A. M. NIEDNER, 2. Aufl., S. 451.

[4] So richtig auch HABICHT, S. 601, n. 1.

[5] S. oben § 56, S. 209 fg.

[6] S. oben § 59, S. 229 fg.

[7] S. oben § 62, S. 246 B. Über die öffentlichen Willensthatbestände überhaupt vgl. oben § 26, S. 106 fg.

salen, insbesondere in seiner Übertragung und Aufhebung nach deren Vorschriften zu beurteilen ist.[1] Der deutsche Gesetzgeber hat im Art. 170 E.G. diesen Grundsatz ohne jede Einschränkung anerkannt, im bewußten Gegensatze zum badischen, sächsischen und schweizerischen Gesetzgeber.[2]

Auch die Gegner der organischen Auffassung geben offen zu, daß dem Art. 170 nach seiner Fassung der angegebene Grundsatz innewohnt.[3] Damit ist die Frage entschieden; denn nicht auf das kommt es an, was man in den Kommissionen gedacht, gewollt, beabsichtigt, sondern was der Gesetzgeber endgültig zum Ausdrucke gebracht hat.[4] Außerdem ist der Art. 170 eine Gewährungsklausel und darf daher überhaupt nicht einengend ausgelegt werden, im Gegenteile ist eine möglichst weitgehende Auslegung, ja Analogie geboten.[5] Es wird sich im Verlaufe unserer Untersuchung zeigen, daß dieser Grundsatz nicht bloß der intertemporalen Gerechtigkeit entspringt, sondern auch die Vorzüge der Einfachheit und Zweckmäßigkeit in sich birgt.[6]

B. Die Entstehungsthatbestände des Schuldverhältnisses. Fällt der Entstehungsthatbestand unter die alte Rechtsordnung, so ist er in seinen Voraussetzungen und in seiner Form nach deren Vorschriften zu beurteilen. Dies gilt sowohl für die willentlichen, wie für die notwendigen Thatbestände. Das E.G. hat keine Rechtsvermutung weder zu Gunsten der alten noch zu Gunsten der neuen Rechtsordnung aufgestellt.[7] Es ist also Sache des Richters, in jedem einzelnen Falle auf Grund der Beweisaufnahme nach freiem Ermessen zu entscheiden, ob der Thatbestand

---

[1] S. insbes. Gesch. § 65, S. 475, n. 1 und oben § 23, S. 91, n. 1, 2, 3, 7; S. 92, n. 4; S. 93, n. 1 und 4.

[2] S. Gesch. § 51, S. 324 u. § 52, S. 332, n. 3; 333 n. 1; 341 n. 3 und § 53, S. 356, n. 2 und 357, n. 1 und oben a. a. O. Dies hat Lehmann übersehen, wenn er bei der Auslegung des Art. 170 E.G. sich auf schweizerische Autoren stützt, die den Art. 882, Abs. 3 des Schweizerischen Obligationenrechtes vor Augen habe; a. a. O. S. 108, n. 178; vgl. auch n. 167. Ebenso Niedner, 2. Aufl., S. 326, 330, 332, 333.

[3] So Habicht, S. 163, Niedner, 2. Aufl., S. 323.

[4] Das giebt Habicht an anderer Stelle selbst zu und gerät so mit sich selbst in Widerspruch; s. unten § 84.

[5] S. oben § 8, S. 33 und 34, n. 2 und § 12, S. 53, n. 1 und 54, n. 4. An Habicht hat sich auch Niedner, S. 264 angeschlossen, während Lehmann a. a. O., insbes. S. 101, n. 163 in der Hauptsache den obigen Grundsatz anerkennt. Wenn Lehmann behauptet, daß die Übertragung der Obligation sich nach neuem Rechte richte, so ist er durch das Schweizerische intertemporale Privatrecht verführt worden (Art. 882, Abs. 3 O.R.). Er stützt sich S. 108, n. 178 ausdrücklich auf Carlin, den Darsteller des Schweizerischen intertemporalen Privatrechtes. Das E.G. enthält aber keine dem Art. 882, Abs. 3 entsprechende Ausschlußklausel. Vgl. auch für die Tragweite des Art. 170 den badischen Vorentwurf § 14 von Gebhard und über die Haltlosigkeit der Motive zu Art. 170 das Gutachten des Anwaltstandes von Hartmann, S. 1267 fg.

[6] S. auch oben § 23, S. 92, n. 5.

[7] S. oben § 18, S. 70.

vor oder nach dem Inkrafttreten der neuen stattgefunden hat. Am einfachsten ist die Beantwortung dieser Frage beim Rechtsgeschäft. Hier kommt es auf den Zeitpunkt der Errichtung des Rechtsgeschäftes an; gleichgültig ist, ob es befristet oder bedingt ist.[1] Dies gilt selbst dann, wenn die aufschiebende Bedingung in das Belieben des bedingt Berechtigten gestellt ist.[2] Dasselbe gilt, wenn ein einseitiges Rechtsgeschäft mit objektiv verbindlicher Wirkung unter der alten Rechtsordnung erfolgt, jedoch der subjektive Thatbestand z. B. die Annahme des Vertragsantrages oder die Ausführung einer Handlung erst nach dem Inkrafttreten der neuen stattfindet.[3] Ein Vertrag zu Gunsten Dritter, der unter der alten Rechtsordnung abgeschlossen wurde, ist selbst dann nach dieser zu beurteilen, wenn die Beitrittserklärung des Dritten, die nach der alten zum Erwerbe des subjektiven Rechtes für ihn erforderlich war, erst nach dem Inkrafttreten der neuen erfolgt.[4] Die nach der alten erforderliche Beitrittserklärung zu einem Vertrage zu Gunsten Dritter kann unter der Herrschaft der neuen nicht ersetzt werden, durch den fortbestehenden, auf den unmittelbaren Erwerb des Rechtes für den Dritten gerichteten Willen der Vertragsparteien. Die neue Rechtsordnung würde sich sonst ohne Grund eine Ausschließlichkeit im Sinne der ersten Möglichkeit der zweiten Regel des neueren Regelpaares beilegen.[5] Wenn unter der alten Rechtsordnung ein wegen mangelnder Form nichtiger Vertrag geschlossen wurde, der aber nach deren Vorschriften durch Erfüllung geheilt werden kann, und die Erfüllung unter der Herrschaft der neuen stattfindet, bleibt nach der organischen Auffassung die alte maßgebend. Es liegt ein Verbindungsthatbestand vor, der dasselbe leistet, was ein formvollendeter Willensthatbestand allein vermocht hätte; der erste Thatumstand fällt noch unter die Herrschaft der alten.[6]

Unter den notwendigen Entstehungsthatbeständen ragen die „unerlaubten Handlungen“ hervor. Auch hier ist die Frage zu beantworten, wann das daraus hervorgehende Schuldverhältnis der alten, wann der neuen Rechtsordnung unterliegt. Wie ist es insbesondere, wenn die un-

---

[1] S. oben § 25, S. 104, n. 2 u. § 29, S. 122, n. 1. Ebenso Habicht, S. 164; Lehmann, S. 87; Niedner, 2. Aufl., S. 326.

[2] S. oben a. a. O., S. 122, n. 1. Ebenso Habicht, S. 165.

[3] S. oben § 29, S. 126, n. 8 und 127, n. 1. Ebenso Habicht, S. 165, n. 2. Abweichend Niedner, 2. Aufl., S. 324. Lehmann, S. 85 bekennt sich zur atomistischen Auffassung, bleibt sich aber nicht überall treu; so bei den Verträgen zu Gunsten Dritter, S .101, 112; insbes. aber S. 107, n. 176, wo er geradezu die entgegengesetzte (und richtige) Behauptung für Offerte und Annahme aufstellt.

[4] S. oben § 29, S. 126, n. 7. So richtig auch Habicht, S. 231, n. 1, wenn auch mit anderer Begründung.

[5] A. M. Habicht a. a. O.

[6] S. oben § 23, S. 91, n. 5 und § 31, S. 131, n. 2. Habicht, der vorhin noch auf dem organischen Standpunkte stand, verläßt ihn bei Beantwortung dieser Frage. Sein Irrtum besteht darin, daß er den formell nichtigen Vertrag nicht als Thatbestand ansieht, während er in den Augen der alten Rechtsordnung, die ihn der Heilung würdigt, ein Thatumstand ist.

erlaubte Handlung vor dem Inkrafttreten der neuen begangen wurde, ihr schädigender Erfolg aber erst nach diesem Zeitpunkte eintritt? Die alte Rechtsordnung ist maßgebend. Diese Antwort ist eine Folgerung der organischen Auffassung. Sind Handlung und Erfolg getrennt, so liegt ein Verbindungsthatbestand vor, dessen erster Thatumstand unter die Herrschaft der alten fällt. Für das intertemporale Privatrecht ist die in der Strafrechtswissenschaft herrschende Ansicht, daß da der Ort der Begangenschaft sei, wo die Wirkung der Handlung für Dritte sich äußert, abzulehnen.[1] Auch bei den notwendigen Entstehungsthatbeständen genügt es, daß ein objektives Schuldverhältnis unter der alten Rechtsordnung entstanden ist, um diese auf Grund des Art. 170 E.G. zuständig zu machen; es braucht noch kein subjektives Recht im eigentlichen Sinne des Wortes, kein „Anspruch", daraus entstanden zu sein.[2] Ist die unerlaubte Handlung schon begangen, aber noch kein Schaden daraus entstanden, so erhebt sich zunächst das objektive Schuldverhältnis; mit subjektivem Gehalte erfüllt es sich erst, wenn der Schaden eintritt.[3] Beim Thatbestande des § 831 der neuen Rechtsordnung ist intertemporalrechtlich entscheidend der Zeitpunkt der Bestellung eines anderen durch den Geschäftsherren, damit wird das objektive Schuldverhältnis begründet.[4] Hat der Grundbuchbeamte seine Amtspflicht vor dem Inkrafttreten der neuen verletzt, so bleibt die alte maßgebend, wenn auch der Schaden erst nach jenem Zeitpunkte eingetreten ist.[5] Es greift nicht § 12 Gr.B.O. ein. Bei den sonstigen notwendigen Entstehungsthatbeständen gelten die gleichen Grundsätze. Es gehören hierher Thatbestände, die die neue Rechtsordnung im Sachen- und Familienrechte regelt, so §§ 965 fg., die Verpflichtungen aus dem Funde; die Verpflichtung aus § 894; die Unterhaltspflicht unter Verwandten und Ehegatten §§ 1360, 1361, 1578 fg.;[6] denn Art. 170 umspannt Schuldverhältnisse jeder Art, auch solche, welche dem Gebiete des Sachen-, Familien- und Erbrechtes entstammen.[7] Es folgt dieser Grundsatz daraus, daß Art. 170 möglichst weit auszulegen ist.[8] Intertemporalrechtlich erheblich sind besonders die personalen und realen Ereignisse und Zustände. Auch die neue Rechtsordnung kennt diese; §§ 829, 830—838;[9] der entscheidende Zeitpunkt ist hier der Eintritt des Ereignisses oder der Beginn des Zustandes; fallen sie unter die alte, so bleibt diese

---

[1] S. R.G. 19, S. 382; 23 S. 305 und R.G., E. in Strafs. 10, S. 420; 11 S. 20. Ebenso Habicht, S. 170, n. 1. A. M. Niedner, 2. Aufl., S. 326, n. *.

[2] S. oben § 35, S. 151, n. 1—4 u. § 36, S. 154, n. 2—6 und 155, n. 1 u. 2.

[3] Der Sache nach ebenso Habicht, wenn er auch den Begriff des objektiven Schuldverhältnisses nicht handhabt.

[4] So auch Habicht a. a. O.

[5] Ebenso Habicht a. a. O. und Niedner, 2. Aufl., S. 326. A. M. Wagner, S. 216 zu B.

[6] S. auch oben §§ 59, 61 und unten § 79.

[7] Oberstes L.G. f. Bayern, 22. Sept. 1900. Das Recht 1900, S. 464.

[8] Abweichend Niedner, 2. Aufl., S. 324.

[9] S. auch oben § 27, S. 118, n. 3; § 28, S. 121, n. 1, 2, 3 und 4.

maßgebend. Wenn jedoch ein personaler oder realer Zustand noch unter der neuen fortdauert, wie z. B. das Halten des Tieres § 834, oder die Unterhaltung des Gebäudes § 838, so unterliegt er als Thatbestand der Gegenwart ihrer Herrschaft, wenn unter ihr der Schaden eintritt. Jedoch gelten im Verhältnisse zwischen dem Halter des Tieres und dem Besitzer des Gebäudes einerseits und dem, der schon unter der alten die Aufsicht übernommen hat, deren Vorschriften.[1]

Einzelne notwendige Thatbestände: Die Geschäftsführung ohne Auftrag. Intertemporal maßgebend ist der Zeitpunkt des Beginnes der Geschäftsführung: *initium spectandum est*,[2] selbst wenn die Geschäftsführung unter der neuen Rechtsordnung fortdauert. — Die Gemeinschaft. Für diese enthält Art. 173 E.G. die Ausschlußklausel.[3] — Die Verpflichtung zur Vorlegung von Sachen. Es liegt ein gemischt personaler Zustand zu Grunde.[4] Maßgebender Zeitpunkt ist darnach der Thatbestand, der diesen gemischt personalen Zustand geschaffen hat. Art. 180 E.G. greift hier nicht ein; er enthält eine Ausschlußklausel und ist einschränkend auszulegen. Daher bezieht er sich nur auf das dingliche Rechtsverhältnis des Besitzes. Art. 170 dagegen enthält eine Gewährungsklausel und muß folglich möglichst weit ausgelegt werden. Er erfaßt alle Schuldverhältnisse.[5] — Die Verpflichtung aus ungerechtfertigter Bereicherung.[6] Darnach ist maßgebend der Zeitpunkt des Thatbestandes, welcher die ungerechtfertigte Bereicherung geschaffen hat und zwar selbst dann, wenn die Bereicherung erst unter der neuen Rechtsordnung eine „ungerechtfertigte" geworden ist. Schon mit der Bereicherung tritt ein objektives Schuldverhältnis ein, welches in dem Augenblicke, in welchem der rechtliche Grund wegfällt, ein subjektives Recht (Anspruch) erzeugt.[7]

Auch die Nebenschuldverhältnisse folgen dem gleichen Grundsatze wie die Hauptschuldverhältnisse. So verbleiben die vertragsmäßigen Zinsen unter der Herrschaft der alten Rechtsordnung mit allen ihren Beschränkungen und Erweiterungen; dahin gehört das Verbot des *ultra alterum tantum*.[8] Ganz unzutreffend ist das Urteil des O.L.G. Köln vom 14. Oktober 1901,[9] wonach die fortdauernde Anwendung des *Art.* 1154

---

[1] S. oben § 27, S. 116, n. 1; 118 n. 2 u. 3. So auch Habicht, S. 174, n. 2. Niedner, 2. Aufl., S. 326.

[2] S. oben § 23, S. 91, n. 6.

[3] S. unten § 84.

[4] S. oben § 27, S. 114, n. 2 und 3.

[5] A. M. Habicht, S. 175. Er läßt auf Grund des Art. 180 lediglich das neue Recht gelten. Niedner dagegen, 2. Aufl., S. 327 läßt sowohl das alte wie das neue Recht zur Anwendung kommen.

[6] S. auch oben § 27, S. 114 und 115, n. 6.

[7] S. oben § 29, S. 121 fg. So richtig auch Habicht, S. 175. Abweichend Niedner, 2. Aufl., S. 326 u. 327; s. auch R.G. E. 14, S. 256.

[8] S. Gesch. § 58, S. 402, n. 1; § 64, S. 447, n. 1; § 65, S. 476, n. 1 und oben § 41, S. 164, n. 2 und 3. So richtig auch Habicht, S. 202, n. 1; 204 n. 1 und auch Scherer, S. 146, Nr. 187.

[9] Vgl. Rsp. 4, S. 222.

Code civil zur Voraussetzung habe, daß die Klage bereits vor 1900 erhoben sei. Damit stellt das Gericht die Sache auf den Kopf. Das Urteil wäre nur dann richtig, wenn an Stelle der weitgefaßten Gewährungsklausel des Art. 170 E.G. eine schneidige Ausschlußklausel vom Reichsgesetzgeber erlassen worden wäre.[1] Dasselbe gilt von der Vertragsstrafe,[2] dem Draufgeld[3] und von der Bürgschaft.[4]

C. Der Inhalt der Schuldverhältnisse und dessen Änderungsthatbestände. Es gilt der Grundsatz des Reichsrechtes, daß der Inhalt der Schuldverhältnisse und dessen Änderungsthatbestände nach der alten Rechtsordnung zu beurteilen sind. Das intertemporale Landesrecht unterwirft mitunter den Inhalt einzelner Schuldverhältnisse der neuen landesgesetzlichen Rechtsordnung; so Bayern, Ü.G. Art. 4 in Bezug auf den Bierlieferungsvertrag; Hessen, A.G. Art. 66 in Bezug auf den Leibgedings-, Leibzuchts-, Altenteils- oder Auszugsvertrag. Das Gegenteil bestimmt Sachsen-Weimar im § 54, Abs. 2, der die Gewährungsklausel für den Ernährungsvertrag enthält. Dasselbe muß aber auch überall da gelten, wo die Ausführungsgesetze dieses Rechtsverhältnis neu ordnen, ohne eine Gewährungsklausel zu geben, wie in Preußen, Art. 15; Bayern, A.G. Art. 32—48.[5] Was die dingliche Seite dieses Verhältnisses anlangt, s. Bayern, Ü.G. Art. 48, 116—118.

Folgen dieses Grundsatzes: Nach der alten Rechtsordnung zu beurteilen ist die Klagbarkeit des Schuldverhältnisses. Dies ist wichtig für die Wette, die nach gemeinem und preußischem Rechte klagbar war, wenn die Summe bar hinterlegt wurde; im Gegensatze zum § 762, Abs. 1 der neuen. Für den Mäklervertrag über eine Heiratsvermittlung. Hier entscheidet die alte, selbst wenn der Mäkler erst unter der neuen thätig geworden oder die Ehe erst unter der neuen abgeschlossen wurde.[6] Für die Vertragsstrafe.[7] — Ingleichen die Auslegung und Ergänzung des Inhaltes eines Schuldverhältnisses.[8] So gelten im preußischen Rechtsgebiete die Auslegungsregeln des A.L.R. I 4, §§ 65—74; I 5, §§ 252—269 und II 5, § 141, nicht etwa § 271 der neuen Rechtsordnung. — Der Inhalt der Wahlobligationen, insbesondere die Regelung des Wahlrechtes.[9] Dieser Grundsatz gilt selbst dann, wenn die Wahlerklärung eines Vertrags-

---

[1] Unrichtig auch Niedner, 2. Aufl., S. 335.

[2] S. oben § 41, S. 164; s. auch § 29, S. 127, n. 3.

[3] S. oben § 41, S. 164; vgl. auch § 29, S. 127, n. 3.

[4] S. oben § 41, S. 161 und unten § 73.

[5] S. oben § 8, S. 28, n. 2.

[6] S. oben § 29, S. 126, n. 6; so auch Habicht, S. 177; Nöldeke, D. J.Z. Bd. 4, S. 151 fg.; Scherer, Nr. 185; Lehmann, S. 92; Niedner, 2. Aufl., S. 335. So auch das K.G. in dem trefflichen Urteile v. 25. Jan. 1900, S. A. 55, S. 397 fg. und O.L.G. Celle, 8. Juni 1900, S. A. 55, S. 399; ferner R.G., 20. Juni 1900, E. 46, S. 153 und 12. Juli 1900, E. 46, S. 177 fg.

[7] S. oben § 29, S. 127, n. 3 und die dort genannten Entscheidungen.

[8] S. auch oben § 25, S. 105, n. 4 und 5.

[9] So richtig Habicht, S. 178; Lehmann, S. 92.

teiles erst unter der neuen erfolgt; ebenso wenn ein Dritter, dem die Bestimmung der Leistung überlassen ist, seine Erklärung erst unter der neuen abgiebt. Es sind dies unselbständige Willenserklärungen, die dem intertemporalrechtlichen Schicksale des Hauptwillensthatbestandes folgen[1] oder auch subjektive, die dem Schicksale des objektiven Thatbestandes folgen.[2] Ebenso die Frage, ob eine Bring- oder Holschuld vorliegt, welcher Ort und welche Zeit für die Erfüllung gilt.[3] Der Grad der Sorgfalt, für den die Parteien einzustehen haben.[4] Dies ist wichtig angesichts des § 278 der neuen, der die Haftung des Schuldners der alten gegenüber erweitert. Ebenso die Pflichten des Gläubigers zur Erhaltung seiner Ansprüche;[5] das materielle Beweisrecht.[6] Dies ist wichtig angesichts der §§ 694 u. 282 der neuen. Der Inhalt der Rechnungslegungs- und Offenbarungspflicht.[7]

Unter den Änderungsthatbeständen des Inhaltes kommen hauptsächlich Verzug, Nichterfüllung, mangelhafte Erfüllung und verschuldete Unmöglichkeit der Erfüllung in Betracht. Für alle wirkt die alte Rechtsordnung fort, selbst wenn sie erst unter der neuen stattfinden.[8] Dies gilt für den Verzug des Schuldners und zwar sowohl für dessen Voraussetzungen[9] wie für dessen Wirkungen einschließlich der Höhe der Verzugs-

---

[1] S. oben § 25, S. 98.

[2] S. oben § 29, S. 121 fg. Habicht, der hier wieder auf dem atomistischen Standpunkte steht, will diese unter der neuen Rechtsordnung vorgenommenen „Rechtsgeschäfte" ihren allgemeinen Bestimmungen unterwerfen; S. 179.

[3] So auch Habicht, S. 180; Lehmann, S. 93.

[4] So Habicht, S. 180.

[5] So Habicht, S. 180 und Lehmann, S. 95 (Untersuchungs- und Rügepflicht beim Handelskauf).

[6] S. oben § 24, S. 94 fg. So richtig Habicht, S. 180, n. 3; Niedner, 2. Aufl., S. 327.

[7] So richtig Niedner, 2. Aufl., S. 327 und 333, während Habicht, S. 182 den §§ 259—261 B.G.b. Ausschließlichkeit einräumt. Unrichtig ist auch die Ansicht Neumanns, S. 1457, daß § 259, Abs. 3 B.G.B. als zwingende Vorschrift Ausschließlichkeit besitze.

[8] S. Gesch. § 64, S. 448, n. 1; § 65, S. 475, n. 1; § 66, S. 493, n. 1 und oben § 23, S. 90 fg. So auch Hofmann, Exc. S. 185; Gierke, a. a. O., S. 200, n. 19; Lehmann, S. 95; dagegen Goeppert, der sich einer angeborenen Ausschließlichkeit zuneigt; s. Gesch. § 81, S. 649, n. 3. Habicht und Niedner schließen sich den Motiven an, die bald für die neue, bald für die alte eintreten, je nachdem der Thatbestand von außen an das Schuldverhältnis herantrete oder mit ihm in einem bedingenden Zusammenhange stehe. Über die Haltlosigkeit dieser Unterscheidung vgl. Hartmann, Gutachten des Anwaltstandes, S. 1267 fg.; Lehmann, S. 97 fg. Den richtigen Standpunkt nimmt auch O.L.G. Karlsruhe ein, 6. Januar 1902; Badische Rechtspraxis 1902, S. 90. Es spricht obige Wahrheit in folgender klassischer Einfachheit aus: *Für die Wirkungen, sowie für die Rechtsfolgen der Nichterfüllung und Verletzung dieses unter der Herrschaft des früheren Rechts zu Stande gekommenen Rechtsverhältnisses bleiben gemäß Art. 170 des E.G. z. B.G.B. die bisherigen gesetzlichen Vorschriften maßgebend.*

[9] So richtig das treffliche Urteil des R.G., 10. Jan. 1902; Badische Rechtspr. 1902, S. 170.

zinsen.[1] Die neue Rechtsprechung ist in der Beantwortung der Frage geteilt.[2] Der Verzug des Schuldners erzeugt ein Nebenrechtsverhältnis, das notwendig das intertemporalrechtliche Schicksal des Hauptrechtsverhältnisses teilt.[3] Die Behauptung, daß der Verzug ein neues und selbständiges Schuldverhältnis begründe, kann einer ernstlichen Prüfung nicht Stand halten.[4] Die Verzugsobligation hat zur notwendigen Voraussetzung die Hauptobligation. Der Inhalt dieser beeinflußt den Inhalt jener. Ebenso unkritisch ist die Lehre von der täglichen Erneuerung des Verzuges.[5] — Dies gilt für die Frage, ob von Zinsforderungen Verzugszinsen verlangt werden können.[6] Die Annahme, daß § 289 der neuen, weil

---

[1] Auch Habicht kommt zu diesem Ergebnisse S. 195—199; jedoch will er die Höhe der Verzugszinsen der neuen unterwerfen. Mit Recht wirft Niedner, 2. Aufl., S. 330 ein, daß er die ausdrückliche Kollisionsnorm des Art. 170 durch eine stillschweigende Kollisionsnorm im § 246 B.G.B. ausschließe, was unzulässig sei; s. auch oben § 11, S. 44, n. 1—4. Habicht stimmen bei: Scherer, S. 146, Nr. 186 und Stölzel, Das Recht 1900, S. 55, 77, 137; Niedner, S. 266 und im Recht 1900, S. 425, behauptet, daß sich alle Folgen des nach dem Inkrafttreten der neuen eintretenden Verzuges nach dieser bestimmen; dagegen unterstehe ein Verzug, der unter der alten schon begonnen, dieser auch in der Höhe der Verzugszinsen.

Die richtige Ansicht vertreten Lehmann, S. 92 fg., 98; Staub, D. J.Z. Bd. 5, S. 42; Stranz-Gerhard, Komm. Art. 10, n. 5; Hölder, in einem ausgezeichneten Aufsatze D. J.Z. Bd. 5, S. 101 fg.; Staub, ebenda S. 111. Vgl. auch Gebhard in dem sogenannten badischen Vorentwurf und Hartmann im Gutachten des Anwaltsstandes, S. 1267 fg., der mit Recht die Motive des Widerspruches mit Art. 170 bezichtigt.

[2] Die richtige Meinung vertreten, soweit die Urteile bekannt geworden, L.G. Leipzig, 20. Januar 1900, D. J.Z. 1900, S. 76 und L.G. Berlin, ebenda S. 157, Datum fehlt. Ein Senat des Oberlandesgerichtes Breslau entschied sich für die Anwendung der alten, ein anderer für die Anwendung der neuen; D. J.Z. Bd. 5, S. 111. O.L.G. Kiel, 27. Juni 1901; Schlesw.-Holst. Anz. 1901, S. 265.

Den entgegengesetzten Standpunkt vertreten R.G., 16. Febr. 1900; J.W. 1900, bes. Beil. S. 1; S. A. 55, S. 393. Die neue gelte auch dann, wenn der Verzug in einem früheren Zeitpunkte eingetreten sei; O.L.G. Dresden, 24. Jan. 1900, Sächs. Arch. X, S. 177; L.G. Leipzig, 15. Januar 1900, Sächs. Arch. X, S. 178 f.; A.G. Hamburg, 13. Januar 1900, H.G. 1900, Nr. 4; L.G. Torgau. Ferner trat für die Ermäßigung der ehemals handelsrechtlichen Zinsen von 6% auf die 4% § 288 B.G.B. auch R.G. ein, 19. Mai 1900; Gruchots Beitr. Bd. 45, S. 93; ferner das Oberste Bayer. L.G., 9. April 1900 in S. Bl. f. Rechtsanw. Bd. 65, S. 437.

[3] S. oben § 41, S. 164; vgl. auch § 29, S. 126, n. 1—5. Dies will auch das Urteil des L.G. Berlin D. J.Z. S. 157 sagen: *„weil der Verzug nur infolge eines bestimmten Schuldverhältnisses und nicht als eine selbständige Thatsache Rechte erzeugen kann."*

[4] So die angeführten Urteile des L.G. Leipzig und Hamburg. Dann käme es darauf an, ob der Verzug unter der alten oder unter der neuen eingetreten sei; s. oben auch Niedner.

[5] S. oben § 27, S. 116, n. 4. So die meisten angeführten Urteile und Habicht. Gegen diese Lehre auch Niedner, 2. Aufl., S. 333, der die Verzugsobligation als gewöhnliche Dauerobligation der Gesellschaft gleichstellt. Er übersieht nur, daß die Verzugsobligation eine Nebenobligation ist, nicht wie die Gesellschaft eine Hauptobligation.

[6] A. M. Habicht, 3. Aufl., S. 210, n. 2. Ebenso K.G., 19. Mai 1900, welches

zwingender Natur, ausschließlich sei, kann nicht aufrecht erhalten werden;[1] es steht und fällt diese Ansicht mit der vorher dargelegten, wonach die Verzugsobligation der neuen Rechtsordnung untersteht. — Was für die Verzugszinsen Geltung hat, gilt auch für die übrigen gesetzlichen Zinsen. In der Rechtsprechung haben besonders die Untergerichte den richtigen Standpunkt vertreten, daß die gesetzlichen Zinsen bei Schuldverhältnissen sich nach der alten richten. Aber auch ein höheres, nämlich das O.L.G. Celle in seinem trefflichen Urteile vom 30. Nov. 1900. Das Urteil setzt voraus, daß ein Gesetz neben der neuen in Geltung geblieben sei. Nach Art. 170 wirken alle bisherigen Gesetze, die die Höhe gesetzlicher Zinsen bestimmen materiell unter der Herrschaft der neuen fort.[2] Alle Bundesstaaten, die überhaupt den Zinsfuß für die durch Landesrecht vorbehaltenen Gebiete im Anschlusse an die neue Rechtsordnung regeln, legen der Ermäßigung des Zinsfußes Ausschließlichkeit bei, mit Ausnahme Elsaß-Lothringens. Die *communis opinio* der Gesetzgeber findet es somit für notwendig, der neuen Zinsordnung die Ausschlußklausel beizufügen, um ihr Ausschließlichkeit zu verleihen. Ohne diese hätte der einzelstaatliche Richter nicht das Recht gehabt, ihr die Ausschließlichkeit zu gewähren. Die Gesetzgeber, welche die Ausschlußklausel zutreffend für erforderlich fanden, sind Preußen, Art. 10; Sachsen, § 3; Hessen, Art. 269, Abs. 2; S.-Weimar, § 27; Braunschweig, § 20; S.-Altenburg, § 21; S.-Coburg-Gotha, § 12; Schw.-Rudolstadt, Art. 25; Waldeck, Art. 7; Reuß ä. L., § 24; j. L., § 23; Lübeck, § 23; Bremen, § 10. Der Gesetzgeber des intertemporalen Landesrechtes hat sich auch hier erfahrener erwiesen, als der Schriftsteller.[3]

Das gleiche gilt für den Verzug des Gläubigers.[4] Die Frage, ob dazu ein Verschulden des Gläubigers erforderlich ist, A.L.R. I 11, §§ 98, 102, 103, oder ob einfache Nichtannahme genügt, §§ 293 fg. der neuen Rechtsordnung, ist somit nach der alten zu beantworten. Ebenso die Frage, ob und wann wörtliches Angebot zum Annahmeverzug genüge;[5] ingleichen die Rechte des Schuldners aus dem Annahmeverzug.[6]

Die nachfolgende Unmöglichkeit der Erfüllung bestimmt sich nach der alten Rechtsordnung, einerlei, ob sie verschuldet oder unverschuldet

---

dem § 289 der neuen Ausschließlichkeit einräumt; Rsp. 1, S. 166. Ferner O.L.G. Köln, 10. Dez. 1900.

[1] S. oben § 48, S. 178 fg., 181 n. 4.

[2] Habicht nennt dieses Urteil ein „*Versehen*“; 3. Aufl., S. 775. Vgl. über Deliktszinsen Keyssner, D. J.Z. 1900, S. 113; gesetzliche Zinsen, Neumann, J.W. 1900, S. 506, 507; Prozeßzinsen, D. J.Z. 1900, S. 87; Zinsen bei Rückforderung des auf Grund vorläufig vollstreckbaren Urteiles geleisteten R.G. J.W. 1900, S. 471.

[3] S. auch oben § 58, S. 222, n. 1; § 63, S. 253, n. 1 u. § 70, S. 289, n. 3.

[4] Anders Habicht, S. 206 und Niedner, S. 329 und 331; s. weiter unten. In der Hauptsache richtig Lehmann, S. 111, n. 190 und Neumann a. a. O.

[5] Anders O.L.G. Karlsruhe, 16. Jan. 1902; Badische Rechtspr. 1902, S. 242.

[6] Anders O.L.G. Karlsruhe, 15. Mai 1902; Badische Rechtspr. 1902, S. 267, 268.

ist. Dasselbe gilt von der Haftung des Schuldners für Entwährung.[1] Die gemeinrechtliche Anschauung, daß die infolge der nachträglichen Unmöglichkeit und des Verzuges eintretende Schadensersatzpflicht aus einer *perpetuatio obligationis* hervorgehe, legt ein Zeugnis ab für die organische Auffassung des römischen und gemeinen Rechtes im Gegensatze zu der engen atomistischen Auffassung.[2] Daher beantwortet sich die Frage, ob das Unvermögen der Unmöglichkeit gleichzustellen sei nach der alten Rechtsordnung, nicht nach § 275, Abs. 2 der neuen.

Die Voraussetzungen und Wirkungen des Rechtes, von einem unter der alten Rechtsordnung entstandenen Vertrage zurückzutreten, ist nach dieser zu beurteilen. Gleichgültig ist dabei, ob die alte die Ausübung des Rücktrittsrechtes nur unter Voraussetzungen zuläßt, die der neuen unbekannt sind; s. z. B. *Code civil Art.* 1647, Satz 2, vergleiche mit §§ 350, 467 der neuen, oder umgekehrt; sächsisches B.G.B. §§ 913 und 914, vgl. mit §§ 351 und 353 der neuen. Gleichgültig ferner, ob die Ausübung des Rücktrittsrechtes dingliche Wirkungen hat oder nur obligatorische wie in der neuen. Gutgläubige Erwerber schützt Art. 168 E.G. In Bezug auf *Art.* 1184, 1654, 1656 und *Art.* 955, 960 des *Code civil*, vgl. die A.G. Preußen, Art. 25; Bayern, Ü.G. Art. 39 und L.G. für die Pfalz, Art. 17; Elsaß-Lothringen, § 113. Wichtig ist unser intertemporaler Grundsatz auch für die *lex commissoria* des gemeinen Rechtes in seiner dinglichen Wirkung. — Dasselbe gilt, wenn durch einen Thatbestand ein auf eine bestimmte Zeit unter der alten Rechtsordnung vereinbartes Schuldverhältnis verlängert wird. Art. 171 enthält eine Ausschlußklausel, also intertemporales Sonderrecht, und darf daher nicht ausdehnend ausgelegt werden; s. unten § 84.[3] Mehrere Ausf.-Ges. erweitern ausdrücklich die Ausschlußklausel des Art. 171 E.G. auf das Gesindeverhältnis: Preußen, Art. 14, § 2, Abs. 2; Bayern, A.G. Art. 31; Württemberg, G.O. Art. 32, § 2; Hessen, Art. 273 IV; Mecklenb.-Schwerin, A.V. § 41, G.O. § 69; -Strelitz, A.V. § 40, G.O. § 69; Braunschweig, G.O. § 40. Dasselbe thut Lübeck für Pfandleihgeschäfte; Leihhausordnung vom 30. Oktober 1899, § 41; Ges. betr. das Pfandl.-Gew. v. 30. Oktober 1899, § 28; Vorrede, betr. das Pfandl.-Gew. § 23; anders Anhalt, Pfandl.-Ges. v. 17. März 1899, § 22. Solche Schuldverhältnisse, die verlängert werden, sind Darlehen, Lieferungsverträge, Gesellschaftsverträge. Zu den Bierlieferungsverträgen vgl. Bayern, A.G. Art. 13 u. 14, Ü.G. Art. 4; dieser enthält die Ausschlußklausel, welche der neuen Rechtsordnung noch eine stärkere Rückwirkung gewährt als der Art. 171 E.G. Einerlei ist dabei, ob der Thatbestand ein notwendiger (sogenannte stillschweigende Fortsetzung) oder ein willentlicher ist; im letzteren Falle bleibt die alte

---

[1] Ebenso Habicht, S. 205, n. 1 und 2; S. 206, n. 1 und 2; Scherer, S. 162, Nr. 215 und Lehmann, S. 95. Dagegen Niedner, 2. Aufl., S. 331.

[2] A. M. Niedner a. a. O.

[3] Dies erkennt an dieser Stelle selbst Habicht an, S. 213. Ebenso Lehmann, S. 16 fg. Dagegen Düringer-Hachenburg, S. 16 u. 19.

Rechtsordnung maßgebend, selbst wenn einzelne Änderungen an dem früheren Vertrage vorgenommen werden.[1] Ein neues Rechtsgeschäft ist dann anzunehmen, wenn die alte Rechtsordnung Geschäftsfähigkeit der Parteien verlangt. Allein trotzdem beherrscht sie das Rechtsverhältnis weiter; denn die Parteien wollen das alte Rechtsverhältnis fortsetzen, wie es die alte ausgestaltet und erfüllt hatte.[2] Das Schweizerische intertemporale Privatrecht hat durch eine ausdrückliche Ausschlußklausel der neuen Rechtsordnung bei einer stillschweigenden Fortsetzung eines Miets- u. s. w. Vertrages Ausschließlichkeit verliehen.[3] Dies beweist, daß in seinen Augen die neue Rechtsordnung ohne die Ausschlußklausel keine Ausschließlichkeit gegenüber einem stillschweigend fortgesetzten Miet- u. s. w. Vertrag besitzt.[4]

Wenn durch Änderungsthatbestände unter der Herrschaft der neuen Rechtsordnung Nebenschuldverhältnisse irgend welcher Art zu dem unter der alten begründeten Hauptschuldverhältnisse treten, so ist das Gesamtschuldverhältnis nach dieser zu beurteilen.[5] Solche Nebenschuldverhältnisse entstehen durch Bürgschaft, kumulative Schuldübernahme, Eintritt in eine Gesamtschuld, Vertragsstrafen, Bestellung einer Draufgabe. Über die Bürgschaft s. unten § 73; über die vertragsmäßigen und gesetzlichen Zinsen s. oben S. 303, n. 8.

D. Die Übergangsthatbestände. Wenn die Übergangsthatbestände unter der neuen Rechtsordnung einen Wechsel in den Personen des Schuldverhältnisses herbeiführen, so sind sie nach der alten zu beurteilen, gleichgültig, ob ein Wechsel auf der Gläubiger- oder auf der Schuldnerseite stattfindet, gleichgültig, ob im letzteren Falle eine Gesamtnachfolge oder eine Sondernachfolge bewirkt wird.[6] Betrachten wir zunächst den Übergang einer Forderung, sofern er unter der neuen erfolgt. Dabei sind wiederum die willentlichen von den notwendigen Thatbeständen zu

---

[1] Vgl. dazu die Erörterungen in der II. Kommission 438, Sitzung Nr. XII, Bd. VI, S. 499 fg. Ebenso Habicht, S. 214, n. 1, 2, 3. Abweichend Lehmann, S. 19, n. 41.

[2] S. oben § 7, S. 27, n. 3. S. auch das treffliche Urteil des K.G., 30. Nov. 1901, Rsp. 4, S. 42. . . .: „*Die Kontrahenten haben nicht die Absicht gehabt, immer neue Mietsverhältnisse bei Ablauf des ursprünglich vereinbarten auf bestimmte Zeit geschlossenen zu schaffen, sondern den Willen gehabt, das ursprüngliche Mietsverhältnis aufrecht zu erhalten und fortzusetzen, wenn bestimmte Bedingungen erfüllt werden.*

[3] S. Gesch. § 52, S. 343, n. 7.

[4] Den unrichtigen Standpunkt nimmt das R.G. ein, 8. Juli 1899, im Hinblick auf verlängerte Börsentermingeschäfte (Börsengesetz v. 22. Juni 1896, §§ 48, 66, 68, 82), E. 44, S. 54, 55. Niedner, 2. Aufl., S. 326 stützt sich mit Unrecht auf Carlin.

[5] S. oben § 41, S. 164, 165, n. 2. Habicht, der von der atomistischen Auffassung ausgeht, will für jedes Verhältnis eine besondere Rechtsordnung walten lassen, je nach seiner Entstehungszeit; s. S. 215. Ebenso Niedner, 2. Aufl., S. 325.

[6] Habicht, S. 211 und 212 hegt Bedenken nur bei der Sondernachfolge in die Schuld. Diese sind aber auch für das römische Recht, welches eine Sonder-

trennen. — Zu den ersteren gehört die Übertragung (Cession) einer Forderung. Nach der alten richten sich ihre Voraussetzungen. Die Hauptvoraussetzung des Cessionsaktes ist eine übertragbare Forderung. Ob eine Forderung „übertragbar" ist, richtet sich also nach der alten.[1] Der aufgestellte Grundsatz gilt, einerlei ob die alte schärfere Voraussetzungen aufstellt als die neue oder umgekehrt.[2] — Auch hier war der Gesetzgeber im intertemporalen Privatrechte bewanderter als der Schriftsteller, indem er die Ausschlußklausel für notwendig hielt, um der Vorschrift des § 400 der neuen Ausschließlichkeit für die Ansprüche der Beamten, Geistlichen und der Lehrer an öffentlichen Unterrichtsanstalten auf Besoldung, Wartegeld und Ruhegehalt zu verleihen, wenn das Schuldverhältnis vor dem Inkrafttreten der neuen entstanden ist; s. A.G. für S.-Weimar, § 31.[3] — Ebenso richten sich darnach die Form[4] und die Wirkungen.[5] Es bedeutet eine Vergewaltigung des klaren Wortlautes des Art. 170 E.G., wenn die Wirkungen der Übertragung einer Forderung der alten entrissen und der neuen unterstellt werden.[6]

Auch die Frage, wann durch notwendige Thatbestände eine Forderung auf einen neuen Gläubiger übergeht, ist nach der alten Rechtsordnung zu beantworten, selbst wenn der Thatbestand erst unter der neuen eintritt. Dies folgt aus dem Art. 170 E.G. Daß dies der Wille des deutschen Gesetzgebers ist, läßt sich noch auf anderem Wege unwiderleglich darthun. Hätte er gemeint, daß ein notwendiger Übergang

---

nachfolge in die Schuld nicht zuließ, unerheblich. Denn die der Delegation nachfolgende Novation muß der organischen Auffassung gemäß nach der alten beurteilt werden, falls die novierte Obligation unter ihr entstanden ist; s. oben § 32, S. 134, n. 1.

[1] So richtig Habicht, S. 216, n. 1; Lehmann, S. 102 u. 108. A. M. Niedner, 2. Aufl., S. 331.

[2] So auch Lehmann, S. 102, Neumann und andere. Habicht will jedoch dem § 400 der neuen eine schlichte Ausschließlichkeit beilegen, wonach unpfändbare Forderungen auch nicht abgetreten werden dürfen; ebenso Niedner, 2. Aufl., S. 331; Endemann, Matthiass u. a. Dies ist ganz willkürlich; denn es fehlt die Ausschlußklausel.

[3] S. oben § 58, S. 222, n. 1; § 63, S. 253, n. 1; § 70, S. 289, n. 3 und oben § 72 C. S. 307, n. 3.

[4] Anders Habicht, S. 218; Niedner, 2. Aufl., S. 332, die auf dem atomistischen Standpunkte stehen.

[5] Auch hier stehen Habicht und Niedner, 2. Aufl., S. 333 und 334 auf dem atomistischen Standpunkte. Sie meinen, es bedürfe gar keiner Erörterung, daß eine Übertragung, die unter der neuen erfolgt, die in dieser bestimmten Wirkungen habe, ohne zu bedenken, daß dem E.G. eine Bestimmung, wie die des Art. 882, Abs. 3 des schweizerischen O.R. fehlt. Zweifel steigen Habicht nur bei der Anwendung des § 405 der neuen auf.

[6] Scherer, S. 162, Nr. 215 huldigt der richtigen Ansicht für das Gebiet des französischen Rechtes, jedoch mit falscher Begründung. Auch fehlt es ihm an Folgerichtigkeit. Aus der Rechtsprechung gehört zum Teil hierher das Urteil des R.G. v. 9. Febr. 1901, E. 47, S. 229, welches bei Abtretung einer Hypothek trotz Art. 192 E G. an dem richtigen Grundsatze festhält; s. darüber auch unten § 83. Ihm schließt sich an K.G. 14. Mai 1901, Rsp. 3, S. 139.

von Forderung und Schuld, der unter der neuen stattfindet, deren Vorschriften unterliegen müsse, so wäre Art. 172 E.G. überflüssig gewesen. Denn der infolge der Veräußerung sich vollziehende Übergang der Rechte und Pflichten, gegenüber dem Mieter auf den Erwerber ist nichts anderes als ein infolge eines notwendigen Thatbestandes eintretender Übergang von Forderungen und Verbindlichkeiten.[1] Da nun aber der deutsche Gesetzgeber den Art. 172 nicht für überflüssig hielt, so geht daraus unwiderleglich sein Wille hervor, daß der notwendige Übergang einer Forderung oder Schuld unter der Herrschaft der alten bleibt. Soll die neue zuständig werden, so bedarf es einer Ausschlußklausel.[2] Der obige Grundsatz ist von großer Bedeutung, da die Abweichungen der neuen von der alten tiefgreifend sind.[3]

Auch die befreiende Übernahme einer Schuld (privative Interzession), muß in ihren Voraussetzungen und Wirkungen nach der alten Rechtsordnung beurteilt werden, selbst wenn die Schuldübernahme unter der Herrschaft der neuen stattfindet. Dies folgt wiederum aus dem klaren Wortlaute des Art. 170 E.G.[4] Der gleiche Grundsatz muß gelten, wenn der Erwerber eines Grundstückes sich zur Übernahme der darauf lastenden Hypotheken verpflichtet. Die Hypothek ist nur ein Nebenrechtsverhältnis zu einer Obligation, also liegt auch hier eine Schuldübernahme vor. In Betracht kommt besonders § 41 des preußischen Ges. v. 5. Mai 1872 über den Eigentumserwerb und § 432 des Sächsischen B.G.B. gegenüber dem § 416 der neuen.[5]

E. Die Erlöschungsthatbestände. Auch hier scheiden wir die willentlichen von den notwendigen Thatbeständen. Unter den ersteren nimmt das Erfüllungsgeschäft die Hauptstelle ein. Für dieses gilt der intertemporale Grundsatz, daß es nach der alten Rechtsordnung zu beurteilen ist, und zwar selbst dann, wenn es unter der Herrschaft der neuen vorgenommen wird. So nach der intertemporalen Hauptregel, was schon Jacobus de Belviso erkannte. Das Schweizerische Obligationenrecht, das Badische Landrecht und das Sächsische intertemporale Privatrecht schränkten den Grundsatz ausdrücklich ein.[6] Das E.G. zum B.G.B.

---

[1] S. Niedner, 2. Aufl., S. 342.

[2] Habicht stellt von seinem atomistischen Standpunkte aus genau die entgegengesetzte Behauptung auf; S. 222.

[3] Für ein Schuldverhältnis aus einer unerlaubten Handlung läßt Habicht ohne Folgerichtigkeit die alte walten; S. 222, n. 2. Dagegen hält Niedner auch hier der neuen die Stange; 2. Aufl., S. 325.

[4] Habicht behauptet genau das Gegenteil; S. 224, n. 1 u. 2; ebenso Niedner, 2. Aufl., S. 330, 332, 334. Für das Handelsrecht auch Lehmann, S. 58 u. 85 in Hinsicht auf §§ 25, 28 des neuen H.G.B.; s. dagegen oben § 29, S. 127, n. 2.

[5] Habicht behauptet das Gegenteil S. 228 fg. Dagegen räumt er der alten eine Fortwirkung für den Fall ein, daß der Veräußerer dem Gläubiger erst nach dem Inkrafttreten der neuen die Benachrichtigung zugehen läßt. Ebenso Niedner, 2. Aufl., S. 334.

[6] S. oben § 23, S. 91, n. 1—3 und n. 7.

kennt keine Einschränkungen. Nach dem klaren Wortlaute des Art. 170 bleibt ein unter der alten entstandenes Schuldverhältnis ohne irgend eine Einschränkung, d. h. in allen seinen Schicksalen, also auch in seiner Aufhebung unter ihrer Herrschaft. Wenn die durch Hülfsarbeiter verfaßten Motive das Gegenteil behaupten und an erster Stelle das Erfüllungsgeschäft nennen, das bei seinem Eintritte unter die neue nach dieser und nicht nach der alten beurteilt werden solle, so ist das für die wissenschaftliche Auslegung des Art. 170 vollständig einerlei.[1] Die Fortwirkung bezieht sich auf die Form der Erfüllung. Handelt es sich aber um die Übertragung des Eigentumes an Grundstücken nach dem Zeitpunkte, in welchem das Grundbuch als angelegt anzusehen ist, so kommen die Formen des neuen Grundbuchrechtes zur Anwendung.[2] Ferner bezieht sie sich auf die Folgen der Erfüllung.[3] So muß ein Verwalter bei einer unter der alten übernommenen Verwaltung seine Auskunft oder Verrechnung nach deren Vorschriften erteilen.[4] Der Anspruch des Schuldners auf Quittung oder Abtretung der Forderung bestimmt sich nach der alten.[5] Wenn ein Gesamtschuldner oder Bürge die Schuld bezahlt, dann ist die Frage, ob er ein Rückgriffsrecht habe, ob er die auf ihn übergehende Forderung gegen seine früheren Mitschuldner oder den Hauptschuldner geltend machen könnne, welchen Einwendungen er dabei ausgesetzt sei, nach der alten zu beantworten.[6] Daher ist auch die Frage, auf welche von mehreren Schulden die Zahlung anzurechnen ist, nach der alten zu beurteilen; § 366 der neuen kommt nicht in Betracht.[7]

---

[1] Vgl. die Worte des trefflichen Urteils des O.L.G. Breslau, 21. Juni 1900, Rsp. 1, S. 219 und über den Wert der Motive das Urteil des K.G. v. 11. Juli 1900, Rsp. 1, S. 280. Vgl. auch R.G., 12. Juli 1902, E. 49, S. 58; 26. Okt. 1901, E. 50, S. 12: *„Denn die Frage, wodurch ein solcher Anspruch zum Erlöschen gebracht werden kann, gehört dem materiellen Rechte an, und in materieller Beziehung kommt ... nur das bisherige Recht zur Anwendung“;* ferner 17. Dezember 1901, E. 50, S. 38. O.L.G. Hamburg, 26. Okt. 1901, Rsp. 4, S. 48. Aus der Natur des alten und neuen Pfandrechtes wird gefolgert, daß sich Art. 184 E.G. auch auf das Erlöschen des Pfandrechtes beziehe. Umsomehr muß nach Art. 170 die alte Rechtsordnung für das Erlöschen der Schuldverhältnisse maßgebend sein. — Auch Habicht sagt a. a. O., daß nach Art. 170 E.G. die bisherigen Gesetze nach allen Richtungen hin maßgebend bleiben und doch schränkt er sie gerade beim Erlöschen der Obligationen ein. Die entgegengesetzte Ansicht vertritt R.G., 9. Febr. 1901, J.W. 1901, S. 182.

[2] Vgl. dazu das lehrreiche Urteil des O.L.G. Karlsruhe, 16. Januar 1902; Badische Rechtspr. 1902, S. 242.

[3] Das Gegenteil behauptet Habicht, S. 181 fg.

[4] S. auch oben S. 305, n. 7 und Niedner, S. 264

[5] Neumann, S. 1458 und Lehmann, S. 101.

[6] So auch Habicht a. a. O. und Lehmann, S. 102.

[7] A. M. Habicht, S. 159 u. 182. 183; Niedner, 2. Aufl., S. 328, 332 u. 333. O.L.G. Karlsruhe, 16. Jan. 1902; Badische Rechtspr. 1902, S. 190. Habicht hegt Bedenken gegen die Ausschließlichkeit der neuen in Bezug auf die Erfüllungsgeschäfte, indem er mit Recht darauf hinweist, daß die Verpflichtungen des Gläubigers dadurch erschwert werden. Dies geschieht jedoch nicht bloß durch

Das gleiche gilt von der Leistung an Erfüllungsstatt und von der Rechtswohlthat der Leistung an Erfüllungsstatt. Es bemißt sich insbesondere nach der alten Rechtsordnung die Frage, welche Folgen es hat, wenn der an Erfüllungsstatt angenommene Gegenstand nicht oder nicht dauernd in das Vermögen des Gläubigers übergegangen ist; insbesondere ob die Grundsätze der Entwährung gelten oder ob die alte Forderung wieder auflebt. Für ein Schuldverhältnis, welches im Gebiete des gemeinen Rechtes entstanden ist, bleibt die Rechtswohlthat der Leistung an Erfüllungsstatt des Grundbesitzers und des Inventarerben bestehen.[1]

Auch die Hinterlegung und das diese ergänzende Verkaufsrecht des Schuldners bestimmen sich nach den Vorschriften der alten Rechtsordnung, selbst wenn die Hinterlegung nach dem Inkrafttreten der neuen vorgenommen wird und zwar in ihren Voraussetzungen, ihrer Form und ihren Wirkungen.[2]

Nach der alten Rechtsordnung richten sich ferner Voraussetzungen, Form und Wirkungen der Aufrechnung, wenn entweder beide einander gegenüberstehende Forderungen oder auch nur eine davon unter deren Herrschaft entstanden sind.[3] In der Rechtsprechung wird die richtige Ansicht vertreten.[4]

Die *condictio indebiti* ist selbst dann nach der alten Rechtsordnung zu beurteilen, wenn die Zahlung unter der neuen erfolgt, das negative

---

§ 371 der neuen, wie er meint, sondern, was Niedner, 2. Aufl., S. 333 richtig hervorhebt, auch durch § 381 u. a. Daraus geht hervor, daß die uneingeschränkte Auslegung des Art. 170 allein im Interesse der Gerechtigkeit ist; s. oben unter A. S. 300, n. 6.

[1] Anders Habicht, S. 184.

[2] Habicht behauptet genau das Gegenteil. Sein Bedenken ist richtig, daß durch die Rückwirkung der neuen, insbesondere durch Ausdehnung des Verkaufsrechtes, der Inhalt des Schuldverhältnisses, nämlich die Berechtigung des Gläubigers, verändert wird. Auch Niedner ist für die neue, 2. Aufl., S. 332. Lehmann, S. 101 u. 109 fg. neigt sich mehr der Fortwirkung der alten zu. Das angef. Urteil des R.G., 9. Februar 1901 verlangt, daß für die Hinterlegung nach 1900 die neue maßgebend sei.

[3] Das Gegenteil behauptet Habicht, S. 186, jedoch mit bedeutenden Einschränkungen, die eine Verbesserung der ersten Auflage darstellen. Lehmann, S. 109, n. 188 geht über Habicht hinaus, wenn er behauptet, daß das Verbot des § 394 der neuen auch dann Platz greife, wenn beide Forderungen sich schon unter der alten gegenüber gestanden haben. Niedner war in der ersten Auflage ein Verfechter einer unbedingten Ausschließlichkeit; in der zweiten Auflage S. 332 macht er der Fortwirkung der alten bedeutende Einräumungen.

[4] O.L.G. Königsberg, 13. April 1901, Rsp. 2, S. 344: ... *Denn indem das A.L.R. Alimentenforderungen offenbar mit Rücksicht auf ihre Natur und ihren Zweck der Tilgung durch Aufrechnung für unzugänglich erklärt, legt es damit den unter seiner Herrschaft entstandenen Schuldverhältnissen dieser Art eine Eigenschaft bei, die ihnen gemäß Art. 170 E.G. durch den Wechsel der Gesetzgebung nicht hat verloren gehen können.* Zur richtigen Ansicht bekehrt sich auch das R.G., 17. Dez. 1901 im Gegensatz zu R.G. 16. September 1901 (J.W. 1901, S. 734), E. 50, S. 38: „*Mit diesem Rechte besteht der gedachte Anspruch nach dem angeführten Art. 170 auch ferner fort, und kann daher umsoweniger*

Rechtsverhältnis aber unter der alten entstanden war. Es liegt ein Verbindungsthatbestand vor.[1]

Form und Wirkungen eines Erlaßvertrages sind nach der alten Rechtsordnung zu beurteilen, selbst wenn er unter der neuen stattfindet.[2] Nach obigem Grundsatze kann also nicht im Gebiete des A.L.R. ein jedes Schuldverhältnis vom Inkrafttreten der neuen an, durch einen formlosen Erlaßvertrag aufgehoben werden. Im Gebiete des französischen Rechtes hat die Befreiung eines Solidarschuldners immer die Befreiung der übrigen zur Folge, selbst wenn der Erlaß unter der neuen (§ 423) erfolgt. Ebenso bleiben die Vermutungen der alten, die sich an gewisse Thatbestände knüpfen, unter der neuen bestehen.[3]

Auch die notwendigen Untergangsthatbestände sind nach der alten Rechtsordnung zu beurteilen, selbst wenn sie unter der neuen stattfinden. Hierher gehört der Tod einer der Parteien.[4] Ist daher das Schuldverhältnis nach der alten auf einer der beiden Seiten oder auf beiden Seiten unvererblich, so bleibt diese seine Eigenschaft bestehen, auch wenn der Tod der einen oder anderen Partei unter der neuen erfolgt.[5] Einerlei ist es für die Fortwirkung der alten, ob sie die Verantwortlichkeit der

---

durch Aufrechnung mit den erwähnten Gegenforderungen des Beklagten beseitigt werden, als diese nach dem Vorbringen desselben bis zum Jahre 1900 entstanden, also schon vor dem Inkrafttreten des Bürgerlichen Gesetzbuches dem Klaganspruch gegenüber getreten sind (vgl. § 389 B.G.B.).

K.G. 17. Mai 1900, Rsp. 1, S. 139, 141 folgt der Ansicht, daß ein neuer Thatbestand immer von der neuen Rechtsordnung beherrscht werde, verstößt also gegen eine Haupterkenntnis des intertemporalen Rechtes; s. oben § 7, S. 27, n. 3. Zum Schlusse wird noch die Lehre von den erworbenen Rechten benützt, um das unrichtige Urteil zu stützen; s. oben § 36, S. 155, n. 6. Der Vorderrichter hatte richtig entschieden.

[1] S. oben § 40, S. 163, n. 3. Habicht verlangt S. 189, daß auch die Zahlung unter der alten stattgefunden haben müsse, soll diese für die *condictio indebiti* maßgebend sein. Auch Niedner, 2. Aufl., S. 326, 327 verlangt, daß beides, der Thatbestand des negativen Rechtsverhältnisses und die Zahlung unter der alten liegen müsse, giebt jedoch zu, daß die Frage nach dem Vorliegen der Nichtschuld nach der alten beantwortet werden müsse, wenn diese Thatsache unter ihrer Herrschaft lag.

[2] Lehmann, S. 101 bejaht den obigen Satz hinsichtlich der Wirkungen, Habicht behauptet S. 189 das Gegenteil.

[3] S. oben § 24, S. 95, n. 1. Eine sonderbare Folge der Habicht'schen Ansicht ist die, daß die Herrschaft der alten bis zu dem unter der neuen erfolgenden Erlaßvertrage für das Schuldverhältnis fortwirkt, dann plötzlich aufhört, um nach einiger Zeit wieder zu beginnen, so wörtlich Habicht, S. 190.

[4] S. auch oben § 67, S. 272, n. 7 und 8. Im allgemeinen stimmt Habicht diesem Satze zu, obschon er damit im Widerspruche steht mit seiner eigenen Ansicht; S. 191 fg. Ebenso Niedner, 2. Aufl., S. 331.

[5] Das giebt Habicht unumwunden zu für den Fall der bisherigen Unvererblichkeit auf der Gläubigerseite. — Bei der Unvererblichkeit auf der Schuldnerseite will er es nur für die Regel wahr haben. Gehöre der Grund der Unvererblichkeit dem Erbrechte an, dann sei die neue maßgebend, wenn der Tod nach ihrem Inkrafttreten erfolge. S. auch oben § 67, S. 267 n. 5 und 6; 272 n. 8.

Erben eines Schuldners aus einem bestimmten Schuldverhältnis leichter oder schwerer ausmißt, als die neue. So bei der Haftung der Erben eines Vormundes; nach gemeinem Rechte haften sie nur für grobe Fahrlässigkeit ihres Erblassers bei Führung der Vormundschaft. Dies gilt, auch wenn der Vormund unter der Herrschaft der neuen stirbt. Ebenso ist zu entscheiden im umgekehrten Falle.[1] Die Grenze zwischen dem Rechte der Schuldverhältnisse und dem Erbrechte hinsichtlich der Schuldenhaftung der Erben ist dahin zu bestimmen, daß jenes die Haftung der Erben für bestimmte Schuldverhältnisse regelt, während dieses über den Umfang der Haftung des Erben im allgemeinen entscheidet. Diese Grenzscheidung ist wichtig; denn wenn ein Rechtsverhältnis in das Gebiet des Rechtes der Schuldverhältnisse fällt, so ist Art. 170 E.G. maßgebend, selbst wenn der Tod des Schuldners unter der neuen stattfindet. Beantwortet sich jedoch die Frage nach der Schuldenhaftung des Erben nach dem Erbrechte, so ist Art. 213 maßgebend und die neue herrscht darüber, wenn der Tod des Erblassers unter ihr stattfindet. Letzteres gilt auch für die Pflichten und Rechte des Erben eines zu einem Nachlasse gehörenden Handelsgeschäftes (H.G.B. §§ 27, 137, 139); denn es handelt sich hier nicht um ein bestimmtes Schuldverhältnis, sondern um ein Sondervermögen.[2] — Das intertemporale Landesrecht schränkt die dargestellten Grundsätze ein. Die Einschränkung bezieht sich auf den ehelichen Güterstand. Soweit sich die Frau nach der alten durch Ausschlagung ihres Anteiles am Gesamtgute von der persönlichen Haftung hat befreien können, soll diese Haftung fortan (nach Änderung des Güterstandes) mit der Beendigung der Gemeinschaft erlöschen. An Stelle einer Befreiung, die die Frau bisher durch ihre Erklärung herbeiführte, sie schlage ihren Anteil aus, scheidet künftig die Frau mit Beendigung der Gemeinschaft von selbst aus der Verbindlichkeit aus, ihre Haftung als persönliche Schuldnerin erlischt kraft Gesetzes, ohne daß sie auf ihren Anteil zu verzichten braucht (Preußen, Art. 59, § 3, Abs. 2 für die allgemeine Gütergemeinschaft, Bayern, Ü.G. Art. 98, Abs. 2). Diese Vorschriften beziehen sich, da nach beiden Gesetzen die Umwandelung der Güterstände am 1. Januar 1900 eingetreten ist, auf die noch unter der alten entstandenen Schuldverhältnisse.

Dieselben Grundsätze gelten für die übrigen notwendigen Endigungsthatbestände der Schuldverhältnisse: wie Unmöglichkeit der Leistung, *concursus duarum causarum lucrativarum*, Fortfall des Interesses, Konfusion, Eintritt einer auflösenden Bedingung, ausgenommen die Verjährung.[3]

---

[1] So richtig auch Habicht, S. 192 und 193, n. 1; ebenso Windscheid, Bd. 1, § 32, Anm. 9. Unrichtig will O.A.G. Lübeck, S. A. Bd. 4, Nr. 93, das Recht zur Zeit der Erbschaftsantretung entscheiden lassen; Gierke, Bd. 1, S. 205, n. 44 und Lehmann, S. 102, n. 167 behaupten unzutreffend, die Schuldenhaftung der Erben sei allgemein nach dem Rechte zur Zeit des Todesfalles zu bestimmen.

[2] S. im übrigen auch oben § 67, S. 272, n. 8 und Lehmann, S. 78—83.

[3] In Bezug auf die Unmöglichkeit s. auch oben S. 305, n. 8. In Bezug auf die

F. Dingliche Wirksamkeit von Schuldverhältnissen. Hat durch Eintragung in ein öffentliches Buch ein Anspruch aus einem Schuldverhältnisse unter der alten Rechtsordnung Wirksamkeit gegen Dritte erlangt, so behält er diese Wirksamkeit auch nach dem Inkrafttreten der neuen. So Art. 179 E.G.[1] Er ist verwandt mit Art. 168 E.G.[2] Anderseits berührt er sich mit Art. 184 E.G.[3] Der Unterschied zwischen den letzten beiden Artikeln besteht darin, daß der Art. 184 Rechte bestehen läßt, die nach der alten dingliche Natur besaßen, nach der neuen jedoch nur als Ansprüche aus Schuldverhältnissen begründet werden könnten, während Art. 179 Ansprüche aufrecht erhält, die auch in den Augen der alten selbst nach ihrer Eintragung nur obligatorischen Charakter hatten, daher keine Belastung der Sache erzeugten, jedoch im Verhältnisse zu Dritten eine Wirksamkeit erhielten, die sonst nicht obligatorischen Ansprüchen, sondern nur dinglichen Rechten eigentümlich ist. Sie sind verwandt mit den *actiones in rem scriptae* des römischen und gemeinen Rechtes. Die alte ist maßgebend für die Frage, ob auf ein Recht der Art. 179 oder der Art. 184 anzuwenden sei. Durch den § 883 der neuen, der erst in der zweiten Lesung des Entwurfes Aufnahme fand, hat übrigens der Art. 179 einen Teil seiner ursprünglichen Bedeutung eingebüßt. In der Zwischenzeit bis zu dem Zeitpunkte, in welchem das Grundbuch als angelegt anzusehen ist, können immer noch auf Grund der alten persönliche Ansprüche des im § 883 bezeichneten Inhaltes eingetragen werden; s. Art. 189, Abs. 1, Satz 3 E.G. — Praktisch ist es einerlei, ob ein Recht des Schutzes des Art. 179 oder des Art. 184 genießt.[4] Die Frage, was der Art. 179 unter einem öffentlichen Buche versteht, entscheidet sich nach der alten Rechtsordnung.[5] Regelmäßig wird es ein Grundbuch oder ein sonst zur Darstellung der Rechtsverhältnisse an Liegenschaften bestimmtes Buch sein. Eintragungen in das Reichsschuldbuch und in die Staatsschuldbücher fallen nicht unter den Art. 179; denn dieselben dienen nicht dazu, Ansprüchen Wirksamkeit gegen Dritte zu verschaffen.[6] Das Anwendungsgebiet des Art. 179 umfaßt hauptsächlich Miet- und Pachtverhältnisse.[7] In mehreren gemeinrechtlichen Gebieten Preußens und Hessens, im Gebiete des Sächsischen B.G.B. § 1224, sowie in Elsaß-Lothringen konnten diese obligatorischen Verhältnisse durch Eintragung ins Grundbuch Wirksamkeit gegen jeden neuen Erwerber des Grundstückes erlangen. Ja sogar gegen den Ersteher des Grundstückes in der Zwangsversteigerung.[8] Gerade die letztere Art der

Verjährung s. oben § 34, S. 139 fg.; vgl. aber unten § 73. In Bezug auf die auflösende Bedingung vgl. oben § 29, S. 122.

[1] S. Mot. zu Art. 104, S. 261; Prot. S. 9013—9019 (Bd. VI, S. 501, 504, 505).

[2] S. oben § 25, S. 105, n. 7.

[3] S. oben § 64, S. 259, n. 3.

[4] S. auch Habicht, S. 243, n. 2.

[5] Ebenso Habicht, S. 243, n. 3.

[6] S. Habicht, S. 244, n. 1.

[7] S. auch unten § 84.

[8] S. auch Gesch. § 65, S. 475, n. 1.

Wirksamkeit hat angesichts des Art. 172, Satz 1 E.G. praktische Wichtigkeit. — Von anderen persönlichen Ansprüchen kommen nach den Motiven zum E.G. S. 261 solche auf Erwerb oder Wiedererlangung einer unbeweglichen Sache in Betracht, die nach dem württembergischen Gesetze vom 25. Mai 1828, Art. 71, durch Eintragung in das Unterpfandsbuch gegen jeden späteren Erwerber der Sache verfolgbar werden. — Hierher gehören ferner noch obligatorische Veräußerungsverbote, falls diese nach der alten durch Eintragung in das Grund- oder Hypothekenbuch Wirksamkeit gegen Dritte erlangen konnten. Insoweit bildet der Art. 179 nur einen Unterfall des Art. 168 E.G.;[1] mit einem Unterschiede. Der Art. 179 enthält, wie Art. 184 nicht die Beschränkung zu Gunsten gutgläubiger Erwerber des Art. 168.[2] Ferner gehören hierher Vorkaufsrechte, A.L.R. I 20, § 570; Gr.B.O. für Anhalt v. 11. März 1873, § 3. Nicht hierher gehören die Eintragungen ins Grundbuch im Gebiete des Badischen Landrechtes auf Grund der Sätze 1583a, 939a, 1002a, 2181a, denn in der badischen Praxis war anerkannt, daß der französische Rechtssatz, wonach durch bloßen Vertrag Eigentum an Grundstücken übergehe, in Baden, wenn auch eingeschränkt, gelte. Also wurden in Baden noch obligatorische, sondern dingliche Rechte eingetragen. — Die Voraussetzungen und Formen der Eintragung, ihre Nichtigkeit und Anfechtbarkeit bestimmen sich nach der alten.[3] Wie verhält es sich mit der Wirksamkeit des Anspruches gegen Dritte, nachdem das Grundbuch als angelegt anzusehen ist, und das Grundstück, oder das Recht, auf das sich der Anspruch bezieht, ins Grundbuch eingetragen, der Anspruch aber aus dem öffentlichen Buche nicht mitübertragen ist? Die Antwort kann nur dahin ausfallen, daß der Anspruch auch fernerhin unter dem Schutze des Art. 179 steht.[4] Das dem preußischen Rechte eigentümliche „Recht zur Sache" *ius ad rem* steht nicht unter dem Art. 179 E.G. Es muß seiner geschichtlichen Entwicklung nach als eine Folge des Schuldverhältnisses angesehen werden.[5] Daher wirkt es unter der Herrschaft der neuen nicht gegen Dritte. Dasselbe muß von den Rechten aus §§ 1124, 1134 des Sächsischen B.G.B. gesagt werden, falls sie unter der alten nicht eingetragen wurden.[6]

§ 73. Die Schuldverhältnisse im einzelnen: Kauf, Gesellschaft, Verlagsvertrag u. s. w.

A. Kauf. Das Schuldverhältnis des Kaufes ist nach der alten Rechtsordnung zu beurteilen, falls der Kauf unter ihrer Herrschaft abgeschlossen

---

[1] S. oben § 25, S. 105, n. 7.
[2] S. auch oben § 64, S. 262, n. 1 und 2.
[3] S. oben § 26, S. 108, n. 4.
[4] Habicht will dem § 892 der neuen Ausschließlichkeit verleihen.
[5] S. Institutionensystem S. 110 fg.
[6] Abweichend Habicht, S. 246.

wurde; Art. 170 E.G. Dieser Grundsatz ist wichtig, weil die alte von der neuen in vielen Punkten erheblich abweicht. Das gilt zunächst vom Übergange der Gefahr auf den Käufer. Sowohl nach gemeinem wie nach französischem Rechte geht die Gefahr bei einem unbedingten Käufer schon mit dem Abschlusse des Vertrages auf den Käufer über. Ist also der Kauf unter der alten abgeschlossen, so ist die Gefahr auf den Käufer übergegangen und bleibt es auch nach dem Inkrafttreten der neuen. Wurde der Kauf unter einer aufschiebenden Bedingung abgeschlossen, so bleibt über die Frage, in welchem Zeitpunkte die Gefahr auf den Käufer übergehe, ebenfalls die alte maßgebend.[1] — Vom Vorbehalte des Eigentumes. Nach manchen Landesgesetzen ist dieser Vorbehalt bei beweglichen Sachen unwirksam.[2] Ist der Vorbehalt unter der Herrschaft dieser Landesgesetze abgeschlossen worden, so bleibt er unwirksam, selbst wenn die Sache erst nach Inkrafttreten der neuen übergeben wird.[3] — Von der Gewährleistung für Mängel der Sache oder für Mängel im Rechte. Sie bestimmt sich nach der alten, selbst wenn die Übergabe erst unter der neuen stattfindet. Dies gilt auch dann, wenn nach der alten der Verkäufer für Mängel haftet, die erst nach dem Vertragsschlusse entstanden sind, sei es bis zur Übergabe, so nach preußischem Rechte, sei es bis zum Eintritte der aufschiebenden Bedingung, Sächsisches B.G.B. § 900, wenn auch die Übergabe oder der Eintritt der Bedingung erst unter der neuen erfolgen.[4] Insonderheit von der Gewährleistung bei Viehmängeln;[5] die sechswöchige Verjährungsfrist des § 490 der neuen ist auf ältere Viehhändel unanwendbar, weil sie aufs engste mit den Gewährfristen verknüpft ist und diese Ausschlußfristen sind.[6] — Vom Wiederkaufs- und Vorkaufsrechte.[7] Sind diese unter der alten begründet worden, so bestimmen sich ihre Voraussetzungen und Folgen und ihr Erlöschen

---

[1] Habicht, S. 247 bejaht dies letztere für das Gebiet des gemeinen Rechtes, leugnet es aber für das Gebiet des französischen Rechtes, weil, wie er behauptet, nach diesem der Übergang der Gefahr nur eine notwendige Folge des Überganges des Eigentumes sei, dieser aber nach der neuen sich bestimme. Für das intertemporale Privatrecht kann diese künstliche Scheidung nicht gemacht werden. Der Übergang der Gefahr ist und bleibt eine Wirkung des Kaufes.

[2] S. Mot. zum B.G.B. Bd. 3, S. 336, n. 1; S. 337, n. 1.

[3] Letzteres leugnet Habicht, S. 248 mit der Begründung, das *pactum reservati dominii* sei ein Adjektum des dinglichen Vertrages, nämlich der Tradition, selbst wenn der Vorbehalt unter der alten abgeschlossen wurde. Die Richtigkeit dieser Ansicht zugegeben, vgl. R.G. E. 7, 147, so ist nach der organischen Auffassung der obligatorische Vertrag der Vorbereitungs-, der dingliche der Ausführungsthatbestand und daher bleibt die alte maßgebend; s. oben § 32, S. 134, n. 1.

[4] So richtig auch Habicht, S. 249.

[5] Mit Recht verweigerte das O.L.G. Celle, 2. Okt. 1900, J.W. 1900, S. 844, dem § 489 der neuen die Ausschließlichkeit, weil sein Inhalt nicht rein prozessualer Art sei. Gleichgültig ist es auch, ob er eine absolut zwingende Vorschrift enthalte oder nicht; s. oben § 48, S. 179, n. 3—6 und 180, n. 1 und 2.

[6] S. oben § 34, S. 143, n. 3. Ebenso Habicht, 3. Aufl., S. 774, n. 14.

[7] So richtig auch Habicht, S. 250.

nach dieser. Dies gilt auch dann, wenn die Übergabe erst unter der neuen stattgefunden hat. Wichtig ist dies besonders für die §§ 1124, 1134 Sächsisches B.G.B. und A.L.R. I 2, § 316.

B. Miete und Pacht. Der unter der alten Rechtsordnung geschlossene Miet- und Pachtvertrag und das daraus hervorgehende Rechtsverhältnis untersteht auch fernerhin deren Vorschriften. Dieser Grundsatz des gemeinen intertemporalen Privatrechtes gilt nach dem E.G. ohne Einschränkung, solange sich Miete und Pacht in ihrer ersten Entwicklungsstufe befinden.[1] In ihr bestimmen sich nach den Vorschriften der alten die beiderseitigen Verpflichtungen der Parteien, die Aufhebungs-, Kündigungs-, Rücktrittsgründe und die Auslegungsregeln. Vgl. z. B. *Code civil Art.* 1717, Sächsisches B.G.B. 1194 mit § 549 der neuen; *Art.* 1724 mit § 537 der neuen; *Art.* 1742 mit §§ 569, 570 der neuen.[2] Die Regelung der Umziehtage überläßt das E.G. den Landesgesetzen; vgl. preußisches Gesetz vom 4. Juni 1890; Bremen, A.G. § 13; Hamburg, § 25, welcher auch hierin der Hauptregel folgt. — Die Form des Vertrages.[3] Dies ist besonders wichtig in Hinsicht auf § 566 der neuen; auch wenn im Gebiete des gemeinen Rechtes ohne Schriftlichkeit ein Mietvertrag auf einen längeren Zeitraum abgeschlossen wurde, bleibt er bis zum vollen Ablaufe der Zeit in Geltung.[4] Die neue greift selbst dann nicht ein, wenn die Parteien über bestimmte Punkte keine Vereinbarung getroffen haben. Auch die nachgiebigen Vorschriften der alten wirken fort.[5] Der alten unterliegt das stillschweigend fortgesetzte Miets- und Pachtverhältnis;[6] ingleichen die Abänderungen des Mietvertrages.[7] — Das Erfüllungsgeschäft und der Gläubigerverzug.[8] — Einige Schriftsteller sprechen sich für die sofortige Anwendbarkeit der zwingenden Vorschriften

---

[1] Vgl. Art. 170, 171 und 172 E.G. und unten § 84.

[2] Aron, S. LXIV; Scherer, S. 165, Nr. 223, n. 1 behaupten die Ausschließlichkeit von § 570 der neuen. Dagegen mit Recht Habicht, 3. Aufl., S. 264, n. 3; s. oben § 48, S. 181, n. 4 und auch unten § 84.

[3] S. auch oben § 25, S. 102, n. 1 und § 72, S. 300.

[4] Scherer, S. 161, Nr. 212 will einen vor 1900 geschlossenen Mietvertrag, der erst am 1. Januar 1900 beginnen solle, nach dem vermutbaren Willen der Parteien der neuen unterwerfen. Diese Ansicht ist kurzer Hand abzulehnen. Vgl. oben § 17, S. 68, n. 6; dagegen auch Habicht, S. 266, n. 1.

[5] S. oben § 48, S. 178, n. 5. Niedner, 2. Aufl., S. 337, 338. A. M. Fuld, das Mietrecht.

[6] S. oben § 72, S. 309, n. 4. A. M. Niedner, 2. Aufl., S. 337.

[7] So der Unterrichter des O.L.G. Königsberg; a. M. dagegen O.L.G. Königsberg, 30. April 1902, Rsp. 5, S. 31. Seine Schlußfolgerung leidet an einer *petitio principii*; die Erfüllungsgeschäfte sind nicht nach der neuen zu beurteilen; s. oben § 72, S. 311, n. 6.

[8] S. oben § 72, S. 307, n. 4. A. M. Habicht, 3. Aufl., S. 266; Niedner, 2. Aufl., S. 338. Ihre Ansicht widerspricht dem Wortlaute des Art. 171 noch handgreiflicher als dem des Art. 170. Denn sie verlangen die Anwendung gewisser Vorschriften der neuen vor dem Termine, den das E.G. für den Eintritt der neuen für Miet- und Pachtverhältnisse bestimmt hat. Über diesen Termin s. unten § 84.

des neuen Miet- und Pachtrechtes aus. Dies ist für alle zwingenden Vorschriften ohne Ausnahme zu leugnen.[1] Als solche werden aufgestellt §§ 544,[2] 567.[3]

Grundsätzlich ist auch das Vorzugs- oder Pfandrecht aus einem Miet- und Pachtverhältnisse nach den Vorschriften der alten Rechtsordnung zu beurteilen, selbst wenn die Sachen nach dem Inkrafttreten der neuen eingebracht wurden, einerlei ob eigene oder fremde.[4] Erst wenn das Hauptrechtsverhältnis unter die neue gelangt, wird auch das Nebenrechtsverhältnis von dieser beherrscht.[5] — Ingleichen der Umfang der Haftung des Pfandgegenstandes.[6] Auch § 559, S. 3 der neuen greift trotz seiner zwingenden Natur nicht Platz.[7] — Das Erlöschen des Pfandrechtes und die Art seiner Ausübung; § 561, Abs. 2 der neuen findet keine Anwendung.[8] Da einerseits Art. 184 als Gewährungsklausel möglichst weit ausgelegt werden muß, andererseits eine gegenteilige Ausschlußklausel im E.G. fehlt, so entscheidet das gemeine intertemporale Privatrecht zu Gunsten der Herrschaft der alten.[9] Nur § 561 der neuen, welcher die Art der Ausübung des Mietpfandrechtes regelt, findet, ohne ausschließlich zu sein, sofort Anwendung. Es folgt dies aus der eigen-

---

[1] S. oben § 48, S. 179, n. 2—6.

[2] So Habicht, S. 266; Endemann, B.R. 8. Aufl., Bd. I, S. 70, n. 16; Neumann, S. 1462; Niedner, 2. Aufl., S. 338; Scherer, Nr. 228, n. 1; Aron, S. LXV; Zimmermann, in Blätter f. Rechtsanw. Bd. 65, S. 57—63. Dagegen Schumacher, im Arch. f. bürgerl. Recht 1898, S. 258—264; Brückner, im Recht 1900, S. 113; Mittelstein, Miete S. 329 fg.

[3] Neumann, S. 1462; Brückner und Zimmermann a. a. O.; Niedner a. a. O.; dagegen Habicht a. a. O., Fischer-Henle zu § 567.

[4] In Bezug auf das Vorzugsrecht auch Habicht, S. 268, n. 1 u. 2; Neumann, S. 1463; Francke, im Recht 1900, S. 275; Niedner, 2. Aufl.; a. M. Arnold, in Blätter f. Rechtsanw. Bd. 63, S. 380—382. Auch in Bezug auf das Pfandrecht stimmt Habicht zu, sofern die Sachen unter der Herrschaft der alten in den Pfandverband eingetreten sind und zwar zu Gunsten sowohl bereits fällig gewordenen Mietforderungen wie der späteren.

[5] S. oben § 41, S. 164, n. 2; vgl. auch die Entsch d. R.G. in der Gesch. § 63, S. 430, n. 2. Ebenso Lehmann, S. 73; Niedner, 2. Aufl., S. 340; Neumann, S. 1463. Vgl. auch K.G. 30. Nov. 1901, Rsp. 4, S. 42 und 43; O.L.G. Hamburg, 16. März 1900, Rsp. 1, S. 4 und 5.

[6] So richtig auch Habicht, S. 270, n. 1; Neumann, S. 1463.

[7] O.L.G. Hamburg, 16. März 1900, Rsp. 1, S. 4; s. auch oben § 48, S. 179, n. 2.

[8] A. M. Habicht, S. 270, n. 3.

[9] So auch Lehmann, S. 72; Niedner, 2. Aufl., S. 340. So auch das ausgezeichnete Urteil des O.L.G. Hamburg, 26. Oktober 1901, Rsp. 4, S. 43. Es sagt u. a. „*die Entscheidung über die Anwendbarkeit des § 561, Abs. 2, S. 2 B.G.B. hängt deshalb davon ab, ob das Erlöschen des Vermieterpfandrechtes infolge Entfernung der Sachen auf dem eigentümlichen Inhalt des Pfandrechtes beruht oder nicht. Diese Frage ist zu bejahen. . . .*“ Vgl. noch R.G., 12. Juli 1901, J.W. 1901, S. 645, E. 49, S. 58 welches ebenfalls den § 561, Abs. 2 die rückwirkende Kraft abspricht: „*Indem der Art. 171 von Miet-, Pacht- und Dienstverhältnissen spricht, giebt er zu erkennen, daß das ganze Rechtsverhältnis umfaßt sein soll, also nicht nur die Rechtsbeziehungen der Kontrahenten während bestehenden Vertrages, sondern auch die sich aus dessen Auflösung ergebenden Ansprüche.*“

tümlichen Natur des Rechtes der Selbsthülfe, welches keineswegs ein Erzeugnis des objektiven obligatorischen Rechtsverhältnisses ist.[1] — Die Wirkungen des Pfandrechtes des Vermieters gegen Dritte.[2] § 563 der neuen ist nicht ausschließlich. Dasselbe gilt im Konkurse, vgl. Art. VI des E.G. z. D. Ges. betr. Änderung der Konkursordnung vom 17. Mai 1898.[3] Die Wirkungen der Fortnahme der eingebrachten Sachen ohne Wissen oder unter Einspruch des Vermieters, selbst wenn die Entfernung der Sachen unter der neuen stattgefunden hat.[4] Erst wenn das Miet- oder Pachtverhältnis kraft Art. 171 E.G. unter die neue gerät, entscheidet diese über die Wirkung der eigenmächtigen Fortnahme.[5]

So nach intertemporalem Reichsrechte. Das intertemporale Landesrechts hat einige Änderungen gemacht. Das A.G. von Hessen, Art. 153, Abs. 3 verleiht der neuen Rechtsordnung für die Vorzugsrechte des Vermieters eine gewisse Ausschließlichkeit. Darnach wandeln sich die Vorzugsrechte des Vermieters, die unter der alten bereits bestimmte Gegenstände ergriffen hatten, in gesetzliche Pfandrechte um, die fortan den Vorschriften der neuen §§ 559, Satz 2 und 563 unterliegen.

C. Der Dienstvertrag. Auch hier sind zwei Entwicklungsstufen zu unterscheiden. Die erste steht unter der Herrschaft der alten Rechtsordnung. In ihr bestimmen sich die Verpflichtungen beider Teile in ihrem Umfange und Inhalte, die Dauer des Verhältnisses und der Termin, an dem und für den zuerst die Kündigung zulässig ist nach deren Vorschriften. Dieser Termin ist auch der Zeitpunkt, in dem für das Dienstverhältnis auf Grund des Art. 171 die neue maßgebend wird.[6] Auch für das Gesindeverhältnis, für das nach Art. 95 E.G. die Landesgesetze maßgebend bleiben, bestimmen mehrere A.G. in Anlehnung an den Art. 171 E.G., daß die von ihnen getroffenen neuen Vorschriften auf bestehende Gesindeverhältnisse von dem Zeitpunkte ab anwendbar sein sollen, für den unter der neuen erstmals gekündigt werden konnte: Preußen, Art. 14, § 2, Abs. 2; Bayern, A.G. Art. 31; Württemberg, Ges.-Ordg. Art. 32, § 2; Hessen, Art. 273; Braunschweig, Ges.-Ordg. § 40; Mecklenburg-Schwerin, A.V. § 41; -Strelitz, A.V. § 40, Ges.-Ordg. § 69. — Die jederzeitige Widerruflichkeit der Bestellung zum Mitgliede des Vorstandes oder Aufsichtsrates, H.G.B. § 231, Abs. 3, § 243. Abs. 4 ist nicht auf eine Linie zu stellen mit der Kündbarkeit des Art. 171; denn Art. 171 ist als Aus-

[1] S. oben § 36, S. 152, n. 5 u. § 52, S. 191, n. 1. Zu demselben Ergebnisse gelangt Niedner, 2. Aufl., S. 340.

[2] Ebenso Habicht, 3. Aufl., S. 271; Niedner, 2. Aufl., S. 340.

[3] Arnold behauptet in den Blättern für Rechtsanw. Bd. 63, S. 380—382 die Ausschließlichkeit der §§ 49, 50 K.O. Er scheint den Art. VI E.G. übersehen zu haben; s. Habicht, S. 272, n. 1.

[4] A. M. Habicht, 3. Aufl., S. 270, n. 4.

[5] So auch das O.L.G. Hamburg in dem angeführten Urteile v. 26. Okt. 1901, Rsp. 4, S. 43.

[6] S. unten § 84.

schlußklausel möglichst eng auszulegen.[1] Art. 171 E.G. bezieht sich auch nicht auf handelsrechtliche Dienstverhältnisse, denn er ist als Ausschlußklausel eng auszulegen.[2] — Dieser Termin bestimmt sich zunächst nach den Vertragsbestimmungen, mögen sie ausdrücklich ausgesprochen oder dem Vertrage kraft Ortsgebrauch stillschweigend zu Grunde gelegt sein, erst in zweiter Linie nach den nachgiebigen Vorschriften der alten Rechtsordnung.[3] Einige Schriftsteller haben den zwingenden Vorschriften der neuen Rechtsordnung Ausschließlichkeit zugesprochen. Diese ist bei allen samt und sonders zu leugnen.[4] Als ausschließlich werden in erster Linie bezeichnet §§ 617, 618 (619), da diese Vorschriften zugleich polizeilichen Charakter hätten.[5] Ferner §§ 624,[6] 626,[7] endlich §§ 66, 67, Abs. 1 und 2 H.G.B.[8]

D. Die Gesellschaft. Ist eine Gesellschaft unter der alten Rechtsordnung begründet worden, so steht sie auch nach dem Inkrafttreten der neuen in allen ihren Beziehungen unter den Vorschriften der alten. Das E.G. enthält für die Gesellschaft keine Übergangsvorschrift, obschon es für die mit juristischer Persönlichkeit ausgestatteten Vereine im Art. 163 eine solche besitzt. Maßgebend für die Gesellschaft ist also allein der weitherzige Art. 170.[9] Wichtig ist dieser Grundsatz insbesondere für die Ausgestaltung des Gesellschaftsvermögens. Für sie wirkt die alte fort, einerlei ob das Vermögen unter ihrer Herrschaft von den Gesellschaftern eingebracht oder gemeinsam erworben war oder erst nach dem Inkrafttreten der neuen.[10] Die Gesellschaft bleibt unter dieser Fortwirkung, wenn auch keine Kündigung der Gesellschaft nach dem Inkrafttreten der neuen für den ersten Termin erfolgt, für den sie nach der alten zulässig ist.[11] Art. 171 ist als Ausschlußklausel beschränkt auszulegen und der Analogie unfähig; daher ist er auf Gesellschaften unanwendbar. Eben-

[1] S. auch unten § 84 die Kritik des O.L.G. Marienwerder, 8. April 1902. So richtig Keyssner, Ztschr. f. Hand. 48, S. 508 fg. A. M. Lehmann, S. 118.

[2] So richtig R.G. 27. Okt. 1900, J.W. 1900, S. 855. Gegen diesen Grundsatz verstoßen O.L.G. Stettin, 1. November 1900, Rsp. 1, S. 437 u. O.L.G. Karlsruhe, 13. August 1901, das Recht 1901, S. 493, Nr. 2027. O.L.G. Colmar, 2. Mai 1902, Rsp. 5, S. 265. Ebenso Habicht, 3. Aufl., S. 303 fg., 306; Neumann, B.G.B. n. 2d zu § 675; Staub, H.G.B. n. 8 zu § 64 und n. 4 zu § 84; Immerwahr, Das Recht der Handlungsagenten § 3, S. 8 fg.

[3] Ebenso Habicht, 3. Aufl., S. 301.

[4] S. oben § 48, S. 179, n. 2—6.

[5] S. oben § 48, S. 181, n. 8. So Niedner, 2. Aufl., S. 339; Habicht, 3. Aufl., S. 288; Neumann.

[6] So die genannten. Niedner läßt aber im Gegensatze zu Habicht die fünf Jahre erst vom 1. Januar 1900 beginnen.

[7] So Habicht a. a. O., dagegen Niedner a. a. O. Auch § 616 läßt er nicht zurückwirken.

[8] O.L.G. Colmar, 2. Mai 1902, Rsp. 5, S. 264 u. 265.

[9] Über die nicht rechtsfähigen Vereine s. oben § 69, S. 282, n. 3—7.

[10] So auch Habicht, S. 296, n. 1; Cosack, Privatr. Bd. 2, S. 501.

[11] Übereinstimmend Habicht, S. 296, n. 2; Niedner, 2. Aufl., S. 341; Lehmann, S. 116 fg.

sowenig unterwirft sich eine Gesellschaft der neuen, wenn sie nach Ablauf einer bestimmten Frist oder nach Eintritt einer auflösenden Bedingung stillschweigend fortgesetzt wird.[1] Die alte wirkt fort, selbst wenn das Gesellschaftsverhältnis durch Thatbestände, die unter die Herrschaft der neuen fallen, Änderungen erleidet, z. B. Abänderung oder Ergänzung des alten Gesellschaftsvertrages durch eine nachträgliche Vereinbarung.[2] Auch die Form einer derartigen Vereinbarung bemißt sich nach der alten.[3] Dies gilt selbst bei einem Wechsel in den Personen der Gesellschafter, einerlei ob er vertragsgemäß ist oder nicht.[4] Beispiele für den vertragsgemäßen Wechsel: Der Gesellschaftsvertrag bestimmt, daß beim Tode eines Gesellschafters seine Erben an seine Stelle treten sollen; dies geschieht nach dem Inkrafttreten der neuen. Beispiel für den nicht vertragsgemäßen Wechsel: Die Gesellschafter nehmen ein neues Mitglied auf, ohne daß dies im Vertrage vorgesehen war, halten aber im übrigen den alten Vertrag aufrecht.[5] Sowohl beim Übergange auf die Erben, wie beim Ausscheiden und Neueintreten eines Gesellschafters darf man nur eine Fortsetzung des alten Verhältnisses, nicht die Begründung einer neuen Gesellschaft annehmen.[6] Andererseits können die Parteien nicht verfügen, daß ein von ihnen unter der neuen eingegangenes Gesellschaftsverhältnis nicht dieser, sondern der alten unterworfen sein solle.[7] Die alte wirkt auch .fort für die Gründe, welche zur Auflösung oder Kündigung der Gesellschaft berechtigen, für die Art der Auseinandersetzung unter den Gesellschaftern, für die Abfindung eines ausscheidenden Mitgliedes.[8] § 723 der neuen besitzt auch nicht als zwingende Vorschrift Ausschließlichkeit. Der Grund, daß dieser Paragraph in der zweiten Lesung als eine der Vorschriften erwähnt wurde, die auch auf ältere Schuldverhältnisse sofort anzuwenden seien, ist nicht genügend. Maßgebend ist nur, was der Gesetzgeber im E.G. ausgedrückt hat und nicht was in der Kommission gesagt wurde.[9] Aus gleichem Grunde steht dem § 142 H.G.B. keine Ausschließlichkeit zu.[10]

---

[1] S. oben § 72, S. 308, n. 3. Ebenso Habicht; anders Lehmann, S. 87. Gegen ihn zutreffend Habicht, S. 296, n. 3. Schade, daß er den Gedanken, den er gegen Lehmann ins Feld führt, nicht immer seinen Entscheidungen zu Grunde gelegt hat: *„Zu welchen Schwierigkeiten eine solche Zerreißung des Verhältnisses führen würde (gerade bei der Mannigfaltigkeit der Beziehungen unter Gesellschaften) ist kaum abzusehen.*

[2] So auch Habicht, S. 297, n. 1.

[3] Anders Habicht a. a. O.

[4] So auch Habicht, S. 297, n. 2 und 3. Lehmann behauptet das Gegenteil, S. 82 und 87; gegen ihn zutreffend Habicht a. a. O., n. 3.

[5] So auch Habicht, S. 298, n. 1.

[6] So Habicht, S. 298, n. 2.

[7] Ebenso Habicht, S. 299.

[8] So auch Habicht, S. 299.

[9] A. M. Habicht; ihm schließt sich Niedner, 2. Aufl., S. 336 an.

[10] S. auch oben § 48, S. 181, n. 4—8 und 182, n. 2. A. M. Habicht. Gegen ihn richtet sich das treffliche Urteil des K.G. v. 7. Oktober 1901, Rsp. 3, S. 343; Staub, Anm. 6 zu § 142.

Das Verhältnis der Gesellschaft zu dritten Personen bestimmt sich nach der alten, wenn und insoweit ein Schuldverhältnis zwischen den Gesellschaftern und einem Dritten unter ihrer Herrschaft begründet wurde. Die neue wird maßgebend, wenn das Schuldverhältnis zwischen den Gesellschaftern und einem Dritten erst nach ihrem Inkrafttreten entsteht.[1] Dies gilt sowohl dann, wenn die Gesellschafter gemeinschaftlich handeln, wie dann, wenn ein Vertreter für sie handelt. Eine Ausnahme dieser Grundsätze tritt ein, wenn die alte ein Gesellschaftsvermögen im Sinne der §§ 718 fg. der neuen nicht kannte; dann gilt für die unter der neuen von den Gesellschaftern erworbenen Forderungen gegen Dritte nicht § 719 der neuen. Aus demselben Grunde kann der Gläubiger eines Gesellschafters nicht nach den Vorschriften des § 725 der neuen den Anteil des Gesellschafters am Gesellschaftsvermögen pfänden, sondern er muß den Anteil seines Schuldners an jedem einzelnen Vermögensstücke pfänden;[2] §§ 135 u. 141 H.G.B. besitzen keine Ausschließlichkeit.[3] Auf bereits bestehende Vereine ist § 54, Abs. 2 der neuen anzuwenden;[4] denn es handelt sich um einen Thatbestand der Gegenwart, wenn einer oder mehrere mit Dritten unter der Herrschaft der neuen Rechtsgeschäfte abschließen. Aus demselben Grunde ist auch § 714 der neuen auf bereits bestehende Gesellschaften anzuwenden, sofern sich der Dritte beim Abschlusse von Rechtsgeschäften unter der Herrschaft der neuen darauf stützt. Auch die Auflösung und Auseinandersetzung erfolgt ausschließlich nach den Vorschriften der alten. Art. 173 bezieht sich nur auf nicht vertragsmäßige Gemeinschaften; er ist als Ausschlußklausel eng auszulegen.[5]

E. Der Verlagsvertrag. Der Verlagsvertrag und das daraus hervorgehende Rechtsverhältnis richten sich nach der Rechtsordnung, unter welcher er geschlossen wurde; so nach gemeinem intertemporalem Privatrechte. Durch das R.G. vom 19. Juni 1901 über das Verlagsrecht ist der Verlagsvertrag für das ganze Deutsche Reich einheitlich geregelt worden. Es enthält keine Übergangsbestimmungen; § 50 desselben sagt bloß: *„Dieses Gesetz tritt am 1. Januar 1902 in Kraft.“* Es kann aber keinem Zweifel unterliegen, daß der Art. 170 E.G. zum B.G.B. hier entsprechende Anwendung findet. Die alte Rechtsordnung ist bloß formell aufgehoben; materiell wirkt sie fort.[6] Die Frage, wie viele Auflagen im

---

[1] So auch Habicht, S. 300, n. 1; Cosack a. a. O., S. 501; Lehmann, S. 104 fg.

[2] So auch Habicht, S. 300, n. 2; zweifelnd Cosack in Bezug auf § 725 a. a. O., Bd. 2, S. 501, n. 3.

[3] S. auch Lehmann, S. 99 u. oben § 48, S. 182, n. 2. A. M. Habicht a. a. O. Vgl. dazu noch O.L.G. Celle, 7. Okt. 1901, Rsp. 4, S. 199 u. 200 und K.G. 7. Okt. 1901, Rsp. 3, S. 343.

[4] S. oben § 69, S. 282, n. 4.

[5] A. M. Niedner, 2. Aufl., S. 341. Er will ohne Grund die neue eingreifen lassen, soweit für die Gesellschaft die Vorschriften über die Gemeinschaft gelten, § 731, Satz 2; s. auch unten § 84.

[6] S. oben § 8, S. 28, n. 2.

Zweifel der Verleger zu veranstalten das Recht habe, richtet sich somit nach der alten. In dieser Frage gehen die alte und die neue bedeutend auseinander. So bestimmt A.L.R. I 11, § 1013, daß, wenn im Verlagsvertrage die Zahl der Exemplare der ersten Auflage nicht bestimmt ist, es dem Verleger frei stehe, auch ohne ausdrückliche Einwilligung des Verfassers neue Auflagen zu veranstalten, dagegen gewährt die neue § 5 dem Verleger in diesem Falle nur das Recht zu einer Auflage in der Stärke von tausend Abzügen; § 5, Abs. 2. Ebenso bestimmen sich die Befugnisse des Verfassers, während der Dauer des Vertragsverhältnisses das Werk anderweitig zu vervielfältigen und zu verbreiten, nach der alten. Die neue gewährt dem Verfasser mehr; vgl. § 2, Abs. 2 und 3 des Gesetzes. Wollte man § 2 auf die alten Verlagsverträge anwenden, so würde ihm eine Ausschließlichkeit im Sinne der zweiten Regel des neueren Regelpaares in ihrer zweiten Möglichkeit zukommen. War der Verfasser nach der alten zur Mitwirkung bei der Korrektur verpflichtet, so bleibt er es auch unter der neuen, trotz ihrer Vorschriften im § 20. — Das gleiche gilt für das Rechtsverhältnis, welches durch die Annahme eines Beitrages für eine Zeitung, für eine Zeitschrift oder ein sonstiges periodisches Sammelwerk entsteht. Ist also vor dem 1. Januar 1902 ein Verlagsvertrag oder eine Annahme eines Beitrages zur Veröffentlichung erfolgt, so bleibt die alte maßgebend. Macht der Verfasser oder der Verleger von einem ihm nach der alten zustehenden Kündigungs- oder Rücktrittsrecht keinen Gebrauch nach dem Inkrafttreten der neuen, so wirkt trotzdem die alte fort. Der Art. 171 E.G. ist als Ausschlußklausel möglichst eng auszulegen; er bezieht sich also nicht auf den Verlagsvertrag.[1]

F. Das Schenkungsversprechen. Es ist nach der alten Rechtsordnung zu beurteilen, falls es unter ihrer Herrschaft stattgefunden hat. Dieser Grundsatz ist sehr wichtig, weil erhebliche Unterschiede zwischen der alten und neuen bestehen. Zunächst die Form. Das gemeine Recht verlangt für Schenkungen über 500 Solidi gerichtliche Beurkundung. Wird also im Gebiete des gemeinen Rechtes eine Schenkung über 500 Solidi vor dem Inkrafttreten der neuen versprochen und ausgeführt, ohne Wahrung der Form, so kann sie, weil nichtig, auch noch unter der neuen zurückgefordert werden. Wird sie dagegen, wenngleich auf Grund eines früheren Versprechens unter der neuen formlos bewirkt und angenommen, so liegt in dieser *numeratio donationis* auch eine *datio donationis*, und damit ein Thatbestand der Gegenwart, sodaß die Vorschriften der neuen anwendbar sind. Die Schenkung ist also trotz der Nichtigkeit des früheren Schenkungsversprechens auf Grund der neuen gültig. Hat jedoch der Schenker die Schenkung unter der neuen in der irrigen Annahme vollzogen, er sei dazu durch das formlose Versprechen verpflichtet, so kann er das Hingegebene auf Grund der §§ 812, 814 der neuen zurückfordern. — Die Verpflichtungen aus dem Schenkungsvertrage und das Recht des Wider-

---

[1] S. auch unten § 84.

rufes. Es gelten nicht etwa die Bestimmungen der neuen §§ 528, 529. Auch die Vererblichkeit oder Unvererblichkeit einer schenkungsweise begründeten Unterstützungspflicht bestimmt sich nach der alten, nicht nach § 520 der neuen.[1] — Die Form des Widerrufes. Der Widerruf ist eine unselbständige Willenserklärung, deren Form sich nach der Rechtsordnung der Hauptwillenserklärung richtet.[2] Der Widerruf muß also im Gebiete des preußischen Rechtes auch unter der neuen durch gerichtliche Protestation erfolgen; A.L.R. I 11, §§ 1112, 1158 und 1166.

G. Bürgschaft. Ist die Hauptobligation unter der alten Rechtsordnung entstanden, so richtet sich die Bürgschaft nach dieser, selbst wenn sie unter der neuen stattfindet.[3] Nach der alten bestimmen sich also die Voraussetzungen und der Umfang der Haftung des Bürgen.[4] Das Verhältnis mehrerer Bürgen untereinander und zum Gläubiger. Dieser Grundsatz ist wichtig, weil die alte und die neue in Bezug auf dieses Verhältnis auseinandergehen. Das gemeine Recht giebt mehreren Bürgen die Einrede der Teilung, ebenso *Code civil Art.* 2026, 2027; § 769 der neuen schließt sie aus.[5] — Die Art des Überganges der Forderung des Gläubigers auf den zahlenden Bürgen, sowie dessen Rückgriffsrechte gegen den Schuldner und die Mitbürgen.[6]

Diese Grundsätze gelten nur, wenn und insoweit die Bürgschaft ein Nebenrechtsverhältnis zur Hauptobligation bildet.[7] Kleidet sich jedoch der Bürgschaftsgedanke in die Form eines selbständigen und unabhängigen Rechtsverhältnisses, so wird diesem auch ein selbständiges intertemporales Schicksal zu teil, d. h. es ist nach der Rechtsordnung zu beurteilen, unter welcher es begründet wurde, gleichgültig, aus welcher Rechtsordnung das zu sichernde Schuldverhältnis stammt.[8] Besteht zwischen dem Hauptschuldner und dem Bürgen ein Rechtsverhältnis, so ist auch dieses von der zu sichernden Schuld unabhängig und daher nach der Rechtsordnung zu beurteilen, unter welcher es entstanden ist; einerlei wann das zu sichernde Schuldverhältnis und die Bürgschaft zu stande kommen oder zu stande kamen.[9] Das gleiche gilt für die Anweisung; die Rechtsverhältnisse zwischen dem Anweisenden und dem Anweisungsempfänger, zwischen

---

[1] Ebenso Habicht, S. 251, n. 2, 3 und 4; Fuchs, S. 15; Scherer, S. 143, Nr. 178, S. 162, Nr. 216.

[2] S. oben § 25, S. 98. Anders Habicht, S. 251.

[3] S. oben § 41, S. 164 u. § 72, S. 309, n. 5. Anders Habicht, S. 306, n. 2.

[4] So auch Habicht a. a. O.

[5] Habicht kommt zu merkwürdigen Ergebnissen. Hat sich, sagt er S. 308, der eine Bürge unter dem alten, der andere unter dem neuen Rechte verbürgt, so hat der letztere die Einrede „*natürlich*" nicht; zweifelhaft sei es bei dem älteren Bürgen. Er ist aber geneigt, dem alten Bürgen den Rechtsbehelf zu lassen.

[6] Anders Habicht, der die Rechtsordnung des Erfüllungsgeschäftes als entscheidend ansieht, jedoch mit einer Ausnahme.

[7] S. oben § 41, S. 165.

[8] S. oben § 41, S. 165.

[9] So auch Habicht, S. 307.

dem Empfänger und dem Angewiesenen, endlich zwischen dem Anweisenden und dem Angewiesenen sind selbständig und unabhängig von einander. Jedes hat sein eigenes intertemporales Schicksal ohne Rücksicht darauf, welcher Rechtsordnung das andere Verhältnis entstammt.[1] Das Verhältnis zwischen dem Anweisenden und dem Anweisungsempfänger regelt sich daher nach der Rechtsordnung, unter der die Anweisung erteilt wird; das Verhältnis zwischen dem Empfänger und dem Angewiesenen nach der zur Zeit der Annahme der Anweisung geltenden Rechtsordnung. Das Verhältnis zwischen dem Anweisenden und Angewiesenen nach der zur Zeit des Abschlusses des Auftrages geltenden Rechtsordnung.[2]

H. Schuldverschreibungen auf den Inhaber. Wir teilen diese Urkunden in sieben Gruppen ein.[3]

Die eigentlichen Schuldverschreibungen auf den Inhaber. Ist eine solche Urkunde unter der alten Rechtsordnung ausgestellt worden, so unterliegt sie deren Vorschriften, einerlei, ob sie erst unter der neuen ausgegeben wird oder sonstwie in den Verkehr gelangt; so Art. 174 E.G.[4] Damit ist die intertemporale Behandlung dieser Urkunden im Sinne der Hauptregel und zugleich im Sinne der Zweckmäßigkeit gelöst. Der Zeitpunkt der Ausstellung eignet sich zur Grenzscheide der Herrschaft beider aufeinanderfolgender Rechtsordnungen am besten, mag man nun Anhänger der Begebungs- oder der Emissionstheorie sein; denn er ist aus der Urkunde klar ersichtlich.[5] Selbst wenn die Begebungstheorie in der alten Rechtsordnung zur Geltung kam, wird diese mit der Ausstellung nach der organischen Auffassung maßgebend. Es liegt dann ein Verbindungsthatbestand vor: Schreiben, Geben und Nehmen, dessen erster Thatumstand unter ihre Herrschaft fällt.[6] Sie ist maßgebend für den Erwerb des Inhaberpapieres und für die Verfügungsmacht über das Inhaberpapier;[7] für die Form der Unterzeichnung. Nach dem Vorbehalte des Art. 100 E.G. kann die Landesgesetzgebung auch für die nach dem Inkrafttreten der neuen ausgestellten Schuldverschreibungen des Staates oder öffentlicher Körperschaften die Gültigkeit der Unterzeichnung von der Beobachtung einer besonderen Form abhängig machen. — Für die Frage, ob der Aussteller aus einer solchen Urkunde auch dann verpflichtet wird, wenn sie ohne sein Wissen und Willen in den Verkehr gelangt ist,[8] ob der Aus-

[1] So auch Habicht, S. 309, n. 1.

[2] S. auch oben § 25, S. 98, n. 4, S. 99, n. 1.

[3] S. auch unten § 84.

[4] Mot. zum Art. 105, S. 261, 262, 263, Prot. 9020—9027 (Bd. VI, S. 505—509, 626—628).

[5] S. auch Habicht, 3 Aufl., S. 326, n. 1. A. M. Niedner, 2. Aufl., S. 348.

[6] S. oben § 31, S. 131, n. 2.

[7] A. M. Niedner, 2. Aufl., S. 349, der jedoch die Fortwirkung der alten dann anerkennt, wenn nach ihren Vorschriften die Thatsache der Innehabung allein genügt, um den Inhaber zum Gläubiger zu machen, wie nach Sächsischem B.G.B. §§ 1039 u. 1045, abweichend von den §§ 793 u. 796 der neuen.

[8] S. Entsch. des R.O.H.G. Bd. 17, S. 150 und Gesch. § 67, S. 503, n. 1.

steller zur Umschreibung auf den Namen eines bestimmten Berechtigten verpflichtet ist oder nicht.[1] Nach Art. 101 E.G. ist es der Landesgesetzgebung vorbehalten, auch in Ansehung der nach dem Inkraftreten der neuen ausgestellten Schuldverschreibungen auf den Inhaber, soweit sie vom Staate oder einer öffentlichen Körperschaft ausgegeben wurden, eine Verpflichtung des Staates oder der Körperschaft zur Umschreibung festzusetzen. — Die Außerkurssetzung, die unter der Herrschaft der alten vorgenommen wurde, bestimmt sich in ihrer damaligen Wirksamkeit nach deren Vorschriften.[2]

Inhaberaktien. Die aus der alten Rechtsordnung stammenden Inhaberaktien unterliegen grundsätzlich deren Vorschriften. Das E.G. z. B.G.B. enthält keine Übergangsbestimmungen; das E.G. z. H.G.B. nur die in den Art. 25 und 26.[3] Also tritt die Hauptregel in die Lücke.[4]

Zins-, Renten- und Gewinnanteilscheine. Diese sind Träger von Nebenrechtsverhältnissen, welche ihrerseits dem intertemporalrechtlichen Schicksale des Hauptrechtsverhältnisses folgen.[5] Der deutsche Gesetzgeber hat sich für die richtige Lehre entschieden. Einerlei ist, ob diese Urkunden vor oder nach dem Inkrafttreten der neuen ausgegeben werden; sie folgen der alten, wenn nur das Hauptinhaberpapier unter deren Herrschaft ausgestellt wurde. Während beim Hauptpapier der Zeitpunkt der Ausstellung maßgebend ist, kommt es bei den Nebenscheinen auf den Zeitpunkt ihrer Ausstellung nicht an. Der gleiche Grundsatz gilt auch für Nebenrechtsverhältnisse aus Inhaberaktien. Dies folgt schon daraus, daß Art. 175 als Gewährungsklausel möglichst weit ausgelegt werden muß. Er spricht ferner von *Inhaberpapier*, nicht von Schuldverschreibung auf den Inhaber und von *Gewinnanteilscheinen*, die nur bei Inhaberaktien vorkommen. Das gleiche muß auch gelten für Zins-, Renten- und Gewinnanteilscheine, die zu einem früher ausgestellten Namenpapiere ausgegeben sind oder werden, aber auf den Inhaber lauten. Im Art. 175 ist dieser Satz nicht enthalten. Das E.G. schweigt; somit muß die Hauptregel freie Bahn haben.[6] Für die Anwendbarkeit dieses Grundsatzes ist es gleichgültig, ob für das Hauptpapier schon unter der alten Scheine gleicher Art ausgegeben waren. Die alte bleibt auch für die Kraftloserklärung und Zahlungssperre dieser Scheine aufrecht; Art. 174, Abs. 1, S. 2. Das Ergebnis ist, daß für das Hauptpapier das Aufgebotsverfahren der neuen gilt, dagegen für die Zinsscheine das Verfahren der alten und zwar sowohl, was die Form wie die

---

[1] Vgl. § 806, S. 2 B.G.B. S. Prot. der II. Lesung, 439. Sitzung, Nr. III, Bd. VI, S. 508. Habicht, 3. Aufl., S. 329, n. IV; Aron, S. LXVI. Niedner, 2. Aufl., S. 349.

[2] S. oben § 13, S. 57, n. 2 und unten § 84.

[3] S. unten § 84.

[4] S. oben § 8, S. 30, n. 6.

[5] S. oben § 41, S. 164, n. 4; vgl. Art. 175 E.G.

[6] S. oben § 8, S. 30, n. 6. Zu demselben Ergebnisse gelangt Habicht, 3. Aufl., S. 336, n. 3.

Wirkungen anlangt. Die meisten A.G. haben jedoch den § 799, Abs. 2, S. 2 der neuen Ausschließlichkeit verliehen. So Württemberg, Art. 185; Hessen, Art. 136; Oldenburg, Old. § 4, Birk. § 6, Lüb. § 4; S.-Altenburg, § 33; S.-Meiningen, Art. 10, § 2; S.-Coburg-Gotha, Art. 15, § 1; Schw.-Sondershausen, Art. 17, § 2; Reuß ä. L., § 51; j. L., § 46. Die Frage, ob die aus der alten stammenden Nebenscheine in Kraft bleiben, auch wenn die Hauptforderung erlischt, oder die Verpflichtung zur Verzinsung aufgehoben oder geändert wird, entscheidet sich nach deren Vorschriften. § 803 der neuen ist im Art. 174 E.G. nicht mit aufgeführt. Einige Ü.G. legen aber demselben Ausschließlichkeit bei; auch für Zinsscheine, die aus der alten stammen; Bayern, Ü.G. Art. 8, Abs. 1; Württemberg, Art. 84; Coburg-Gotha, Art. 15, § 2.[1]

Die Erneuerungsscheine, die aus der alten Rechtsordnung stammen, unterstehen deren Vorschriften. Sie sind regelmäßig Nebenscheine, stammen also auch dann aus der alten, wenn das Hauptpapier unter deren Herrschaft ausgestellt wurde, ihre Ausgabe aber erst unter der neuen stattfindet. Der Aussteller kann ihnen durch besondere Bestimmungen die Eigenschaften von selbständigen Inhaberpapieren verleihen. S. Bundesgesetz v. 9. Nov. 1867, § 2; Reichsbankgesetz v. 19. März 1875, § 4. — Das E.G. enthält für sie keine Übergangsvorschriften; daher können die Regeln des gemeinen intertemporalen Privatrechtes in Kraft treten.[2] Es bestimmt sich insbesondere nach der alten, ob sie selbständige oder Nebenpapiere sind, ob ein selbständiges Aufgebotsverfahren oder eine Zahlungssperre zulässig oder zur Erlangung neuer Zinsscheine nötig ist. Die Reichsschuldenordnung vom 19. März 1900, § 21 verleiht den §§ 798—802, 805 und 806, Abs. 1 der neuen die Ausschließlichkeit; dem § 805 auch mehrere A.G. für Erneuerungsscheine, die aus der alten stammen. So Württemberg, Art. 186; S.-Weimar, § 53; Oldenburg und Lübeck, § 4; Birkenfeld, § 6; Meiningen, Art. 10, § 2; Coburg-Gotha, Art. 15, § 2; Altenburg, § 33, Abs. 2; Schw.-Sondershausen, Art. 17, § 2; Reuß ä. L., § 51; j. L. § 46, Abs. 2. Eine merkwürdige Rechtsanschauung spricht sich im Ausschußberichte zum A.G. Hessens aus. Man hatte die Absicht, dem § 805 der neuen Ausschließlichkeit zu verleihen; man stand davon ab, weil die Auslassung des § 805 im Art. 174 E.G. nur auf einem Versehen beruhe und darum voraussichtlich die Gerichte kein Bedenken tragen würden, statt des § 804 den § 805 B.G.B. anzuwenden; es empfehle sich deshalb, um dieser allerdings möglichen Auslegung des Reichsrechtes nicht vorzugreifen, von einer landesgesetzlichen Ausdehnung des § 805 abzusehen.[3]

Auf Sicht zahlbare unverzinsliche Schuldverschreibungen. Für sie gelten die Vorschriften der alten Rechtsordnung, wenn sie unter ihrer

[1] S. im übrigen unten § 84.

[2] S. oben § 8, S. 30, n. 6.

[3] Wie verkehrt diese Anschauung ist, darüber s. oben § 73, S. 323, n. 9 und unten § 84; so auch Habicht, 3. Aufl., S. 343, n. 2.

Herrschaft ausgestellt wurden. Nach deren Vorschriften richtet sich auch die Kraftloserklärung und die Zahlungssperre. Es gilt nicht § 799, Abs. 1, S. 2 der neuen. Nur wenige Landesgesetze kennen für sie ein Aufgebotsverfahren; so Elsaß-Lothringen, A.G. zur C.P.O. § 25, Abs. 3.

Die Marken, Karten und ähnliche Urkunden auf den Inhaber, die aus der alten Rechtsordnung stammen, d. h. unter deren Herrschaft ausgegeben wurden, bestimmen sich nach deren Vorschriften.; das E.G. schweigt über sie. Also gilt Art. 170. Durch den Art. 102, Abs. 1 E.G. ist die Kraftloserklärung und die Zahlungssperre in Ansehung ihrer der Landesgesetzgebung überlassen, also für Gegenwart und Zukunft. In einigen A.G. wird für ältere Urkunden dieser Art die Kraftloserklärung ausgeschlossen; so S.-Weimar, § 56, Abs. 2; Oldenburg-Lübeck, § 4; Birkenfeld, § 6; Reuß j. L. § 49, Abs. 3.

Die Inhaberlegitimationspapiere, die aus der alten Rechtsordnung stammen, unterliegen grundsätzlich deren Vorschriften.[1] Den Grenzstein der Herrschaftsgebiete der alten und der neuen bildet hier nicht die Ausstellung, sondern die Ausgabe der Urkunden.[2] Ist nach der alten für die Kraftloserklärung solcher Urkunden ein anderes als das gerichtliche Aufgebotsverfahren vorgeschrieben, so bleibt es dabei. Art. 102, Abs. 2; Art. 167 E.G.; vgl. Bayern, A.G. Art. 109—121; Württemberg, Art. 188, 189; Hessen, Art. 71; S.-Weimar, § 59—73; Schw.-Rudolstadt, Art. 45; Reuß ä. L., § 52—64. Weimar und Reuß dehnen die Ausschließlichkeit ihrer neuen Vorschriften über das Verfahren auf ein am 1. Januar 1900 schon anhängiges Verfahren nicht aus.[3] Für Sparkassenbücher ist die Fortwirkung der alten eine stärkere. Nicht der Art. 99 E.G. bestimmt darüber, in welchem Umfange die alte oder die neue anzuwenden ist.[4] Für sie ist die Außerkurssetzung durch Reichsrecht weder für die Zukunft verboten, noch werden bei ihnen frühere Außerkurssetzungen mit dem Inkrafttreten der neuen hinfällig. Die neue hat also für sie keine durchgreifende, ja nicht einmal eine schlichte Ausschließlichkeit.[5] Art 176 ist nicht auf Sparkassenbücher anwendbar. Als Ausschlußklausel läßt er weder eine weite Auslegung, noch die Analogie zu.[6] Auch nicht im Gebiete des Vormundschaftsrechtes, trotz Art. 210 E.G.;[7] Preußen, Art. 75,

---

[1] Inwieweit der neuen, s. unten § 84.

[2] So richtig Habicht, 3. Aufl., S. 348; Niedner, 2. Aufl., S. 355.

[3] S. oben § 12, S. 50, n. 1.

[4] S. Habicht, 3. Aufl., S. 347 und unten § 84.

[5] S. oben § 13, S. 57, n. 1. So auch Habicht, 3. Aufl., S. 348, n. 1. Abweichend ohne genügende Begründung Nussbaum, D. J.Z. 1899, S. 114; vgl. auch Schneider, das B.G.B. und seine Nebenges. u. s. w. Hannover 1899, S. 19 u. 169. Niedner, 2. Aufl., S. 356 läßt eine Außerkurssetzung für Sparkassenbücher, die nach dem 1. Januar 1900 ausgegeben werden, nicht zu; sonst wie oben. Stranz-Gerhard, S. 379 läßt sie auch nicht bei bereits ausgegebenen zu, sonst wie oben.

[6] S. oben § 8, S. 33, n. 4; 34 n. 1. Ganz unkritisch ist die Behauptung Nussbaums, daß Art. 176 auf die Außerkurssetzung von Sparkassenbüchern „entsprechend" anzuwenden sei.

[7] So auch Habicht, 3. Aufl., S. 349, n. 1.

§ 2; Schw.-Sondershausen, Art. 17, § 3; darnach ist nur für die Zukunft die Außerkurssetzung von Sparkassenbüchern unzulässig.[1] Werden Sparkassenbücher und ähnliche Urkunden, die aus der alten stammen, erst nach Inkrafttreten der neuen ausgegeben, so hängt es von der Bestimmung dessen ab, der die Urkunde ausgiebt, welche Wirkung einem Außerkurssetzungsvermerk auf der Urkunde zukommen soll. Unterläßt er eine solche Bestimmung, so richtet sich die Wirkung nach der alten.[2] Für öffentliche Sparkassenbücher kann eine gleiche Bestimmung, wie der Aussteller, auch die Landesgesetzgebung treffen und zwar für die zukünftig noch auszugebenden Urkunden dieser Art; s. Art. 99 E.G.

Ein im Zeitpunkte des Inkrafttretens der neuen Rechtsordnung anhängiges Verfahren auf Kraftloserklärurg oder Zahlungssperre für die Schuldverschreibungen auf den Inhaber und für die Inhaberlegitimationspapiere ist nach der alten zu erledigen; auch die Wirkungen des Verfahrens und der Entscheidung bestimmen sich nach deren Vorschriften; Art. 178.[3] Damit erkennt der deutsche Gesetzgeber einen uralten Grundsatz an, wonach die rechtshängigen Sachen eine Ausnahme der Ausschließlichkeit bilden.[4] Art. 178 enthält somit eine Ausnahmeklausel und ist verwandt mit Art. 161 E.G. Die alte bleibt hiernach in materieller wie formeller Beziehung für das aus ihr stammende anhängige Rechtsverhältnis maßgebend. — Art. 178, der dem Art. 105, Abs. 4, E. I entspricht, bezog sich ursprünglich nur auf eigentliche Inhaberpapiere. Erst bei der nochmaligen Beratung in der zweiten Lesung wurde er auch auf die Inhaberlegitimationspapiere ausgedehnt.[5] Der Artikel hat nur da Bedeutung, wo für diese Papiere bisher schon das reichsrechtliche Aufgebotsverfahren galt (C.P.O. § 837, Abs. 2 alte Fassung). Bestand dagegen ein landesrechtliches Verfahren für die Kraftloserklärung, so bleibt dieses nach Art. 102, Abs. 2 E.G. auch für Verfahren, die erst unter der neuen eingeleitet werden, in Geltung. Der Landesgesetzgebung bleibt es unbenommen, dieses Verfahren zu ändern; da ist es erfreulich, daß z. B. Weimar, § 72 und Reuß ä. L., § 65 jenem uralten Grundsatze sich angeschlossen und die anhängigen Sachen als Ausnahme der Ausschließlichkeit erklärt haben. Nicht erwähnt im Art. 178 werden die Inhaberaktien und die Urkunden des § 807 der neuen. Für sie muß jedoch dasselbe gelten, da die anhängigen Sachen zu den stillschweigenden Aus-

[1] L.G. Elberfeld, 4. Mai 1900, Das Recht 1900, S. 373 entschied, daß eine nach § 60 der preuß. V.O. v. 5. Juli 1875 der Mutter und Vormünderin gegenüber erfolgte Außerkurssetzung eines Sparkassenbuches sich nach neuem Rechte nicht mehr aufrecht erhalten lasse. Hier kommt Art. 203 E.G. in Betracht.

[2] So der Hauptsache nach Habicht, 3. Aufl., S. 349.

[3] Mot. zum Art. 105, S. 263, 264; Prot. S. 9027, 9227—9230 (Bd. VI, 505—508, 627, 628).

[4] S. oben § 12, S. 50, n. 1.

[5] Prot. 448. Sitzung Nr. VIII, Bd. VI, S. 627 fg.

nahmen gehören.[1] Die letzteren hat der deutsche Gesetzgeber absichtlich im Art. 178 nicht erwähnt, weil für sie Art. 102, Abs. 1 E.G. gilt, wonach das Landesrecht über die Kraftloserklärung und Zahlungssperre dieser Urkunden unberührt bleibt. Es ist also Sache der Landesgesetzgebung bei Erlaß einer neuen Rechtsordnung die Ausnahmeklausel für sie aufzustellen.

Die Verjährung der Ansprüche aus den vor dem Inkrafttreten der neuen Rechtsordnung ausgestellten Schuldverschreibungen auf den Inhaber bestimmt sich nach den Vorschriften der alten; Art. 174, Abs. 2. Damit genügt der deutsche Gesetzgeber nicht nur dem billigen intertemporalen Privatrechte;[2] er geht sogar noch darüber hinaus, indem er abweichend vom Art. 169 E.G. die Verjährung jener Ansprüche auch hinsichtlich ihrer Vollendung der alten unterstellt. Da der Art. 174, Abs. 2 eine Gewährungsklausel enthält, so muß er weit ausgelegt werden. Daher sind auch die Wirkungen dieser Verjährung nach der alten zu beurteilen.[3] Der Grund, warum der deutsche Gesetzgeber die alte zur Herrschaft über die ganze Verjährung beruft, liegt darin, daß hier die Verjährungsvorschriften mit der Rechtseinrichtung der Inhaberpapiere im innigen, organischen Zusammenhange stehen.[4] Eine Ausnahme zu Gunsten der neuen macht Art. 174, Abs. 2 E.G. dahin, daß die Vorschriften des § 802 der neuen über die Hemmung und Unterbrechung der Verjährung infolge der Zahlungssperre auf die Verjährung jener Ansprüche sofort Anwendung finden. Die alte wirkt fort, einerlei, ob in den Schuldverschreibungen auf den Inhaber die Verjährungsfrist oder Ausschlußfrist vorgesehen oder auf die Vorschriften der Gesetze über die Verjährung Bezug genommen ist.[5] Für die Erneuerungsscheine, die Karten, Marken oder ähnliche Urkunden und die Inhaberlegitimationsurkunden bleibt es bei der intertemporalen Vorschrift des Art. 169 E.G. Sie sind keine eigentlichen Schuldverschreibungen auf den Inhaber. Für sie gelten die Grundsätze, die wir oben in § 34, S. 139 fg. dargelegt haben.[6]

Das intertemporale Landesrecht verleiht der neuen Rechtsordnung für die Verjährung bestehender Inhaberobligationen Ausschließlichkeit. So Hessen, Art. 137; S.-Weimar, § 55; S.-Meiningen, Art. 10, § 1; S.-Coburg-Gotha, Art. 15, § 1; Reuß ä. L., § 50. Hinsichtlich der Staatsschuldverschreibungen Württemberg, Art. 183 und Bayern, Ü.G. Art. 8, letzteres auch hinsichtlich der Schuldverschreibungen anderer öffentlicher

---

[1] Für die ersteren giebt es auch Habicht zu, der damit in Widerspruch gerät mit seinen eigenen Ansichten; s. oben § 12, S. 49, n. 6

[2] S. oben § 33, S. 137, n. 1.

[3] A. M. ohne Begründung Niedner, 2. Aufl., S. 350 und Habicht, 3. Aufl., S. 338 und 339.

[4] Ähnlich Niedner, 2. Aufl., S. 349.

[5] Ein dieses Erfordernis empfehlender Antrag wurde abgelehnt; Prot. II 9024, 9229.

[6] S. auch Niedner, 2. Aufl., S. 350.

Körperschaften und aller übrigen Schuldverschreibungen, sofern sie nach dem 1. Januar 1900 fällig werden. In Bayern, Württemberg, Hessen und S.-Meiningen ist für die Berechnung der Frist vor dem 1. Januar der Art. 169 E.G. maßgebend.

§ 74. Die rechtsgeschäftlichen Anordnungen im Gebiete des Erbrechtes.

A. Testamente und Kodizille. Das Testament, das unter der alten Rechtsordnung errichtet wurde, muß nach gemeinem intertemporalem Privatrechte in seinen Voraussetzungen, seiner Form, seinem Inhalte und seinen Wirkungen nach deren Vorschriften beurteilt werden. Dasselbe gilt vom Kodizill.[1] Das deutsche intertemporale Privatrecht schließt sich ihm mit Ausnahme der Wirkungen an; Art. 214, Abs. 1 E.G.[2] Der Begriff Verfügung von Todes wegen im Art. 214 muß im Sinne der neuen verstanden werden.[3] Er umschließt in diesem Sinne von den erbrechtlichen Anordnungen der alten das einseitige und das gemeinschaftliche Testament, das Kodizill, den Erbeinsetzungsvertrag, die Schenkung von Todes wegen, jedoch nicht den Erbverzichtsvertrag. Die alte ist maßgebend für die Voraussetzungen; dadurch wird die neue im Sinne der ersten Regel des älteren Paares in ihrer ersten Möglichkeit und Spielart ausgeschlossen. Das unter der alten gültig errichtete Testament oder Kodizill wird nicht dadurch in seiner Geltung beeinträchtigt, daß es den Erfordernissen der neuen nicht genügt. — Dann im Sinne der zweiten Regel des älteren Paares in ihrer ersten Möglichkeit und Spielart. Ein Testament oder Kodizill, das den Erfordernissen der alten nicht entsprach, wird nicht dadurch gültig, daß bei ihm die Erfordernisse der neuen gewahrt sind.[4] — Für die Fähigkeit des Testators, ein Testament zu errichten, die *testamenti factio*. Die Ausnahme, welche Savigny,[5] für den Fall annimmt, daß dem Testator die ihm zur Zeit der Testamentserrichtung innewohnende Rechtsfähigkeit durch das spätere Gesetz gemündert oder entzogen wird, ist zurückzuweisen. Ein derartiges Gesetz hat keine rückwirkende Kraft, weder für die Rechtsfähigkeit noch für das Testament.[6] Umgekehrt, wenn der Testator nach der alten rechtsunfähig ist (im Sinne der *testamenti factio*), und trotzdem ein Testament errichtet, so bleibt das Testament nichtig, wenn auch die neue die Rechtsfähigkeit erweitert.[7] Es bleiben

---

[1] S. oben § 30, S. 130, n. 2.

[2] Mot. zum Art. 129, S. 307—310, 311, 313, 314; Prot. S. 9108, 9109, 9242 (Bd. VI, S. 557, 558, 636).

[3] S. oben § 12, S. 53, 54.

[4] S. oben § 7, S. 26. Ebenso Habicht, der ohne die älteren Rechtsregeln mit ihren drei Möglichkeiten zu kennen, zu demselben Ergebnisse gelangt; siehe S. 683, n. 2.

[5] Bd. 8, S. 462.

[6] S. Gesch. § 76, S. 615, n. 1.

[7] So auch Habicht, S. 683, n. 2 und Niedner, 2. Aufl., S. 472.

also gültig im Sinne der ersten Alternative im Gebiete des gemeinen Rechtes die Testamente von Knaben, die sie nach vollendetem 14. Lebensjahre, von Mädchen, die sie nach vollendetem 12. Lebensjahre errichtet haben; ferner die Testamente entmündigter Geisteskranker, die sie während der lichten Zwischenräume errichtet haben. Im Gebiete des französischen Rechtes die Testamente verbeiständeter Verschwender, im badischen Rechte der im ersten Grade mundtot gemachten Verschwender. Ein nach französischem Rechte verbeiständeter Geistesschwacher behält seine Testierfähigkeit auch über den 1. Januar 1900 hinaus bis zu seiner Entmündigung während der im Art. 211 E.G. bezeichneten Frist. Im Sinne der zweiten Alternative bleiben unwirksam die unter der alten errichteten Testamente der Klosterpersonen (A.L.R. II 11, §§ 1199, 1200, 1202) und katholischer Geistlicher;[1] der Personen, die noch nicht das 18. Lebensjahr vollendet haben nach Hamburger und Lübecker Recht u. s. w. — Für die Form. Sie richtet sich nach der Rechtsordnung, die im Zeitpunkte der Errichtung in Geltung war, nicht in dem Zeitpunkte, in dem das Testament errichtet sein will, von dem es sich datiert. Hat gegen Schluß des Jahres 1899 jemand im Gebiete des gemeinen Rechtes ein *testamentum holographum* errichtet und diesem ein Datum aus dem Anfange des Monates Januar 1900 gegeben, so bleibt es nichtig, auch wenn der Erblasser erst später stirbt. Ebenso ist umgekehrt ein *testamentum parentum interliberos* ungültig, das nach dem Inkrafttreten der neuen im Gebiete des gemeinen Rechtes nach dessen Vorschriften errichtet und ihm ein Datum aus früherer Zeit beigelegt wurde. — Für die Zulässigkeit einer Stellvertretung. Die neue schließt die Stellvertretung bei einer Verfügung von Todes wegen aus, sowohl in der Willensbildung wie in der Willenserklärung. Erstere kennt das Bayerische Landrecht III 4, 10; ein Ehegatte kann ein gemeinschaftliches Testament über das gemeinsame Vermögen zugleich auch im Auftrage des anderen errichten; ebenso die Fränkische L.G.O. Kap. 102, §§ 5—8: ein Vormund kann für sein geschlechtsunreifes Mündel einen Erbvertrag errichten. Ein Beispiel für letzteres: nach kurhessischem Rechte kann der Erblasser durch gerichtliche oder notarielle Spezialvollmacht einen Vertreter bestellen, um seinen schriftlich aufgesetzten letzten Willen beim Gerichte einzureichen. Alle derart unter der alten errichteten letztwilligen Verfügungen behalten nach Art. 214 ihre Geltung auch unter der neuen.[2] Daher bleiben die im Gebiete des preußischen, gemeinen und sächsischen Rechtes errichteten Pupillar- oder Quasipupillarsubstitutionen aufrecht, selbst wenn der Pupill oder der Wahnsinnige nach dem Inkrafttreten der neuen stirbt.[3] — Für die Errichtung eines *testa-*

---

[1] Vgl. Roth, Bayer. Privatr. § 300, n. 54—61, 21—30.

[2] S. auch Habicht, S. 687, n. 1.

[3] Habicht erkennt richtig, daß man aus Art. 214, Abs. 1 E.G. den obigen Grundsatz herleiten könne. Trotzdem verharrt er bei der entgegengesetzten Ansicht mit einer Begründung, die er des öftern anwendet. Er setzt den Wechsel der Rechtsordnung der Änderung der thatsächlichen Verhältnisse gleich; S. 693,

mentum mysticum. Ein solches war im Gebiete des gemeinen und preußischen Rechtes (A.L.R. Anh. § 35) gestattet. Es kann also auch noch unter der neuen in einem formlosen Nachzettel der Name des Erben genannt werden.[1] — Für den Einfluß der Willensmängel bei Errichtung eines Testamentes auf seine Gültigkeit. Der Unterschied zwischen der alten und der neuen ist hierin bedeutend. So ist nach Sächs. B.G.B. §§ 2078 bis 2080 eine erzwungene oder durch Irrtum bestimmte letztwillige Verfügung nichtig, nach der neuen nur anfechtbar. Im Gebiete des gemeinen und preußischen Rechtes ist sie zwar auch anfechtbar, aber die Anfechtung ist nicht an eine so kurze Frist geknüpft, wie nach § 2082 der neuen.[2] Art. 214, Abs. 1 ist eine Gewährungsklausel und als solche möglichst weit auszulegen.[3] Die Errichtuug im w. S. umfaßt daher auch die seelischen Vorgänge und deren Wirkungen. — Für die Auslegung. Selbst die Mot. zum E. I E.G., S. 311 erkennen dies an.[4] Die italienische Rechtsprechung, die doch gewiß nicht im Verdachte steht, die alte auf Kosten der neuen zu begünstigen, ist zu dem gleichen Satze gelangt.[5] Die neue Rechtsprechung ist beinahe mit Einstimmigkeit der richtigen Ansicht gefolgt.[6] Das gesunde Rechtsgefühl des Richters streubte sich gegen eine Anschauung, die im Widerspruche mit einer tausendjährigen Rechtsentwicklung steht.[7]

Folgen dieses Grundsatzes: Wenn jemand in einem unter der alten errichteten Testamente „seine gesetzlichen Erben“ oder seine „Verwandten“ oder seine „nächsten Verwandten“ bedacht hat, so sind darunter die gesetzlichen Erben oder die nächstberufenen Verwandten im Sinne der alten zu verstehen. Da die neue sich in der gesetzlichen Erbfolge von den meisten bisherigen Rechten entfernt, so kann der Unterschied von großer Tragweite sein.[8] Für die Übergangszeit ist folgende Frage von

---

n. 2. Daß diese Gleichsetzung einem schweren unheilvollen Irrtume entspringt, ist bereits früher nachgewiesen worden; s. oben § 12, S. 50, n. 1 g. E.

[1] Anders Habicht, S. 699, n. 1 und Aron, S. LXXXXVII.

[2] Habicht, S. 689 läßt die neue entscheiden. Nur dann räumt er der alten die angestammte Fortwirkung ein, wenn es sich um Anfechtung einer vertragsmäßigen Verfügung von Todes wegen durch den Erblasser handelt auf Grund des Art. 214, Abs. 2 E.G. Niedner, 2. Aufl., S. 472 bringt Gründe zu Gunsten der neuen, doch sind diese angesichts der Natur des Art. 214 nicht durchschlagend.

[3] S. oben § 8, S. 33 und § 12, S. 53.

[4] Habicht räumt den § 133 der neuen Ausschließlichkeit gegen alle früher errichteten Testamente und sonstigen Verfügungen ein.

[5] S. Gesch. § 65, S. 484, n. 1 und 2 und § 69, S. 562, n. 1. Habicht bestreitet, daß die Auslegungsvorschriften der alten auch noch nach dem Inkrafttreten der neuen als positive Rechtssätze anzuwenden seien; s. dagegen oben § 7, S. 27, n. 2 und 3.

[6] S. oben § 24, S. 96, n. 4 und § 25, S. 105, n. 4 und 5.

[7] Außer den genannten Urteilen s. auch die Beschl. des K.G. v. 22. April 1901, Rsp. 3, S. 116; vom 24. Juni 1901, Rsp. 3, S. 257, 258; vom 9. Dezember 1901, Rsp. 4, S. 135. O.L.G. Colmar, 14. März 1902, Rsp. 4, S. 442.

[8] Die verkehrte Auffassung Habichts, wonach der Wechsel der Rechtsordnung einer Änderung der thatsächlichen Verhältnisse gleichzusetzen sei, spielt ihm

besonderer Bedeutung: Wenn der Erblasser unter der alten in einem Testamente oder Erbvertrage eine Verfügung zu Gunsten einer Person getroffen hat, der nach ihren Vorschriften ein gesetzliches Erbrecht nicht oder nur in geringerem Umfange zustand, und das Testament oder der Erbvertrag sich nur auf einen Teil des Nachlasses erstreckt; wie ist dann diese letztwillige Verfügung auszulegen? Die Frage ist deswegen von Wichtigkeit, weil die Ehegatten nach der alten besonders im Gebiete des gemeinen und französischen Rechtes nur ein subsidiäres Erbrecht besaßen. In diesen Gebieten muß die Zuwendung an einen Ehegatten nach dem Stande der alten ausgelegt werden; man muß annehmen, der Erblasser habe nur deswegen die Zuwendung gemacht, weil sein Ehegatte nach seiner Rechtsordnung nur ein subsidiäres Erbrecht besitzt, das übrige soll dagegen nach seinem Willen an seine Verwandten fallen. Die Folge davon ist die, daß der Ehegatte das bekommt, was der Wille des Testators angeordnet hat. Das übrige erhalten die Verwandten. Der bedachte Ehegatte kann die Zuwendung ausschlagen und den Pflichtteil der neuen verlangen oder sich die Zuwendung auf den Pflichtteil anrechnen lassen; § 2207 der neuen.[1] Wie ist eine ältere testamentarische Verfügung zu beurteilen, wonach jemand auf den Pflichtteil eingesetzt wird? Auch hier muß die Auslegung im Sinne der alten erfolgen.[2] Unser obiger Grundsatz gilt auch dann,

---

wiederum einen bösen Streich. Er kommt auf Grund derselben zu dem Ergebnis, welches selbst der italienischen Rechtsprechung ungeheuerlich erschien, daß hier die neue Rechtsordnung für die Auslegung maßgebend sei; S. 705. Ihm stimmt Niedner, S. 333 und Ridder in der Zeitschr. f. d. Notariat in Rheinpr. 1898, S. 206 bei; vgl. dagegen Hofmann, Exc. S. 229 und 240 fg. In Habichts Ausführungen spiegelt sich auch der ungesunde Gedanke einer stillschweigenden Unterwerfung unter die neue Rechtsordnung; s. oben § 17, S. 68, n. 5. Beide Gedanken werden vom K.G., 4. März 1901 abgelehnt; Rsp. 2, S. 373 und 374.

[1] Führen wir einige Sätze der neuen Rechtsprechung an, die gerade den obigen Fall behandeln: „*Wie alle Verfügungen von Todes wegen muß diese Schenkung regelmäßig nach der Gesetzgebung ausgelegt werden, welche zur Zeit der Errichtung der Verfügung galt, da im Zweifel anzunehmen ist, daß der Erblasser die Wirkungen erreichen will, welche seine Verfügung erzeugt, wenn sie unter der Herrschaft dieser Gesetzgebung zur Wirkung gelangt;*“ Urteil des O.L.G. Colmar, v. 13. Febr. 1901, S. A. 56, S. 317. Vgl. auch das Urteil desselben Gerichtes v. 27. November 1901, Rsp. 4, S. 133. Gegen Ende verwirft es auch den Gedanken einer stillschweigenden Unterwerfung unter die neue; s. oben § 17, S. 68, n. 5, Urteil des O.L.G. Köln, vom 28. Januar 1901, Rsp. 2, S. 116. S. auch den Beschluß des K.G. vom 24. Juni 1901, Rsp. 3, S. 258. Vgl. noch das Urteil des R.G. vom 20. Juni 1901; J.W. 1901, S. 645, worin dem § 1931 B.G.B. die rückwirkende Kraft abgesprochen wird, soweit nicht das Pflichtteilsrecht in Betracht kommt. O.L.G. Colmar, 14. März 1902, Rsp. 4, S. 442: „*... demnach ist der Sinn der Verfügung und zwar an der Hand der zur Zeit ihrer Errichtung geltenden Gesetzgebung zu ermitteln.*“ R.G. 8. Juli 1901, E. 49, S. 49: „*... kein Anlaß, noch zu erwägen, inwiefern der Wille der Erblasserin etwa im Fall einer künftigen Gesetzesänderung hätte beeinflußt werden können.*

[2] Anders Habicht, dieser will dem bedachten den geringeren Teil des Pflichtteiles nach dem neuen Rechte zuweisen, wenn aus der Verfügung erhellt, daß der Erblasser den Pflichtteilberechtigten von dem Nachlasse ausschließen wollte, soweit

wenn der Erblasser dem Gebote der alten gehorchend, jemanden zum Erben auf den Pflichtteil eingesetzt hat (etwa im Gebiete des gemeinen Rechtes nach der *Nov.* 115).[1]

Eine Folge unseres Grundsatzes ist die, daß für die Auslegung eines unter der alten Rechtsordnung errichteten Testamentes die *„bisherigen Landesgesetze"* maßgebend bleiben. Auf Grund des Art. 218 E.G. kann aber der Landesgesetzgeber die einschlägigen landesgesetzlichen Vorschriften ändern. Von dieser richtigen intertemporalen Rechtsanschauung aus erließ der hessische und mecklenburgische Gesetzgeber zu unserem obigen Falle besondere Auslegungsvorschriften, welche der Sache nach auf das obige Ergebnis hinauslaufen; s. Hessen, A.G. Art. 155; Mecklenburg-Schwerin, § 264; -Strelitz, § 261. Zum Erlasse dieser Vorschriften waren die beiden Gesetzgeber vollauf berechtigt; nicht aber vom Standpunkte jener Schriftsteller aus, die der neuen auch für die Auslegung grundsätzlich Ausschließlichkeit zusprechen. Sie müssen daher folgerichtig behaupten, daß jene Vorschriften einen Eingriff in die Reichsgesetzgebung enthalten und deshalb unverbindlich seien; ihre Anwendung begründe die Revision.[2] Auch hier steht der Gesetzgeber in der Erkenntnis des intertemporalen Privatrechtes höher als die Schriftsteller.[3]

Der Inhalt der Testamente und Kodizille steht unter der Herrschaft der alten Rechtsordnung. Daher beurteilt sich die Ernennung eines Testamentsvollstreckers, wenn die letztwillige Verfügung unter der Herrschaft der alten errichtet worden ist, nach deren Vorschriften, selbst wenn der Erblasser unter der Herrschaft der neuen stirbt.[4] Hat der Erblasser in seinem unter der alten errichteten Testamente die Testamentseröffnung verboten, so bestimmt sich die Gültigkeit des Verbotes auch unter der Herrschaft der neuen nach den Vorschriften der alten.[5]

Diese Entscheidungen beweisen, daß die neue Rechtsprechung geneigt ist, den Inhalt der Testamente den Vorschriften der alten zu unter-

---

es das Gesetz nur zuließ. Diese Bemerkung setzt die Unhaltbarkeit seiner Rechtsanschauung in das hellste Licht. Der Testator konnte doch nur das Gesetz ins Auge fassen, das zur Zeit der Errichtung seines Testamentes galt. Die Fiktion der stillschweigenden Unterwerfung wird von den Gerichten verworfen; s. oben die angeführten Urteile. O.L.G. Colmar schloß sich der unrichtigen Meinung an, 21. Juni 1901, Das Recht 1901, S. 356.

[1] Habicht, S. 711 fg. spricht dem § 2304 der neuen Ausschließlichkeit zu und will daher eine solche Einsetzung als Erbe auf den Pflichtteil nicht als wahre Erbeinsetzung behandelt wissen.

[2] S. Habicht, S. 708, n. 1. Ebenso Lenel, Ztschr. f. d. bürgerl. Recht und franz. Civilr. 1901, S. 220 fg.

[3] S. oben § 58, S. 222, n. 1; § 63, S. 253, n. 1; § 70, S. 289, n. 3; § 72, S. 307, n. 3; S. 310, n. 3. R.G. 8. Juli 1901, E. 49, S. 48, läßt die Frage unentschieden.

[4] So richtig R.G., 7. März 1901; J.W. 1901, S. 322; Das Recht 1901, S. 262. S. auch oben § 67, S. 269, n. 2; Niedner, 2. Aufl., S. 472. Vgl. auch O.L.G. Darmstadt, 17. Mai 1901, Rsp. 3, S. 114 und 115.

[5] So L.G. Ulm, 21. Nov. 1900; Württemb. Z. f. fr. Ger. 1901, S. 1901, S. 3.

werfen, wie es auch das gemeine intertemporale Privatrecht und die richtige Auslegung des Art. 214 E.G. verlangt; s. oben S. 333, n. 2.

B. Das gemeinschaftliche Testament. Für dasselbe gelten die gleichen Grundsätze, die wir bisher für das Testament entwickelt haben. Eine Besonderheit tritt jedoch beim *testamentum simultaneum reciprocum* ein. Hier erlischt mit dem Tode des einen Testators nach einigen Rechtsordnungen das Widerrufsrecht des anderen. Es tritt also eine Bindung des Überlebenden ein. Ist nun ein derartiges Testament unter der alten Rechtsordnung errichtet, so bestimmt sich seine Bindung nach deren Vorschriften; so ausdrücklich Art. 214, Abs. 2. Folgen dieses Grundsatzes: Wurde ein gemeinschaftliches Testament unter einer negativen Rechtsordnung z. B. *Code civil Art.* 968, 1097 errichtet, so gelangt es unter der neuen und positiven § 2265 nicht zu Kräften.[1] Umgekehrt bleibt ein im Gebiete des gemeinen Rechtes nicht von Ehegatten errichtetes gemeinschaftliches Testament unter der neuen und negativen gültig.[2] Nach der alten bestimmt sich, welche Verfügungen in einem solchen Testamente bindend sind, nicht nach §§ 2270, Abs. 3, 22, 71 der neuen.[3] Der Widerruf beurteilt sich nach der alten, nicht nach § 2271, Abs. 1, S. 2 der neuen.[4] Steht daher nach der alten dem Überlebenden ein freies Widerrufsrecht zu,[5] so bleibt es erhalten. Da Art. 214, Abs. 2 eine Gewährungsklausel enthält, so ist er möglichst weit auszulegen. Daher umfaßt er auch solche wechselseitigen Testamente der alten, welche in getrennten Urkunden errichtet wurden; so nach Sächs. B.G.B. §§ 2199 bis 2202, 2214.[6]

C. Die Erbverträge. Für sie gelten nach der Hauptregel dieselben Grundsätze, wie für die Testamente. Es bestimmt sich also bei ihnen Voraussetzung, Form, Stellvertretung, Auslegung und Inhalt nach der Rechtsordnung, die zur Zeit ihrer Errichtung in Geltung war.[7] Dasselbe gilt nach deutschem intertemporalem Privatrechte. Während das E.G. darüber schweigt, wie die Wirkungen einer Verfügung von Todes wegen intertemporal zu behandeln sind, ordnet es bei Erbverträgen, wie bei den gemeinschaftlichen Testamenten an, daß die Bindung des Erblassers nach der Rechtsordnung zu bestimmen sei, unter der der Erb-

---

[1] So richtig Niedner, 2. Aufl., S. 474.

[2] So auch Niedner a. a. O.

[3] S. auch Niedner a. a. O.

[4] R.G. 17. Febr. 1902, E. 50, S. 316 fg. u. unten S. 342, n. 2; Niedner a. a. O.

[5] So nach Windscheid im Gebiete des gemeinen Rechtes; Bd. 3, S. 568, n. 7.

[6] A. M. Niedner a. a. O. Im Entw. I, Art. 129 standen an Stelle der Worte „gemeinschaftliches Testament“ die Worte: *„wechselseitige letztwillige Verfügungen“*.

[7] So auch Gierke a. a. O., S. 206; Savigny a. a. O., S. 492; Unger a. a. O., S. 145; Roth a. a. O., S. 280. Diese Schriftsteller gehen aber Habicht zu weit, der die Auslegung und Inhalt der neuen zuweist. Ganz abwegig ist O.L.G. Jena, 12. Dez. 1901, Rsp. 4, S. 127 fg. Es bezweifelt, was Habicht zugiebt, daß die Gültigkeit eines Erbvertrages nach der alten zu entscheiden sei, S. 130; ja es behauptet gerade das Gegenteil; S. 131.

vertrag errichtet worden ist; Art. 214, Abs. 2 E.G. Der Ausdruck „*Bindung*" kommt sonst im B.G.B. und E.G. nicht vor.[1] Es bestimmt sich also nach der alten, ob und in welchem Umfange der Erblasser dem gegenüber, mit dem er den Erbvertrag geschlossen oder das gemeinschaftliche Testament errichtet hat, oder den er bedacht hat, an seine in dem Vertrage oder gemeinschaftlichen Testamente errichtete letztwillige Verfügung gebunden ist. M. a. W. es bestimmt sich darnach, bis zu welchem Grade er verhindert, unter welchen Voraussetzungen ihm erlaubt ist, von dieser Verfügung abzugehen, sie zu widerrufen oder in anderer Weise aufzuheben. Da die Bindung nach der alten zu beurteilen ist, so ist bei diesen Verfügungen von Todes wegen jeder Zweifel ausgeschlossen, daß auch ihre Gültigkeit sich nach der alten bestimmt.[2] Folgen dieser Grundsätze: Ein unter der Herrschaft der alten und negativen Rechtsordnung, z. B. *Code civil* von Nicht-Ehegatten errichteter Erbvertrag gelangt unter der neuen und positiven § 1941 nicht zur Heilung.[3] Die Widerruflichkeit der einzelnen Anordnungen im Erbvertrage bestimmt sich nach der alten. So kann eine unter der Herrschaft des preußischen Rechtes im Erbvertrage erfolgten Ernennung eines Testamentsvollstreckers unter der neuen: § 2278, Abs. 2; § 2299, Abs. 2 nicht widerrufen werden. Umgekehrt kann ein in einem Erbvertrage unter der Herrschaft des preußischen Rechtes errichtetes Vermächtnis, trotz § 2291, Abs. 1 der neuen, frei widerrufen werden.[4] Im Gebiete des rheinischen Rechtes kann infolge des Art. 214, Abs. 2 E.G. ein in einem Ehevertrage abgeschlossener Erbvertrag unter der neuen, selbst mit Zustimmung aller Beteiligten nicht abgeändert werden.[5] Art. 200, Abs. 2 E.G. schlägt hier nicht ein.[6]

Ist die Verfügung von Todes wegen gültig, so sind zwei Rechtsverhältnisse zu unterscheiden: Die Gebundenheit, in die der Erblasser hinsichtlich seines eigenen Vermögens durch die gemeinschaftliche oder vertragsmäßige Verfügung kommt und das Rechtsverhältnis, in das er oder ein dritter Bedachter durch die Verfügung von Todeswegen des anderen Erblassers zu dessen Vermögen tritt. Das erste Rechtsverhältnis kommt nur bei *testamenta simultanea reciproca* und bei Erb-

---

[1] S. auch Habicht, S. 716, n. 2.

[2] Daher ist auch Habicht, S. 717 hier der Ansicht, daß der Einfluß von Willensmängeln nach der alten zu entscheiden ist. Wenigstens im Hinblicke auf den Erblasser. Für Dritte sei die neue maßgebend, wenn sie den Erbvertrag oder das gemeinschaftliche Testament anfechten wollen; vgl. dagegen das oben angeführte Urteil des O.L.G. Jena.

[3] S. auch Niedner, 2. Aufl., S. 473.

[4] So auch Niedner, 2. Aufl., S. 473.

[5] So Ridder, Ztschr. f. d. Not. in Rheinpr. 1897, S. 49 fg.; 1898 S. 199 fg. und Dorst, das deutsche ehel. Güterrecht, S. 22. Vgl. auch O.L.G. Köln, 16. April 1902, Rsp. 4, S. 447.

[6] S. auch oben § 58, S. 221, n. 5 und 222, n. 1 und § 70, S. 286, n. 1—4. A. M. Habicht, S. 716, n. 3 u. Bollenbeck in d. Zeitschr. f. d. Notar. in Rheinpr. 1899, S. 321—331.

verträgen vor. Das zweite auch bei den bloß gemeinschaftlichen Testamenten: (*testamenta simultanea*). Für das erste Rechtsverhältnis gilt in jeder Richtung die alte Rechtsordnung. Sie bestimmt darüber, ob und inwieweit der Erblasser vor oder nach dem Tode des anderen Teiles trotz des gemeinschaftlichen Testamentes oder des Erbvertrages durch entgeltliche oder unentgeltliche Verfügungen unter Lebenden in das Recht des anderen Teiles oder eines bedachten Dritten eingreifen könne; ferner ob der Erblasser ungeachtet seiner Verfügung von Todes wegen zu einer abweichenden Bestimmung befugt ist und unter welchen Voraussetzungen die Bindung sich löst; endlich über die Art, wodurch die Aufhebung oder der Widerruf zu erfolgen hat. — Auch für das zweite Rechtsverhältnis ist die alte maßgebend, wenn die beiden Testatoren vor dem Inkrafttreten der neuen sterben,[1] oder wenn der eine Testator vor, der andere nach dem Inkrafttreten der neuen stirbt.[2] Wird bei einem unter der alten errichteten wechselseitigen Testamente oder Erbvertrage dem Überlebenden der Nachlaß des Erstverstorbenen nicht zu freiem Eigentume zugewendet, z. B. durch Anordnung einer fideikommissarischen Substitution oder durch die Anordnung eines Nacherbverhältnisses, so ist das Rechtsverhältnis des Vorerben sowohl in Beziehung auf sein eigenes Vermögen wie in Beziehung auf den Nachlaß des Verstorbenen nach der alten zu beurteilen, falls der Erblasser unter ihrer Herrschaft verstorben ist. Stirbt dagegen der Erblasser unter der Herrschaft der neuen, so ist das zweite Verhältnis nach deren Vorschriften zu beurteilen.[3]

D. Schenkungen von Todeswegen. Wird eine Schenkung von Todeswegen unter der alten Rechtsordnung errichtet, so ist diese nach deren Vorschriften zu beurteilen, einerlei ob der Schenker vor oder nach dem Inkrafttreten der neuen stirbt.[4] Vollzieht der Erblasser unter der neuen einen nach den Vorschriften der alten nichtigen Schenkungsvertrag von Todes wegen, so ist die Schenkung auf Grund der neuen gültig.[5] Ist ein Schenkungsvertrag auf den Todesfall unter der alten errichtet, aber noch nicht vollzogen worden, so bestimmt sich nicht nur die Errichtung der Schenkung, sondern auch die Gebundenheit des Schenkers nach deren Vorschriften; denn es liegt ein Erbvertrag im Sinne des E.G. vor.[6]

E. Der Erbverzichtsvertrag. Ist ein solcher unter der alten

[1] So auch Habicht, S. 721.

[2] Habicht erklärt im ersten Falle die alte, im letzten die neue für zuständig; so ist es nach ihm denkbar, daß eine und dieselbe Verfügung nach der alten und nach der neuen zu beurteilen ist. Gerade dieses Ergebnis sollte ihn stutzig machen, ob nicht in seiner Theorie etwas fehlerhaftes sei; s. auch Gesch. § 65, S. 482 und und § 69, S. 562, n. 1 g. E. Er selbst verlangt nach einer einheitlichen Rechtsordnung. Auch hier ist eine solche notwendig und diese kann nur die alte sein.

[3] So auch Habicht, S. 724.

[4] In der Hauptsache zustimmend Habicht, S. 725.

[5] S. auch oben § 73, S. 325.

[6] So auch Habicht a. a. O.

Rechtsordnung geschlossen worden, so ist seine Gültigkeit, sein Inhalt und seine Wirkungen nach deren Vorschriften zu beurteilen. Dies erkennt der Art. 217, Abs. 1 ausdrücklich an.[1] Für den Begriff des Erbverzichtsvertrages im Art. 217 E.G. ist die neue maßgebend. Der alten war dieser technische Begriff unbekannt. Sie faßte ihn als Unterart des Erbvertrages auf; insofern wäre schon Art. 214, Abs. 2 auf den Erbverzichtsvertrag anwendbar.[2] Die Erbentsagungsverträge des A.L.R. I 12, § 649 fallen nicht unter den Erbverzichtsvertrag. Sie stehen als obligatorische Verträge unter dem Art. 170 E.G. Auch die Abschichtungen und Todteilungen des lübischen Rechtes fallen nicht darunter, sondern unter die erbrechtlichen Wirkungen des ehelichen Güterrechtes, also unter Art. 200 E.G.[3]

Folgen des Grundsatzes: Es richtet sich nach der alten die Frage, ob der Erbverzicht nur von der gesetzlichen oder auch von der rechtsgeschäftlichen Erbfolge ausschließt. So ergreift nach A.L.R. I, § 652 ein Verzicht beide Arten von Erbfolgen im Gegensatze zum § 2346 der neuen. Er umfaßt auch das weitergehende neue Erbrecht.[4] — Ebenso die Frage, ob der Erbverzicht eines Abkömmlings oder eines Seitenverwandten auch gegen deren Abkömmlinge wirke. Die alte war in dieser Beziehung geteilt; vgl. Sächs. B.G.B. § 2561 und A.L.R. II 2, § 358. Die neue § 2349 bejaht die Frage. Die von der alten bei Erbverzichten aufgestellten Rechtsvermutungen wirken fort;[5] es gilt nicht § 2350 der neuen. Der Einfluß, den ein Erbverzicht auf die Berechnung des Pflichtteiles ausübt, bestimmt sich nach der neuen.[6] Nach § 2310 der neuen wird der durch den Verzicht Ausgeschlossene bei der Feststellung des Erbteiles des Pflichtteilsberechtigten nicht mitgezählt; vgl. dagegen A.L.R. II 2, § 488, welche Vorschrift also nicht fortwirkt.[7]

F. Die Aufhebung erbrechtlicher Anordnungen. Das gemeine intertemporale Privatrecht unterstellt sie den Vorschriften der alten Rechtsordnung, selbst dann, wenn die Aufhebung erst unter der neuen erfolgt. Das E.G. hat nur einen Teil dieses Grundsatzes unmittelbar ausgesprochen, wonach die Aufhebung einer Verfügung von Todes wegen dann nach den Vorschriften der alten zu beurteilen ist, wenn sie unter deren Herrschaft stattfindet; Art. 214, Abs. 1 u. 217, Abs. 2. Der Gesetzgeber überläßt es somit der Jurisprudenz wie nach deutschem intertemporalem Privatrechte eine unter der Herrschaft der neuen erfolgende Aufhebung zu

---

[1] Mot. zum Art. 129, S. 313; Prot. S. 9108—9110, 9242 (Bd. VI, S. 557, 558, 636). Vgl. auch das treffliche Urteil des O.L.G. Stettin, v. 7. Dez. 1901, Rsp. 4, S. 136 fg.

[2] S. oben §. 12, S. 53 und 54; vgl. auch Habicht, S. 726, n. 3 und 4.

[3] S. O.L.G. Stettin, Rsp. 4, S. 137 u. 138.

[4] So auch Habicht, S. 727, n. 3.

[5] S. oben § 24, S. 95, n. 1; § 25, S. 105, n. 5.

[6] S. oben § 68, S. 273, n. 1.

[7] So richtig auch Habicht, S. 728.

behandeln sei. Nach den im § 25, S. 98 und 106, n. 3 dargestellten Grundsätzen müssen die unselbständigen Willenserklärungen, wie Rücktritt, Widerruf, Kündigung und dergl. nach derjenigen Rechtsordnung beurteilt werden, unter welcher das Rechtsgeschäft errichtet wurde. Dies gilt auch dann, wenn die Aufhebung durch einen Vertrag stattfinden muß, wie bei Erbverträgen, wechselseitigen Testamenten und Erbverzichten. Unter Aufhebung versteht das E.G. einen willentlichen Thatbestand, nicht etwa einen notwendigen, welcher ohne Willen des Erblassers die letztwilligen Verfügungen aufhebt. Für diesen greift der intertemporale Grundsatz des Art. 213, Abs. 1 Platz.[1]

In der That hat sich der deutsche Gesetzgeber in drei Fällen wenn nicht ausdrücklich und unmittelbar, so doch mittelbar der obigen Rechtswahrheit angeschlossen, nämlich für das gemeinsame Testament, den Erbvertrag und den Erbverzichtsvertrag. Wenn er im Art. 214, Abs. 2 in den ersten beiden Fällen die Bindung des Erblassers und im Art. 217 in dem dritten Falle die Wirkungen des Erbvertrages der alten Rechtsordnung unterwirft, so hat er damit auch die Entscheidung der Frage, ob und unter welchen Voraussetzungen, Formen und Wirkungen der Erblasser zurücktreten könne, der alten anheimgestellt. Für die beiden ersten Fälle hat die neue Rechtsprechung diese Rechtswahrheit bereits erkannt.[2] Stimmt aber die Rechtsprechung auf Grund des Art. 214, Abs. 2 dieser intertemporalen Rechtswahrheit für jene Verfügungen von Todes wegen zu, so muß sie dieselbe aus Art. 217, Abs. 1 auch für den Erbverzicht folgern. Denn wenn sich seine *Wirkungen nach den bisherigen Gesetzen bestimmen*, so untersteht als Wirkung die Gebundenheit des Verzichtenden der alten Rechtsordnung und somit die Frage, ob und unter welchen Voraussetzungen und Formen der Verzichtende seinen Verzicht widerrufen oder aufheben kann. Art. 217, Abs. 2 ist daher überflüssig, gerade so wie Art. 214, Abs. 2, soweit sich dieser auf die Aufhebung gemeinschaftlicher Testamente und Erbverträge bezieht.

Es bleiben nur noch die Testamente. Bei der Fassung des Art. 214,

---

[1] So richtig Habicht, S. 727; Scherer, S. 143; Niedner, 2. Aufl., S. 473.

[2] K.G. 22. April 1901; Rsp. 2, S. 472: „*Denn, ob und inwieweit jemand ein wechselseitiges Testament wiederrufen kann, ist eine Frage der Bindung des Erblassers; ... und hieraus ist zu entnehmen, daß die Form des Widerrufes, welche in dem eigentümlichen Charakter, den das gemeinschaftliche Testament nach B.G.B. hat, ihren Grund findet, auf die älteren Testamente, denen ein solcher Charakter nicht innewohnt, nicht zur Anwendung gelangen kann.* Ferner: 8. Okt. 1901, Rsp. 3, S. 384; R.G. 17. Febr. 1902: „*... da hierdurch zweifellos die Widerruflichkeit korrespektiver Testamente der Eheleute den Vorschriften des preußischen Allgemeinen Landrechtes gegenüber erschwert worden ist, hat das Berufungsgericht auf Grund des oben genannten Art. 214 Einf.-Ges. zum B.G.B. Abs. 2 mit Recht den Widerruf auf Grund der Vorschriften des preußischen Allgemeinen Landrechtes für zulässig erachtet. Die Ausführungen der Revision, daß es sich im vorliegenden Falle nicht um die Frage der Widerruflichkeit, sondern um die Frage der Form des Widerrufes handle, erledigen sich hiernach.*“

Abs. 1 ist zu behaupten, daß eine nach dem Inkrafttreten der neuen Rechtsordnung gemäß deren Vorschriften erfolgte Aufhebung des alten Testamentes nur dann Gültigkeit besitzt, wenn sie den Erfordernissen der neuen entspricht. Es stimmt dies mit der Erkenntnis überein, daß der deutsche Gesetzgeber der neuen für die Wirkungen des Inhaltes altrechtlicher Testamente Ausschließlichkeit verliehen hat.[1]

---

[1] S. oben § 23, S. 93, n. 8; § 30, S. 130, n. 2 und unten § 85. Habicht will alle Aufhebungen unter der Herrschaft der neuen *„selbstverständlich"* nach den Vorschriften dieser beurteilt wissen. S. 689, 728, n. 4.

Zweites Kapitel.

Das ausschließende (besondere) intertemporale Privatrecht.

Erster Abschnitt.

Die personalen Rechtsverhältnisse.

§ 75. Die juristischen Personen. Die Aktiengesellschaften insbesondere.

Wir haben bereits oben in § 69, S. 275 fg. mehrere Gruppen von juristischen Personen dargestellt, die noch unter der alten Rechtsordnung stehen. Alle übrigen juristischen Personen unterliegen gewissen Vorschriften der neuen, selbst wenn sie unter der alten entstanden sind. So zunächst die Vereine, die von der alten als juristische Personen anerkannt waren.[1] Die Ausschlußklausel findet sich im Art. 163 E.G.[2] Diese Vereine können sowohl eingetragene wie wirtschaftliche sein. Es kommen für sie in erster Linie die Vorschriften der §§ 25—53, 85—89 in Betracht. Allein nicht alle finden Anwendung, sondern nur diejenigen, welche zwingendes Recht enthalten;[3] wie z. B. § 26, Abs. 1 (Notwendigkeit eines Vorstandes) § 27, Abs. 2, Satz 2 (Widerruflichkeit der Bestellung des Vorstandes bei wichtigem Grunde), § 28, Abs. 2 (Willenserklärung an ein Mitglied des Vorstandes), § 29 (Bestallung des Vorstandes durch das Gericht), § 34 (Ausschluß der Stimmberechtigung eines Mitgliedes) u. s. w. — Die Vorschriften der §§ 24—53 enthalten nachgiebiges Recht und treten daher für ältere Vereine nicht ein, die eine entgegengesetzte Satzung haben. Ebensowenig die §§ 30, 45, Abs. 1, Satz 2, in denen nur auf die Satzung verwiesen wird, falls eine derartige Satzung mangelt. —

---

[1] So richtig O.L.G. Hamburg, 22. Juni 1900; s. oben § 69, S. 275, n. 2—4.
[2] Prot. 8994—8998 (Bd. VI, S. 490—493).
[3] S. oben § 48, S. 178, n. 5.

Als Vereinssatzung gilt nicht nur eine schriftlich niedergelegte oder auf ausdrücklichen Beschlüssen der Mitgliederversammlung beruhende Bestimmung, sondern auch das Herkommen.[1] Wo die genau bezeichneten ausschließlichen Vorschriften der neuen Lücken lassen, tritt zur Ergänzung das ältere Sondergesetz ein mit seinem durch die allgemeinen Vorschriften der alten ergänzten Inhalte.[2] Auch wirkt die alte fort für solche Vereine, deren Rechtsfähigkeit auf staatlicher Verleihung beruht, jedoch nur soweit es ihre Verfassung betrifft. So nach Art. 82 E.G.[3]

Die Stiftungen, die unter der alten Rechtsordnung entstanden sind, werden zwar in Bezug auf ihre Errichtung nach deren Vorschriften beurteilt, unterliegen aber kraft einer Ausschlußklausel zahlreichen Vorschriften der neuen.[4] Die ausschließlichen Vorschriften sind für die Stiftungen zahlreicher als für die Vereine, denn jene unterliegen außer den oben genannten auch noch den §§ 85—89 der neuen. Allerdings verweist § 85 selbst auf die Landesgesetze, nächst den etwaigen Reichsgesetzen, wenn es sich um die Bestimmung der Verfassung einer Stiftung handelt. Damit bleiben für die schon bestehenden Stiftungen auch die Landesgesetze in Kraft, denen sie bisher in Ansehung ihrer Verfassung unterworfen waren. Fehlt es an solchen Reichs- oder Landesgesetzen, so wird die Verfassung durch das Stiftungsgeschäft bestimmt. Für die Auslegung des Stiftungsgeschäftes bleibt die alte maßgebend.[5]

Das intertemporale Landesrecht enthält auf Grund des Vorbehaltes des § 85 B.G.B. Bestimmungen über die Rechtsfähigkeit schon bestehender Stiftungen; so Preußen für Familienstiftungen, Art. 3; Mecklenburg-Schw., § 25; Strelitz, § 24; Lübeck, § 6; Lippe, § 12; letzteres bleibt der älteren Regel am meisten getreu. — Über die Befugnisse der Aufsichtsbehörden bei Ergänzung oder Änderung der Statuten; Sachsen, § 1; Hessen, Art. 8; Weimar, § 15; Braunschweig, § 11; Meiningen, § 5; Coburg-Gotha, Art. 7; Altenburg, § 2; Schwarzburg-Rudolstadt, Art. 13; Schaumburg, § 10; Reuß ä. L., § 14; j. L., § 10; Lübeck, § 7; Hamburg, §§ 7—11. Diese Gesetze lassen eine Änderung der Verfassung nur insoweit zu, als die Verfassung nicht durch das Stiftungsgeschäft bestimmt ist. Mecklenburg-Schwerin, § 20; -Strelitz, § 20; Lübeck, § 7; Hamburg, § 8; Preußen, Art. 4, gehen weiter und lassen unter bestimmten Voraussetzungen auch in diesem Falle eine Änderung zu. — Über den Anfall des Vermögens beim Erlöschen einer Stiftung; Bayern, A.G. Art. 5; Württemberg, Art. 138; Hessen, Art. 9; Weimar, § 17; Mecklenburg-(Schwerin, -Strelitz), § 2; Braunschweig, § 10—14; Meiningen, § 5; Schwarzburg-Rudolstadt, Art. 15; -Sondershausen, Art. 5, § 1; Reuß ä. L., § 14; j. L., § 10; Schaumburg-Lippe, § 11; Lübeck, § 11; Bremen, §§ 4 u. 5; Hamburg, § 19. Darnach

[1] So Habicht, S. 112; Niedner, 2. Aufl., S. 312.
[2] S. oben § 69, S. 278, n. 1 und S. 280, n. 2 und 3. Abweichend Habicht.
[3] S. auch oben § 69, S. 279, n. 4.
[4] So richtig auch Habicht, S. 112, n. 1.
[5] So richtig K.G., 9. Dez. 1901, Rsp. 4, S. 135.

fällt es in der Regel an den Fiskus. Preußen, Art. 5, § 2; Coburg-Gotha, Art. 7; Waldeck, Art. 5; Elsaß-Lothringen, § 7; nach diesen fällt es subsidiär an den Fiskus. Einige Gesetze enthalten die Ausschlußklausel; so Altenburg, § 2; Reuß ä. L., § 15; s. auch Hamburg, § 13.[1]

Für die Familienstiftungen wurden in Preußen besondere Vorschriften erlassen, denen der Gesetzgeber die Ausschlußklausel beigefügt hat.[2] Darnach werden alle Familienstiftungen selbständige juristische Personen; erste Möglichkeit der zweiten Regel des neueren Paares.[3] Die Ausschließlichkeit erstreckt sich nur auf die älteren Familienstiftungen im Geltungsbereiche des A.L.R., nicht auf die der anderen Rechtsgebiete des preußischen Staates. Für diese gilt die Hauptregel. Beruht eine solche Stiftung auf letztwilliger Verfügung, so kommt es darauf an, ob diese Verfügung noch vor dem Inkrafttreten der neuen Rechtsordnung durch den Tod des Stifters wirksam geworden ist. Erfolgt die Genehmigung erst nach diesem Zeitpunkte, so bleiben sowohl für die Bestätigung wie für die Zulässigkeit eines Familienbeschlusses über Abänderung der Statuten oder Aufhebung der Stiftung die Vorschriften der alten maßgebend. Das gleiche muß gelten, wenn die Stiftung durch ein Rechtsgeschäft unter Lebenden vor dem Inkrafttreten der neuen errichtet wird, die Genehmigung aber erst nach diesem Zeitpunkte erfolgt.[4] § 87 B.G.B. findet auf ältere Familienstiftungen im ganzen Bereiche der Monarchie Anwendung; Verordnung vom 16. November 1899, Art. 5, Abs. 2. An Preußen hat sich Waldeck, Art. 2; Anhalt, Art. 6 angeschlossen, ohne jedoch den Vorschriften Ausschließlichkeit für ältere Familienstiftungen beizulegen.

Stiftungen und Anstalten des öffentlichen Rechtes unterstehen der Vorschrift des § 31 und wenn bei ihnen der Konkurs zulässig ist, der Vorschrift des § 42, Abs. 2 der neuen Rechtsordnung, gleichviel ob sie der alten entstammen oder neu begründet werden.[5]

Das E.G. zum Handelsgesetzbuche v. 10. Mai 1897 folgt in Hinsicht auf die Aktiengesellschaften einem gemischten intertemporalen Systeme. Es enthält Gewährungs- wie Ausschlußklauseln. Beim Schweigen des Gesetzgebers muß man daher im Sinne des gemeinen intertemporalen Privatrechtes die Fortwirkung der alten Rechtsordnung anerkennen.[6] Das

---

[1] Habicht, S. 114 meint, daß auch da, wo die Ausschlußklausel fehlt, die Vorschriften Ausschließlichkeit besitzen. Dem ist nicht zuzustimmen. Doch können in den Worten des Gesetzgebers, worin er die Anwartschaft der im Stiftungsgeschäft berufenen Personen aufrecht erhält, schlüssige Worte des Gesetzgebers gefunden werden, welche die Ausschlußklausel ersetzen; s. oben § 11, S. 43, n. 3 und S. 44, n. 1. A. M. auch Niedner, 2. Aufl., S. 313. Dieser meint, die Ausschließlichkeit beruhe auf dem allgemeinen Vorbehalte des § 85.

[2] Preuß. A.G. Art. 3.

[3] S. oben § 9, S. 35.

[4] S. K.G. 30. Sept. 1901, Rsp. 4, S. 7 fg.

[5] § 89 B.G.B. S. oben in § 69, S. 281, n. 2—4 die Begründung.

[6] S. oben § 8, S. 30, n. 6.

Reichsgericht steht auf einem anderen Standpunkte.[1] Es behauptet,[2] daß das E.G. zum H.G.B. lauter Gewährungsklauseln enthalte, nämlich die Art. 24, 27 und 28. Dem ist aber nicht so; Art. 22, Abs. 2; 23, 24, Abs. 2; 25 und 26 enthalten Ausschlußklauseln. Also liegt ein gemischtes intertemporales System vor, ähnlich wie im E.G. zum B.G.B.[3] Daher ist die Schlußfolgerung des Reichsgerichtes falsch, daß die nicht ausgenommenen Bestimmungen der neuen für die alten Aktiengesellschaften Anwendung finden. Gerade das Gegenteil ist richtig. Diejenigen Vorschriften, denen der Gesetzgeber nicht ausdrücklich Ausschließlichkeit verliehen hat, finden auf ältere Aktiengesellschaften keine Anwendung, es wäre denn, daß der Wille des Gesetzgebers sich sonst aus den Übergangsbestimmungen klar und unzweideutig ergiebt; s. unten § 84. Dies ist nun gerade hinsichtlich des Aufsichtsrates nicht der Fall und auch nicht hinsichtlich des § 6 des Reichsgesetzes vom 18. Juli 1884. Wenn der Gesetzgeber den § 6, der auf dem Boden des gemeinen intertemporalen Privatrechtes steht, hätte beseitigen wollen, so hätte er dies durch eine Ausschlußklausel erklären müssen. Das Schweigen des Gesetzgebers ist immer zu Gunsten der Hauptregel und damit auch zu Gunsten der Gerechtigkeit auszulegen. Gerade das Urteil des Reichsgerichtes zeigt, wie kleinlich und gehässig die Ergebnisse des entgegengesetzten Standpunktes sind. Das Rechtsgefühl der Aktionäre des *„Bochumer Vereins für Bergbau und Gußstahlfabrikation“* mußte durch das Urteil verletzt werden.

§ 76. Nichtige, ungültige und für ungültig erklärte Ehen. Die persönlichen Rechtsbeziehungen der Ehegatten. Die Ehescheidung und die Aufhebung der ehelichen Gemeinschaft.

Nichtige oder ungültige Ehen der alten Rechtsordnung werden unter der neuen geheilt, wenn die Ehegatten zur Zeit ihres Inkrafttretens noch als Ehegatten mit einander leben, und der Grund, auf dem die Nichtigkeit oder die Ungültigkeit beruht, nach deren Vorschriften die Nichtigkeit oder die Anfechtbarkeit der Ehe nicht zur Folge haben oder diese Wirkung verloren haben würde. Die Ehe wird dann als von Anfang an gültig angesehen; Art. 198, Abs. 2.[4] Die Ausschließlichkeit der neuen erfährt aber eine Einschränkung: *„Die für die Anfechtung im Bürgerlichen Gesetzbuch bestimmte Frist beginnt nicht vor dem Inkrafttreten des Bürgerlichen Gesetzbuchs“*; s. § 1339 B.G.B.[5] Die Ausschließlichkeit ist nur eine schlichte; sie ergreift rechtshängige Sachen nicht.[6] Entw. I, Art. 117

[1] Urteil v. 27. Febr. 1901, E. 48, S. 40 fg.
[2] A. a. O., S. 47.
[3] S. oben § 12, S. 53, n. 1.
[4] S. oben § 16, S. 65, n. 8.
[5] Vgl. oben § 57, S. 219, n. 3.
[6] S. oben § 12, S. 49, n. 6. So richtig R.G., 20. Sept. 1900; J.W. 1900, S. 725.

wollte streng an der älteren Regel festhalten.[1] Deswegen hat man der Ausschlußklausel die Beschränkung beigefügt, daß die Ehegatten im Zeitpunkte des Inkrafttretens der neuen noch mit einander leben müßten. Für die Wirksamkeit des Miteinanderlebens ist ein darauf gerichteter Wille erforderlich; einen solchen verlangte auch das römische Recht.[2] Voraussetzung der Heilung der Ehe ist ferner, daß entweder der neuen der Trennungsgrund nicht bekannt ist, z. B. Mentalreservation, Simulation, oder ihr zwar bekannt, aber nach ihren Vorschriften in Wegfall kommt.[3] Keine Voraussetzung der Heilung ist, daß die Ehe im übrigen allen Gültigkeitsvorschriften der neuen entspricht. Wenn diese daher einen Anfechtungsgrund für die Ehe kennt, nicht aber die alte, so schadet dies der Heilung nicht.[4]

Eine unter der alten Rechtsordnung für ungültig erklärte Ehe steht in ihren Wirkungen einer unter der neuen für nichtig erklärten gleich; Art. 198, Abs. 3. Die unter der neuen anfechtbare Ehe ist nach erfolgter Anfechtung als nichtig anzusehen.[5]

Die persönlichen Rechtsbeziehungen der Ehegatten zu einander, insbesondere die gegenseitige Unterhaltspflicht, bestimmen sich für die zur Zeit des Inkrafttretens der neuen Rechtsordnung bestehenden Ehen nach deren Vorschriften; Art. 199.[6] Der deutsche Gesetzgeber ist hier der französischen Jurisprudenz gefolgt.[7] Die Ausschließlichkeit ergreift die in der Berufungsinstanz,[8] nicht die in der Revisionsinstanz schwebenden Sachen.[9] Die zwingenden Vorschriften der neuen über die persönlichen Rechtsbeziehungen der Ehegatten haben eine Ausschließlichkeit erlangt, vor der selbst die erledigten Sachen weichen müssen.[10] Diese Vorschriften haben also eine wiedereinsetzende Ausschließlichkeit.[11] Ein Vergleich, ja selbst ein rechtskräftiges Urteil wird unwirksam, wenn sie ihm entgegen-

---

[1] Mot. z. E.G. S. 278 fg.

[2] S. Gesch. § 5, S. 35: *si in eadem voluntate perseverat.* So richtig auch Habicht, S. 503, n. 2. Die Sprechweise des Art. 198, Abs. 2 E.G. ist dem § 1324, Abs. 2 B.G.B. entnommen; Prot. 442, Nr. 1, Bd. VI, S. 526—532; s. auch oben § 12, S. 53. Richtig entschied R.G. 20. Sept. 1900, daß ein Zusammenleben nicht mehr vorliegt, wenn vor dem 1. Jan. 1900 bereits die Ungültigkeitsklage erhoben ist. A. M. Niedner, 2. Aufl., S. 418.

[3] So im Falle des § 1324, Abs. 2 B.G.B. Hier ist es einerlei, ob die Ersitzung der Gültigkeit der Ehe vor dem 1. Januar 1900 nur begonnen oder ob sie bereits vollendet ist; s. auch Niedner, 2. Aufl., S. 419.

[4] So richtig Niedner, 2. Aufl., S. 419.

[5] S. auch Niedner, 2. Aufl., S. 419.

[6] Mot. zum Art. 118, S. 279 u. 280; Prot. S. 9066—9071, 9240, 9241 (Bd. VI, S. 532, 635 u. 636.

[7] S. Gesch. § 62, S. 428 und § 45, S. 172, n. 6.

[8] S. oben § 12, S. 51, n. 3 und 4; s. auch Mot. z. E.G. S. 280.

[9] So richtig jetzt Habicht, der damit einen Irrtum der ersten Aufl. berichtigt. S. 509, n. 5.

[10] S. oben § 12, S. 51, n. 3.

[11] S. oben § 13, S. 57, n. 5.

stehen.[1] Handelt es sich um einen Vertrag, wodurch das Recht des Ehemannes, den gemeinsamen Wohnort zu bestimmen, ausgeschlossen oder beschränkt wird, so wird der Ehemann durch § 1354 der neuen wieder in den frühern Zustand eingesetzt.[2]

Zu den persönlichen Rechtsbeziehungen gehört nicht die Schlüsselgewalt. Nach der alten Rechtsordnung ist sie ein Ausfluß des ehelichen Güterrechtes; diese entscheidet also nach Art. 200 darüber. Die Richtigkeit dieses Satzes folgt daraus, daß Art. 199 als Ausschlußklausel eng auszulegen ist,[3] während Art. 200 möglichst weit ausgelegt werden muß.[4] — Ebenso nicht die *praesumtio Muciana.*[5] Wie wir oben in §§ 8 u. 12 nachgewiesen haben, sind sämtliche Ausschlußklauseln möglichst einschränkend auszulegen. Bei einer solchen Auslegung kann man aber nimmermehr die sich auf das Vermögen beziehende Rechtsvermutung zu den persönlichen Rechtsbeziehungen der Ehegatten rechnen.[6] Auch noch ein anderer Grund spricht dagegen. Wie könnte ihr eine wiedereinsetzende Ausschließlichkeit zukommen, welche rechtskräftige Urteile und Vergleiche bricht?[7] Bestand nach der alten eine der *praesumtio Muciana* entsprechende Rechtsvermutung nicht, so tritt sie auch nicht mit dem Inkrafttreten der neuen für ältere Ehen ein.[8] Stellt die alte eine persönlich oder sachlich weitergehende Vermutung als die neue auf, so bleibt jene für ältere Ehen auch nach dem Inkrafttreten dieser bestehen.[9] Der lübische Gesetzgeber bestätigt vollauf die Auffassung, daß der § 1362 der neuen auf Grund des Art. 199 keine Ausschließlichkeit besitzt. Daher verleiht er ihm durch eine Ausschlußklausel die Ausschließlichkeit, § 106 A.G.; ebenso noch den §§ 1405 und 1357. Da auch diese Vor-

---

[1] So richtig Habicht, S. 509; Jacobi, Eherecht, 2. Aufl., S. 509 fg.; Niedner, 2. Aufl., S. 419.

[2] So richtig R.G., 15. Okt. 1900; Das Recht 1900, S. 490.

[3] S. oben § 12, S. 54, n. 5.

[4] S. oben § 8. S. 33. A. M. Habicht, 3. Aufl., S. 532; Niedner, S. 313, 316; O.L.G. Karlsruhe, 14. Mai 1901, Rsp. 3, S. 13; Niedner, 2. Aufl., S. 420 giebt aber zu, daß *„ein Zusammenhang mit den Normen des ehelichen Güterrechtes, namentlich nach den Grundsätzen vieler bisheriger Rechte nicht zu verkennen ist“.*

[5] A. M. Habicht, S. 510; Jacobi, 2. Aufl., S. 79; Niedner, S. 313, Nr. 2h.

[6] Selbst Habicht sagt, sie gehöre streng genommen dem ehelichen Güterrechte an; die richtige Ansicht vertritt Endemann, 3—5. Aufl., Bd. 2, S. 812, n. 3. Die Einwände Habichts gegen Endemann, S. 510, n. 2 sind nicht durchschlagend, indem er selbst sagt, daß die Vermutung im Reichstage nur zu Gunsten der Gläubiger des Mannes beibehalten worden ist.

[7] Zwischen Habicht und Niedner besteht in diesem Punkte ein Unterschied. Nach jenem erstreckt sich die Rechtsvermutung nicht auf die vor dem 1. Jan. 1900 erworbenen Sachen, wohl aber nach diesem. Bei der Rechtsvermutung der §§ 891 u. 1006 B.G.B. vertreten sie den umgekehrten Standpunkt; s. unten § 83.

[8] Habicht behauptet das Gegenteil S. 511.

[9] A. M. Habicht, der für die Ausschließlichkeit der neuen eintritt. Er leitet einen dahingehenden Willen des Gesetzes daraus ab, daß in der Reichstagskommission die in den Entw. I—III des B.G.B. beibehaltene Vermutung zu Gunsten des Mannes als eine ungerechtfertigte Begünstigung des ohnehin stärkeren Teiles beseitigt

schriften der neuen richtiger Ansicht nach nicht die persönlichen Rechtsbeziehungen der Ehegatten treffen. Wo also der Landesgesetzgeber den genannten Paragraphen ausdrücklich keine Ausschließlichkeit verliehen hat, kommt ihnen eine solche bloß auf Grund des Art. 199 nicht zu. Auch hier zeigt sich wieder, daß der Gesetzgeber im intertemporalen Privatrechte bewanderter ist, als der Richter und Schriftsteller.[1] — Ferner nicht die in der alten Rechtsordnung vorkommenden Verbote der Schenkungen unter Ehegatten und die Verbote oder die Beschränkungen der Interzession einer Frau für ihren Ehemann. Sie bleiben daher für ältere Ehen auch nach dem Inkrafttreten der neuen aufrecht. Dies folgt ebenfalls daraus, daß der Art. 199 als Sonderrecht möglichst eng auszulegen ist.[2] Wurden solche Rechtsgeschäfte unter der alten vorgenommen, so bleiben sie nach Maßgabe ihrer Vorschriften nichtig.[3] Auch das Widerrufsrecht des Schenkers bleibt nach den bisherigen Gesetzen bestehen.[4] Diese nichtigen Rechtsgeschäfte können nicht durch nachträgliche Bestätigung wirksam werden, etwa mit Rückwirkung bis zum 1. Jan. 1900, wo sie allererst zulässig wurden. Ebensowenig kann in der Belassung des geschenkten Gegenstandes über den 1. Januar 1900 hinaus eine wirksame Bestätigung gefunden werden.[5] Aber auch dann, wenn diese Rechtsgeschäfte unter der Herrschaft der neuen abgeschlossen werden, sind sie nichtig.[6] Da jedoch im größten Teile des deutschen Reiches die ehelichen Güterstände durch die Landesgesetzgebung in die neue übergeleitet sind, so hat diese Folgerung des intertemporalen Reichsrechtes wenig praktische Bedeutung. Daß dem Reichsgesetzgeber selbst diese Beziehungen nicht als persönliche erscheinen, geht daraus hervor, daß er die Unterhaltspflicht besonders hervorhebt, weil Zweifel auch bei ihr nicht ausgeschlossen sind, ob sie Ausfluß der persönlichen Rechtsbeziehungen oder des ehelichen Güterrechtes ist.[7] Hegte aber der Reichsgesetzgeber schon bei der Unterhaltspflicht Zweifel, so mußte er die *praesumtio Muciana*, die Schlüsselgewalt und die Verbote der Schenkungen unter Ehegatten u. s. w. zum ehelichen Güterrechte rechnen. — Auch nicht die Verpflichtung

---

wurde. Daraus kann man aber keineswegs einen Ersatz der Ausschlußklausel entnehmen; s. oben § 11, S. 43, n. 3. Zu Gunsten der alten beschränkt er die Ausschließlichkeit für Sachen, bei denen keiner der Gatten im ausschließlichen Besitze ist, sondern die sich im gemeinschaftlichen Besitze beider Gatten befinden. Dieses Zugeständnis an die alte ist aber von seinem Standpunkte nicht folgerichtig. Entweder — oder; ein Zerreißen der Rechtsordnung ist Willkür.

[1] S. oben § 58, S. 222, n. 1; § 63, S. 253, n. 1; § 70, S. 289, n. 3; § 72 C., S. 307, n. 3 und D., S. 310, n. 3; § 74 A., S. 337, n. 3.

[2] Anders Habicht.

[3] Dieses Zugeständnis machen der alten auch Niedner, S. 313, n. 2i; Scherer, Nr. 280, Anm. 3.

[4] Habicht, S. 512, n. 1; Aron, S. LXXX.

[5] A. M. Niedner a. a. O.

[6] A. M. die genannten Schriftsteller.

[7] Mot. 296, 279.

des Mannes, die Prozeßkosten der Frau zu tragen und Vorschüsse zu machen.[1] — So nach intertemporalem Reichsrechte; die intertemporale Landesgesetzgebung änderte die Bestimmungen im Sinne der zweiten neueren Regel.[2]

Dem Zuge folgend, der sich bereits in der Gesetzgebung des 19. Jahrhunderts zeigte, verlieh das E.G. im Art. 201 der neuen Rechtsordnung für die Scheidung und Aufhebung der ehelichen Gemeinschaft die Ausschließlichkeit.[3] Jedoch hat es der richtigen intertemporalen Erkenntnis stattgegeben und im Art. 201, Abs. 2 bestimmt, daß gewisse in der neuen (§§ 1565—1568) als Scheidungs- oder Trennungsgründe anerkannte Verfehlungen, sofern sich ihrer ein Ehegatte vor dem Inkrafttreten der neuen schuldig gemacht hat, nur dann eine Scheidung oder Aufhebung der ehelichen Gemeinschaft herbeiführen können, wenn sie auch nach der alten Scheidungs- oder Trennungsgründe waren.[4] Diese intertemporale Rechtswahrheit läßt sich nicht vom Standpunkte der Lehre von den wohlerworbenen Rechten begründen, denn es giebt weder auf Trennung noch auf Nichttrennung der Ehe ein wohlerworbenes Recht.[5] Vom objektiven Standpunkte aus betrachtet, liegen zweifellos Thatbestände und objektive Rechtsverhältnisse der Vergangenheit vor, die von der neuen geschont werden müssen.

Folgen der Fortwirkung: Begründete nach der alten Rechtsordnung eine bestimmte Dauer der erkannten Strafe die Ehescheidung, und ist unter ihr auf eine derartige Strafe erkannt worden, so kann sich unter der neuen, welche diesen Scheidungsgrund der Form nach nicht mehr kennt, der Kläger nur darauf stützen, wenn die Voraussetzungen des § 1568 der neuen erfüllt sind. Verlangt die alte, daß eine Verurteilung zu einer harten und schmählichen Strafe erfolgt sei und ist die Strafe, wenn auch noch nicht vollständig verbüßt, so doch angetreten, so genügt es zur Scheidung auf Grund des § 1568 der neuen, wenn die Verurteilung und die Antretung der Strafe erst unter der neuen erfolgt. Vgl. A.L.R. § 704 II, 1. Die Verurteilung und Antretung steht zwar nicht mehr unter der formellen Herrschaft der alten, wohl aber unter ihrer materiellen Fortwirkung. Es liegt eine Thatbestandsverbindung vor, wovon das eine Glied unter die alte fiel, nämlich das Verbrechen.[6] Waren die vom § 1568 der neuen anerkannten Verfehlungen nach der alten nur ein Grund für eine zeitweilige Trennung von Tisch und Bett, so genügt

---

[1] S. oben § 58, S. 221, n. 2.

[2] S. oben S. 350, n. 1 den lübischen Gesetzgeber; vgl. auch oben § 58, S. 224, n. 4 und § 70, B. S. 285.

[3] S. oben § 12, S. 51, n. 2 u. § 13, S. 57, n. 4. Mot. zum Art. 120, S. 288 bis 290; Prot. S. 9090—9093. Reichst.-Komm.-Ber. V, S. 19; Reichst.-Sitz. Prot. S. 3035, 3096 (Bd. VI, S. 545, 546).

[4] S. Gesch. § 53, S. 359, n. 1 und § 54, S. 370, n. 3 und § 59, S. 409, n. 3; 415 n. 1.

[5] So Gierke a. a. O., S. 202, n. 24; s. auch Gesch. § 53, S. 359, n. 1.

[6] S. oben § 23, S. 91, n. 5. So auch K.G., 3. Nov. 1900; Rsp. 1, S. 473; a. M. der Einsender S. 474, n. 1.

das, um unter der neuen auf Scheidung zu klagen, falls diese Verfehlungen vor ihrem Inkrafttreten stattfanden.[1] So war die Trunksucht nach Mecklenburger Landrecht ein Grund zur zeitweiligen Trennung von Tisch und Bett. Es kann daher unter der neuen auf Scheidung geklagt werden, wenn die Voraussetzungen des § 1568 der neuen vorliegen.[2]

Ähnlich verhält es sich, wenn die alte Rechtsordnung als Scheidungsgrund die sogenannte unüberwindliche Abneigung anerkannte. Dann kann unter der Herrschaft der neuen auf Scheidung nur geklagt werden, wenn die Voraussetzungen des § 1568 der neuen vorliegen, weil die unüberwindliche Abneigung in den Augen der alten nicht auf einer „*Verfehlung*" beruht, wohl aber als objektiver Rechtfertigungsgrund für die Scheidung in Betracht kommen konnte. A.L.R. § 718a II, 1; vgl. auch *Code civil Art.* 233.[3] Das Wort „*Verfehlung*" ist, weil es einer Gewährungsklausel angehört, ausdehnend auszulegen.[4] Ein Scheidungsgrund, nicht lediglich eine Beweiserleichterung ist nach der alten auch der Verdacht der ehelichen Untreue; A.L.R. § 673 II, 1.[5] Aus einem Grunde, der nach der alten lediglich Trennungsgrund war, kann, sofern die neue einen entsprechenden Grund als Scheidungsgrund nicht kennt, nach ihrem Inkrafttreten nicht vorgegangen werden; erste neuere Regel in ihrer ersten Möglichkeit.[6] Wenn die alte den Ehebruch von seiten des Ehemannes nur bei erschwerenden Umständen als Scheidungsgrund anerkennt, so kann die Ehefrau unter der neuen wegen eines Ehebruches ihres Mannes, den er noch unter der Herrschaft der alten begangen haben soll, nur dann auf Scheidung klagen, wenn der Thatbestand der erschwerenden Umstände vorliegt.[7] Einen derartigen schweren Ehebruch verlangte der ursprüngliche *Art.* 230 des *Code*; s. auch Badisches L.R. Satz 230a. Erkannte die alte ein ehrloses oder unsittliches Verhalten des einen Ehegatten als Scheidungs- oder Trennungsgrund der Ehe nicht an, so kann auf Scheidung unter der neuen auf Grund des Art. 201, Abs. 2 nicht geklagt werden, wenn das „Verhalten" ganz unter die Herrschaft der alten fällt. Dauert jedoch dieses Verhalten auch unter der neuen fort,

---

[1] Zustimmend Habicht a. a. O., S. 570; Jacobi, S. 106; Niedner, S. 319. Vgl. auch Das Recht 1900, S. 401, 462; R.G. 22. Febr. 1901; J.W. 1901, S. 203. Abweichend O.L.G. Hamburg, 20. April 1900; D. J.Z. S. 364.

[2] S. O.L.G. Rostock, 3. April 1900, Rsp. 1, S. 396 und 26. Oktober 1900; Mecklenburg. Ztschr. Bd. 19, Nr. 55. S. auch O.L.G. Hamburg, 11. April 1900; D. J.Z. 1900, S. 354; R.G. 12. Nov. 1900, S. A. XI, S. 72 fg.

[3] So richtig O.L.G. Breslau, 5. Juli 1900, Rsp. 1, S. 257.

[4] S. oben § 8, S. 93 und § 12, S. 53. Eine enge und buchstäbliche Auffassung liegt dem Urteile des K.G. vom 30. Mai und 13. Juni 1900 zu Grunde. Rsp. 1, S. 351.

[5] So R.G. 28. Juni 1900; J.W. Zus. 2; Niedner, 2. Aufl., S. 445.

[6] S. oben § 9, S. 35. Ebenso Habicht, S. 570; Jacobi, 2. Aufl., S. 106; Niedner, 2. Aufl., S. 444; R.G. 15. Jan. 1900; Das Recht, S. 637.

[7] So auch Habicht, S. 570; Nöldeke, S. 408; A. M. Scherer, Nr. 314 gegen den klaren Wortlaut des Abs. 2 des Art. 201.

so kann der verletzte Ehegatte die Scheidungsklage erheben; die neue ergreift das Verhalten als Thatbestand der Gegenwart.[1]

War nach der alten Rechtsordnung auch Geisteskrankheit von bestimmter Dauer ein anerkannter Scheidungsgrund, so sind zwei Möglichkeiten gegeben: Die Frist der alten ist kürzer oder sie ist länger als die der neuen. Ist sie kürzer und bereits unter der alten abgelaufen, so kann der geistesgesunde Ehegatte unter der neuen auf Scheidung nur klagen, wenn auch die Voraussetzungen des § 1569 der neuen erfüllt sind. Die Krankheit muß also mindestens drei Jahre gedauert und einen solchen Grad erreicht haben, daß die geistige Gemeinschaft zwischen den Ehegatten aufgehoben und jede Aussicht auf Wiederherstellung ausgeschlossen ist. War die Geisteskrankheit bereits unter der alten ausgebrochen, so kann die unter ihrer Herrschaft abgelaufene Frist in die drei Jahre eingerechnet werden. — Ist sie länger, so finden die Bestimmungen über die Verjährung entsprechende Anwendung; Art. 169, Abs. 2 E.G. Es muß somit entweder die alte Frist ganz abgelaufen sein oder die kürzere neue, von dem Inkrafttreten der neuen an gerechnet, sich vollendet haben. Wie ist es aber, wenn die alte die Geisteskrankheit nicht als Scheidungsgrund anerkennt und die Geisteskrankheit eines Ehegatten bereits unter ihrer Herrschaft begonnen hat und unter der neuen fortdauert; ist dann die von der neuen verlangte Zeitdauer von drei Jahren von ihrem Inkrafttreten an zu rechnen oder vom Beginne der Geisteskrankheit? Die Frage läßt sich auf Grund unserer Thatbestandslehre genau beantworten. Die Geisteskrankheit ist ein personaler Zustandsthatbestand. Wenn ein solcher auch unter der alten begonnen, jedoch nach dem Inkrafttreten der neuen fortdauert, so darf sie ihn von diesem Zeitpunkte an ihrer Herrschaft als Thatbestand der Gegenwart unterwerfen; folglich können die drei Jahre nur vom Inkrafttreten der neuen an gerechnet werden.[2] Wurde unter der alten und negativen Rechtsordnung bereits eine Klage wegen Geisteskrankheit auf Ehescheidung rechtskräftig abgewiesen, weil die Geisteskrankheit keinen Ehescheidungsgrund bildete, so kann trotz der Rechtskraft des Urteiles der abgewiesene Kläger unter der neuen noch einmal klagen und durchdringen.[3]

Bei dem Scheidungsgrunde der böslichen Verlassung verlangen ähnliche Fragen ihre Lösung. Kannte die alte Rechtsordnung diesen Scheidungsgrund und schrieb sie eine bestimmte Zeitdauer der Landflüchtigkeit vor, so sind zwei Möglichkeiten gegeben. Entweder die Frist der alten ist

---

[1] S. oben § 27, S. 116, n. 1; S. 118, n. 4 g. E. Ebenso Habicht, S. 570; Jacobi, S. 106.

[2] S. oben § 27, S. 116 u. 118 n. 4. Habicht a. a. O., S. 569 hat die obigen beiden Fälle nicht auseinandergehalten. Für den letzten Fall kommt er zu einem andern Ergebnisse, jedoch ohne Angabe von Gründen. Ebenso Nöldeke, S. 409.

[3] Den Grund dieser wiedereinsetzenden Ausschließlichkeit eines Ehescheidungsgesetzes habe ich oben in § 12, S. 48, n. 2 dargethan. Habicht und Nöldeke schweigen darüber.

kürzer als die neue einjährige, § 1567, Abs. 2, Nr. 1; diesem Falle steht gleich, wenn die alte gar keine Frist kannte: Dann muß die einjährige Frist der neuen abgelaufen sein, aber sie kann vom Beginne der Landflüchtigkeit an gerechnet werden, obschon er unter die alte fällt. Oder die Frist der alten ist länger als die neue; hier greifen entsprechend die Grundsätze ein die das E.G. für die Verjährung aufgestellt hat; Art. 169, Abs. 2.[1] Es genügt also nicht, daß unter der alten die Landflüchtigkeit ein Jahr gedauert hat, sondern es muß entweder die kürzere Frist der neuen völlig unter dieser, oder die längere Frist der alten vom Beginne der Landflüchtigkeit an gerechnet, unter der neuen sich vollendet haben.[2] Kannte aber die alte die Landflüchtigkeit als Scheidungsgrund überhaupt nicht, dann muß die Frist vom Inkrafttreten der neuen an berechnet werden, selbst wenn der Ehegatte bereits unter der alten aus dem Lande fortzog; aus denselben Gründen wie bei der Dauer der Geisteskrankheit;[3] denn auch die Landesflüchtigkeit ist ein personaler Zustand.[4]

Die neue Rechtsordnung kennt eine *quasi desertio* d. h. Unfolgsamkeit gegen die rechtskräftige Verurteilung zur Herstellung der häuslichen Gemeinschaft. Sie ist ein Scheidungsgrund, wenn der verurteilte Ehegatte ein Jahr lang gegen den Willen des andern Ehegatten in böslicher Absicht dem Urteile nicht Folge geleistet hat. Wenn nun unter der alten ein Rückkehrbefehl erlassen wurde, kann dann die einjährige Frist vom Zeitpunkte dieses Rückkehrbefehles an gerechnet werden? Die Frage ist zu verneinen; denn der Rückkehrbefehl ersetzt nicht das von der neuen verlangte rechtskräftige Urteil.[5] Der neuen würde sonst eine Ausschließlichkeit im Sinne der zweiten neueren Regel zukommen.[6] Ist die einjährige Frist des § 1567, Abs. 2 der alten unbekannt oder kennt sie eine längere, so muß die Frist vom Zeitpunkte des Inkrafttretens der neuen an gerechnet werden. Die Zeit, wo sich der Ehegatte unter der alten fern gehalten hatte, darf nicht eingerechnet werden.[7]

Voraussetzung der Fortwirkung der alten Rechtsordnung ist, daß die Verfehlung bis zu ihrer formellen Aufhebung einen Scheidungs- oder Trennungsgrund gebildet oder zu bilden begonnen habe. Ist noch unter ihrer Herrschaft durch einen andern Thatbestand der Scheidungs- oder Trennungsgrund unwirksam gemacht worden (z. B. durch Ehebruch des andern Teiles oder Ablauf einer Frist), so kann unter der neuen wegen der unter der alten unwirksam gewordenen Verfehlung nicht mehr geklagt

---

[1] S. oben § 34, S. 139 fg.

[2] So auch Habicht, der aber die verschiedenen Fälle nicht gehörig auseinanderhält.

[3] S. oben.

[4] Vgl. auch R.G. 12. Juni 1900; J.W. 1900, S. 584, 585 und R.G., 2. Januar 1900; J.W. 1900, S. 124.

[5] So richtig Nöldeke, S. 409; Habicht, S. 570, n. 4.

[6] S. oben § 9, S. 35. So richtig auch R.G., 25. Juni 1900, E. 46, S. 159.

[7] S. oben S. 353, n. 2. Unrichtig O.L.G. Hamburg, 14. Juli 1900, Rsp. 1, S. 313, 314 und Niedner, 2. Aufl., S. 447 ohne Begründung.

werden. Es folgt dies daraus, daß Art. 201, Abs. 2 eine beschränkte Gewährungsklausel enthält. Ihr Gedanke ist, daß, wenn ein negatives Rechtsverhältnis unter der alten entstanden ist, es unter bestimmten Voraussetzungen noch unter der neuen geltend gemacht werden kann. Ist es aber erloschen, so kann von einer Fortwirkung der alten keine Rede mehr sein. Ein Seitenstück zum intertemporalen Art. 201, Abs. 1 liefert der internationale Art. 17, Abs. 4 E.G., welcher in seiner deutlicheren Fassung für die obige Auffassung spricht. Die entgegengesetzte Ansicht würde der neuen eine Ausschließlichkeit im Sinne der zweiten neueren Regel beilegen.[1] In der Rechtsprechung wurde die Frage, ob die Ehefrau auf Scheidung wegen Ehebruches klagen kann, wenn sie noch unter der alten durch Ehebruch das Recht auf Scheidung verwirkt hatte (A.L.R. § 671 II 1), verschieden beantwortet.[2] Aus der obigen Begründung folgt, daß das negative Rechtsverhältnis noch zur Zeit des Inkrafttretens der neuen bestehen muß. Begeht ein Ehegatte nach diesem Zeitpunkte den Ehebruch, so kann ein früherer Ehebruch nicht mehr geheilt werden.[3] Art. 201, Abs. 2 ist entsprechend auf den Fall auszudehnen, daß der Kläger auf Grund des § 1574, Abs. 3 der neuen auf Antrag des Beklagten für schuldig erklärt werden soll. Es müssen also die Thatbestandsmerkmale eines Scheidungsgrundes sowohl der neuen wie der alten vorliegen.[4] Wird aber gegen ein unter der alten erlassenes Scheidungs-

---

[1] Sie wird vertreten von Habicht in der ersten Auflage; Jacobi, S. 106; Nöldeke, D. J.Z. 1899, S. 408; Gerhard, Berl. Anwaltsv. Heft 12, S. 31 u. Bunsen, Beitr. Heft 3, S. 209.

[2] Mit Recht verneinte die Frage O.L.G. Celle, 10. Febr. 1900 u. 1. Mai 1900; Rsp. 1, S. 325. Ferner der VI. C.S. des R.G., 24. Sept. 1900, E. 47, S. 4 fg. und der III. C.S. in seinem trefflichen Urteile v. 4. Mai 1900, E. 46, S. 90 fg. O.L.G. Kiel, 9. Januar 1900; Schlesw.-Holst. Anz. 1900, S. 95. Vgl. noch O.L.G. Celle, 6. Nov. 1900; Das Recht 1900, S. 492. O.L.G. Rostock, 16. Nov. 1900; Mecklenb. Ztschr. 19, S. 213. Vgl. auch L.G. Görlitz, 1. Febr. 1900; Das Recht 1900, S. 63.

Bejaht wurde die Frage vom dritten C.S. des K.G. und vom zwölften, 10./17. Okt. 1900; Rsp. 1, S. 323. Der Hinweis auf die Unmoralität der gegnerischen Ansicht ist nicht stichhaltig, da es sich nur um einen transitorischen Rechtssatz handelt. Im Urteile v. 12. Jan. 1901, Rsp. 2, S. 146 schränkt der Senat seine Ansicht etwas ein und gewährt der alten eine stärkere Fortwirkung; O.L.G. Königsberg, 1. März 1900, Rsp. 1, S. 142 fg.; O.L.G. Jena, 10. Jan. 1900, Rsp. 1, S. 46; O.L.G. Hamburg, 23. Januar 1900; Das Recht 1900, S. 307 und 21. Dez. 1900; D. J.Z. 1900, S. 235 und Rsp. 2, S. 386, ebenfalls mit dem Hinweise auf die Unmoralität der gegnerischen Ansicht. Mit Recht aber rügt das Gericht die *Behandlung, die die Judikatur weit weniger bedenklichen Instituten des alten Rechtes, z. B. den Ansprüchen aus einer vor 1900 geschehenen Verlobung oder Defloration, auf Grund der zwingenden Prinzipien des B.G.B. zuteil werden läßt*; s. oben § 70, S. 285, n. 1 und 2. — O.L.G. Kiel, 29. Januar 1900; Schlesw.-Holst. Anz. 1900, S. 65 fg.; O.L.G. Frankfurt, Das Recht 1900, S. 307; O.L.G. Jena, 10. Jan. 1900, Rsp. 1, Nr. 23, S. 46.

[3] So mit Recht O.L.G. Celle, 6. Nov. 1900; Das Recht, S. 492. Niedner, 2. Aufl., S. 445. Abweichend O.L.G. Kiel, 9. Jan. 1900; Das Recht 1900, S. 419.

[4] So richtig R.G., 25. Juni 1900; J.W. 1900, S. 637; E. 46, S. 156 fg. Vgl. auch K.G., 2. Febr. 1901, Rsp. 2, S. 327.

urteil nur wegen der Schuldfrage Berufung eingelegt, so kommen lediglich die Vorschriften der alten zur Anwendung, denn die Ehe ist bereits vor dem Inkrafttreten der neuen rechtskräftig geschieden.[1]

Auf Grund des Art. 201, Abs. 2 können auch Fragen entstehen, welche in das Gebiet des intertemporalen Rechtes der örtlichen Kollisionsnormen des bürgerlichen Rechtes schlagen.[2] Derartige Fragen können bei allen Artikeln des E.G. entstehen, in welchem auf die bisherigen Gesetze hingewiesen wird, so in den Art. 198, 200, 201, 202, 208, 209 und 213.[3] Die Frage lautet: Welches ist das *bisherige Gesetz* im Sinne des Abs. 2, wenn die Verfehlung im Bereiche eines anderen Rechtsgebietes begangen ist, als in dem des für die Scheidung zuständigen Gerichtes? Die Antwort lautet: diejenige internationale bürgerliche Kollisionsnorm, welche das Rechtsverhältnis bereits ergriffen hat.[4] In der Rechtsprechung scheint die richtige Ansicht, wonach das alte internationale Privatrecht zur Anwendung kommt, durchzudringen.[5]

Intertemporale Rechtsfragen knüpfen sich auch an die von der neuen Rechtsordnung im § 1571 aufgestellte zehnjährige Frist, mit deren Ablauf seit dem Eintritte des Scheidungsgrundes die Scheidungsklage ausgeschlossen ist. Es sind folgende Möglichkeiten vorhanden: Die alte kannte gar keine Frist. Da es sich um einen personalen Zustand handelt, so ergreift die neue ihn in dem Augenblicke wo sie in Kraft tritt. Von diesem Zeitpunkte an beginnen die 10 Jahre an zu laufen.[6] — Oder die alte kannte eine Frist. Hier sind zwei Fälle denkbar: Die Frist der alten ist kürzer. Ist sie bereits unter der alten abgelaufen, so ist das Scheidungsrecht auf Grund der alten erloschen; s. oben. Ist sie noch nicht abgelaufen, so wird sie unter der neuen auf zehn Jahre ausgedehnt; die bereits abgelaufene Zeit wird aber einbezogen. — Ist die Frist länger und unter der alten abgelaufen, so ist das Scheidungsrecht erloschen. Ist sie noch nicht abgelaufen, so sind die Grundsätze des Art. 169, Abs. 2 E.G. entsprechend anzuwenden, d. h. es muß entweder die längere Frist der alten

---

[1] So richtig R.G., 18. Juni 1900; J.W. Beil. 1900, S. 1; D. J.Z. 1900, S. 442.

[2] S. oben § 15, S. 63 und § 58, S. 226, n. 3.

[3] Die in meiner Abhandlung in Grünhuts Ztschr. Bd. 30, S. 141, n. 47 genannten Artikel habe ich nur beispielsweise angeführt; daß auch Art. 213 zu solchen intertemporalen Fragen der örtlichen Kollisionsnormen veranlassen kann, zeigt das Beispiel, welches Habicht im Recht 1900, S. 408 gegeben hat. Zum Art. 200 vgl. auch R.G., 20. Juni 1902; Badische Rechtspraxis 1902, S. 326, 327.

[4] S. oben § 15, S. 62, n. 1 und § 58, S. 226, n. 4. In Grünhuts Ztschr. Bd. 30, S. 141, n. 47 sprach ich aus, daß im Zweifel immer die alten Kollisionsnormen die Thatbestände ergriffen haben, gab aber die Möglichkeit zu, daß dies nicht der Fall sein könne. Nach reiflicher Überlegung muß ich aber eine solche Möglichkeit verneinen. Die Kollisionsnormen ergreifen immer die Thatbestände, gleichviel wie und wo sie sich abspielen, im Augenblicke ihrer Entstehung; so auch Neumeyer, Ztschr. f. intern. Recht, Bd. 12, S. 44 fg.

[5] S. auch O.L.G. Karlsruhe, 2. Juni 1902; Badische Rechtspraxis 1902, S. 254 und 255.

[6] S. auch oben bei der Geisteskrankheit und Landflüchtigkeit S. 353, n. 2.

ganz abgelaufen sein oder die kürzere der neuen vom Zeitpunkte des Inkrafttretens der neuen.[1] — Die neue Rechtsordnung kennt ferner in § 1571 eine sechsmonatige Frist seit der Kenntnis des klagberechtigten Ehegatten, binnen welcher die Scheidungsklage wegen Verfehlungen des Ehegatten erhoben werden muß. Da sie von der neuen ausdrücklich den für die Verjährung geltenden Vorschriften unterworfen wird, so muß die Berechnung des Art. 169, Abs. 2 auf sie ausgedehnt werden.[2] Kannte somit die alte eine längere Frist, so läuft die sechsmonatige Frist der neuen erst vom Zeitpunkte ihres Inkrafttretens an im Wettlaufe mit der Frist der alten.[3] Die neue kennt im § 1571, Abs. 2 eine Hemmung der sechsmonatigen Frist durch Aufhebung der häuslichen Gemeinschaft, welche der alten unbekannt war. Auch sie veranlaßt intertemporalrechtliche Fragen. Wie ist es, wenn die Aufhebung der Gemeinschaft unter der alten angefangen und unter der neuen noch fortdauert? Da es sich um einen personalen Zustand handelt, so ergreift ihn die neue erst im Zeitpunkte ihres Inkrafttretens. Wenn daher die Frist der alten noch nicht abgelaufen ist, wird ihre Vollendung, so lange die Aufhebung dauert, unter der neuen gehemmt.[4]

Gilt die neue oder die alte Rechtsordnung, wenn eine Klage auf Ehescheidung oder auf Trennung von Tisch und Bett im Zeitpunkte des Inkrafttretens der neuen rechtshängig ist? Die rechtshängigen Sachen gehören grundsätzlich zu den stillschweigenden Ausnahmen der Ausschließlichkeit.[5] Jedoch gerade bei Gesetzen über Ehesachen fällt diese stillschweigende Ausnahme der besonders spröden Materie wegen fort.[6] Wir müssen daher die gestellte Frage dahin beantworten, daß die neue, der der Art. 201, Abs. 1 E.G. Ausschließlichkeit verleiht, auch die rechtshängigen Sachen ergreift.[7] — Diese Ausschließlichkeit stärkeren Grades greift aber nur soweit um sich, als sie das Wesen der Scheidungsthatbestände betrifft. Handelt es sich dagegen bloß um die Ausschlußfristen der neuen, so hört die Ausschließlichkeit stärkeren Grades auf. Es kann daher eine Scheidungsklage, die noch unter der alten erhoben wurde, sei es, daß die letztere gar keine Ausschlußfrist kannte, oder sei es, daß ihre Ausschlußfrist noch nicht abgelaufen war, nicht deswegen abgewiesen

---

[1] Habicht hat die verschiedenen Möglichkeiten nicht auseinandergehalten, stimmt aber in der Hauptsache überein, a. a. O. S. 572. Unrichtig Niedner, S. 320, n. 4. In der 2. Aufl., S. 447 bekehrt er sich zur richtigen Ansicht.

[2] S. oben § 34, S. 144, n. 1.

[3] So richtig Habicht a. a. O., S. 572, n. 1. Vgl. dazu R.G., 25. Juni 1900; J.W. 1900, S. 636; E. 46, S. 156 fg.

[4] So richtig aber ohne Angabe des Grundes Habicht a. a. O., S. 572, n. 1 g. E.

[5] S. oben § 12, S. 49, n. 6.

[6] S. oben § 12, S. 51, n. 2.

[7] Habicht kommt durch wörtliche Auslegung des Art. 201 in Verbindung mit § 1564 B.G.B. zu demselben Ergebnis. Eine derartige wörtliche Auslegung wäre jedoch bei anderen Ausschlußklauseln übel angebracht.

werden, weil die Ausschlußfristen des § 1571 der neuen vollendet sind.[1] Eine weitere Folge der stärkeren Ausschließlichkeit ist die, daß eine anhängige Scheidungsklage in eine Klage auf Aufhebung der ehelichen Gemeinschaft nach § 1575 der neuen umgewandelt werden kann, unbeschadet des Rechtes des andern Ehegatten zu beantragen, daß die Ehe, falls die Klage begründet ist, geschieden werde, an welchen Antrag das Gericht gebunden ist.[2] Ergreift die Ausschließlichkeit auch die in höheren Instanzen schwebenden Sachen? Zu bejahen ist dies für die Berufungsinstanz, dagegen zu verneinen für die Revisionsinstanz. Dies folgt aus der Natur der Berufung und der Revision.[3] Wenn daher das Gericht erster Instanz vor Inkrafttreten der neuen auf Trennung von Tisch und Bett erkannt hat, so muß, obschon die Berufung unbegründet wäre, das Berufungsgericht die neue von Amts wegen berücksichtigen. Der klägerische Teil muß in der Berufungsinstanz seinen früheren Klagantrag auf Trennung von Tisch und Bett umändern, entweder auf Ehescheidung oder auf Aufhebung der ehelichen Gemeinschaft; sonst ist seine Klage abzuweisen, vgl. § 525 C.P.O. Eine Änderung der Klage im Sinne der C.P.O. liegt nicht vor.[4] Ist ein Berufungsurteil noch unter der alten ergangen, so kann die Revision nur darauf gestützt werden, daß das Berufungsgericht die alte verletzt habe. Das Prüfungsrecht des Revisionsgerichtes erstreckt sich nur darauf, ob die alte verletzt sei. Kann das Revisionsgericht eine solche Verletzung nicht finden, so ist die Revision zurückzuweisen.[5] Hebt das Revisionsgericht das Urteil des Berufungsgerichtes auf, so muß sowohl das Revisions- wie das Berufungsgericht, falls an es die Sache zur anderweiten Verhandlung und Entscheidung zurückverwiesen wird, seinem Urteile die neue zu Grunde legen;[6] die Ausschließlichkeit ergreift auch Sachen, die durch rechtskräftiges Urteil oder rechtsgültigen Vergleich erledigt sind.[7]

§ 77. Das Rechtsverhältnis zwischen den Eltern und ihrem ehelichen Kinde.

Das gemeine intertemporale Privatrecht unterwirft die Frage nach der ehelichen Abstammung eines unter der alten Rechtsordnung geborenen

[1] So richtig Habicht, S. 574, n. 3. R.G. 5. Juni 1900; J.W. 1900, S. 636, E. 46, S. 157. A. M. Nöldeke, S. 410.

[2] Vgl. O.L.G. Frankfurt, 20. Febr. 1900; Frankf. Rundschau, Jahrg. 34, S. 27.

[3] S. oben § 12, S. 51, n. 4.

[4] So richtig Habicht, S. 575; Jacobi, S. 507.

[5] So richtig das R.G. in zahlreichen, seit dem 1. Januar 1900 erlassenen Entscheidungen; J.W. 1900, S. 115 u. 146; O.L.G. München, 22. Jan. 1900; Das Recht 1900, S. 83; O.L.G. Darmstadt, 9. Febr. 1900; Hess. Rsp. 1900, S. 17; so ferner Habicht, S. 575; so Scherer, Nr. 318 aber mit unrichtiger Begründung.

[6] So richtig die Begründung des R.G. zum Urteile v. 2. Januar 1900, J.W. 1900, S. 115 f. u. S. 199. Vgl. noch R.G., 15. November 1900; Das Recht 1901 S. 234; Niedner, 2. Aufl., S. 444.

[7] S. oben § 13, S. 57, n. 4 und oben S. 357, n. 7 und 8.

Kindes und das Rechtsverhältnis zwischen den Eltern und einem unter der alten Rechtsordnung geborenen ehelichen Kinde deren Vorschriften.[1] Das Deutsche intertemporale Privatrecht folgt ihm nur in Bezug auf den ersten Grundsatz.[2] Die §§ 1591—1600 der neuen besitzen keine Ausschließlichkeit. Die in § 1594 gesetzte einjährige Frist kann daher erst mit dem Inkrafttreten der neuen ihren Lauf beginnen.[3] Kommen bei der Anwendung der alten auch die örtlichen Anwendungsnormen in Frage, so sind nicht etwa die neuen in Art. 7—30 des E.G. maßgebend, sondern nach der Hauptregel des intertemporalen Rechtes die alten.[4] — Das Rechtsverhältnis jedoch unterwirft das Deutsche intertemporale Privatrecht der neuen Rechtsordnung; Art. 203 E.G.; es folgt damit der französisch-italienischen Jurisprudenz.[5] Art. 203 E.G. verleiht den §§ 1616—1698 der neuen und nur diesen Ausschließlichkeit.[6] Dies gilt zunächst von dem Rechtsverhältnisse zwischen den Eltern und ihrem Kinde im allgemeinen; §§ 1616—1625. Die im Wege der Klage erzwingbare Verpflichtung des Vaters und aushülfsweise der Mutter zur Aussteuer der Tochter tritt auf Grund der §§ 1620 fg. ein, wenn die Tochter sich nach dem Inkrafttreten der neuen verheiratet.[7] Ist dagegen die Ehe vor dem Inkrafttreten der neuen geschlossen, so kann nur auf Grund der alten ein Anspruch auf Mitgift gegen die Eltern eines Ehegatten geltend gemacht werden; denn unzweifelhaft kommt hier Art. 170 E.G. zur Anwendung. Der Anspruch ist nicht schon entstanden durch die Geburt, sondern erst durch das Hinzutreten eines weiteren Thatbestandes, der Eheschließung, und diese ist unter der alten erfolgt.[8] Wenn daher die alte einen derartigen Anspruch nicht kennt, so kann die Tochter auch unter der neuen keine Klage auf Aussteuer erheben.[9] Ähnlich verhält es sich mit den unter der alten entstandenen Ansprüchen auf Unterhalt, Rechnungslegung, Sicherung und Auseinandersetzung.[10] Nur die einjährige

---

[1] S. oben § 45, S. 172, n. 9.

[2] So richtig das ausgezeichnete Urteil des O.L.G. Kiel, 27. Sept. 1901; Rsp. 4, S. 105. Vgl. auch L.G. München, 15. Januar 1901; Das Recht 1901, S. 177 und O.L.G. Rostock, 14. Juli 1900, Rsp. 1, S. 314 u. 315; O.L.G. Dresden, 23. Mai 1901; Das Recht 1901, S. 357.

[3] So richtig O.L.G. Rostock; s. oben.

[4] S. oben § 15, S. 62, n. 1; § 58, S. 226, n. 4; § 76, S. 356, n. 4 u. meine Abhandl. in Grünhuts Ztschr. Bd. 30, S. 141, n. 47. Denselben Standpunkt nimmt auch das O.L.G. Karlsruhe, 4. Juni 1902 ein; Bad. Rechtspr. 1902, S. 219 u. 220. S. auch meinen Aufsatz ebenda S. 154.

[5] S. oben § 45, S. 172, n. 6. Mot. zum Art. 121, S. 291—293; Prot. S. 9093, 9242—9243 (Bd. VI, S. 547 u. 636).

[6] So richtig das angef. Urteil des O.L.G. Kiel.

[7] S. auch Fuchs, S. 39 fg.; Habicht, S. 590, n. 1.

[8] S. O.L.G. Frankfurt, 11. Juli 1900, Rsp. 1, S. 176. Vgl. auch Mot. S. 291. Gruchots Beitr. 44, S. 40; Niedner, 2. Aufl., S. 449.

[9] So richtig L.G. Mainz, 30. April 1900; Hess. Rsp. 1900, S. 84.

[10] S. auch oben § 60, S. 233, n. 5. So richtig L.G. Düsseldorf, 6. Juni 1900,

Verjährungsfrist des § 1623, Satz 2 des Anspruches auf die Aussteuer tritt zufolge des Art. 169 E.G. auch für ältere noch nicht verjährte Ansprüche auf Aussteuer in Kraft. Die §§ 1624 u. 1625 der neuen finden Anwendung, wenn die Ausstattung unter ihrer Herrschaft gewährt ist, mag auch die Verheiratung oder die Begründung der Lebensstellung schon früher stattgefunden haben.[1] Dagegen hat § 1465 der neuen, der eine Vorschrift für die allgemeine Gütergemeinschaft enthält, nach Art. 200 E.G. keine Ausschließlichkeit.

Auch die elterliche Gewalt über das Kind wird von der neuen Rechtsordnung ergriffen. Da sie keine väterliche Gewalt mehr kennt, weder des Vaters noch des Großvaters, so erlischt diese mit ihrem Inkrafttreten; erste Möglichkeit der ersten Regel des neueren Regelpaares in ihrer ersten Spielart. Hatte die Mutter nach der alten keine elterliche Gewalt über ihr minderjähriges, bisher gewaltfreies Kind, selbst nicht nach dem Tode des Vaters, so erlangt sie die elterliche Gewalt mit dem Inkrafttreten der neuen; erste Möglichkeit der zweiten Regel des neueren Regelpaares in ihrer ersten Spielart. War sie bis anhin Vormünderin ihres Kindes, so tritt sie nach dem Inkrafttreten der neuen in die freiere Stellung einer Inhaberin der elterlichen Gewalt; zweite Möglichkeit der zweiten Regel des neueren Regelpaares in ihrer ersten Spielart. War ein Anderer Vormund über das vaterlose Kind, so ist die Vormundschaft aufzuheben. Erlosch unter der alten die väterliche oder elterliche Gewalt des Vaters aus einem Grunde, den die neue nicht anerkennt, so erlangt der Vater mit deren Inkrafttreten die elterliche Gewalt wieder. So wenn die väterliche oder elterliche Gewalt durch *emancipatio Saxonica* untergegangen und das Kind noch minderjährig ist. Jedoch stehen die nach französischem und badischem Rechte emanzipierten oder aus der Gewalt entlassenen Kinder, sofern sie im Zeitpunkte des Inkrafttretens der neuen bereits 18 Jahre alt sind, den Volljährigen derselben gleich; Art. 154 E.G.[2] Im Gebiete des französischen Rechtes tritt an die Stelle der gesetzlichen Vormundschaft eines Witwers über sein Kind wieder seine elterliche Gewalt, die er mit dem Tode seiner Frau verloren hatte; *Code civil Art.* 389 und 390.[3] Wenn umgekehrt ein Thatbestand unter der alten stattfand, der nach dieser einen Verlust der elterlichen Gewalt nicht herbeiführte,

---

Z. d. Rhpr. Amts-V. 1900, S. 132; Niedner, 2. Aufl., S. 450. A. M. Oberstes L.G. für Bayern, 22. März 1900; Seufferts Bl. f. Rechtsanw. 1900, S. 439 und O.L.G. Dresden, 12. April 1901, Rsp. 3, S. 42. Vgl. auch Urteil des Obersten L.G. für Bayern, 7. März 1900; S. A. 55, S. 412. Hier verstößt das Gericht gegen den Grundsatz, daß die Revisionsinstanz nur zu prüfen hat, ob die Berufungsinstanz das zur Zeit des Berufungsurteiles geltende Recht verletzt habe oder nicht.

[1] S. auch Habicht, S. 590, n. 2; Niedner, 2. Aufl., S. 449.

[2] S. oben § 70, S. 294, n. 1 und § 71, S. 296, n. 6 und 7.

[3] So richtig K.G., 28. Dez. 1899; D. J.Z. 1900, S. 49; ferner 18. April 1900; J.M. f. Posen 1900, S. 129; L.G. Leipzig, 28. Mai 1900; Centralbl. f. fr.G. 1900, S. 22. A. M. L.G. Mainz, 24. April 1900; Centralbl. f. fr.G. 1900, S. 139.

wohl aber nach der neuen, so verliert der Elternteil die elterliche Gewalt mit Eintritt der neuen.[1]

Das Rechtsverhältnis zwischen den Eltern und ihrem Kinde richtet sich auch in Ansehung des Vermögens, welches das Kind vor dem Inkrafttreten der neuen Rechtsordnung erworben hatte, nach deren Vorschriften. Zunächst bestimmt sich darnach das Recht des Vaters zur Verwaltung des Kindesvermögens, der Umfang des der Verwaltung des Vaters unterworfenen Vermögens und die persönlichen Rechte und Pflichten aus der Verwaltung. Dazu gehört die Pflicht des Vaters das seiner Verwaltung unterliegende Vermögen des Kindes, welches bei dem Tode der Mutter vorhanden ist oder dem Kinde später zufällt, zu verzeichnen und das Verzeichnis dem Vormundschaftsgerichte einzureichen. Voraussetzung dieser Verpflichtung ist jedoch, daß die Mutter der Kinder nach Inkrafttreten der neuen stirbt.[2] Der Gesetzgeber verleiht der neuen regelmäßig nur eine schlichte Ausschließlichkeit[3] und nur dann, wenn er in den Ausschlußklauseln ausdrücklich eine Ausschließlichkeit schwereren Grades anordnet oder wenn aus dem Wesen des Verhältnisses eine solche erforderlich ist,[4] darf sie der Richter seinem Urteile zu Grunde legen. Der Gesetzgeber hat aber im Art. 203 keine Ausschließlichkeit schwereren Grades angeordnet; auch geht sie nicht aus dem Wesen des Verhältnisses hervor. Es handelt sich nicht einmal um die persönlichen Beziehungen zwischen Vater und Kind, sondern nur um die vermögensrechtlichen; daher darf eine durchgreifende Ausschließlichkeit[5] hier nicht angenommen werden.[6]

Die Sicherung des Kindes wegen seines der Verwaltung der Eltern unterworfenen Vermögens durch Pfandrechte oder Pfandrechtstitel bestimmt

---

[1] So L.G. Gießen, 4. Juli 1901; Hess. Rsp. 2, S. 69 in Bezug auf § 1697 B.G.B.; Niedner, 2. Aufl., S. 449.

[2] Habicht, S. 591 bejaht diese Verpflichtung selbst dann, wenn die Mutter noch unter der alten gestorben ist, beschränkt sie jedoch auf das Vermögen, das beim Eintritte der neuen noch vorhanden ist; dieselbe Meinung vertritt das O.L.G. Köln, 13. Juni 1900, Rsp. 1, S. 208.

[3] S. oben § 13, S. 57, n. 1.

[4] S. oben § 13, S. 57, n. 2—5.

[5] Vgl. oben § 13, S. 56 und 57, n. 3.

[6] Das O.L.G. Köln vermag sich S. 209 a. a. O. eine *einschränkende Auslegung des Art. 203* nicht anzueignen und doch ist die einschränkende Auslegung dieser Ausschlußklausel das einzig korrekte; s. oben § 11, S. 45, n. 2. Den Grund dazu giebt das Gericht am Schlusse seines Urteiles selbst an: *Im neuen Rechte gilt freilich regelmäßig das Prinzip der Nichtrückwirkung, allein es ist durch eine Reihe von Ausnahmen eingeschränkt.*" Wenn es sagt: „*Namentlich kann bei der großen Wichtigkeit der Sache für die Beteiligten gegen die Ausdehnung nicht geltend gemacht werden, daß durch die 20 Jahre rückwärts zu beschaffenden Vermögensverzeichnisse die Arbeit der Vormundschaftsrichter erheblich vermehrt werde*, so muß ihm doch der treffliche Ausspruch des römischen Gesetzgebers entgegengehalten werden: *nam etiam antiquiora perscrutari et ad superiora tempora ascendere confusionis magis quam legislationis est. Nov.* 21, *cap.* 2.

sich nach der neuen Rechtsordnung vom Tage ihres Inkrafttretens an. Sind aber unter der alten bereits Sicherheiten, wie Pfandrechte oder Pfandrechtstitel entstanden, so bleiben sie auch unter der neuen bestehen und zwar sowohl an den unter der alten wie unter der neuen erworbenen Sachen zur Sicherung der vorher wie später erworbenen Ansprüche. Es folgt dies einmal aus Art. 203; er ist als Ausschlußklausel möglichst eng auszulegen;[1] auch ist der neuen im Zweifel nur eine schlichte Ausschließlichkeit beizumessen;[2] das andere Mal aus Art. 184 E.G. Die Motive im Protokolle zum E.G. Art. 203 enthalten unmittelbar keine Andeutung für unsere Frage, wohl aber mittelbar eine solche auf S. 275, Nr. 5. Sie bezieht sich auf das gesetzliche Pfandrecht des Mündels und bestätigt unseren obigen Grundsatz.[3]

Einige Ausführungsgesetze enthalten einschlägige Bestimmungen, die im großen und ganzen unseren Grundsatz bestätigen, zum Teil auch durchbrechen; Hessen, Art. 168, Abs. 1 verleiht der neuen Rechtsordnung nur insofern Ausschließlichkeit, als der bloße Hypothekentitel der Kinder, der unter der alten noch nicht zur Entstehung des Pfandrechtes selbst geführt hat, seine Wirksamkeit verliert; erste Möglichkeit der ersten Regel des neueren Paares in seiner ersten Spielart. — Nach dem bayerischen L.G. für die Pfalz Art. 3 kann gegen den Vater, der bis zum Inkrafttreten der neuen Vormund seines Kindes war, die Mündelhypothek zur Sicherung aller Ansprüche aus der Zeit seiner vormundschaftlichen Verwaltung nach dem Inkrafttreten der neuen noch eingeschrieben werden. — Dagegen läßt Elsaß-Lothringen A.G. zum Ges. für fr. Gerichtsbarkeit § 68 die gesetzliche Hypothek des Mündels, die nicht beim Inkrafttreten der neuen eingetragen ist, erlöschen. Jedoch bleiben die in diesem Zeitpunkte in das Hypothekenbuch bereits eingetragenen Mündelhypotheken in Kraft zur Sicherung der unter der alten begründeten Ansprüche des Mündels. — Sowohl bei der Eintragung wie bei der Löschung einer Hypothek bedarf es eines Vertreters der Kinder.[4]

Das mit der elterlichen Gewalt verknüpfte Nutznießungsrecht ist nach dem Inkrafttreten der neuen Rechtsordnung nach deren Vorschriften zu

---

Niedner schließt sich Habicht an; 2. Aufl., S. 450. Vgl. noch Weisswiler in der Ztschr. d. Rh. Amts.-V. 1900, S. 169; Scherer, J.W. 1900, S. 846; Das Recht 1900, S. 292, 492; D. J.Z. 1900, S. 115, 162, 166, 338, 364.

[1] S. oben § 11, S. 45, n. 2.

[2] S. oben § 13, S. 57, n. 1.

[3] Auch Habicht, S. 593, n. 1 teilt unsere Auffassung. Niednnr, 2. Aufl., S. 450. Dem obigen Grundsatze gemäß entschied ein Berliner Amts- und Landgericht. Dagegen das K.G., 9. April 1900, S. A. 55, S. 413 fg., das somit jene Auslegungsregel nicht beachtete. Vgl. ferner den trefflichen Beschluß des K.G., 24. Dez. 1900, Rsp. 2, S. 140 u. 141. Durch diesen Beschluß hat das K.G. den unhaltbaren Beschluß v. 9. April 1900, S. A. 55, S. 413—415 wieder gut gemacht. Richtig entschied auch Oberstes Landgericht f. Bayern, 14. Dez. 1900; Das Recht 1901, S. 144; s. oben § 65, S. 260, n. 3.

[4] So Habicht, S. 595, n. 1; Schneider, Nr. 81, S. 71.

beurteilen; so zunächst der Umfang des der Nutznießung unterworfenen Vermögens. Die Unterscheidungen des gemeinen Rechtes, wonach das Vermögen des Kindes in ein *peculium castrense, quasi castrense adventicium irregulare und regulare* zerfällt und nur am letzteren die väterliche Nutznießung zulässig ist, sind für die Zukunft bedeutungslos. Umgekehrt verliert der Vater die Nutznießung an dem vom Kinde erarbeiteten Vermögen. Ist unter der alten die Nutznießung der Eltern bereits erloschen, so kann sie unter der neuen wieder aufleben; zweite Regel des neueren Regelpaares in ihrer ersten Möglichkeit. So im französischen Rechtsgebiete, wo bisher die elterliche Nutznießung erlosch, sobald das Kind das 18. Lebensjahr vollendet hatte. Anders ist die unter der alten erfolgte Emanzipation des Kindes zu beurteilen. Sei es, daß eine förmliche Emanzipation des Kindes stattgefunden hat, oder sei es, daß das Kind einen selbständigen Haushalt mit Einwilligung des Gewalthabers begründet und ihm dabei die Nutznießung an seinem Vermögen übertragen wurde, immer liegt darin ein Verzicht des Gewalthabers auf die Nutznießung und dieser bleibt auch unter der neuen aufrecht.[1] Aus gleichem Grunde bleibt eine rechtsgeschäftliche Erklärung des Vaters aufrecht, wodurch er sich in seiner Verfügungsgewalt gebunden hat.[2] Die neue legt sich in vermögensrechtlichen Verhältnissen keine Ausschließlichkeit höheren Grades bei, welche auch erledigte Sachen ergreift.[3] Hat sich ein minderjähriger Sohn unter der alten verheiratet, so tritt er zwar nach Inkrafttreten der neuen (§ 1661) wieder unter die elterliche Gewalt, jedoch ohne daß sein Vermögen der Nutznießung unterworfen wäre. — Da wo der Mutter die elterliche Gewalt neu zukommt, erwirbt sie auch die damit verbundene Nutznießung am Kindesvermögen. War es nach der alten gestattet, die Ausübung der Nutznießung am Kindesvermögen zu übertragen und ist eine Übertragung erfolgt, so wird sie mit dem Inkrafttreten der neuen wirkungslos.[4] Ist aber unter der alten gegen den Gewalthaber eine Zwangsvollstreckung in sein Nutznießungsrecht oder dessen Beschlagnahme für die Konkursmasse erfolgt, so ist sie nach deren Vorschriften zu beurteilen.[5] Der Grund, warum vor der Pfändung die Ausschließlichkeit Halt machen muß, ist derselbe

---

[1] S. oben § 70, H. S. 293; so auch Habicht, S. 596, n. 1; Niedner, 2. Aufl., S. 449; Schultetus, Vormundschaftsrecht S. 231; Fuchs, S. 41. A. M. Scherer, Das erste Jahr S. 44.

[2] A. M. K.G., 9. April 1900, S. A. 55, S. 415. Vgl. auch K.G. 27. Juli 1900, Rsp. 2, S. 473.

[3] S. oben § 13, S. 57, n. 1. In dem angef. Beschlusse des K.G. handelte es sich um einen Erbrezeß. A. M. auch L.G. Schwerin, 21. März 1900; Mecklenb. Z. 1900, S. 313; L.G. Mainz, 21. März 1900; Hess. Rsp. 2, S. 36 in Bezug auf das Verwaltungsrecht des Vaters.

[4] So L.G. Mainz, 5. Juli 1900; Hess. Rsp. 1900, S. 84.

[5] Habicht verführt durch seine Verwechselung der Änderung der Thatsachen mit der Änderung der Rechtsordnung; s. oben § 12, S. 50, n. 1, behauptet in Bezug auf die Pfändung das Gegenteil. Er zieht aus seiner Meinung die not-

wie bei der Anhängigkeit der Sachen;[1] ebenso der Zweck.[2] Auch die österreichische Rechtsprechung hat den obigen Grundsatz in ähnlichen Fällen gewahrt.[3] Dasselbe gilt für die Beschlagnahme der Nutznießung zu Gunsten der Konkursmasse. Leider hat das R.G. in seinem Urteile vom 20. Mai 1901[4] im entgegengesetzten Sinne entschieden. Das Urteil ist um so bedenklicher, als ihm auch der Art. V des E.G. zur Novelle vom 17. Mai 1898 entgegensteht, der die Gewährungsklausel enthält. Aber selbst wenn man mit dem R.G. die Fortwirkung des Abs. 2, § 1 K.O. auf Grund des Art. V leugnet, müßte man nach den angeführten allgemeinen Grundsätzen die Beschlagnahme von der Ausschließlichkeit ausnehmen.

Umgekehrt erlischt mit dem Inkrafttreten der neuen Rechtsordnung die elterliche Nutznießung am Vermögen desjenigen Kindes, das mit diesem Zeitpunkte auf Grund ihrer Vorschriften gewaltfrei wird. Dies ist wichtig im Gebiete des gemeinen und preußischen Rechtes, wo alle Hauskinder, die das 21. Lebensjahr vollendet haben, mit dem Inkrafttreten der neuen von der väterlichen Gewalt befreit werden.[5]

§ 78. Die unehelichen Kinder.

Das gemeine intertemporale Privatrecht unterwirft die rechtliche Stellung eines unter der alten Rechtsordnung geborenen unehelichen Kindes auch nach dem Inkrafttreten der neuen den Vorschriften jener. Das Deutsche intertemporale Privatrecht dagegen den Vorschriften dieser; Art. 208 E.G., Abs. 1, Satz 1.[6] Der Grundsatz gilt zunächst für die Stellung des unehelichen Kindes zur Mutter und deren Familie. Dies ist wichtig für das Erbrecht. So hatte nach preußischem Rechte das uneheliche Kind familien- und erbrechtliche Beziehungen zu seiner Mutter, aber nicht zu deren Verwandten. Mit dem Inkrafttreten der neuen erwirbt es ein gesetzliches Erbrecht gegenüber allen Verwandten seiner Mutter. Ebenso erwerben die Abkömmlinge des unehelichen Kindes ein Erbrecht gegen alle Verwandten seiner Mutter, selbst wenn es vor dem Inkraft-

---

wendige Folgerung S. 596, n. 3, daß noch unter der alten, welche die Pfändung zuließ, im Wege der Feststellungsklage auf Aufhebung einer solchen Pfändung geklagt werden könne. Ähnlich Niedner, 2. Aufl., S. 450.

[1] S. oben § 12, S. 52, n. 5.

[2] S. oben § 12, S. 49, n. 7. Der Zweck besteht darin, zu verhindern, daß, was auch Habicht als Folgerung zieht, noch unter der alten Rechtsordnung mittelst Feststellungsklage auf Aufhebung einer nach deren Vorschriften rechtlich zulässigen Pfändung geklagt werden kann; s. vorige Note.

[3] S. Gesch. § 69, S. 547 in der Anm. K. K. O.G., 11. Mai 1880, Samml. 18, Nr. 7978, S. 219; s. auch oben § 12, S. 49, n. 5.

[4] E. 48, S. 192 fg.

[5] Über die Wirkungen der letztwilligen Anordnungen, welche die Verwaltung und Nutznießung der Eltern beschränken; s. oben § 70, S. 294.

[6] Mot. zum Art. 126, S. 296—301. Prot. S. 9095—9101 (Bd. VI, S. 548—552).

treten der neuen gestorben sein sollte.[1] Umgekehrt erwerben die Mutter und deren Verwandte ihrerseits gegen das uneheliche Kind und dessen Abkömmlinge ein Erbrecht. — Noch schlechter war die Stellung des unehelichen Kindes im Gebiete des französischen Rechtes; nur das anerkannte Kind hatte Rechte gegen seine Mutter. Mit dem Inkrafttreten der neuen hat es auch Erbrechte gegen die Mutter, die es nicht anerkannt hat, ebenso gegen deren Verwandte, falls sie unter der neuen sterben. Auch dem aus blutschänderischer und ehebrecherischer Verbindung stammenden unehelichen Kinde kommt diese Stellung zu Gute, trotz *Art.* 335, 342, 762 *Code civil.*

Die Beschränkungen der Fähigkeit eines unehelichen Kindes, durch freigebige Verfügungen von seiten seines Vaters zu erwerben, richten sich vom Inkrafttreten der neuen Rechtsordnung an nach deren Vorschriften. Die alte stellte Beschränkungen auf, die der neuen unbekannt sind; so die *Nov.* 89, *c.* 12, § 2; so *Code civil Art.* 908. Sind unter der alten Schenkungen oder letztwillige Verfügungen zu Gunsten eines unehelichen Kindes errichtet worden, die nach deren Vorschriften ganz oder zum Teil ungültig sind, so gelangen sie zur Heilung, wenn der Vater nach dem Inkrafttreten der neuen stirbt.[2] Es kommt jedoch der neuen Erbordnung keine wiedereinsetzende Ausschließlichkeit zu. Ausgenommen sind daher die durch Urteil erledigten Sachen.[3] Die neue Rechtsprechung hat aber das Bestreben, allen Ausschlußklauseln eine wiedereinsetzende Wirkung einzuräumen.[4]

Der Grundsatz gilt ferner für die Stellung des unehelichen Kindes zum Vater und dessen Familie. Mit dem Inkrafttreten der neuen Rechtsordnung ist das Erbrecht zwischen dem unehelichen Kinde und seinem Vater auch dann weggefallen, wenn es schon geboren ist;[5] so im Gebiete des gemeinen und preußischen Rechtes. Anders dagegen, wenn der Erbfall unter der alten eingetreten ist. Auch im französischen Rechtsgebiete verliert das natürliche Kind das Erbrecht gegen den Vater. Der Vater verliert das Recht auf Erziehung des anerkannten Kindes. Man könnte mit Recht behaupten, in der Anerkennung liege ein rechtsgeschäftlicher Akt, nicht bloß ein Geständnis und daher müsse sie unter der neuen fortwirken; Art. 208, Abs. 3 sagt wohl mit Rücksicht darauf ausdrücklich, daß die Vorschriften des Abs. 1 auch für ein nach den französischen oder badischen Gesetzen anerkanntes Kind gelten.[6] Dagegen ist es möglich, daß auf Grund des Art. 208, Abs. 1, Satz 2 der Vater das Erziehungsrecht behält.[7] Umgekehrt, fällt in denjenigen Rechts-

---

[1] Oberstes L.G. f. Bayern, 15. Nov. 1900. S. A. 56, S. 228 fg.

[2] S. unten § 85. So auch Habicht, S. 625.

[3] S. oben § 12, S. 49, n. 6.

[4] S. oben § 13, S. 57, n. 6 und K.G., 22. April 1901, Rsp. 3, S. 119.

[5] S. Prot. 443, Sitzung Nr. IX unter C, Bd. VI, S. 549, 550—552.

[6] S. auch oben § 70, S. 293, n. 1.

[7] S. oben § 61, S. 243, n. 1 und 2. Vgl. auch oben § 12, S. 54, n. 3.

gebieten, die bisher eine elterliche Gewalt der unehelichen Mutter über ihr Kind oder eine Nutznießung an seinem Vermögen kannten, diese mit dem Inkrafttreten der neuen hinweg, nach der ersten Regel des neueren Regelpaares in ihrer ersten Möglichkeit.[1] Es ist daher mit dem Inkrafttreten der neuen eine Vormundschaft einzuleiten und die Nutznießung fällt dem Kinde zu. Besaß dagegen die uneheliche Mutter die Stellung eines gesetzlichen Vormundes, so bleibt die Mutter im Amte.[2] Ist nach badischem Rechte für die Klage gegen den Vater schon unter der alten ein Vormund ernannt worden, so bleibt dieser im Amte.[3] Hatte nach der alten die Mutter nicht die Stellung eines gesetzlichen Vormundes und wurde sie auch nicht zur Vormünderin ernannt, so ist sie zur Erhebung einer Alimentationsklage gegen den außerehelichen Vater nicht berechtigt.[4]

§ 79. Die Unterhaltspflicht unter Verwandten und Verschwägerten.

Der Hauptregel entspricht es, daß sich die Unterhaltspflicht der Verwandten und Verschwägerten unter einander nach der Rechtsordnung bestimmt, unter deren Herrschaft die Thatbestände stattfinden, welche den Unterhaltsanspruch erzeugen. Fallen sie unter die Herrschaft der alten, so ist diese maßgebend,[5] anderenfalles die neue. Läßt nun das Deutsche intertemporale Privatrecht im Anschlusse an die Hauptregel die alte hinsichtlich der Unterhaltspflicht gewähren, oder verleiht es den einschlägigen Vorschriften der neuen Ausschließlichkeit? Das E.G. zum B.G.B. enthält keine ausdrückliche Vorschrift, weder eine Gewährungs- noch eine Ausschlußklausel. Allein, es ist aus den schlüssigen Worten des E.G. zu entnehmen, daß der Wille des Gesetzgebers darauf gerichtet war, den Vorschriften der neuen über die Unterhaltspflicht der Verwandten und Verschwägerten unter einander Ausschließlichkeit zu verleihen.[6] Der Gesetzgeber hat ausdrücklich ihren Vorschriften über das Rechtsverhältnis zwischen den Verwandten, welche die Hauptgruppe aller Verwandten ausmachen, nämlich zwischen den Eltern und ihrem ehelichen Kinde und zwischen der Mutter und ihrem unehelichen Kinde Ausschließlichkeit verliehen;[7] ebenso ihren Vorschriften über die erbrechtlichen Beziehungen aller Verwandten, sofern der Erblasser nach ihrem Inkrafttreten stirbt.[8] In dem Mehr liegt auch das Weniger. Es ist als Wille des Gesetzgebers anzunehmen, daß für die Unterhaltspflicht der Verwandten unter ein-

---

[1] Sachsen-Weimar, Ges. v. 27. März 1872; s. oben § 62, S. 249, n. 5.

[2] S. oben § 62, S. 247, n. 2.

[3] S. Habicht, S. 624, n. 1.

[4] So L.G. Gießen, 19. Dez. 1900; Hess. Rsp. 2, S. 10 fg. S. auch die analoge Entsch. des O.L.G. Karlsruhe, 4. Febr. 1902; Bad. Rechtspr. 1902, S. 146.

[5] S. oben § 29, S. 127, n. 5.

[6] S. oben § 11, S. 43, n. 3 und S. 44, n. 1.

[7] Art. 203 und 208 E.G.

[8] *Arg.* Art. 213.

ander die Vorschriften der neuen ausschließlich sind. — Für die Unterhaltspflicht der Verschwägerten unter einander läßt sich aus Art. 199 E.G. das gleiche nachweisen. Nach römischem Rechte waren die Ehegatten die nächsten Affinen. Da Art. 199 ausdrücklich hervorhebt,[1] daß sich die gegenseitige Unterhaltspflicht der Ehegatten nach den Vorschriften der neuen bestimmt, so ist als Wille des Gesetzgebers anzunehmen, daß die gegenseitige Unterhaltspflicht der Verschwägerten sich nach den Vorschriften der neuen bestimmt; denn in dem Mehr liegt auch das Weniger.

Die Rechtsprechung ist einstimmig zum gleichen Ergebnisse gelangt.[2] Jedoch ist die Begründung unrichtig, wonach die neue deswegen zur Anwendung gelange, weil sich die Unterhaltspflicht von Augenblick zu Augenblick erneuere.[3] Auch ist die Annahme einer der Rechtskraft der Urteile nicht schonenden, wiedereinsetzenden Ausschließlichkeit zu verwerfen.[4] Der Irrtum besteht in der Gleichstellung des Wechsels der Rechtsordnung mit der Änderung thatsächlicher Verhältnisse.[5] Das R.G. erkennt an und für sich den richtigen Grundsatz an.[6] Wie gelangt es nun trotzdem zu seiner entgegengesetzten Entscheidung? Es sagt, daß ein Urteil über Alimente nicht unabänderlich sei; dies ist zuzugeben für den Fall, daß sich die thatsächlichen Verhältnisse, d. h. die Vermögensverhältnisse ändern. Dagegen kann damit der Wechsel der Rechtsordnung nicht auf eine Linie gestellt werden. Jenes ist ein konkreter, dieses ein abstrakter Vorgang. Stellt man beide gleich, so gelangt man zu Entscheidungen, die der historischen Entwickelung des intertemporalen Privatrechtes ins Gesicht schlagen.[7] Dem einsichtigen Richter ist der Wechsel

---

[1] S. oben § 76, S. 350, n. 7.

[2] S. O.L.G. Darmstadt, 16. März 1900, Rsp. 1, S. 146 fg; O.L.G. Königsberg, 5. April 1900, Rsp. 1, S. 148; O.L.G. Marienwerder, 28. Mai 1900, Rsp. 1, S. 461. Oberstes L.G. f. Bayern, 15. Nov. 1900, Samml. 1, S. 583; 7. März 1900, S. A. 55, S. 412. Vgl. noch K.G., 22. April 1901, Rsp. 3, S. 119. R.G. 24. April 1900, E. 46, S. 65 fg. und S. A. 56, S. 83 fg.; 30. Okt. 1901, E. 49, S. 157.

[3] S. oben § 27, S. 116, n. 9. So das O.L.G. Königsberg und Marienwerder, Rsp. 1, S. 149 und 461; Oberstes L.G. für Bayern, S. A. 55, S. 413. Vgl. auch O.L.G. Posen, 23. Mai 1900, Rsp. 1, S. 155 u. 156; L.G. Frankfurt a. M., 19. März 1900, Frankfurter Rundschau 1900, S. 98; R.G. 24. April 1900, E. 46, S. 67 und 30. Okt. 1901, E. 49, S. 157; Niedner, 2. Aufl., S. 450. So auch Habicht, S. 585. Die richtige Ansicht vertritt L.G. Mainz, 10. Januar 1900; Hess. Rsp. S. 20 und der Berufungsrichter im letztgenannten Urteile des R.G.

[4] S. oben § 12, S. 52, n. 1. Den entgegengesetzten Standpunkt vertreten das O.L.G. Königsberg, Rsp. 1, S. 148 fg.; K.G Rsp. 3, S. 119 und R.G. E. 46, S. 65 fg. und S. A. 56, S. 83 fg.

[5] S. oben § 12, S. 50, n. 1; vgl. auch § 29, S. 127, n. 5.

[6] S. oben § 12, S. 51, n. 1. „*Anzuerkennen ist allerdings, daß der Grundsatz, wonach rechtskräftige gerichtliche Entscheidungen unabänderlich sind, auf schwerwiegenden Rücksichten der Rechtssicherheit und der öffentlichen Ordnung beruht, und daß daher eine Durchbrechung des Grundsatzes durch die rückwirkende Kraft neuer Gesetze nur insoweit zugelassen werden darf, als der Gesetzgeber dies ausdrücklich verordnet hat.*“

[7] So der Satz des R.G.: „*Entzieht ein neues Gesetz der Thatsache der Familien-*

der Rechtsordnung kein konkreter Thatbestand. Der Wechsel der Rechtsordnung ist ihm etwas gedachtes, aber keine *neue Begebenheit*, welche etwa das Blut der Verwandtschaft aufheben könnte.[1] Ebensowenig wird ein rechtsgültiger Vergleich von der Ausschließlichkeit ergriffen.[2] Schwebt beim Inkrafttreten der neuen und ausschließlichen Rechtsordnung ein Rechtsstreit über die Unterhaltspflicht, so bleibt die alte maßgebend.[3] Daher bleibt auch die Beweisregel der alten aufrecht, wonach der Unterhaltsberechtigte zu beweisen hat, daß der Unterhaltspflichtige leistungsfähig ist, im Gegensatze zu § 1603 der neuen.[4] Die falsche Lehre von der täglichen Erneuerung bringt den Richter zu dem unhaltbaren Satze, daß er ein Recht anzuwenden habe, das noch nicht in Kraft getreten ist und ein Recht nicht anwenden darf, das noch in voller Geltung steht.[5] Er zeigt aber, wohin man gelangt, wenn man den uralten Grundsatz, die rechtshängigen Sachen von der Ausschließlichkeit auszunehmen, mißachtet.[6]

Da zwischen der alten und neuen Rechtsordnung bedeutende Unterschiede bestehen, ist ihre Ausschließlichkeit von großer Wichtigkeit. Die neue kennt eine Unterhaltspflicht nur zwischen Verwandten in auf- und absteigender Linie, nicht wie das A.L.R. und das nassauische Recht zwischen Geschwistern oder das französische Recht zwischen Schwiegereltern und Schwiegerkindern oder zwischen Stiefeltern und Stiefkindern.[7] — Durch die Veränderung der verwandtschaftlichen Unterhaltspflicht wird auch die Verpflichtung eines Dritten berührt, der auf Grund einer unerlaubten Handlung oder einer gesetzlichen Haftpflicht den bisherigen Unterhaltsberechtigten zum Schadensersatze für den entzogenen Unterhalt verpflichtet war; vgl. dazu § 844, Abs. 2 der neuen.

§ 80. Die Vormundschaft.

Nach gemeinem intertemporalem Privatrechte finden auf eine zur Zeit des Inkrafttretens der neuen Rechtsordnung bestehende Vormundschaft oder Pflegschaft auch von dieser Zeit an die Vorschriften der alten Anwendung;

---

zugehörigkeit die Kraft, Quelle für die Erzeugung von Unterhaltsansprüchen zu sein, so wird damit jene Feststellung vom Zeitpunkt des Inkrafttretens der Gesetzesänderung ab hinfällig, da nunmehr eine neue Begebenheit eingetreten ist, der gegenüber den zuerkannten Unterhaltsanspruch aufrecht zu erhalten nicht in der Absicht der rechtskräftigen Entscheidung lag."

[1] Auch Habicht, S. 586, n. 1 und Neumann, Handausgabe des B.G.B. zu § 1601, schreiben auf Grund desselben Irrtumes der neuen eine wiedereinsetzende Ausschließlichkeit zu.

[2] Die entgegengesetzte Ansicht vertritt das R.G., 9. Dezember 1901, E. 50, S. 96, 97.

[3] S. oben § 12, S. 50.

[4] S. oben § 24, S. 96, n. 3. A. M. Habicht, S. 586.

[5] Oberstes L.G. für Bayern, 7. März 1900, S. A. S. 412.

[6] S. oben § 12, S. 49, n. 7 und oben § 77, S. 363, n. 5.

[7] S. Mot. zum B.G.B. Bd. 4, S. 680.

nach Deutschem intertemporalem Privatrechte jedoch die der neuen; Art. 210, Abs. 1, Satz 1 E.G.[1] Folgen dieses Grundsatzes: Bestehende Vormundschaften oder Pflegschaften, für welche die Voraussetzungen der neuen nicht vorliegen, endigen mit deren Inkrafttreten, sofern an ihre Stelle eine andere Gewalt tritt; erste Möglichkeit der ersten Regel des neueren Regelpaares in ihrer ersten Spielart.[2] So die gesetzliche Vormundschaft des Vaters über seine gewaltfreien minderjährigen Kinder nach preußischem Rechte.[3] — So die gesetzliche Vormundschaft des Vaters oder der Mutter über ihre Kinder nach Auflösung der Ehe im französischen Rechte, und die auf gerichtlicher Bestellung beruhende Vormundschaft der Mutter über ihre ehelichen Kinder nach gemeinem, preußischem und sächsischem Rechte. An Stelle dieser Vormundschaften ist mit dem Inkrafttreten der neuen die elterliche Gewalt des Vaters oder der Mutter getreten und damit die Vormundschaft erloschen. Die Frage, ob der Vater oder die Mutter, die bisher Vormund waren und nun die elterliche Gewalt erlangen, bei Beendigung ihres Amtes als Vormund Schlußrechnung legen müssen, ist im Sinne der alten zu beantworten. Preußen, Art. 69, § 3 schreibt aber vor, daß im Falle des Ersatzes der mütterlichen Vormundschaft durch die elterliche Gewalt die Schlußrechnung nicht zu legen ist, daß die Mutter vielmehr erst beim Aufhören der Vermögensverwaltung auch für die Zeit der früheren Vormundschaftsverwaltung Rechenschaft abzulegen verpflichtet ist. — So ferner die Pflegschaft über eine geschäftsfähige, in der Verfügung über eine Zuwendung kraft letztwilliger Anordnung beschränkte Person. Das Gericht ernennt einen Testamentsvollstrecker, der als solcher das der Verfügung des Bedachten entzogene Vermögen verwaltet.[4] Die Ausführungsgesetze schweigen mit Ausnahme des A.G. Hamburgs §§ 82—90, welche Vorschriften der Sache nach mit unserer Entscheidung übereinstimmen.

Vormundschaften und Pflegschaften, für die die Voraussetzungen der neuen Rechtsordnung vorliegen, nehmen mit deren Inkrafttreten den Charakter an, der ihnen nach deren Vorschriften zukommt; zweite Möglichkeit der ersten oder auch der zweiten Regel des neueren Regelpaares in der ersten Spielart.[5] Für einige Fälle wird dies im Art. 210, Abs. 1, Satz 2 und 3 besonders ausgesprochen. Ist die Vormundschaft wegen eines körperlichen Gebrechens angeordnet, so gilt sie als eine nach § 1910, Abs. 1 der neuen angeordnete Pflegschaft. — Ist die Vormundschaft

---

[1] Mot. zum Art. 99, S. 248 und 249; zum Art. 128, S. 303—305; Prot. 8991, 8992, 9216—9242 (Bd. VI, S. 489, 557, 620—622, 636).

[2] S. oben § 9, S. 35.

[3] Gleicher Ansicht Habicht, S. 634; Fuchs, S. 306; Schultetus, Vormundschaftsrecht S. 230; Niedner, 2. Aufl., S. 460.

[4] K.G. 18. April 1900; Johow, J. 1900, S. 21; 27. Juli 1900, Rsp. 2, S. 473, L.G. Cassel, 25. Sept. 1900; Centralbl. f. fr.G. 1, S. 771. Habicht, S. 635, n. 2; Schultetus, Vormundschaftsrecht, S. 240.

[5] S. oben § 9, S. 35.

wegen Geistesschwäche angeordnet, ohne daß eine Entmündigung erfolgt ist, so gilt sie als eine nach § 1910, Abs. 2 der neuen für die Vermögensangelegenheiten des Geistesschwachen angeordnete Pflegschaft. Eine Folge der Unterordnung dieser Vormundschaft unter die neue ist die, daß sie auf Verlangen des Gebrechlichen sofort wieder aufzuheben ist, auch wenn nach der alten seine Zustimmung zur Einleitung der Vormundschaft nicht nötig war. Außer den beiden Fällen giebt es im Gebiete der preußischen Vorm.-Ordng. Vormundschaften über Abwesende, die sich in Pflegschaften nach § 1911 der neuen verwandeln; ähnlich im Gebiete des sächsischen Rechtes. — Art. 210 spricht nicht von Beistandschaften, die beim Eintritte der neuen Rechtsordnung bestehen; dagegen enthält Art. 211 für die nach den französischen oder den badischen Gesetzen für einen Geistesschwachen angeordnete Beistandschaft eine Vorschrift, wonach sie mit dem Ablaufe von sechs Monaten nach dem Inkrafttreten der neuen ihre Wirkung verliert. Es ist anzunehmen, daß die übrigen Beistandschaften, z. B. nach A.L.R. §§ 51—55 II, 18, sich mit Eintritt der neuen in Vormundschaften umwandeln; der bisherige Beistand bleibt im Amte als Vormund.[1] Ein Dritter, der bisher Vormund war, wird zum Pfleger oder zum Beistande, falls ein Elternteil unter der neuen die elterliche Gewalt erwirbt. — Personen, welche nach der alten Rechtsordnung nicht zu bevormunden waren, wohl aber nach der neuen, sind nunmehr unter Vormundschaft zu stellen. Das gilt von dem unehelichen Kinde, welches nach der alten entweder unter der elterlichen Gewalt der Mutter oder unter ihrer gesetzlichen Vormundschaft stand; vgl. § 1707 der neuen. Das gleiche gilt für das Kind einer Wiederverheirateten aus erster Ehe; vgl. § 1697 der neuen.[2]

Die Vormundschaften und Pflegschaften, die unter der neuen Rechtsordnung fortbestehen, unterliegen deren Vorschriften, namentlich über Führung der Vormundschaft, Fürsorge und Aufsicht des Vormundschaftsgerichtes und über befreite Vormundschaften. Einzelne Folgen: Wo bisher ein Gegenvormund nicht bestellt war, muß er jetzt bestellt werden, wenn die neue es fordert. Die Pflicht zum Vermögensverzeichnis, zur Rechnungslegung, zur Anlegung und zur Hinterlegung der Barbestände und Wertpapiere und zur Sicherheitsleistung richtet sich nach der neuen (§§ 1802, 1840 fg., 1844). Hier schlägt auch Art. 212 E.G. ein, wonach die landesgesetzlichen Vorschriften, nach welchen gewisse Wertpapiere zur Anlegung von Mündelgeld für geeignet erklärt sind, in Kraft bleiben. Er bezieht sich nur auf die zur Zeit des Inkrafttretens der neuen schon bestehenden landesgesetzlichen Vorschriften.[3] Zum Art. 212 enthalten einige A.G. Bestimmungen; Preußen, Art. 74; Bayern, Ü.G. Art. 32; Württemberg,

---

[1] So richtig Habicht, S. 638, n. 1 u. S. 630, n. 1; zweifelhaft Aron, S. LIV, A. M. Niedner, 2. Aufl., S. 460. S. auch oben § 62, S. 248, n. 3.

[2] S. auch Niedner, 2. Aufl., S. 461 b.

[3] Über den eigentümlichen Charakter des Art. 212; s. oben § 8, S. 33, n. 3. Ebenso Habicht, S. 641, n. 1; Niedner, S. 330, Nr. 2.

Art. 70; Mecklenburg-Schwerin, § 227; -Strelitz, § 225; S.-Weimar, § 212; Braunschweig, § 101; S.-Meiningen, Art. 28, §§ 3 und 4; S.-Altenburg, § 123; S.-Coburg-Gotha, Art. 50, § 2; Schwarzburg-Rudolstadt, Art. 166; -Sondershausen, Art. 56, § 3; Waldeck, Art. 37; Reuß ä. L., §§ 137—139; j. L., § 116; Elsaß-Lothringen, § 141.[1] Dem Vormunde muß für die Neuanlage der Wertpapiere eine angemessene Frist gewährt werden.[2] Das Vormundschaftsgericht kann ihn anhalten, einer früheren Anlegung nachträglich die in § 1809 der neuen vorgeschriebene Bestimmung zuzufügen.[3] Es fällt weg die nach der alten bestehende gesetzliche Befreiung des Vaters als gesetzlicher Vormund von der Pflicht zum Vermögensverzeichnisse; ebenso die Zulässigkeit der Einreichung eines verschlossenen Verzeichnisses. Der Vormund hat nunmehr das Verzeichnis öffnen zu lassen oder ein neues einzureichen.[4]

Mit dem Inkrafttreten der neuen Rechtsordnung hören die bestehenden Vormundschaften auf, einen gesetzlichen Titel auf ein Pfandrecht, insbesondere auf eine Hypothek an den Grundstücken des Vormundes abzugeben, unbeschadet der bereits unter der alten entstandenen Pfandrechtstitel und Pfandrechte. Dies ist besonders wichtig in dem Gebiete des französischen Rechtes, da im Gebiete des gemeinen Rechtes die gesetzliche Hypothek des Mündels an dem Vermögen des Vormundes wohl überall beseitigt war. Eine solche gesetzliche Hypothek, die unter der alten entstanden ist, bleibt auf Grund des Art. 184 E.G. unter der neuen bestehen, sowohl für die bereits vorhandenen Ansprüche, wie für die zukünftigen, sowohl an den bereits vorhandenen Grundstücken des Vormundes, wie an den zukünftigen.[5] Ob sie in das Grundbuch einzutragen ist, hängt von der Verordnung ab, die nach Art. 188 der Landesherr darüber erlassen kann.[6] Für unsere Meinung sprechen Bayern, Art. 56; f. d. Pfalz, Art. 6; Hessen, Art. 214, Nr. VII (Art. 21); Elsaß-Lothringen, A.G. zum Ges. über die freiw. Gerichtsbarkeit, § 71. Übergangsbestimmungen für die Hypotheken und Hypothekentitel der Mündel geben Bayern, Hessen und Elsaß-Lothringen und zwar im wesentlichen im Sinne

[1] Nicht hierher gehören die Bestimmungen der A.G., welche die in §§ 1807, 1808 B.G.B. gemachten Vorbehalte ausführen. So richtig Niedner, 2. Aufl., S. 765. A. M. Kuhlenbeck, S. 299.

[2] So mit Recht L.G. Mainz, 13. Febr. 1900; Hess. Rsp. 1900, S. 22. Vgl. auch K.G., 10. Dez. 1900, Rsp. 2, S. 169.

[3] So Habicht a. a. O.; Niedner, 2. Aufl., S. 461; vgl. K.G., 29. Okt. 1900, Rsp. 2, S. 39.

[4] Habicht, S. 677; Niedner, 2. Aufl., S. 461. A. M. Nussbaum, D. J.Z. 1899, S. 414.

[5] S. oben § 65, S. 260, n. 3.

[6] S. unten § 83. Gleicher Ansicht Niedner, 2. Aufl., S. 461. Ferner Schneider, Nr. 88, S. 79; R.G. bei Bolze, Bd. 6, Nr. 20. Abweichend Habicht, S. 642. Der Unterschied zwischen unserer Meinung und derjenigen Habichts ist durch § 54 des Ges. über die freiw. Gerichtsbarkeit unerheblich geworden, indem die Vormundschaft thatsächlich ein Pfandrechtstitel an Grundstücken und Schiffen bildet. S. Habicht, S. 642, n. 3.

der Hauptregel. Bayern, L.G. f. d. Pfalz, Art. 3—5; Hessen, Art. 214, Zif. VII und Elsaß-Lothringen, A.G. z. Ges. über die freiw. Gerichtsbarkeit, §§ 68—71. Im einzelnen weichen die Gesetze von einander ab.

Ist dem Vormunde unter der alten Rechtsordnung ein Honorar für die ganze Zeit seines Amtes bewilligt, so bleibt sein Anspruch auch nach dem Inkrafttreten der neuen bestehen bis zu dem Zeitpunkte, wo das Vormundschaftsgericht auf Grund der neuen (§ 1836, Abs. 1), die Vergütung für die Zukunft entzieht.[1] Der Anspruch steht unter dem Art. 170 E.G. Ist durch eine Anordnung unter der alten der Vormund oder Pfleger von gewissen Beschränkungen der Vormundschaft befreit, so bleibt diese Befreiung nach dem Inkrafttreten der neuen bestehen, soweit sie nicht mit deren zwingenden Vorschriften in Widerspruch tritt.[2] Unter den zwingenden Vorschriften der neuen ist insbesondere § 1807, der von der sicheren Anlegung des Mündelvermögens handelt. Ist nun nach der alten ein Vormund oder Pfleger von der sicheren Anlegung befreit, so fällt diese Befreiung unter der neuen dahin, weil sie nach deren Vorschriften unzulässig ist.[3] Wenn nach der alten der Wirkungskreis gewisser Pflegschaften Beschränkungen unterlag, die der neuen unbekannt sind, so fallen diese hinweg. Im Gegensatze zum gemeinen Rechte ist nach der neuen der Pfleger eines Abwesenden nicht nur zur Aufsicht, sondern auch zur Verwaltung befugt. — Tritt durch den Wechsel der Rechtsordnung eine Verschiebung in der Vertretungsbefugnis des Vormundes oder Pflegers ein, sei es eine Erweiterung, sei es eine Beschränkung, so hat sie auf die Rechtsgeschäfte, die der Vormund oder Pfleger unter der alten vorgenommen hat, keinen Einfluß, es wäre denn, daß ein organischer Zusammenhang zwischen dem Rechtsgeschäfte, das unter der neuen vorgenommen wird, und dem alten besteht.[4] Hat der Vormund unter der alten ein Rechtsgeschäft errichtet, zu dem er bis dahin selbständig befugt war, so bleibt das Geschäft wirksam, auch wenn der Vormund nach den Vorschriften der neuen der Genehmigung des Gegenvormundes oder des Gerichtes zu dem Rechtsgeschäfte bedurft hätte. Bestand aber das unter der alten vorgenommene Rechtsgeschäft darin, daß der Vormund eine Verpflichtung eingegangen ist, über ein Vermögensstück des Mündels zu verfügen,[5] so bedarf diese Verfügung,[6] wenn sie unter der neuen stattfindet, nach deren Vorschriften einer Genehmigung des Gerichtes. Wird diese verweigert, so hat der Dritte gegen das Mündel, nicht gegen den Vormund einen Schadensersatzanspruch.[7] — Hat um-

---

[1] So auch Habicht, S. 644; Schultetus, S. 235 fg.

[2] S. oben § 70, S. 295, n. 3—6.

[3] So auch K.G., 21. Mai 1900, (Jahrb. 1, A. 220) und 29. Oktober 1900, Rsp. 2, S. 39.

[4] S. oben § 23, S. 91, n. 5.

[5] Vorbereitungsthatbestand s. oben § 23, S. 91, n. 5 und § 32, S. 134, n. 1.

[6] Ausführungsthatbestand s. ebendaselbst.

[7] S. oben § 23, S. 91, n. 5. Ebenso Habicht, S. 646, n. 1.

gekehrt der Vormund unter der alten ein Rechtsgeschäft errichtet, zu dem er bis dahin die Genehmigung des Gerichtes oder des Familienrates oder des Gegenvormundes bedurfte, während er nach den Vorschriften der neuen davon frei ist, so genügt es, wenn der Vormund unter der Herrschaft der neuen das Rechtsgeschäft bestätigt.[1]

Für eine Nachlaßpflegschaft gelten die erbrechtlichen Bestimmungen der neuen Rechtsordnung nur dann, wenn der Erbfall unter ihrer Herrschaft eingetreten ist.[2] Das neue Vormundschaftsrecht hat mit der Nachlaßpflegschaft, wenn der Erbfall unter der alten Rechtsordnung eingetreten ist, nichts zu thun.[3] — Die Vorschriften des neuen Vormundschaftsrechtes haben keine wiedereinsetzende Ausschließlichkeit; sie ergreifen rechtshängige Sachen nicht.[4]

Zweiter Abschnitt.

Die realen Rechtsverhältnisse.

§ 81. Der Besitz.

Nach gemeinem intertemporalem Privatrechte finden auf ein zur Zeit des Inkrafttretens der neuen Rechtsordnung bestehendes Besitzverhältnis auch von dieser Zeit an die Vorschriften der alten Anwendung; nach Deutschem intertemporalem Privatrechte jedoch die Vorschriften der neuen; Art. 180.[5] Der Gegensatz zwischen der Ausschlußklausel des Art. 180 und der Gewährungsklausel des Art. 170 wird vom Gesetzgeber äußerlich in feiner Weise hervorgehoben. Hier ist die Rede von einem Schuldverhältnis, das vor dem Inkrafttreten der neuen entstanden ist; dort von einem Besitzverhältnis, das zur Zeit des Inkrafttretens der neuen besteht. Folgen dieses Grundsatzes: Die Frage, ob der Thatbestand, den die neue vorfindet, unter den Begriff des Besitzes fällt, ist nach ihren Vorschriften zu beantworten. Entspricht der Thatbestand ihren Anforderungen nicht, so fällt das Besitzverhältnis dahin; erste Regel des neueren Regelpaares in ihrer ersten Möglichkeit und Spielart.[6] Der in

---

[1] S. auch Habicht, S. 646.

[2] S. auch Habicht, S. 646 und 647 und Art. 213 E.G.

[3] S. auch oben § 67, S. 272, n. 1. Vgl. auch K.G., 8. Okt. 1900, Rsp. 1, S. 386 und 4. März 1901, Rsp. 2, S. 346; a. M. Habicht a. a. O.

[4] S. oben § 12, S. 49, n. 6 und § 13, S. 57, n. 1. Unrichtig L.G. Mainz, 24. Febr. 1900; Hess. Rsp. 1900, S. 53; O.L.G. Darmstadt, 28. Sept. 1900; Hess. Rsp. 1900, S. 114; R.G. 20. Nov. 1900; Bad. Rechtspraxis 1902, S. 143.

[5] Mot. zum Art. 106, S. 264 u. 265; Prot. S. 9040, 9042, 9043, 9230—9233 (Bd. VI, S. 516—518, 628—630). Eine Ausnahme zu Gunsten des gemeinen Rechtes s. oben § 63, S. 254, n. 5—9.

[6] So Habicht, S. 344, n. 1; Niedner, S. 279; Scherer, S. 171, Nr. 232.

der alten häufig anerkannte Besitz an Reallasten und Vorkaufsrechten erlischt daher im Zeitpunkte des Inkrafttretens der neuen.[1] Der Besitz an anderen dinglichen Rechten kann, soweit er nicht wie beim Nießbrauche, Wohnungsrechte, Pfandrechte, Erbbaurechte zugleich Sachbesitz ist, nur noch als Besitz eines eingetragenen Rechtes geschützt werden; s. §§ 1029, 1090 der neuen.[2] Ansprüche, die aus früheren Störungen entstanden sind, bleiben jedoch bestehen.[3] — Liegt umgekehrt ein Thatbestand vor, der von der alten Rechtsordnung nicht anerkannt war, so bewirkt er mit dem Inkrafttreten der neuen positiven und ausschließlichen sofort ein Besitzverhältnis; zweite Regel des neueren Paares in ihrer ersten Möglichkeit und Spielart. Es ist dies der Fall bei der Detention des Mieters, Pächters, Depositars u. s. w. im Gebiete des gemeinen Rechtes. Sie verwandelt sich in geschützten Besitz jedoch nur im Verhältnisse nach außen, nicht auch nach innen; denn das Schuldverhältnis steht nach Art. 170 fortdauernd unter der alten. Die Gewährungsklausel geht der Ausschlußklausel vor.[4]

Für den Besitzschutz, sowohl gegen Entziehung wie gegen Störung, ist allein die neue Rechtsordnung maßgebend, wenn die verbotene Eigenmacht unter ihrer Herrschaft verübt wird. Dagegen bestimmt sich die Frage, ob der verletzte Besitzer den unter der alten erworbenen Besitz fehlerhaft erlangt habe, nach deren Vorschriften.[5] Fand dagegen die verbotene Eigenmacht noch unter der Herrschaft der alten statt, so bestimmen sich die Rechtsfolgen dieser Handlung nach deren Vorschriften.[6] Dieser Grundsatz gilt auch dann, wenn die Handlung nach der alten einen Besitzschutz nicht herbeiführt, die neue aber einen solchen gewährt. Auch unter der neuen muß eine Besitzklage versagt werden, es wäre denn, daß die Störung des Besitzes in einem Zustande besteht, der unter der neuen und ausschließlichen fortdauert und daher von ihr als Thatbestand der Gegenwart ergriffen wird.[7] Liegt umgekehrt eine Handlung vor, wogegen die alte Besitzschutz gewährt, jedoch nicht die neue, so besteht er auch unter der neuen. Der Anspruch auf Wiedereinräumung des Besitzes oder auf Unterlassung weiterer Störungen ist selbst dann nicht ausgeschlossen, wenn die neue dem Beklagten eine Einwendung gegen die Besitzklage giebt, vermöge deren er die Aufrechterhaltung seines Be-

---

[1] Prot. Bd. VI, S. 632.

[2] Eine Ausnahme s. oben § 63, S. 254, n. 5—9.

[3] S. auch K.G., 4. Dez. 1900, Rsp. 3, S. 26.

[4] A. M. Habicht, S. 346, n. 1; Lehmann, S. 65 fg.

[5] So auch Habicht, S. 346, n. 2; Niedner, 2. Aufl., S. 360.

[6] So Habicht, S. 347, n. 1; Niedner, S. 279; Scherer nimmt an, daß die neue auch die schwebenden Besitzklagen ergreife; ebenso Schneider, S. 220, Nr. 265. Habicht wendet sich a. a. O. trotz seines Standpunktes (s. oben § 12, S. 50, n. 1) gegen eine so weitgehende Rückwirkung. Der richtigen Ansicht huldigt auch L.G. Colmar, 19. Jan. 1900; Das Recht 1900, S. 152; R.G. 26. Okt. 1901, E. 50, S. 9.

[7] S. oben § 27, S. 116, n. 1. So auch Habicht, S. 348.

sitzes oder die Duldung der störenden Handlung fordern kann.[1] Daher kann ein unter der alten entstandener und begründeter Besitzanspruch auch nicht durch Erheben einer petitorischen Widerklage zum Erlöschen gebracht werden, wenn die alte eine solche nicht zuließ.[2] Die Frage aber, ob aus einer Besitzstörung für die Zukunft Schutz zu gewähren ist, entscheidet sich für die Zeit nach dem Inkrafttreten der neuen nach deren Vorschriften.[3] Die Frist, mit deren Ablauf der Anspruch erlischt oder verjährt, bestimmt sich nach der alten. Die neue kennt eine besondere Verjährung der Besitzklagen nicht. Ihre einjährige Ausschlußfrist gilt nicht für Ansprüche, die aus der alten stammen.[4]

Nach der alten Rechtsordnung richten sich die in ihren Bereich fallenden Voraussetzungen des Besitzverhältnisses; ebenso richtet sich sein Inhalt unter ihrer Herrschaft nach ihren Vorschriften. Ist der Tod des Erblassers unter der Herrschaft der alten erfolgt, so entscheidet sie darüber, ob der Erbe ohne weiteres durch den Erbgang Besitzer geworden ist oder nicht. Hat jemand unter der alten ein *constitutum possessorium* abgeschlossen, so entscheidet sie darüber, ob der Besitzerwerb gültig sei.[5] In den Gebieten, die der landesgesetzlichen Regelung verblieben sind, wirkt für den Besitz die alte weiter; s. Art. 69, 65 E.G. Hier giebt es noch einen Rechtsbesitz am Jagd- und Fischereirechte, an Regalien u. s. w. Die alte entscheidet auch darüber, ob der Gemeingebrauch an öffentlichen Flüssen und an der fließenden Welle von Privatbächen Besitzschutz genießt.[6]

§ 82. Das Eigentum.

Dem gemeinen intertemporalen Privatrechte zufolge muß das aus der alten Rechtsordnung stammende Eigentum nach deren Vorschriften bestimmt werden. Der deutsche Gesetzgeber hat jedoch den Vorschriften der neuen über das Eigentum Ausschließlichkeit verliehen. Darnach finden sie auf das zur Zeit ihres Inkrafttretens bestehende Eigentum von dieser Zeit an Anwendung; s. Art. 181 E.G.[7] Ob ein Rechtsverhältnis seinem Inhalte nach als Eigentum anzusehen ist, bestimmt sich nach der neuen. Es kommt bei der Prüfung nicht auf die Benennung an, die das Rechts-

---

[1] A. M. Habicht, S. 348, n. 1; Niedner, 2. Aufl., S. 360.

[2] So richtig R.G., 26. Oktober 1901; J.W. 1901, S. 830, E. 50, S. 12. Die Ansicht Habichts wird vom R.G. nicht angenommen.

[3] L.G. Colmar, 19. Jan. 1900; Das Recht 1900, S. 152.

[4] S. oben § 34, S. 143, n. 3; ebenso Habicht, S. 349, n. 1. Niedner, a. a. O. S. 360.

[5] Ebenso Habicht, S. 344, n. 1; Niedner, 2. Aufl., S. 360. O.L.G. Dresden, 27. April 1901; Sächs. A. 11, S. 484.

[6] So auch Habicht, S. 345, n. 2; Langfeld, Bd. 1, S. 64.

[7] Mot. zum Art. 106, S. 264; Prot. S. 9040—9044, 9230—9233, 1227—1229 (Bd. VI, S. 516—518, 628—630). Der Satz Habichts, den er an die Spitze des § 139 a. a. O. stellt, daß der Inhalt des Eigentumes sich nach den jeweils herrschenden Gesetzen bestimme, m. a. W. daß diesen Gesetzen eine angeborene Ausschließ-

verhältnis in der alten führte, sondern auf die Befugnisse, die sie dem zuständigen Rechtssubjekte verlieh. Ist die Frage, ob Eigentum vorliege, gemäß der neuen zu verneinen, so fällt das dingliche Rechtsverhältnis der alten zu.[1] Der Inhalt des Eigentumes richtet sich im Verhältnisse zu den daran bereits begründeten dinglichen Rechten nach der alten; Art. 184 E.G.[2] Auf den Gebieten, die der Landesgesetzgebung vorbehalten sind, entscheidet die alte auch noch künftig darüber, wer nach dem Inhalte seiner Befugnisse als Eigentümer und wer als Berechtigter an fremder Sache zu gelten hat. Ist jemand darnach als Eigentümer anzusehen, so gelten für ihn im Verhältnisse zu Dritten die Vorschriften der neuen. Einschlägige A.G. und A.V.: Mecklenburg-Schwerin, §§ 153 fg.; -Strelitz, §§ 150 fg.; (Lehenrecht und Erbpacht) Hamburg, § 51; Bayern, L.G. für die Pfalz, Art. 19; Hessen, Art. 220 fg.; vgl. noch das oldenburgische Gesetz vom 25. April 1899.

Hat der Eigentumserwerb unter der alten Rechtsordnung stattgefunden, so ist die Gültigkeit des Erwerbsthatbestandes nach deren Vorschriften zu beurteilen. Ist der Thatbestand im Sinne der alten vollkommen, im Sinne der neuen unvollkommen, so bleibt das Eigentum doch bestehen; erste Regel des alten Regelpaares in der ersten Möglichkeit.[3] Dies gilt infolge der organischen Auffassung dann nicht, wenn der objektive Thatbestand unter der alten, der subjektive dagegen erst unter der neuen stattfand.[4] Im Sinne der organischen Auffassung trafen einige A.G. Bestimmungen; so Preußen, A.G. Art. 25; Bayern, Ü.G. Art. 39, Lieg.G. Art. 17; Hessen, Gesetz die Anleg. des Grb. betr. Art. 43 und 44. Ist der Thatbestand in den Augen der alten ein unvollkommener, in den Augen der neuen ein vollkommener, so ist das Eigentum nicht übergegangen und geht auch nicht nachträglich über; zweite Regel des älteren Paares in ihrer ersten Möglichkeit.[5] Ist der Vorbereitungsthatbestand nach der alten unvollkommen, der Ausführungsthatbestand jedoch im Sinne der neuen, unter deren Herrschaft er vorgenommen wird, vollkommen, so geht das Eigentum über.[6] Im Sinne der organischen Auffassung ist

---

lichkeit innewohne, hat der deutsche Gesetzgeber nicht anerkannt, ebensowenig wie den Satz der französischen Jurisprudenz, daß die Personalstatuten eine solche besitzen; s. oben § 13, S. 58, n. 3 und 4 und § 47, S. 177, n. 5 u. 6. Vgl. auch Niedner, 2. Aufl., S. 365, Nr. 4.

[1] S. Art. 184 E.G. und oben § 65, S. 259, n. 2 und 3.

[2] So richtig Niedner, 2. Aufl., S. 365.

[3] So richtig Habicht, S. 361; Lehmann, S. 68; Niedner, 2. Aufl., S. 361, Nr. 2.

[4] S. oben § 23, S. 91, n. 5. So aus anderen Gründen Habicht, S. 362, n. 2. A. M. Niedner, 2. Aufl., S. 363, Nr. 3 c.; s. aber gegen Ende. S. auch das in § 81, S. 375, n. 5 angeg. Urt. des O.L.G. Dresden, 27. April 1901; R.G. 13. Juni 1900; J.W. 1900, S. 777.

[5] So richtig Habicht, S. 363, n. 1; Niedner, S. 280; Lehmann, S. 67.

[6] S. oben § 23, S. 91, n. 5 u. § 32, S. 134, n. 2. So auch Habicht, obschon er diese Unterscheidungen nicht kennt, S. 363; ebenso Niedner, 2. Aufl., S. 363, Nr. 3 b.

auch der Art. 211 des A.G. Hessens zu verstehen.[1] Knüpft die alte den Erwerb des Eigentumes an einen Zustandsthatbestand, und ragt dieser Zustand noch in die neue hinein, ohne seine Vollendung gefunden zu haben, so entscheiden über den Eigentumserwerb deren Vorschriften.[2] So verliert auch der Eigentümer im Gebiete des gemeinen Rechtes an den zu einem fremden Bau verwendeten Baumaterialien sein Eigentum, wenn im Zeitpunkte des Inkrafttretens der neuen die Verbindung noch besteht. Er kann, wenn die Verbindung nachträglich aufgehoben wird, die Eigentumsklage nicht mehr anstellen.[3] Ist zum Eigentumserwerbe ein Verbindungsthatbestand notwendig und fällt ein Thatumstand unter die neue, so sind deren Vorschriften für den Erwerb maßgebend.[4] Ebenso ist es, wenn zwar der Hauptthatbestand unter die alte, der Nebenthatbestand unter die neue fällt.[5] Beispiel: Veräußerung seitens des Nichteigentümers (alte) und Genehmigung durch den Eigentümer (neue). Ingleichen bei einer Thatbestandsverbindung. Fällt ein Glied unter die neue, so beherrscht sie den Erwerb.[6] Beispiel: Der Veräußerer hat sich unter der alten ins Grundbuch eintragen lassen und unter der neuen (§ 892) aufgelassen; oder der Veräußerer hat unter der alten den Besitz der beweglichen Sache erworben und unter der neuen (§ 932) übertragen.

Die Vorschriften der neuen Rechtsordnung über Beschränkungen des Eigentumes an Grundstücken ergreifen grundsätzlich auch das im Zeitpunkte ihres Inkrafttretens bestehende Eigentum. Das E.G. hat in Bezug auf die Eigentumsbeschränkungen der Landesgesetzgebung wichtige Vorbehalte gemacht. Soweit diese reichen, wirkt die alte fort. E.G. Art. 109; dazu Württemberg, Art. 244; Hessen, Art. 89, Abs. 2. E.G. Art. 111; dazu Preußen, Art. 89, Nr. 1 b. E.G. Art. 115, 117, 119; dazu Preußen, Art. 30; Waldeck, Art. 16; Bayern, Art. 85, 86; Sachsen, A.G. §§ 7—12; A.V. §§ 13—18; S.-Weimar, § 149. — Die beschränkenden Vorschriften der neuen können in zweifacher Richtung von den bisherigen abweichen: entweder verschärfen sie die Beschränkungen des Eigentumes, oder sie befreien das Eigentum von Beschränkungen. — Verschärfen sie die Eigentumsbeschränkungen oder führen sie neue ein,

[1] Habicht, S. 362 verkennt ihn.

[2] So wie mir scheint auch Habicht, S. 363; s. oben § 27, S. 116, n. 1 und 118, n. 4.

[3] So auch Habicht, S. 364 n. 1; Niedner, 2. Aufl., S. 372; s. auch S. 364; ebenso Prot. zweiter Lesung, 441. Sitzung, Nr. II, A. 3, Bd. VI, S. 518; vgl. dazu *fr.* 7, § 10; *de adqu. r. d.* 41, 1.

[4] S. oben § 23, S. 91, n. 5 und vgl. dazu § 31, S. 131, n. 2. Aus anderen Gründen auch Habicht, S. 363. A. M. Niedner, 2. Aufl., S. 364 d. α. Beispiele bieten die §§ 930 und 931 in Verbindung mit §§ 933 und 934 der neuen.

[5] S. oben § 23, S. 91, n. 5 und dazu § 30, S. 128 fg. Zweifelnd Niedner, 2. Aufl., S. 365 γ. Anders in der ersten Auflage.

[6] S. oben § 23, S. 91, n. 5 und dazu § 32, S. 135, n. 1. Übereinstimmend Niedner, 2. Aufl.. S. 363, Nr. 3 a; S. 362, Nr. 2 a β. Entsch. des Preuß. Obertrib. 75, S. 15 und R.G. E. 2, Nr. 84; 16 Nr. 53; 22 Nr. 60.

so ergreifen sie kraft ihrer Ausschließlichkeit sofort die bestehenden Anlagen. Sie entziehen dem Eigentümer mit ihrem Inkrafttreten die Befugnis, die Unterlassung des Eingriffes oder die Beseitigung der Anlage zu verlangen, die er nach der alten fordern durfte.[1] Es kommt nicht darauf an, ob die Einwirkung oder die Anlage, die er sich nach der neuen gefallen lassen muß, vor oder nach deren Inkrafttreten errichtet wurde. Dagegen kann er wegen der unter der alten erfolgten Störungen seines Eigentumes auch fernerhin noch Schadensersatz verlangen, falls ihm nach deren Vorschriften ein Anspruch darauf entstanden ist; so nach Art. 170 E.G. — Hierher gehören die Vorschriften der neuen für den Überbau; §§ 912 fg. Es kann keinem Zweifel unterliegen, daß sie die bestehenden Einschränkungen verschärfen.[2] Also ergreifen sie die bereits errichteten Bauten.[3] Die Ausschließlichkeit ergreift jedoch rechtshängige Sachen nicht.[4] Die Rechtsprechung ist schwankend.[5] Die ausschließlichen Vorschriften für den Überbau dürfen nicht analog ausgedehnt werden.[6] Sie greifen nicht ein, wenn der Überbauende unter der alten das Eigentum an der überbauten Fläche erworben hatte.[7] — Auch insoweit die Vorschriften der neuen (§§ 917, 918) für den Notweg die Beschränkungen des Eigentumes verschärfen oder neue Beschränkungen einführen, ergreifen sie bereits bestehende Anlagen. Sie besitzen jedoch nur eine schlichte Ausschließlichkeit; sie ergreifen daher rechtshängige Sachen nicht.[8] Soweit aber nach den alten Vorschriften der Notweg noch günstiger errichtet wurde, bleibt es dabei. Er steht als dingliches Rechtsverhältnis unter dem Schutze des Art. 184 E.G.[9] Befreit um-

---

[1] S. auch oben § 27, S. 119, n. 1.

[2] S. auch Dernburg, Sachenrecht § 82, S. 237.

[3] So R.G. 19. Mai 1900, J.W. S. 561 fg.; 16. Juni 1900, E. 46, S. 143 fg. und besonders deutlich 4. Dez. 1900, E. 47, S. 360. O.L.G. Braunschweig, 9. Nov. 1900, S. A. 56, S. 223 fg. Ebenso Niedner, 2. Aufl., S. 337. Habicht, S. 379, n. 1; Scherer, S. 347, Nr. 190 und anscheinend Neumann zu Art. 181, Anm. 2. A. M. Dernburg a. a. O., Sachenrecht § 82, Nr. 4, S. 237 u. Fuchs, Rassow u. Küntzel, Beitr. Bd. 44, S. 21. S. jedoch Dernburg, 2. Aufl., S. 824.

[4] S. oben § 12, S. 52, n. 2; § 13, S. 57, n. 6; s. auch oben § 80, S. 373, n. 4. A. M. Habicht und Niedner, 2. Aufl., S. 367.

[5] Den richtigen Standpunkt vertritt das K.G., 26. Jan. 1900; den unrichtigen das R.G., 16. Juni 1900; s. oben § 12, S. 52, n. 2. Es berührt indeß die Frage nach der Rechtshängigkeit gar nicht, sondern wendet sich nur gegen die Ansicht, daß bezüglich der vor dem Inkrafttreten des B.G.B. begonnenen Bauten die Grundsätze des bisherigen Rechtes Platz greifen müssen. Ferner O.L.G. Naumburg a. S., E. 47, S. 115. Dagegen wiederum R.G. ebenda. Vgl. auch R.G., 22. Nov. 1900. Das Recht 1901, Nr. 1. — Den unrichtigen Standpunkt vertritt auch ohne die Frage nach der Rechtshängigkeit zu berühren O.L.G. Hamburg, 29. Mai 1900. S. A. 57, S. 13—17.

[6] So richtig R.G., 4. Dez. 1900; Bad. Rechtspr. 1901, S. 67. Dagegen O.L.G. Hamburg, 29. Mai 1900; Hans. Ger.-Ztg. 1900, Beibl. S. 205 u. S. A. 57, S. 13—17.

[7] So richtig Habicht, S. 379; Niedner, 2. Aufl., S. 367.

[8] S. oben. A. M. Habicht, S. 380.

[9] So richtig O.L.G. Karlsruhe, 12. April 1901; Bad. Rechtspr. 1902, S. 73.

gekehrt die neue den Eigentümer des Nachbargrundstückes von Einschränkungen, denen er bisher unterworfen war, so ergreift sie die mit Erlaubnis der alten bereits errichteten Anlagen nicht.[1] Hat der Bau unter der erlaubenden Rechtsordnung stattgefunden, so liegt ein Thatbestand vor, der ein Rechtsverhältnis begründet. Dieses ist ebenso gesichert gegen die neue, wie eine Dienstbarkeit, die unter einer verbietenden Rechtsordnung durch Verjährung erworben ist.[2] Es ist wie eine Dienstbarkeit dinglich und steht daher unter dem Schutze des Art. 184 E.G. Dies ist auch der richtige Sinn des *Code civil*, wenn er z. B. das Notwegrecht unter dem Titel *des servitudes ou services fonciers* behandelt. Er meint damit das bereits errichtete Notwegrecht, nicht die Möglichkeit der Errichtung.[3] Hierher müssen die Vorschriften der neuen (§§ 919—922) über die Grenzanlagen gerechnet werden. Soweit die alte noch weiter in der Beschränkung des Nachbarn ging, bleiben die unter ihr errichteten Grenzanlagen aufrecht.[4] Geht aber die neue weiter, so gilt der vorige Grundsatz.[5]

Die A.G. für das Gebiet des rheinischen Rechtes (außer für Birkenfeld) ordnen die Verhältnisse der schon bestehenden Scheide- und Grenzmauern der Hauptsache nach im Sinne des obigen Grundsatzes; so bleiben für eine unter der alten Rechtsordnung errichtete Mauer die Vermutungen der *Art.* 653, 654 *Code civil* noch fernerhin bestehen. Bei einer gemeinschaftlichen Mauer kann auch künftig der Eigentümer des einen Grundstückes dem Eigentümer des anderen nicht verbieten, die Mauer ihrer ganzen Dicke nach zu erhöhen, wenn dieser beweist, daß die Mauer dadurch nicht gefährdet wird u. s. w., vgl. noch Preußen, Art. 23; Bayern, A.G. Art. 68; Hessen, Art. 82; Elsaß-Lothringen, § 71. Letzteres hält auch in § 70 ausdrücklich das Recht aufrecht, das im *Code civil Art.* 661 enthalten ist, wonach der an eine bisher nicht gemeinschaftliche Mauer angrenzende Eigentümer sie ganz oder teilweise dem Eigentume oder der Benutzung nach dadurch gemeinschaftlich machen kann, daß er dem Eigentümer die Hälfte des Wertes ersetzt. Die übrigen Gesetze schweigen darüber.[6] Vollständig zutreffend bestimmen auch Preußen, Art. 24; Baden,

---

[1] S. oben § 49, S. 183, n. 1.

[2] S. oben § 49, S. 183, n. 2.

[3] Anders Habicht, der unbewußt den Spuren der italienischen Rechtsprechung folgt; s. Gesch. § 69, S. 551, n. 1. Niedner, 2. Aufl., S. 366 schließt sich der Ansicht Habichts an, bejaht aber die Entschädigungspflicht des Staates; s. auch unten §§ 91 u. 92. Beim Notweg ist er jedoch der richtigen Ansicht; er erblickt in der errichteten Anlage eine durch Richterspruch konstituierte Grundgerechtigkeit. Aber was dem Notweg Recht ist, ist den andern unter der erlaubenden Rechtsordnung errichteten Anlagen billig, auch wenn ein Richterspruch nicht benötigt war; denn alle Thatbestände sind vor dem Gesetze gleich; s. oben § 21, S. 87, n. 2.

[4] Sie stehen unter dem Schutze des Art. 184 E.G.

[5] A. M. Habicht, S. 380.

[6] Es ist damit nicht gesagt, daß sie stillschweigend dieses Recht beseitigen, wie Habicht, S. 382 behauptet.

Art. 14, daß die bisherigen Vorschriften für das Recht und die Pflicht zur Errichtung der Mauer maßgebend bleiben, wenn vor dem Inkrafttreten der neuen der eine Nachbar von dem andern auf Grund des *Art.* 663 des *Code* verlangt hat, daß er zur Errichtung der Scheidemauer beitrage, wenn auch der Bau noch nicht begonnen hat.[1] Bayern, A.G. Art. 70, Abs. 1; Hessen, Art. 215 lassen die alte ebenfalls fortwirken, falls der Bau einer solchen Mauer begonnen hat. Auch die übrigen A.G. treffen Bestimmungen im Sinne einer Schonung des alten Rechtszustandes; so Anhalt, Art. 34; Bremen, § 24; Hessen, Art. 138. — Art. 122 E.G. hält die landesgesetzlichen Vorschriften aufrecht, welche die Rechte des Grundstückseigentümers zu Gunsten des Obstbaues noch weiter beschränken als es das Reichsrecht thut.[2] Ebenso hält Art. 183 E.G. zu Gunsten eines Grundstückes, das beim Inkrafttreten der neuen mit Wald bestanden ist, bis zur nächsten Verjüngung des Waldes die Landesgesetze aufrecht, welche die Rechte der Anlieger zu Gunsten des Waldbestandes noch mehr beschränken, als es das Reichsrecht thut. Ausführungsbestimmungen zum Art. 183 geben Bayern, Ü.G. Art. 9; Württemberg, Art. 245; Hessen, Art. 88; Mecklenburg-Schwerin, § 182; -Strelitz, § 80; Braunschweig, § 47; S.-Altenburg, § 71; S.-Coburg-Gotha, Art. 24, § 10; Schwarzburg-Sondershausen, Art. 31, § 6. S.-Altenburg verleiht den §§ 910 und 923, Abs. 2 und 3 der neuen Ausschließlichkeit auch gegenüber den bestehenden Wäldern. Die andern treten mehr für die Hauptregel ein.

Da die neue Rechtsordnung in den nachbarrechtlichen Bestimmungen lückenhaft ist, so findet sie nach Art. 124 E.G. ihre Ergänzung in dem landesgesetzlichen Nachbarrechte. Die wenigen reichsrechtlichen Beschränkungen können aber durch die Landesgesetzgebung weder verschärft noch gemildert werden.[3] Aufrecht bleiben Beschränkungen anderer Art, als sie in §§ 906 fg. der neuen Rechtsordnung dem Eigentümer auferlegt sind; wie das Fensterrecht, das Hammerschlags- und Leiterrecht und drgl.[4] Durch diese Aufrechterhaltung der landesrechtlichen Vorschriften und damit der alten Rechtsordnung werden viele intertemporale Fragen abgeschnitten; dies ist bei dem Stande der heutigen Jurisprudenz gegenüber den intertemporalen Rechtsfragen nur gutzuheißen.[5] Art. 124 wie auch Art. 122 sind verwandt mit der Gewährungsklausel des Art. 183 und daher wie dieser ausdehnend auszulegen.[6] Die Ausführungsgesetze

---

[1] Es stimmt dies vollständig mit dem, was oben § 27, S. 118, n. 2 über die intertemporale Behandlung der *cautio damni infecti* gesagt wurde.

[2] S. Mat. z. dritten Abschn. des E.G. Reichstagsvorl. Art. 121; vgl. Württemberg, Art. 241—244; Hessen, Art. 88, n. 1.

[3] So auch Habicht, S. 371, n. 1.

[4] Vgl. auch O.L.G. Hamburg, 3. Dezember 1900, wonach § 75, Abs. 2 der bremischen Bauordnung durch Art. 124 aufrecht erhalten ist; Rsp. 2, S. 170. Ferner O.L.G. Celle, 1. März 1900; Das Recht 1900, S. 283 fg.

[5] S. besonders Gesch. § 65, S. 476, n. 2 und § 69, S. 551, n. 1.

[6] S. oben § 8, S. 34, n. 1 u. 2 u. § 12, S. 53. So richtig das O.L.G. Ham-

enthalten zahlreiche Bestimmungen, wodurch die Verhältnisse des Nachbarrechtes mehr oder weniger eingehend geregelt werden. So Bayern, A.G. Art. 62—79; Württemberg, Art. 217—254; Baden, Art. 13—23; Hessen, Art. 83—89; S.-Weimar, Art. 109—117; Oldenburg (f. Birkenfeld), §§ 24 bis 30; S.-Meiningen, Art. 15; S.-Altenburg, § 74, Abs. 2; S.-Coburg-Gotha, Art. 24; Anhalt, Art. 33—43; Schwarzburg-Rudolstadt, Art. 66 und 73; -Sondershausen, Art. 31; Reuß ä. L., §§ 97—99; j. L., §§ 69—72; Elsaß-Lothringen, §§ 59—66. Gar keine derartigen Vorschriften haben Preußen, Sachsen, die beiden Mecklenburg, Oldenburg (für Oldenburg und Lübeck), Braunschweig, Waldeck, die beiden Lippe und die drei freien Städte. Für diese neuen Vorschriften gelten die obigen Grundsätze. Sie werden ausdrücklich bestätigt durch das bayer. A.G. Art. 66 u. 75. Ebenso Württemberg, Art. 259; Baden, Art. 17; Hessen, Art. 87, Nr. 1 u. 3; S.-Weimar, § 113; Schwarzb.-Rudolstadt, Art. 69; -Sondershausen, Art. 61, § 6; Bayern begünstigt die Waldungen nicht bloß bis zur nächsten Verjüngung, wie die meisten A.G.; s. Art. 75, Abs. 2, Satz 2 gegenüber Art. 72, Abs. 1. Darnach ergreifen die neuen Vorschriften, welche Befreiungen von Beschränkungen des Nachbareigentümers enthalten, die bereits bestehenden Anlagen nicht. Auch Anhalt, Art. 36, Abs. 2, Satz 1, welches den neuen Vorschriften Ausschließlichkeit verleiht, begnügt sich mit einer schlichten, welche die durch rechtskräftiges Urteil, Konsens, Verjährung erledigten Sachen schont.[1] Die intertemporale Rechtsprechung über diese landesgesetzlichen Beschränkungen ist bis jetzt nicht bedeutend.[2] Nach Art. 124 E.G. können die Landesgesetze auch bestimmen, daß eine von ihnen vorgeschriebene Eigentumsbeschränkung nur innerhalb einer gewissen Frist von der Errichtung einer Anlage geltend gemacht werden kann, welche gegen diese Beschränkung verstößt. Solche Vorschriften finden sich in A.G. von Bayern, Art. 77—79; Weimar, § 116; Coburg-Gotha, Art. 24, § 8; Schwarzb.-Rudolstadt, Art. 70. In den Rechtsgebieten, wo eine Beschränkung des Eigentumes nur durch eine Grunddienstbarkeit (Urbanalservitut) erworben werden kann, kann eine unter der alten begonnene Ersitzung auch unter der neuen vollendet werden.[3] Nicht dagegen spricht Bayern, Art. 67. Diese Grundsätze sind besonders praktisch im Gebiete des A.L.R. I 8, §§ 142 und 143 und im Gebiete des rheinischen Rechtes.[4] So auch Bayern, A.G. Art. 67, Abs. 2; Baden, Art. 22; Mecklenburg-Schwerin, § 187; -Strelitz, § 186. Diese Gesetze

---

burg, welches den Art. 124 auch auf das Miteigentum ausdehnt; siehe das Urteil a. a. O.

[1] Habicht räumt der neuen eine wiedereinsetzende Ausschließlichkeit ein; s. auch S. 374.

[2] Vgl. O.L.G. Karlsruhe; 23. Dez. 1901; Bad. Rechtspr. 1902, S. 46.

[3] S. oben § 34, S. 146, n. 1. A. M. Habicht, S. 376.

[4] Entsch. des R.G. 13, S. 304. A. M. Habicht, S. 377. Dagegen giebt er zu, daß auch unter der neuen der Anspruch des Nachbaren auf Beseitigung der zu nahe an seiner Grenze angelegten Fenster verjähren könne.

schweigen über den Fall, daß die Ersitzung der Grunddienstbarkeit im Zeitpunkte des Inkrafttretens der neuen noch nicht vollendet war. Es tritt der richtige Grundsatz in die Lücke, wonach der Richter auch einen Zustand unter der neuen in die Ersitzungsfrist einrechnen kann. Die Härte der entgegengesetzten Auffassung zeigt sich besonders dann, wenn nur noch ein *modicum tempus* zur Vollendung der Ersitzung erforderlich ist. Die Nichtberücksichtigung dieses Grundsatzes würde das Rechtsgefühl des Volkes schwer verletzen.[1]

Die unter der alten Rechtsordnung entstandenen Ansprüche sind nach deren Vorschriften zu beurteilen, gleichgültig, ob sie einen rein dinglichen oder obligatorischen Charakter haben.[2] Der Grund, warum die dinglichen Ansprüche intertemporal gleich zu behandeln sind, wie die obligatorischen, liegt in ihrer Natur. Diese ist wesensgleich mit derjenigen der obligatorischen. Die neue Rechtsordnung hat dies anerkannt.[3]

Die Ansprüche selbst unterscheiden sich nicht von einander, sondern nur die objektiven Rechtsverhältnisse, aus denen sie stammen. Zwischen dem objektiven dinglichen Rechtsverhältnisse und dem objektiven obligatorischen bestehen unüberbrückbare Unterschiede, nicht aber zwischen den aus ihnen hervorgehenden Ansprüchen.[4] Dagegen bestimmt sich die Frage nach der Haftung dessen, *qui liti sese obtulit*, nach der neuen, wenn die Einlassung erst unter ihr stattfindet.[5] Der Grund ist der, daß darin ein selbständiger Thatbestand von deliktsartigem Charakter gefunden werden muß. Dasselbe gilt aus dem gleichen Grunde von dem, *qui dolo desiit possidere*, wenn die Aufgabe des Besitzes unter der neuen erfolgt.[6] Die Frage nach dem Ersatze der Verwendungen, die der Besitzer auf die Sache gemacht hat, richtet sich nach der alten, sofern sie unter deren Herrschaft vorgenommen wurden.[7] Das gleiche muß aber auch für diejenigen Verwendungen gesagt werden, die von demselben Besitzer unter der neuen gemacht wurden.[8] Die Frage, ob der Beklagte ein Zurück-

---

[1] A. M. Habicht, S. 378.

[2] So richtig das treffliche Urteil des R.G., 19. Februar 1901; Bad. Rechtspr. 1902, S. 55. Auch Niedner stimmt in der zweiten Aufl., S. 369 beinahe vollständig überein. Nur die Ansprüche, welche auf unmittelbare Verwirklichung des Eigentumsinhaltes gehen, unterwirft er der neuen Rechtsordnung S. 368. Dies ist nur hinsichtlich der *actio negatoria* zuzugeben, sofern sie nicht im Zeitpunkte des Inkrafttretens rechtshängig ist. Soweit der Anspruch obligatorischen Charakter hat, stimmt auch Habicht auf Grund des Art. 170 E.G. zu, jedoch mit einer Einschränkung.

[3] S. oben § 36, S. 154, n. 1.

[4] Anderer Ansicht R.G., 19. Mai 1900; J.W. 1900, S. 562. Vgl. auch R.G., 12. März 1901; J.W. 1901, S. 293.

[5] So richtig Habicht, S. 387, n. 2; Mot. z. B.G.B. Bd. 3, S. 297.

[6] So auch Niedner, 2. Aufl., S. 369.

[7] So richtig Habicht, S. 377, n. 4; Cosack, B.R. Bd. 2, S. 177; Dernburg, Sachenrecht, S. 287; Niedner, S. 280; R.G. 19. Mai 1900; J.W. 1900, S. 562, 19. Febr. 1901; Bad. Rechtspr. 1902, S. 55. So auch R.G., 5. März 1901; J.W. 1901, S. 237.

[8] A. M. Habicht, S. 387, n. 3. Gegen Habicht spricht sich auch O.L.G.

behaltungsrecht hat, und in welchem Umfange, ist nach der alten zu beurteilen, falls die Aufwendungen unter ihrer Herrschaft gemacht wurden.[1] Ebenso bestimmt sich die Art der Geltendmachung des Zurückbehaltungsrechtes nach der alten.[2] Dagegen richtet sich die Frage, ob der Besitzer den Erstattungsanspruch auch klagend geltend machen kann, nach der neuen, falls er die Aufwendungen unter ihrer Herrschaft gemacht hat und er noch im Besitze der Sache ist. Sämtliche Voraussetzungen haben sich dann unter der neuen erfüllt.[3] Hat die Herausgabe der Sache vor dem Inkrafttreten der neuen stattgefunden, ohne daß nach der alten der Erstattungsanspruch erloschen ist, so entscheidet diese auch über dessen Verjährung. — Soweit die *actio negatoria* auf Schadensersatz geht, entscheidet über dessen Umfang die alte, unter deren Herrschaft die störende Handlung vorgenommen wurde.[4] Sofern sie jedoch auf Verwirklichung des Eigentumsinhaltes geht, richtet sie sich nach der neuen, es wäre denn, daß sie im Zeitpunkte des Inkrafttretens bereits anhängig ist.[5] — Die Vorschriften der neuen über die Eigentumsklage und die publizianische Klage beziehen sich nicht auf die Besitzverhältnisse, die noch unter der alten erlangt wurden. Die Eigentumsklage und die publizianische Klage sind nach der Rechtsordnung zu beurteilen, unter welcher der abnorme Zustand eingetreten ist.[6] Daher kann der Kläger, der unter der Herrschaft der alten das zuständige Subjekt eines Besitzverhältnisses geworden ist, sich nicht auf die Rechtsvermutungen der neuen (§ 1006, Abs. 1) berufen.[7] Ingleichen gelten die Vorschriften des § 1006, Abs. 2 und des § 1007 der neuen nicht zu Gunsten eines Besitzers, der die bewegliche Sache nur vor dem Inkrafttreten der neuen im Besitze gehabt hat.[8] Auch die Rechtsvermutungen zu Gunsten des Eigentumes an Liegenschaften richten sich nach der alten, wenn der Erwerb unter ihr stattfand.[9]

Posen, 6. Nov. 1901, Rsp. 4, S. 336 aus. Es verlangt für sämtliche Aufwendungen eine einheitliche Rechtsordnung, entscheidet sich aber für die neue. A. M. auch NIEDNER, 2. Aufl., S. 369.

[1] So richtig R.G., 19. Februar 1901; Bad. Rechtspraxis 1902, S. 55. A. M. HABICHT, S. 388, n. 1; Mot. zum B.G.B. Bd. 3, S. 416; FÖRTSCH, S. 67. O.L.G. Hamburg, 1. Dez. 1900, Rsp. 2, S. 57 steht auf einem anderen Standpunkte; siehe oben § 41, S. 166, n. 4 und 167, n. 1 und 2.

[2] S. R.G. 19. Februar 1901; Bad. Rechtspr. 1902, S. 55.

[3] S. auch HABICHT, S. 388, n. 2.

[4] Die Gründe sind dieselben wie bei der *rei vindicatio*.

[5] S. oben S. 382, n. 2.

[6] Im großen und ganzen übereinstimmend HABICHT, S. 349 u. 350, Anm. 1; SCHERER, S. 552, Nr. 360 will infolge seiner Auffassung, daß die gesetzlichen Vermutungen der neuen rückwirkende Kraft hätten; s. oben § 24, S. 97, n. 2 auch dem § 1006 Ausschließlichkeit zuschreiben; gegen ihn mit Recht HABICHT a. a. O. Zutreffend auch NIEDNER, 2. Aufl., S. 367 $\alpha\ \alpha$.

[7] Richtig NIEDNER, 2. Aufl., S. 362. A. M. HABICHT a. a. O. u. S. 351, n. 1.

[8] So richtig NIEDNER, 2. Aufl., S. 367 $\alpha\ \alpha$. S. auch oben § 76, S. 349, n. 7.

[9] S. unten § 83, S. 384, n. 6.

§ 83. Das Recht der Grundstücke nach der Zwischenzeit.

Nach Ablauf der Zwischenzeit erlangt die neue Rechtsordnung für die Grundstücke Ausschließlichkeit, jedoch mit einer doppelten Beschränkung. Einmal werden nicht sämtliche Grundstücke ergriffen; nicht die, die gemäß Art. 186, Abs. 2 E.G. *durch besondere Anordnung ausgenommen sind.* Für sie wirkt die alte fort und erst nach dem sie thatsächlich ein Blatt im Grundbuche erhalten haben, oder nachdem kraft Landesrecht auch für sie das Grundbuch als angelegt anzusehen ist, wie in Preußen, V.O. vom 13. Nov. 1899, § 15, Abs. 2; V.O. f. Nassau, vom 11. Dez. 1899, § 39, Abs. 2, gilt für sie die neue. Andererseits kommt auch für die übrigen Grundstücke die neue nicht zur vollen Geltung, sondern sie wird beschränkt durch die Gewährungsklausel in den Artt. 182—184, 187, 188, 189, Abs. 2 und 3, 190, 191, Abs. 2, 192—195 E.G. Mit Ausnahme der Art. 182—184 beziehen sie sich nur auf die Zeit, nachdem das Grundbuch als angelegt anzusehen ist. Mit diesem Zeitpunkte treten die Vorschriften der neuen Grundbuchordnung für das Grundstück in Kraft; Gr.B.O. § 82. Ist unter der alten ein Antrag auf eine Einschreibung eingereicht worden, so ist er der organischen Auffassung gemäß nach den Vorschriften der neuen zu erledigen;[1] so Württemberg, A.G. Art. 32; Sachsen, Verordnung v. 24. Juli 1899, § 124; nur der Nachweis unterliegt der alten. Der landesherrlichen Verordnung überlassen es Mecklenburg-Schwerin, § 204; -Strelitz, § 202; S.-Altenburg, § 18.[2]

A. Das Eigentum an Grundstücken. Erwerb und Verlust des Eigentumes an Grundstücken erfolgt fortan in der Regel nach der neuen Rechtsordnung. Ausnahmen treten ein, wenn gemäß Art. 127 E.G. ein nicht eingetragenes Grundstück nach § 90 Gr.B.O. nicht eingetragen zu werden braucht. Hier erfolgt der Erwerb des Eigentumes nach der alten.[3] Eine weitere Ausnahme bezieht sich auf die Ersitzung. Diese kann noch vollendet werden.[4] Ebenso die Buchersitzung.[5] — Kann sich derjenige, der unter der alten als Eigentümer in das Grundbuch eingetragen wurde, unter der Herrschaft der neuen nach dem Zeitpunkte, wo das Grundbuch als angelegt anzusehen ist, auf die Vermutungen des § 891 der neuen stützen? Die Frage ist zu verneinen.[6] Nach der Zwischenzeit ist gemäß § 82 Gr.B.O. auch das Recht des Nacherben bei Eintragung des Vorerben

---

[1] S. oben § 23, S. 91, n. 5.

[2] So auch Habicht, S. 453, n. 4.

[3] S. auch oben § 34, S. 146, n. 4. Habicht will ohne Grund dies auf den Erwerb durch Rechtsgeschäft beschränken und die Ersitzung ausschließen.

[4] S. oben § 34, S. 146, n. 3.

[5] S. a. a. O.

[6] R.G. 9. Februar 1901, E. 47, S. 231; Dernburg, Sachenrecht S. 142, n. 7; Cosack, B.R. Bd. 2, S. 57; Niedner, S. 281; Turnau-Förster, S. 378. Habicht begründet seine entgegengesetzte Ansicht nicht mit Art. 181, sondern mit dem Inhalte der landesherrlichen Verordnung, die nach Art. 186 erlassen wird. Diese Begründung ist intertemporalrechtlich unzulässig. Sie bezieht sich höchstens auf

eines unter der alten verstorbenen Testators von Amtswegen ins Grundbuch einzutragen.[1]

Eine besondere Betrachtung verlangt der Art. 190 E.G.[2] Er bestimmt, daß das nach § 928, Abs. 2 B.G.B. oder nach Art. 129 E.G. kraft Landesgesetzes bestimmten anderen Personen, z. B. Gemeinden, zustehende Aneignungsrecht sich auf alle Grundstücke erstrecken solle, die zu der Zeit herrenlos sind, wo das Grundbuch als angelegt anzusehen ist. Art. 190 enthält also eine Erweiterung jenes Aneignungsrechtes innerhalb des Rechtszustandes, der bei Eintritt der neuen Grundbuchordnung besteht, somit materielles Recht.[3] Art. 190 ist unter den Artikeln des vierten Abschnittes ein Sonderling. Er enthält nicht unbedingt eine Gewährungsklausel, aber auch keine Ausschlußklausel. Eine Gewährungsklausel enthält er nur dann, wenn nach der alten Rechtsordnung der Fiskus oder die Gemeinden u. s. w. bereits das Recht hatten, sich herrenlose Grundstücke anzueignen.[4] Nach dem Zeitpunkte, wo das Grundbuch als angelegt anzusehen ist, ergreift die neue alle künftigen herrenlosen Grundstücke. In Ansehung dieser hat der Fiskus nur soweit ein ausschließliches Aneignungsrecht, als deren Eigentum in der Form des § 928, Abs. 1 der neuen aufgegeben ist. Andere herrenlose Grundstücke können von Jedermann im Wege des § 927 der neuen erworben werden. Ob ein Grundstück in jenem Zeitpunkte im Sinne des Art. 190 herrenlos ist, bestimmt sich nach der alten. Hatte jemand unter ihr trotz des ausschließlichen Aneignungsrechtes z. B. des Staates oder der Gemeinde (A.L.R. II 16, §§ 3, 8) Besitz von einem herrenlosen Grundstücke ergriffen und die Ersitzung nach A.L.R. II 16, § 9 begonnen, jedoch nicht vollendet, so kann er die Ersitzung auch nach jenem Zeitpunkte vollenden.[5]

B. Das Erbbaurecht. Kraft Reichsrechtes unterliegen einigen Vorschriften der neuen Rechtsordnung das Erbbaurecht und die Grunddienstbarkeiten. Der Entw. I, Art. 106, Abs. 2 wollte auch für diese Rechte an der Hauptregel festhalten. In der zweiten Lesung wurde die Ausschlußklausel für das Erbbaurecht beschlossen,[6] für die Grunddienstbarkeiten abgelehnt.[7] In der 448. Sitzung wurde die Ausschlußklausel in etwas beschränkter Form auf die Grunddienstbarkeiten ausgedehnt.[8] Die materielle Voraussetzung der Ausschließlichkeit liegt im Charakter dieser

---

die Eigenschaften des Grundbuches im allgemeinen, aber nicht auf einen unter der alten nun erfolgten individuellen Eigentumserwerb. Unrichtig auch Boehm, Reichsgrundbuchrecht S. 55; Bierbaum, Komm. § 891.

[1] So K.G., 9. April 1900, Rsp. 1, S. 21.

[2] Prot. S. 3658, 3663, 3664, 8550, 8551, 9052 (Bd. VI, S. 523).

[3] S. oben § 8, S. 33, n. 2.

[4] Dieser Charakter ist von Habicht, S. 456 nicht gehörig erkannt worden.

[5] S. oben § 34, S. 146, n. 3. A. M. Habicht, S. 456.

[6] Siehe 441. Sitzung, Nr. II, Antr. 4 und 5, Bd. VI, S. 518.

[7] A. a. O. S. 519 fg.

[8] Nr. IX, S. 629—631.

Rechte.[1] — Die alte bleibt aber maßgebend für den Rang und für den Inhalt dieser Rechte, insoweit, als nicht die für anwendbar erklärten Vorschriften der neuen etwas anderes bestimmen. Den Ausgangspunkt und den Grundton für ihre Beurteilung bildet daher die alte. Kraft der Ausschlußklausel gilt das Erbbaurecht seit der Anlegung des Grundbuches als Grundstück. Sein Erwerb vollzieht sich nach diesem Zeitpunkte durch Auflassung; es kann daran eine Hypothek oder eine Grundschuld bestellt werden. Ist für das Erbbaurecht ein besonderes Grundbuchblatt nicht angelegt gewesen, so hat dies nunmehr auf Antrag, oder wenn das Erbbaurecht voraussichtlich belastet werden soll, von Amtswegen zu geschehen. — In den Gebieten, in denen noch kein Grundbuch im Sinne des Reichsrechtes angelegt ist, finden in der Zwischenzeit für die Übertragung oder Belastung des Erbbaurechtes die Vorschriften der alten Anwendung.[2] Da die Ausschlußklauseln möglichst eng auszulegen sind, so ist der Begriff des Erbbaurechtes im Art. 184, Satz 2 im Sinne der neuen zu nehmen. Superfiziarische Rechte an einzelnen Stockwerken, an Anpflanzungen und dergl., wie sie in der alten vorkommen, fallen nicht darunter. Für sie gilt die Gewährungsklausel des Satzes 1 desselben Artikels.[3] Im übrigen unterliegt bei allen Erbbaurechten ihr Inhalt der Fortwirkung der alten, aus der sie stammen; ebenso ihr Untergang. So bestimmt sich namentlich das Verhältnis zwischen dem Erbbauberechtigten und dem Eigentümer des Grundstückes nach der alten; die neue enthält so wie so keine Vorschriften darüber.[4]

C. Rechte an fremden Grundstücken. Alle zu der Zeit, in welcher das Grundbuch als angelegt anzusehen ist, bestehenden dinglichen Rechte an Grundstücken sind in der Regel ins Grundbuch einzutragen, falls sie gegen denjenigen wirken sollen, der nach diesem Zeitpunkte in gutem Glauben ein Recht an dem Grundstücke erwirbt.[5] Von der Eintragungspflicht giebt es jedoch Ausnahmen. Dauernd befreit bleiben nach Art. 114 E.G. gewisse Ablösungsrenten und sonstige Reallasten. Art. 114 enthält keine Gewährungsklausel. Er bezieht sich auch auf zukünftige Renten und Lasten.[6] Dauernd sind ausgenommen die Grunddienstbar-

---

[1] S. oben § 43, S. 169, n. 6 und unten § 88.

[2] So richtig Niedner, 2. Aufl., S. 381 β. A. M. Habicht, S. 414.

[3] So Habicht, S. 434, n. 2; Schneider, S. 186 fg.; Niedner, 2. Aufl., S. 381 α.

[4] In der Kommission wurde die Ausschließlichkeit der §§ 1001 u. 1013 abgelehnt; s. Prot. 441. Sitzung, Nr. II 4, Bd. 6, S. 516, 518 fg. Habicht behauptet S. 435, n. 1, daß § 1013 trotzdem anwendbar sei auf ältere Erbbaurechte. Wenn aber die alte eine Erstreckung des Erbbaurechtes auf einen andern Teil des Grundstückes nicht für zulässig erklärt, so kann trotz des § 1013 der neuen auch mit Einwilligung des Eigentümers eine derartige Erstreckung nicht stattfinden.

[5] Habicht behauptet, wie oben für das Eigentum so auch hier für die dinglichen Rechte, daß §§ 891 u. 892 der neuen auf sie anzuwenden seien. Dagegen sprechen dieselben Gründe.

[6] S. die Entstehungsgeschichte dieses Art., Mot. zum E.G. S. 193 und Mat. zum Art. 113.

keiten, die im Zeitpunkte, in welchem das Grundbuch als angelegt anzusehen ist, bestehen; Art. 187 E.G.[1] Dieser enthält eine wirkliche Gewährungsklausel, die jedoch nach zwei Richtungen hin beschränkt ist. Der Berechtigte oder der Eigentümer des belasteten Grundstückes kann die Eintragung verlangen; Art. 187, Abs. 1, Satz 2. Die Landesgesetzgebung kann nach Art. 187, Abs. 2 bestimmen, daß die bestehenden Grunddienstbarkeiten oder einzelne Arten zur Erhaltung der Wirksamkeit gegenüber dem öffentlichen Glauben des Grundbuches bei der Anlegung des Grundbuches oder später in das Grundbuch eingetragen werden müssen. Die Bestimmung kann auf einzelne Grundbuchbezirke beschränkt werden. Diesem Artikel liegt der gleiche Gedanke zu Grunde, wie dem Wunsche des Reichsgesetzgebers, daß die Überleitung der ehelichen Güterstände durch die Landesgesetzgebung erfolgen solle.[2] Von dieser Befugnis haben Gebrauch gemacht: Bayern, Ü.G. Art. 10; Hamburg, §§ 44, 45; Mecklenburg-Schwerin, § 186; -Strelitz, § 184; s. auch Hessen, Art. 141. Die übrigen Staaten haben die Eintragungspflicht nicht vorgeschrieben. Braunschweig, § 50 und Lippe, § 29 wiederholen lediglich den Abs. 1, Satz 2; Reuß j. L., den Abs. 2 dieses Artikels.[3] — Ausnahmen gründen sich ferner auf den Art. 128 E.G. Es handelt sich um nicht buchungspflichtige Grundstücke des Art. 127 E.G. An ihnen können ohne Eintragung sowohl Grunddienstbarkeiten wie persönliche Dienstbarkeiten nach Maßgabe der Landesgesetze auch für die Zukunft begründet werden, gleichgültig, ob durch Rechtsgeschäft oder Ersitzung.[4] Auch die Aufhebung der Grunddienstbarkeit erfolgt nach Maßgabe der Landesgesetze: vgl. dazu Bayern, A.G. Art. 84; Württemberg, Art. 212; S.-Weimar, § 122; Mecklenburg-Schwerin, § 122; -Strelitz, § 120; Oldenburg, § 13 (Lübeck, § 13, Birkenfeld, § 41); Braunschweig, § 51; Anhalt, Art. 48; Schwarzburg-Sondershausen, Art. 23, § 2; Reuß j. L., § 74; Lippe, § 31; Lübeck, § 81; Hamburg, § 43. Eine Folge davon ist die, daß die Grunddienstbarkeit nach Maßgabe des Landesrechtes von der Zwangsversteigerung unberührt bleibt, auch wenn sie bei der Feststellung des geringsten Angebotes nicht berücksichtigt ist.[5]

Art. 188[6] giebt der Landesgesetzgebung die Erlaubnis, durch landesherrliche Verordnung Ausnahmen zu Gunsten zweier anderer dinglicher Rechte zu bestimmen. Zunächst für *Mietrechte* und *Pachtrechte*; Art. 188, Abs. 2. Voraussetzung ist, daß sie am Schlusse der Zwischenzeit nicht

---

[1] S. Mot. zum Art. 108—110, S. 268, 269; Prot. S. 3853—3866, 3882—3890, 8566, 9048—9050 (Bd. VI, S. 521, 522; Bd. III, S. 300—303). Habicht, S. 459, n. 1 meint trotz eines rechtskräftigen Urteiles, das unter der alten Rechtsordnung erlassen wurde; s. dagegen oben § 12, S. 50, n. 1.

[2] S. oben § 58, S. 224, n. 4.

[3] S. Habicht, S. 460, n. 1; Niedner, 2. Aufl., S. 389.

[4] S. Habicht, S. 462, n. 1; Niedner zum Art. 128.

[5] § 9 E.G. zum Zw.V.G. vom 24. März 1897.

[6] Mot. zum Art. 108—110, S. 268; Prot. S. 9048—9050 (Bd. VI, S. 521, 522).

bloß als obligatorische, sondern als „*Rechte an einem Grundstücke bestehen*". Da nach Art. 189, Abs. 1, Satz 3 vom Inkrafttreten der neuen Rechtsordnung an ein Mietrecht oder Pachtrecht als dingliches Recht an einem Grundstücke nicht mehr begründet werden kann, so kommen auch für den Art. 188, Abs. 2 nur solche Mietrechte oder Pachtrechte in Betracht, die v o r deren Inkrafttreten begründet sind und am Schlusse der Zwischenzeit noch bestehen. Dinglichen Charakter hatten sie auch ohne Eintragung, hauptsächlich im Gebiete des A.L.R.[1] Nicht in Betracht kommen hier die in manchen Rechtsgebieten bestehenden obligatorischen, aber durch Eintragung gegen Dritte wirksam gewordenen Mietverhältnisse. Diese stehen unter dem Schutze des Art. 179 E.G.[2] Wenn vor dem Inkrafttreten der neuen der obligatorische Mietvertrag schon abgeschlossen ist, jedoch die Wohnung selbst erst unter der neuen bezogen wird, ist dann das Mietrecht als bestehend im Sinne des Art. 188 E.G. anzusehen? Nach der organischen Auffassung ist die Frage zu verneinen.[3] — Von dem Vorbehalte hat Preußen durch die Verordnung v. 16. Nov. 1899, Art. 9 Gebrauch gemacht. Die Folge davon ist, daß in Preußen diese Rechte bei der Zwangsversteigerung der Grundstücke unberührt bleiben, auch wenn sie bei der Feststellung des geringsten Gebotes nicht berücksichtigt sind.[4] — Dann für *gesetzliche Pfandrechte;* Art. 188, Abs. 1 E.G.; jedoch nur auf zehn Jahre nach dem Inkrafttreten der neuen. Es kann sich sowohl um früher entstandene Pfandrechte handeln, wie um Pfandrechte, die während der Zwischenzeit begründet wurden. Ist in einem Bezirke am 1. Januar 1910 das Grundbuch noch nicht als angelegt anzusehen, so bleibt das Pfandrecht nach Art. 189 E.G. in Kraft. Daher hat bis jetzt kein Ausführungsgesetz von der Ermächtigung des Art. 188, Abs. 1 Gebrauch gemacht.

Ist die Eintragung dinglicher Rechte unterlassen worden, so bestimmt sich ihre Aufhebung nach der alten Rechtsordnung. Dies gilt sowohl für die eintragungspflichtigen wie für die befreiten Rechte; Art. 189, Abs. 3 E.G. Die A.G. enthalten Bestimmungen nur für nicht eingetragene G r u n d d i e n s t b a r k e i t e n im Sinne dieses Grundsatzes; so Bayern, Ü.G. Art. 11 bis 18; Hessen, Art. 142—148; S-Weimar, § 130—132; S.-Meiningen, Art. 17, § 17—19; Schwarzburg-Rudolstadt, Art. 83—85; -Sondershausen, Art. 86, § 2—4; Reuß j. L., § 89; Hamburg, §§ 45—46. Die Unterlassung der Eintragung führt auch bei eintragungspflichtigen Rechten weder ihren Untergang herbei, noch den Verlust ihres Charakters, ihres Ranges und Inhaltes. So nach R e i c h s r e c h t. Die L a n d e s gesetzgebung hat zum Teil schärfere Bestimmungen; so Preußen, Verordnung betr. das Gr.B.R. v. 13. Nov. 1899, Art. 7; Verordn. f. Nassau, v. 11. Dez. 1899,

[1] Über das Verhältnis des Art. 188 zum Art. 172 E.G.; s. unten § 84.
[2] S. oben § 72, S. 316, n. 1—8.
[3] S. oben § 23, S. 91, n. 5. K.G. 4. Dezember 1900, Rsp. 3, S. 26 u. 27.
[4] § 9 E.G. zum Zw.V.G.

Art. 18; Bayern, L.G. für die Pfalz, Art. 23; Hessen, Ges. die Anl. d. Gr.B. betr., Art. 7 u. 39; Mecklenburg-Schwerin, § 180; -Strelitz, § 178; Bremen, § 34. Dagegen verliert das eintragungspflichtige Recht seine Wirksamkeit oder seinen Rang gegen den, der nach erfolgter Anlegung des Grundbuches gutgläubig ein Recht am Grundstücke erwirbt.[1] Der Inhaber des Rechtes kann noch Eintragung verlangen, unbeschadet des gutgläubigen Dritten. Das von der Eintragung befreite Recht bleibt dagegen in seiner Wirksamkeit und seinem Range unversehrt, wenn Dritte im guten Glauben widerstreitende Rechte an dem Grundstücke erwerben.[2] Von der Zwangsversteigerung wird es nicht berührt; s. § 9 E.G. z. Zw.V.G., Preußen, Art. 7, Abs. 2. Wird die Eintragung vorgenommen, so bewirkt sie weder für eintragungspflichtige noch für befreite Rechte, von Pfandrechten abgesehen, eine Änderung ihres Inhaltes oder Ranges. Auch steht ihnen nicht die Rechtsvermutung der neuen zur Seite.[3] Die Aufhebung des Rechtes erfolgt fortan nach den Vorschriften der neuen; ausgeschlossen ist also sein Untergang durch Vertrag oder Konfusion.[4] Dieser Grundsatz gilt auch für befreite Rechte, sofern sie doch eingetragen werden. Die Landesgesetzgebung hat die Befugnis bei allen dinglichen Rechtsverhältnissen den alten Zustand aufrecht zu erhalten auf Grund allgemeiner Vorbehalte in den Art. 65, 66, 73, 113, 164.[5] — Nach Art. 196 E.G.[6] kann durch Landesgesetz bestimmt werden, daß auf ein an einem Grundstücke bestehendes vererbliches und übertragbares Nutzungsrecht, die sich auf Grundstücke beziehenden Vorschriften und auf den Erwerb eines solchen Rechtes, die für den Erwerb des Eigentumes an einem Grundstücke geltenden Vorschriften der neuen nur Anwendung finden. Das Reichsrecht hat dies bereits für das Erbbaurecht angeordnet;[7] es hat die Anpassung dem Landesrechte aus ähnlichen Gründen überlassen, wie die Anpassung der ehelichen Güterstände.[8] Art. 196 bezieht sich nur auf solche Nutzungsrechte, die künftighin nicht mehr begründet werden können. Deswegen fand er seinen Platz in den Übergangsbestimmungen und nicht in den Vorbehalten des dritten Abschnittes, etwa als Genosse der Art. 59, 63, 65, 68, 69, 74.[9] Für das Erbpachtrecht und für die Befugnisse des Art. 68 ist reichsrechtlich dieselbe Behandlung vorgeschrieben wie für die aus der alten stammenden Erbbaurechte. Ausgeschlossen vom Art. 196 sind Dienstbarkeiten und Rechte an beweg-

---

[1] So richtig Habicht, S. 466, n. 3; Schneider, S. 252.

[2] So Habicht, S. 467, n. 1; Cosack, B.R. Bd. 2, S. 198.

[3] So K.G., 17. März 1902, Rsp. 5, S. 2; Niedner, 2. Aufl., S. 405. A. M. Habicht, S. 467, n. 3.

[4] So auch Habicht, S. 468, n. 1 u. 2.

[5] Vgl. auch die Art. 114, 118, 120, 121, 128, 131, 132, 133.

[6] Mot. zum Art. 115, S. 276, 277; Prot. S. 9054—9056 (Bd. VI, S. 525, 526).

[7] S. oben S. 386.

[8] S. oben § 58, S. 224, n. 4 und 5 und oben S. 387, n. 2.

[9] S. oben § 8, S. 32.

lichen Sachen und die subjektiv persönlichen Reallasten.[1] Von der Befugnis haben Gebrauch gemacht: Preußen, Art. 40, A.G. zur Gr.B.O., Art. 22 für *„selbständige Gerechtigkeiten“*; Bayern, A.G. z. Gr.B.O. Art. 17; L.G. f. d. Pfalz, Art. 19, Abs. 2; königl. Verordnung vom 23. Juli 1898, § 18; Württemberg, Art. 208; Sachsen, Verordnung vom 24. Juli 1899, §§ 14—16; Hessen, Art. 154; Mecklenburg-Schwerin, §§ 154, 175, 177; -Strelitz, §§ 151, 175, 177; Braunschweig, §§ 43, 44; Weimar, §§ 125, 128, 155, Abs. 2; S.-Altenburg, §§ 52, 53, 76, 77; A.G. zur Gr.B.O., § 8; Schwarzburg-Rudolstadt, §§ 81, 104; -Sondershausen, Art. 27, 28; Waldeck, Art. 20; Reuß ä. L., §§ 75, 76, 93; j. L., § 67; A.G. z. Gr.B.O. § 13; Lübeck, § 88; Hamburg, §§ 54—64. Einige A.G. haben in Ausführung des § 83 Gr.B.O. die Anlegung eines besonderen Grundbuchblattes für solche Nutzungsrechte angeordnet; so Preußen, A.G. z. Gr.B.O. Art. 22; Bayern, A.G. zur Gr.B.O. Art. 17.

D. Die Grunddienstbarkeiten insbesondere. Die Unterwerfung der bestehenden Grunddienstbarkeiten unter die neue Rechtsordnung ist eine stärkere als bei den Erbbaurechten.[2] Ohne erhebliche Bedeutung ist die Ausschließlichkeit der §§ 1020 und 1024, die nur das bereits geltende Recht aufgenommen haben; ferner der §§ 1021 und 1022, welche nur nachgiebiges Recht enthalten; endlich des § 1025, Satz 1, der nur eine Auslegungsregel enthält. Von größerer Bedeutung für den Inhalt der Grunddienstbarkeiten sind besonders die §§ 1023 und 1028. Sie haben jedoch nur eine schlichte Ausschließlichkeit.[3] Die Verjährung, welche § 1028 neu einführt, beginnt in den Rechtsgebieten, wo sie bisher gänzlich ausgeschlossen war, gemäß Art. 169 E.G. nicht vor dem Inkrafttreten der neuen. So im Gebiete des preußischen Rechtes, Eigentumsgesetz vom 5. Mai 1872, § 12; E.G. für den Bezirk Kassel, vom 29. Mai 1873, § 7.[4] Da sie die Anlegung des Grundbuches voraussetzt, kann sie erst nach Ablauf der Zwischenzeit beginnen.[5] Ob eine Grunddienstbarkeit im Sinne des Art. 184, Abs. 2 vorliegt, ist nach der neuen zu beurteilen; denn ihr Begriff ist der engere. Daher sind die Grundgerechtigkeiten nach A.L.R. §§ 243 fg. I, 22, den §§ 1020—1028 der neuen nicht unterworfen.[6] Die nachgiebigen Bestimmungen und die Auslegungsregeln der alten wirken für den Inhalt und Umfang der Grunddienstbarkeiten fort.[7] Nach intertemporalem Reichsrechte richten sich also die Grunddienstbarkeiten hinsichtlich ihres Inhaltes in der Hauptsache nach der neuen,

---

[1] So auch Habicht, S. 438, n. 2.

[2] Vgl. über die Anwendung des § 1020, R.G. 15. Juni 1900; J.W. 1900, bes. Beil. S. 17.

[3] S. oben § 13, S. 57, n. 6. A. M. Habicht, S. 435, n. 2, der behauptet, daß durch § 1023 selbst ältere Vereinbarungen, ja selbst frühere Urteile entkräftet werden.

[4] So auch Habicht, S. 436, n. 1.

[5] So richtig Niedner, 2. Aufl., S. 381 β. A. M. Habicht, S. 417.

[6] S. oben § 12, S. 54, n. 5. So richtig Niedner, 2. Aufl., S. 381 α.

[7] So auch Habicht, S. 436, n. 3.

hinsichtlich ihrer Wirksamkeit gegen gutgläubige Dritte nach der alten. Für die übrigen dinglichen Rechte gilt gemäß der Art. 184, Satz 1 und 186 gerade das umgekehrte.[1] — Art. 115 E.G. giebt der Landesgesetzgebung die Befugnis, den Inhalt und das Maaß von Grunddienstbarkeiten für Vergangenheit und Zukunft näher zu bestimmen. Von dieser Befugnis haben Gebrauch gemacht: S.-Weimar, §§ 133—146; S.-Meiningen, Art. 17; S.-Altenburg, § 82, n. 1—13; S.-Coburg-Gotha, Art. 28; Schw.-Rudolstadt, Art. 86—98; Reuß ä. L., § 100; j. L., §§ 75—86. Diesen Vorschriften wird Ausschließlichkeit gewährt, jedoch werden die erledigten Sachen ausgenommen; so in S.-Meiningen, S.-Coburg-Gotha und Schw.-Rudolstadt. Einer abweichenden Vereinbarung muß in den Staaten, die nur von dieser als einer erledigten Sache sprechen, ein rechtskräftiges Urteil gleichgestellt werden.[2]

E. Pfandrechte, Hypotheken und Grundschulden. Besondere Vorschriften gelten für ein *Pfandrecht an einem Grundstücke* und für eine *Grundschuld*, die zu der Zeit bestehen, zu welcher das Grundstück als angelegt anzusehen ist. Die neue Rechtsordnung ergreift ihren Inhalt; über ihren Rang dagegen entscheidet die alte. Ein Pfandrecht, das zu der Zeit an einem Grundstücke besteht, zu welcher das Grundbuch als angelegt anzusehen ist, gilt von dieser Zeit an als eine Hypothek, für welche die Erteilung des Hypothekenbriefes ausgeschlossen ist. Art. 192, Abs. 1 E.G.;[3] also als eine Buchhypothek im Sinne der §§ 1116, Abs. 2; 1117, 1154, Abs. 3 der neuen. Davon besteht eine Ausnahme: *Ist der Betrag der Forderung, für die das Pfandrecht besteht, nicht bestimmt, so gilt das Pfandrecht als Sicherungshypothek*; Art. 192, Abs. 1, S. 2, darunter fallen nicht bedingte Forderungen.[4] Da der Art. 192, Abs. 1 eine Ausschlußklausel enthält, so ist der Kreis, der unter ihn fallenden dinglichen Rechte an Grundstücken nicht durch ausdehnende Auslegung zu erweitern.[5] Es fallen darunter nur solche Rechte, die in den Augen der alten Hypotheken an Grundstücke sind und ihrem Inhalte und ihrer Bedeutung nach den in der neuen (§ 1113) vorgesehenen Buchhypotheken entsprechen. Daher fallen nicht unter den Art. 192, Abs. 1, sondern unter den Art. 184 die Antichrese an einem Grundstücke nach preußischem Rechte. Die Rechtsprechung hat dies anerkannt.[6] In der Litteratur gehen die Ansichten auseinander.[7] Das aus einer Vormerkung

---

[1] So auch Niedner, 2. Aufl., S. 388.

[2] So richtig Habicht a. a. O.

[3] Mot. zu den Art. 112, 113, S. 272—274; Prot. S. 9052, 9053, 9234—9236 (Bd. VI, S. 524, 631, 632).

[4] So auch Habicht, S. 471, n. 3.

[5] S. auch oben § 12, S. 54, n. 5. K.G. 17. März 1902, Rsp. 5, S. 2.

[6] So K.G., 26. Mai 1900, Rsp. 1, S. 261; r. auch 4. Mai 1900; D. J.Z. 1900, S. 233. R.G. 27. Oktober 1900, E. 47, S. 56 fg. Es spricht sich S. 65 im Sinne meiner oben in § 8, S. 30, n. 5 und § 12, S. 53, n. 1 und 2 und S. 54, n. 5 aufgestellten Grundsätze zur Auslegung der Übergangsbestimmungen des E.G. aus.

[7] Den richtigen Standpunkt, daß die Antichrese nicht unter Art. 192 fällt, vertreten Dernburg, Sachenrecht § 233, S. 638. Oberneck, Reichsgr. § 113, Nr. 5.

zur Erhaltung des Rechtes auf Eintragung einer Hypothek hervorgehende dingliche Recht.[1] — Nach den Bestimmungen des intertemporalen Landesrechtes werden dagegen die unter der alten eingetragenen Vormerkungen in Sicherungshypotheken verwandelt: Bayern, A.G. z. Gr.B.O. und Zw.V.G. Art. 22, 57; L.G. für die Pfalz, Art. 14; Hessen, Anleg.-Gesetz Art. 46 und 47; Mecklenburg-Schwerin, -Strelitz, A.V. zur C.P.O., § 20, Abs. 2; S.-Altenburg, A.G. zur C.P.O. § 13, Abs. 3; S.-Coburg-Gotha, Art. 33, Nr. 3, Art. 34, Nr. 2. Die landesgesetzlichen Bestimmungen enthalten für die Vormerkungen eine Ausschlußklausel. Dies beweist, daß in den Augen des Landesgesetzgebers das intertemporale Reichsrecht keine enthält. In Preußen, Art. 33, § 4 und Bayern, L.G. Art. 12 erlöschen die gerichtlichen Hypotheken des rheinischen Rechtes, soweit sie nicht eingetragen sind; soweit sie eingetragen sind, wandeln sie sich in Preußen in Buch- oder Briefhypotheken, in Bayern in Sicherungshypotheken um.[2] — Das Pfandrecht an einem Nießbrauche, sofern derselbe an einem Grundstücke besteht.[3] In Preußen, Art. 33, § 4, Abs. 2; Bayern, L.G. Art. 13; Elsaß-Lothringen, A.G. zur Gr.B.O. § 22 werden sie, falls die Eintragung erfolgt, in Pfandrechte gemäß §§ 1273 fg. der neuen umgewandelt, falls sie nicht erfolgt, in Ansprüche auf Bestellung eines Pfandrechtes. — Zweifelhaft ist die rechtliche Natur der gesetzlichen Vorzugsrechte (Privilegien) im Gebiete des französischen und badischen Rechtes. Einige A.G. haben sie ausdrücklich als Pfandrechte bezeichnet, so Hessen, Art. 223; Elsaß-Lothringen, A.G. zur Gr.B.O. § 23; Baden, § 40, Abs. 2. Kein eigentliches Vorzugsrecht ist das Vorrecht, welches Art. 2111 *Code civil* den Nachlaßgläubigern und Vermächtnisnehmern einräumt.[4] Bayern, L.G. Art. 16 bestimmt in Anlehnung an die Art. 169, 213 E.G., daß das Vorrecht, falls die Eintragung im kritischen Zeitpunkte erfolgt, als Verfügungsbeschränkung bestehen bleiben, anderenfalles erlöschen solle. — Kein eigentliches Vorzugsrecht ist auch das Rückfallsrecht; *Art.* 1183, 1184, 960 *Code civil.*[5] — Unter Art. 192 aber fällt eine Kautionshypothek, selbst wenn eine Forderung noch nicht besteht.[6]

Neumann, Handausgabe 3, S. 1475, Anm. III 1. Förster, Handbuch S. 174; Wilde, D. J.Z. 1900, S. 206. Im einzelnen weichen die Schriftsteller von einander ab. — Unter den Art. 192 wollen sie bringen Habicht, S. 469 und 731; Niedner, S. 303, n. 2, Abs. 2 a. E.; Freudenthal, D. J.Z. 1900, S. 162 fg. In der 2. Aufl., S. 408 führt Niedner zu Gunsten seiner Ansicht an, daß die Übergangsnorm des Art. 192 als die speziellere derjenigen des Art. 184 vorgehen müsse. Gerade das Gegenteil ist der Fall. Sie enthält nicht *ius speciale* sondern *ius singulare* und muß daher möglichst eng ausgelegt werden.

[1] So richtig K.G., 10. April 1901, Rsp. 2, S. 402; Neumann, Handausgabe 3, S. 1475, Anm. III 2. A. M. Habicht, S. 469 u. 470.

[2] Habicht, S. 483.

[3] Ebenso Habicht u. Niedner a. a. O. A.M. anscheinend Stranz-Gerhard, S. 228.

[4] Ebenso Niedner, 2. Aufl., S. 408; Männer, Das Recht 1900, S. 451; a. M. Scherer, S. 195.

[5] S. oben § 67, S. 272, n. 3.

[6] S. weiter unten. A. M. O.L.G. Celle, S. A. 56, S. 274 fg.

Eine zu der Zeit, zu welcher das Grundbuch als angelegt anzusehen ist, bestehende Grundschuld gilt von dieser Zeit an als Grundschuld im Sinne der neuen Rechtsordnung und eine über die Grundschuld erteilte Urkunde als Grundschuldbrief; Art. 195, Abs. 1.[1] Für beide, Pfandrechte wie Grundschuld, gilt noch der Abs. 2 des Art. 192: Ist das Recht dahin beschränkt, *daß der Gläubiger Befriedigung aus dem Grundstücke nur im Wege der Zwangsverwaltung suchen kann, so bleibt diese Beschränkung bestehen.* Darin liegt eine Gewährungsklausel zu Gunsten der sogenannten Revenüenhypothek und Revenüengrundschuld. Ihre Auslegung muß daher eine ausdehnende sein, während für Art. 195, Abs. 1 als Ausschlußklausel dasselbe gilt wie für Art. 192, Abs. 1. Auf Grund des Art. 60 in Verbindung mit den Art. 57—59 E.G. können die Landesgesetze die Begründung von Revenüenhypotheken an Familienfideikommiß-, Lehen- und Stammgütern auch für die Zukunft gestatten. Da der Art. 195, Abs. 1 eine Ausschlußklausel enthält, so ist er enge auszulegen. Daher fallen grundschuldähnliche Rechte wie das Ewiggeld und die Rentenposten nicht darunter.[2] Bayern, Ü.G. Art. 47 wandelt das Ewiggeld in eine Rentenschuld um, und Hamburg, A.G. § 50 läßt die Umwandlung eines Rente- oder Altgeldpostens in eine Hypothek, Grundschuld oder Rentenschuld zu. Das Reichsrecht gewährt jedoch den Landesgesetzen einen beschränkten Spielraum, innerhalb welchem sie abweichende Bestimmungen treffen können; Art. 193 E.G.[3] Der Grund des Vorbehaltes ist folgender: durch den Art. 192, Abs. 1 werden die bisherigen Briefhypotheken zu Buchhypotheken; die bisherigen Briefe verlieren ihre Bedeutung. Daher kann nach Art. 193 durch Landesgesetz bestimmt werden, daß ein Pfandrecht, welches nach Art. 192 nicht als Sicherungshypothek gilt, *als Sicherungshypothek oder als eine Hypothek gelten solle, für welche die Ertheilung des Hypothekenbriefs nicht ausgeschlossen ist, und daß eine über das Pfandrecht ertheilte Urkunde als Hypothekenbrief gelten soll.* Der Grund, warum die Landesgesetzgebung Pfandrechte gegen den Art. 192 als Sicherungshypotheken aufrecht erhalten will, kann darin belegen sein, daß die Erstreckung der neuen Vorschriften über den öffentlichen Glauben (§ 1138) auf die bisherigen Hypotheken vermieden werden soll. In eine Sicherungshypothek der neuen wandeln um: die A.G. von Bayern-Pfalz, L.G. Art. 1; Baden, Art. 40; Hessen, Ges. betr. Anl. d. Grb. Art. 21 u. 53; S.-Weimar, § 160; Schw.-Rudolstadt, Art. 106; Elsaß-Lothringen, § 77; Preußen-Cassel, Art. 33, § 3. — In eine Briefhypothek der neuen wandeln um: die A.G. von Preußen, Art. 33, §§ 1 u. 2; Württemberg, Art. 214; Oldenburg (Oldenburg) § 14, (Lübeck) § 14, (Birkenfeld) § 43; Braunschweig, § 54; S.-Coburg-Gotha, Art. 33, Nr. 2; Anhalt, Art. 51; Schw.-Sondershausen, Art. 41,

---

[1] Mot. zu den Art. 112, 113, S. 275; Prot. S. 9053 (Bd. VI, S. 524).

[2] So richtig NIEDNER, 2. Aufl., S. 414.

[3] Mot. zu den Art. 112, 113, S. 274, 275; Prot. S. 9052, 9053, 9234—9236 (Bd. VI, S. 524, 632).

Waldeck, Art. 18; Lippe, § 32; Bremen, §§ 40, 41. Preußen, Oldenburg, Waldeck, Lippe bestimmen dies auch für den Fall, daß ein Hypothekenbrief nach der alten zu bilden war. In dem kritischen Zeitpunkte war ein Hypothekenbrief zu bilden, wenn entweder der Berechtigte den Antrag bereits in diesem Zeitpunkte gestellt hatte, oder wenn die Eintragung einer Rechtsübertragung in diesem Zeitpunkte beantragt war, mit der das Gesetz die Bildung eines Briefes vorschrieb.[1] Sämtliche Staaten erheben zugleich die gebildeten Hypothekenbriefe zu neuen Hypothekenbriefen, ausgenommen Bremen, §§ 40, 41.

Aus ähnlichen Gründen gewährt der Reichsgesetzgeber der Landesgesetzgebung einen Vorbehalt im Art. 195, Abs. 2, wonach durch sie bestimmt werden kann, daß eine im kritischen Zeitpunkte bestehende Grundschuld *als eine Hypothek, für welche die Ertheilung des Hypothekenbriefs nicht ausgeschlossen ist, oder als Sicherungshypothek gelten soll und daß eine über die Grundschul dertheilte Urkunde als Hypothekenbrief gelten soll.* In eine Buchhypothek der neuen wandeln um Hamburg, § 48 und Lübeck, § 95. In Sicherungshypotheken der neuen wandelt um Mecklenburg-Schwerin, Art. 197; -Strelitz, Art. 195 und 196 das Ultimat für Forderungen, die ihrem Bestande oder Betrage nach nicht feststehen. Eine Gefahr für die alten Hypotheken bildet auch die im umfassenden Maßstabe von der neuen in den §§ 1143, 1163, 1168, 1177 und 1199 durchgeführte Rechtseinrichtung der Eigentümerhypothek. Daher der Vorbehalt des Art. 194,[2] den der Reichsgesetzgeber dem Landesgesetzgeber macht. Darnach kann durch ihn bestimmt werden, *daß ein Gläubiger, dessen Pfandrecht zu der im Artikel 192 bezeichneten Zeit besteht, die Löschung eines im Range vorgehenden oder gleichstehenden Pfandrechts, falls dieses sich mit dem Eigenthum in einer Person vereinigt, in gleicher Weise zu verlangen berechtigt ist, wie wenn zur Sicherung des Rechtes auf Löschung eine Vormerkung im Grundbuch eingetragen wäre.* Von diesem Vorbehalte haben Gebrauch gemacht die A.G. von S.-Meiningen, Art. 19, § 4; Schwarzburg-Rudolstadt, Art. 107. Mit bestimmten Ausnahmen Württemberg, Art. 215; Hessen, Ges. betr. Anl. d. Grb. Art. 25 und 28; für einen bestimmt bezeichneten Fall Bayern, Ü.-G. Art. 59. Einen Vorbehalt gewährt der Landesgesetzgebung auch § 8 E.G. zum Zw.V.G., wonach sie für die Zwangsversteigerung bestimmen kann, daß die vor dem 1. Januar 1900 eingetragenen Hypotheken bei der Feststellung des geringsten Gebotes und bei der Aufstellung des Teilungsplanes nur auf Grund einer Anmeldung zu berücksichtigen sind.

Die ihnen durch Reichsrecht oder Landesrecht beigelegten Eigenschaften haben die Pfandrechte und Grundschulden von jenem Zeitpunkte an auch dann, wenn diese Eigenschaften aus dem Grundbuche nicht zu ersehen sind. Das Landesrecht kann die Wirksamkeit der abweichenden

---

[1] So Niedner, 2. Aufl., S. 412. A. M. Habicht, S. 479; Turnau-Förster, S. 540.
[2] Prot. S. 9052, 9053, 9234—9236 (Bd. VI, S. 524).

Eigenschaft von einer Eintragung ins Grundbuch abhängig machen, oder zur Ordnung vorschreiben; so Bayern, L.G. f. d. Pfalz, Art. 1. Pfandrechte können zur Zeit, zu der das Grundbuch als angelegt anzusehen ist, an Grundstücken bestehen, ohne eingetragen zu sein. Sie bleiben in ihrem Bestande im Falle der Nichteintragung unangetastet, sofern nicht das Landes- oder Reichsrecht etwas anderes vorschreibt. Das intertemporale Landesrecht bestimmt darüber folgendes: die nicht eingetragenen, seien es vertragsmäßige, seien es gesetzliche Hypotheken, verwandeln sich in obligatorische Ansprüche auf Bestellung einer Sicherungshypothek; so Preußen, Art. 33, § 4; Bayern-Pfalz, L.G. Art. 1, Abs. 2, Elsaß-Lothringen, § 77 — oder sie erlöschen, falls sie nicht bis zur Anlegung des Grundbuches eingetragen werden; so Baden, Art. 40, Abs. 3; Hessen in den Fällen der Art. 214 VII, 238 Abs. 2 A.G., Art. 54, Gesetz betr. die Anl. des Grb. — Andererseits können aber in jenem Zeitpunkte Pfandrechte im Grundbuche eingetragen sein, die thatsächlich nicht bestehen. Dies ist möglich in den Gebieten Preußens nach Art. 3 der V.O. vom 13. Nov. 1899. Ob sie bestehen, bestimmt sich nach der alten.[1] Es genügt aber, wenn unter der alten die Hypothek bloß als objektives Rechtsverhältnis besteht. Eine Forderung braucht noch nicht entstanden zu sein, wenn nur die Möglichkeit besteht, daß aus dem Rechtsverhältnisse, worauf sich die Kautionshypothek bezieht, Forderungen entstehen.[2] Die Folge davon ist die, daß sich eine unter der Herrschaft der alten ohne Hingabe der Darlehenssumme eingetragene Hypothek mit dem Inkrafttreten der neuen in eine Sicherungshypothek, und wenn es endgültig feststeht, daß die Forderung nicht zur Entstehung gelangt, in eine Eigentümergrundschuld verwandelt. Die obige Frage hat in der Rechtsprechung und Litteratur verschiedene Beantwortungen erhalten.[3] Nahe verwandt mit dieser Entscheidung ist die Ansicht, daß sich die Hypothek zunächst in eine Eigentümerhypothek verwandelt. Doch verleiht sie dem § 1163 der neuen eine vom Gesetzgeber nicht beabsichtigte Ausschließlichkeit.[4] Ganz abwegig ist die Ansicht, daß die Hypothek im Zeitpunkte des Inkrafttretens der neuen erlösche.[5] — Auch in der Litteratur wird

---

[1] Ebenso Habicht, S. 477, n. 1 und 2. Niedner, 2. Aufl., S. 404. Crusen-Müller, S. 308 fg. Oberneck, § 152, Nr. 12 (S. 696). Wagner, E.G. Art. 192, Anm. II, 1, 2; K.G. Rsp. 1, S. 264, 452. R.G. 9. Febr. 1901, E. 47, S. 229 und 2. März 1901, E. 48, S. 52; O.L.G. Celle, S. A. 56, S. 276; O.L.G. Karlsruhe, 19. Juni 1902; Bad. Rechtspr. 1902, S. 279.

[2] So das R.G. in seinem angef. Urteil; s. weiter unten. Hierher gehört die Kautionshypothek ohne Forderung; so das treffliche Urteil des O.L.G. Posen, v. 25. Sept. 1902, Rsp. 5, S. 392. Vgl. O.L.G. Königsberg, 21. Dez. 1901, Rsp. 4, S. 194, 195. Das objektive Rechtsverhältnis verkennt Niedner, 2. Aufl., S. 405 in seiner Kritik des Urteiles des R.G., v. 2. März 1901.

[3] Wie oben O.L.G. Posen, 23. Sept. 1902, Rsp. 5, S. 392, 393.

[4] So O.L.G. Dresden, 31. Mai 1900, Rsp. 1, S. 453; R.G. 2. März 1901, E. 48, S. 48 fg.

[5] So K.G., 31. August 1900, Rsp. 1, S. 264 u. 15. Okt. 1900, Rsp. 1, S. 452; ferner O.L.G. Celle, 31. Januar 1901. S. A. 56, S. 276.

der obige Grundsatz oder der mit ihm verwandte vertreten.[1] Liegt nach der alten eine Eigentümerhypothek vor, so verwandelt sie sich mit dem Inkrafttreten der neuen in eine neue Eigentümerhypothek und nicht in eine Grundschuld.[2]

Da die Pfandrechte und Grundschulden in die ihnen reichsrechtlich oder landesrechtlich zugewiesenen Formen der neuen eintreten, so erhalten sie damit deren Inhalt und Umfang. Die Rechtslage des Gläubigers erleidet zum Teil eine Verschlechterung, zum Teil eine Verbesserung.[3] Eine Verschlechterung insofern, als jetzt den Gläubiger die Verpflichtung des § 896 der neuen trifft. — Bei der Umwandelung in Sicherungshypotheken der neuen insofern, als er die Umschreibung der zur Maximalhypothek der neuen gewordenen Kautionshypothek in eine gewöhnliche Hypothek nur dann erreichen kann, wenn ihm der Eigentümer seine Bewilligung zugesagt hat.[4] Auch die Lage der nacheingetragenen Gläubiger verschlechtert sich, denn es wird ihnen die Hoffnung auf das Vorrücken in eine bessere Stelle, worauf sie bisher rechnen durften, genommen.[5] Eine Verbesserung insofern, als das Grundstück auch für die gesetzlichen Zinsen und für die Kosten haftet; § 1118 der neuen. Vgl. dagegen *Code civil Art.* 2148, Nr. 4.[6] Andererseits haftet es nicht für nicht eingetragene bedungene Zinsen, im Gegensatze zum älteren preußischen Rechte. — Der Umfang der Hypothek in Ansehung ihres Gegenstandes richtet sich von jenem Zeitpunkte an nach der neuen. Er kann dadurch eine Erweiterung oder eine Einschränkung erleiden; vgl. §§ 1127—1130 der neuen mit den Vorschriften des gemeinen Rechtes. Die erweiterte Haftung läßt jedoch die bereits erworbenen Ansprüche an den der Haftung unterliegenden Sachen unberührt.[7] — Auch die Umwandelungs- und Aufhebungsgründe der alten Pfandrechte richten sich von jenem Zeitpunkte an nach der neuen.[8] Es treten alle Vereinbarungen außer Kraft, die den zwingenden Vorschriften der neuen zuwiderlaufen.[9] Unberührt von der Umwandelung bleibt aber das persönliche Schuldverhältnis, zu dessen Sicherung das Pfandrecht diente; es steht unter dem Schutze des Art. 170 E.G. So unterliegt das hypothekarische Rechtsverhältnis der Fort-

---

[1] Stranz-Gerhard, S. 217; Turnau-Förster 1, S. 690, Nr. III. Dagegen Dernburg, Bd. 3, 2. Aufl., S. 593, Anm. 2; Habicht, S. 474; Crusen-Müller, Ausf. G. S. 308 fg. Das angef. Urteil des R.G. S. 53 widerlegt die gegnerischen Gründe und bezeichnet das Ergebnis derselben als *höchst auffällig.*

[2] So K.G., 3. Dez. 1900, Rsp. 2, S. 44. A. M. Habicht, S. 475, n. 1. In der 3. Aufl., S. 777 greift er die Urteilsgründe an, jedoch ohne durchschlagende Beweisführung. Vgl. noch A.G. Marienburg im Centralbl. f. fr.G. 1900, S. 397.

[3] So R.G., 19. Dez. 1900, E. 47, S. 159.

[4] R.G. 6. Nov. 1901, E. 49, S. 166 u. 167.

[5] R.G. 6. Nov. 1901, E. 49, S. 166.

[6] O.L.G. Dresden, 21. Januar 1902, Rsp. 4, S. 161.

[7] S. oben § 30, S. 128, n. 3. R.G. E. 46, S. 172 fg.

[8] So auch Habicht, S. 491, n. 1.

[9] S. §§ 1136 und 1149 B.G.B. So Habicht, S. 492, n. 1.

wirkung der alten in dem Umfange, den wir oben in § 72, S. 299 fg. dargelegt haben.[1] Termine und Fristen in Ansehung der Fälligkeit der Zinsen und Renten der Pfandposten und Rentenkapitalien und in Ansehung der Kündigung bleiben nach den Vorschriften der alten aufrecht; s. Lübeck, A.G. § 96.[2] Für die Fälligkeit der Forderung, die Befriedigung des Gläubigers, den Übergang der Forderung, die Zulässigkeit von Einreden gegen die Hauptforderung und gegen Nebenansprüche, die Verbindung der Hypothek mit einer anderen Forderung, den Erfüllungsort bei Grundschulden wirkt die alte fort.[3]

Nach dem intertemporalen Reichsrechte wandelt sich mit dem Zeitpunkte, in welchem das Grundbuch als angelegt anzusehen ist, der Inhalt nur bei Pfandrechten an Grundstücken und bei Grundschulden, indem sie zu Hypotheken und Grundschulden der neuen Rechtsordnung werden. Anders nach dem intertemporalen Landesrechte, welches mit diesem Zeitpunkte eine weitergehende Änderung des Inhaltes auch anderer Rechte an fremden Grundstücken eintreten läßt. Namentlich gilt dies für das Gebiet des rheinischen Rechtes: Preußen, Art. 33, § 4; Bayern, L.G. für die Pfalz, Art. 1, Abs. 2; Elsaß-Lothringen, § 77; in Ansehung der Vorzugsrechte und Hypotheken an Grundstücken; ferner Preußen, Art. 33, § 4, Abs. 2; Bayern, L.G. f. d. Pfalz, Art. 13; Elsaß-Lothringen, A.G. zur Gr.B.O. § 22 in Ansehung der Privilegien und Hypotheken am Nießbrauche an Grundstücken, ferner Preußen, Art. 25; Bayern, L.G. für die Pfalz, Art. 17; Elsaß-Lothringen, A.G. zur Gr.B.O. § 25; Hessen, Anl.-Ges. Art. 43 und 44 in Ansehung des widerruflichen Eigentumes an Grundstücken. Auch in anderen Gebieten findet auf Grund der A.G. eine Umgestaltung dinglicher Rechte im Sinne der neuen statt; Bayern, Ü.G. Art. 55 für die rechtsrheinischen Landesteile in Ansehung der Hypothekentitel; Art. 39 in Ansehung des Rückfallsrechtes; Bayern, Ü.G. Art. 48 für die rechtsrheinischen Landesteile, Art. 116—118 für die Pfalz, in Ansehung der Hypotheken für Leibzucht-, Altenteil-, Auszug- und ähnliche Rechte, für vorbehaltene Renten und dergl. Vgl. auch Bremen, § 41; Hamburg, § 50.[4]

§ 84. Einzelne Schuldverhältnisse: Miete, Pacht, Dienstvertrag, Gemeinschaft, Schuldverschreibungen auf den Inhaber.

A. Miete und Pacht. Wir können bei einem Miet- und Pachtverhältnis zwei Entwickelungsstufen unterscheiden. Eine solche, in der es der

[1] So grundsätzlich auch Habicht, S. 492, n. 2.

[2] So Habicht a. a. O.

[3] S. R.G., 9. Februar 1901, E. 47, S. 229. K.G. 22. Oktober 1900; Johow, J. 20, A. S. 314. A. M. Habicht, S. 490.

[4] S. Habicht, S. 493 fg.

alten und eine solche, in der es der neuen unterworfen ist.[1] Sie tritt, wenn nicht die Kündigung nach dem Inkrafttreten der neuen für den ersten Termin erfolgt, für den sie nach der alten zulässig ist, mit diesem Termin ein; Art. 171.[2] Die Frage, welches dieser Termin sei, ist bestritten. Nach der einen Auffassung soll die Geltung der alten für die aus ihrer Herrschaft stammenden Mietverhältnisse nur solange dauern, als die nach den bisherigen Gesetzen zulässige Kündigungsfrist beträgt.[3] Diese Auffassung ist unhaltbar, aus dem einfachen Grunde, weil sie den Art. 171 ausdehnend auslegt, was angesichts seines Charakters als Ausschlußklausel unzulässig ist.[4] Nach der richtigen Ansicht ist mit dem ersten Termine, für den die Kündigung *„nach den bisherigen Gesetzen“* zulässig ist, derjenige gemeint, zu dem unter der Fortwirkung der alten das Rechtsverhältnis zuerst rechtmäßig gekündigt werden kann. Zunächst entscheidet also über diesen Termin der Vertrag und in Ermangelung einer Vertragsbestimmung die nachgiebigen Vorschriften der alten.[5] Sowohl der Termin, für den die Kündigung zu erfolgen hat, wie der, an dem sie vorzunehmen ist, muß unter der neuen liegen.[6] Die stillschweigende Fortsetzung des Mietverhältnisses begründet nicht die Herrschaft der neuen.[7] Da Art. 171 als Ausschlußklausel möglichst eng auszulegen ist, so ist als Voraussetzung der Ausschließlichkeit aufzustellen, daß für beide Parteien die Kündigung zulässig sein muß.[8] Trotz des Eingreifens der neuen von diesem Zeitpunkte ab ist der unter der alten abgeschlossene Vertrag nach

---

[1] Die erste Stufe s. oben § 73, S. 319 fg. Über die materielle Voraussetzung der Ausschließlichkeit s. oben § 42, S. 168, n. 4; § 43, S. 169, n. 7 u. unten § 88.

[2] Prot. S. 9008—9011 (Bd. VI, S. 499—501).

[3] So Fränkel, Miet- und Pachtrecht nach dem B.G.B. S. 105, n. 6; derselbe in D. J.Z. 1898, S. 96.

[4] Auch Habicht kommt zu demselben Ergebnisse auf Grund der Vorgeschichte des Art. 171; 3. Aufl., S. 275 fg.

[5] So die herrschende Meinung. Habicht, 3. Aufl., S. 275, n. 1; Niedner Art. 171, n. 2; Scherer, S. 166, Nr. 223, n. 3; Stadthagen, D. J.Z. 1898, Nr. 9, S. 185 fg.; Schumacher, i. Arch. f. bürg. Recht 1898, S. 258—264; Fuld, Mietrecht, 1898, S. 10 fg.; Aron, Einl. S. LXIV.

[6] So richtig Habicht, 3. Aufl., S. 275, n. 2; Lehmann, S. 21; Niedner, 2. Aufl., S. 337. O.L.G. Hamburg, 16. März 1900; Das Recht 1900, S. 194.

[7] S. oben § 73, S. 319, n. 6 u. K.G., 30. Nov. 1901, Rsp. 4, S. 42. Habicht, 3. Aufl., S. 277, n. 3 meint, daß die *relocatio tacita* unter den Art. 171 falle. Ebenso Niedner, Art. 171, Anm. 2. Dies ist unrichtig; denn der Art. 171 ist als Ausschlußklausel eng auszulegen. Ebenso ist die Annahme in der II. Lesung unter den obigen Voraussetzungen unrichtig, wonach die *relocatio tacita* auch ohne die Bestimmung des Art. 171 unter die neue falle.

[8] So richtig Habicht, 3. Aufl., S. 278, n. 1; ferner Fischer-Henle, S. 1201; Neumann, S. 1462, n. I 3 b u. c; Zimmermann, S. 58. A. M. Lehmann, S. 18, 23; Scherer, S. 165, Nr. 223, Anm. 1 und Franke, im Recht 1900, S. 274. Niedner, 2. Aufl., S. 337, jedoch ohne durchschlagende Gründe. Gegen Lehmann siehe die treffenden Bemerkungen Habichts a. a. O. Die richtige Auffassung findet sich auch im Urteile des O.L.G. Hamburg, vom 5. Mai 1899; D. J.Z. 1901, S. 76 (im Hinblick auf das Dienstverhältnis).

deren Vorschriften auszulegen. Die Vertragsbestimmungen behalten ihre Wirksamkeit, sofern sie nicht gegen zwingende Vorschriften der neuen verstoßen. Es treten nunmehr die nachgiebigen Vorschriften der neuen für das Rechtsverhältnis in Kraft, sowohl die besonderen, die für Miete und Pacht getroffen sind, wie die allgemeinen für Schuldverhältnisse überhaupt. Der Umfang der gegenseitigen Verpflichtungen richtet sich von nun an nach der neuen; jedoch bleiben die unter der alten entstandenen Ansprüche unberührt, mit samt ihren Nebenrechtsverhältnissen. Einzelne Folgen: das Recht, einen Untermieter zu nehmen, richtet sich von nun an nach § 549 der neuen im Gegensatze zu *Art* 1644 *Code civil.* Hat aber der Mieter bereits einen Untermieter genommen, so richtet sich sein Verhältnis zum Vermieter nach der alten. Die Gewährschaftspflicht wegen Mängel, die in der zweiten Stufe eintreten, unterliegt der neuen. Waren sie aber in der ersten Stufe eingetreten, so richtet sich jene nach der alten.[1] Das Zurückbehaltungsrecht der alten verwandelt sich in ein gesetzliches Pfandrecht der neuen.[2] Sind Forderungen bereits in der ersten Stufe entstanden, so richten sie und ihre Sicherungsrechte sich nach der alten.[3]

Die Vertragsbestimmungen sind möglichst weit auszulegen, so daß nur im Notfalle die nachgiebigen Vorschriften der neuen eintreten. Der Vertragswille kann auch aus einer fortgesetzten Übung der Parteien erkennbar sein.[4] Die Vertragsbestimmungen können insbesondere für die Kündigungsfristen von Bedeutung sein.[5] Im übrigen aber ergreift die neue das ganze Rechtsverhältnis, also auch seine Erlöschungsgründe und die aus dessen Auflösung sich ergebenden Ansprüche;[6] ein Beweis dafür, daß umgekehrt nach Art. 170 die alte die Erlöschungsgründe des Schuldverhältnisses ergreifen muß.[7]

Für ein Mietsverhältnis, welches unter der alten Rechtsordnung an einer Sache begründet wurde, treten mit der Veräußerung der Sache noch besondere Vorschriften der neuen in Kraft, falls die Veräußerung oder Belastung der Sache unter deren Herrschaft erfolgt; Art. 172.[8] Sie ist nach der organischen Auffassung unter ihrer Herrschaft erfolgt, wenn auch nur der Ausführungsthatbestand unter sie fällt.[9] Auf dem organischen

---

[1] So auch Niedner, 2. Aufl., S. 341.

[2] O.L.G. Dresden, 24. Febr. 1902, Rsp. 5, S. 31 u. 32.

[3] A. M. Niedner, S. 341 mit der falschen Begründung, daß Art. 184 dem Art. 171 als dem spezielleren weichen müsse. Art. 184 ist Gewährungsklausel und daher möglichst weit, Art. 171 dagegen Ausschlußklausel und daher möglichst eng auszulegen.

[4] So richtig Habicht, 3. Aufl., S. 282.

[5] So richtig L.G. Dresden, 22. Febr. 1901. Das Recht 1901, S. 234.

[6] So richtig R.G., 2. August 1901; J.W. 1901, S. 645.

[7] S. oben § 72, E. S. 311 fg.

[8] Mot. zum Art. 104, S. 257 fg.; Prot. S. 9013—9019 (Bd. VI, S. 501—504).

[9] S. oben § 23, S. 91, n. 5 u. § 32, S. 135, n. 1. Zum gleichen Ergebnisse gelangen Habicht, 3. Aufl., S. 282. Niedner, 3. Aufl., S. 346.

Standpunkte steht auch § 15 des E.G. zum Zw.V.G. v. 24. März 1897 und E.G. zu dem Ges. betr. Änder. d. K.O. v. 17. Mai 1898, Art. VI, aber zu Gunsten der alten.[1] Erfolgt die Veräußerung oder Belastung unter der neuen, so tritt für den Mieter ein intertemporales Meistbegünstigungsrecht ein, wonach er den Schutz der Rechtsordnung genießt, welche ihn gegen die Veräußerung am meisten berechtigt.[2] Im Gebiete des gemeinen Rechtes ist es die neue, die ihn am meisten schützt; siehe Sächs. B.G.B. § 1225; Bayerisches Gesetz vom 18. Februar 1871, § 21, verglichen mit §§ 571 fg. der neuen. Der Schutz der neuen wird dem Mieter selbst dann gewährt, wenn seine Voraussetzungen nicht gewahrt sind. Wenn im Gebiete des gemeinen Rechtes eine Sache formlos auf länger als ein Jahr gemietet wurde, so genießt der Mieter des Schutzes trotz § 566 der neuen. Gewährt ihm die alte weitergehende Rechte, so bleiben diese in Kraft, bis zum Eingreifen der neuen; Art. 172, S. 2. So insbesondere das *ius ad rem* des preußischen Rechtes. Die Voraussetzungen, die die alte für den erweiterten Schutz aufstellt, müssen erfüllt sein; z. B. Eintragung ins Grundbuch. War das Miet- oder Pachtverhältnis durch die Eintragung zu einem dinglichen geworden, so bleibt es unter dem Schutze des Art. 179. Art. 179 wird durch Art. 171 nicht eingeschränkt.[3] Außerdem steht ein dingliches Mietrecht unter dem Schutze des Art. 184.[4] Jener Schutz wird auch den Mietern beweglicher Sachen gewährt, jedoch nicht den Pächtern von Rechten; denn Art. 172 ist als Ausschlußklausel eng auszulegen. Die meisten Pachtverhältnisse an Rechten bleiben nach den Art. 69, 73, 74 E.G. der Landesgesetzgebung unterstellt. Pachtverhältnisse an Rechten, die unter der alten begründet sind, bleiben unter deren Vorschriften. Dies folgt aus Art. 172, Satz 2.[5] Aus dem Grundsatze der engen Auslegung folgt, daß die neue nur in die Rechtsstellung des Mieters gegen den Erwerber eingreift, nicht auch gegen den Vermieter.[6] Aus demselben Grunde richten sich auch nicht die Pflichten des Mieters gegen den Erwerber nach der neuen, sondern nach der alten; Art. 172 spricht nur von *Rechten* des Mieters.[7]

---

[1] S. O.L.G. Dresden, 22. Nov. 1900, S. A. 56, S. 252. RUDORFF, Das Recht 1900, S. 249 behauptet die Ausschließlichkeit der Konkursordnung mit dem Hinweise darauf, daß der Vorbehalt des Art. VI durch Art. 172 zu Gunsten der Ausschließlichkeit der neuen eingeschränkt werde. Art. 172 bezieht sich aber gar nicht auf den Konkurs. So richtig NIEDNER, 2 Aufl., S. 346.

[2] S. oben § 16, S. 66, n. 1.

[3] S. auch oben § 83, S. 388, n. 2. So richtig HABICHT, 3. Aufl., S. 285.

[4] S. oben §§ 65, S. 260, n. 4 und § 83, S. 388, n. 1.

[5] So auch HABICHT, 3. Aufl., S. 286.

[6] So richtig HABICHT, 3. Aufl., S. 286 von andern Gesichtspunkten aus.

[7] Auch HABICHT, 3. Aufl., S. 273 nimmt an, daß Art. 172 nur die Rechte des Mieters betrifft, allein er gelangt auf Umwegen doch dazu, die Pflichtstellung der neuen zu unterwerfen, da ja das Veräußerungsgeschäft unter ihr vorgenommen wurde. Mit Recht bemerkt NIEDNER, 2. Aufl., S. 348 dagegen, daß dann Art. 172 überflüssig wäre. NEUMANN will aus Art. 181 die Ausschließlichkeit der neuen für die Pflichten gegen den Erwerber ableiten. Ihm erwidert NIEDNER a. a. O. mit

Von den Vorschriften der neuen Rechtsordnung, welche kraft des Art. 172 Ausschließlichkeit erlangen, kommen in Betracht die §§ 571, Abs. 1 und 572, Satz 2. Dagegen sind nicht ausschließlich die §§ 573 bis 575.[1] Sie werden vielmehr erst ausschließlich auf Grund des Art. 171 E.G. Auch die §§ 571, Abs. 2 u. 576 erlangen keine Ausschließlichkeit; denn sie beziehen sich auf die Rechtsstellung des Mieters zum Vermieter.[2] — Aus dem Grundsatze der engen Auslegung folgt ferner, daß unter den Art. 172 solche Veräußerungen nicht fallen, die einem den Landesgesetzen vorbehaltenen Gebiete angehören. Ebenso fallen nicht unter ihn Rechte, die der Mieter oder Pächter gegenüber einem Zwangsversteigerungs- oder Zwangsverwaltungsverfahren hat.[3] Art. 172 spricht nur vom „*Bürgerlichen Gesetzbuch*“, nicht auch von anderen Gesetzen. Das intertemporale Landesrecht geht von der richtigen Anschauung aus, daß sich Art. 172 auf die Zwangsversteigerung nicht beziehe. Es verleiht daher den neuen Vorschriften für Zwangsversteigerungen unter bestimmten Einschränkungen Ausschließlichkeit. Vgl. Preußen, Ausf.-G. zum Zw.V.G. Art. 7; Bayern, Ausf.-G. zum Zw.V.G. § 28; Sachsen, Ausf.-V. zum Zw.V.G. § 8.[4] Das intertemporale Landesrecht geht von dem richtigen Standpunkte aus, daß auch § 52 das Zw.V.G. für die aus der alten stammenden Miets- und Pachtverhältnisse keine Ausschließlichkeit habe. Ausführungsgesetze, welche dem § 57 des Zw.V.G. Ausschließlichkeit für Miets- und Pachtverhältnisse verleihen, sind Preußen, A.G. zum Zw.V.G. Art. 7; Bayern, A.G. z. Gr.B.O. und z. Zw.V.G. § 28; Hessen, A.G. z. Zw.V.G. Art. 11; Oldenburg, A.G. zum Zw.V.G. für Oldenburg, § 19; für Lübeck, § 19; Meiningen, A.G. z. Zw.V.G. Art. 9; Altenburg, A.G. z. Zw.V.G. § 27; Reuß j. L., A.G. z. Zw.V.G. § 30; Lippe, A.G. z. Zw.V.G. § 3; Bremen, A.G. z. Zw.V.G. § 4.[5] Die Ausschlußklausel ist mit Ausnahme der oldenburgischen mangelhaft verfaßt. Statt, wie es der oldenburgische Gesetzgeber gethan hat, von einem vor dem 1. Januar 1900 begründeten Miet- oder Pachtverhältnis zu sprechen, giebt der Landesgesetzgeber den Schutz des § 57 Zw.V.G. nur solchen Miet- oder Pachtverhältnissen,

---

Recht, daß dann Art. 172 wiederum überflüssig wäre. Aber auch der Standpunkt Niedners ist unhaltbar. Er will den Art. 172 nicht nur weit auslegen, denn das würde angesichts der klaren Fassung nichts nützen, sondern sogar analog auf die Pflichten des Mieters anwenden. Da Art. 172 eine Ausschlußklausel ist, kann davon keine Rede sein.

[1] So richtig Cosack, Lehrbuch Bd. 2, S. 290 Zusatz, während Habicht, 3. Aufl., S. 288 unter Umständen den §§ 573 u. 574 Ausschließlichkeit geben will, S. 290, n. 1, A. M. Niedner, 2. Aufl., S. 343.

[2] A. M. Habicht, 3. Aufl., S. 290.

[3] So richtig Habicht, 3. Aufl., S. 291.

[4] Vgl. Jäckel, Komm. zum Zw.V.G. S. 209, n. 6 und Motive zum Art. 7 des preuß. A.G. S. 19. So auch das O.L.G. Dresden, 22. Nov. 1900, S. A. 56, S. 252. Das Urteil wurde vom R.G. bestätigt, 26. Februar 1961, E. 48, S. 38 fg. — Auch hier hat sich der Landesgesetzgeber im intertemporalen Privatrechte erfahrener gezeigt als der Schriftsteller; s. oben § 72, S. 310, n. 3.

[5] Habicht, 3. Aufl., S. 293 hält die Ausschlußklausel für überflüssig.

bei denen das Grundstück noch vor 1900 dem Mieter oder Pächter überlassen ist. Er that dies in der Meinung, daß sonst die Ausschließlichkeit des § 57 Zw.V.G. keine Anwendung finde, übersieht aber den Fall, daß die Überlassung des Grundstückes auch nach dem 1. Januar 1900 vor der Beschlagnahme noch in Gemäßheit der alten erfolgt sein kann.[1] — Einige A.G. z. Zw.V.G. schreiben bei der Ausdehnung des § 57 auf ältere Miet- oder Pachtverhältnisse in Anlehnung an den Art. 172, Satz 2 E.G. ein intertemporales Meistbegünstigungsrecht vor; Preußen, Art. 7, Abs. 2; Bayern, Art. 28, Abs. 2; Hessen, Art. 11; Meiningen, Art. 9, Abs. 2; Altenburg, § 27, Satz 2.[2]

Aus dem vorstehenden folgt, daß für die Beurteilung von Miete und Pacht die Art. 170, 171, 172, 179, 184 und 188, Abs. 2 heranzuziehen sind. Daraus ergeben sich in Ansehung der Wirksamkeit von Miet- und Pachtverhältnissen oder -Rechten gegenüber einem Erwerber des Grundstückes drei verschiedene Grade: Die obligatorischen Verhältnisse; für sie gilt Art. 172. So im Gebiete des gemeinen Rechtes, des Sächsischen B.G.B. und des französischen Rechtes. Für die Zwangsvollstreckung kommt die Ausschlußklausel des intertemporalen Landesrechtes zu Gunsten des § 57 Zw.V.G. in Betracht.[3] Im übrigen gilt das Meistbegünstigungsrecht. — Verhältnisse, die nach der alten durch Eintragung in ein öffentliches Buch gegen Dritte Wirksamkeit erlangt haben; für sie kommt Art. 179 E.G. zur Anwendung. In den gemeinrechtlichen Gebieten Preußens, in den hessischen Provinzen Starkenburg und Oberhessen, im sächsischen Rechtsgebiete in Elsaß-Lothringen werden diese Verhältnisse durch Eintragung zu dinglichen Rechten erhoben. Die Wirksamkeit gegen Dritte verbleibt ihnen nach Art. 179 E.G. sowohl bei freiwilliger Veräußerung wie bei der Zwangsversteigerung. Dagegen haben sie bei letzterer nicht den Schutz der §§ 57, 153 und 183 Zw.V.G., es wäre denn, daß die Landesgesetzgebung diesen Paragraphen Ausschließlichkeit eingeräumt hätte.[4] — Miet- und Pachtrechte, welche nach der alten ohne Eintragung als Rechte an einem Grundstücke bestehen. Auf sie bezieht sich Art. 184 u. 188, Abs. 2. Sie unterstehen nicht dem Art. 171, weil sie keine Miet- oder Pachtverhältnisse sind.[5] § 57 Zw.V.G. kommt für diese Rechte selbst dann nicht in Betracht, wenn der Landesgesetzgeber ihn ausdrücklich auf ältere Miet- oder Pachtverhält-

---

[1] S. auch Niedner, 2. Aufl., S. 346 u. 347.

[2] Habicht meint, 3. Aufl., S. 294, n. 3, daß diese Vorschrift überflüssig sei; sie folge ohne weiteres aus dem § 2, Abs. 1 E.G. zum Zw.V.G.

[3] A. M. Habicht, 3. Aufl., S. 296.

[4] S. oben S. 401, n. 5. A. M. Habicht, er spricht dem § 9, Abs. 1 E.G. zum Zw.V.G. den Charakter einer Ausschlußklausel zu, obschon dieser auch nicht die Spur einer solchen hat; 3. Aufl., S. 296, n. 1.

[5] A. M. Habicht, trotz des Wortlautes des Art. 171, der von Verhältnissen spricht und des Art. 184 und 188, die von Rechten reden. Habicht scheint den Art. 171 im Widerspruche mit den allgemeinen Grundsätzen ausdehnend auszulegen.

nisse ausgedehnt hätte; diese Pachtrechte sind keine Pachtverhältnisse.[1] Von der Befugnis des Art. 188, Abs. 2 hat Preußen in der Verordnung vom 16. Nov. 1899, § 9 Gebrauch gemacht.[2] Die dingliche Wirkung gegen den Erwerber erlischt in den Fällen der Art. 179, 184 und 188, Abs. 2 nicht etwa dadurch, daß infolge des Art. 171 die neue in Kraft tritt; denn die Art. 179, 184 und 188, Abs. 2 enthalten Gewährungsklauseln, welche den Ausschlußklauseln der Art. 171 und 172 vorgehen.[3]

Für den Fall, daß das Grundstück von einem Nießbraucher vermietet oder verpachtet wurde, oder von einer Person, die kraft ehemännlichen Nutznießungsrechtes, kraft Beisitzrechtes, kraft der väterlichen oder elterlichen Nutznießung dazu befugt war, ist nach intertemporalem Reichsrechte Art. 184 E.G. für die Rechte des Pächters oder Mieters gegen den Eigentümer die alte maßgebend.[4] Ist der Vermieter oder Verpächter ein Ehemann oder ein Beisitzberechtigter, so steht der Mieter oder Pächter kraft intertemporalen Reichsrechtes unter dem Schutze der alten. Ist es ein Elternteil, so bleibt die von ihm unter der alten vorgenommene Vermietung oder Verpachtung unter deren Schutze; so nach Art. 170. Vermietet oder verpachtet er erst nach dem Inkrafttreten der neuen, so entscheiden deren Vorschriften (§§ 1663, 1643 und 1822, Nr. 4 und 5). Bei Vermietung durch einen Vorerben entscheidet der Zeitpunkt des Todes des Testators.[5] Das intertemporale Landesrecht enthält abweichende Bestimmungen. Hessen, Art. 52 und Elsaß-Lothringen, § 99 geben dem § 1056 der neuen Ausschließlichkeit für den Fall, daß der Nießbraucher nach deren Inkrafttreten vermietet oder verpachtet hat. Noch weiter geht Bayern, Ü.G. Art. 5, gewährt jedoch ein intertemporales Meistbegünstigungsrecht.

B. Der Dienstvertrag. Auch bei diesem sind zwei Entwickelungsstufen zu unterscheiden wie bei Miete und Pacht. In der zweiten Stufe tritt der Dienstvertrag unter die Herrschaft der neuen Rechtsordnung, sofern die Voraussetzungen des Art. 171 E.G. erfüllt werden. Die alte herrscht *bis zu dem Zeitpunkte, bis zu welchem jeder Teil und nicht nur einer derselben durch vorgängige Kündigung die Lösung des Verhältnisses herbeiführen konnte.*[6] Besteht nach der alten kein Kündigungsrecht, sondern nur ein Rücktrittsrecht, so greift Art. 171 nicht ein; denn er ist als Ausschlußklausel eng auszulegen. Von einer analogen Anwendung ist keine Rede.[7] Ohne daß die Voraussetzungen des Art. 171 erfüllt sind,

[1] A. M. Habicht, 3. Aufl., S. 297.
[2] S. auch oben § 83, S. 388, n. 1.
[3] So richtig Habicht, S. 272, 282, 283 in Hinsicht auf den Art. 179. Auf einem falschen Standpunkte steht Niedner; er giebt dem Art. 171 gegenüber den Art. 179 u. 184 den Verzug, weil er *lex specialis* sei. Nein, er ist *lex singularis!*
[4] So auch Habicht, S. 298.
[5] S. unten § 85 und Habicht, 3. Aufl., S. 299.
[6] O.L.G. Hamburg, 5. Mai 1899; D. J.Z. 1901, S. 76.
[7] Abweichend O.L.G. Marienwerder, 8. April 1902, Rsp. 5, S. 33. Die Be-

besitzen keine von den Vorschriften der neuen Ausschließlichkeit, selbst nicht die zwingenden, so nach intertemporalem Reichsrechte.[1] Auch die zwingenden Vorschriften des Handelsgesetzbuches über die Dienstverhältnisse besitzen keine Ausschließlichkeit.[2] Art. 171 bezieht sich nicht auf die handelsrechtlichen Dienstverhältnisse. Es folgt dies aus dem Grundsatze der engen Auslegung der Ausschlußklausel.[3]

C. Die Gemeinschaft nach Bruchteilen. Auf eine im Zeitpunkte des Inkrafttretens der neuen Rechtsordnung bestehende Gemeinschaft nach Bruchteilen finden von dieser Zeit an deren Vorschriften. Anwendung. Art. 173 E.G. enthält die Ausschlußklausel. Sie ist erst in der zweiten Lesung des E.G. beschlossen worden.[4] Ihre materielle Voraussetzung liegt im Charakter des Rechtsverhältnisses.[5] Sie ist der sprechenste Beweis dafür, daß der deutsche Gesetzgeber von der Theorie der stetigen Erneuerung nichts wissen will,[6] denn wäre er ihr Anhänger, so wäre die Ausschlußklausel des Art. 173 überflüssig. Die Gemeinschaft würde ohne eine Übergangsbestimmung unter der neuen stehen.[7] Die Vorschriften der neuen finden Anwendung auf alle derartigen Gemeinschaften; gleichgültig ist ihr Entstehungsthatbestand. Ausgenommen sind diejenigen Gemeinschaften, welche zu einem der Landesgesetzgebung vorbehaltenen Rechtsgebiete gehören.[8] Der Entstehungsthatbestand kann sowohl ein willentlicher, wie ein notwendiger sein; dagegen darf er nicht in das Gebiet des Erbrechtes fallen. Hier verdrängt die Gewährungsklausel des Art. 213 die Ausschlußklausel des Art. 173.[9] Nicht unter die neue gelangt die aus der alten stammende Gemeinschaft zur gesamten Hand;[10]

---

gründung behauptet, der Gesetzgeber sei im Art. 171 von dem Gedanken einer stillschweigenden Unterwerfung der Parteien unter die neue ausgegangen; s. oben § 18, S. 69, n. 1 und § 42, S. 168, n. 1 und 2. Die Fiktion einer stillschweigenden Unterwerfung stiftet im intertemporalen Privatrechte nur Unheil!

[1] S. oben § 73, S. 322, n. 4—8.

[2] S. oben § 48, S. 181, n. 6—8 und 182, n. 2. Das Reichsgericht hat entschieden, daß der § 60 des neuen H.G.B. auf ältere Vertragsverhältnisse keine Anwendung finde, sondern nach wie vor Art. 59 des alten H.G.B.; D. J.Z. 1900, S. 503. Der § 60 gehöre, sagt das Urteil, *dem nachgiebigen Recht* an. Habicht, 3. Aufl., S. 304 fg. sieht dagegen im § 60 eine zwingende Vorschrift mit rückwirkender Kraft, ein Beweis, daß das Kriterium der zwingenden Vorschriften mangelhaft und nicht geeignet ist, zu entscheiden, wann eine Vorschrift ausschließlich sein solle, wann nicht.

[3] So richtig R.G., 27. Okt. 1900; J.W. 1900, S. 855. Den entgegengesetzten Standpunkt vertreten O.L.G. Stettin, 1. November 1900, Rsp. 1, S. 436; O.L.G. Karlsruhe, 13. August 1901; Das Recht 1901, S. 493.

[4] Prot. S. 9019, 9020, Sitzung II, Bd. VI, S. 504 u. 505.

[5] S. oben § 43, S. 169, n. 7 und unten § 88.

[6] S. oben § 27, S. 116, n. 2—9.

[7] So Niedner, 2. Aufl., S. 347, 348 als Anhänger der Theorie.

[8] S. oben § 64, S. 257, n. 7; 258 n. 6; § 69, S. 277, n. 4.

[9] S. oben § 67, S. 269, n. 6. So auch Niedner, 2. Aufl., S. 347. Abweichend Habicht, 3. Aufl., S. 316.

[10] S. oben § 64, S. 256, n. 3 und Art. 181, Abs. 2 E.G.

wohl aber die gewöhnliche Gemeinschaft des französischen Rechtes; siehe *Art.* 1671, 1859 und 1656 und Satz 577 ba bis 577 bg des Badischen Landrechtes.[1] Beruht die Gemeinschaft auf einem Gesellschaftsvertrage, so gelangt die neue nicht zur Anwendung; Art. 170, der die Gewährungsklausel enthält, schließt die Ausschlußklausel des Art. 173 aus.[2] Auch bei der nicht vertragsmäßigen Gemeinschaft ist es möglich, daß aus der alten Vereinbarungen der Genossen stammen, die ihre Wirksamkeit bewahren. Ist durch eine solche Vereinbarung das Verfügungsrecht der Genossen über ihren Anteil beschränkt und wirkt sie kraft der alten gegen Dritte, so behält sie diese Wirkung gegen bösgläubige Sondernachfolgen.[3] Beruht eine solche Verfügungsbeschränkung auf einem notwendigen Thatbestande, so greift nicht etwa der Art. 173 ein. Art. 168 enthält eine Gewährungsklausel; er spricht von einer zur Zeit des Inkrafttretens der neuen bestehenden Verfügungsbeschränkung. Da er ausdehnend ausgelegt werden muß, so ist es einerlei, wie die Verfügungsbeschränkung entstanden ist. Im Gebiete des A.L.R. I 17, § 61 bleibt somit das Vorkaufsrecht der Teilnehmer bestehen, ebenso ihr Widerspruchsrecht gegen eine Veräußerung. A.L.R. I 17, § 66.[4] Ist durch eine Vereinbarung die Aufhebung der Gemeinschaft auf eine längere Zeit ausgeschlossen worden, als es nach den Vorschriften der alten statthaft war, so wird sie auch nicht unter der neuen gültig, selbst wenn sie nach dieser zulässig wäre.[5] Es läge sonst eine Ausschließlichkeit im Sinne der zweiten Regel des neueren Regelpaares in ihrer ersten Möglichkeit und Spielart vor.[6] Waren nach der alten Vereinbarungen, wodurch die Verwaltung und Benutzung der gemeinschaftlichen Sache geregelt oder die Aufhebung der Gemeinschaft ausgeschlossen worden ist, für die Erben und Sondernachfolger nicht bindend, so werden sie auch unter der neuen nicht bindend. Dies wurde bei der Beratung des Art. 173 in der II. Kommission ausdrücklich hervorgehoben.[7] Die zwingende Vorschrift des § 749, Abs. 3 der neuen gilt jedoch älteren Vereinbarungen gegenüber.[8] Ansprüche, die bereits unter der alten entstanden sind, richten sich nach deren Vorschriften.[9] Die Art und Weise, wie die Gemeinschaft aufzuheben ist, unterliegt der neuen, unbeschadet der erledigten und rechtshängigen Sachen.[10] Die

---

[1] O.L.G. Darmstadt, 15. Febr. 1901 in Puchelts Zeitschr. 32, S. 413.

[2] S. oben § 73, S. 324, n. 5.

[3] Art. 168. So auch Habicht, 3. Aufl., S. 317.

[4] A. M. Habicht, 3. Aufl., S. 317; er will sogar einen schon vor 1900 gefaßten Mehrheitsbeschluß der neuen unterwerfen.

[5] So richtig Habicht, 3. Aufl., S. 318, n. 1; Neumann, S. 1464.

[6] S. oben § 9, S. 35.

[7] Prot. 439, Sitzung II, Bd. VI, S. 505; ebenso Habicht, 3. Aufl., S. 318, n. 2; Niedner, Art. 173, n. 3; Neumann, S. 1464.

[8] S. oben § 48, S. 178.

[9] Art. 170. So auch Habicht, 3. Aufl., S. 319, n. 2; Neumann, S. 1464 zu Art. 173, Nr. 4.

[10] Habicht, 3. Aufl., S. 319 nimmt nur das rechtskräftige Urteil aus, dagegen

Wirkungen der Auseinandersetzung unter den Teilhabern bestimmen sich nach der Rechtsordnung, unter deren Herrschaft sie erfolgt, unbeschadet des Art. 170 E.G. Ist die Wirkung, um die es sich handelt, eine Folge eines aus der alten stammenden Rechtsgeschäftes, so ist diese maßgebend.[1] Auf die Gemeinschaft bezieht sich nur ein Ausführungsgesetz; Bayern, Ü.G. Art. 40, 41, 43, 113—115.

D. Die Schuldverschreibungen auf den Inhaber. Der deutsche Gesetzgeber hat die aus der alten Rechtsordnung stammenden Schuldverschreibungen auf den Inhaber einem gemischten intertemporalen Systeme unterworfen. Sie unterliegen in der Hauptsache den Vorschriften der alten,[2] in einigen Beziehungen den Vorschriften der neuen. Die Kraftloserklärung durch öffentliches Aufgebot ist für die unter der alten ausgestellten eigentlichen Schuldverschreibungen auf den Inhaber durch das intertemporale Reichsrecht eingeführt; Art. 174, Abs. 1, Satz 1 E.G. Art. 7 des Bayr. Ü.G., welcher eine Gewährungsklausel enthält, ist daher auf Namenpapiere zu beschränken, wovon wieder Namenaktien und Interimsscheine der Aktiengesellschaften auszunehmen sind; vgl. H.G.B. § 228; E.G. z. H.G.B., Art. 25.[3] Ebenso die Befugnis des Inhabers der Urkunde, im Falle ihrer Beschädigung oder Verunstaltung eine neue Ausfertigung zu verlangen. Diese hat der Inhaber auch dann, wenn der Aussteller der Schuldverschreibung eine Verpflichtung zur Erneuerung ausdrücklich abgelehnt und ihm nur die Befugnis zugesprochen hat, den Anspruch selbst geltend zu machen. Anders die Kraftloserklärung; sie ist ausgeschlossen, wenn in der Urkunde das Gegenteil bestimmt ist; § 799, Abs. 1, Satz 1 der neuen. Dagegen schadet es nicht, wenn die alte die Kraftloserklärung verbot, das Verbot aber in der Urkunde nicht aufgenommen war. Wird in der Urkunde auf das Statut oder Privileg hingewiesen, worin die Kraftloserklärung untersagt ist, greift doch die neue ein.[4] Die neue greift aber nur dann ein, wenn der Verlust oder die Vernichtung unter ihrer Herrschaft eingetreten ist.[5] Art. 25 des E.G. zum Handelsgesetzbuche beweist diesen Satz. Hier hat der Gesetzgeber ausdrücklich eine Ausschließlichkeit höheren Grades vorgeschrieben, die eingreift, selbst wenn der Verlust oder die Vernichtung der Aktie noch unter der alten stattfand. Wir haben es hier mit einer erschwerten Ausschließlichkeit zu thun.[6] Eine solche kann nur kraft ausdrücklicher Anordnung des Gesetzgebers eintreten, wie dies in dem angeführten

---

nicht die rechtshängigen Sachen. Auch ist seine Behauptung unrichtig, daß § 756 der neuen gelte, auch wenn die Forderung des Genossen noch unter der alten entstanden sei; Art. 170 E.G. schließt diese Vorschrift aus.

[1] So richtig Habicht, 3. Aufl., S. 320, n. 1.

[2] S. oben § 73, S. 327, n. 3 fg. und Art. 170 E.G.

[3] So Habicht, 3. Aufl., S. 326, n. 3.

[4] So Habicht, 3. Aufl., S. 327, n. 2. Niedner, 2. Aufl., S. 351.

[5] Abweichend Habicht, 3. Aufl., S. 327 und Niedner, 2. Aufl., S. 351.

[6] S. oben § 13, S. 57, n. 2.

Artikel und im Art. 176 E.G. geschehen ist. Art. 174, Abs. 1, Satz 1 dagegen enthält keine derartige ausdrückliche Anordnung.

Die Umschreibung einer unter der alten Rechtsordnung ausgestellten, auf den Inhaber lautenden Schuldverschreibung auf den Namen eines bestimmten Berechtigten kann nur noch durch den Aussteller erfolgen. Es ist sowohl die Außerkurssetzung durch den Berechtigten selbst, wie durch eine Behörde unzulässig; ebenso die „Vinkulierung“, d. h. eine Festmachung seitens des Ausstellers durch eine den Namen des Berechtigten nicht enthaltende Erklärung.[1] Die Vinkulierung war in Bayern bei Dienstkautionen üblich.[2] Der Art. 176, Satz 2 E.G. verleiht dem § 806, Satz 1 eine erschwerte Ausschließlichkeit, indem er allen schon vor dem Inkrafttreten der neuen bewirkten Außerkurssetzungen von Schuldverschreibungen auf den Inhaber von diesem Zeitpunkte an ihre Wirkung entzieht.[3] Der Entwurf I E.G. wollte im Art. 105, Abs. 2, Satz 2 den Außerkurssetzungen ihre bisherige Wirksamkeit belassen, also dem § 806, Satz 1 der neuen nur eine schlichte Ausschließlichkeit geben. In der II. Lesung wurde aber infolge eines Gutachtens der preußischen Hauptverwaltung der Staatsschulden die Ausschließlichkeit stärkeren Grades beschlossen. Einerlei ist es, ob die Außerkurssetzung von Privaten oder Behörden bewirkt ist, ob der Name desjenigen, für den sie erfolgt, und der Zeitpunkt der Außerkurssetzung hinzugefügt ist oder nicht. Sie hat mit jenem Zeitpunkte ihre Kraft verloren, ohne daß es eines sie aufhebenden Vermerkes bedarf. Einige A.V. schreiben einen dahingehenden Vermerk vor; so Sachsen, V.O. vom 6. Juli 1899, § 12; Mecklenburg, V. z. Ausf. d. Ges. über d. Angel. d. freiw. Gerichtsbarkeit § 86. Die Urkunde wird mit jenem Zeitpunkte wieder zum Inhaberpapier, gleichgültig, ob es sich noch in den Händen des Außerkurssetzenden befindet oder nicht, ob es in den Händen eines unredlichen oder redlichen Dritten sei. Unberührt bleiben jedoch die Folgen solcher Thatbestände, die noch unter der alten liegen. Daher kann der Beklagte sich gegen den klagenden Eigentümer nicht auf Art. 176 E.G. in Verbindung mit Art. 307 des alten H.G.B. berufen, wenn er das Papier unter der alten erworben hat.[4] Für ausländische Inhaberpapiere gilt Art. 176 E.G. nicht.[5] Der Begriff „Außerkurssetzung“ bestimmt sich nach der Rechtsordnung, nach welcher ihm der engere Umfang zukommt.[6] Daher ist der Ausdruck zu beschränken auf die Außerkurssetzung durch einen Dritten, nicht durch den Aussteller, es wäre denn, daß dieser das Papier nicht auf den Namen eines bestimmten Berechtigten umgeschrieben, sondern bloß be-

---

[1] S. Art. 176 E.G. und § 806, Satz 1 B.G.B. in Verbindung mit Art. 174, Abs. 1, Satz 1 E.G.

[2] Über die Anwendung des § 806, Satz 2 vgl. oben § 73, S. 328, n. 1.

[3] S. oben § 13, S. 57, n. 2.

[4] So richtig Habicht, 3. Aufl., S. 332, n. 1.

[5] So richtig Habicht a. a. O.

[6] S. oben § 12, S. 54, n. 6.

kundet hatte, daß das Papier außer Kurs gesetzt sei oder nicht mehr an jeden Inhaber zahlbar sein solle.[1]

Über die auf den Inhaber lautenden Aktien enthält das E.G. zum B.G.B. keine Bestimmungen, wohl aber das E.G. zum H.G.B; Art. 25 und 26. — Der Art. 105 des E. I E.G. z. B.G.B. schloß auch die Inhaberaktien ein. Es findet sich weder im H.G.B. noch in seinem E.G. ein dem Art. 176, Satz 1 E.G. zum B.G.B. entsprechendes Verbot, noch eine dem § 806, Satz 1 B.G.B. entsprechende Beschränkung der Umschreibung.[2] Das neue H.G.B. schweigt über eine Außerkurssetzung von Inhaberaktien; § 806 B.G.B. und Art. 176 E.G. zum B.G.B. sprechen nur von Schuldverschreibungen auf den Inhaber. Daher ist die künftige Außerkurssetzung von Inhaberaktien ausdrücklich nirgends verboten. Man muß aber einen dahingehenden Willen des Gesetzgebers dem Art. 26 entnehmen; denn im *maius* liegt das *minus.*[3]

Für Zins-, Renten- und Gewinnanteilscheine wird dem § 804 der neuen Rechtsordnung Ausschließlichkeit verliehen, wonach ihr Inhaber das Recht hat, nach Ablauf der Vorlegungsfrist die in ihnen versprochene Leistung zu verlangen, wenn er ihren Verlust oder ihre Vernichtung vor Ablauf der Vorlegungsfrist dem Aussteller anzeigt; Art. 174, Abs. 1, Satz 1 E.G. Die Verweisung auf den § 804 ist nur durch ein Versehen in den Art. 174 E.G. gekommen. Da die Entstehungsgeschichte des Wortlautes eines Gesetzes für dessen verbindliche Kraft einerlei ist,[4] so muß man die Anführung des § 804 im Art. 174 E.G. als wirksam betrachten.[5] Einige A.G. sprechen die Ausschließlichkeit des § 804 für Zins-, Renten- und Gewinnanteilscheine nochmals aus. Württemberg, Art. 185; Hessen, Art. 136; S.-Weimar, § 56; S.-Coburg-Gotha, Art. 15, § 2; Schwarzburg-Sondershausen, Art. 17, § 2; Reuß ä. L., § 51. Dieses Recht kann nur im Scheine selbst ausgeschlossen sein; es genügt nicht, daß es in der Haupturkunde ausgeschlossen ist. Ist das Recht im Scheine nicht ausgeschlossen, so entsteht es mit dem Inkrafttreten der neuen trotz entgegenstehender Vorschrift der alten.[6] Die Vorlegungs- und Verjährungsfristen müssen der alten entnommen werden. § 801 der neuen besitzt nach intertemporalem Reichsrechte keine Ausschließlichkeit für diese Scheine.[7] Einige A.G. haben jedoch dem § 801 der neuen Ausschließlichkeit verliehen: Bayern, Ü.G. Art. 8; Württemberg, Art. 183;

---

[1] So Habicht, 3. Aufl., S. 333, n. 1, 2, 3 u. 4; Niedner, 2. Aufl., S. 354; vgl. Mecklenburg-Schwerin, § 48; -Strelitz, § 47.

[2] Vgl. dazu Mat. zum H.G.B. Berlin, Heymann, S. 147.

[3] Mit anderer Begründung Habicht, 3. Aufl., S. 334, n. 2 u. Lehmann, S. 116 fg.

[4] S. z. B. oben § 72, S. 300, n. 4.

[5] Habicht, der auf die Entstehungsgeschichte des E.G. den Hauptwert legt, s. oben a. a. O., kommt mit sich selbst in Widerspruch, wenn er die Wirksamkeit dieser Anführung, S. 337, n. 1 bejaht.

[6] S. dagegen Art. 100 E.G.

[7] So Habicht, 3. Aufl., S. 338, n. 1, jedoch abweichend hinsichtlich § 804, Abs. 1 Schlußsatz. Richtig Niedner, 2. Aufl., S. 351.

Hessen, Art. 137; S.-Weimar, § 55; S.-Meiningen, Art. 10, § 1; Reuß ä. L., § 50. Die Voraussetzung der Anwendung des § 804 der neuen besteht darin, daß der Verlust des Papieres unter ihrer Herrschaft stattfindet.[1] Art. 174 ist eine Ausschlußklausel und möglichst einschränkend auszulegen, umsomehr, als die alte einen dem § 804 der neuen entsprechenden Anspruch des früheren Inhabers nicht kannte. Sonst würde man dem § 804 der neuen, dessen Aufnahme in die Ausschlußklausel ohnehin auf einem Versehen beruht, eine erschwerte Ausschließlichkeit verleihen.[2]

Die Erneuerungsscheine stehen ganz unter der alten Rechtsordnung, es wäre denn, daß sie Inhaberpapiere sind; dann unterliegen sie unmittelbar dem Art. 176 E.G. Ist dies nicht der Fall, so erstreckt sich doch die mit dem Inkrafttreten der neuen eingetretene Unwirksamkeit einer früheren Außerkurssetzung der Haupturkunde auch auf deren Zubehör, den Erneuerungsschein. Dies folgt aus der organischen Auffassung der Rechtsverhältnisse.[3]

Auf Sicht zahlbare, unverzinsliche Schuldverschreibungen unterliegen ganz der alten Rechtsordnung.[4]

Die Marken, Karten und ähnliche Urkunden auf den Inhaber sind ganz nach der alten Rechtsordnung zu beurteilen.[5] Für die Verjährung von Ansprüchen aus solchen früher ausgegebenen Marken u. s. w. gelten die Vorschriften des Art. 169 E.G.[6] Art. 102 Abs. 1 E.G. überläßt die Kraftloserklärung und die Zahlungssperre solcher Urkunden den landesgesetzlichen Vorschriften, sowohl für Vergangenheit wie für Zukunft. Einige A.G. schließen die Kraftloserklärung für Schuldverschreibungen dieser Art aus; so S.-Weimar, § 56, Abs. 2; Oldenburg u. Lübeck, § 4; Birkenfeld, § 6; Reuß j. L., § 49, Abs. 3.

Die Inhaberlegitimationspapiere oder die hinkenden Inhaberpapiere unterliegen teilweise der neuen Rechtsordnung; Art. 177 E.G. Dieser wurde erst in der II. Lesung hinzugefügt.[7] Der § 808 der neuen ist auf Urkunden dieser Art, die von ihrem Inkrafttreten an ausgegeben werden, im vollen Umfange anwendbar, auch wenn sie früher ausgestellt sein sollten.[8] Auf Urkunden, die vor diesem Zeitpunkte ausgegeben worden sind, greifen die Vorschriften der neuen § 808, Abs. 1 und 2, Satz 1 nicht ein. Es entscheidet die alte darüber, ob der Aussteller einer solchen Urkunde durch Leistung an ihren Inhaber selbst dann befreit wird, wenn ihm die Nichtberechtigung des Inhabers bekannt war oder

---

[1] A. M. Habicht, 3. Aufl., S. 339.

[2] S. auch oben S. 408, n. 4.

[3] S. oben § 37, S. 158, n. 2 und § 41, S. 164, n. 4.

[4] S. oben § 73, S. 329, n. 2.

[5] S. oben § 73, S. 330.

[6] S. oben § 34, S. 140 fg.; vgl. Art. 174, Abs. 2. S. auch oben § 73, S. 332, n. 6.

[7] S. Prot. 471. Sitzung, Nr. I, S. 9039, 9040 (Bd. VI, S. 515, 516, 627, 628).

[8] Hier deckt sich die Meinung Niedners mit derjenigen Habichts; s. 2. Aufl., S. 355. Intertemporaler Grenzpunkt ist hier die Ausgabe, nicht die Ausstellung.

doch nur infolge grober Nachlässigkeit unbekannt geblieben ist, und ob umgekehrt der Inhaber als solcher nicht die Berechtigung hat, die Leistung zu verlangen (§ 808, Abs. 1 der neuen); endlich darüber, ob der Schuldner nur gegen Aushändigung der Urkunde zur Leistung verpflichtet und ob er andererseits zu dieser Leistung ohne Aushändigung der Urkunde berechtigt ist (§ 808, Abs. 2, Satz 1 der neuen). Im verneinenden Falle sind die Urkunden als einfache Legitimationskarten im Sinne des § 807 der neuen ganz der alten unterworfen; Art. 170 und Art. 102, Abs. 1 E.G. Bestand für diese Urkunden nach der alten eine Kraftloserklärung nicht, so wird mit dem Inkrafttreten der neuen die Kraftloserklärung im gerichtlichen Aufgebotsverfahren und die Zahlungssperre zulässig, jedoch nur dann, wenn das Recht derart an die Urkunde geknüpft ist, daß der Berechtigte die Leistung nur gegen Aushändigung der Urkunde fordern kann, und in der Urkunde nicht die Kraftloserklärung ausgeschlossen ist. Art. 177 E.G. und § 808, Abs. 2, Satz 1 und 2 der neuen. Wo damit die Zahlungssperre zulässig wird, hemmt sie auch die Verjährung des Anspruches aus der Urkunde nach Maßgabe des § 802 der neuen. Doch muß der Verlust der Urkunde unter ihrer Herrschaft erfolgt sein.[1] Soweit nach der alten ein anderes Verfahren als das gerichtliche Aufgebotsverfahren besteht oder ein solches künftig zugelassen wird, ist für die Ausschließlichkeit des § 808, Abs. 2, Satz 2 und 3 der neuen kein Raum; Art. 102, Abs. 2. Die Verjährung der Ansprüche richtet sich nicht lediglich nach der alten, Art. 174, Ab. 2, sondern gemäß Art. 169 bis zum Inkrafttreten der neuen nach der alten, von da an nach der neuen (§ 808, Abs. 2, Satz 3). Inhaberlegitimationspapiere können nach wie vor außer Kurs gesetzt werden, wenn nicht ausschließliche Vorschriften der neuen entgegenstehen.[2]

Für alle Arten von Schuldverschreibungen auf den Inhaber und für die Inhaberlegitimationspapiere wirkt die Gewährungsklausel des Art. 178.[3] Sie erwähnt nicht die Inhaberaktien und die Urkunden des § 807 der neuen Rechtsordnung.[4]

§ 85. Die Wirkungen der Verfügungen von Todeswegen. Die Testamente entmündigter Personen.

Obschon der Reichsgesetzgeber bei der intertemporalen Behandlung der Thatbestände auf dem Boden der organischen Auffassung steht, so verläßt er ihn bei der Behandlung der Wirkungen der Verfügungen auf den Todesfall, falls der Erblasser nach dem Inkrafttreten der neuen Rechtsordnung stirbt. Der atomistischen Auffassung entsprechend,

[1] A. M. Habicht, 3. Aufl., S. 346.

[2] L.G. Elberfeld, 4. Mai 1900; Das Recht 1900, S. 373.

[3] S. oben § 73, S. 331, n. 3—5; vgl. auch § 12, S. 50.

[4] S. darüber oben § 73, S. 331, n. 5.

unterwirft er deren Wirkungen den Vorschriften der neuen.[1] Er spricht den Grundsatz nicht ausdrücklich aus, aber sein dahinzielender Wille geht klar hervor aus Art. 213 u. 214, Abs. 1 und Art. 217, Abs. 1 auf Grund des Schlusses des Gegenteiles. Zwingend ist der Schluß aus Art. 217, Abs. 1, in welchem für den Erbverzichtsvertrag die Gewährungsklausel ausdrücklich „*die Wirkungen eines solchen Vertrags*" nennt. Es tritt also hier ein Ersatz für die mangelnde Ausschlußklausel ein.[2] Die Rechtsprechung stimmt bei.[3] Das Deutsche intertemporale Privatrecht folgt hierin nicht der Mehrzahl der Gesetzgebungen, sondern dem französisch-italienischen Rechte;[4] dem Richter bereitet es damit große Schwierigkeiten.[5] Es ist aber nicht etwa von dem Gedanken der stillschweigenden Unterwerfung des Testators unter die neue ausgegangen.[6] Folgen dieses Grundsatzes: Eine Verfügung von Todeswegen, die nach der alten, unter der sie errichtet wurde, wirkungslos war, die aber von der neuen für zulässig erklärt wird, kommt nach deren Inkrafttreten zu Kräften, nach der ersten Möglichkeit der zweiten Regel des neueren Paares.[7] Wichtig ist das für den *parens binubus*, falls er gegen die Beschränkungen, die die alte zu Gunsten der Kinder aus erster Ehe aufstellt, letztwillige Zuwendungen an den zweiten Ehegatten errichtet hatte.[8] Ist ein Testament im Gebiete des gemeinen Rechtes errichtet worden, so verliert der Satz: *nemo pro parte testatus pro parte intestatus decedere potest*, unter der neuen seine Wirkung. Liegt also eine *institutio e re certa* vor, so muß keine Ergänzung der Erbeinsetzung erfolgen; es tritt vielmehr die gesetzliche Erbfolge ein. Die rechtliche Behandlung des Erben und des Vermächtnisnehmers richtet sich nach der neuen. So wird im Gebiete des gemeinen Rechtes der *heres ex re certa* nicht als Erbe behandelt, sondern als Vermächtnisnehmer, wie es die neue vorschreibt. — Im Gebiete des französischen Rechtes gilt das Universallegat und das Legat unter einem Universaltitel als Erbeinsetzung, selbst wenn Personen vorhanden sind, die nach der alten Vorbehaltserben waren.[9] Das Partikularlegat des *Code civil Art.* 1014 verliert seine Wirkungen, die ihm nach der alten zukommen; zweite Möglichkeit der zweiten neueren Regel. Die Frage, ob das Eigentum einer vermachten körperlichen Sache sofort mit dem *dies cedens* auf den Bedachten übergeht, die Behandlung des Prälegates, eines aufschiebend

[1] S. oben § 23, S. 93, n. 8; § 30, S. 130, n. 2 und § 42, S. 168, n. 3.

[2] S. oben in § 11, S. 43, n. 3 und 44, n. 1.

[3] K.G. 22. April 1901, Rsp. 3, S. 116; 4. März 1901, Johow, J. 3, S. 52; O.L.G. Darmstadt, 17. Mai 1901, Rsp. 3, S. 114. O.L.G. Köln, 16. Aprl 1902, Rsp. 4, S. 447 u. 448. R.G. 8. Juli 1901, E. 49, S. 48.

[4] S. oben a. a. O.

[5] S. Gesch. § 65, S. 484, n. 1 und 2 und § 69, S. 562, n. 1.

[6] S. oben § 17, S. 69, n. 1; vgl. auch § 42, S. 168, n. 1. Auch Habicht, S. 690 verschmäht es, die Fiktion der stillschweigenden Unterwerfung anzuwenden.

[7] S. oben § 7, S. 26.

[8] S. oben § 60, S. 234, n. 3. Habicht, S. 691, n. 1.

[9] So Habicht, S. 692, n. 1.

befristeten oder eines bedingten Vermächtnisses, des Abzugsrechtes des Erben, all das richtet sich nach der neuen.[1] — Die Zulässigkeit und die Wirkungen einer Nacherbeinsetzung bestimmt sich nach der neuen. Eine fideikommissarische Substitution, die im Gebiete des französischen Rechtes gegen dessen Vorschriften errichtet wurde, wird nach dem Inkrafttreten der neuen im Sinne ihrer §§ 2100 fg. gültig, nach der zweiten Regel des neueren Regelpaares in ihrer ersten Möglichkeit.[2] — Das formelle Noterbrecht richtet sich nach der neuen. Sowohl das formelle wie das materielle oder das Pflichtteilsrecht, die Ausgleichungspflicht stehen unter der Herrschaft der neuen, falls der Erblasser unter ihr stirbt.[3] Es fällt das formelle Noterbrecht der *Nov.* 115 im Gebiete des gemeinen Rechtes weg. Daher ist nach dem Inkrafttreten der neuen die Anfechtung eines früher errichteten Testamentes wegen Verletzung der *Nov.* 115 nicht mehr statthaft. Ebenso richtet sich die Wirkung der Verzeihung nach der neuen; es bleibt also nicht bei der Bestimmung des A.L.R. II 2, § 416 im Gebiete des preußischen Rechtes. — Die Beschränkung einer Person, wodurch sie verhindert ist, über gewisse Vermögensteile testamentarisch zu verfügen, richtet sich nach der neuen. Die Unwirksamkeit einer letztwilligen Verfügung, die einer derartigen Vorschrift der alten zuwiderläuft, liegt nicht in einem Mangel der *testamenti factio activa* des Testators, sondern in seinem mangelnden Verfügungsrecht über einen Vermögensbestandteil. Ein Beispiel liefert das gemeine Recht, wonach der Haussohn über sein *peculium adventicium* nicht testieren kann.[4] Eine Ausnahme macht die Bestimmung mancher ehelicher Güterrechte, wonach bei beerbter Ehe der einzelne Ehegatte keine einseitige Verfügung von Todeswegen über das der allgemeinen Gütergemeinschaft unterworfene Vermögen treffen kann, auf Grund des Art. 200 E.G. In diesem Falle kann der einzelne Ehegatte auch nach dem Inkrafttreten der neuen keine solche Verfügung treffen; Art. 200.[5]

Handlungen des Testators, die die Wirkungen einer unter der alten Rechtsordnung errichteten Verfügung von Todeswegen betreffen, sind nach den Vorschriften der neuen zu deuten, gleichgültig ob die Handlungen unter der alten oder unter der neuen vorgenommen wurden. Es ist dies eine Folge davon, daß die Vorschriften der neuen für die Wirkungen des Testamentes ausschließlich maßgebend sind.[6] Die Frage, durch welche Thatbestände letztwillige Verfügungen nachträglich unwirksam werden, richtet sich nach der neuen; insbesondere nach den §§ 2077, 2268 u. 2279.[7]

---

[1] So Habicht, S. 692.

[2] So Habicht, S. 693, n. 1; Aron, S. C.; Scherer, Nr. 341.

[3] S. oben § 68, S. 273, n. 1.

[4] So Habicht, S. 684.

[5] S. oben § 58, S. 222, n. 2.

[6] S. oben § 23, S. 91, n. 6. Auch Habicht verwirft die Meinung, wonach bald die alte, bald die neue anzuwenden sei, je nachdem die Handlungen unter der Herrschaft der alten oder unter der neuen erfolgten.

[7] So das treffliche Urteil des O.L.G. Köln, 16. April 1902, Rsp. 4, S. 449.

Stirbt der Testator noch unter der alten Rechtsordnung, so entscheidet sie über die Wirkungen des Testamentes. Alle oben behandelten Fragen sind dann im entgegengesetzten Sinne zu entscheiden.[1]

Von dem Satze, daß sich die Fähigkeit des Testierenden nach der Rechtsordnung bestimmt, welche bei Errichtung der Verfügung gilt,[2] macht der Art. 215, Abs. 2 eine Ausnahme zu Gunsten der neuen im Sinne der zweiten Regel des neueren Regelpaares in ihrer ersten Möglichkeit. Nach der alten trat mit der Entmündigung in der Regel die absolute Testierunfähigkeit ein. Ein Testament, das der Entmündigte in der Zeit von der Entmündigung bis zu ihrer Wiederaufhebung errichtete, war ungültig, einerlei, ob er noch vor dem Eintritte der Unanfechtbarkeit des Entmündigungsbeschlusses starb oder ob er das Testament erst errichtet hatte, nachdem der Antrag auf Wiederaufhebung der Entmündigung gestellt war und die Entmündigung dem Antrage gemäß wieder aufgehoben wurde. Die neue beseitigt diese Härten für die Zukunft durch § 2230. Dieser Vorschrift verleiht Art. 215, Abs. 2 E.G. die Ausschließlichkeit für letztwillige Verfügungen, die noch unter der alten errichtet, sofern der Erblasser erst unter der neuen stirbt. Damit wird ein Testament, das unter der alten von einem Testierunfähigen errichtet, also nichtig war, nachträglich zu einem gültigen; zweite Regel des neueren Paares in ihrer ersten Möglichkeit.[3] Im Falle des § 2230, Abs. 2 der neuen ist nicht erforderlich, daß die Wiederaufhebung der Entmündigung erst unter ihrer Herrschaft erfolgt; auch dann, wenn diese noch unter der alten stattfand, kommt nach dem Inkrafttreten der neuen das im Sinne der alten nichtige Testament zu Kräften. Da Art. 215, Abs. 2 eine Ausschlußklausel enthält, so darf er nicht ausdehnend ausgelegt werden; § 2229, Abs. 3, Satz 2 der neuen erhält daher durch ihn keine Ausschließlichkeit.[4] Andererseits ist kein Grund vorhanden, ihn auf die Entmündigung wegen Geisteskrankheit zu beschränken.[5]

---

[1] O.L.G. Marienwerder, 3. März 1902, Rsp. 5, S. 185 und 186.

[2] S. oben § 25, S. 102, n. 1 und § 54, S. 206, n. 2.

[3] S. oben § 9, S. 35.

[4] So richtig Habicht, 3. Aufl., S. 724, n. 2 und Niedner, 2. Aufl., S. 475. A. M. Endemann, B. R. III, S. 111, n. 30.

[5] So richtig Niedner, 2. Aufl., S. 475. A. M. Fischer u. Henle, 1. Aufl., n. 1.

Drittes Kapitel.

Die Politik der intertemporalen Privatgesetzgebung.

Erster Abschnitt.

Die Rechtfertigungsgründe der Ausschließlichkeit.

§ 86. Im allgemeinen.

Die Rechtfertigungsgründe der Ausschließlichkeit fallen zusammen mit ihrer materiellen Voraussetzung.[1] Es ist die Aufgabe der Wissenschaft diese Gründe aufzusuchen und festzustellen, und sie nach ihrer Feststellung in Gruppen einzuteilen. Bei der Einteilung muß die innere Verwandtschaft der Gründe ausschlaggebend sein. Streng genommen, gehört die Wissenschaft, welche sich diese Aufgabe stellt, nicht mehr zur Wissenschaft des intertemporalen Privatrechtes. Denn sie bezieht sich nicht auf vorhandene intertemporale Rechtssätze, sondern sie will Gründe sammeln, die den Gesetzgeber berechtigen, für die Zukunft ausschließliche Gesetze, oder anders ausgedrückt, Ausschlußklauseln zu erlassen. Unsere Wissenschaft bekommt damit eine wesentlich politische Färbung; obwohl sie aus dem intertemporalen Privatrechte als ihrer Mutterwissenschaft herauswächst, so stellt sie doch einen selbständigen Zweig derselben dar. Wir haben ihn mit der Bezeichnung „Politik der intertemporalen Gesetzgebung“ getauft.[2] Da wir es aber nur mit der Frage zu thun haben, welchen bürgerlichen Rechtsordnungen Ausschließlichkeit verliehen werden solle, so fassen wir zur genaueren Abgrenzung des Begriffes die Bezeichnung so: Politik der intertemporalen Privatgesetzgebung.

Worin können nun die Gründe liegen, welche den Gesetzgeber be-

---

[1] S. oben § 10, S. 40.

[2] S. oben § 10, S. 41, n. 1.

wegen, Gesetze mit ausschließlicher Kraft zu erlassen? Zur Beantwortung der Frage gehen wir von folgendem einfachen Gedanken aus: Der Gesetzgeber hat es zu thun mit Thatbeständen und Rechtsverhältnissen, die aus der alten Rechtsordnung stammen und mit der alten Rechtsordnung selbst. Die Gründe können also liegen einerseits in den bereits vorhandenen Thatbeständen und Rechtsverhältnissen, andererseits in der alten Rechtsordnung selbst, oder kurz gesagt in der alten Rechtsordnung und deren Geschöpfen. Es kommen wiederum die drei Rechtselemente in Betracht, die im Rechtsleben die ausschlaggebende Rolle spielen.[1]

Der Gesetzgeber hat auch noch etwas anderes zu berücksichtigen, was ihn bestimmen kann, der neuen Rechtsordnung Ausschließlichkeit zu verleihen. Es ist dies das Wohl des Volkes. Mit dem Wohle des Volkes kann verschiedenes gemeint sein. Es giebt so viele Arten des Volkswohles, als es Zwecke des Staates giebt. Die Zwecke des Staates sind an und für sich nicht erschöpfend aufzuzählen; eine abgeschlossene Zahl der Staatszwecke giebt es nicht. Doch können wir der modernen Staatslehre folgend, hauptsächlich drei Zwecke namhaft machen: Rechtszweck, Machtzweck und Kulturzweck.

Unsere weitere Untersuchung wird sich folgendermaßen zu bewegen haben. Zunächst sind die Gründe festzustellen, welche in der eigentümlichen Natur und dem eigenartigen Charakter der bereits bestehenden Thatbestände[2] und Rechtsverhältnisse[3] liegen. Alsdann sind die Gründe zu erforschen, welche in der alten Rechtsordnung selbst zu suchen sind.[4] Endlich sind die Gründe festzustellen, welche den Gesetzgeber bewegen, ohne Rücksicht auf die Natur und Güte der alten Rechtsordnung und deren Geschöpfe, d. h. ohne durch Gründe, die in diesen liegen, dazu berechtigt zu sein, lediglich zum Wohle des Volkes der neuen Rechtsordnung Ausschließlichkeit zu verleihen. Es sind dies Gründe, welche im Staatszwecke oder in den einzelnen Staatszwecken liegen.[5]

§ 87. Gründe in den Thatbeständen.

Es kommen hier Einteilungen der Thatbestände in Betracht, die wir bereits früher kennen gelernt haben. Zunächst die Einteilung in willentliche und notwendige.[6] Ein Gesetzgeber ist eher geneigt, einer neuen Rechtsordnung Ausschließlichkeit zu verleihen, wenn es sich um notwendige Thatbestände handelt, denn um willentliche. Es ist derselbe Gedanke, nur in anderer Wendung, der zur Entstehung einer gewissen Richtung innerhalb der Lehre von den erworbenen Rechten geführt hat,

---

[1] S. Gesch. § 4 der Einl.; ferner oben § 19, S. 72 und die drei Kapitel des allgemeinen Teiles.

[2] S. unten § 87. [3] S. unten § 88.

[4] S. unten § 89. [5] S. unten § 90.

[6] S. oben § 21, S. 83.

die in Lassalle und Gabba ihren schriftstellerischen Höhepunkt fand.[1] Darnach sind erworbene Rechte, d. h. Rechte, die vor der Ausschließlichkeit der neuen Rechtsordnung zu bewahren sind, nur diejenigen, welche aus willentlichen Thatbeständen hervorgehen. — Gleich hier zeigt sich nun der klaffende Unterschied zwischen unserer Politik der intertemporalen Privatgesetzgebung und jener Richtung innerhalb der Lehre von den erworbenen Rechten. Letztere muß folgerichtig einer jeden neuen Rechtsordnung eine angeborene Ausschließlichkeit zuschreiben, soweit sie sich auf notwendige Thatbestände bezieht. Die Politik der intertemporalen Privatgesetzgebung behauptet dies ganz und gar nicht; sie behauptet nur, daß der Gesetzgeber eher dazu befugt ist, einer neuen Rechtsordnung in Ansehung notwendiger Thatbestände durch die Ausschlußklausel „Rückwirkung" zu verleihen, als in Ansehung willentlicher Thatbestände. — Von der anderen Seite betrachtet, bedeutet der gefundene Grundsatz, daß der Gesetzgeber die willentlichen Thatbestände zu schonen hat und nur wenn es das Wohl des Volkes dringend erheischt, m. a. W. wenn überwiegende Gründe des öffentlichen Wohles und der öffentlichen Ordnung dafür sprechen, von dieser Regel abweichen darf.[2] — Aber nicht bloß die willentlichen, sondern auch die voluntaren Thatbestände sind vom Gesetzgeber zu schonen. Die voluntaren Thatbestände ergreifen ein Gebiet, das nicht unter die willentlichen fällt; nämlich die öffentlichen Willensthatbestände.[3] Aus dieser Betrachtung geht hervor, daß von den notwendigen Thatbeständen nur die involuntaren die Ausschließlichkeit einer neuen Rechtsordnung vertragen können.

Auch eine andere Einteilung der Thatbestände gehört in diesen Gesichtswinkel: die bloß vermittelnden, im Gegensatze zu den gestaltenden Thatbeständen.[4] Es ist nicht zu leugnen, daß die bloß vermittelnden Thatbestände die Ausschließlichkeit einer neuen Rechtsordnung besser vertragen können als die gestaltenden. Nun gehören die letzteren vorzugsweise dem Gebiete der voluntaren Thatbestände an. Es würde sich somit scheinbar das Ergebnis dieser Untersuchung mit dem vorigen decken. Bei genauerem Zusehen gestaltet sich die Sachlage doch anders. Es giebt einmal voluntare Thatbestände, die nicht gestaltender Natur sind; hierher gehören sämtliche dinglichen Rechtsgeschäfte, wie Tradition, Auflassung, Bestellung einer Servitut, eines Pfandrechtes und dergl. Es gehört hierher die Eingehung der Ehe, die Bestellung eines Vormundes, einige Rechtsgeschäfte des Erbrechtes, wie Annahme und Ausschlagung einer Erbschaft oder eines Vermächtnisses. Andererseits sind nicht alle involuntaren Thatbestände bloß vermittelnder Natur; so sind die unerlaubten Handlungen zwar involuntarer aber gestaltender Natur. Diese Untersuchung ergiebt somit eine Einschränkung und Berichtigung der vorhergehenden:

[1] S. Gesch. § 71, S. 579 und § 72, S. 589.
[2] S. unten § 90.
[3] S. oben § 26, S. 106; vgl. auch § 71, S. 295 fg.
[4] S. oben § 19, S. 73, n. 2 und § 22, S. 90, n. 3 und § 43, S. 169, n. 1.

nicht alle voluntaren Thatbestände stehen im Schutze unserer Politik, sondern nur die gestaltenden; umgekehrt vertragen nicht alle involuntaren Thatbestände die Ausschließlichkeit einer neuen Rechtsordnung, sondern nur die bloß vermittelnden.

Hat nun der deutsche Reichsgesetzgeber bei Erlaß der Gewährungs- und Ausschlußklauseln die entwickelten Grundsätze, sei es bewußt oder unbewußt, beachtet? Da fast alle Entstehungsthatbestände der Schuldverhältnisse den gestaltenden angehören, so hat er durch die Aufstellung einer weitherzigen Gewährungsklausel den Grundsatz anerkannt.[1]

Da der Thatbestand der Eheschließung zu den bloß vermittelnden gehört, so liegt in der Ausschlußklausel des Art. 198, Abs. 2 ebenfalls eine Berücksichtigung unserer Grundsätze.[2] Auch die Ausschlagung einer Erbschaft und der Verzicht auf die Ausschlagung einer Erbschaft, die ebenfalls zu den bloß vermittelnden Thatbeständen gehören, hat der deutsche Gesetzgeber der neuen Rechtsordnung unterworfen, sofern der Erblasser unter ihrer Herrschaft stirbt.[3] — Daß der deutsche Reichsgesetzgeber dem willentlichen Thatbestande eine besondere Fürsorge angedeihen ließ, zeigt sich darin, daß er die Wahl des Wohnsitzes,[4] die Eintragung eines Anspruches aus einem Schuldverhältnisse in ein öffentliches Buch,[5] den Ehevertrag,[6] die Anordnung des Vaters, wodurch die Mutter von der Vormundschaft über das Kind ausgeschlossen oder der Mutter einen Beistand zugeordnet wird,[7] die Annahme an Kindesstatt und Legitimation,[8] die Verfügung von Todeswegen und ihre Aufhebung,[9] das gemeinschaftliche Testament und der Erbvertrag,[10] den Erbverzichtsvertrag und den Vertrag, durch den erbrechtliche Anordnungen aufgehoben wurden,[11] gewisse Körperschaften und alle Vereine ohne Rechtsfähigkeit[12] der alten Rechtsordnung unterstellt hat. Dagegen verletzte er diesen Grundsatz dadurch, daß er die Wirkungen des Testamentes der neuen Rechtsordnung überließ.[13]

Der Landesgesetzgeber geht in der Ausschließlichkeit weiter[14] und verletzt daher den Grundsatz häufiger. So bei den Vereinen ohne Rechtsfähigkeit,[15] beim Ehevertrag,[16] beim Inhalte gewisser Schuldverhältnisse,[17]

[1] S. Art. 170 und oben § 72, S. 299 fg.; § 73, S. 317 fg.
[2] S. oben § 76, S. 347, n. 4.
[3] Art. 213 und oben § 67 B., S. 272.
[4] Art. 157; s. oben § 55, S. 207, n. 5.
[5] Art. 179; s. oben § 72, S. 316, n. 1—8 und S. 317, n. 1—6.
[6] Art. 200; s. oben § 70 B., S. 285 fg.
[7] Art. 205; s. oben § 70 J., S. 294 fg.
[8] Art. 209; s. oben § 70 C., S. 288 fg. und F., S. 292 fg.
[9] Art. 214; s. oben § 74, S. 333 fg.
[10] Art. 214, Abs. 2; s. oben § 74 B., S. 338 und C., S. 338.
[11] Art. 215, Abs. 1 und 2; s. oben § 74 E., S. 340 und F., S. 341 fg.
[12] S. oben § 69, S. 275 fg., u. 282.
[13] S. oben § 85, S. 411, n. 4.
[14] S. oben § 19, S. 75, n. 2.
[15] S. oben § 69, S. 282, n. 6 und 283, n. 1.
[16] S. oben § 70, S. 286, n. 6.
[17] S. oben § 72 C., S. 304, n. 5.

bei der Ermäßigung des gesetzlichen Zinsfußes,[1] bei der Verlängerung der Verträge,[2] bei der Haftung der Ehefrau für Gemeinschaftsschulden,[3] bei den Vorzugsrechten des Vermieters,[4] bei den Inhaberpapieren und bei der Verjährung der daraus entstehenden Ansprüche.[5]

Auch öffentliche Willensthatbestände nimmt der deutsche Gesetzgeber in Schutz,[6] so die Todes- und Verschollenheitserklärung,[7] die Ehescheidung und die Trennung von Tisch und Bett,[8] die Entmündigungen und Anordnung einer Pflegschaft,[9] die Ernennung von Vormündern und Gegenvormündern, von Pflegern und Mitgliedern des Familienrates,[10] die Verleihung der Rechtsfähigkeit,[11] die Volljährigkeitserklärung, die Gewaltsentlassung, die Ehelichkeitserklärung.[12]

Auch die Zustandsthatbestände sind rechtspolitisch ins Auge zu fassen. Sie zerfallen in personale und reale.[13] Von den letzteren sind es besonders die Zustände der Grundstücke, welche einer Ausschließlichkeit der neuen Rechtsordnung zugänglich sind; nämlich dann, wenn die neue Rechtsordnung ihnen die Bedeutung von Thatbeständen verleiht,[14] m. a. W. wenn sie neue Beschränkungen des Eigentumes einführt oder die bestehenden verschärft.[15] Diesen Grundsatz hat der deutsche Gesetzgeber berücksichtigt; so für den personal-realen Zustand der Gemeinschaft nach Bruchteilen,[16] den personal-realen Zustand des Besitzes[17] und der realen Zustände der Grundstücke.[18]

Verleiht der Gesetzgeber der neuen Rechtsordnung die Ausschließlichkeit, so ergreift sie nach der organischen Auffassung nicht bloß die Thatumstände, die unter ihrer Herrschaft stattfinden, sondern auch die Thatumstände der alten Rechtsordnung, die neue und ausschließliche Rechtsordnung ergreift also die gesamten Verbindungsthatbestände.[19] Sie ergreift, wenn die subjektiven Thatbestände unter ihre Herrschaft fallen, auch die objektiven der alten.[20] Ähnlich verhält es sich mit dem Neben- und Hauptthatbestande; fällt jener unter die neue und ausschließliche, so ergreift sie auch diesen, obschon er unter der alten stattgefunden.[21] Aber auch dann, wenn die Verbindung nicht eine so innige ist, wie bei den bisher genannten Gesamtthatbeständen, muß dasselbe gelten. So beim

---

[1] S. oben § 72 C., S. 307, n. 3. [2] S. oben § 72 C., S. 308.
[3] S. oben § 72 E., S. 315. [4] S. oben § 73 B., S. 321.
[5] S. oben § 73 H., S. 229, n. 1 und 3; S. 332 und 338.
[6] Art. 153—156, 158, 168, 202, 204 Abs. 1, 206, 210 Abs. 2.
[7] S. oben § 56, S. 209, n. 3. [8] S. oben § 59, S. 229, n. 7.
[9] S. oben § 62 A., S. 243 fg. [10] S. oben § 62 B., S. 246 fg.
[11] S. oben § 69, S. 275, n. 2 und 3.
[12] S. oben § 71 A., S. 295; B. S. 296; C. S. 297.
[13] S. oben § 27, S. 112 fg. [14] S. oben § 27, S. 119.
[15] S. oben § 82, S. 378, n. 1. [16] Art. 173; s. oben § 84, S. 404, n. 5.
[17] S. Art. 180 E.G. und oben § 81, S. 373, n. 1.
[18] Art. 181; s. oben § 27, S. 119, n. 1; § 82, S. 378, n. 1.
[19] S. oben § 23, S. 91, n. 6 und § 31, S. 131, n. 2.
[20] S. oben § 23, S. 91, n. 5 und § 29, S. 121 fg.
[21] S. oben § 23, S. 91, n. 5 und § 30, S. 128 fg.

Vorbereitungs- und Ausführungsthatbestand und bei der Thatbestandsverbindung. Fällt also der Ausführungsthatbestand unter die neue und ausschließliche Rechtsordnung, so ergreift sie auch den Vorbereitungsthatbestand der alten.[1] Fällt ein Glied der Thatbestandsverbindung unter die neue, so ergreift sie auch das vorhergehende der alten.[2] — Diese Lehre gehört an und für sich in das intertemporale Privatrecht. Da aber die Kenntnis desselben auch beim Richterstande noch nicht so durchgebildet ist,[3] so thut der Gesetzgeber gut, wenn er die vorstehenden Grundsätze ausdrücklich in seine Übergangsbestimmungen aufnimmt, wie es der deutsche Landesgesetzgeber bisweilen gethan hat.[4] Umgekehrt sollte der Gesetzgeber auch bei Aufstellung der Gewährungsklausel ausdrücklich jene Grundsätze der organischen Auffassung aussprechen, die im entgegengesetzten Sinne lauten.[5] Von diesem Gesichtspunkte aus betrachtet gehören die entwickelten Grundsätze der organischen Auffassung in die Politik der intertemporalen Privatgesetzgebung.

Die Doppelthatbestände sind nach strengem intertemporalem Rechte schon an und für sich der neuen Rechtsordnung unterworfen.[6] Sie sind also unter den Gesamtthatbeständen diejenigen, welche weitaus am besten die Ausschließlichkeit einer neuen Rechtsordnung vertragen können. Der deutsche Gesetzgeber hat diesen Grundsatz im ausgedehnten Maße berücksichtigt in Hinsicht auf die Anspruchsverjährung,[7] auf die Ersitzung,[8] auf die gesetzliche Erbfolge im wahren Sinne[9] einschließlich des Pflichtteils- und Ausgleichungsrechtes.[10] Dagegen nahm er von diesem Grundsatze mit Recht Abstand bei der Verjährung der Ansprüche aus Inhaberpapieren, weil hier eine innigere Verbindung zwischen dem Schuldverhältnisse und der Verjährung besteht als bei den anderen Schuldverhältnissen.[11]

Diejenigen Thatbestände nun, welche ihrer Natur nach der alten Rechtsordnung verbleiben sollen, nennen wir je nach der Sachlage abgeschlossene, ergänzungsunfähige oder unveränderbare Thatbestände. Ihre gemeinsame Bezeichnung ist „ausschließende“ Thatbestände.[12] Diejenigen Thatbestände aber, welche ihrer Natur und ihrem Wesen nach die Ausschließlichkeit der neuen Rechtsordnung vertragen können, sind je nach der Sachlage unabgeschlossene, ergänzungsfähige oder veränderbare, die gemeinsame Bezeichnung für sie ist „nicht ausschließende“ Thatbestände.[13]

---

[1] S. oben § 32, S. 134, n. 2 u. oben § 82, S. 376, n. 6 u. S. 377, n. 4.
[2] S. oben § 23, S. 91, n. 5 u. § 32, S. 135, n. 1 u. oben § 82, S. 377, n. 6.
[3] S. oben § 8, S. 28, n. 1; § 84, S. 401, n. 4 und § 82, S. 380, n. 5.
[4] S. oben § 82, S. 376, n. 5.
[5] S. oben § 23, S. 91, n. 5 und § 32, S. 134, n. 1.
[6] S. oben § 33, S. 137, n. 1.
[7] Art. 169, Abs. 1; s. oben § 34, S. 139 fg.
[8] Art. 185; s. oben § 34, S. 144 fg.
[9] Art. 213; s. oben § 67, S. 267 fg.
[10] S. oben § 68, S. 273 fg.
[11] S. oben § 73, S. 332, n. 2—6.
[12] Vgl. oben § 22, S. 87.
[13] S. oben a. a. O.

§ 88. Gründe in den Rechtsverhältnissen.

Für unsere Untersuchung wichtig sind einige Einteilungen der Rechtsverhältnisse, die wir oben in den §§ 37, S. 156 und 38, S. 158 kennen gelernt haben. Zunächst die Einteilung in widerrufliche und unwiderrufliche. Eine große Gruppe von Schriftstellern behauptet, daß einer neuen Rechtsordnung eine angeborene Ausschließlichkeit für die widerruflichen Rechtsverhältnisse zukomme. Es ist dies die zweite Klasse von Schriftstellern, welche wir innerhalb der Lehre von den erworbenen Rechten abgegrenzt haben. Diese sehen ein erworbenes Recht nur in einem solchen, das unwiderruflich ist.[1] Die angeborene Ausschließlichkeit der neuen Rechtsordnung, der die widerruflichen Rechte preisgegeben sein sollen, ist jedoch zu leugnen.[2] Im Sinne der Politik der intertemporalen Privatgesetzgebung ist nur zuzugeben, daß die von Haus aus widerruflichen Rechtsverhältnisse eher einen Widerruf durch die neue und ausschließliche Rechtsordnung vertragen können, als die von Haus aus unwiderruflichen. Der Gesetzgeber muß sich also den letzteren gegenüber einer Zurückhaltung befleißigen, deren Grund den ersteren gegenüber entweder ganz wegfällt oder nur in geringerem Maße vorhanden ist. Der deutsche Gesetzgeber ist diesem Grundsatze bei Testamenten, was ihre Wirkungen angeht, gefolgt.[3] Bei gewissen kündbaren Rechtsverhältnissen läßt er eine entsprechende Anwendung desselben zu.[4] Jedoch ist zu betonen, daß in beiden Fällen der deutsche Gesetzgeber dem Grundsatze nicht etwa im Sinne der intertemporalen Säumnisstrafe oder der Fiktion von der stillschweigenden Unterwerfung der Parteien unter die neue Rechtsordnung gefolgt ist.[5] Man könnte noch die Gemeinschaft nach Bruchteilen hierher rechnen; Art. 173. Doch läßt sich die Ausschließlichkeit auch anders rechtfertigen.[6]

Rechtsverhältnisse mit gattungsmäßigem und mit individuellem Inhalte.[7] — Die ersteren lassen eine Ausschließlichkeit ihrer Natur nach eher zu als die letzteren. Zu diesen gehören sämtliche Schuldverhältnisse, die Verhältnisse aus rechtsgeschäftlichen oder öffentlichen Anordnungen im Gebiete des Familienrechtes und der rechtsgeschäftlichen Anordnungen im Gebiete des Erbrechtes;[8] zu jenen sind zu rechnen die dinglichen Rechtsverhältnisse, die persönlichen Rechtsbeziehungen der Ehegatten, der Eltern und Kinder, der unehelichen Kinder und ihrer Erzeuger, die Rechtsverhältnisse der Vormundschaft, der gesetzlichen Erbfolge, des Pflichtteils-

---

[1] Gesch. § 73, S. 599.
[2] S. oben § 42, S. 167, n. 7; S. 168, n. 1.
[3] S. oben § 42, S. 168, n. 3 und § 85, S. 411, n. 6.
[4] S. oben § 42, S. 168, n. 4.
[5] S. oben § 17, S. 69, n. 1; § 42, S. 168, n. 1; § 84, S. 403, n. 7; § 85, S. 411, n. 6.
[6] S. oben § 87, S. 418, n. 16 und unten S. 422, n. 4.
[7] S. oben § 43, S. 168.
[8] S. oben §§ 70—74, S. 283—343.

und Ausgleichungsrechtes. Damit ist aber nicht gesagt, was die französische und italienische Jurisprudenz behauptet, daß eine neue Rechtsordnung eine angeborene Ausschließlichkeit für sämtliche personalen Rechtsverhältnisse, ja, für die dinglichen Rechtsverhältnisse des Nachbarrechtes besitze.[1] Unsere Politik sagt bloß, daß der Gesetzgeber persönlichen und dinglichen Rechtsordnungen eher die Ausschlußklausel verleihen kann, als einem neuen Obligationenrechte, einem neuen ehelichen Güterrechte oder einem neuen Rechte über Anordnungen auf den Todesfall. Der deutsche Gesetzgeber läßt den Grundsatz in seinen intertemporalen Klauseln erkennen. Von diesem Standpunkte aus erscheinen zutreffend die Gewährungsklauseln für die Schuldverhältnisse,[2] für den ehelichen Güterstand,[3] für das Rechtsverhältnis des legitimierten und an Kindesstatt angenommenen Kindes,[4] für die Rechtsverhältnisse aus Anordnungen auf den Todesfall.[5] — Ebenso Ausschlußklauseln für die persönlichen Rechtsbeziehungen der Ehegatten,[6] für das Rechtsverhältnis zwischen den Eltern und dem ehelichen Kinde,[7] für die rechtliche Stellung eines unehelichen Kindes,[8] für die Rechtsverhältnisse der gesetzlichen Erbfolge,[9] des Pflichtteiles und der Ausgleichungspflicht.[10] — Unter den Schuldverhältnissen besitzen die aus Schuldverschreibungen auf den Inhaber einen mehr gattungsmäßigen Inhalt. Daher hat sie der Reichs- und Landesgesetzgeber zum Teile der neuen Rechtsordnung unterworfen.[11]

Eine besondere Stellung nehmen die negativen Rechtsverhältnisse der Nichtigkeit, Anfechtbarkeit und Scheidungsfähigkeit der Ehe ein.[12] Diese sind der Ausschließlichkeit besonders zugänglich. Verleiht der Gesetzgeber einer neuen Eheordnung, durch Ausschlußklausel die Ausschließlichkeit, so besitzt sie stillschweigend eine solche stärksten Grades. Der deutsche Gesetzgeber hat diesen Grundsatz anerkannt.[13]

Rechtsverhältnisse mit dauerndem und vorübergehendem Charakter. Jene sind ihrer Natur nach dazu geeignet, ausschließliche Gesetze zu veranlassen.[14] Jedoch ist es unrichtig, eine neue Rechtsordnung, die der Ausschlußklausel entbehrt, deswegen auf alte Rechtsverhältnisse anzuwenden, weil sie eine ewige Dauer haben.[15] Diesem Gedanken ist der Reichs-

[1] S. oben § 45, S. 172, n. 6—8 und § 81, S. 375, n. 7.
[2] Art. 170; s. oben § 72, S. 300, n. 2.
[3] Art. 200; s. oben § 58, S. 219 fg.; § 70, S. 286, n. 2.
[4] Art. 209; s. oben § 70, S. 288 und 289.
[5] Art. 214 und 217; s. oben § 74, S. 333.
[6] Art. 199; s. oben § 76, S. 348, n. 6.
[7] Art. 203; s. oben § 77, S. 359, n. 2.
[8] Art. 208; s. oben § 78, S. 364, n. 6.
[9] Art. 213; s. oben § 67, S. 267.
[10] Art. 213; s. oben § 68, S. 273.
[11] S. oben § 84, S. 406, n. 2.
[12] S. oben § 40, S. 163, n. 2.
[13] Art. 201, 198, Abs. 2; s. oben § 76, S. 351, n. 3 und S. 424, n. 5.
[14] S. z. B. Gesch. § 64, S. 448, n. 2; besonders § 69, S. 555, n. 1 und oben § 43, S. 169.
[15] S. Gesch. a. a. O.

gesetzgeber gefolgt hinsichtlich der juristischen Personen, der reinen Familienverhältnisse, der dinglichen Rechtsverhältnisse, insonderheit des Besitzes und des Eigentumes.[1] Aus demselben Grunde unterwirft er einzelne Schuldverhältnisse einer schlichten Ausschließlichkeit; so die Gemeinschaft nach Bruchteilen und die Schuldverschreibungen auf den Inhaber.[2] Dieser Gesichtspunkt hat den Reichsgesetzgeber hauptsächlich veranlaßt, die Miet-, Pacht- oder Dienstverhältnisse der neuen Rechtsordnung zu unterwerfen.[3] Von diesem Gesichtspunkte aus lassen sich auch Art. 173 und die Art. 174—177 erklären.[4] Der deutsche Landesgesetzgeber hat unter diesem Gesichtspunkte von der Befugnis Gebrauch gemacht, um die ehelichen Güterstände in das neue Recht überzuleiten.[5]

Viele Schriftsteller behaupten, daß neue Rechtsordnungen auf Hoffnungsrechte oder Anwartschaften u. s. w. sofort anwendbar seien. Sie bilden eine Gruppe innerhalb der Lehre von den erworbenen Rechten.[6] Diese Anschauung ist in mehrfacher Hinsicht eine irrtümliche. Einmal ist eine angeborene Ausschließlichkeit überhaupt zu verwerfen.[7] Nur wenn die neue Rechtsordnung vom Gesetzgeber die Ausschlußklausel erhält, ist sie ausschließlich. Andererseits sind aber die sog. Hoffnungsrechte oder Anwartschaften häufig objektive Rechtsverhältnisse, die gegen die Ausschließlichkeit der neuen Rechtsordnung ebenso gesichert sind, wie die subjektiven Rechte. Der vorherrschende subjektive Standpunkt in der juristischen Litteratur vermochte in derartigen objektiven Rechtsverhältnissen nur Hoffnungen und Erwartungen zu erblicken.[8] — Auch die persönlichen Fähigkeiten sollten nach dieser Lehre schutzlos der neuen Rechtsordnung preisgegeben sein. In der That sind sie aber objektive personale Rechtsverhältnisse, die nach der Mehrzahl der Gesetzgebungen von der neuen Rechtsordnung nicht ergriffen werden.[9] Nur dann, wenn keine objektiven Rechtsverhältnisse vorliegen, kann die neue Rechtsordnung die sog. Hoffnungsrechte, Erwartungen, Fähigkeiten und Möglichkeiten ergreifen.[10] Der Reichsgesetzgeber hat im Sinne jener Lehre gehandelt, wenn er der neuen Rechtsordnung in Ansehung der Wirkungen letztwilliger Verfügungen Ausschließlichkeit verlieh.[11]

In den Kreis unserer Betrachtung gehört die Lehre von den unmittelbar aus den Gesetzen fließenden subjektiven Rechten, welche schutzlos

---

[1] S. oben § 43, S. 169, n. 4—6 und § 75, S. 344 fg. bis § 82, S. 375, n. 7.
[2] S. oben § 43, S. 169, n. 7 und oben § 85, S. 406, n. 2.
[3] Art. 171; s. oben § 84, S. 398, n. 1. So auch Niedner, 2. Aufl., S. 337.
[4] S. oben § 84, S. 397 fg.
[5] S. oben § 58, S. 224 fg.
[6] S. Gesch. § 75, S. 606 fg.
[7] S. oben § 13, S. 57 fg.
[8] S. Gesch. § 75, S. 607, n. 1 und § 76, S. 612, n. 1 u. 618, n. 2; vgl. auch § 78, S. 625, n. 1 und oben § 39, S. 160 fg.
[9] S. oben § 39, S. 161, n. 1 und 2.
[10] S. z. B. oben § 33, S. 137 fg.; § 34, S. 139 fg.; § 67, S. 267 fg. und § 68, S. 273 fg.
[11] S. oben § 85, S. 411, n. 6.

der neuen Rechtsordnung anheimfallen sollen.[1] Es liegen ihnen aber Thatbestände zu Grunde, aus denen sich objektive Rechtsverhältnisse entwickeln. Diese sind geradeso vor der neuen Rechtsordnung zu schützen, wie die sog. titulierten Rechte.[2] Der deutsche Gesetzgeber hat die Lehre verworfen; dies beweisen besonders die Art. 158—162 und 200 E.G.[3]

Man hann die Rechtsverhältnisse, welche die Ausschließlichkeit einer neuen Rechtsordnung nicht vertragen können, ausschließende Rechtsverhältnisse nennen, ein Seitenstück zu den ausschließenden Thatbeständen.[4] Sie sind abgeschlossene, da sie ihre volle Wirksamkeit auch unter einer neuen und negativen Rechtsordnung beibehalten, vorausgesetzt, daß sie von Anfang an vollkommen wirksam waren. Andererseits sind sie ergänzungsunfähige, da sie auch unter der neuen und positiven Rechtsordnung einer Ergänzung der Wirksamkeit unfähig sind, vorausgesetzt, daß sie von Anfang an unvollkommen wirksam waren.[5]

§ 89. Gründe in der Rechtsordnung.

Sie sind in den Mängeln der alten Rechtsordnung zu suchen. Die Geschichte des intertemporalen Privatrechtes läßt uns zwei Arten von Mängeln in der Rechtsordnung erkennen: innere und äußere. Jene haben zuerst den Gesetzgeber veranlaßt, der neuen Rechtsordnung Ausschließlichkeit zu verleihen.[6] Sie bestehen darin, daß die Vorschriften der alten Rechtsordnung dem jetzigen Rechtsgefühle des Gesetzgebers nicht mehr entsprechen, sei es daß eine Änderung oder Umwälzung in seiner religiösen und sittlichen Weltanschauung vor sich gegangen, oder in der wirtschaftlichen und gesellschaftlichen Ordnung des Staates. — Die Gründe zur Ausschließlichkeit, die aus den innern Mängeln hervorgehen, berühren sich mit den Gründen, die der Gesetzgeber dem Wohle des Volkes oder den Staatszwecken entnehmen kann. Es ist jedoch denkbar, daß der Staatszweck eine neue und ausschließliche Rechtsordnung gebieterisch verlangt, ohne daß innere Mängel der alten vorhanden sind und umgekehrt. So wenn ein Bundesstaat oder Staatenbund, dessen einzelne Glieder verschiedenartige, aber innerlich gesunde Rechtsordnungen besitzen, im Interesse des Rechtszweckes eine einheitliche, ganz oder zum Teil ausschließliche Rechtsordnung erläßt. Es ist daher angebracht, beide Gruppen von Gründen zu scheiden.

Schon in der christlichen Zeit der römischen Kaiser finden sich ausschließliche Gesetze aus religiösen Motiven;[7] das Hauptbeispiel, wo eine

---

[1] S. oben § 21, S. 85, n. 3. [2] S. oben § 39, S. 161, n. 4—8.

[3] S. oben § 39, S. 161, n. 7; § 56, S. 211, n. 5; S. 213, n. 4 und § 58, S. 220, n. 6.

[4] S. oben § 87, S. 419, n. 12.

[5] S. auch oben § 87, S. 419, n. 13.

[6] S. oben § 10, S. 37, n. 1.

[7] S. oben § 10, S. 37, n. 1.

Umwälzung in der religiösen und sittlichen Weltanschauung ausschließliche Gesetze gebar, bietet die Zeit der großen Päpste.[1] Das Hauptbeispiel, wo aus einer Umwälzung in der wirtschaftlichen und gesellschaftlichen Ordnung ausschließliche Gesetze hervorgehen, gewährt die Zeit der französischen Revolution.[2] In der Zeit nach der Vertreibung der Fremdherrschaft aus Deutschland war es weniger eine wirtschaftliche und gesellschaftliche Umwälzung, als der Haß gegen ein fremdländisches Übergewicht, der zur Verdrängung des fremden Rechtes führte.[3] Eine Art der Rechtsordnungen ist es besonders, die selbst in ruhigen Zeiten Wandelungen des Rechtsgefühles begegnet. Es sind dies diejenigen Rechtsordnungen, welche die Rechtsverhältnisse der unehelichen Kinder bestimmen.[4] Auch die Anschauungen über Nichtigkeit, Anfechtbarkeit und Scheidung der Ehe wechseln häufig; daher sieht sich der Gesetzgeber veranlaßt, neue und ausschließliche Ehegesetze zu erlassen, denen sogar eine Ausschließlichkeit stärksten Grades innewohnt.[5] Ähnlich verhält es sich mit den Rechtsanschauungen über die persönlichen Beziehungen der Ehegatten,[6] über die persönlichen Beziehungen zwischen den Eltern und ihrem Kinde[7] und über die Beschränkungen der Handlungsfähigkeit der Ehefrau.[8] Den Reichsgesetzgeber hat dieses Motiv nicht zur Ausschlußklausel veranlassen können; s. Art. 200, Abs. 3, wohl aber den Landesgesetzgeber.[9] Die ermächtigenden Rechtsordnungen bilden eine Gruppe, wo das Rechtsgefühl raschen Änderungen und Umwälzungen unterworfen ist. Siehe im römischen Rechte das *decretum divi Marci*, im Gegensatze dazu § 229 der neuen Rechtsordnung.[10] Bei denjenigen bürgerlichen Rechtsordnungen, die einen Stich ins öffentliche Recht haben, geht eine Wandelung des Rechtsgefühles leichter von statten, so bei Vormundschaftsordnungen.[11]

Bei den äußeren Mängeln der Rechtsordnung kommt nicht das Rechtsgefühl in Betracht, sondern die Vernunft.[12] Sie machten sich erst nach der Rezeption des römischen Rechtes in den Territorien des alten deutchen Reiches bemerkbar.[13] Die alte Rechtsordnung bestand dort aus Gewohnheitsrecht, das nicht schriftlich aufgezeichnet war. Seine Feststellung erforderte daher in den Prozessen großen Zeitaufwand und verursachte große Kosten. Außerdem litt das Gewohnheitsrecht an Lücken, Dunkelheiten und Widersprüchen. Dazu kam noch eine Zersplitterung des Gewohnheitsrechtes auf kleinere Gebietsteile, sodaß oft die einzelnen Bezirke eines Territoriums

[1] S. oben § 10, S. 37, n. 3. [2] S. oben § 10, S. 38, n. 1.
[3] S. Gesch. § 54, S. 360 fg.; vgl. dazu § 55, S. 387, n. 2.
[4] S. Gesch. § 59, S. 417, n. 1 und oben § 78, S. 364, n. 6.
[5] S. oben § 12, S. 51, n. 2; § 13, S. 57, n. 4.
[6] S. oben § 12, S. 51, n. 3 und § 13, S. 57, n. 5.
[7] S. oben § 77, S. 359, n. 5.
[8] S. § 17 des bad. Entw. und oben § 58, S. 228, n. 1.
[9] S. oben § 58, S. 228, n. 1.
[10] Vgl. ocen § 52, S. 190, n. 2.
[11] S. oben § 52, S. 191, n. 1; vgl. Art. 210 E.G.
[12] S. oben § 10, S. 38. [13] S. oben § 10, S. 37, n. 6.

verschiedenartiges Recht besaßen. Mit der Errichtung des Reichskammergerichtes vergrößerten sich noch die Übelstände, indem dieses als Berufungsgericht Urteile der niederen Gerichte aufheben konnte, wenn sie „des Reiches und gemeinen Rechten“ nicht entsprachen.[1] Eine große Rolle spielt dabei der Zweck, eine einheitliche Rechtsordnung einzuführen.[2] Hier berührt sich der Staatszweck mit den äußeren Mängeln. Allein auch hier besteht der Unterschied, daß der Staatszweck die Ausschließlichkeit der neuen Rechtsordnung verlangen kann, selbst wenn die alte an keinem äußeren Mangel leidet und umgekehrt.[3] In den Motiven zum E.G. werden die äußeren Mängel der Rechtsordnung als Rechtfertigungsgrund der Ausschließlichkeit der neuen mehr herangezogen, als die inneren.[4]

Eine besondere Lehre innerhalb der Politik der intertemporalen Privatgesetzgebung beanspruchen die Hülfsrechtsordnungen im Gegensatze zu den Hauptrechtsordnungen. Letztere sind solche, unter deren Anerkennung der Thatbestand ein Rechtsverhältnis vermittelt.[5] Die Hülfsrechtsordnungen sind keine Rechtsordnungen im eigentlichen Sinne.[6] Sie setzen das Dasein einer Hauptrechtsordnung voraus und haben den Zweck, sie positiv oder negativ sicher zu stellen.[7] Die Politik der intertemporalen Privatgesetzgebung hat nun zu untersuchen, ob bei gesetzlichen Auslegungen zwischen dem erklärenden Gesetze und der erklärten Hauptrechtsordnung ein innerer Zusammenhang bestehe.[8] Bei bestätigenden und verwerfenden Gesetzen, ob die zu bestätigende oder zu verwerfende Hauptrechtsordnung jemals gegolten habe oder nicht. Fällt die Antwort verneinend aus, so stellt das intertemporale Privatrecht an den Gesetzgeber die Anforderung, statt einer angeblichen Hülfsrechtsordnung eine Hauptrechtsordnung mit Ausschlußklausel zu erlassen, falls ihm die Politik der intertemporalen Privatgesetzgebung einen die Ausschließlichkeit rechtfertigenden Grund darbietet.[9]

§ 90. Gründe in den Zwecken des Staates.

Der Gesetzgeber kann seine Gründe zur Ausschließlichkeit dem Wohle des Volkes entnehmen oder was dasselbe ist, den Zwecken des Staates.[10]

---

[1] S. oben § 10, S. 37, n. 6.

[2] S. z. B. Gesch. § 51, S. 324; § 52, S. 346, n. 2 und meinen Aufsatz in der Bad. Rechtspraxis 1902, Nr. 9, S. 127 und oben § 10, S. 39, n. 1.

[3] S. auch oben S. 423, n. 6.

[4] S. ocen § 10, S. 39, n. 1 und 2.

[5] S. oben § 20, S. 79 fg.; § 44, S. 170 fg.

[6] S. oben § 44, S. 171 n. 6 und 7. Zitelmann, „*Zum Grenzstreit....*“ S. 19 nennt die Hauptrechtsordnungen „*ganze Rechtssätze*“ die Hülfsrechtsordnungen im obigen Sinne fallen unter den Begriff seiner „*Teilrechtssätze*“.

[7] S. oben § 53, S. 191.

[8] S. oben § 53, S. 195, n. 5.

[9] S. oben § 53, S. 192, n. 1 und S. 196, n. 2.

[10] S. ben § 86, S. 415, n. 5.

Eigentlich hat der Staat nur einen Zweck, nämlich den, das volkliche Gemeinschaftsleben zur höchst möglichen Vollendung zu bringen. Eine atomistische Auffassung des Staates erblickt dessen Zweck darin, jeden einzelnen Staatsbürger glücklich zu machen. Dieser Zweck ist für den Staat von vornherein unerreichbar. Er erfüllt vielmehr seine Aufgabe, wenn er das Gemeinschaftsleben des Volkes zur höchst möglichen Vollendung bringt. Innerhalb dieses einheitlichen Staatszweckes liegen nun eine Reihe von Einzelzwecken. Es ist angebracht, auf drei Hauptzwecke, insonderheit auf den Rechtszweck, Machtzweck und Kulturzweck hinzuweisen. Schon aus dem bisher gesagten geht hervor, daß diese drei Hauptzwecke keineswegs von einander unabhängig sind. Sie ordnen sich jenem einheitlichen Staatszwecke unter und durchdringen und ergänzen sich gegenseitig. Unter sich stehen sie in einem gegenseitigen Abhängigkeitsverhältnis.

Der Rechtszweck erfordert, daß ein Einheitsstaat oder ein Bundesstaat ein einheitliches bürgerliches Recht habe. Zugleich liegt diese Forderung in der Richtung des Macht- und Kulturzweckes. Es ist nun möglich, daß dieser Zweck eines einheitlichen Rechtes den Gesetzgeber veranlaßt, ausschließliche Rechtsvorschriften zu erlassen, um die Einheit des Rechtes rascher herbeizuführen. Eine raschere Vereinheitlichung des Rechtes kann auch zur Förderung der Macht und der Kultur des Staates dienen.[1]

Wichtig für die Ausschließlichkeit ist der Kulturzweck. In Betracht kommt sowohl die wirtschaftliche wie die geistige Kultur. Im Interesse der wirtschaftlichen Kultur sind ausschließliche Gesetze erlassen worden zur Hebung des Bauernstandes: Abschaffung der Leibeigenschaft, der Frohnden, der Zehnten, der Zinsen, der Allmenden, der Gemengelage der Grundstücke; Einführung der geschlossenen Bauerngüter, des Heimstättenrechtes, der Rentengüter und dergl.[2] Die Umwälzung auf dem Gebiete des Gewerbes und der Industrie verlangte Abschaffung des Zunftzwanges, des Konzessionssystems, Einführung der Gewerbefreiheit, der Vereinigungsfreiheit der Arbeiter und der Unternehmer, der Freizügigkeit, der Niederlassungsfreiheit und der Ehefreiheit. Die Entwickelung des Handels veranlaßte Gesetze zur Neuregelung der Handelsgesellschaften, des Firmen- und Markenrechtes, die Prokura, die ein gemischtes intertemporales System befolgten.[3] Die geistige Kultur brachte die neuen Urhebergesetze hervor, denen der Gesetzgeber eine teilweise Ausschließlichkeit beilegte.[4]

Der Machtzweck führt zu ausschließlichen Gesetzen; zu ihnen gehört das Reichsrayonsgesetz v. 21. Dez. 1871 in Bezug auf Beschränkungen des Grundeigentumes, § 8; das Gesetz *über die Naturalleistungen für die be-*

---

[1] S. Gesch. § 51, S. 324; § 52, S. 345, n. 1; 346 n. 2 u. oben § 89, S. 425, n. 2 u. 3.
[2] S. Gesch. § 69, S. 556, n. 1; § 68, S. 524, n. 2.
[3] S. Gesch. § 52, S. 345, n. 3 und 346, n. 1; § 61, S. 423 fg.
[4] S. oben § 66, S. 266, n. 2 und 3.

waffnete Macht im Frieden, vom 13. Febr. 1875. Hierher gehören auch Gesetze, welche aus finanziellen oder politischen Gründen dem Staate ein Monopol übertragen. So das Gesetz *betr. einige Änderungen in den Bestimmungen über das Postwesen* vom 20. Dez. 1899, Art. 3.

Zweiter Abschnitt.

Die Pflicht des Staates zur gesetzlichen Festsetzung einer Entschädigung der durch die Ausschließlichkeit bürgerlicher Rechtsordnungen verletzten Privatpersonen.

§ 91. Im allgemeinen.

Bereits von Fellinus und seinen Zeitgenossen wurde die Frage aufgeworfen, ob der *princeps* denjenigen, dem durch die Rückwirkung eines Gesetzes ein erworbenes Recht entzogen wird, entschädigen müsse.[1] Im 19. Jahrhundert stehen zwei Schriftsteller in der Beantwortung der Frage auf entgegengesetztem Standpunkte. Gierke verlangt von einem Gesetze, das sich Ausschließlichkeit beilegt erworbenen Rechten gegenüber, „*deren Fortbestand dem Rechtsbewußtsein der Gegenwart widerstreitet*", die Gewährung einer Entschädigung als Gebot der Gerechtigkeit. Ja er stellt für den Fall, daß das Gesetz schweigt, eine Vermutung für die gesetzliche Anerkennung von Entschädigungsansprüchen auf.[2] Anders Goeppert. Er leugnet geradezu, daß der Staat je zu einer Entschädigung der durch negative Rechtsordnungen Verletzten rechtlich verpflichtet sei.[3] Die Streitfrage ist genauer so zu fassen: Ist der Staat verpflichtet, im Falle, daß durch eine neue und ausschließliche bürgerliche Rechtsordnung Privatpersonen in ihrem Vermögen geschädigt werden, gesetzlich eine Entschädigung festzustellen, m. a. W. ein Gesetz zu erlassen, worin er seine Verpflichtung zur Entschädigung anerkennt und näher regelt? Warum die Frage so gefaßt werden muß und nicht anders, wird aus den folgenden Erörterungen hervorgehen.[4]

Bei Beantwortung dieser Frage muß unterschieden werden, aus welchen Gründen der Gesetzgeber einer negativen Rechtsordnung Ausschließlichkeit verleiht. Liegen die Gründe in den drei Rechtselementen, in den Thatbeständen, Rechtsverhältnissen oder in der Rechtsordnung,[5] so kann von einer Pflicht des Staates, eine Entschädigung festzusetzen, keine Rede sein.

---

[1] S. Gesch. § 70, S. 572 fg.; § 71, S. 579, n. 3.
[2] S. Gesch. § 78, S. 626, n. 1.
[3] S. Gesch. § 80, S. 650, n. 1.
[4] S. unten § 92. [5] S. oben §§ 87—89.

Einmal ist hier die Ausschließlichkeit die natürliche Folge eines der drei Rechtselemente. Andererseits hat sie nur geringe oder gar keine Vermögensschädigungen zur Folge. Regelmäßig handelt es sich um eine schlichte Ausschließlichkeit oder höchstens um eine solche zweiten Grades, selten um eine durchgreifende oder wiedereinsetzende. Selbst die neuen Vorschriften über die Aufhebung von Beschränkungen des Grundeigentumes führen keine Vermögensverletzungen herbei, weil sie bereits bestehende Anlagen nicht ergreifen.[1] Bei der Anfechtbarkeit, Nichtigkeit oder Scheidung der Ehe und bei den persönlichen Beziehungen der Ehegatten besitzen die ausschließlichen Rechtsordnungen allerdings eine wiedereinsetzende Ausschließlichkeit.[2] Allein gerade hier kann von einer Entschädigung keine Rede sein, weil es sich um Werte handelt, die nicht in Geld abschätzbar sind. — Hierorts ist auf die Frage einzugehen, die wir in der Geschichte § 5 aufgestellt haben, ob bei einem ausschließlichen Gesetze von der Art der *lex Julia de maritandis ordinibus* der Staat zur Festsetzung einer Entschädigung verpflichtet sei. Aus den oben angeführten Gründen ist die Frage zu verneinen.

Eine besondere Beachtung verdient der Fall, daß der Staat aus sittlichen oder wirtschaftlichen Gründen einem Gesetze, welches in die Vermögensverhältnisse der Privatpersonen eingreift, die Ausschließlichkeit verleiht. Handelt es sich um eine schlichte Ausschließlichkeit, so ist die Frage ohne weiteres zu verneinen.[3] Bei einer Ausschließlichkeit zweiten, ja sogar dritten Grades ist dasselbe zu sagen.[4] Zweifel können nur entstehen bei einer wiedereinsetzenden Ausschließlichkeit. Jedoch würde eine Entschädigung der verletzten Privatpersonen mit dem Sinne des Gesetzes im Widerspruche stehen, falls es aus sittlichen Gründen ausschließlich ist. Auf der einen Seite würde ihm das *turpiter quaestum* genommen, auf der andern Seite wiedergegeben.[5] Wird jedoch dem Gesetze aus wirtschaftlichen Gründen eine wiedereinsetzende Ausschließlichkeit eingeräumt, so ist der Staat verpflichtet, eine Entschädigung gesetzlich festzulegen. So wenn die Aufhebung der Beschränkungen des Grundeigentumes nach ausdrücklichem Willen des Gesetzgebers auch bestehende Anlagen ergreifen soll.[6] Das Ergebnis unserer Untersuchung geht somit dahin, daß bei Gesetzen, die aus sittlichen Gründen ausschließlich sind, eine Verpflichtung des Staates, eine Entschädigung der durch die Ausschließlichkeit des Gesetzes verletzten Privatpersonen festzustellen, in keinem Falle und bei keinem Grade der Ausschließ-

[1] S. oben § 82, S. 379, n. 3. A. M. NIEDNER, der infolgedessen die Entschädigungspflicht des Staates bejaht; s. a. a. O.

[2] S. oben § 89, S. 424, n. 5.

[3] So bei einem Zinsgesetze mit schlichter Ausschließlichkeit; s. oben § 13, S. 56, n. 2.

[4] So hinsichtlich der Außerkurssetzung von Inhaberpapieren; s. oben § 84, S. 407, n. 3.

[5] So bei den kirchlichen Zinsgesetzen; § 24, S. 160, n. 4.

[6] S. auch oben n. 1.

lichkeit besteht. Räumt der Staat aber aus wirtschaftlichen Gründen dem Gesetze eine wiedereinsetzende Ausschließlichkeit ein, so thut er dies nicht im Sinne eines Mangels in den drei Rechtselementen, sondern im Sinne des Staatszweckes. Bei den Gesetzen, denen der Staat im Sinne des Staatszweckes Ausschließlichkeit verleiht, muß die Verpflichtung des Staates, eine Entschädigung der durch die Ausschließlichkeit verletzten Privatpersonen festzusetzen, bejaht werden. Um aber diese Verpflichtung des Staates näher zu begründen, müssen wir weiter ausholen. Das soll im folgenden Paragraphen geschehen.

§ 92. Die Pflicht des Staates eine Entschädigung gesetzlich festzusetzen, wenn der Staatszweck die Ausschließlichkeit verlangt.

Liegt der Grund, warum der Gesetzgeber einer neuen und negativen Rechtsordnung die Ausschließlichkeit verleiht, nicht in den drei Rechtselementen, sondern in den Staatszwecken, so ist die Pflicht des Staates, eine Entschädigung gesetzlich festzusetzen, dann zu bejahen, wenn es sich um eine Ausschließlichkeit höheren Grades handelt. Prüfen wir diese Entscheidung etwas näher auf ihre Richtigkeit. Es frägt sich, ob die Voraussetzungen einer Entschädigungspflicht überhaupt vorliegen. Bei einer erschwerten Ausschließlichkeit dürfte von einer solchen Pflicht darum keine Rede sein, weil Vermögensbeschädigungen der Privatpersonen kaum festzustellen wären. Anders bei der durchgreifenden und wiedereinsetzenden Ausschließlichkeit. Hier treten die Vermögensbeschädigungen der Privatpersonen erkennbar zu Tage. Die eine Voraussetzung jeder Entschädigungspflicht, ein Vermögensschaden, ist somit vorhanden. Wie verhält es sich mit der zweiten Voraussetzung jeder Entschädigungspflicht, mit dem Schuldmomente, besteht auch dieses in unserem Falle? In der modernen Gesetzgebung wird eine Entschädigungspflicht anerkannt, ohne daß Vorsatz oder Fahrlässigkeit des Haftenden vorzuliegen braucht. Das beste Beispiel dafür bietet § 1 des Reichshaftpflichtgesetzes vom 7. Juni 1871. Es ist in der Litteratur bestritten, wie die Entschädigungspflicht des Betriebsunternehmers zu begründen sei, denn eine Schuld im gewöhnlichen Sinne des Wortes liegt bei ihm nicht vor. Fassen wir jedoch das Schuldmoment weiter auf, dann ist es beim Betriebsunternehmer vorhanden. Er hat das Gefährliche gewollt, nicht lediglich zum Gemeinwohle, auch zum Eigenwohle. Von diesem Standpunkte aus läßt sich entsprechend ein Schuldmoment für den Staat feststellen, wenn er seiner Zwecke wegen einer neuen und negativen Rechtsordnung eine durchgreifende oder wiedereinsetzende Ausschließlichkeit verleiht. Einmal hat er die das Vermögen der Einzelnen verletzende Ausschließlichkeit gewollt; andererseits will er sie nicht lediglich im Interesse der Einzelnen, sondern im Interesse seiner selbst. Es ist zwar der Satz anzuerkennen, daß die Staatsbürger dem Staate gegenüber kein Recht auf Unverletzlichkeit ihrer einzelnen

Vermögensrechte haben, wohl aber haben sie ein Recht auf Unverletzlichkeit ihres Vermögens in dem Sinne, daß der Staat ihr Vermögen seinem Werte nach aufrecht erhalten muß, wenn er einzelne Bestandteile desselben im Interesse des Volkswohles verbraucht.

Trotz des Vorhandenseins der beiden Voraussetzungen einer Entschädigungspflicht ist der Staat nicht wie der Betriebsunternehmer verpflichtet, dem Verletzten Entschädigung zu gewähren; umgekehrt ist die durch die Ausschließlichkeit der neuen und negativen Rechtsordnung verletzte Privatperson nicht berechtigt, den Staat auf Entschädigung zu verklagen, wie der im Eisenbahnbetriebe Verletzte. Der Grund, warum der Staat nicht wie der Betriebsunternehmer zur Entschädigung verpflichtet und die verletzte Privatperson nicht zur Klage auf Entschädigung berechtigt ist, ist einfach der: es besteht kein Gesetz, das den Fiskus bindet, wie das Reichshaftpflichtgesetz den Betriebsunternehmer. — Und trotzdem besteht eine Pflicht des Staates, wie jedes gesunde Rechtsgefühl bestätigt, aber welche? Nicht unmittelbar zur Entschädigung, wohl aber zum Erlasse eines Gesetzes, worin er seine Entschädigungspflicht anerkennt und die Entschädigung genauer regelt. Wenn daher der Staat, um das Gemeinschaftsleben zur höchst möglichen Vollendung zu bringen, die Vermögensrechte einzelner Privatpersonen verletzt, so ist er verpflichtet, für die verletzten Privatpersonen eine Entschädigung gesetzlich festzustellen, um ihr Vermögen wieder in den früheren Wertbestand einzusetzen. Auf Grund dieses Gesetzes können die verletzten Privatpersonen vom Staate Entschädigung verlangen, nötigenfalles ihn im vorgesehenen Prozeßwege verklagen. Es ist daher die Ansicht unrichtig, daß die Privatpersonen, die durch die Ausschließlichkeit verletzt sind, unmittelbar den Staat im bürgerlichen Rechtswege verklagen können. Eine unmittelbare Entschädigungspflicht besteht nicht; muß gesetzlich festgelegt sein. Vor dem Reichshaftpflichtgesetze bestand noch keine Entschädigungspflicht des Betriebsunternehmers.[1]

Andererseits geht aber auch die Ansicht zu weit, daß gar keine Pflicht des Staates bestehe. Es muß vielmehr eine Pflicht des Gesetzgebers bestehen, eine Entschädigung der durch die Ausschließlichkeit verletzten Privatpersonen dann festzusetzen, wenn der Staatszweck die Ausschließlichkeit höheren Grades verlangt. Aber welches Recht legt dem Staate diese Pflicht auf? Es ist dies kein anderes als das Recht der Rechtsordnungen. Damit stoßen wir wieder auf die Frage nach der Positivität des Rechtes der Rechtsordnungen dem Gesetzgeber gegenüber. Zur Ergänzung und Unterstützung der oben in § 6, S. 19 fg. ausgeführten Gründe für die Positivität des intertemporalen Privatrechtes und des Rechtes der Rechtsordnungen dem Gesetzgeber gegenüber ist noch folgendes nachzutragen. Die moderne Staatsrechtswissenschaft erkennt an, daß

---

[1] S. Anschütz, *der Ersatzanspruch aus Vermögensbeschädigungen durch rechtmäßige Handhabung der Staatsgewalt*, Berlin 1897, S. 57 fg.; D. J.Z. Bd. 4, S. 171. A. M. Örtmann, ebenda S. 93 fg.

der Gesetzgeber bei der Rechtsetzung an Rechtsnormen gebunden ist.[1] Zu diesen Rechtsnormen gehören die Normen des intertemporalen Privatrechtes, wie die Normen des Rechtes der Rechtsordnungen überhaupt. — Nicht nur das Reichsoberhandelsgericht erklärte in seinem Urteile vom 24. Februar 1871, daß die ausschließlichen Gesetze eines fremden Staates für uns unverbindlich seien, sondern auch ein englischer Gerichtshof.[2] Zu diesen Gerichten reiht sich das Kammergericht in seinem Urteile vom 5. Juli 1901 in Sachen des Wiener Zweigvereins der deutschen Schillerstiftung in Wien gegen die Berliner Theatergesellschaft, G. m. b. H.[3] Hier wird klar und deutlich der Grundsatz ausgesprochen, daß Deutschland nicht an ein rückwirkendes Gesetz Österreichs gebunden sei.[4] Nach der Sonderregel des intertemporalen Privatrechtes darf zwar der Gesetzgeber aus rechtfertigenden Gründen einem Gesetze Ausschließlichkeit verleihen; allein damit ist nicht gesagt, daß es ihn nicht auch für verpflichtet erachtet, bei einer Ausschließlichkeit höheren Grades, die er einer negativen Rechtsordnung aus Gründen des Zweckes verleiht, eine Entschädigung für die durch die Ausschließlichkeit verletzten Privatpersonen gesetzlich festzustellen.[5]

Leugnet man grundsätzlich, daß der Gesetzgeber bei der Rechtsetzung an gebietende oder verbietende Normen gebunden sei, so wird man doch zugeben müssen, daß es Forderungen der Politik der intertemporalen Privatgesetzgebung an den Gesetzgeber giebt, denen er nachkommen soll. Und eine dieser Forderungen geht dahin, daß der Gesetzgeber eine Entschädigung der Privatpersonen gesetzlich festlege, welche durch die Ausschließlichkeit einer neuen und negativen Rechtsordnung in ihrem Vermögen verletzt werden, der er aus Gründen des Staatszweckes die Ausschließlichkeit verliehen hatte. — Der deutsche Reichsgesetzgeber ist dieser Verpflichtung bis jetzt nachgekommen; so im Reichsrayonsgesetz vom 21. Dezember 1871, §§ 34 fg.; im Reichsgesetz über die Naturalleistungen für die bewaffnete Macht im Frieden, vom 13. Febr. 1875, §§ 9 u. 14; im Reichsgesetz betr. einige Änderungen von Bestimmungen über das Postwesen vom 20. Dezember 1899, Art. 4 fg.[6]

---

[1] Jellinek, *Das Recht des modernen Staates*, S. 331—334 und 564—569.

[2] *Lynck v. Provisional Government of Paraguay, 1871, L.R., 2 P. & M. 268, Penzance.* Vgl. Westlake, *Private international Law* 1880, § 56. S. Dicey, *conflict of laws p.* 678. S. auch meine Abhandlung in Grünhuts Ztschr. f. pr. und öff. Recht Bd. 30, § 3, S. 128, n. 6—12.

[3] S. Blätter für Rechtspflege 1902, Nr. 6, S. 65.

[4] S. oben § 66, S. 266, n. 6 den Wortlaut des wertvollen Urteiles.

[5] Darin liegt der Unterschied zwischen meiner Auffassung und derjenigen Goepperts und Anschütze, daß ich eine Pflicht des Staates zu gesetzlicher Festlegung der Entschädigung anerkenne, was Goeppert und Anschütz leugnen.

[6] Vgl. auch oben § 49, S. 183, n. 4.

Gesetzesregister.

Die großen Zahlen bedeuten die Seiten, die kleinen die Noten.

A. Reichsgesetze.

Altes Handelsgesetzbuch 223[5], 224[1].

Gesetz betr. das Urheberrecht an Schriftwerken u. s. w. vom 11. Juni 1870 265[4], 266.

Reichshaftpflichtgesetz vom 7. Juni 1871 429.

Gesetz über das Postwesen des Deutschen Reiches vom 28. Oktober 1871 182[5].

Reichsrayongesetz v. 21. Dezember 1871 426, 431.

Reichsgesetz über Markenschutz vom 30. November 1874 265[4].

Reichsgesetz über die Beurkundung des Personenstandes und der Eheschließung vom 6. Februar 1875 120, 131, 205, 292[6].

Reichsgesetz über die Naturalleistungen für die bewaffnete Macht im Frieden vom 13. Februar 1875 426, 427, 431.

Reichscivilprozeßordnung v. 30. Januar 1877 244.

Einführungsgesetz zur Reichscivilprozeßordnung vom 30. Januar 1877 95[2] 208, 223.

Konkursordnung vom 10. Februar 1877 364.

Reichsgesetz betr. die Kommanditgesellschaften auf Aktien und die Aktiengesellschaften vom 18. Juli 1884 347.

Reichspatentgesetz vom 7. April 1891 265[4], 266.

Reichsgesetz betr. die Gesellschaften mit beschränkter Haftung vom 20. April 1892 154.

Bürgerliches Gesetzbuch für das Deutsche Reich vom 18. August 1896 10, 17, 64[1], 98[2], 99[2], 100[1], 101[1, 3, 4, 5, 6], 102, 108[2], 110[2, 3], 111, 112, 113, 117[1], 118, 120, 121[1, 2, 3, 4], 122, 123[3], 124[5], 125[1, 2], 126[6, 8], 127[3], 128, 131, 132[4], 134[1], 135[4], 137[3], 141[3], 142[1], 143[1, 2, 5, 6], 144[1, 2], 145[2, 4], 146[2], 147[1], 151[1—4], 152, 154[1—6], 155[1, 2], 156, 157[1], 159, 160[1, 2], 174[7], 179[1, 4], 180, 181[1—4], 185, 186[2], 189[2], 190[1], 203 fg.

Einführungsgesetz zum Bürgerlichen Gesetzbuch vom 12. August 1896 4[1], 13[1], 14[1], 15[1], 17, 25[7], 30[5, 6], 31[1—6], 32[1, 2, 3], 33[1, 2, 3], 34[1, 2], 36[4], 38[5], 43[4], 44[2], 45[2—20], 46[1], 50, 52[2], 53[1, 2], 54[1—5], 57[1—7], 58[2, 4], 60[3], 62, 63, 65[6—9], 66[1, 2], 68[3, 5, 6], 70, 75[3—8], 76[2], 77[1], 93[2—9], 96[3], 102[2], 105[2, 7], 106[3], 112[5], 115[4, 6], 117[4], 121, 123[2], 127[4, 5], 130[3], 134[2], 135[2, 4], 137[1], 138[2], 140[1], 141[1, 2, 3], 144[1, 2], 145[1—4], 146[1—4], 147[4], 155, 158[2], 162[2, 3], 164[3, 4], 165, 166, 168[4], 169[4—7], 172[10], 173[1, 3, 4], 177[5, 6], 179[5], 180, 185, 187[2], 189[2], 190, 203 fg.

Grundbuchordnung für das Deutsche Reich vom 24. März 1897 108[2], 131[3], 146, 255[3], 257, 272, 279, 384.

Reichsgesetz über die Zwangsversteigerung u. Zwangsverwaltung v. 24. März 1897 108[2]. 255, 401, 402.

Einführungsgesetz zum Gesetz über die Zwangsversteigerung und Zwangsverwaltung vom 24. März 1897 10, 60[3], 255, 279, 389, 394, 400[1].

Handelsgesetzbuch vom 10. Mai 1897 127[2], 154, 181[5—8], 186[3], 187, 315, 321, 322, 323, 404, 406[3], 408.

Einführungsgesetz zum Handelsgesetzbuch vom 10. Mai 1897 10, 181[5—8], 185, 328, 346, 347, 406[3].

Reichscivilprozeßordnung v. 17. Mai 1898, 36[4], 157, 233, 255[4], 282, 358.

Einführungsgesetz zu dem Gesetze betr. Änderungen der C.P.O. vom 17. Mai 1898 208.

Gesetz betr. Änderungen der Konkursordnung vom 17. Mai 1898 271, 282, 321.
Einführungsgesetz zum Gesetze betr. Änderungen der Konkursordnung vom 17. Mai 1898 270, 271, 278[4], 364, 400[1].
Reichsgesetz über die Angelegenheiten der freiwilligen Gerichtsbarkeit vom 17. Mai 1898 108[2].
Reichsgesetz betr. einige Änderungen in den Bestimmungen über das Postwesen vom 20. Dezember 1899 427, 431.
Reichsgesetz betr. das Urheberrecht an Werken der Litteratur und der Tonkunst vom 19. Juni 1901 10, 265[4], 266.
Reichsgesetz über das Verlagsrecht vom 19. Juni 1901 324, 325.

B. Landesgesetze.

Anhalt.

Gesetz betr. das Pfandleihgewerbe vom 17. März 1899 308.
Ausführungsgesetz zum Bürgerlichen Gesetzbuche vom 18. April 1899 144[3], 225, 346, 380, 381, 387, 393.

Baden.

Gesetz die Ausführung des Bürgerlichen Gesetzbuchs betr., vom 17. Juni 1899 144[3], 225, 226, 227, 282, 287, 379, 381, 392, 395.
Gesetz, die freiwillige Gerichtsbarkeit und das Notariat betr., vom 17. Juni 1899 (Rechtspolizeigesetz) 215[5].
Gesetz, die Üerleitung der ehelichen Güterstände des älteren Rechts in das Reichsrecht betr., vom 4. August 1902 225[1,2], 226, 227[1,2,3], 228[1,3,5,6,7], 286, 288.

Bayern.

Gesetz über das Liegenschaftsrecht in der Pfalz, vom 1. Juli 1898 208, 251[5], 253[5], 255[1], 256[5], 258[4,5], 264, 271, 308, 362, 371, 372, 376, 389, 390, 392, 393, 395, 397.
Königlich allerhöchste Verordnung, die Anlegung des Grundbuchs in den Landesteilen rechts des Rheins betr. vom 23. Juli 1898 258[1], 390.
Ausführungsgesetz zum Bürgerlichen Gesetzbuche betr., vom 9. Juni 1899, 144[3], 208, 304, 308, 330, 345, 377, 379, 380, 381, 387.
Gesetz, Übergangsvorschriften z. Bürgerlichen Gesetzbuche betr., vom 9. Juni 1899 31[2], 215[5], 222[1], 225[4], 226[1,2], 227[3], 228[1,3,5,6,7], 229, 251[5], 255[1], 258[4], 262, 263[2], 270[3], 278[4], 282[6], 286, 287, 288, 292[5], 304, 308, 315, 329, 370, 371, 376, 380, 387, 388, 393, 394, 397, 403, 406, 408.
Ausführungsgesetz zu der Grundbuchordnung und zu dem Gesetz über die Zwangsversteigerung und die Zwangsverwaltung vom 9. Juni 1899 255, 390, 392, 401, 402.

Braunschweig.

Ausführungsgesetz zur Reichsgrundbuchordnung (vom 24. März 1897), vom 12. Juni 1899 308.
Ausführungsgesetz zum Bürgerlichen Gesetzbuche, vom 12. Juni 1899 144[3], 225, 263, 287, 307, 345, 371, 380, 387, 390, 393.

Bremen.

Ausführungsgesetz zu dem Reichsgesetz vom 24. März 1897 betr. die Zwangsversteigerung u. die Zwangsverwaltung vom 18. Juli 1899 401.
Ausführungsgesetz zum Bürgerlichen Gesetzbuch vom 18. Juli 1899 144[3], 215[5], 258, 263[3], 289, 307, 345, 380, 389, 494, 397.
Gesetz, betr. den Güterstand der vor dem Inkrafttreten des Bürgerlichen Gesetzbuchs geschlossenen Ehen, vom 18. Juli 1899 225, 229[2].

Elsaß-Lothringen.

Gesetz betr. die Ausführung des Bürgerlichen Gesetzbuchs in Elsaß-Lothringen, vom 17. April 1899 50, 144[3], 225[4], 226[1,2], 227[3], 228[1,2,5,6,7], 251[5], 255[1], 258, 263, 264, 286, 308, 346, 371, 379, 381, 393, 395, 397, 403.
Gesetz, betr. die Ausführung des Reichsgesetzes über die Angelegenheiten der freiwilligen Gerichtsbarkeit, v. 6. November 1899 215[5], 270[3], 288[2], 362, 371, 372.
Gesetz, betr. die Ausführung der Grundbuchordnung, vom 24. März 1897, vom 6. November 1899 215[5], 253[5], 271, 392, 397.
Gesetz, betr. die Ausführung der Civilprozeßordnung und der Konkursord-

nung sowie das Rechtsmittel der Kassation, vom 13. November 1899 330.

Hamburg.

Gesetz, betr. Ausführung des Bürgerlichen Gesetzbuchs, vom 14. Juli 1899 144[3], 345, 346, 469, 387, 388, 390, 393, 394, 397.

Gesetz, betr. den Güterstand der vor dem Inkrafttreten des Bürgerlichen Gesetzbuchs geschlossenen Ehen, vom 14. Juli 1899 50, 225, 229[2], 287.

Hessen.

Gesetz, die Anlegung des Grundbuchs betr., vom 16. März 1899 264, 376, 389, 292, 393, 394, 397.

Gesetz, die Ausführung des Bürgerlichen Gesetzbuchs betr., vom 17. Juli 1899 144[3], 166[3], 215[4,5], 225[4], 226[1,2], 227[3], 228[1,5,6,7], 229, 252, 255[1], 256[5], 258[4,5], 262, 263, 264, 271, 282[6], 286, 287, 288, 304, 308, 321, 329, 330, 332, 337, 371, 372, 376, 377, 379, 380, 381, 387, 388, 390, 395, 403, 408, 409.

Gesetz, die Ausführung des Gesetzes über die Angelegenheiten der freiwilligen Gerichtsbarkeit betr., vom 18. Juli 1899 215[5].

Gesetz, die Ausführung des Gesetzes über die Zwangsversteigerung und die Zwangsverwaltung betr., vom 23. Juli 1899 401, 402.

Lippe.

Ausführungsgesetz zum Bürgerlichen Gesetzbuche, vom 17. November 1899 225[3], 287, 345, 387, 394.

Gesetz vom 17. November 1899 zur Ausführung der Grundbuchordnung, vom 24. März 1897 264.

Gesetz vom 17. November 1899 zur Ausführung des Reichsgesetzes über die Zwangsversteigerung und die Zwangsverwaltung, vom 24. März 1797 401.

Lübeck.

Leihhausordnung, vom 30. Oktober 1899 308.

Gesetz, betr. das Pfandleihgewerbe, vom 30. Oktober 1899 308.

Ausführungsgesetz zum Bürgerlichen Gesetzbuche, zum Handelsgesetzbuche und zur Wechselordnung, veröffentlicht am 7. November 1899 144[3], 225, 264, 307, 345, 387, 390, 394, 397[2].

Mecklenburg-Schwerin.

Verordnung vom 9. April 1899 zur Ausführung des Bürgerlichen Gesetzbuchs 50, 144[3], 147[4], 213[3,4], 215[5], 255[1], 263, 265, 286, 308, 321, 337, 345, 371, 376, 380, 384, 387, 389, 390, 394.

Verordnung vom 9. April 1899 zur Ausführung des Gesetzes über die Angelegenheiten der freiwilligen Gerichtsbarkeit 407.

Verordnung vom 9. April 1899 zur Ausführung der Grundbuchordnung 308.

Verordnung vom 9. April 1899 zur Ausführung der Civilprozeßordnung 392.

Mecklenburg-Strelitz.

Verordnung zur Ausführung des Bürgerlichen Gesetzbuchs, vom 9. April 1899 144[3], 147[4], 215[5], 255[1], 263, 265, 287, 308, 321, 337, 345, 371, 376, 380, 384, 387, 289, 390, 394.

Verordnung zur Ausführung des Gesetzes über die Angelegenheiten der freiwilligen Gerichtsbarkeit, vom 9. April 1899 407.

Verordnung zur Ausführung der Grundbuchordnung, vom 9. April 1899 308.

Gesindeordnung, vom 9. April 1899 321.

Verordnung zur Ausführung der Civilprozeßordnung, vom 9. April 1899 392.

Oldenburg.

Gesetz für das Herzogtum Oldenburg betr. das nutzbare Eigentum an Grundstücken, von 25. April 1899 376.

Gesetz für das Großherzogtum Oldenburg zur Ausführung des Bürgerlichen Gesetzbuchs und des Handelsgesetzbuchs, vom 15. Mai 1899 144[3], 287, 329, 330, 387, 393, 409.

Gesetz für das Herzogtum Oldenburg zur Ausführung der Civilprozeßordnung und des Gesetzes über die Zwangsversteigerung und Zwangsverwaltung vom 15. Mai 1899 401.

Gesetz für das Fürstentum Birkenfeld zur Ausführung des Bürgerlichen Gesetzbuchs, vom 15. Mai 1899 215[5], 227[3], 228[1,5,6,7], 258, 286, 329, 330, 381, 387, 393, 409.

Gesetz für das Fürstentum Lübeck zur Ausführung des Bürgerlichen Gesetzbuchs, vom 15. Mai 1899 287, 329, 330, 387, 393, 409.

Gesetz für das Fürstentum Lübeck zur Ausführung der Civilprozeßordnung und des Gesetzes über die Zwangsversteigerung und Zwangsverwaltung, vom 15. Mai 1899 401.

Preußen.

Einführungsgesetz zur Grundbuchordnung vom 5. Mai 1873 251[8].

Ausführungsgesetz zum Bürgerlichen Gesetzbuche, vom 20. September 1899 50, 144[3], 147[4], 208, 222[1], 225[4], 226[1,2], 227[3], 228[1,3,5,6,7], 229[1,5], 255[1], 264, 286, 287, 288, 292[5], 304, 307, 308, 315, 321, 330, 345, 346, 370, 376, 377, 479, 390, 392, 393, 395, 397.

Ausführungsgesetz zum Reichsgesetz über die Zwangsversteigerung u. die Zwangsverwaltung, vom 23. September 1899 389, 401, 402.

Ausführungsgesetz zur Grundbuchordnung, vom 26. September 1899 279[3], 390.

Verordnung zur Ausführung des Bürgerlichen Gesetzbuchs, vom 16. November 1899, 346, 403.

Verordnung, betr. das Grundbuchwesen, vom 13. November 1899 384, 388, 395.

Verordnung, betr. die Anlegung der Grundbücher im Gebiete des vormaligen Herzogtums Nassau, vom 11. Dezember 1899 384, 388.

Reuß ä. L.

Gesetz vom 26. Oktober 1899, die Ausführung des Bürgerlichen Gesetzbuchs vom 18. August 1896 und des Einführungsgesetzes von demselben Tage betr. 144[3], 222[1], 225[4], 237, 264, 286, 287, 307, 330, 332, 345, 346, 371, 381, 390, 391, 408, 409.

Reuß j. L.

Gesetz vom 10. August 1899, die Ausführung des Bürgerlichen Gesetzbuchs vom 18. August 1896 und des Einführungsgesetzes von demselben Tage betr. 144[3], 225[4], 262, 263[1], 264, 277, 309, 329, 330, 345, 371, 381, 387, 388, 390, 391, 409.

Gesetz vom 10. August 1899 zur Ausführung des Reichsgesetzes über die Angelegenheiten der freiwilligen Gerichtsbarkeit 106[4].

Gesetz vom 10. August 1899 zur Ausführung der Grundbuchordnung 390.

Gesetz vom 10. August 1899 zur Ausführung des Reichsgesetzes über die Zwangsversteigerung und Zwangsverwaltung 401.

Sachsen.

Gesetz, die Ausführung des Bürgerlichen Gesetzbuchs vom 18. August 1896 und des Einführungsgesetzes zum Bürgerlichen Gesetzbuch von demselben Tage betr., vom 18. Juni 1898 50, 144[3], 225, 286, 287, 307, 345, 377.

Verordnung zur Ausführung des Bürgerlichen Gesetzbuchs und der zu dessen Ein- und Ausführung ergangenen Gesetze, vom 6. Juli 1899 407.

Verordnung zur Ausführung einiger mit dem Bürgerlichen Gesetzbuche zusammenhängender Reichsgesetze, vom 24. Juli 1899 270[1], 288[2], 377, 384, 390.

Verordnung, die Zwangsvollstreckung in das unbewegliche Vermögen betr., vom 5. Dezember 1899 401.

Sachsen-Altenburg.

Ausführungsgesetz zum Bürgerlichen Gesetzbuche, vom 4. Mai 1899 50, 144[3], 225, 264, 277, 286, 287, 288, 307, 329, 345, 346, 371, 380, 381, 384, 391.

Ausführungsgesetz zum Reichsgesetz über die Angelegenheiten der freiwilligen Gerichtsbarkeit, vom 4. Mai 1899 106[4], 222[1].

Ausführungsgesetz zum Reichsgesetz über die Zwangsversteigerung und die Zwangsverwaltung, vom 4. Mai 1899 401, 402.

Ausführungsgesetz zur Grundbuchordnung, vom 4. Mai 1899 390.

Ausführungsgesetz zur Civilprozeßordnung, vom 4. Mai 1899 392.

Sachsen-Coburg und Gotha.

Ausführungsgesetz zum Bürgerlichen Gesetzbuche, vom 20. November 1899 144[3], 225, 229, 263[2], 264, 277, 286, 287, 288, 307, 329, 332, 345, 346, 371, 380, 381, 391, 392, 393, 408.

Sachsen-Meiningen.

Ausführungsgesetz zum Bürgerlichen Gesetzbuch, vom 9. August 1899 144[3], 225, 229, 262, 263[1], 277, 287, 288, 329, 332, 345, 371, 381, 388, 391, 394, 409.

Gesetz vom 15. August 1899 über die freiwillige Gerichtsbarkeit 106[4].

Gesetz vom 17. August 1899 zur Ausführung des Reichsgesetzes über die Zwangsversteigerung und Zwangsverwaltung 401, 402.

Sachsen-Weimar.

Ausführungsgesetz zum Bürgerlichen Gesetzbuch, vom 1. April 1899 50, 225, 237, 262, 263[2], 264, 287, 304, 307, 310, 330, 332, 345, 371, 381, 387, 388, 390, 391, 393, 408, 409.

Ausführungsgesetz zum Bürgerlichen Gesetzbuch, vom 5. April 1899 144[3], 225.

Schaumburg-Lippe.

Gesetz zur Ausführung des Bürgerlichen Gesetzbuches, vom 23. August 1899 144[3], 222[1], 225, 237, 289, 345.

Schwarzburg-Rudolstadt.

Ausführungsgesetz zum Bürgerlichen Gesetzbuche, v. 11. Juli 1899 144[3], 225, 262, 263[1], 264, 287, 288, 307, 330, 345, 371, 381, 388, 390, 391, 393, 394.

Schwarzburg-Sondershausen.

Ausführungsgesetz zum Bürgerlichen Gesetzbuche, vom 19. Juli 1899 144[3]. 225, 262, 286, 287, 288, 329, 331, 345, 371, 380, 381, 387, 388, 390, 393, 408,

Waldeck.

Ausführungsgesetz zum Bürgerlichen Gesetzbuche, vom 11. Dezember 1899 50, 144[3], 222[1], 225[4], 287, 307, 346, 371, 377, 390, 394.

Württemberg.

Ausführungsgesetz zum Bürgerlichen Gesetzbuch und zu dessen Nebengesetzen, vom 28. Juli 1899 144[3], 224, 270[1], 329, 330, 332, 345, 377, 380, 381[1], 384, 387, 390, 393, 394, 408.

Gesindeordnung, vom 28. Juli 1899 321.

Königliche Verordnung betr. das Grundbuchwesen, vom 30. Juli 1899 308.

Wort- und Sachregister.

Die großen Zahlen bedeuten die Seiten, die kleinen die Noten, die fettgedruckten die Hauptstellen.

Abänderung der Statuten 346.
Abart 30, 96[4].
Abfindung 231, 323[6].
Abgrenzung 414; zeitliche 114.
Abhängigkeitsverhältnis 13; gegenseitiges 426.
Abhandlung 7, 16[3].
Abklärung 5.
Abkömmling 341, 364.
Abkommen 104[1].
Ablauf 96[1], 309[2]; der Zeit 319.
Ablehnung 283.
Ablieferungspflicht 268[11].
Ablösung 118[3].
Ablösungsrente 386.
Abmessung, zeitliche 114.
Abneigung, unüberwindliche 352.
Abnormität 68[2].
Abschaffung 426[2].
Abschichtung 341[3].
Abschluß 110; der Ehe 286[2]; des Vertrages 318.
Abschnitt 73.
Abschrift 268[3].
Abschwächung 297.
Absetzung 269[4]; des Vormundes 299[7].
Absicht 43[3], **100**; ungewöhnliche 41[5]; gute 273.
Absonderung 7.
Absonderungsanspruch 271.
Abstraktes 72.
Abstraktion 79, 82; logische 18[2]; rechtliche 149; der Abstraktionen 173[3].
Abstammung 358.
Abtretung einer Hypothek 310[6]; der Forderung 312[5].
Aburteilung 61.
Abweg 82.
Abweichung 31[3], 311.
Abwendung 118[3].
Abwesender 249, 370.
Abwesenheitserklärung 214.
Abzahlungsgeschäft 180[1].
Abzweigung 41, 82[3].
Abzugsrecht 412[1].
acceptilatio 134[1].
Achtung 52[5].
adferruminatio 109.
adplumbatio 109.
Acquisitivverjährung 137[3].
actio de filiatione negativa 240[1].
actio de patria potestate negativa 163[4].
actio emti 142[4].
actio in rem scripta 311.
actio mandati contraria 154[4].
actio nata 113.
actio negatoria 163, 382[2], 383[4].
actio pro socio 154[4].
actio quanti minoris 142[4].
actio quod metus causa 142[3].
actio redhibitoria 142[4].
actio venditi 143[1].
actus legitimi 102.
Adelsstand 297[7].
Adjektum 318[3].
adiudicatio **107**.
adoptio plena, minus plena **289**.
Adoption 128, **289**.
Adoptionsfähigkeit 88.
Adoptionsvertrag **289**.
Adoptiveltern 289.
Adoptivkind 289.
Adoptivvater 289.
Ähnlichkeit 3[2].
Änderung 16[4], 309[1]; des Thatbestandes 27[1], 50[1]; der Rechtsordnung 19, 80, 363[5]; des Vertrags 35; des Güterstandes 78[1], 315; des Inhaltes 397; des Rechtsgefühles 424.
Änderungsthatbestand s. Thatbestand.
Äußerung 9[2], 43[4].
Affine 367.
Ahnung 29[5].
Akt 101[1].

Aktenschluß 48[7].
Aktie 154, 157, **408**.
Aktiengesellschaft 133[1], 182[2], 345 fg., 406.
Aktionär 133, 347.
Aktivlegitimation 228[4].
Alimentation s. Unterhalt.
Alimentationsklage 366[4].
Alimente 367.
Alimentenforderung 313[4].
Alleinherrschaft 135[1].
Allmende 276.
Aktenteil, Vertrag 304.
Altenteilrecht 397[4].
Alter 206, 242; Erreichung eines bestimmten — 89, 111, 112[2], 296[1].
Alternative 92, 336.
Altgeldposten 393.
ampliatio 71[1].
Amt 211, **246** fg., 298, 366[2, 3].
Amtsgericht 288.
Amtspflicht 302[5].
Amtsrichter, badischer 294[1], 296.
Analogie 33, **45**[2], **52**[3], 78[1], 241[2], 300[3], 322.
Andeutung 362.
Aneignungsrecht 385.
Anerkennung 9[1], 48[5], 79, **80**[5], 81[1, 2], 240, **292**[2, 4], 365.
Anfall 272[2].
Anfang 56.
Anfangsstadium 5.
Anfangsthatbestand s. Thatbestand.
Anfechtbarkeit **347**; der Ehe 51[2], 56[2], 421[1, 2].
Anfechtung 96[1], 139, **293**[2], 335[2], 412.
Anfechtungserklärung **98**[1].
Anfechtungsgrund 103, 348[4].
Anfechtungsklage 163, 245.
Anforderung 35, 42, 59, völkerrechtliche 27, 54, 102[1], 103.
Anführung 408.
Angebot, wörtliches 307; geringstes 387[5].
Angehöriger 22.
Angelegenheit 294.
Angewiesener 327.
Anhänger 5[4], 16, 86[3], 327[5], 404.
Anhängerin 47[10].
Anhängigkeit des Verfahrens 50, 212[1].
Anhängsel 255.
animus dominii transferendi excludendi 39.
Anlage 117[3], 118[2], 154[2], 182, **275** fg, **378**, 428[6].
Anlegung des Grundbuches 250, 386; des Barbestandes 370.
Anlehnung 392.
Anlieger 380.
Anlandung 83[2].
Anlauf 86[9].
Anlegung des Grundbuches 260.
Anmeldung 134[1], 266, 394.
Anmeldungspflicht 185.
Annahme an Kindesstatt 54, **288** fg., 417[8].
Annahme 57[6], 68[6], 127; der Erbschaft 132[4], 267; des Vertragsantrags 127[1], 301[3].
Annahmeverzug 307[5, 6].
Annahmewille 111[1].
Anordnung 43[3], 46[3], 48[6]; öffentliche 108[7], **295** fg.; rechtsgeschäftliche 179, **283** fg.; letztwillige 295; des Gesetzgebers 68[1, 2], 406; des Vaters 417[7].
Anpassung der Güterstände 389[8].
Anpflanzung 386[3].
Anschauung 61, 130[2], 422; des Gesetzgebers 264, 385[7]; atomistische 297[2]; gemeinrechtliche 308.
Anschauungsform 18, 19, **114**.
Anschein 1.
Ansicht 43[2], 46[6], 430; des Reichsgerichts 52[2], 64[1].
Anspruch 53, 64[1], 127[3], 140 fg., **151** fg., 302[2], 303[7], **316**, 417[5]; dinglicher 254, **382**[2]; konfessorischer 261; klagbarer 283; obligatorischer **382**[2].
Anspruchverjährung 113, **139** fg., 419[7].
Anstalt 242, 279; öffentliche **346**[5].
Anteil 125, 277, 315.
Antichrese 263[5], 391[7].
Antlitz 135[3].
Antrag 259, 292, 296; Vertrags— **127**[1], 413.
Antretung der Erbschaft **267**; der Strafe 351.
Antwort 14, 24[2—4], 52, 62, 425[9].
Anwachsung 268.
Anweisender 326, 327.
Anweisung 326.
Anweisungsempfänger 326, 327.
Anwartschaft 422; dinglich gesicherte 162[2], 346[1].
Anwendbarkeit der Vorschriften 180[1], 319.
Anwendbarkeitsgrenzen 15[1].
Anwendung 14, 61, 319[8], 337[2]; analoge 15, 403; der Regel 45; des Rechts 61[3], 180[4], 359[4].
Anwendungsform 92[5].
Anwendungsgebiet 316[7].
Anwendungsnorm 61, 62[2]; zeitliche 61[1]; örtliche 226[4], 240.
Anwendungsregeln 62[2].
Anwendungsvorschrift, örtliche 23[8], **220**[5]; zeitliche 226[8].
Anwesenheit der Zeugen 102[1].
Anzeige 143[1], 187[1].
Anzeigepflicht 185, 187[1].
Acquisitivverjährung 137[2].
Arbeit, geistige, wirtschaftliche **109**.
Arbeiter 426.
Arbeitslohn 125[2].
Arbeitsstelle 207.
argumentum e contrario 51[2], 268[10, 11].
Armenrecht 270.
arrogatio 289.

Arrogation 289.
Art 53, 405[10], 410; der Verbotsgesetze 23; der Gewährungsklauseln 28; des Handelns 39; der Ausschließlichkeit 56[2]; der Thatbestände **87** fg.
auctoritatis interpositio **81**[2, 3].
Auffassung 54[1]; organische und atomistische s. Thatbestand.
Aufforderung 118[2].
Aufführungsfreiheit 266[6].
Aufgabe 41, 414; des intertemporalen Privatrechts 15[1]; des Besitzes 382[6].
Aufgebot 147[1], 206[1]; öffentliches 406.
Aufgebotsverfahren 217, 328, **410**.
Aufhebung 341 fg.; des Gesetzes **42**; formelle 42, 95; materielle 42; eines Rechtsverhältnisses **80**; der Vormundschaft 248; der Gemeinschaft 259, 270; dingliche Rechte 262; der Annahme an Kindesstatt u. s. w. **293** fg.
Aufhebungsgesetz 32[3].
Aufhebungsgrund 319, 396[8].
Aufhebungsthatbestand s. Thatbestand.
Auflage 77[2], **325**.
Auflassung 102, 272[2], 386, 416.
Auflehnung 37, 40.
Auflösung 85, 320[9]; der Gesellschaft 323[8]; der Miete 399[6].
Aufnahme 31, 103, 409[2].
Aufrechnung 92, 141[2], **313**[3].
Aufrechterhaltung 13[1], 23[2], 374.
Aufschluß 121[5].
Aufsehen 135.
Aufsicht 303[1], 370.
Aufsichtsrat 321.
Aufsichtsbehörde 345.
Aufstellung 19, 68[6], 69[2], 394, 417[1].
Auftrag 110, 165, 327[2].
Auftraggeber 165.
Aufwendung 383[1].
Aufzeichnung, schriftliche 37.
Augenblick des Todes 130.
Ausantwortung des Vermögens 249[6].
Ausbeutung des Bergwerkes 125.
Ausdehnung 43[3], 67[5].
Ausdruck 1, 31[3], 36[4], **53**, 55, **79**, **80**[1].
Ausdrucksweise, bequeme 114.
Auseinandersetzung 286[4], 323, 324, 406.
Auseinandersetzungspflicht 235[4].
Ausfertigung 406.
Ausfluß 74[3]; der Hauptregel 11, 250; des Güterrechtes 291[1], 349.
Ausführung 20, 23[1], 62[2], 281[1]; einer Handlung 77[2], 301[3].
Ausführungsthatbestand s. Thatbestand.
Ausfüllung der Lücke 102[2].
Ausgabe 329; von Scheinen, Urkunden **330**[2].
Ausgang 72.
Ausgangspunkt 30[5], 386; falscher 243[1].
Ausgestaltung 9[2], 10[1], 19[1], 74[3], 81.
Ausgleichung 138.
Ausgleichungsgegenstand 274[7].
Ausgleichungspflicht 138, **274**[5—7], 412[3], 421[10].
Ausgleichungsrecht 274[6], 419[10], 421.
Aushändigung der Urkunde **410**.
Auskunft 312[4].
Ausland 63, 220.
Auslassung 329[3].
Auslegung 53, 59[3], 105[5], 329[3], 336[2], 425[8]; ausdehnende **33**, **52**[3], oder weite **54**[4]; einschränkende 34[2], **44**, **45**, oder enge **54**[5]; (Authentische Interpretation) 48[3]; gesetzliche 130[3], 171[6], **191** fg.; des Schuldverhältnisses **304**[8].
Auslegungsabsicht des Gesetzgebers 195.
Auslegungsklausel **195** fg.
Auslegungsregel 54[1], 96[4], **105**[5], 304, 390.
Auslegungsvorschrift 96[3], 337.
Auslobung 89, 101[6], **126**[8].
Ausnahme 59, 62[1], 332[1], 413; stillschweigende **42**[4], 357[5].
Ausnahmegesetz 41[5], 44, 46[6], 253[3].
Ausnahmeklausel 25[6], **46** fg.; stillschweigende **48**, **49**[6].
Ausnahmerecht 11, 105[7], 254[7].
Ausnutzung der Berechtigung 250[2].
Ausscheiden 323[6].
Ausschlagung 228; der Erbschaft 267[7], 416.
Ausschließlichkeit 15[1], 17, 22[3], 36[4], **54** fg., 95; angeborene 15, **57**[8]; schwache 30[1]; Voraussetzung der 34 fg; materielle 36 fg.; formelle 41 fg.; Grade der **56**[1, 2], **57**[1—5]; absolute 193.
Ausschließlichkeit, schlichte 14[2], 56, 57[1], 59, 197[4], 198[7], 235[3], 347[6], 381[1], 390[3], 428; erschwerte 56, 57[2], **407**[3], 428; durchgreifende 56, 57[3], 361[5, 6], 428, 429; wiedereinsetzende **38**[1], 56[2, 4], 198[2], 199[3], 282[5], 348[11], 353[3], 367[4], 373[4], 428, 429.
Ausschließung des Anspruchs 56, 241; der Geschäftsfähigkeit **243**; der Mutter **294**.
Ausschließungsabsicht 43[3].
Ausschließungswille des Gesetzgebers 43[1].
Ausschluß 344.
Ausschlußabsicht 104[1].
Ausschlußfrist **143** fg., 219, 318[6], **357**, **358**.
Ausschlußklausel 22, 23[3], **41** fg., 68[6], 106[4]; vollkommene 42; unvollkommene 42; unbeschränkte 42; beschränkte 42; Ersatzmittel der 43, 44[1].
Ausschlußwille 43, 44.
Ausschnitt 99[4].
Außenwelt 79, 80, 99[2].
Außerkurssetzung 57[2], 105[7], 328[1], 330[5], **407** fg.
Außerkurssetzungsvermerk 331.
Aussicht 16[4], 37[6].
Aussonderungsanspruch 124.

Aussonderungsberechtigter 124.
Ausstattung 233, **360**[1].
Aussteller 151, **329** fg., 406.
Ausstellung 89; der Urkunde **327**; des Schuldscheins 96[1].
Aussteuer **35**, **97**, **360**.
Aussteuerpflicht 114.
Ausstrahlung des Thatbestandes **81**.
Ausübung 261; des Rechtes **109**; des Pfandrechtes 320[3]; der Nutznießung 363[4].
Ausweg 292.
Auszugvertrag 304.
Auszugrecht 397[4].
Autonomie 31[3], 274[4].
Autor 300[2].
Autorität 9[1]; der abgeurteilten Sache 52.
Autorrecht s. Urheberrecht.
Axiom der Nicht-Rückwirkung 55.

Badisches Prinzip s. Prinzip.
Bahn, legitime 40.
Bahn, freie 328[6].
Band, Auflösung des **232**.
Barbestand 370.
Bau 377[3].
Baum, Sondereigentum am **256**[1].
Bauerngüter 74, **265**.
Bauernstand 426.
Baumaterial 377[3].
Bauten 378[3].
Bauwerk 258.
Bayerische Vereine 278.
Beachtung 428.
Beamter 310[3].
Beantwortung 24, 282, 306[2], 395, 427.
Beauftragter 165. 185.
Bedachter 369[4].
Bedenken 24, 49[1], 72, 312[7], 329[3].
Bedeutung 11[1]; intertemporale 34[6]; weitere 53; des Systems **77**; technische 244[1].
Bedingung 56, 102, 104, **122**[1], 301[2].
Bedürfnis 40, 266.
Beendigung 98[1]; der Mitgliedschaft 248; des Nutzungsrechtes 265.
Beerdigungspflicht 114.
Befehl der Rechtsordnung 81[2].
Beförderung des Kredites 278.
Befreiung 206, 218, 227, 288; des Vormundes **295**, 372; der Frau 315.
Befriedigung des Gläubigers 393, 397.
Befristung 102, 104[2], 122.
Befugnis 20, 23[2], 39, 253[1], 389; des Gesetzgebers 263; der Ehegatten 286; elternrechtliche 290.
Begangenschaft 302[1].
Begebenheit 368[1].
Begebungstheorie 327[5].
Beginn der Frist 139, 353; der Landflüchtigkeit 354[2]; der Geltung 16[4].
Begrenzung 267.
Begriff 2, 9, 390, 407; des Rechtes 257[5], schillernder 36[3].
Begriffsbestimmung 2, 81, 124.
Begründer 86.
Begründung 19[1], 124[1], 251, 360[1]; des Wohnsitzes 89; eines Rechtes 260; der Gesellschaft 323[6].
Begünstigter 255.
Begünstigung 349[9].
Behandlung 7[1], 25[1], 49, 98[2], 111, 399, 410; intertemporale 61, 114, 115[5], 206[2], 209, 217[3], 327; materielle 216[1].
Behauptung 50[1], 86, 106[4], 306[2].
Behörde 268, 407; zuständige 297[6].
Beihülfe 88.
Beisitz 233.
Beisitzberechtigter 403.
Beisitzrecht 233, 403.
Beispiel 8, 22[3], 27[1], 39, 93, 412[4]; klassisches 29[3].
Beistand 211, 245, **294**[2], 417[7].
Beistandschaft 245, **370**.
Beitrag 325.
Beitritt 126[7].
Beitrittserklärung 126[7], 133[1], 301.
Beiwohnung 238.
Beklagter 374, 382.
Belassung 350[5].
Belastung 252[6], 399[8]; des Eigentumes 119[8]; des Erbpachtrechtes 264.
Beleg 36[1], 57[6], 92.
Belehrung 12[4], 78, 247[2].
Belieben 301[2].
Benachrichtigung 311[5].
beneficium separationis 271.
Benennung 375.
Benutzung, bisherige 259, 379.
Beobachter 7[5], 112.
Beobachtung 20, 327; der Form 22.
Berechnung der Zeit 238[2]; des Pflichtteiles 341[6].
Berechtigter 122, 153, 328[1], 387, 407.
Berechtigung 250[2], 295[4].
Bereich 27, 73.
Bereicherung 113; ungerechtfertigte 104[1], 111, **114**, 141[1], 303[6].
Bereicherungsklage 114.
Berggesetz 117, 118[4].
Bergwerk 125[2].
Bergwerkseigentum 125[1].
Berichtigung 92, 416.
Berücksichtigung 13[1], 137, 417[2].
Beruf der Wissenschaft 40.
Berufung 25, 356, 358[8]; zur Erbschaft 74[1]; zum Vormund 298.
Berufungsgericht 230, **358**, 425[1].
Berufungsinstanz 46, 47[3], 48[6], 51, 181[4], 348[8], 358.
Berufungsrichter 50[1].
Berufungsurteil 358.
Beschädigter 121[3].
Beschädigung 406.

Beschaffenheit 18.
Bescheid 49[3].
Beschenkter 273[4, 5].
Beschlagnahme 363[5], 402[1].
Beschluß 298, 345[1].
Beschränktsein 156; in der Geschäftsfähigkeit 243 fg.
Beschränkung, Verfügung 221, 657; in der Gewalt 257; des Eigentümers 263, 418[15]; des Vaters 297; des Vormundes 372.
Beschwerde 298.
Beseitigung 34[2], 378[1]; der Anlage 98[1]; der Fenster 381[4].
Besitz 74, 113, 169[6], 264, **373** fg.; publizianischer 264; unvordenklicher 69[2].
Besitzanspruch 375[2].
Besitzentziehung 144[2].
Besitzer 303.
Besitzergreifung 52[5].
Besitzerwerb 135[1].
Besitzklage 144[2], **374**.
Besitzschutz **254**[8], 374.
Besitzstörung 144[2], 375[3].
Besitzverhältnis 54, 144[2], 373[5].
Besitzzeit 147[2].
Besoldung 310[3].
Besonderheit 338.
Bestätigung 56, **106**[3], 129, **130**[1], 346.
Bestallung 247[1]; des Vorstandes 344.
Bestand, objektiver 149; der Forderung 394.
Bestandteil der Unterhaltspflicht 242; des Gesetzes 278; des Vermögens 430; der Rechtsätze 7; der Rechtsnorm **95**[1]; des Rechtsgeschäftes **99**.
Bestehen 70; des Thatbestandes 88.
Bestellung 133[1], 291[4], 416; der Dos 123; eines Beistandes **246**[3]; eines Pflegers 248[4]; eines Nießbrauches 260.
Bestimmung 79, 345, 388; gesetzliche 9[6]; transitorische 31, 32; ausdrückliche 48[6]; rechtsgeschäftliche 178.
Bestrebung 365[4].
Beteiligter 17, 257, 339[5].
Beteiligung 270.
Bethätigungsabsicht 101[3].
Betrachtuug 90, 422.
Betrachtungsweise 90.
Betrag der Leistung 242; der Prozeßkosten 285[2]; der Forderung 394.
Betrieb 89.
Betriebsunternehmer 429, 430[1].
Betrug 101.
Bett 418[8].
Bevollmächtigter 98.
Bevollmächtigung 98[3].
Beurkundung, gerichtliche 325.
Beurteilung des Rechtserwerbes 252[3].
Bevollmächtigter 98.
Bevollmächtigung 98[3].
Bevormundeter 267.
Bevormundung 245.
Bewegung 48, 77[2].
Beweis 36, 41, 67[2], **94**, 399[7], 404.
Beweisaufnahme 300.
Beweiserleichterung 352[5].
Beweisform **95**[3].
Beweisfrage 95[4].
Beweisführung 7[4], 96[4].
Beweislast 7, 67[1], **94** fg., 238; intertemporale 25[3].
Beweismittel 96[2].
Beweisrecht 7, 70, 72, 97[2]; materielles 94, 96, 305[6]; intertemporales **94** fg.
Beweisregel 7, 70.
Beweisurkunde 95.
Bewiesensein 94[4].
Bewilligung 131[3].
Bewußtlosigkeit 121[2].
Bewußtsein 46[6].
Bezahlung 110.
Bezeichnung 414[2].
Beziehung 80[3]; persönliche 283, 428; der Gesellschafter 323[1]; des unehelichen Kindes 364.
Bezirk 390, 424.
Bierlieferungsvertrag 304, 308.
Bildung des Briefes 394[1].
Billigkeit 107[3].
Billigkeitsgrund 239[3].
Billigkeitsrücksicht 49[1].
Bindung 54, 132[4], **338**, **339**[1].
Blatt des Grundbuches 384.
Blick 11.
Blüte eines Rechtes 78.
Blut der Verwandtschaft 368[1].
Blutschande 241.
Boden 75, 117, 258.
Bodenregal 33[2].
Börsentermingeschäfte 309[4].
bona adventicia regularia 289
Born des Rechtes 8.
Botschaft 38.
Brauchbarkeit 17.
Braugenossenschaft 276.
Brauhäuser 275.
Braut **238** fg.
Brautkind 112[2], **237** fg.
Brautstand 238.
Breite der Darstellung 8.
Brennerei 182.
Bresche 42[6].
Brief 393, **394**[1].
Briefhypothek 254[1], **392**[2].
Briefverkehr 182.
Bringschuld 305[3].
Bruch des Verlöbnisses 283.
Bruchteil **404**; eines Grundstückes 253.
Brücke 23[1].
Brüderlichkeit 38[1].
Brunnen 258.
Brunnenverbände 276[2].
Buch, öffentliches 254[2], 263, **316**, 417[5].

Buchersitzung 146[2], 384[5].
Buchhypothek 391.
Büdnerrecht 264.
Bürge **312**[6], 326[4]; Rechte des 326[8].
Bürgerschaft 18[1], 159, **165**, 167[8], 304[4], 309, **326**[3–9], 327[1,2].
Bürgschaftsform 165.
Bürgschaftsgedanke 326[8].
Bund 22[3].
Bundesrat 187, 224 fg.
Bundesstaat 22, 136, 423.

causa decisa 46.
causa finita 46, 48.
causa iusta exclusionis, traditionis 39, 134[1], **250**[4].
causae pendentes 47, 48[6].
cautio damni infecti 117, **118**[2], 380[1].
Cession 152[5], **310**.
Charakter 7, 11[1], 19, 40, 404; transitorischer 32; dinglicher, persönlicher 153, 154; selbständiger 164; polizeilicher 182[1]; zwingender 284[1]; durchgreifender 65[3]; obligatorischer 382[2].
character indelebilis 18.
charta 95.
Cigarrenfabrik 182.
clausula generalis 205.
Codexstelle 8[2].
concursus duarum causarum lucrativarum 315.
condicio viduitatis 234.
condictio indebiti 96[1], 115[6], 141[1], **163**[3], 198, **313** fg.
constitutum debiti s. alieni 165.
constitutum possessorium 375[5].
copropriété avec indivision forcée 258.
corpus 113, 114.
culpa in faciendo, — in negligendo 186[1].

Darlegung 20[2].
Darlehen 125[1], 165, 308.
Darlehenssumme 96[1], 395.
Darsteller 8. 74[3].
Darstellung 6, 7, 8, 72, 78[1]; der Rechtsverhältnisse 316; der Übergangsbestimmungen 34[2].
Dasein, der Rechtssätze 7; des gemeinen Rechtes 8; des Gewohnheitsrechtes 21; der Rechtsverhältnisse 32; der Rechte 58; des Thatbestandes 94[5].
Daseinsberechtigung 69.
datio donationis 325.
Datio in solutum s. Leistung an Erfüllungsstatt.
Dauer 113; ewige 32, 421[15]; des Nießbrauches 261[4]; des Verhältnisses 321.
Dauerobligation 306[5].
déclaration d'absence 214.
decretum divi Marci 424[10].
Definition 80[3], 100[3].
Defloration 355[2].
Deflorationsanspruch 238.
Deichverband 279.
Deklaration 195.
Dekret 244.
Dekretale 47[3].
Delegation 152[5], 309[6].
Delikt 81, 109, 111.
Deliktsanspruch 239.
Deliktsfähigkeit 128, 156.
Deliktsunfähigkeit 156.
Deliktszinsen 307[3].
Denken, juristisches 79; vernünftiges 111.
Denkeinheit 148.
Denkform 171[3].
Denkschrift 38, 43[3].
Depositar 374.
Detention 374.
Dichotomie 84.
Dicke der Mauer 379.
Dienstbarkeit, persönliche 125[1]; beschränkte persönliche 252[8].
Dienstkaution 407[2].
Dienstleistung **109**, 110[3].
Dienststelle 207.
Dienstverhältnis 320[9], **321**, 404.
Dienstvertrag 125[2]; **321**, **403** fg.
dies cedens 411.
Dignität 268.
Disziplin 12[7], 21.
Dividende 125.
Domizil, erstes 227.
Domizilprinzip 227.
Doppelthatbestand s. Thatbestand.
Dos 123.
Dosbestellung 139[1].
Dotalrecht 287.
Dotalsystem 223.
Draufgabe 127[3], 159.
Draufgeld 304[3].
Dreiheit 80[3].
Dritter 98, 99[1], 109, 111, 126[6]; schuldloser 67[3].
Drohung 101.
droit de reversion 263[6].
Druck auf die Volksvertretung 22.
Dürfen, rechtliches 152[4].
Duldung 375[1].
Dunkelheit 12, 37, 424.
Durchbruch 40.
Durchdringung 6.
Durchführung 4, 18, 21, 24, 63; einseitige 11.

edictus 47[2].
Edikt 37[2].
Ehe 48, **51**[2,3], 57[5], 58[2], **135**[4], 173[2], 178[3], 219; Schließung der — 105, **217** fg.; Voraussetzung, Form 198[10], 217 fg.; Scheidung, Trennung der — 51[2], 56[2], 105, 163; Nichtigkeit der — 51[2], 56[2], 105[1,2], 198[16]; Anfechtbarkeit der — 51[2], 52[2], 105[1,2], 198[16].

Ehe 113, **135**[4]; die zweite **233** fg.; nachfolgende **292**.
Eheband 220.
Ehebrecher 219.
Ehebruch **352**[7].
Ehefrau 221 fg., 228, 418[3]; Geschäftsfähigkeit der 222; Handlungsfähigkeit der 424[8].
Ehefreiheit **426**.
Ehegatte 51, 65[2], 135[4, 5], 154, 211, 412; altverheiratete 221, 226; geschiedene **236**; getrennte 232, 236; persönliche Rechtsbeziehungen der 51[3], 173[3], 178[3], 198[10].
Ehegesetz 48, 424[5].
Ehegüterrecht 224[7].
Ehehindernis, privates 219.
Eheleute, altverheiratete 68[2, 3], 221[1].
Ehelichkeit 236.
Ehelichkeitserklärung 292, **297**[1—4], 418[12].
Ehelichung 239.
Ehemann 292; minderjähriger 205; volljähriger 205, 221[2].
Ehemündigkeit 88, 112, 156, **206**.
Eheordnung 421.
Eherecht 157, 233.
Ehesache 197, 357[6].
Ehescheidung 74, **230** fg.
Ehescheidungsgrund 353[3].
Ehescheidungsstrafe 221[3], **230** fg.
Ehescheidungsurteil **230**.
Eheschließung 74, 135, 284, 292; kirchliche 65[8].
Eheunmündigkeit 156.
Ehevertrag **68**[2], 96[2], 221[4], **285** fg., 417[6]; Abschließung 22; Abänderung 22; Form, Wirkung 221; stillschweigender 135.
Eigenart 3, 18, 32, 33[2], 111, 257[2].
Eigenbesitz 147[1].
Eigengeschäft **101**[3].
Eigenmacht, verbotene 374.
Eigenschaft 19[1], **41**, 80, 313[4], 329, 394; dauernde 117; von Personen und Sachen **128**.
Eigentum 25[1], 54, 74, 119[1], 169[6], **375** fg.; Inhalt des 146[3], 173; Erwerb des **251**.
Eigentum zur gesamten Hand **256** fg.; widerrufliches 397.
Eigentümer 118[3].
Eigentümerhypothek 164, 394, **395**.
Eigentümergrundschuld 395.
Eigentumsbeschränkung 76[9], 117, **377** fg.
Eigentumsersitzung 137.
Eigentumserwerb 129, 134[23], 145[4], **376** fg.
Eigentumserwerbsart 134[1].
Eigentumsgestaltung 257[2].
Eigentumsinhalt 382[2], 383[5].
Eigentumsklage **383**[6].
Eigentumsverhältnis, objektives 150.
Einblick 78[1].
Einfaches 92.
Einfachheit **92**[5], 93[1], 300[6].
Einfahrt 258.
Einfluß 73, 93[11], 288; der Simulation 251; der Willensmängel 267[7].
Einführung 61, 426[2].
Eingang 103.
Eingehung 284[3, 4]; der Ehe 416.
Eingekindeter 291.
Eingreifen der neuen Rechtsordnung 400.
Eingriff 22[3]; rechtsverletzender 378[1]; in die Rechtslage 63.
Einheit, Denkform der **79**, 171[3]; des Rechts 426; juristische 82[2].
Einheitlichkeit der Rechtsprechuug **44**[3]; des Rechtsverhältnisses **92**.
Einheitsstaat 426.
Einigung 131.
Einkindschaft 54, 177, 178[1], **290** fg.
Einkindschaftsvertrag **290**, 291[1].
Einkommen 125[2].
Einkommensart 125[2].
Einlassung 382[5].
Einleitung 12[6]; der Vormundschaft 249[4], 370.
Einräumung einer Hypothek 255.
Einrede 110[1], **397**[3]; der Teilung 326[5].
Einreichung des Verzeichnisses 371.
Einreichung 82[3].
Einrichtung der öffentlichen Bücher 254[2].
Einschränkung 19[1], 118, 416; des Rechtes 242, 267[5], 378[2], 396.
Einschreibung einer Hypothck 208; Antrag nuf 384[1].
Einseitigkeit 73.
Einsetzung 337[1].
Einsicht, Recht auf 268[9].
Einspruch 321[4].
Einsturz 118[3].
Einteilung 71, 83, 414, 415[6]; der Tatbestände 73, 87 fg.; der Gewährungsklauseln 29[4].
Eintrag ins Grundbuch 123[1].
Eintragung 83, 109, **131**, 134[1], **250** fg., 260[2], 316, 387, 402.
Eintragungspflicht 386, 387[3].
Eintreten 81[3].
Eintritt 122, 385[3]; in eine Gesamtschuld 127[2], 309; einer Bedingung 315.
Einwand 349[6].
Einweisung ins Vermögen **107**; endgültige 212; einstweilige 213; in die Erbschaft 268.
Einwendung 312[6], 374.
Einwerfung 274[7].
Einwilligung, elterliche **98**[2], 218, 325 gegenseitige 288, 289[1].
Einwirkung 108[1], 378.
Einwurf 2, 21, 63.
Einzelanwendung 58[2], 117[4].
Einzelbestimmung 30[6].
Einzeldarstellung 12[6].
Einzelentscheidung 16, 77.

Einzelerscheinung 12.
Einzelgesetz 21[8].
Einzelner 99[3], 429.
Einzelstaat 33.
Einzelvorschrift 53[2].
Einzelzweck 426.
Eisenbahnbetrieb 430.
Eisenbahnunternehmer 121.
Eisenbahnunternehmung 89.
Eisenbahnwesen 5.
Element 72, 80 fg.; der Begriffsbestimmung 2; des Rechtes 12[6]; konkretes 17[5]; der Rechtswelt 74[3]; des Tatbestandes 85; reales **113**.
Eltern 154, 358 fg.; leibliche 289.
Elternrecht 75[6], 157.
Elternteil, überlebender **233** fg., 298, 361[1].
Emanzipation 128, **293**, **296**.
emancipatio Anastasiana 296.
emancipatio expressa 294; des Code 296.
emancipatio Justinianea 293.
emancipatio tacita 294.
emancipatio Saxonica 360.
Emanzipierter 296.
Empfänger 327.
Empfängnis 112.
Empfängniszeit 143[6], 238[2].
Emphyteuse 32, 137, 185.
Emphyteuta 185.
Endergebnis 9[1].
Endigungsthatbestand s. Thatbestand.
Endurteil 56[2].
Entdecker 150.
Enterbung 273.
Entfaltung 36[1].
Entfernung 118[4], 321[4].
Entmündigter 74, 208, 244[1, 2], **413**.
Entmündigung 83, 153, 243, 413.
Entmündigungsbeschluß 246[4], 413.
Entsagung 268[1].
Entschädigung 41[2], 74, 283. **427** fg.
Entschädigungsanspruch 285, 427[2].
Entschädigungspflicht 178[4], 379[3], 428[1].
Entscheidung 45[2], 50[1], 62, **78**, 124[1], 235, 358[6]; gerichtliche **51**[1].
Entschließung 283[1].
Entsetzung 269[3].
Enstehung 78[1], 83, 415; von Rechtsverhältnissen **80**, 94.
Entstehungsgeschichte 408.
Entstehungsthatbestand s. Thatbestand.
Entstehungszeit 309[5].
Entwährung 308[1], **313**.
Entwickelung 49, 50; historische 37[7], 39, 50, 200[3]; des intert. Privatrechtes 38, 367[7]; des Handels 426[3].
Entwickelungsstufe 319, 397.
Entziehung des Pflichtteils 273; des Erziehungsrechtes **298**[2]; des Besitzes 374.
Epigone 86[11].
Erbauseinandersetzung 270.
Erbbaurecht 125[1], 252, **385** fg.
Erbe 67[3], 74[1], 137[3], 315; mutmaßlicher 213, 214; gesetzlicher **267**.
Erbeinsetzung 411.
Erbeinsetzungsvertrag 333.
Erbentsagungsvertrag 341.
Erberwerbsfähigkeit **268**.
Erbfähigkeit 268.
Erbfall 238, 272.
Erbfolge 272; gesetzliche 74, 113, 137, **267** fg.; testamentarische 93[8], 138; vertragsmäßige 138.
Erbgang 375.
Erbgemeinschaft 269.
Erblasser 54, 137, **267**, 315, **410** fg.
Erblasserin 336[1].
Erblegitimation 268[6].
Erblegitimationsverfahren 269[1].
Erbordnung 267, 365.
Erbpacht 32, 264, 376.
Erbpachtgrundstück 264.
Erbpachtrecht 264, **389**.
Erbrecht im objektiven Sinne 75[7], 420[8], 93[7].
Erbrecht im subjektiven Sinne 238, 272, 272[6]; unter Ehegatten **135**[5]; subsidiäres 336.
Erbschaft 67[3], 74[1], 204, **267** fg.
Erbschaftsantretung 315[1].
Erbschaftsklage 271.
Erbschaftskauf 271.
Erbschein 268[8] fg.
Erbteil 341.
Erbteilung 270.
Erbunfähigkeit 268.
Erbunwürdiger 268[5].
Erbunwürdigkeit **268**.
Erbverbrüderung 33.
Erbverpächter 264.
Erbvertrag 54, 88, 132[1–4], 288, **338** fg., 417[10].
Erbverzicht 132[4].
Erbverzichtsvertrag 54, 288, 333, **340** fg. 411, 417[11].
Erbwürdigkeit 268.
Ereignis 58[1], 79, 83; personales **83**[2], **111** fg.; reales **83**[2], 117 fg.
Erfindung 150[4].
Erfolg 302.
Erfolgswille **99**[3] fg.
Erfordernis 36; rechtsgeschäftliches 251.
Erforschung 63, 64[1]; der Vaterschaft 240.
Erfüllung 50[1], 284, 301, **312**[3]; mangelhafte 305; der Bedingung 122.
Erfüllungsgeschäft **311**, **312**.
Erfüllungsort 397[3].
Ergänzung 345, 411, 423[5]; des Pflichtteils 73[4].
Ergebnis 11[5–7], 27[1], 35, 54[4], 269, 273[3], 428; unbefriedigendes 62[2]; richtiges 293.
Erhaltung der Ansprüche 305[5]; der Wirksamkeit 387.

Erhaltungssinn 180[5].
Erheblichkeit, rechtliche 109.
Erkenntnis 8[1], 11[1], 27, 34[2], 39, 58[3], 62[2], 337[3].
Erklärender 99[3].
Erklärung 19[8], **99**, 296, 315; des Gesetzgebers 41, **42**; feierliche 43[3].
Erklärungsabsicht **100**, **101**[3].
Erläuterung 79.
Erlangung der Volljährigkeit 296[1].
Erlaß 23[1]; von Landesgesetzen 250[1]; der Gewährungsklausel 417.
Erlaßvertrag 314[2].
Erlaubnis 379[1], 387.
Erledigung 46; endgültige 52.
Erlös 27[6].
Erlöschen **312**[1]; der Rechte 318; des Pfandrechtes 320[8]; einer Stiftung 345.
Erlöschung 279.
Erlöschungsgrund 93[12], 231, 399[6, 7].
Erlöschungsthatbestand s. Thatbestand.
Ermächtigung 46[1], 207[1], 225, 388.
Ermächtigungsgeschäft **98**[3], 168.
Ermäßigung der Zinsen 306[2]; des Zinsfußes 418[1].
Ermessen 277[6]; freies 247, 293.
Ernährungsvertrag 304.
Ernennung des Testamentsvollstreckers 269[2]; des Vormundes 299[7].
Erneuerung 116[2—9]; Lehre von der **306**[5], 308[6], 404.
Erneuerungsschein 329, **409**.
Eroberung 93[10].
Erörterung 99[4], 136.
Erreichung 296[1]; des Zweckes **44**; des Alters 89, **112**[1, 2].
Errichtung 273[2]; der Hypotheken 65[5]; des Testamentes 129[4], 130[3], **334**, **335**, 413[2]; der Mauer 380[1].
Ersatz 52, 99[4], 382[7], 411[2].
Ersatzanspruch 229[7].
Ersatzmittel der Rechtsordnung 265[4]; der Ausschlußklausel 44.
Erscheinung 11, 18[2], 61, 77[2], 85.
Ersitzung 113, 121, **144** fg., 183, 385[5]; ordentliche 145[2]; Erfordernisse der 145[2]; außerordentliche 145[3]; (Voraussetzungen) **251**[6].
Ersitzungsfähigkeit 145[2].
Ersitzungsfrist 145[2].
Erstattungsanspruch 383[3].
Ersteher 316[8].
Erstreckung 111, 386[4], 393.
Erstverstorbener 340.
Erteilung 83; eines Privilegs 107; von Abschriften 268[8, 9]; des Hypothekenbriefes 391.
Erträgnis 125.
Erwägung 64[1], 241, 281; rechtspolitische 78.
Erwartung 422[8, 10].
Erweiterung 37[7], 241[8], 281, 303[8], 372, 385[8], 396[7].
Erwerb 124, 125; der Erbschaft 74[1]; der dinglichen Rechte 250; notwendiger **267**; willkürlicher 268[1].
Erwerber 131, 262, 400[6, 7]; gutgläubiger 308.
Erwerbsthatbestand s. Thatbestand.
Erwerbs- und Wirtschaftsgenossenschaften 32, 278[4].
Erwerbs- und Wirtschaftsgesellschaften 278[4].
Erzeugen 110.
Erzeuger 410.
Erzeugnis, stehendes **256** fg.
Erzeugung 240[2]; des Erbrechtes **135**[5]; Zeitpunkt der 238.
Erziehung 236, 243[2], 365.
Erziehungsrecht 235, **298**, 365[7].
Erziehungsvertrag 164[1].
Erzwingbarkeit der Norm 21.
Ewiggeld 393[2].
exceptio plurium constupratorum 241.
excommunicatio 56[1].
Execution 47[5].
Extinktivverjährung 137[2].
Ewa euua 170.
Exemplar 325.

Fabrikzeichen 150.
facta concludentia 195.
factum novum 116.
Faden 77; des Systems 71[3].
Fähigkeit 14[2], 128, 413, 422; persönliche 74, 172, **201** fg.; zur Autonomie 274[4].
Färbung, öffentlichrechtliche 191[1]; politische 414.
Fahrlässigkeit 429; grobe 315.
Fahrnis 220.
Fahrnisbesitz 264[1].
Faktor, des Rechtes 12[6]; der Rechtswelt 81.
Fall 35, 40, 294.
fallentia 6, 71[1].
Familie 274[1]; landesherrliche, fürstliche 32, 33[1]; ritterschaftliche 273; adelige 274[2].
Familienbeschluß 346.
Familienfideikommiß 274, 393.
Familiengüterrecht 74[3], 172[3].
Familiennamen 240.
Familienrat 211, 246 fg., 373, 418[10].
Familienrecht, 74[3], 157[3], **283** fg., 420[8]; reines 74[3].
Familienstiftung 346[2].
Familienverhältnis, reines 169[5].
Fassung 43, 55, 62[2], 125[2]; der Begriffsbestimmung 2; der Gewährungsklauseln, objektive 28; subjektive 29[2]; gemischte 29[3]; der Rechtsregel 36[4]; der §§ 255.
Fehler 17, 37, 60, 285; wissenschaftlicher 8.

Fehlerhaftigkeit 83[2], 118[3].
Feilbietung, bewilligte 49[5].
Feinheit 13[1].
Fenster 381[4].
Fensterrecht 380[4].
Festsetzung 70; der Entschädigung **427** fg.
Feststellung 387[5], 388[4], 414; des Gebotes 394.
Feststellungsklage, negative **163**[5], 363[5], 364[2].
Festung 118[4].
Feuer 87[1], 135.
Figur 136.
Fiktion 7, 47[10], 79, 86[11], **94**, 110, 111[1]; retrotraktive 122; der stillschweigenden Unterwerfung 67[6], **68**, **69**, 104[2], 105[5], 106[1], 168[1], 335[8], 336[2], 403[7]. 411[6], 420[5].
Fiktionsbasis 94[3].
Fiktum 94[4].
Finder 187[1].
Finderlohn 145[4].
Firma 127, 186[3].
Firmenrecht 426[3].
Fischereirecht 375.
Fiskus 33, 137[3], 281, **346**.
Fläche 378[7].
Fleischbank 276[2].
Flößbarkeit 83[2].
Fluß 117; öffentlicher 80, **118**[4], 375[6].
Flußinsel, Entstehung der 83, 89.
Förderung 426[1].
Förmlichkeit 58[1], 95.
Folge 24, 41[4], 44[3]; gesetzliche 291[1]; der Erfüllung 312[3].
Folgerichtigkeit 310[6], 311[3].
Folgerung 27, 49[7], 59[2], 585.
Folgezeit 7, 20, 49.
Forderung 91[3], 127, 261, 269; an den Gesetzgeber 41[4], 91[3], 141, 162[3]; latente — ruhende 156[1]; übertragbare **310**; Betrag der 391[4].
Form 65[1], 68[1], 95[2], 96[1], **102**[1], 132[5], 261[8]; wissenschaftliche 40.
Formalität 66[5], 247[1].
Formel 5[4].
Formwert 109.
Forscher 78, 89.
Forschung 85[3].
Fortbestand 427.
Fortentwickelung des Rechtes 6[1]; organische 77.
Fortfall des Interesses 315.
Fortführung 127.
Fortherrschaft 265; der Rechtsordnung 104[1].
Fortkommen 207.
Fortnahme, eigenmächtige 321[4, 5].
Fortschritt 49, 91[9].
Fortsetzung 12[6], 323[6]; stillschweigende 308, **398**[7].
Fortwirkung s. Rechtsordnung.
Frage 14, 24, 40, 62[2], **78**, 325, 413[1]; intertemporale 16, 356[3], 380[5].
Frau 288; geschiedene 231[1].
Freiheit 38[1], 295[5]; gesetzliche 183; des Eigentumes 262.
Freiheitsrechte 183.
Freischulzengericht 265.
Freizügigkeit 183, 426.
Fremdartiges 73.
Fremder 13[1], 14[2].
Fremdherrschaft, französische 60, 61[1], 424[3].
Frist 68[1], 140[6], 165[7], 219, 261[8].
Frohnden 426[2].
Frucht **124** fg.; Trennung der 83, 89; natürliche 125[1].
Fruchtbegriff **124**[5].
fructus civiles 125[1].
Führung 315; der Vormundschaft 370.
Fürsorge 370, 417[4].
Fund 145[4], 185, **302**.
Fundgrube 78.
Fungibilität 128.
Furcht 21, 22[4], 80.

Ganerbschaft 275.
Ganzes, einheitliches 12[6].
Gasttisch, öffentlicher 110.
Gatte 233, 249[9].
Gattung 117[1].
Gebäude 253, 258; fehlerhaftes 121[4].
Gebäudeteil 258[5], 260.
Geben 327[6].
Gebiet 7, 64[1], 386[2].
Gebietsteil 424.
Gebild 18, 19, 111.
Geborener 128.
Gebot 337; das geringste 388[4], 394.
Gebotsgesetz 186[1].
Gebotsvorschrift 187[2].
Gebrauch von Sachgütern 110.
Gebrechen 29, 80; körperliches 246, 369.
Gebrechlicher 370.
Gebrechlichkeit, geistige 244.
Gebundenheit, rechtliche 113, **149** fg; dingliche 131[3]; Zustand der 283.
Geburt 83, 111, 112[4, 5]; lebensunfähige 129[1], 204, 240.
Gedanke 9[2], 50[1], 66[6], 130, 335[8], 387[2], 403[7], 415; neuer **40**.
Gedankengang 22, 99[4], 130, 281.
Gedankenwelt, juristische 148.
Gefahr beim Kaufe 20[3], 29, 118[3], 318; der Ausschließlichkeit 245[1].
Gefährdung 7, 23[1].
Gefährliches 429.
Gefährlichkeit 86.
Gefühl des Gesetzgebers 40.
Gegenanspruch 167[1].
Gegenbeweis 241.
Gegensatz 43[3], 62[1], 89[1], 416.
Gegenseitigkeit 22[5].

Gegenstand 13[1], 14[1], 252[7]; des Pfandrechts 321, 396.
Gegenteil 42, 62[2].
Gegenüberstellung 95.
Gegenvormund 211, **246** fg., 299, 370.
Gegenwart 19; Thatbestand der — s. Thatbestand.
Gegner 70, 86, 95.
Gehalt, subjektiver 230[3], 234[4], 302[3].
Gehöferschaft 275.
Geist 38; der modernen Gesetzgebung **69**; des Deutschen Übergangsrechtes **78**.
Geisteskranker 176[2], 334.
Geisteskrankheit 54, 69, **243** fg., **353**, 413[5].
Geistesschwacher 244, 334, 370.
Geistesschwäche 54, 244 fg, 370.
Geisteswerk 266[3].
Geistlicher, katholischer 334[1].
Geld 428.
Geldwert 158.
Gelegenheit 63, 66, 77.
Gelehrter 107[5].
Geltendmachung 240; des Rechtes 382[2].
Geltung 319[4], 368[5]; formelle und materielle **3**.
Geltungsbereich 232; des Gesetzes 346.
Gemeinde 248, 385; politische 276, 277[1].
Gemeindewaisenrat 249[2].
Gemeingebrauch 117, 118[4], **150**, 375; Recht des — 150.
Gemeingut 9[1].
Gemeinschaft 68[2], **303**[3], 324[5]; nach Bruchteilen 53, 169[7], 269, **404** fg., 418[16]; eheliche 221, 101[4]; Aufhebung der 221; geistige 353.
Gemeinschaftsleben 426.
Gemeinschaftsschulden 418[3].
Gemeinschuldner 139.
Gemeinwesen 84; ewiges 18; beseeltes **81**[1].
Gemeinwohl 429.
Gemischtheit 121.
Gemüt 37.
Genehmigung 56, **98**[2], 106[3], 129, 133; des Vormundes 88; des Landesherrn 293.
Genehmigungsgesuch 288.
Generalhypothek 123, 132[5].
Generalpfandrecht 123.
Generation 16[4].
Genosse 389[9], 405.
Genossenschaft, registrierte 278.
Genugthuung 285[2].
Genuß 152.
Genußrecht 152.
Gerechtes 92.
Gerechtigkeit 50, **92**[5], 93[1], 111, 300[6], 427.
Gerechtigkeitssinn des Gesetzgebers 28.
Gericht 41, 45[2], 70, 236, 431; fremdes 22; italienisches 52[2]; unser 266[6]; ordentliches 235.
Gerichtsgebrauch 52[2].
Gerichtshof, englischer 431[2].
Gerichtsstand 36[4].
Gerichtsvollzieher 21.
Gesamtakt s. Thatbestand.
Gesamteigentum 256[4].
Gesamtheit 39[2].
Gesamtnachfolge 309[6].
Gesamtschuld 309.
Gesamtschuldverhältnis 309[5].
Gesamtthatbestand s. Thatbestand.
Geschäft 14[1], **101**[2].
Geschäftsabschluß 110.
Geschäftsanteil 154.
Geschäftsfähiger 99[3].
Geschäftsfähigkeit 74, 102[1], 125[1], 156, **204** fg.; unbeschränkte 111, 156.; beschränkte 156; erweiterte 206 fg.; Beschränktsein in der 207[2].
Geschäftsführer 110.
Geschäftsführung ohne Auftrag 110, **303**[2].
Geschäftsherr 110, 302[4].
Geschäftstypus 189[3].
Geschäftsfähigkeit 113, 156.
Geschehen 88.
Geschenk 273[4].
Geschichte des intert. Privatrechtes 9[2], **12**[1, 2], 15[1], 19[1], 40, **78**, 172[9], 222; des internat. Privatrechtes 9[2].
Geschlecht 206, 296.
Geschöpf, fremden Rechtes 9[2]; des Rechtes 15, **18**, 27, 28, 40[1], 180[5], 415[1].
Geschwächte 239.
Geschwängerte 239.
Gesellschaft 13[1], 133[1], 186[3], **322**; gutgläubige 99[3].
Gesellschafter 133, **322**.
Gesellschaftsanteil 157.
Gesellschaftsorgan 182[2].
Gesellschaftsverhältnis 323[2, 7].
Gesellschaftsvermögen 322, **324**[2].
Gesellschaftsvertrag 308, 405.
Gesetz 22, **25**[7], **31**[3], 250[2]; im materiellen und formellen Sinne 107[1], 108[3]: rückwirkendes 23.
Gesetze, die bisherigen **31**[3]; 42, **63**, **64**[1], **356**[3]: zwingende 58[5]; verbietende 58[5]; prohibitive 184; revokatorische 189.
Gesetze, auslegende 191[3], 191[6]; erklärende 193[2]; erklärte 194.
Gesetze, Inkrafttreten der 60[2]; Verkündung der 60[2].
Gesetzesbestimmungen 250[5].
Gesetzesentwurf 22.
Gesetzessprache 53.
Gesetzesvorbereitung 180, 192.
Gesetzesworte 180[2].
Gesetzgeber **90** fg., 178, 179, 199, **415** fg.; germanischer 37[2]; badisches 67; öster-

reichischer 67[8]; Absicht des 195; kirchlicher 198; italienischer 298[3]; sächsiches, schweizerischer 300[2]; des intert. Landesrechtes **307**[3]; lübischer 349; tyrannischer 39.
Gesetzgebung 5[4], 411; Politik der 41[1], 179[1], 190, 196[2]; intertemporale **198**, 227; jeweilige 209.
Gesetzgebungspolitik **41**.
Gesetzgebungstechnik 43[4]
Gesichtspunkt 50[1], 73, 422[3, 4]; intertemporaler 6.
Gesichtswinkel 416[4].
Gesinde 208.
Gesindeverhältnis 308, 321.
Geständnis 293[1], 365.
Gestalt 54, 86[2].
Gestaltung 5[4], 45.
Gesuch 268[7].
Gesundheit 113.
Getränk 110.
Gewährfrist 318[6].
Gewährleistungspflicht 270[5], 318.
Gewährschaftspflicht 399.
Gewährung 64[1], 70, 427.
Gewährungsklausel 24, 28 fg., 69[4], 123[2]; subjektive 28, 29; objektive 29; gemischte 29; ausdrückliche 29[4]; stillschweigende 29[4]; beschränkte 30[3, 4]; übervollkommene 33[3].
Gewalt 157; väterliche, ehemännliche Vormundschafts- 157[4]; höhere 117; elterliche 157[4], 163[4], 289, 238.
Gewalthaber 154, 363.
Gewaltsentlassung **293**, **294**[1], 418[12].
Gewerbe 207, 426.
Gewerbefreiheit 183.
Gewerbeordnung 182.
Gewerkschaft 279.
Gewinnanteilschein 164[4], **328**[5], **408**.
Gewöhnung 16[4].
Gewohnheitsrecht 21[9], 31[3], 37[6], 171[8], 196[12], 197[1, 2, 3], 277[2] **424**.
Gläubiger 74[1], 124, 127, 270, 305 fg., 326[6].
Gläubigerausschuß 133.
Gläubigerseite 309[6], 314[5].
Gläubigerverzug 319[8].
Glaube 50, **80**[1], 386[5]; guter 135[1]; öffentlicher 166, 259.
Gleichheit 38[1].
Gleichstellung 367[5]; gesetzliche 244.
Gleichzeitigkeit 83[3].
Glied des Thatbestandes 239[1], **136**, 419[2]; der Rechtsgemeinschaft 5[4]; des Bundesstaates **136**, 423.
Gliederung 73, 76, 83, 156, 173; wissenschaftliche 123.
Gliedstaat 22, 136.
Gliedthatbestand s. Thatbestand.
Glossator 12[7].
Glück der Bürger 180[4].
Grad 402; der Ausschließlichkeit **156** fg.; der Verwandtschaft 267; der Sorgfalt 305[4]: der Ausschließlichkeit 424[5].
Greis, siebzigjähriger 217.
Grenzanlage 379[4].
Grenze 7, 238[1, 8]; zeitliche 293[5].
Grenzgebiet des intertemporalen Privatrechtes 6 fg.
Grenzlinie 107.
Grenzmauern 379.
Grenzscheide der Herrschaft 327[5].
Grenzscheidung 315.
Grenzstein 240; intertemporaler **60**.
Größe 121[3].
Großgrundbesitzer 278, 313[1].
Großjährigkeit 161[1]; -erklärung 83, 205[5].
Großvater 360.
Gründung 134[1]; des Vereins 134[1].
Grund 19[1], 258, 414; ethischer 55[3], 181[2]; volkswirtschaftlicher 39[1], 181[2]; höherer 181[6]; zureichender 239[4].
Grundbegriff 1.
Grundbuchsanlage 60[3].
Grundbuch 146, **249**, 387; Eintragung ins 131, **249**; Zeitpunkt der 146[2], 178[2], **249**; Anlegung des 146[3], 249.
Grundbuchbeamter 302[5].
Grundbuchbezirk **255**, 387.
Grundbuchblatt 258, 264, 386; besonderes 390.
Grundbuchordnung 385[3].
Grundbuchrecht 92, 131, **249** fg.
Grundbuchverfassung 252.
Grunddienstbarkeit 125[1], 146, 252, 385[8], **390** fg.
Grundeigentum 250, 277[2], 426.
Grundeigentümer 117.
Grundgedanke 53, 71[1].
Grundgerechtigkeit 379, 390[6].
Grundlage 9[1], 72, 88.
Grundrente 125[1, 2].
Grundsatz 8, 43[3], 46[6], 87[2], 411; verfehlter 67[5]; intertemporaler 134, 180, 201; uralter 331, 368[6].
Grundschuld 254[1], 386.
Grundschuldbrief **393**[1].
Grundton 386.
Grundstück **249** fg., **384** fg.; Lage des 117, 146; Eigentum am **384** fg.; fehlerhaftes 118; herrschendes 254[8]; land- und forstwirtschaftliches 275; herrenloses **385**[5].
Grundstückseigentümer 380.
Gruppe 31[3], 84; der Begriffe 53; der Vereine 275; der A. G. 286 fg.; der Inhaberpapiere 327[3]; der Gründe 414 fg.
Gruppierung der Ausschlußklauseln 41; der Rechtsverhältnisse 73.
Gültigkeit 95, 129[4], 327, 335, 337, 339[2], 376.
Gültigkeitsvorschrift 348.
Gütergemeinde 275.

Gütergemeinschaft 215[2,3], 221; allgemeines 225, **225** fg.; fortgesetzte 225, **228**.
Gütergemeinschaftsordnung 225.
Güterrecht 93[6], 220[4]; eheliches 220; intertemporales 220.
Güterrechtsordnung 220.
Güterrechtsverhältnis 220.
Gütersonderung 224.
Güterstand 68[3], **220**[4], **220** fg.; gesetzlicher, ehelicher 68[3], 74, **135**[3–5], 421[3]; vertragsmäßiger 136[1], 169[8], **585** fg.; Aufhebung des, Auseinandersetzung des 221; erbrechtliche Wirkung 222, **229**[2–5].
Gütersystem 222.
Gütertrennung 225, 287.
Güterverzeichnis 271.
Gunstbezeugung 5[4].
Gut, wirtschaftliches **109**.
Gutgläubigkeit 145[2].
Gutsherr 265.

Hälfte 379.
Härte 68[1], 413; der Lehre 86[11]; der Rechtsprechung 285[6]; der Auffassung 382[1].
Haftender 429.
Haftpflicht 121, 281, 368.
Haftung 110, 111, 116; reale, personale 220; des Erben, des Schuldners **270** fg.; für Entwährung 308[1].
Halben-Gebrauchswaldung 275.
Halten des Tieres 303[1].
Halter des Tieres 116[1], 303[1].
Haltlosigkeit 300[5].
Haltung des Gesetzgebers 252.
Hammerschlagsrecht 380[4].
Hand 21, 407; gesamte 78, 269, 404[10].
Handel 426[3].
Handelnder 109, **101**, **102**.
Handelsgeschäft 127, 315.
Handelsgesellschaft 426[3].
Handelsgewerbe 207.
Handelsregister 185.
Handgreiflichkeit 255.
Handhabe 27, 126.
Handlung 79, **84** fg., 183; unerlaubte 29[5], **108** fg., 368; rechtmäßige 174, 109 fg.; rechtswidrige 174; erlaubte 174; schlüssige 294; störende 375[1].
Handlungsfähigkeit **160** fg., 424[8].
Haubergsgenossenschaft 275.
Hauptbeispiel 423.
Hauptergebnis 28.
Haupterkenntnis 313[4].
Hauptforderung 329, 397[3].
Hauptgliederung 73.
Hauptgruppe 366[7].
Hauptinhaberpapier 328.
Hauptkriterium des Rechtsgeschäftes 101.
Hauptmangel 73.
Hauptmerkmal 114.
Hauptobligation 306[5].
Hauptpapier 328.
Hauptpartei 165.
Hauptprinzip 21.
Hauptrechtsordnung s. Rechtsordnung.
Hauptrechtsverhältnis s. Rechtsverhältnis.
Hauptregel des deutschen Übergangsrechts 63[2]; des intertemporalen Rechts 9, 13[1], 15[1], 17, **25** fg., 54, 62[1].
Hauptsache 71, 79, 81[2], 110[1], 228.
Hauptsatz 9.
Hauptschuldner 312[6], 326[9].
Hauptschuldverhältnis 309[5].
Hauptstelle 311.
Hauptstück 119.
Hauptthatbestand s. Thatbestand.
Hauptunterschied 8.
Haupturkunde 408, 409[3].
Hauptvoraussetzung 310.
Hauptwillensthatbestand 101[4].
Hauptzweck 425.
Haus 13; reichständisches 32.
Haushalt 363.
Häuslerrecht 261.
Haussohn 412[4].
Hebung 426.
Heilung 248[4]; von Rechtsgeschäften **103**; der Ehe 237, **348**; eines Vertrages 301[6].
Heimatstaat 137[3].
Heimstättenrecht 426.
Heirat 205.
Heiratsurkunde 292.
Heiratsvermittlung 304.
Hemmung 139 fg., 357.
Heranziehung 31[2].
Herausgabe des Geschenkes 273[5].
Herbergsrecht 257.
Herde 129.
Hereinziehung 6.
Herkommen 345[1].
Herkunft 31[3].
Herr 185.
Herrschaft 14[2], 51[1], 418[20]; der Rechtsordnung 14[2], 27, 29, 52, 59[5], 73; der neueren Regel 41[3]; zeitliche 60[1].
Herrschaftsbereich 73; der Rechtsordnung 60.
Herrschaftsgrenze, intertemporale 238[1].
Herrschaftstendenz **30**[6].
Herstellung der Gemeinschaft 354.
Hingabe der Darlehenssumme 395.
Hinneigung 77.
Hinterlegung **313**[2].
Hinzutreten 359[8].
Höhepunkt 49[3].
Hoffnung 22, 396[5], 422[8].
Hoffnungsrecht 422[10].
Hofraum 258.
Höhe der Verzugszinsen 306[1].

Höhepunkt 461[1].
Holschuld 305[3].
Holz, wild aufwachsendes 256.
Holzung 276.
Honorar 110.
Hülfsarbeiter 78, 312.
Hülfsmittel 12.
Hülfsrecht der Gläubiger 165[2].
Hülfsrechtsordnung s. Rechtsordnung.
Hülfswissenschaft 12 fg.
Hypothek 65[5], 251, 371, 391 fg.
Hypothekenbuch 252, 362.
Hypothekenbrief 391.
Hypothekenrecht 131, 252, 279.
Hypothekentitel 362, 371.

Jagdrecht 375.
Jahrzehnt 77.
Janusgesicht 135.
Indeterminismus 39.
Idee, naturrechtliche 38.
Imperativ 81[2].
Inbegriff 2, 79, 82[4].
Industrie 426.
Inhaber 327 fg., 389, 406 fg.; der Firma 127[2].
Inhaberaktie 328[3, 4], 408.
Inhaberin 360.
Inhaberlegitimationspapier 330[1—7], 409.
Inhaberlegitimationsurkunde 332.
Inhaberpapier 89, 150, 164; Ausgabe des 164[4]; eigentliches, uneigentliches 327 fg.; hinkendes 409.
Inhaberobligation 332.
Inhalt 36[4]; der Rechtsverhältnisse 40, 73; der dinglichen Rechte 251 fg., 388; der Schuldverhältnisse 204 fg., 417[17].
initium spectandum est 303[2].
Inkrafttreten der Rechtsordnung 60[2].
Inland 13[1].
Innehabung 262[4].
Innenwelt 79, 80.
Innominatrechtsteil 4.
Insinuation 49[5].
in solatium liberorum amissorum 289.
Instanz 46, 285[1]; erste 230.
institutio ex re certa 411.
Institutionen-System, römisches 12[6], 150[2], 157[4], 172[2].
Interdikt 117[4].
Interesse 23[1], 99[3], 137, 315, 426; öffentliches 38[4]; der Gesamtheit 39[2]; intertemporales 131; widerstreitendes 136 fg., 247; der Einzelnen 429[2].
Interessenschaftsforst 275.
Interimsschein 406[2].
Internationales Privatrecht 43[3].
Internationales Recht der zeitlichen bürgerlichen Kollisionsnormen 227.
Internationalrechtsnorm 62[2].
interpositio auctoritatis 81[2].
interpretatio authentica 194[3].
Interpretation 45[2].
Intertemporales Civilprozeßrecht 6, 12.
Intertemporales Privatrecht, nationales, partikulares, gemeines 9; Deutsches 10[2]; strenges und billiges 10[3]; allgemeines und besonderes 10; gewährendes, ausschließliches 10; gemeines, (Sonder) besonderes 11[1], 73, 75; Reichsrecht, Landesrecht 11[2], 28[2], 50[1], 75[1], 93, 93[1]; römisches 43[3].
Intertemporales Recht der örtlichen bürgerlichen Kollisionsnormen 227, 356[2—5].
Intertemporales Recht der Rechtsordnungen 25[4], 31[4]; des intertemporalen Privatrechtes 61, 62, 66, 240; des internationalen Privatrechtes, intertemporales Reichsrecht — Landesrecht 50, 75[1, 2].
Intertemporales Strafrecht 6, 12.
Interzession, privative 311, 350.
Intestaterbrecht 289.
Inventarerbe 313[1].
Inverzugsetzung 154.
Irdisches 114[1].
Irrtum 42, 64[1], 67, 80, 100, 101, 103[1], 335[2].
Isolierung 21.
Jungfrau 239.
iura acquisita s. Rechte, erworbene.
iura connata 86[1].
Jurisprudenz 82, 114, 200; italienische 9[6], 17[2], 359[5]; französische 14[2], 219, 421[1]; theoretische 149; praktische 149; heutige 380[5].
Jurist 55, 114; römischer 46, 86[11], 91[6], 129[4]; klassischer 52.
ius ac potestas in capite libero 157[4].
ius ad rem 317[5], 400.
ius aequum 10[3], 137[1], 140[6].
ius commune, ius singulare 10[1], 11, 33, 41[5], 43[3], 76[1], 102, 103[1], 105[7], 170, 261, 263.
ius divinum 37[3], 38, 198, 199.
ius personarum 153.
ius quaesitum 20.
ius retinendi 190[1].
ius scriptum, ius non scriptum 176.
ius generale 176[5]; ius speciale 391[7].
ius strictum 10[3], 137[1].
Justiz 5[4].
Justizministerium 288.
ius tollendi 190[1].

Käufer 318.
Kaiser 8[2], 187, 423[7]; römischer 37[1]; spätrömischer 46[4].
Kalender 151.
Kanonisches Prinzip s. Prinzip.
Kapazität 268.
Kapitalzins 125[2].
Karte 330, 409[5].

Kasuistik 20[4].
Kategorie 31; logische 79; neue 108.
Kauf 135[1], **317** fg.
Kausalität 17[5].
Kausalitätsgesetz 17.
Kausalitätsprinzip s. Prinzip.
Kausalzusammenhang 80.
Kautionshypothek 162[3], **392**[6], 395.
Kautionsleistung 261[2].
Keim 78.
Kenntnis 12, 107, 357[2]; des intert. Privatrechts 28[1], 41; vom Wechsel der Rechtsordnung **67**.
Kennzeichen 33[1], 89.
Kern 66; der Wahrheit 89[1].
Kette 79.
Kind 53, 64[1], 111, 417[7]; uneheliches **39**[2], 69[3], 143[6], **364** fg.; eheliches **358** fg.; volljähriges 218; natürliches **241**; geringst bedachtes 234; aus geschiedener u. s. w. Ehe **235** fg.
Kindererziehung 288[1].
Kindesrecht 75[3], 157.
Kindesvermögen 288, **361**.
Kirche 46[6].
Klagbarkeit 95, 104, **304**.
Klage 64[1], 104[1], 110[1], 142[4], 218; auf Ehescheidung 215[1]; auf Unterhalt 240[7]; auf Absetzung 269[4]; auf Eheschließung 284; publizianische **383**[6].
Klageerhebung 50, 64[1], 118[2], 142[1].
Klagenverjährung 113, 137.
Kläger 49[7], 218, 248[8].
Klasse der Erben 267; der Schriftsteller 420.
Klausel 28, 187, 261; intertemporale 8, 16[1]; negative 41[3]; positive 28.
Kleid 60; äußeres 42.
Klosterperson 204, 334.
Kluft 73, 84.
Klugheit des Gesetzgebers 20[4].
Knabe 334.
Kodifikation 21[8], 28, **170**, **171**, 200.
Kodizill **333**[1] fg.
König 37[2]; langobardischer, germanischer 47[1].
Können, rechtliches 152[2].
Körperschaft 275 fg., 417[2]; des öffentlichen Rechtes 281; öffentliche 327.
Körperschaftsrecht 282.
Kollationsberechtigter 138.
Kollationspflicht 138, **274**.
Kollationsverpflichteter 138.
Kollision, örtliche 62[2].
Kollisionsnorm 5[4]; örtliche 14[1]; interlokale 23[1]; nationale 227.
Kolonist, englischer 41[4].
Kommission 300[4], 323[9].
Kommissionsberatung 43[3], 180[2].
Kommissionsmitglieder 180[2].
Kommissivdelikt 185.
Komponist 150.
Konfusion 154[6], 154, 262, 315, 389[4].
Konkretes 72.
Konkubent 242[2].
Konkubinat 134[1].
Konkurs 92, 139, 270, 299[3].
Konkurseröffnung 139, 153.
Konkursgläubiger 133.
Konkursmasse 363[5], 364.
Konkursrecht 7.
Konsens 381[1].
Konsolidation 261[6], 262.
Konsument 110, 111[1].
Konsumtion 109, 121[2].
Konsumtionshandlung 111.
Kontrahent 309[2].
Kontrakt 81.
Kontrollorgan 22.
Konvaleszenz s. Heilung.
Konzession 5[4], 279.
Kopf 130[1].
Korporation 276.
Korrektur 325.
Kosten 37, 248[8], 424.
Kostentragungspflicht 221[2], 228[4].
Kraft 85; rückwirkende 180, 181[6], 184; positive 21[2]; konstitutive, deklaratorische 212[1].
Kraftäußerung der Natur 117.
Kraftloserklärung 328 fg., **406** fg.
Krankheit 66[5], **80**, 353.
Kreditanstalt 278; landschaftliche, kommunale 279.
Kreditauftrag 165.
Kreis 85, 111, 422; der Thatbestände 47[8], 121; der Berechtigten 274.
Krieg 13.
Kriegsverschollenheit 292[2].
Kriminalanthropologie 82[3].
Kriterium 404[2]; festes 36; eines Rechtsgeschäftes 102.
Kritik 12, 64[1], 67[5], 75[3], 115[1].
Kündigung 69, **98**[2], 151, 152[1], 152[2], 168[4], **321**, **322**[11], **398**.
Kündigungsfrist 398[3].
Kündigungsgrund 319.
Kündigungsrecht 403.
Künstelei 11.
Kürze 82[4].
Kultur 426[1].
Kulturstaat 21, 22, 100.
Kulturzweck 415, 426.
Kundmachung 59.
Kunst, bildende 266.
Kurs 408[1], 410.

Länge der Zeit 48[5].
laesis enormis 142[3].
Lage 396; soziale 39[2]; des Grundstückes 117.
Land, klassisches 23.
Landesgesetzgeber 46[1], 337, 350, 417.
Landesgesetzgebung 220.

Landesherr 293.
Landesrecht 224 fg.
Landflüchtigkeit 353.
Landschaft 278.
Last 386[6].
Lauf der Frist 65[7], 359[3].
law common 42[5].
Leben 35, 128, 242, 291.
Lebensfähigkeit 128.
Lebensjahr 83[2], 296, 364[5].
Lebensstellung 360[1].
Lebensvermutung 96[4], **213**[4, 5].
Lebzeiten 138.
Legalservitut 259[7].
Legat 129[4].
leges annullatoriae 175[5]; confirmatoriae 175[5], 191[6].
leges imperfectae, minus quam perfectae, perfectae, plus quam perfectae **23**, **24**, 39, 184.
leges Romanae 47[1].
legitimatio per rescriptum principis 297.
legitimatio per subsequens matrimonium 134[1].
legitimatio per testamentum 297.
Legitimation 128, 251, **292** fg., 417[8].
Legitimationskarte 410.
Legitimierter 292[7], 297[3].
Lehengut 393.
Lehenrecht 376.
Lehensvertrag 27[3].
Lehrbuch 71, 74[3], 82, 114, 117.
Lehre 23[3], 50[1], 114[2], 328, 368[5]; von den erworbenen Rechten 15[1], 31, 47[10], 55, 124[2], **155** fg., 420[1], 422[6]; von der Rechtsordnung 78[1]; von den gesetzlichen Rechten **85** fg.
Lehrplan, juristischer **78**[1].
Leibeigenschaft 426.
Leibgedingvertrag 304.
Leibzuchtrecht 397[4].
Leibzuchtvertrag 304.
Leistung 261[7], 408, 409; seelische 81; an Erfüllungsstatt 313[2].
Leiterrecht 380[4].
lex commissoria 308.
lex Falcidia 129[2].
lex fori 64, **240**[6, 7].
lex Julia de maritandis ordinibus 428.
lex singularis 403[3].
lex specialis 107[3], 403[3].
liberi naturales ex damnato coitu procreati 292.
Libri Feudorum 37[4].
Licht 82.
Lieferungsvertrag 308.
Liegenschaft 251, 316.
Liegenschaftskredit 278.
Liegenschaftsrecht 60, 74, 208.
Linie 12; auf- und absteigende 368[7].
Liquidationsverfahren 270.
Litiskontestation 52.
Litteratur 219; intertemporale 12[5], 49[3], 265[4]; des 19. Jahrhunderts 27, 38[4]; bisherige 33; neue **76** fg.; staatsrechtliche **82**[2]; juristische 110.
Löschung 362[4].
Lösung 353; richtige **76**[11]; des Widerspruchs **100**[1].
Logik 39.
lucra nuptialia 233 fg.
Lücke 12, 50; im Gewohnheitsrecht, im E.G. **30**, 37, **96**[3], 424.
Luft 117.

Macht 114[1], 426; rechtliche 39.
Machtbereich 84; der Privatperson 190.
Machtzweck 415, 426.
Mädchen 334.
Mäkler **304**[6].
Mäklerlohn 126[6].
Mäklervertrag 126, 165, 304[6].
Mäntelchen, intertemporalrechtliches 60.
Märkergenossenschaften 275.
Maius 408[3].
mancipatio 102, 134[1].
mandatum qualificatum 165.
Mangel 55, 412; in der Rechtsordnung **37** fg., 423[6]; der Sache, im Rechte **318**, 399[1]; in den Rechtselementen 429.
Mann 218, 288; Vormundschaft des 227 fg.
Mannbarkeit 112.
Mannigfaltigkeit 323[1].
Marken 150, **330**, **409**[3].
Markenrecht 426[3].
Markgenossenschaft 275.
Maß der Dienstbarkeit 263.
Maßnahme 266.
Maßregel 68[1].
mater binuba 234, 268[4].
Material 11.
Materie 6, 13, 33, **70**, **215**, 240, 357[6].
Mauer 379.
Maximalhypothek 154[3].
media tempora non nocent 2[1], 61[2].
Meer 117.
Mehrheitsbeschluß 405[4]; der Gläubiger 133.
Mehrzahl 411[4]; der Gesetze 112; der Gesetzbücher 129.
Meinung 8, 21, 49[1], 412[6].
Meistbegünstigungsrecht 210, 229, 402[2], intertemporales 25[2], **65**[5–9], 400[2]; subjektives und objektives **66**[3], 139[4], 140[1], **144**[1].
Melodie 150.
Mensch 112; vernünftiger 39.
Mentalreservation 348[3].
Mente-Gemeinden 275.
Merkmal 21, 83, 99; des Thatbestandes **27**, **35**, 111.
Methode **11** fg.; deduktive, induktive **11**.

Miete 125[1], **319** fg.
Mieter **65**, 185, 311[1], **398** fg.
Mietpfandrecht 320.
Mietrecht 253, 320, **387** fg.
Mietverhältnis 68, **69**[1], 309[2], 316[7], **388**, **398** fg., 401.
Mietvertrag 309[3, 4], **319**, 388.
Mietzins 125[5].
Minderheit 112; des Familienrates 248.
Minderjähriger 88, 206, 207, 296.
Minderjährigkeit 103[1], 243.
Minderung des Preises 110[1].
Mineralien 117.
Ministerium, zuständiges 282.
minus 408[3].
Mischung des Thatbestandes **120**.
Mißbrauch 261[5].
Mißdeutung 255.
Mißgeburt 204.
Mißgriff 260, 285.
Mißverständnis 5[4], 23, 50[1], 60[2], 107.
Mitbürge 326[6].
Miteigentum **256** fg.; notwendiges 258.
Miteinanderleben 348[2].
Miterbe 270.
Mitgift 359.
Mitglied des Familienrates 246, 418[10]; der Familie 273; der Verbände **275** fg.; des Vorstandes 321, 323[5], 344.
Mitgliederversammlung 345[1].
Mitgliedschaft 248.
Mitschuldner 312[6].
Mitte 72.
Mittel 13, 22. 43[1], 50.
Mitwirkung 325; notarielle oder gerichtliche 95; der Thatbestände **88**.
modicum tempus 382[1].
Modus 134[2].
Möglichkeit **26** fg., **35** fg., 96, 325, 333[4], 360, 373[6], 376, **379**[3], 405, 411, 422[10].
Moment 37[1].
Monographie 12[6].
Monopol 182, 427.
Motivation, Gesetz der 39.
Motiv der Regierung 38, 39, 43[3]; jeder Willensbewegung 39; religiöse 423[7].
Mühle 275.
Mündel 123, 334, **362**.
Mündelgeld 370.
Mündelhypothek **362**.
Mündelvermögen 372.
Mündigkeit 112[2], 205[5].
Münzrecht 5.
Muße 16[4].
Mutter 64[1], 242, 291, 417[7].
Mutterleib, Trennung vom 128[4].
Mutterwissenschaft 41, 414.

Nachbar 380[1].
Nachbareigentümer 381.
Nachbargrundstück 379[1].
Nachbarrecht 118[2], **380**, 421[1].
Nachbarrechtsordnung 183.
Nachbringung der Einwilligung 218.
Nachdruck 72.
Nacherbe 271, 384.
Nacherbeinsetzung 412.
Nacherbverhältnis 340.
Nachlaß 222[4], 242, 333 fg.
Nachlaßgegenstand 270.
Nachlaßgläubiger 271[1], 392.
Nachlaßpfleger 249[3].
Nachlaßpflegschaft 271, 373.
Nachlaßschuld 269.
Nachlaßverbindlichkeit 271.
Nachricht, letzte 217.
Nachteil 136; wirtschaftlicher 99[3].
Nachweis 384.
Nachzettel 335[1].
Nagel 130[1].
Name 30[2], 232, 241, 328, 407; adelicher 292[7].
Namenaktie 406[3].
Namenpapier 328, **406**.
Namenrecht 232.
Nationalitätsprinzip 226 fg.
Natur 415, 416; der Tatbestände u. s. w. 11; menschliche 13; rechtliche 32; eigenartige 45; persönliche 65[3]; der Rechtselemente 78[1]; vernunftlose 117[1]; zwingende 307[1].
Naturalakt 110[3].
naturalia negotii 178[5].
Naturalleistung 426.
Naturerscheinung 80.
Naturgesetz 80.
Naturkraft 80.
Naturrecht 86, 199.
Naturwissenschaft 82[3].
Nebenanspruch 397[3].
Nebenfrage 24.
Nebenobligation 306[5].
Nebenrecht 167[3].
Nebenschein 328.
Nebenschuldverhältnis **303**, 309[5].
Nebenstück 119.
Nebenthatbestand s. Thatbestand.
Nebenverhältnis 328[5].
Negation 32[3], 102, 124[2], 128, 155, 268.
negligentia 186[1].
negotia 69.
Nehmen 327[6].
Neigung 104[1].
nemo pro parte testatus pro parte intestatus decedere potest 411.
Netz von Rechtsregeln 6[1].
Neuanlage der Wertpapiere 371.
Neubildung 11[3].
Neueinführung 266[3].
Neueintreten 323[6].
Neuerrichtung 130[2].
Neuregelung 426[3].
Nichtannahme 307.

Nichtberechtigter 262[1].
Nichtberechtigung 409.
Nichtberücksichtigung 382[1].
Nichtbestehen 88.
Nichtbewegung 80[1].
Nicht-Ehegatte 339[3].
Nichtehelichkeit 239.
Nichteintragung 395.
Nichterfüllung 305[8].
Nichtgebrauch 262.
Nichtgeschehen 88.
Nichtigkeit **103**[1], **347**; der Ehe 51[2], 56[2], 57[3], 421[12].
Nichtigkeitsbeschwerde 197.
Nichtigkeitsgrund 103[1].
Nichtschuld 314[1].
Nichtsein 94.
Nichttrennung 351[1].
Nichtwiderruf 138[1].
Nichtwille 85.
Nichtzahlung 140[6].
Nichtzuwendung 138[1].
Niederlassung 89.
Niederlassungsfreiheit 183.
Nießbrauch 129, 233; an einem Grundstücke 252; Übergang des 261[5, 6].
Nießbraucher 261[2].
Nießbrauchsrecht 287.
non usus 254.
Norm 30[6], 54, 431; internationale 13[1]; intertemporale 13[1].
Normierung 63[1].
Not 111.
Noterbrecht 289; formelles **412**; materielles 412[3].
Notfall 399.
notitia 95.
Notstand 190.
Notweg 378[9].
Notwegrecht 379[3].
Notwehr 190.
Notwendigkeit **80**[4], 83[1]; Prinzip der staatlichen und rechtlichen **18**; logische 19, 111; innere 34.
novae tabulae 22[3], 63[2], 107[4, 5].
Novation 152[5], 309[6].
numeratio donationis 325.
Nutznießer 185.
Nutznießung 233 fg., **294**, 295[1, 2], 403.
Nutznießungsrecht 362, 403.
Nutzung **124** fg., 152, **275** fg.
Nutzungsgemeinde 275.
Nutzungsrecht 253, 262, 389; bäuerliches **264** fg.

Oberbegriff 84, 99[4].
Obervormundschaft 248.
Objektivität 17[6].
Obligation 13[1], 15[1], 90, 91[2], 92[4]; gesetzliche **114**[2, 3], 117.
Obligationenrecht 69[3], 118[2], 260[1], 421.
Observanz 31[3].
Obstbau 380[2].
Obstbaum 256[6].
Occupation 120[8].
Odium der Rückwirkung 22.
Offenbarungspflicht 305[7].
Offerte 127[2], 301[3].
Omissivdelikt 185.
operis novi nuntiatio **118**[2].
opinio communis 307.
Optionsrecht 14[1]: **65**, 266: intertemporales 14[1], **65**[2—4], **66**[2], 229[5]; internationales 14[1], 25[2], **66**[3].
Ordnung 16[4]; öffentliche 367[6], 424[2], 424.
Organ 23[2]; maßgebendes 1[3], **107**; richterliches 1[3]; öffentliches **83**, **84**.
Organisation 22[3], 134[1].
Ort der Begangenschaft 302[1]; der Erfüllung 305[3].
Ortsgebrauch 322[3].
Ortswert 109.

Paar 411[7]; älteres **26** fg.; neueres **34** fg.
Pacht 125[1], **319** fg.
Pachtrecht 253, 320, **387** fg.
Pachtverhältnis 316[7], 319[8], **400** fg.
Pachtvertrag **319**.
pactum reservati dominii 318[3].
Pächter 65.
Pandekten 116.
Pandektenlehrbuch 83[1].
Pandektenordnung 173[5].
Pandektensystem 173[5].
Papier 408[1], 409[1].
Papst 38, 198, 199, 424[1].
parens binubus 233 fg., 268[4], 411.
Parentelenordnung 267.
Partei 25, 50[1], 66[5], 68[4], 94, 136, 247, 398[8], 420[5].
Partikularlegat 411.
Passivlegitimation 228[4].
Patent 109, 265[4].
Patentrecht 266.
pater familias 233.
peculium adventicium 412; regulare 233; irregulare **363**.
peculium castrense quasicastrense 363.
perceptio fructuum 125.
perpetuativ obligationis **308**[2].
Person 7[4], 235, 290; juristische 13[1], 75[3], 169[4], **175** fg., 261[4], **344** fg.; natürliche 74, 75[3], 201.
persona 149[1], 172[2].
Persönlichkeit, juristische 108[1], **277** fg.
Personalservitut 262.
Personalstatut 378[7].
Personenrecht 75[3].
Pertinenz 128[2], gewillkürte 252.
petitio principii 284[3].
Petition 22.
Pfändung 255, 363.
Pfändungsschuldner 255.

Pfand 13[1], 261.
Pfandbrief 279.
Pfandbriefdarlehen 279.
Pfandgegenstand 320[6].
Pfandgläubiger 123.
Pfandleihgeschäft 308.
Pfandpost 397[2].
Pfandrecht 92, 107, 123, 137, 252[7], 262, 320[4], 371, 391 fg.; subjektives 162[2]; gesetzliches 165; an einem Grundstück 253[4]; antichretisches 263[5].
Pfandrechtstitel 361, 371.
Pfandschuldner 255.
Pfandverband 320[4].
Pfännerschaft 279.
Pflanzung 117[3].
Pflegekind 289.
Pfleger 74, 211, 243 fg., 418[10].
Pflegerin 242.
Pflegkindschaft 291.
Pflegling 291[2].
Pflegschaft 211, 244, 418[9].
Pflicht 228[4], 235; des Gesetzgebers 205, 427 fg.
Pflichtiger 127[5].
Pflichtstellung 400[7].
Pflichtteil 137, 138, 273 fg., 336, 341[6].
Pflichtteilsanspruch 273[5].
Pflichtteilsberechtigter 273[4], 336[2].
Pflichtteilserbe 138.
Pflichtteilsrecht 113, 273 fg., 336[1], 412.
Phantasiebegriff 124[2].
Philosophie 82.
pignora legalia 86[11]; pignora tacite contrahuntur 86[11].
pignus voluntarium 83; necessarium 83.
Plan 3.
Platz, öffentlicher 117.
poena negligentiae 67[8], 168[1].
Politik 40[1]; der intert. Gesetzgebung 11[2], 73[1], 74, 414 fg.
Polizei 5[4], 21.
Positivität des intert. Rechts 13, 19 fg., 39, 63, 430.
possessio 135[3].
Post 5.
Postulat 93[1].
potens voluntatis 149.
potentia voluntatis 149.
potestas der Person 153[2]; potestas legitima 157[4]; potestas patria 163[4], 289.
Potestativbedingung 67[4], 122[1].
Praelegat 411.
Praesumtio iuris 69; iuris et de iure 94; vitae 214.
praesumtio Muciana 349[5, 8].
Praesumptionsbasis 94[3].
praesumptum 94[4].
Prägung des Güterstandes 227.
Praxis 43[2]; badische 317.
precarium 168.
Preis 110, 111[1], 272[4].
prescription particulière 140[5].
Presse 22, 23[1].
Pressfreiheit 183.
princeps 20, 427[1].
Prinzip 15[1], 54, 155; subjektives oder Verlässlichkeits- oder Vertrauens- 16, 155[8], 672; objektives 17, 170; Vertrauens- s. subjektives; Verlässlichkeits- s. subjektives; Kausalitäts 17[5]; der Rechtswirkung 17[6]; der staatlichen und rechtlichen Notwendigkeit 18; Westgotisches 19[1]; Langobardisches 19[1], 194[6], 198; Kanonisches 19[1], 198; Badisches 19[1].
Privater 407.
Privatbach 375[6].
Privatgesetzgebung, intertemporale 414 fg.
Privatperson 39, 67, 74, 84, 174, 178, 182, 427.
Privatpostanstalt 182.
Privatrecht, reines 6; internationales 30[2]; 226, 227; deutsches 71; partikulares 71.
Privatrechtsregel 3.
Privatrechtstheorie, intertemporale 19[1].
Privatwille 119, 120.
Privatwillensthatbestand s. Thatbestand.
Privileg 83, 86, 107[3], 265 fg., 392, 397.
Probe 15, 110.
Problem 78.
Prokura 426[3].
Prokrustesbett 110.
Prokuleianer 112[2].
Promulgation 59.
Protestation, gerichtliche 326.
Prozeß 50[1], 190, 208, 424.
Prozeßgesetz 7[4].
Prozeßkosten 218, 285[1, 2].
Prozeßnorm 7[4].
Prozeßrecht, intertemporales 7, 25, 207.
Prozeßrichter 248.
Prozeßverfahren 232.
Prozeßweg 430.
Prozeßzinsen 307[3].
Prüfung 306[4].
Prüfungsrecht des Richters 194.
Psychologie, juristische 82[2].
Publikation 49[3], 59.
Punkt, richtiger 23[3], 54[4].
Pupill 334[3].
Pupillarsubstitution 334[3].
Putativehe 219.

quasi desertio 354.
Quasipupillarsubstitution 334[3].
Quelle des Rechts 5: römische 16, 69; der Erkenntnis 183.
Quellenstelle 8, 107.
querela inofficiosi donationis 138[1], 139[1], 273[3, 5]; dotis 138[1], 139[1], 273; testamenti 142[3], 163[5].
querela non numeratae pecuniae 96[1], 163[5].

qui dolo desiit possidere 382[6].
qui liti se obtulit 271, 182[5].
Quittung 312[5].

Rätsel 89.
Rahmen 282.
Rang s. Rechte 92.
Rangordnung 252[5], **386** fg.
Ratschlag 20[2].
Rauch 87[21], 135.
Raum 114; Einheit des 79.
Rayonsgesetz 118[4].
Realgemeinde 32, 275, 276.
Realkontrakt 89, **120**[3].
Reallast 252[8], 261[7], 374, 386.
Rechenschaft 369.
Rechnungslegung 359[16], 370.
Rechnungslegungspflicht 305[7].
Recht, römisches 8, 37, 49[3], 241[3], 308[2], 309[6], 424[12]; lübisches 341[3]; französisch-italienisches 411[4]; intertemporales 220, 224, 226[4]; internationales 220, 224, 226[3]; Landes 11, 28[2], 176[4], 224; Reichs 176[4], 220; kanonisches 113; persönliches Herrschaftsgebiet des 225 fg.; überstaatliches 5[4]; einheitliches 39[1], 92, 93[1]; bürgerliches 280; Quelle des 4; geschichtliche Fortentwickelung des 6; gemeines 8, 9, 176[6], 308[2]; ius commune 75; besonderes oder Sonder 75[2], 176[6]; strenges, billiges 137, 139; bürgerliches 4; Verfassungs 4; Staats 183; Verwaltungs 4, 183; Prozeß 4; öffentliches 3, 245; privates 3; primäres 4; sekundäres 3; formelles 4; materielles 4, 245; zwingendes 344[3]; nachgiebiges 344; Zwangsvollstreckungs und Konkurs 7; Privat 7, 8; der Rechtsordnungen 43[4], **220**, 430, 431.
Rechte 72; subjektive 107, 150[5], **151** fg.; eigentliche und uneigentliche 151 fg.; Hoffnungs 422[6—11]; Anwartschafts 422[6—11]; erworbene 20[1], 47[8, 9], 107, 124[2], 147[8], 150[5], 155 fg., 206[1], 228, 415 fg., 420; aus dem Gesetze fließende 85[3], 123[4], 422; titulierte 423[2]; dingliche **259** fg.; persönliche 264; Dasein der 58[8], 109, 177[23], 188, 262; Erwerb der 21[2, 4], 177[23]; Inhalt der 261; Umfang der 261; Ausübung der 109; Rang der 384 fg.
Rechtfertigung 19[1].
Rechtfertigungsgrund 282, **352**, **414** fg.
Rechtsame-Gemeinde 276.
Rechtsanschauung 129[3], 180[2], 424; intertemporale 199, 329.
Rechtsbehelf 270, 326[5].
Rechtsbesitz 115[6], 254, 375[6].
Rechtsbewußtsein 427; des Volkes 92.
Rechtsbeziehung 501, **348** fg.; der Ehegatten 420, 421[6].
Rechtsdichtung **94**, 105[5].
Rechtseinrichtung 173; intertemporale 64[2].
Rechtselement 26, **72**, 74[3], 415[1], 427[5], 429; abstraktes **72**[2]; konkretes **72**[3]; primäres **81**[4]; sekundäres **81**[4].
Rechtsentwickelung 335[7].
Rechtserscheinung 11, 12, 72.
Rechtserwerb 252.
Rechtserzeugnis 13.
Rechtsetzung 431.
Rechtsfähigkeit 14[1], 111, 125[1], 156, **201** fg., 279, 333[6, 7], 417[12].
Rechtsfaktor 80, **81**.
Rechtsfall, intertemporaler **284**.
Rechtsfolge **26** fg., **35**, 56, 72, **80**[3], 105[6], **122**, 131, **148** fg., 186, 270.
Rechtsfolgenwille 99[3], **101**.
Rechtsfrage, intertemporale 77, 204, 380[5].
Rechtsgebiet 10[1], 210, 266[6].
Rechtsgebild 13, 257.
Rechtsgebot 18.
Rechtsgedanke **68**[5].
Rechtsgefühl **284**, 285[4]; des Gesetzgebers 37, 38, 39[2], 40[1]; der englischen Kolonisten 41[4], 50; intertemporales 45[2]; des Richters 335[7]; des Volkes 382[1], 50; des Gesetzgebers **423**, **424**.
Rechtsgemeinschaft 5[4].
Rechtsgeschäft 55, 65[1], 66, **84**[1], 93[3], **97** fg., 174[5], 175; Form des 56[1], 65[1], 102, 181; Bestandteile des 99; Nichtigkeit des, Anfechtbarkeit des 103[1], **162**; Inhalt des 104[1]; Stellvertretung beim 105[3]; Auslegung des 105[5]; Rechtsfolgen des 105[6]; Aufhebung 106[3]; Widerruf 106[3]; unter Lebenden 234; dingliches 250.
Rechtsgeschöpf 13.
Rechtsgrundsatz **78**, 96[4], 204.
Rechtshängigkeit **50**.
Rechtshandlung des Schuldners **139**[1].
Rechtsirrtum 198.
Rechtskampf, intertemporaler 5, 41[4], 222.
Rechtskenntnis, intertemporale 223[1].
Rechtskern 9.
Rechtskraft der Rechtsordnung **60**[1, 2].
Rechtslage 396[8], 63.
Rechtsleben 17[2], 81, 99[4], 415[1].
Rechtslehre 99[4]; allgemeine 12[6], 72[2], **78**[1].
Rechtsmaterie **70**[1, 2], **71**.
Rechtsmittel 7[4], 25, 139.
Rechtsnorm 20[1], 23, 39, 95[1], **171**[2], 175, **431**[1].
Rechtsordnung, Mängel der **37**; innere **37**, 423[6]; äußere **37**, **38**, 423[6]; Fortwirkung der 27[2, 3], 28[1], 34, 39, 40, 41[8], 56, **60**[1], 61, 67[2], 70[1], 185, 214, **220** fg.; Zuständigkeit der 220[2]; Herrschaft der 70 fg.; konkrete 70, 71; abstrakte 70, 71; materielle 255; formelle **216**, **217**; Änderung der 27, 170; Um-

wälzung der 170; Wechsel der 50[1], 218[4]; Rechtskraft der 60; materielle 60; formelle 60; Inhalt der 171; Bestandteil der 192, 193; begriffsentwickelnder 197; Besitzergreifung der 52[3]; Herrschaftsgebiet der 200; Herrschaft der 14[1], 27, 29, 52, 53; Vermutung zu Gunsten der **69** fg.; Kenntnis der 12, 28[1], 67, 357[2]; zeitliche Grenze der 24[2]; Ersatzmittel der 265[4]; einheitliche 282[8], 340[2]; absolute, relative 170 fg.; reale, personale 172 fg.; eigentliche 175 fg., 188; uneigentliche 175 fg., 177, 188; alte **31**[3], **56**, 175[1], **414** fg.; neue 42[5, 6], 175; positive (ergänzende, schöpferische) 173 fg., 197; negative (abschaffende, umwandelnde) 41[2], 177 fg.; verbietende (prohitive), gebietende (präceptive) 174, 184 fg.; ermächtigende 174, **190** fg.; erlaubende 110, 174, **182** fg.; gewährende 110, 174, **187** fg.; positive, negative 187; Haupt **191** fg., 425[5, 8, 9]; Hülfs 72[6], 171[7], **191** fg., 425[6, 7]; erklärende (deklaratorische) 191 fg.; bestätigende 191 fg.; verwerfende 197 fg.; unvollkommene, vollkommene, übervollkommene 184 fg.; konfirmatorische 175, 188; annulatorische, revocatorische, deklaratorische 175; verneinende 176[2], 187; absolute, subsidiäre 176; primäre, sekundäre 176[3]; gemeine, partikulare oder nationale 176[7]; nachgiebige, zwingende 174[2], **178** fg.; ausschließliche, nichtausschließliche 174[8].
Rechtspflicht 19.
Rechtsprechung 10[1], 48[4], 200, 219, 222, 411; intertemporale 12[4], 285[4]; italienische 115[2], 335[5]. neue 44[8], **76**, 93[11], 335[4]; des 19. Jahrhunderts 27.
Rechtsquelle **5**[3], **40**[1].
Rechtsregel, intertemporale 8[1]; ältere 9, 16, 19, 22, 23[2].
Rechtssatz 20[2], 173; intertemporaler 61[2], 67; internationaler 62; Inhalt des, Bedeutung des, Tragweite des, Dasein des 191[3, 4]; begriffsentwickelnder 191[4]; positiver 335[5]; ganzer 425[6].
Rechtsschicht, äußerste 6[1].
Rechtsschranke 21[1].
Rechtsschutz 174.
Rechtssicherheit 50.
Rechtssprache 53.
Rechtsstandpunkt 60.
Rechtsstellung 140, 238, 292[7], 400[6].
Rechtsstreit 49[7], 96[4], 247, 368[3].
Rechtsstreitigkeit 2.
Rechtssubjekt 67[6], **83**[1], 85, 109, 376.
Rechtssystem 267[5].
Rechtsteil, Innominat 4.
Rechtsübertragung 394[1].
Rechtsunfähigkeit 203 fg.
Rechtsunsicherheit 20[3], 44.
Rechtsunterricht 72[3].
Rechtsverhältnis 68[4], **148** fg.; im absoluten 148[3]; im relativen Sinne 148; Identität des 151; Vererbung des 151[4]; Werden des 73[2]; Inhalt des 73[2], 122; (dauerndes) ewiges, (vorübergehendes) zeitliches 159, 168 fg., 414; widerrufliches, unwiderrufliches 159, **167**; persönliches, sachliches 159; negatives **50**[1], **80**, 96[1], 115[6], 148 fg., 158 fg., 162; positives **80**, 148 fg., 158 fg., 162; objektives 29[3], **125**[1], 147[2], **148** fg.; subjektives **125**[1], 147[2], **148** fg.; personales **74**[3], **125**[1], 156 fg.; reales 74[3], **125**[1], **149** fg.; individuelles, gattungsmäßiges 159, **168** fg.; primäres, sekundäres, absolut geschütztes, relativ geschütztes, veräußerliches, unveräußerliches, vererbliches, unvererbliches, teilbares, unteilbares 160; Haupt- und Neben (accessorische) 13[1], 93[5], **164** fg., 306[3], 320[5], 157 fg., 159 fg.; vermitteltes, unvermitteltes 160; bedingtes, betagtes 122[1], 161[3]; der Vergangenheit 3, 31[5], 40, **56**, 415[3].
Rechtsverletzung 13, 24, 25, 39.
Rechtsvermutung 71, **94**, **105**[4], 105[5], 236, 262, 383[7]; intertemporale **69** fg., 300[7].
Rechtsvorschrift **199**; bürgerliche 60[2], 250.
Rechtswahrheit 33, 34[2], 44[5], 45[2], 124[4]; ewige 49[4]; intertemporale 54[4], 92[5], 126[1], 179, 233, 284, **342**[2].
Rechtsweg 269[4], 430.
Rechtswelt 74[3], **81**, 117[1].
Rechtswidrigkeit 24.
Rechtswirksamkeit 136.
Rechtswirkung 17, **115**, 131[1].
Rechtswissenschaft 41[1], **82**, 114; intertemporale 12[7]; bürgerliche 190, 200.
Rechtswohlthat 271; der Leistung an Erfüllungsstatt **313**[1].
Rechtszustand 20[5], 177, 190, 236, 385[2]; der Privatperson 174, 189, 380.
Rechtszweck 415, 426.
Rechtszweig 3[1], 7, 12.
Reform 87; der Lehre 1.
Regal 375.
Regel 6[1], 96. 114, 416[2]; intertemporale 18, 24, **25** fg.; ältere 69[4]; neuere 24, **34** fg.; beide 24; Kaiser Alexanders 26; einheitliche 121[5].
Regelpaar, intertemporales 103; älteres **26** fg., 115[1]; neueres **34** fg., **45** fg., 87, 96, 115[4]; Möglichkeiten des **26**, 35, 36, 45; Spielarten des **26**, 35, 36.
Regelung, intertemporale 10[3], 15[1], 215[5], 227; des Güterstandes 286; landesgesetzliche 375.
Regierung 22, 38[2].

Register 109.
Regula catoniana 26, 129[4].
Regulare 204.
Reich, Deutsches 7[5]; altes deutsches 424[13], 425[1].
Reichsgesetzgeber 56[1], 410.
Reichsgesetz, altes 47[4].
Reichsgesetzgebung 220, 337.
Reichsschuldbuch 316.
Reichsrecht 68[3], 220.
Reichspost 182.
Reichtum des Bodens 117.
Reife 128, 241.
Reihe 426.
Reihenfolge 55[3]; der Handlungen 3.
Religion 288.
Religioser 204.
relocatio tacita 398[7].
Rente 125, 386[6], 397[2].
Rentengut 426[2].
Rentenkapital 397.
Rentenpost 393[2].
Rentenschein 164, **328**[5] fg., **408**.
Rentenschuld 254[1], 393.
Rentenvertrag 27[2].
Repressalie 13.
Republik, römische 129[4].
res 149[1]; res in nostro patrimonio, res extra nostrum patrimonium 150[2]; res nullius 150.
Rescissionsklage 142[3].
Rescript 297[2].
res judicata 58[1].
Resolution 22.
restitutio in integrum propter minorem aetatem **103**[1], 142[3].
Retentionsrecht 166.
Retorsion 13, 21.
retour conventionnel 263[6].
Rettung 87[1].
Revenüenhypothek **393**.
Revenüengrundschuld **393**.
Revision 25, 337[2], 358[3].
Revisionsgericht 51[4], 358.
Revisionsinstanz 25, 51, 348[9], 358.
Revolution, französische 38, 199, 424[2].
Rezeption des römischen Rechtes 8, 37, 424[12].
Richter **20** fg., 107, **194** fg., 350[1], 411; Prüfungsrecht des 194, 195, 300; fremder, eigener 39.
Richterspruch 379[3].
Richtschnur 5; ewige 18.
Richtung 14[2], 77, 415; atomistische 91[3]; neue **116**[2].
Römer 113, 130.
Rolle 34[2], 86, 117[1], 415, 425[2].
Rückfallsrecht 263[6], 397[4]; gesetzliches 272[3], 290[2].
Rückforderung 273[5], 307[3].
Rückgabe 262[3].
Rückgängigmachung 139.
Rückgriffsrecht, des Bürgen 312[6], **326**[6].
Rückkehrbefehl 354[3].
Rückschritt 49[3].
Rücksicht 13, 22, 49[7], 74[3], 110, 415[5]; ethische 39[2].
Rücktritt 188.
Rücktrittserklärung 52[5], **98**[2].
Rücktrittsgrund 319.
Rücktrittsrecht **308**.
Rückwirkung 22[1], 27, **36**[2, 3], **54** fg., 253, 416, 427[1].
Rügepflicht 185.
Ruhegehalt 310[3].
Rumpelkammer, juristische 55.

Sachbesitz 254, 374.
Sachbesitzer 254.
Sache 54, 85, 260; rechtshängige 42[4], **46** fg., **76**[9], 142[1], 178[2], 181[4], 198[8]; 228[3], 331[4], 368[6]; erledigte 46 fg., 56[2], 178[2], 197[5], 348[10]; abgeurteilte 52; im Gemeingebrauche 118[4]; bewegliche 144, 166, 260; unbewegliche 146, 165; herrenlose 150[3]; Genuß der 152; dienende 185; schwebende 348.
Sachenrecht 7[4], 75[5];
Sachgut **109**, 110.
Sachinbegriff 123[3].
Sachlage 50[1], 61, 416, 419[13].
Sachuntersuchung 296.
Sachverhalt 57, 63[2].
sacramentalia 197.
Sägemühlenverband 276[2].
Sammelwerk 325.
Sanktion 3.
Satz 43[4], 259[3], 368[5], 411, 429.
Satzung 279, 344 fg.
Säumnis 66[5], **151**.
Säumnisstrafe 25[5], **66**[4—6], **67**, **68**, **69**, **106**; intertemporale 103, 420.
Schaden 86[4], 89, 111, 117[1], 118, 121[2], 281, **302**[2—5].
Schadensersatz 368, 378.
Schadensersatzanspruch 186[2], 372[7].
Schadensersatzpflicht 308[2].
Schädigender 121[3].
Schaffung 89.
Schattierung 17[1], **55** fg.
Scheidemauer 379.
Scheidung 71, 221, 351[3, 4].
Scheidungsfähigkeit **105**[1], 421[12].
Scheidungsgrund 63, 351[4], 356.
Scheidungsklage 353[1], 356, 357.
Scheidungsrecht 57[4], 356.
Scheidungsthatbestand 357.
Schein 66[6], 328, **408**.
Scheintod 112[2].
Schenker 325.
Schenkgeber 287.
Schenkung 139[1], 232, 273; unter Lebenden, von Todeswegen 333, 340 fg.; Widerruf 232.

Schenkungsversprechen 135, **325**.
Schenkungsvertrag **325**, 340.
Scheuertenne 258.
Schicksal 15[1], 164, 272, 299, 300[1]; intertemporales 95, **121**, **122**, **305**[1], **306**[3], 326[8], 327[1].
Schiff 371[6].
Schiffbarkeit 83[2].
Schiffsregister 263.
Schließung der Ehe 283.
Schlüsselgewalt **349**.
Schluß 33[1]; der Zwischenzeit 136, 388; des Gegenteils 411.
Schlußfolgerung 347; logische 267.
Schlußrechnung 369.
Schmied 100[3].
Schöpfer 109.
Schonung 9[2], 380; fremden Rechts 13.
Schranke 22, 28[2], 39; sittliche 21[1].
Schreiben 327[6].
Schrift 71.
Schriftform 95.
Schriftsteller 8[1], 20, 41, 45[2], 71, **307**[3], 322, 337[3], 350[1], 420.
Schriftwerk 266[5].
Schritt 48.
Schuld 163[3], 231, 269, 326; voreheliche, eheliche, Sonder, Gesamt 220.
Schuldenhaftung **315**.
Schuldfrage 356[1].
Schuldiger 230.
Schuldmoment 111.
Schuldner 80, 104[1], 107, 113, **305** fg., 324[2], 326[6].
Schuldnerseite 309[6], 314[5].
Schuldschein **96**[1].
Schuldübernahme 164; kumulative 309.
Schuldverhältnis 50[1], 74, 90, **114**, 117, 230, **299** fg.
Schuldverschreibung 333; auf den Inhaber 105[7], **164**[4], 169[7], **327** fg., **406** fg.
Schule, historische 6; des Naturrechts 86.
Schulzenlehen 265.
Schutz 18; des Urheberrechts 212[4]; des Besitzes 254[6].
Schutzfrist 266.
Schutzhütte 110[1].
Schwächer 239.
Schwächung 239.
Schwägerschaft 113.
Schwängerer 239.
Schwängerung 239.
Schwanken 59[5], 126.
Schwebe 88.
Schweigen **28**[2], 49[3]; des Gesetzgebers 48, 346[6].
Schwerpunkt 84, 85.
Schwesterrecht 5, 23, 36[4], 43.
Schwesterwissenschaft 4[2].
Schwiegereltern 368[7].
Schwiegerkinder 368[7].
Schwierigkeit 13, 89, 323[1].
Seelenheil 37.
Seelenkraft 37.
Seite 131, 416; dingliche 304.
Seitenlinie 267.
Seitenlinie 267.
Seitenstück 30, 36[4], 39, 42[2], 61, 355, 423[4].
Seitenverwandter 341.
Sekte 37.
Selbstbetrug 11.
Selbsthülfe 152[5], 190, 321[1].
Selbsthülfeverkauf 190[1].
Selbstschutz 174[6], 190.
Selbstverteidigung 174[7], 190.
separatio fructuum 125.
separatio a torro et mensa 232[2].
servitudes ou services fonciers 379[3].
Servitut 137, 416.
Servitutenersitzung 137.
Sicherheit 39, 118.
Sicherheitsleistung 233, 370.
Sicherung 359[10], **361**, **362**.
Sicherungshypothek 255, **391** fg.
Sicherungspflicht 118.
Sicherungsrecht 399[8].
Sicht 329.
Sielverband 279.
Simulation 251, 348[3].
Sinn 8, 9, **79** fg., 429, 430; der Gesetzesausdrücke **53** fg.
Sinnenwelt 79.
Sitte **104**[1], 111.
Sitz der juristischen Person 156.
Skizze 20[2].
Sohn 218, 240[1].
Solidarschuldner 314.
Solidus 325.
Sollen, rechtliches 152.
Sollenitätsform 95.
Sollenitätszeuge 102[1].
Sollenserklärung 81[2].
Sondereigentum **256** fg.
Sonderling 385.
Sondernachfolge 272, 309[6].
Sondergesetz 345[2].
Sondergestalt 81.
Sondernachfolger 405[3].
Sonderrecht, intertemporales 11, 33, **40**[1], **73**, 75[2], 252[5], 308[4].
Sonderregel 451[5].
Sonderstellung 48.
Sondervermögen 220 fg.
Sondervorschrift 280.
Sorge für die Person 53, 236, 243, **298**[4].
Sorgfalt 271, 305[4].
Sparkassenbuch 330.
Spezialvollmacht 334.
Sphinx des intert. Rechtes 11.
Spiel 114[2].
Spielart **26** fg., **35** fg., 333, 373.
Spielraum 393.
Spitze 40; des Werkes 16.

Sprachgebrauch 36[4], 55; des E.G. 53.
Sprechweise 348[2].
Spruch der Rechtsordnung 81[2].
Spur der Erkenntnis 34[3].
Staat 13, 74, 79, 327, 379[3], 385[5], 426; deutscher 9[1]; unser 13; suveräner 22; zivilisierter 23[1], 184, 185; reichsfremder 224, 266.
Staatenbund 136, 423.
Staatengebilde 119.
Staatsangehöriger, deutscher 64.
Staatsbürger 4, 41[2], 183, 266[6], 426.
Staatsgewalt 84.
Staatslehre, moderne 415.
Staatsministerium 283[1].
Staatsorgan 4, 190.
Staatsrat 68[1].
Staatsrechtswissenschaft 84, 430.
Staatsschuldbuch 316.
Staatsschuldverschreibung 332.
Staatsverfassung 21[7].
Staatszweck 515.
Stärke 54.
Stammgut 393.
Stand 139; personaler 174[1].
Standort, zeitlicher 98, **130**[4], 133.
Standpunkt 44, 421[2]; höherer 18; philosophischer 39; subjektiver 81[2], 83, 109, 422[8]; objektiver 81[2], 100[1], 109; privatwirtschaftlicher 158; atomistischer 269[5], 296[2], 310[5]; organischer 271[6].
status 174; libertatis 174[3]; passivus 174[4]; positivus 174[5], 189; activus 174[6].
Statusklage 240.
Statut 15[1], 346, 406.
statuta 172; personalia 58[5], 172; realia 172.
Statutenkollision 64[1].
Statutenwechsel 15[1].
statuts personnels 14[2], 220[2].
Steigerung 56.
Stelle 78[1], 360; erste 12, 94[4], 242.
Stellung 74, 289, 360; des Richters 2; eines ehelichen Kindes 238, 421[8]; personale 238; intertemporale 249[3].
Stellvertretung 105[3], **334**.
Stempel 18, 68.
Stich 424[11].
Stiefeltern 291, 368[7].
Stiefkinder 368[7].
Stiefmutter 290.
Stiefvater 291.
Stifter 346.
Stiftung 120, 281[2], **345** fg.; milde, private, öffentliche **346**[5].
Stiftungsgeschäft 101[4], **345**[5].
Stillschweigen 46; dispositives **42**[5, 6].
Stimmberechtigung 344.
stipulatio Aquiliana 134[1].
Stirn 68.
Stockwerk 257, 386.
Stockwerksanteil 258[1].
Stockwerkseigentum 32, 74, **257**.
Stockwerkseigentumes 258.
Störung des Besitzes 374[3].
Stoff 6, 32, 73.
Stoffwert 109.
Strafandrohung 184.
Strafe 19[1], 66[4], 184, 185, 284; der zweiten Ehe 234 fg., **351**.
Strafgefangener 209.
Strafgesetz 185.
Strafprozeß 82[2].
Strafrecht 111, 184; intertemporales 72, 185.
Strafrechtsordnung 185.
Strafrechtstheorie 19[1].
Strafrechtswissenschaft 82[3], 114[1], 302[1].
Strafverjährung 114.
Straße, öffentliche 117.
Streit 2, 107.
Streitfall 1.
Streitfrage 34[2], 62.
Streitsache 46.
Strom **83**[2], 117; der Zeit 114[1].
Strömung 40.
Stück 110.
Stützpunkt 63[2].
Stufe 121, 399[1].
Stundung 165.
Subjekt 109; zuständiges 151[2, 3], 383[7].
Substitution **268**, 340; fideikommissarische **412**[2].
successio ex tunc 214.
Summe 304.
Summission 128[1], 129.
Superficies 137.
Suveränität 136.
System 7[4], 8, 79 fg., 94, 173[5]; des B.G.B. 30, **52** fg., 69[4], 70[1], 157[1]; des Optionsrechtes 65[5]; des intert. Privatrechtes **71** fg.; des E.G. 75[3], 265; gemischtes, intertemporales 275, 346[6], 426[3]; der Gütertrennung 287.
Systematik 73.

Tag der Grundbuchsanlage 60[3].
Talion 61.
tantum praescriptum quantum possessum 260[1].
Teil 33, 42, 132[4]; allgemeiner **71** fg.; besonderer **73** fg.; stärkerer 249[9]; eines Gebäudes 253; eines Bauwerkes 258; unschuldiger 285.
Teilbarkeit 128.
Teilhaber **277**[5], 406.
Teilrechtssatz 425[6].
Teilung 262, 270.
Telegraphie 5.
tempus regit actum 14[1], 102[1].
tempus vacationis **60**.
Tendenz, rückwirkende 104[1]; der Normen 30[3].
Termin 104[2], **321**, **397**[2], **398**[2].

Terminologie 153.

Territorialitätsprinzip 226[1].

Territorium 226, 424[13].

Testament **53**, 65[5], 66[4], 67, 68, 130, 161[4], 167[7], 273[2], **333** fg., 417[10]; ordentliches, außerordentliches 66[5]; Form, Inhalt 68[1], 68[5], 129[2], 129[5], 168[3], 337; Widerruf 101[5], 130; Errichtung 129[4], 168[2]; Auslegung 337[2, 3], 130; gemeinschaftliches **338** fg.; wechselseitiges 338[6]; Wirkungen 343[1].

testamentifactio 337[7]; activa 412.

Testamentseröffnung 337[5].

Testamentserrichtung 333.

Testamentsfähigkeit 112, 156, 205[1].

Testamentsgegner 66.

Testamentsunfähigkeit 156.

Testamentsvollstrecker 248[3], 369[4], 337[4].

testamentum holographum 334; mysticum 335[1]; parentum inter liberos 334; reciprocum 132[4]; ruri conditum 66[5]; simultaneum reciprocum 338.

Testator 66[5], 67[1], 68[1], 206[2], 273, 333, 340[1, 2], 403[5], 412.

Testierbefugnis 290.

Testierender 413[2].

Testierfähigkeit 88, 334.

Testiermündigkeit 201[2].

Testierunfähiger 413[3].

Testierunfähigkeit 413.

Text 8.

Thäter 81[2], **109** fg.

Thätigkeit 85, 109, **110**; seelische des Gesetzgebers und Richters 4; okkupatorische 109; produktive **109**; konsumtive 109, 110; verwaltende beaufsichtigende 247.

That 109, **111**, 121[2—4], 203.

Thatbestand, Begriff des 79 fg.; abstrakter 79; konkreter 79; Rechtswirksamkeit des 219[4]; personaler 108 fg.; realer 117 fg.; gemischter **120**, 121; gestaltender, vermittelnder **73**, 90[3], 416; ausschließender, nichtausschließender, abgeschlossener, unabgeschlossener, ergänzungsfähiger, ergänzungsunfähiger 419[12, 13]; veränderbarer, unveränderbarer 87[4]; positiver, negativer **88**[3]; **88**[3], 113; reiner **89**; gemischter **89**; schlichter **88**[5], **112**, 121[5]; willentlicher 81[2], 83, **100**, 415, 416; notwendiger 81[2], 83[1], **100**, 123, 415, 416; voluntarer **84**, **87**[2], 174[7], **416**; involuntarer 17, **84**, **85**, **87**[2], 174[7], **416**; Willens **79** fg., 83, 97, 129, 135[1]; Privatwillens **96** fg., 128.; öffentlicher 106 fg., 109, **120**[1], 171[4], 243, 418[6]; negativer Willens 21, 130, 137, **138**[1]; unselbständiger 92, **98** fg., 106[3], 122; selbständiger 106[4], 122; Hauptwillens 98; Nebenwillens **98**; der Gegenwart **118**[4], 209[2], 246[4], 249[4], 281[1, 4], 303[1], 324, 325, 353[1]; der Vergangenheit 3, 31[6], 40, **56**, 193, 415[2]; unvollkommener 26, 27, 35, 87[5], 376[5]; vollkommener 26, 35, 163[1]; übervollkommener 87[5], 98; seelischer **113**, 121, 335; Entstehungs 87, 91, **94**, **109**, 113, 134[1], 138, 275[2, 4], 300 fg.; Erwerbs 89, 124[4], 135[1], 250[3], 376; Änderungs 87, 90, 91[1], 304 fg.; Übergangs **309** fg.; Übertragungs 13[1], 93[9]; Endigungs 315; Verlust 87[3]; Aufhebungs 13[1], 78[6], 87, 91[2], 254[3]; Erlöschungs 311 fg.; Untergangs 90, 91[1], 93[9], 94, 113, 314; subjektiver 88[2], 117[1], **121** fg., **131**[3], 301[3], 418[20]; objektiver 88[2], **121** fg., **131**[3], 418[20]; Voraussetzungs 102[1], 120, **128** fg.; Vorbereitungs 88[4], **133** fg., 256, 376[6], 419; Ausführungs 88[4], **133** fg., 376, 399[9], 419; Haupt 88[5], **128** fg., 288, 289[1], 418; Neben (accessorischer) 88[1], 120, **128** fg., 288, 418[21]; beweglicher und unbeweglicher **130**[4]; Zustands 89[2], 90[2], 353, 383, 418[18]; Verbindungs 89, 90, 94[1], 113, 120, **123**, **130** fg., 301[6], 327[6], 377[5], 418[19]; Doppel 10[8], 89[1], 113, 114, 121, **122**[1], 132[2], 135[1], **136** fg., 273, 274, 419[6]; Gesamtakt 89, 90, **133**; Gesamt **76**[10], 90[2], 106[4], 114[1], 131, 137, 418; Anfangs **91**[6]; Glied des **89**, **94**[1], 106[4], 113, 114, 132[4], 133, **134**, 135[1], **136**, 239[1], 419[2]; voraufgehender, gleichzeitiger, nachfolgender 91[5]; typischer **81**; konkreter **79** fg., 95[1], 368; abstrakter **79** fg., 95; entscheidender oder unselbständiger, bestimmender oder selbständiger 88[1]; Element des 85, **113**, 119 fg.; Unterelement des 119; Mischung der Elemente **120**, **121**; Merkmale des 27, 35; Gleichberechtigung des 86[8], 87[2]; organische und atomistische Auffassung des 76[10], 85, **90**[4], **91**[1—9], **92**[1—5], 95, 106[3, 4], 124[4], 127[2], 130[2], 134[2], 135[1], 157, 158[1—3], 181, 211, 213, 250[5], 256[8], 288, 308[2], 309[5, 6], 318[8], 327, 376[4, 5], 384[1], 388[3], 399[9], 409[3], 410, 418[1—9], 426; Verbinbindung 90[1], 94[1], 113, 120, **134** fg., 351[6], 419[3]; Wirksamkeit des **26**, **27**.

Thatbestandsbegriff 111.

Thatbestandselement 89, **119**.

Thatbestandsfigur 119, 136.

Thatbestandsform 86[9], **109**.

Thatbestandsgebilde 87[1], 136.

Thatbestandskette **134**, 215, 239.

Thatbestandslehre 353.

Thatbestandsmerkmal 26, **35**, **36**, 355[4].

Thatbestandsverbindung s. Thatbestand.

Thatbestandswissenschaft 123.

Thatsache 24[1], 35, 50[1], **79**; unerhebliche 36; juristische 54, **82**.

Thatumstand 82[1,4], 90, **130** fg., 296, 301, 327[6], 418[19]: Willens **132** fg.
Theorie 43[3], 80, 99[4]; intertemporale 19[1]; der Erneuerung 406[6].
Thun 88.
Tier 85, 89, 116.
Tierjunge 129.
Tilgung 313[4]; einer Hypothek 254[4].
Tisch 418[8].
Titel 145[2]; vollstreckbarer 162[2]; zum Pfandrecht 166[2], 371.
titulus 134[2].
Tochter 218, 359[7].
Tod 83, 84, 89, 111, **112**[2], **129**, 132[1-4], 155[1], **314**[4,5]; des Erblassers 267 fg.
Todeserklärung 15[1], 74, 75[3], **209** fg., 233[1], 418[7]; Verfahren auf 13[1], **213**; Wirkungen 65[9]; ergänzende **215**[2-4].
Todesfall 315[1], 340, 410.
Todestag 138, 212.
Todesvermutung 217[1].
Todteilung 341[3].
Tonkunst 265[4].
Traditio fructuum 125.
Tradition 134[1,3], 416.
Träger 201; des objektiven Rechtsverhältnisses 149; der elterlichen Gewalt 235.
Tragweite 300[5], 335[8].
Transmission 268.
Trennung **351**[5]; der Früchte **83**[2]; von Tisch und Bett **229** fg., 299[6], 418[8].
Trennungsgrund 348[3], 351[4].
Trennungszeit 237[2].
trias iurisprudentiae 82, 148[2].
Trümmer 46.
Trunksucht **83**[2], 113, **246**, 352[2].
turpiter quaestum 428.
tutela dativa 123.
Tutor 81[2].
tutelle offfcieuse 291[3].

Übelstand 23[3], 37[1], 39[1], 83, 425[1].
Überbau **378**[2].
Überbauender 378[7].
Übereinstimmung 104[1], 110, 122[2]; der Völker 5.
Übergabe des Sondereigentums 256; der Sache 318.
Übergang 323[6]; der Nutznießung 299[4]; der Forderung 397[3].
Übergangsbestimmung 10, 12, 30[6], 33, 37[2], 38, **44**[1], 44[1], 53[2], 76[2], 389[9], 419[4].
Übergangsrecht 108; Deutsches **63**[2], **78**, 108[5-7].
Übergangsthatbestand s. Thatbestand.
Übergangszeit 75[7], 92, 335.
Übergewicht 81[2], 424.
Überlebender 132[4], 222[4], 338[5].
Überlegenheit 82.
Überlegung 29[5], 356[4].
Überleitung 224; des Güterstandes 387[2].
Überleitungsvorschrift 287.
Übernahme einer Schuld 311; der Vormundschaft 123.
Überraschung 11.
Überrest der Lehre 123[4].
Übertragbarkeit 154; des Nießbrauches 261[3].
Übertragung 14[2], 15[1]; des Stockwerkrechts 258[2]; des Erbbaurechts 131, 386.
Übertragung der Obligation 300[5]; der Forderung 91[3], **310**[1-6].
Übertretung 39.
Übung 399[4].
Ultimat 394.
ultra alterum tantum 303[8].
Umfang 54, 407[6]; der Unterhaltspflicht 242; der Rechte 252[3], 261; des Anspruchs 273; der Befreiung **295**; des Vermögens 363.
Umgestaltung der Rechte 397[4].
Umriß 71[2].
Umschreibung 279; von Forderungen **328** fg.; von Hypotheken 396[4]; von Inhaberpapieren 407[2].
Umstand 66[5], 70, 117, 285; erschwerender 352[7].
Umwälzung 423, 424[23].
Umwandelung 283[1]; von Pfandbriefen 279; der Güterstände 315; der Hypothek 396[4].
Umwandelungsgrund 396[8].
Umziehtag 319.
Unabhängigkeit 136.
Unanfechtbarkeit 413.
Unbescholtenheit 241.
Unbestimmtheit 31[2].
Unduldsamkeit 37[1], 40.
Unehelichkeit 237[2].
Unfall **127**[4].
Unfolgsamkeit 354.
Ungültigkeit der Ehe 65[8]; der Verträge 96[1].
Ungültigkeitsklage 348[2].
Unhaltbarkeit 67[2], 87.
Unheil 403[7].
Unionsgesetzgeber 24.
Universallegat 411[9].
Universaltitel 411[9].
Universität 78[1].
Unkenntnis 106, 107[4].
Unmöglichkeit 154[5]; verschuldete **305**; nachfolgende 307; der Leistung 315.
Unmoralität 355[2].
Unmündiger 81[2].
Unpfändbarkeit 233.
Unsinn, logischer 124[2].
Unteilbarkeit des Rechtes 257[8].
Unterabschnitt 74.

Unterabteilung 73.
Unterart 11[3], 66[3], 291.
Unterbrechung 139 fg.
Unterelement 119.
Unterfall 317.
Untergang des Stockwerkseigentums 258; der Sache **85**; der Forderung 91[3]; des Gebäudes 257[4]; des Nießbrauches 261[5]; des Erbbaurechtes 386.
Untergangsgrund 98.
Untergangsthatbestand s. Thatbestand.
Untergericht 52[2], **76**[11], 307.
Untergruppe 84, 85.
Unterhalt 64[1], 231, 368.
Unterhaltsanspruch 230, 366.
Unterhaltsbeitrag 242.
Unterhaltsberechtigte 368[4].
Unterhaltspflicht 51, 54, 114, **127**[5], 230, **241**, **348**[6], **366**.
Unterhaltspflichtiger 242, 368[4].
Unterhaltsverpflichtung 76[8].
Unterhaltung 233; des Gebäudes 257.
Unterlage 114[3].
Unterlassen 88.
Unterlassung **79**, 174[4], 374, 388.
Unterlassungsschuld **186**.
Untermieter 399.
Unternehmer 426.
Unternehmergewinn 125[2].
Unterordnung 122[1], 370.
Unterpfandbuch 317.
Unterrichter 76[11].
Unterricht 78[1].
Unterrichtsgegenstand 78[1].
Unterrichtszweck 72[3].
Unterscheidung 55[1], 244.
Unterschied 13, 62[1], 81; rechtlicher 53[1]; unüberbrückbarer 382[4]; klaffender 416.
Unterstützung 430.
Unterstützungspflicht 326[1].
Untersuchung 11, 72, 85, 300, 415, 416, 420; mühevolle **78**.
Unterthan 16[4], 57.
Unterwerfung, stillschweigende 67[6], 69, 104[2], 105, 106[1], 168[1], 335[8], 336[2], 403[7], 411[6], 420[5].
Unterzeichnung 327 fg.
Untreue 352[5].
Unübertragbarkeit 233.
Unvererblichkeit 314[5].
Unverjährbarkeit 141[3].
Unverletzlichkeit 429.
Unvermögen **308**.
Unvollkommenheit 23.
Unwandelbarkeit 224 fg.; des Güterstandes 227.
Unwirksamkeit 409[3], 412.
Urbanalservitut 381[3].
Urheber 266[6].
Urhebergesetze 426[4].
Urheberrecht **109** fg., 125[1], **265**; intertemporales 66[2], 266[4]; Schutz des 266.
Urheberrechtsordnung 266[6].
Urheberrechtsverhältnis 125[1], **266** fg.
Urheberrechtsschutz 266.
Urkunde 75[4], 288, **327** fg., 338[6], 393, **406**.
Ursache 31[3], 39, **41**[5], **80**[1], 99, 118[3].
Ursprung 84.
Ursprungszeit **70**.
Urteil 38[3], 48[5], 50[1], 82, **142**, 197[5, 6]; rechtskräftiges **46**, 348; vollzogenes 47[5]; ausländisches 284.
Urteilskraft, juristische 79.
usucapio libertatis 254.
Usucapionsbesitz 135[1].

Vater 54, 240[1], **241** fg., 294; unehelicher 64[1].
Vaterschaft, Erforschung der 63, 64[1], 240.
venia aetatis 295, 296[5].
Veränderung 18, 368.
Veranstaltung 266.
Verantwortlicher 121[2].
Verantwortlichkeit 112, 156, 311.
Verarmung 127[5].
Veräußerer 131, 311[5], 377.
Veräußerlichkeit 128.
Veräußerung 311[1], 377[6], 399[8], **400**.
Veräußerungsgeschäft 400[7].
Veräußerungsrecht 261[8].
Veräußerungsverbot 104[1]; vertragsmäßiges 128[1]; obligatorisches 317.
verba concludentia des Gesetzgebers 195.
Verband 275.
Verbesserung 313[3], 396[3]; der Lage 39[2].
Verbindlichkeit 127, 311[1].
Verbindung 377[3], 397[3], 418; der Elemente **89**, **119** fg.; der Thatumstände **331**; blutschänderische 365.
Verbindungsthatbestand s. Thatbestand.
Verbot 39, 253[3], 406; der Rückwirkung 23, 36[4]; der Testamentseröffnung 337.
Verbotsgesetz 23, 104[1], 185.
Verbrauch von Waren 110.
Verbrauchen 110.
Verbrauchbarkeit 128.
Verbrechen 114[1], 351[6].
Verdacht 352.
Verdrängung 424[2]; des fremden Rechtes 61.
Verdrehung 122[1].
Verehelichung 205.
Verein 13[1], 14[1], 134[1], **275** fg., 282[3–6], 344 fg., 417[12]; eingetragener 278, 283[1], 344; bayerischer, sächsischer **277** fg.
Vereinbarung 179, 287, 323[3], 391[2], 405.
Vereinfachung 119,
Vereinheitlichung des Rechts 426.
Vereinigungsfreiheit 426.
Vereinsmitglied 282[7].
Vereinsrecht 277.
Vereinsregister 282.
Vereinssatzung 345[1].

Vererblichkeit 154, 242.
Vererbung 151[4].
Verfahren 13[1], 50, 84, 211, 269[3], 410; rechtlich geregeltes 84; Abschnitt des 210 fg.; anhängiges 214, 330[3].
Verfangenschaftsrecht 233 fg.
Verfasser 114, 325.
Verfassung 24[1], 33[1], 277 fg., 345[3]; konstitutionelle 21; Änderung der 170; Umwälzung 170.
Verfassungsrecht s. Recht.
Verfassungsvorschrift 24[1].
Verfechter 313[3].
Verfehlung 351[4], **352**[4].
Verfügung, einstweilige 131[3]; letztwillige 221[1], 234; testamentarische 336; von Todeswegen 130[3], 336[1] fg., **410** fg.; vertragsmäßige 339; freigebige 365.
Verfügungsbeschränkung **405**.
Verfügungsgewalt 221[1], 223, 363.
Verfügungsmacht 327.
Verfügungsrecht **152** fg., 405.
Verführer 239.
Vergangenheit 20[4], 33, 242; Rechtsverhältnis der 351.
Vergeltungsrecht 22[4].
Vergeudung der wissenschaftlichen Kraft 6.
Vergewaltigung 68, 260, **310**[6].
Vergleich 1, **46**, 47[5], 48[5], **50**[1], 52, 56[2], 349[1]; gerichtlicher 49[5].
Vergünstigung 69[4], 245.
Vergütung 372[1].
Verhältnis 122[1], 402[5]; erbrechtliches 34[2], 237, 267[2]; weites 38; zwischen Eltern und Kindern 290[6]; der Pflegkindschaft **291**; thatsächliches 334[3], 335[8].
Verhalten der Gesetzgebung 263; des Vereins 283[1]; des Gerichts 285; der Eltern 298[2]; der Ehegatten 352.
Verhandlung 38[2], 358[8].
Verjährender 137, 140[4].
Verjährung 86[8], 113[2], **139** fg., **332**[2—6]; löschende, werbende **137**[2]; stärkere, schwächere 140; Hemmung der Verjährung 141; Unterbrechung 141; Beginn 142[2]; Wirkungen 332[3].
Verjährungsfrist 137, 139, 140[2], 318[6], 332[5], 408.
Verjährungsgegner 137[2].
Verjährungsgesetz 46[6].
Verjährungsrecht, intertemporales 140[1].
Verjährungsvorschrift 332.
Verjüngung 380.
Verkäufer 318.
Verkaufsrecht 313[2].
Verkaufsverfahren, gerichtliches 261[9].
Verkehr 327[4].
Verkehrsanschauung 128, 265[4].
Verkehrsgeschäft **101**[3].
Verkehrsleben 101[1].
Verkehrsprinzip 100.
Verkehrtheit 31[2].
Verkörperung des Willens **99**[3, 8].
Verkörperungsabsicht 99[2].
Verkündigung 59, **60**[2].
Verlängerung der Frist 140[2], 266[3]; der Verträge 418[2].
Verlässlichkeit der Gesetze 16[1].
Verlagsvertrag **324**, **325**.
Verlangen 118.
Verlassung 215[1]; bösliche **353**.
Verlauf 98[1].
Verleger **325**.
Verleihung 279; staatliche **108**[1], 345[3].
Verletzter 118[3], 427[3], 430.
Verletzung 13, 22, 25, 119, 412; des intert. Privatrechts 25, **39**.
Verlobter, vertragstreuer 285[1].
Verlöbnis 116[3, 7], 238[8], 239, **283** fg.
Verlust der Geschäftsfähigkeit 137[2], 245, 388; des Eigentums 254, **384**; der elterlichen Gewalt 360; der Urkunde 406.
Verlustthatbestand s. Thatbestand.
Vermächtnis 67[3], 228, 339[4], 412[1].
Vermächtnisnehmer 67[3], 271, **411**.
Vermengung 6.
Vermerk 407.
Vermieter 186[2], 321[24], **398** fg.
Vermieterpfandrecht 320[9].
Vermietung 403[4].
Vermögen 107, 114, 121[3], 123, 127[5], 277, 294, 295, **430**; Übernahme des 159; Subjekt des 201.
Vermögensabsonderung 222.
Vermögensangelegenheit 244.
Vermögensauseinandersetzung 231, 235.
Vermögensbeschädigung 429.
Vermögensbestandteil 412.
Vermögensrecht 210, 430.
Vermögensschaden 429.
Vermögensschädigung 428.
Vermögensstück 123, 124[2], 372.
Vermögensteil 412.
Vermögensunfähigkeit 204.
Vermögensverhältnis 428.
Vermögensverletzung 428[1].
Vermögensverwaltung 247, 289, 369.
Vermögensverzeichnis 233, 288, 370, **361**[6].
Vermögenswert 158.
Vermutung **53**[1], **94** fg., 105[5], 314[3], 379, 427[2].
Vernichtung 406[5], der Urkunde 408.
Vernunft des Gesetzgebers 34, **38**, **40**, 424[12].
Veröffentlichung 68[1], 325.
Verordnung, landesherrliche 250.
Verpachtungsbeschränkung 279.
Verpfändung 255.
Verpflegung 54, 242; lebenslängliche 231.

Verpflichteter 122, 153.
Verpflichtung 240, 241, 250; des Staates 428, 429.
Verquickung 7.
Verrechnung 312[4].
Verrichtung 281[1].
Verrückung des Grenzsteines 240.
Versäumnis 271.
Verschiebung 59, 60.
Verschiedenheit 84, 110[2]; zeitliche 18; der alten und neuen Rechtsordnung 241, 242, 270 u. s. w.
Verschlechterung 50[1]; der Lage des Gläubigers 396[3].
Verschollener 212[4].
Verschollenheit 14[1], 156, **209** fg.
Verschollenheitsaufgebot 144[1].
Verschollenheitserklärung 15[1], 177[6], 418[7], **209**; Verfahren der 13[1], 213.
Verschollenheitsfrist 216.
Verschreiben 100.
Verschulden 307.
Verschwägerter 366[6].
Verschwender 267; verbeiständeteter 334.
Verschwendung 246.
Verschwendungssucht 83, 113.
Verschwommenheit 65[8].
Versehen 307[3], 329[3], 408, 409[2].
Versicherungsgesellschaft auf Gegenseitigkeit 279.
Versicherungsrecht 117[1].
Versicherungsvertrag 127.
Versitzung 137.
Versprechen 104[1].
Verständigung 5.
Verständnis 8, 21; intertemporales 27, 255.
Verstorbener 340.
Versuch 15.
Verteidiger der Positivität 21.
Verteilung 257; der Lasten 299[4].
Vertrag 67[4], 81[2], 82, 86, 88, 110[1], 127; stillschweigender **85**, **86**[11], 220; zu Gunsten Dritter **126**[7], 301; obligatorischer 250.
Vertragsabschluß 81[2].
Vertragsantrag **126**, 301[3].
Vertragsbestimmung 178, 322, 398.
Vertragserbe 138[3].
Vertragspartei 301.
Vertragsschließender 132[1].
Vertragsschluß 291[1], 318.
Vertragsstrafe 76[7], **127**[3], 159, 283, **304**[2, 7].
Vertragsverhältnis 116[6], 325.
Vertragswille 399[4].
Vertrauen 17.
Vertrauensprinzip s. Prinzip.
Vertrauenstheorie 95[1].
Vertreibung 424[3].
Vertretbarkeit 128.
Vertreter 58[5], 69, 122[1], 128, 267, 324; gesetzlicher 218, 271[2]; verfassungsmäßig berufener 281[1]; der Kinder 362[4].
Vertretung 105[3].
Vertretungsbefugnis 372.
verum rei pretium 111.
Verunstaltung 406.
Verursachung 89, 121[2].
Verurteilung 284[4], 354.
Verwahrung 110.
Verwalter 312[4].
Verwaltung 312[4], 371, 372, **361**.
Verwaltungsakt 7[1], 20[1], 20[1], 177.
Verwaltungsgemeinschaft 287.
Verwaltungsorgan 108.
Verwaltungsrecht 287.
Verwaltungsvermögen 158.
Verwandter 302, 364; agmatischer 289; nächster 335[8].
Verwandtschaft 113, 114; uneheliche 115[5].
Verwandtschaftszustand 115.
Verweisung 408.
Verwendung **382**[7, 8].
Verwertung der organischen Auffassung 92.
Verwirklichung 383[5]; des Rechtes 25.
Verwirrung 7.
Verzeichnis 295, 361, 371.
Verzeihung 273, 412.
Verzicht 89, 228, 342.
Verzichtender 342.
Verzinsung 329.
Verzögerung 5.
Verzug 80, 116[4, 8], **305**, 306[3–6]; des Gläubigers 307[4].
Verzugsobligation 306.
Verzugszinsen 76[6], **305**, **306**[1, 6], 307.
Viehmängel **318**[5, 6].
Vindikationslegat 272.
Vinkulierung **407**[1].
vitium loci 117.
Völkerrecht 5[4], 13, 19, 21, 23[1].
Volk 23[1], 50, 92, 382[1]; staatlich organisiertes 5; zivilisiertes 9[1].
Volkslied 150.
Volksrecht 37[2].
Volksversammlung 22.
Volksvertretung 21, 22, 23[1], 38.
Volkswirtschaft 158.
Volkswirtschaftslehre 125[2].
Volkswohl 37[2], 415.
Vollendung der Frist 145[3], 426; des Lebensjahres **83**[2], 296; der Verjährung 147[4]; der Ersitzung 382[1].
Volljähriger 205, 218, 296.
Volljährigkeit **160** fg., 296.
Volljährigkeitserklärung 120[3], **295**, 418[12].
Volljährigkeitstermin 205.
Vollkommenheit 87.
Vollmacht 105[3].
Vollmachtempfänger 98[3].
Vollmachtgeber 98.
Vollmachtsverhältnis 98[4].

Vollstreckung 284.
Vollziehung der Ehe 284.
Voraus 235.
Voraussetzung 19, 20, 39, 130[4]; der Unbescholtenheit 241; des Veräußerungsrechtes 261; der Entschädigungspflicht 430.
Voraussetzung der Ausschließlichkeit **34** fg.; materielle 36 fg.; formelle 41 fg.
Voraussetzungsthatbestand s. Thatbestand.
Vorbehalt 30, 52[6, 7]; zu Gunsten der Landesgesetzgebung 31[3], 32[2], 75[7], 249, 250[1], 264[3], 393; zu Gunsten der alten Rechtsordnung 42, 52[6]; der neuen 52[7], 58[2]; geheimer **101**; des Eigentumes 318[2].
Vorbehaltserbe 411[9].
Vorbehaltsklausel 280.
Vorbereitungsthatbestand s. Thatbestand.
Vorbild 43[3].
Vorbringen 313[4].
Vorderrichter 313[4].
Voreingenommenheit 11.
Voreltern 241.
Vorerbe 271, 384, 403[5].
Vorfahren 290.
Vorgang 80[1]; sinnlicher **79** fg.; natürlicher 84; wahrnehmbarer **112**; seelischer **335**; abstrakter 367.
Vorgänger 20, 46[6], 57[9], 86.
Vorhandensein 430.
Vorinstanz 51[4].
Vorkaufsrecht 252[8], 317; dingliches 263.
Vorkehrung 118[3].
Vorlegung von Sachen 303[4].
Vorlegungsfrist 408.
Vorlegungspflicht 114.
Vorlesung 78[1].
Vorliebe 65[1].
Vormerkung 92, 122, **131**[3], **162**[1], **392** fg.
Vormünderin 331[1].
Vormund 74, 123, **243** fg., 267, 315.
Vormundschaft 75[6], 123, 156, **244** fg., 315, **368** fg.; Annahme, Ablehnung 156.
Vormundschaftsbehörde 298.
Vormundschaftsgericht 218, 236, 294[4], 298[1], 361.
Vormundschaftsordnung 424[11].
Vormundschaftsrecht 75[8], 157, 267[6].
Vormundschaftsrichter 236, 245[4].
Vormundschaftsverwaltung 369.
Vornahme 101; der Handlung 126[8].
Vorrecht 392[4, 5].
Vorrücken 396[5].
Vorschlag 78[1].
Vorschrift 56, 60[1], 179 fg.; materielle 44[2]; einseitige 179; polizeiliche 181[8]; gebietende 185; intertemporale 244.
Vorschuß 351[1].
Vorschußpflicht 221[2].
Vorsicht 43[3], 53.
Vorstand 281, 321, **344** fg.
Vorstellung 114; richtige 27[3].
Vorteil 136; rechtlicher 70, 238[4].
Vortritt 254[7].
Vorzeigungspflicht 268[10].
Vorzug 31[3], 73, 74[3], 82[4], 300[6].
Vorzugsrecht **166**[3], 251, 320[4], **392**[4], 397.

Waffe 23.
Wage 69.
Wahl 14[1], 266; des Wohnsitzes 92, 208, 231.
Wahlanspuch 231.
Wahlbefugnis 65.
Wahlerklärung 304.
Wahlobligation 304[9].
Wahlrecht 231, **304**[9].
Wahlschuldverhältnis 231.
Wahnsinn 83[2].
Wahnsinniger 111, 267.
Wahnvorstellung, intertemporale 284.
Wahrheit 1, 8, 17, 113, 123.
Wahrnehmbarkeit 114.
Wahrnehmung, sinnliche 114.
Wahrscheinlichkeit 94[5].
Wahrung der Form 325.
Wald **380**.
Waldbestand 380.
Waldgenossenschaft 276.
Waldung 381.
Wandelung **424**; des Rechtsgefühles, der Rechtsordnung **18**.
Ware 110[1].
Warenzeichen 150.
Wartegeld 310[3].
Wasser, fließendes 117.
Wasserbezugsrecht 260[1].
Wasserleitungsverband 276[2].
Wechsel **309**[6]; der Gesetzgebung **50**[1], 313[4]; der Rechtsordnung **67**, 334[3], 335[8], **367**[5], 368[3]; der Personen **323**.
Wechselrecht 5.
Wechselwirkung 15[2].
Weg 73; öffentlicher 117[4]; deduktiver 39; des Handelns 39.
Weise 405[10]; weitherzige 135[2].
Weiterung 71[1].
Welle, fließende 375[6].
Welt 83; zivilisierte 9[2], 19.
Weltanschauung 423.
Weltreich 46.
Werden der Rechtsverhältnisse **73**[2].
Werk 10, 16, 70 fg., 265, 325; der Litteratur und Tonkunst **266**.
Werkvertrag 125[2].
Wert **109**, 428, 430; wissenschaftlicher 27, 36, 55[1]; der Motive 312[1].
Wertbestand 430.
Wertpapier, mündelsicheres 32, 370.
Wesen 84, 357; der Ehe 57; der Rechtsordnung 78[1].
Wesensunterschied 84.

Wettbewerb der Fristen 65[7].
Wette 304.
Wettlauf 359[3].
Wichtigkeit 2, 25, 41, 131, 368.
Widerklage 375[2].
Widerruf 98, 152[5], **168**[4], 188, **325**, **326**, 338[4], 420.
Widerruflichkeit 321, 344.
Widerrufsrecht 338.
Widerrufsthatbestand 168.
Widerspruch 11, 12, 14[2], 18, 37[2], 44[4], 92, 98, **132**[3], 402[5], 424.
Widerspruchsrecht 405[4].
Widerstreit der Rechte 262.
Wiederaufhebung des Erwerbes 268[1]; der Entmündigung **413**.
Wiedereinräumung des Besitzes 374.
Wiedereinsetzung in den vorigen Stand **103**[1].
Wiedererlangung der Sache 317.
Wiedergabe 26[1].
Wiederherstellung 353; der Gemeinschaft 101[4].
Wiederkaufsrecht 318[7].
Wiederverehelichung 74.
Wiedervereinigung 232.
Wiederverheirateter 370.
Wiederverheiratung 210, 211[2], 291.
Wiesengenossenschaft 280[1].
Wild 121[4].
Wildschaden 85, 117[1].
Wille **83** fg.; des Gesetzgebers 39, 44[4], 69, 179[8], **366**[6], 408[3]; empirischer 99[3]; mutmaßlicher 274; letzter 334.
Willensbewegung 39, 100.
Willensbildung 334.
Willenselement 85, 101[1].
Willenserklärung 83, **99**[1, 2], 101[1]; unselbständiger 305[1], 342; subjektive 305[2].
Willensfreiheit 39.
Willensmangel **103**[1], 106[3], 335.
Willenspotenz **84**; private, natürliche, rechtlich geregelte, ursprüngliche, abgeleitete 84.
Willensthatbestand s. Thatbestand.
Willensthatumstand s. Thatbestand.
Willensübereinstimmung 46.
Willensverkörperung **99**[5] fg.
Willensverordnung 129[5].
Willensverwirklichung 101[2].
Willkür 67[6], 122.
Winkel 258.
Wirken 80.
Wirklichkeit 42.
Wirksamkeit 26, 50; des Thatbestandes 26; ewige 32; gegen Dritte 257[8], 263, 391; gegen den öffentlichen Glauben 259[1]; des Vertrages 288; dingliche **316**, **317**.
Wirkung 41, 55, **80**[1], 269; rechtliche **115**; der Entmündigung 246; des Todes 272; der Verzeihung 273; der Annahme an Kindesstatt 289; dingliche 308; der Verfügung von Todeswegen **410** fg.
Wirkungskreis des Beistandes 294; des Pflegers 372.
Wissen 69.
Wissen und Willen 17, 327[8].
Wissenschaft 7, 17, 50, 72, 82[3], 108, 414; historische 11[4]; neue **40**; des intert. Privatr. 112.
Witwe 239.
Witwenversorgung 288.
Witwer 360.
Wohl 180[5]; des Volkes 415.
Wohlthat des neuen Rechtes 240[3].
Wohnort 288, 349[2].
Wohnsitz 60[1], 89, 121[1], 128, 156, **207** fg.; erwählter 207[6]; abgeleiteter 208; gesetzlicher 209.
Wohnungsrecht 374.
Wort 55, 80; schlüssiges 43[3], 44[1], 366[6]; unzweideutiger 67[8].
Wortlaut 93[9], 408[4];
Wurzel 67.
Wüstungsgemeinde 275.
Wunsch 5, 68[3], 77, 387[2].

Zahl, geschlossene 253, 415.
Zahlung **47**[5], 125[2], 197[5], 198, 312[7].
Zahlungssperre 328, 409, 410.
Zahlungsunfähiger 270[5].
Zehnten 426[2].
Zehntlehen 69[2].
Zeichen 73.
Zeit 18, 32, **113**, **114**[1], 242; der Rezeption 8; klassische 46[2]; Einheit der 79; unvordenkliche 113, 147[3]; der Erfüllung 305[8]; christliche 423[7].
Zeitablauf 113, 114.
Zeitabschnitt 131.
Zeitaufwand 424.
Zeitbestimmung 205.
Zeitdauer 32, 114, 353; bestimmte 113.
Zeitgenosse 16[2], 20, 66[4, 5], 427[1].
Zeitpunkt 56; des Inkrafttreten **60**[2], 217[2]; kritischer 69; intertemporaler 115; des Testamentes 129[4]; des Todes 212[2, 4]; maßgebender **112**, 303[2].
Zeitraum 60[3], 241, 319[4].
Zeitschrift 325.
Zeitung 325.
Zeitwert 109.
Zerreißen der Rechtsordnung 349[9].
Zerreißung 323[1].
Zersplitterung der Meinungen 8; des Gewohnheitsrechtes 37, 424.
Zeuge 95, 102[1].
Zeugnis 308[2].
Zeugung 69[3], 84, **112**[3, 5].
Ziel 5.
Zins 125[1], 159, **164**, 426[2]; gesetzlicher **307**[2],

Zinsforderung 158[3], 306[6].
Zinsfuß **307**.
Zinsgesetz **56**[2], 428[3, 5].
Zinsobligation 157.
Zinsordnung 307.
Zinsschein 164; Ausgabe 164[4], **328** fg., 408.
Zinsvertrag 21[3], 164.
Zivilisation 5.
Zubehör 128, **251**, 409; gesetzliches 252.
Zufall 218[4].
Zug 50; der Gesetzgebung 351[3].
Zugang 258.
Zugehörigkeit 3, 108[3], 128.
Zugeständnis 291[3], 349[9], 350[3].
Zukunft 33, 88, 242[4], 409.
Zulässigkeit 92, 371; des Gegenbeweises 241; der Stellvertretung 334; des Einreden 397[3]; der Substitution 412[2].
Zunftzwang 426.
Zurechnungsunfähigkeit 121[3].
Zurückbehaltungsrecht 124[4], 166[4], **383**[1, 2].
Zurückhaltung 420.
Zurückverweisung 51[4].
Zurückweisung 248[3].
Zusammengehöriges 73.
Zusammenhang 7[5], 33, 38[1], 131; des intert. mit dem intern. Privatrecht **64**[1]; enger 73; geschichtlicher 77, 372; organischer **90** fg., 269, 332[4]; innerer 195, 425[3].
Zusammenleben 348[2]; der Ehegatten **135**[4].
Zusammenlegung der Grundstücke 279.
Zusammensetzung des Thatbestandes 119.
Zusammenstoß von Fristen 143[3].
Zusammenwirkung **130**, 134.
Zusatz 82[4].
Zusehen 416.
Zustand 79, **79**, **83** fg., **303**, 383[6]; personaler **83**[2], **113**[1]; realer **83**[2], **117**[3]; gemischter 113 fg.; natürlicher, rechtlicher, seelischer 113; früherer 349[2]; der Grundstücke 418[14, 16].
Zuständigkeit 236; der Rechtsordnung **69**, **70**; konkrete, abstrakte **70**[1, 2].
Zustandsthatbestand s. Thatbestand.
Zustellung 208.
Zustimmung 262, 370; nachträgliche 241, 267, 339[5].
Zutritt 58[1].
Zuwendung 138, 233; freigebige 234; letztwillige 336, **411** fg.
Zuwiderhandlung **15**[1], 127[3].
Zwangsmittel 13, 21, 22, 63.
Zwangsversteigerung 279, 316[8], 387, 401.
Zwangsversteigerungsverfahren 401[3].
Zwangsverwaltung 153, 279, 393.
Zwangsverwaltungsverfahren 401[3].
Zwangsvollstreckung 139, 153, 255, 284.
Zwangsvollstreckungsrecht 7.
Zweck 72[3]; der Strafe 19[1]; des Bundes 22[3]; des Gesetzes 44[4]; des Grundsatzes 52[5]; des Staates **415**.
Zweckmäßiges 92.
Zweckmäßigkeit 20[4], **92**[5], 93[1], 111; juristische 79, 300[6], 327.
Zweckmäßigkeitsrücksicht 20[2].
Zweifel 43[3], 53[1], 69, 112, 350[7].
Zweig 98; der Wissenschaft 12[7], 414; des intert. Privatrechts 41; des Rechts der Rechtsordnung 43[4].
Zwischengesetzgeber 61.
Zwischengesetzgebung 25[1], **60** fg.
Zwischenraum 61[1]; lichter 334; zeitlicher 131.
Zwischenzeit 60[3], 74, 115[6], **134**, 146, 208[2], **249** fg., 262, 263, 316, **384** fg.

Berichtigungen.

S. 13, n. 1 g. E. lies Art. 158—162 statt 152;
S. 14, n. 1 g. E. lies Art. 213 statt 113.
S. 31, n. 2 g. E. lies § 54 statt 84.
S. 45, Zeile 1 von unten lies Art. 195, Abs. 2 statt 145, Abs. 2.
S. 65, n. 1 lies S. 207 statt 20.
S. 75, n. 7 lies Art. 213—217 statt 223—217.
S. 213, Zeile 19 von unten lies Aus. Verord. § 12 statt Allg. Verf. § 2.

Kolibri 360 GmbH
Ferdinand-Jühlke-Straße 7
99095 Erfurt, Deutschland
produktsicherheit@kolibri360.de